Hanne Türk, Alex Bernfels und Rosanna Pradella

Kinder lernen zeichnen und malen

christophorus

Über dieses Buch

Malen und Zeichnen fördert Kinder in vielfacher Weise und hat daher einen hohen Wert für die kindliche Entwicklung. Der Umgang mit Stiften, Pinseln und Farben schult die Koordination von Hand und Auge sowie die Handgeschicklichkeit – eine wichtige Voraussetzung für das Schreibenlernen bzw. die Entwicklung der Handschrift.

Die Kinder lernen, sich auf ihr Tun zu konzentrieren und gleichzeitig planend vorzugehen. In besonderem Maße wird dabei auch die visuelle Wahrnehmung gefördert: zum einen im Hinblick auf die Wahrnehmung von Farben und das Erspüren ihrer emotionalen Eigenschaften; zum anderen wächst mit zunehmendem Alter der Ehrgeiz, das Vorgestellte oder Gesehene „richtig" abzubilden. Mag der Ehrgeiz der kleinen Maler noch so groß sein: Auf die „Schönheit" des Bildes im Sinne einer Übereinstimmung von Bild und Vorbild kommt es zunächst überhaupt nicht an.

Dieses Buch richtet sich an Kinder und Erwachsene gemeinsam. Die Kinder üben spielerisch den Umgang mit Stift und Pinsel, Farben und Papier und lernen auf rundum vergnügliche Weise, wie gelungene Bilder entstehen (können). Kinder im fortgeschrittenen Lesealter können sich mit den Zeichen- und Malübungen schon gut allein beschäftigen, doch auch für sie sind Ermutigung, hilfreicher Beistand und Lob wichtig.

Zeichnen

Im ersten Abschnitt dieses Buchs geht es ums Zeichnen – und zuvor noch um das Beobachten. Die Kinder lernen, im Zwerg, in der Raupe oder in der Ritterburg einfache Grundformen zu erkennen, auf denen sie sodann die Zeichnung auf- und ausbauen. Nach und nach kommen Einzelheiten hinzu, und die Hilfslinien fallen weg. So schält sich sich Schritt für Schritt das Motiv heraus – und wird zuletzt farbig ausgemalt. Diese Methode ist übrigens der klassische Weg zur künstlerischen Zeichnung; hier natürlich in stark vereinfachter, kindgerechter Weise dargestellt.

All dies wird von einfachen, die Schrittfolgen kommentierenden Reimen begleitet, die immer auch kleine Geschichten erzählen. Ein paar Mal gelesen und nachgesprochen, werden die vergnüglichen Gedichte ebenso reproduziert wie die Bilder. Sehen und Hören, Sprechen und Zeichnen: Auf dem Weg über Bildersprache und Sprachbilder wird den kleinen Zeichnern zugleich der „Klang" des Bild(wort)es und das Klangbild der Sprache bewusst.

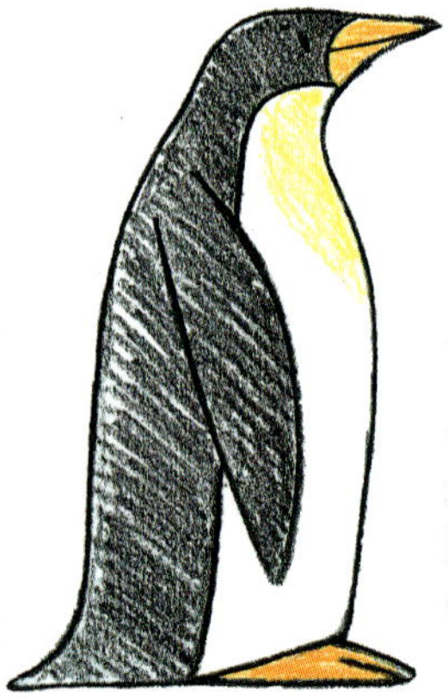

Malen

Für jüngere Kinder fallen das Zeichnen und Malen, der Strich und die Farbfläche noch unmittelbar zusammen; auch Bleistiftzeichnungen werden meistens einfach mit Buntstiften oder Wachsmalkreiden ausgemalt. Dabei muss (und soll) es jedoch keineswegs bleiben. Hier lernen sie viele spannende Möglichkeiten im Umgang mit Malwerkzeugen und Farben kennen und entwickeln auch das Verständnis für die maltechnischen Regeln, die zu bestimmten Effekten und Ergebnissen führen.

Im Prinzip unterscheiden sich diese Verfahren nicht allzu sehr von den klassischen Maltechniken. Insofern vermitteln die Anleitungen und die Erläuterungen, bei aller nötigen Vereinfachung, auch malerisch weniger bewanderten Erwachsenen ein gewisses Grundwissen, mit dem sie dann auch jüngeren Kindern beistehen können. Wo es in erster Linie ums Malen geht, schadet es nicht, wenn Erwachsene beim Vorzeichnen mithelfen.

Die Malbeispiele sind zum einen Vor-Bilder. Beim Nachmalen Schritt für Schritt entwickeln die Kinder ein Gespür für Besonderheiten der Malmittel. Zum anderen zeigen die Beispiele im Buch, was sich mit den unterschiedlichen Techniken alles machen und malen lässt; was sicherlich gerne an eigenen Bilden ausprobiert wird.

Tipps:

Ausstattung:

Zur umfassenden Grundausstattung gehören neben den Bleistiften (Nr. HB) Wasserfarben sowie jeweils vermalbaren und wasserfeste Buntstifte, Wachsmalkreiden und Filzstifte. Schreibpapier ist billig, eignet sich jedoch richtig gut nur für Bleistiftzeichnungen. Besser sind Zeichenpapier und Aquarellpapier in verschiedenen Stärken und Strukturen. Je besser das Papier ist, desto leichter malt es sich. Zum Radieren von Bleistiftstrichen ist der Knetgummiradierer ideal; für die schwerer zu radierenden Buntstiftstriche eignet sich ein Plastikradierer besser. An Pinseln werden dünne (Größe 3) und dickere Rundpinsel (Größe 12) benötigt.

Vorübungen:

Lassen Sie die Kinder zunächst frei mit dem Zeichenstift umgehen; dies fängt mit ganz viel Papier und Schwungübungen an: Frei aus dem Handgelenk heraus entstehen Kringeln, Strichen und Zacken. Diese Erfahrung vertieft sich durch das Mitsprechen. Ein lang gezogenes, laut wiederholtes „Kringelingeling" begleitet lautmalerisch den mit der Hand ausgeführten Zeicherhythmus. Ein „Zick-zack" hingegen klingt nicht nur scharf und spitz, sondern hinterlässt auch – siehe da – entsprechend zackige Spuren. Aus freien Übungen heraus entstehen Grundformen: Kreis und Oval, Dreieck und Viereck. Regen Sie die Kinder an, spielerisch (ohne Bleistift und Papier) die Formen zu entdecken, die in den verschiedenen Dingen der Umgebung stecken.

Buntstift oder Bleistift

Ideal für Zeichenübungen ist der Bleistift. Das sieht zwar nicht so fröhlich aus wie der Buntstift, dessen Strich sich jedoch viel schwerer ausradieren lässt wie ein Bleistiftstrich. Mit Buntstiften lassen sich schwache Bleistiftstriche gut nachfahren und dabei übermalen; umgekehrt würden die Striche verschmieren.

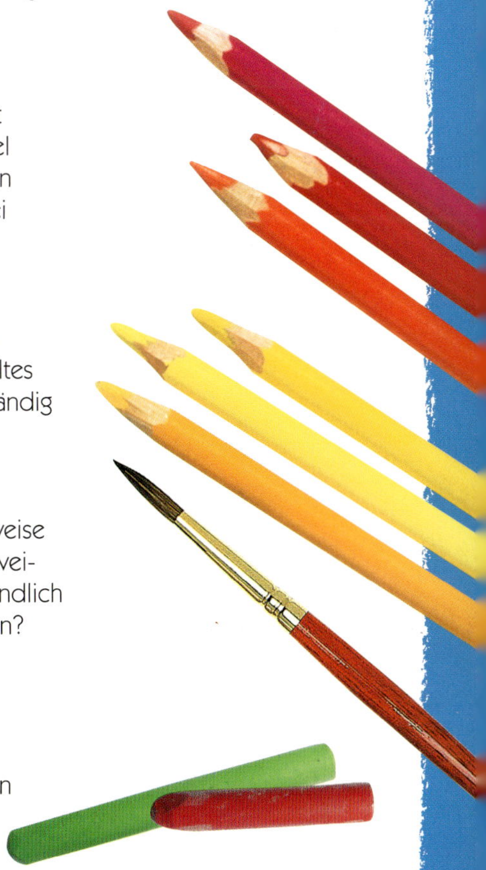

Motivwahl

Lassen Sie Ihrem Kind freie Wahl, was es zeichnen und malen (lernen) möchte. Wiederholung tut ebenso gut wie wiederholtes Lob. Irgendwann ist jedes Motiv ausgereizt und wird selbstständig durch ein anderes Lieblingsbild ersetzt.

Farbwirkung

Farben haben emotionale Qualitäten; kalte Farben (beispielsweise das Türkis mit seinen blauen und grünen Anteilen) wirken abweisend, warme Farben wie ein sonniges Gelb oder Orange freundlich und behaglich. Wie fühlen sich die Farben im gemalten Bild an?

Malanleitungen

Wenn es nicht gerade ums reine Ausmalen mit Buntstift oder Wachsmalkreide geht, ist es wichtig, die entsprechenden Anleitungen zu befolgen. Nur so zeigen sich die gewünschten Effekte und Enttäuschungen werden vermieden.

Inhaltsverzeichnis

Wir lernen zeichnen

Wenn wir uns umsehen, entdecken wir in allen Dingen der Welt runde oder eckige Formen: Kreise und Ovale, Dreiecke oder Vierecke. In der Zwergenmütze steckt ein Dreieck, die Baumkrone ist ein Kreis, Bambis Kopf ist ein Oval und der Bauch der Kuh ein Rechteck.

Solche Formen sind sehr einfach zu zeichnen. Und wenn wir sie dann richtig zusammenstellen, sehen wir darin schon den Zwerg, den Baum, das Reh oder die Kuh.

Das die Formen sind nur Hilfslinien. Sie zeigen, wo die Räder an den Traktor kommen, wie der Hals eines Tieres gebogen ist und wie lange seine Beine sind. Wir ziehen die Umrisse rundherum nach und können nun die Striche ausradieren, die wir nicht mehr brauchen. Die lustigen Gedichte erzählen, wie es weitergeht. Das fertige Bild malen wir aus.

Doch vorher wollen wir noch ein wenig üben, damit die Striche auch den richtigen Schwung bekommen! So können wir all die Figuren und Sachen in diesem Buch schön zeichnen – und dann sogar eigene Bilder!

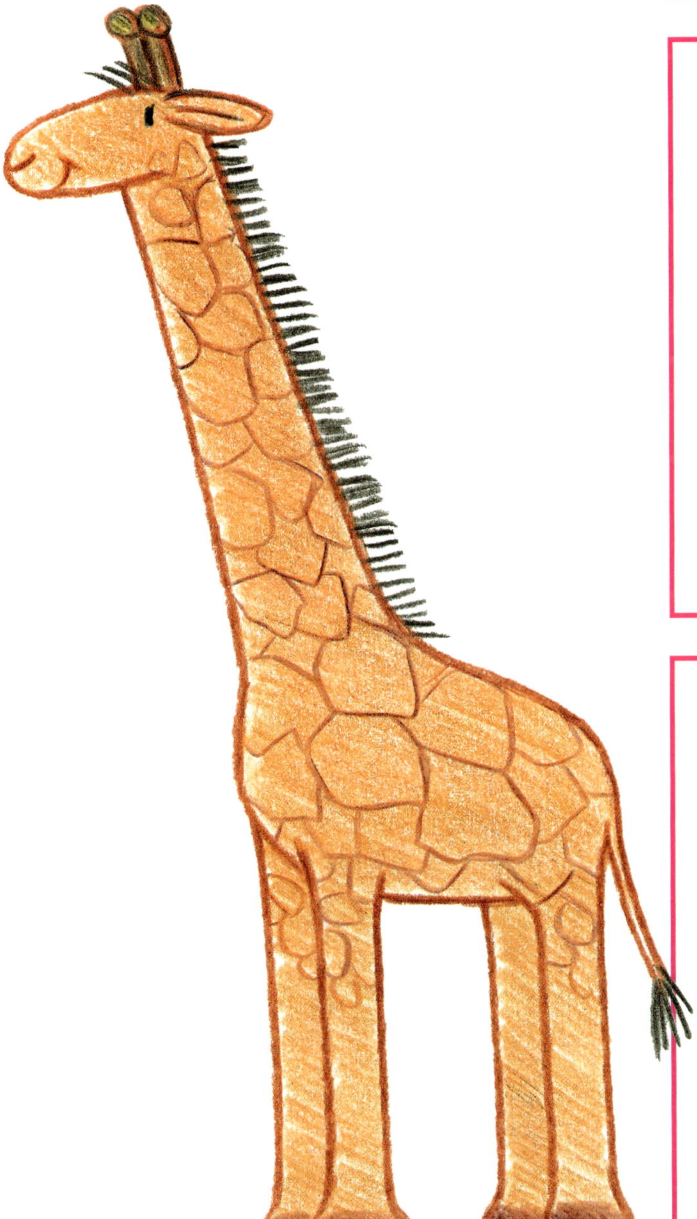

Kringel und Kreise

Kringeling und Kringeling! Was wird das für ein Kringelding?

Einen Kringel nach dem andern lassen wir nun fröhlich wandern.

Aus den Kringeln werden Kreise. Weiter geht die Kringelreise!

Und jetzt alles ohne Schlinge. Schau! Da haben wir schon Ringe.

Ringsherum wird alles rund.
Vorne Augen noch und Mund,
Fühler und da unten kleine
dünne Raupen-Krabbelbeine.

Meine Raupe Kringeling,
bald wirst du ein Schmetterling!

Nimm den Stift und schau, was man
mit zwei Kreisen machen kann!

Zu dem großen Kreis der kleine,
unten Striche für die Beine.
Schnabel, Augen, Federn, Schwanz,
und schon ist das Küken ganz.

Guckt zu Boden, guckt hinauf,
pickt vielleicht ein Körnchen auf,
und dann findet es noch eines –
ist das meines oder deines?

Aus Kringeln wird ein Ei

Kringel hoch und Kringel tief. Kringel grade, Kringel schief.

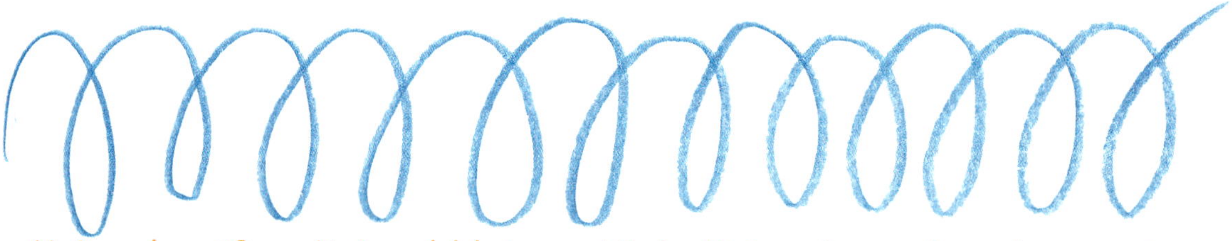

Kringel größer, Kringel kleiner. Viele Kringel – und noch einer!

Nimmst du einen Kringel raus, wird ein Kringel-Ei daraus.

Eier hoch und Eier quer,
eins, zwei, drei und noch viel mehr!

Und wer Eier zeichnen kann,
fängt nun mit den Tieren an.

Kleines Ei: Das wird der Kopf.
Großes Ei: Das wird der Bauch.
Kringelohren, Schwänzchen, Pfote
braucht das Häschen auch.

Für das Schäfchen gibt es tolle,
schöne, weiche Kringelwolle.
Ohren, Schwänzchen, eins, zwei, drei.
Und der Kopf? Ein großes Ei.
Wie viele Beine zeichnen wir?
Eins und zwei und drei und vier!

Vier Kringel und ein Ei,
da schwimmt ein Fisch herbei.

Auch beim Gesicht und Mund
ist alles ziemlich rund.

Und hörst du, was er spricht?
Gluck, gluck. Mehr kann er nicht!

Zick-zack um die Ecke!

Der Stift steigt auf den Zackenberg,
das ganze steile Stück.

Doch an der Spitze dreht er um
und kehrt ins Tal zurück.

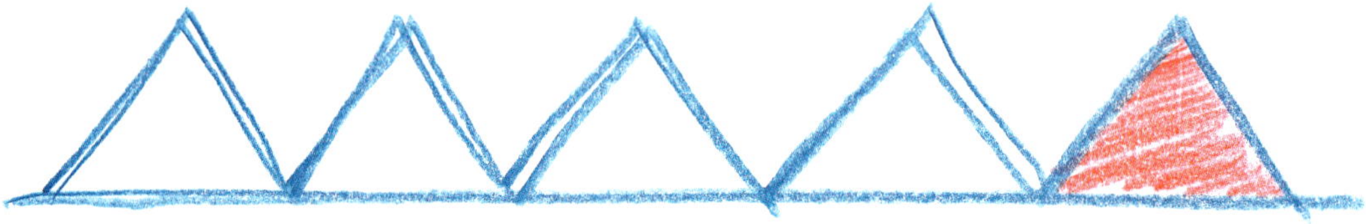

Hoch auf den Berg, zurück ins Tal: zick-zack, zick-zack und noch einmal!

Da unten geht's gerade aus.
Du siehst: Ein Dreieck wird daraus.

Der Stift malt eine kurze Strecke. Und Halt! Dann biegt er um die Ecke.

Und weiter geht es, immer wieder – hoch und quer und wieder nieder.
Dann male einfach ein Stück aus. Du siehst: Da wird ein Viereck draus.

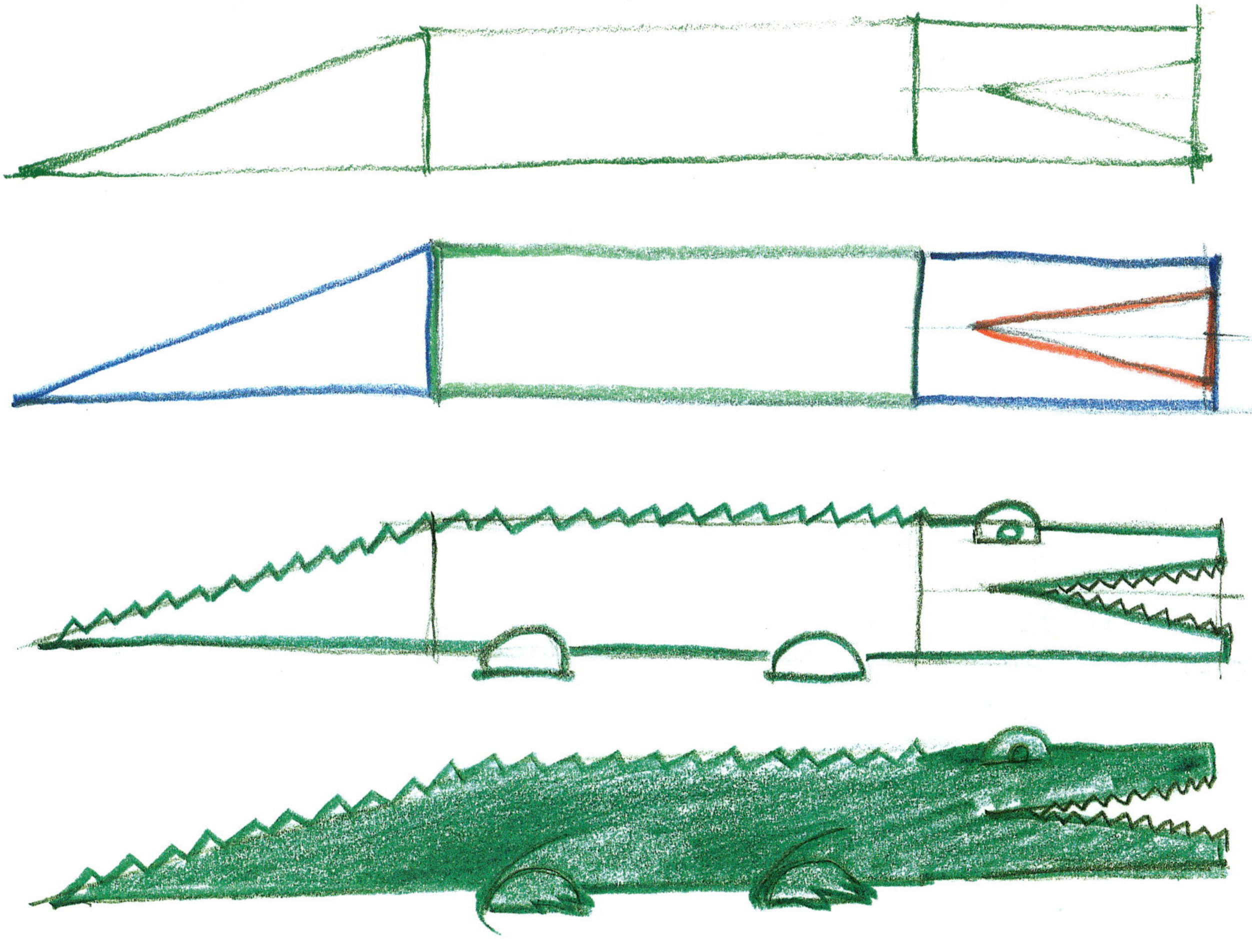

Krokodile
haben viele
Zackenzähne
spitz gezackt.
Zicke-zacke,
und mit denen
es gern zwickt und zwackt.

Mein Hund hat lauter Ecken.
Das ist ein Ecken-Hund.
Und wär mit ein paar Flecken
ein Flecken-Ecken-Hund!

Muh!

1

Ein Rechteck groß
und noch drei kleine:

Das ist der Kopf,
das werden Beine.

Den Schwanz daran!
Wir zeichnen weiter:
Gesicht und die Ohren,
die Hörner, das Euter.

Da steht die Kuh
und schaut uns zu.
Will ihre Ruh.
Sagt: Danke. Muh!

Oink!

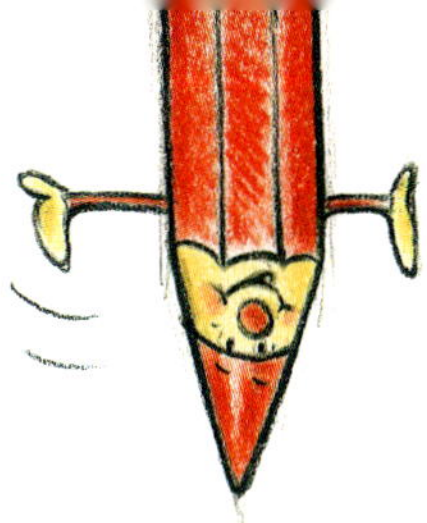

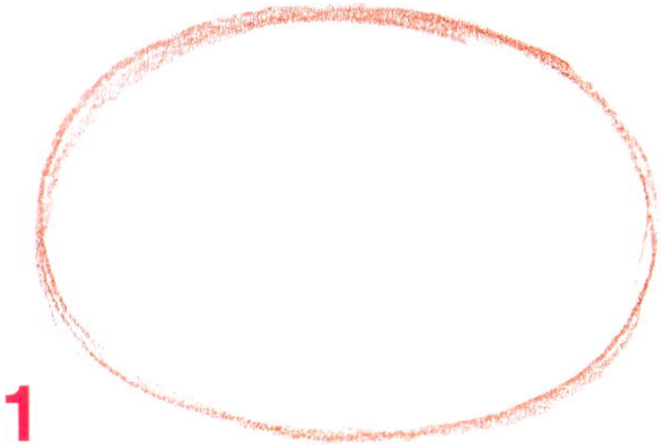

1

2

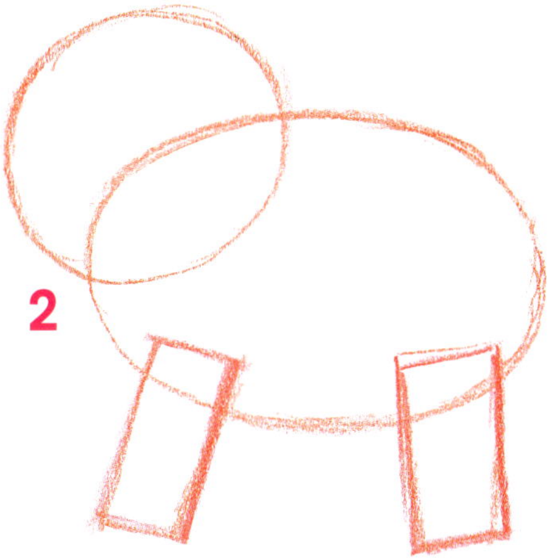

3

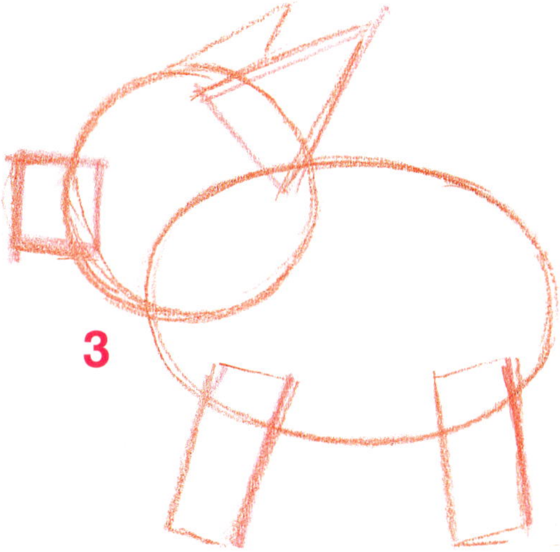

Dick und rund wird unser Schweinchen.
Unten eckig sind die Beinchen.
Ohren und Rüssel haben Ecken,
die wir später dann verstecken.

Ringelschwänzchen hinten dran.
"Oink!", ruft Schweinchen.
"Mal mich an!"

4

Quak!

1

Dieses Ei ist ganz alleine.

Da bekommt es unten Beine.
Zeichne oben Flügel dran
und das Köpfchen. Und was dann?

2

3

Schnabel auf und Flügel strecken:
Quak und Quak, und alle wecken!

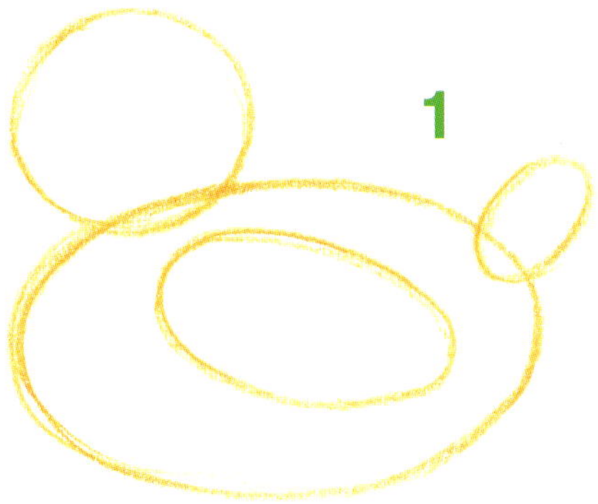

1

Will die Ente baden gehen,
sind die Füße nicht zu sehen.

2

Schnabel halten: Still und stumm
schwimmt sie auf dem Teich herum.

1

Sperr den Schnabel auf, und dann
fängt das Quaken wieder an.

2

Tulpe

1

Psst! Wir zeichnen still und leis
einen schönen, roten Kreis.

2

3

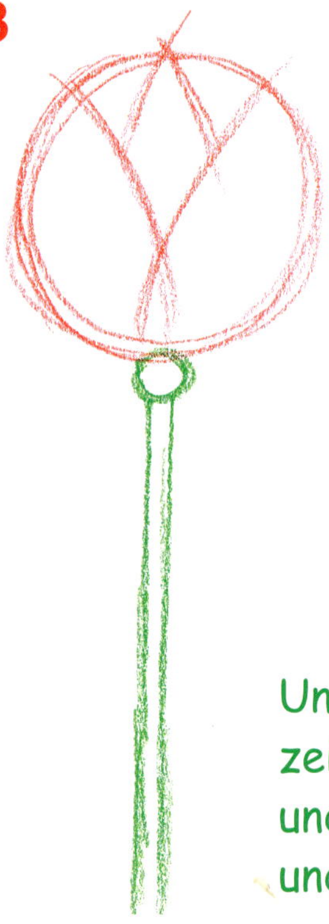

Ein Schwung hin und ein Schwung her,
und ein Gipfel ist nicht schwer.

Unter unser Tulpenköpfchen,
zeichnen wir ein grünes Knöpfchen
und den Stängel ganz gerade
und nicht krumm, das wär' doch schade!

4

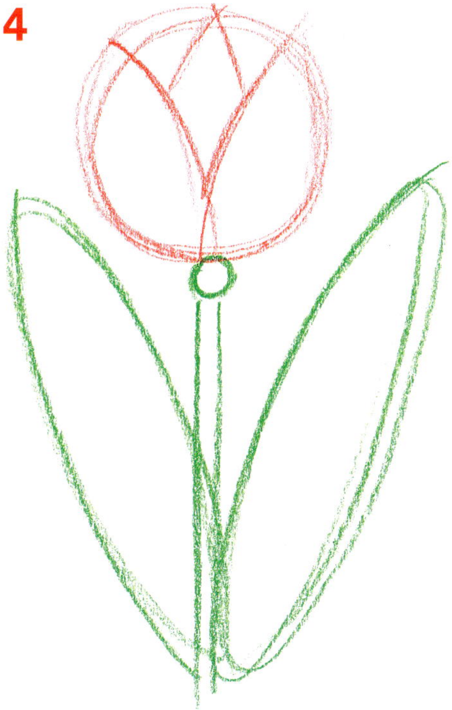

Eine schöne Tulpe hat
links ein Blatt
und rechts ein Blatt.

5

Was die besten Striche waren,
wird nun kräftig nachgefahren.
Tulpe fertig, bitte sehr!

Nein, jetzt noch die Farben her!
Blüte rot und Blätter grün,
So schön soll die Tulpe blüh'n!

Hühnervolk

1

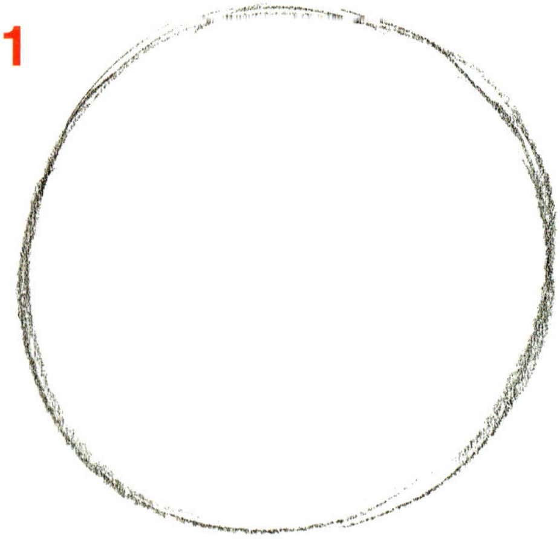

Das ist ein Kreis. Und nun,
was soll'n wir mit ihm tun?

2

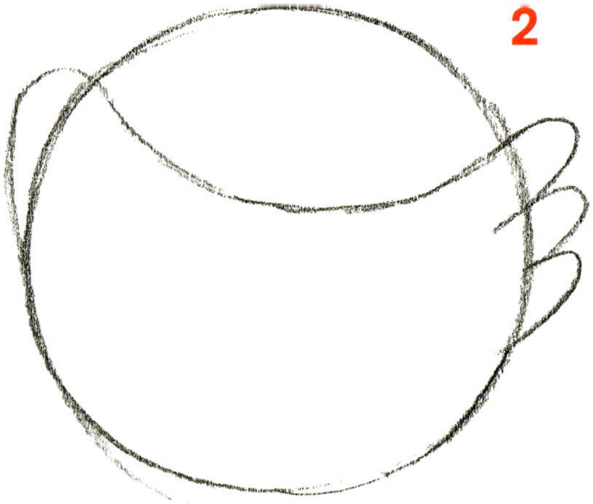

Da zeichnen wir ein Huhn hinein.
Zuerst das Federkleid allein.

3

Sodann kommt alles andre dran,
was so ein Huhn noch brauchen kann.

Den Kreis, den brauchen wir nicht mehr.
Schnell ausradiern und Farbe her!

1

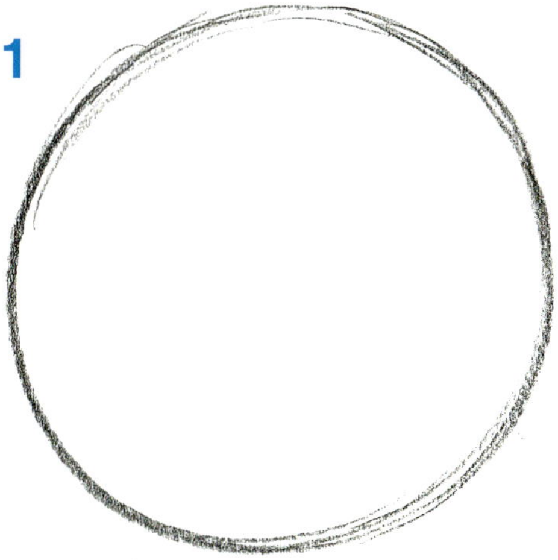

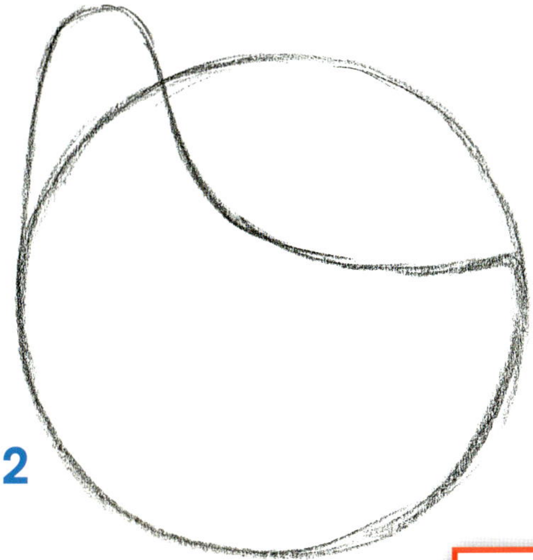

2

3

Kikeriki!
Der stolze Hahn
fängt so wie eine Henne an.

Kikeriki!
Doch kriegt er dann
den bunten
Hahnenschwanz daran.

Küken

Kreise, Kringel: immer zwei.
Dreieck, Striche:
Eins, zwei, drei
kommt die Kükenschar herbei!

1

2

Köpfchen tief und Flügel strecken:
Gibt es hier was zu entdecken?

1

2

Hoch das Schwänzchen, denn da vorn
liegt bestimmt ein Futterkorn!

1

2

Wie betrübt das Küken guckt!
Hat das letzte Korn verschluckt.

Pferd

1

So sieht das am Anfang aus.
Und so wird ein Pferd daraus:

2

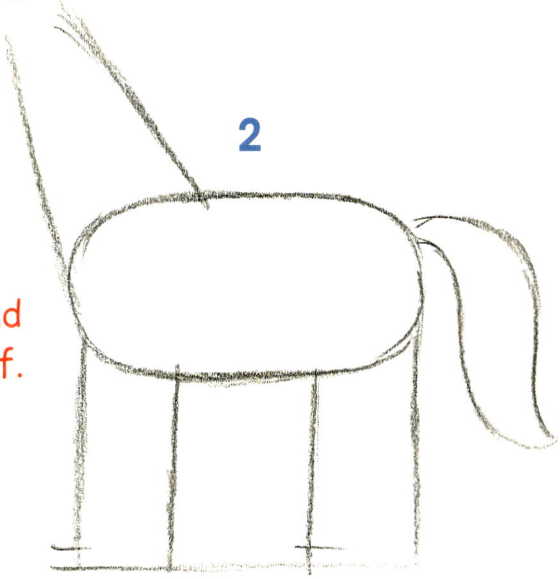

Hier der Hals und
dort der Schweif.

Unten Beine, dick und steif.

3

Kopf und Mähne oben drauf.
Dann stellt es die Ohren auf.

Und auf schnellen Pferdehufen
trabt es her, wenn wir es rufen.

Miau!

Katzen laufen, Katzen kratzen:
Jede Katze hat vier Tatzen.
Sitzt die Katze, sieht man zwei.
Doch man zeichnet erst ein Ei.

Pfoten, Kopf und Katzenschwanz.
Eine Katze? Noch nicht ganz!
Denn sie hat noch kein Gesicht.
Tatzen hat sie auch noch nicht!

Aber jetzt! Ein Fell, und dann
fängt sie gleich zu schnurren an!

1

2

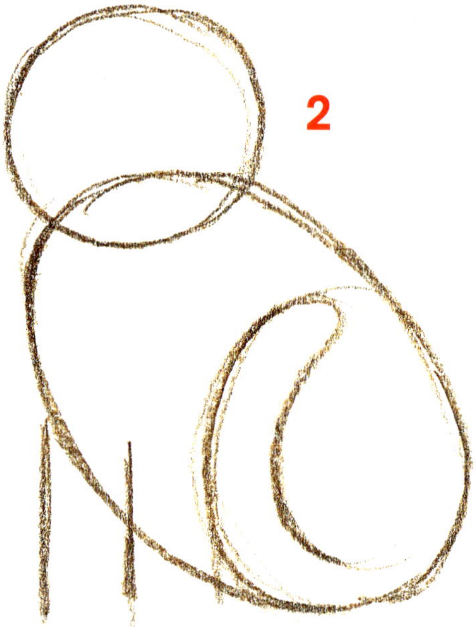

3

1

2

3

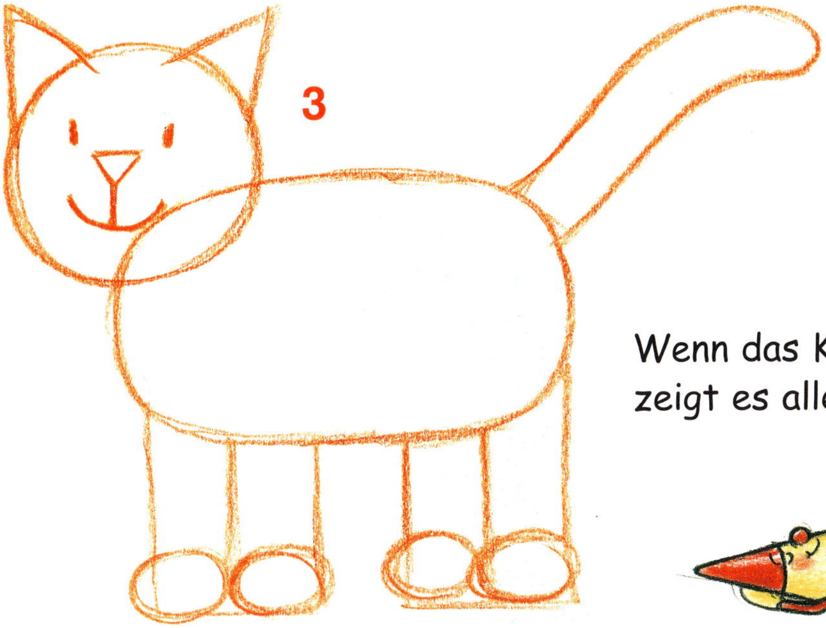

Wenn das Kätzchen vor uns steht,
zeigt es alle Pfoten. Seht!

1

2

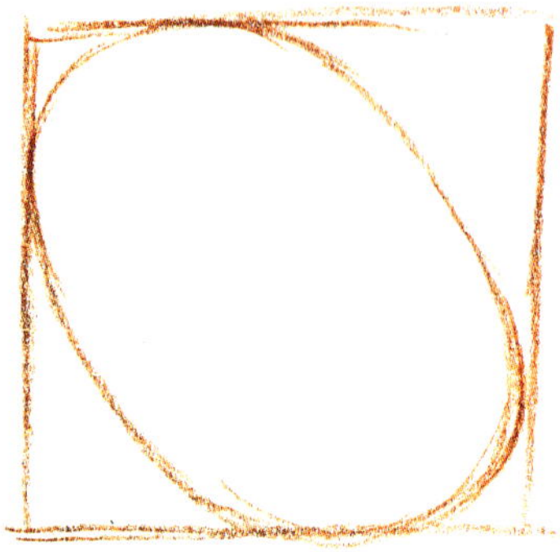

Schau, so zeichnen wir den Hund:
einmal eckig, einmal rund!

3

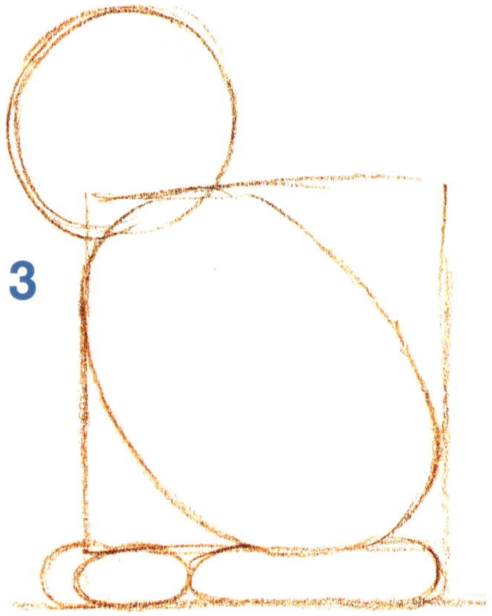

4

Pfoten drinnen, Kopf hinaus.
Hinten schaut das Schwänzchen raus.

5

Ohren eckig, Schnauze rund:
Bello, sitz! Ja, braver Hund.

Bello und Flecki

1

2

3

Und da sehn wir Flecki stehen.
Wer will mit ihm Gassi gehen?

Käferle

Kringel, Kreis und noch zwei Kringel:
Was wird das denn für ein Schlingel?

1

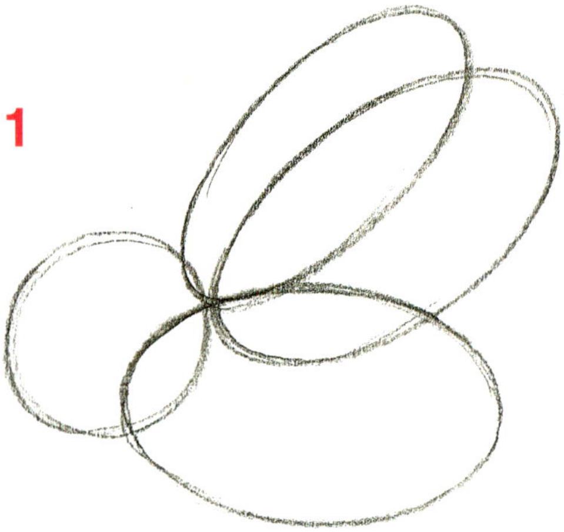

2

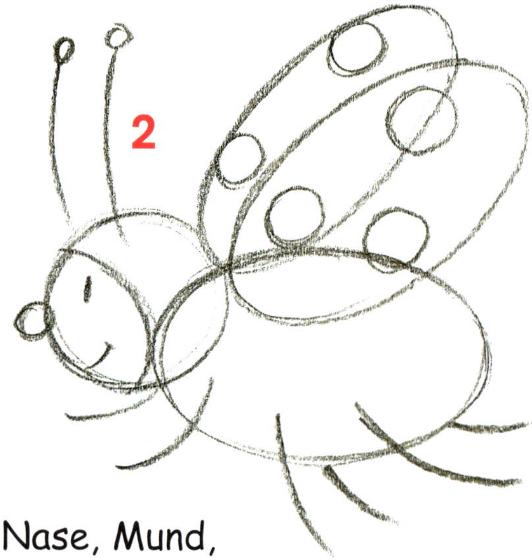

Fühler, Beinchen, Nase, Mund,
dann die Punkte dick und rund.

3

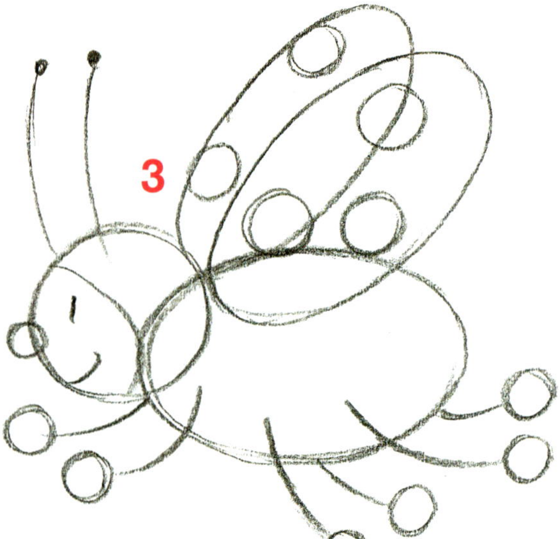

Zeichne ihm noch Füßchen dran,
weil er sonst nicht krabbeln kann!

Schmetterling

1

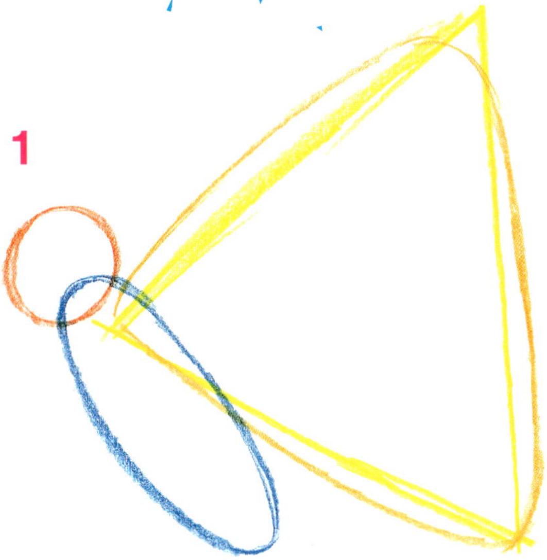

Ein Kringel lang, ein Kringel rund,
das Dreieck für die Flügel und

2

die Fühler vorne, unten kleine
Füßchen an die dünnen Beine.

Was für ein hübsches
Flatterding
ist unser bunter
Schmetterling!

Die Schnecke hat ein Haus,
da guckt sie manchmal raus.
Doch wenn wir jetzt beginnen,
da bleibt sie erst mal drinnen.

Schnecke

1

Das wird eine Spirale.

2

Fang unten an und male
nach innen und zur Mitte.
Und immer rechts rum, bitte!

3

4

Das wird der Kopf und das der Bauch,
der aussieht wie ein kleiner Schlauch.

5

Nun streckt sie noch die Fühler aus.
Dann guckt aus ihrem Schneckenhaus
vergnügt die kleine Schnecke raus.

Frosch

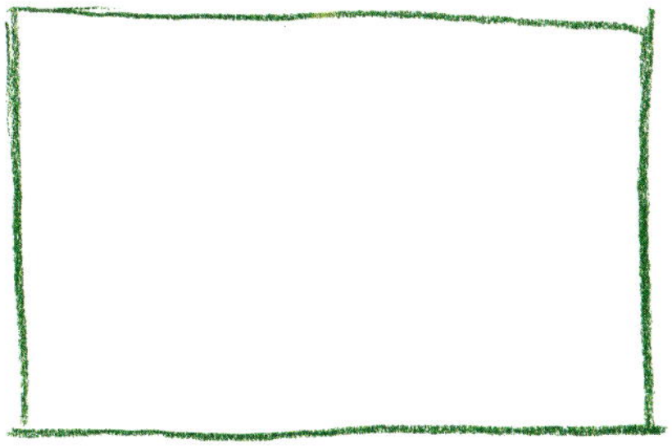

1

Der Kasten ist noch leer.

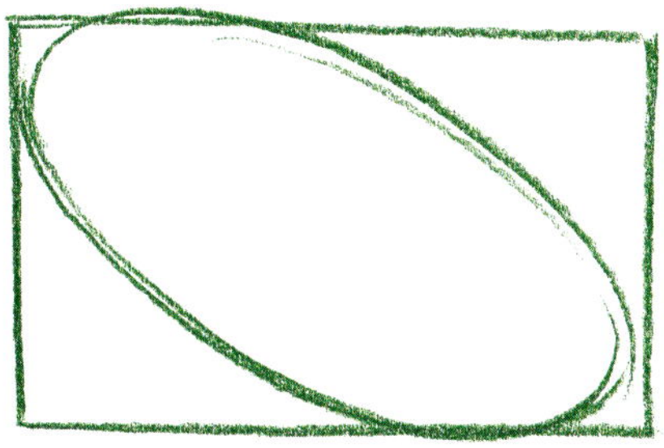

2

Da muss ein Kringel her.

3

Was schaut da oben raus?

4

Was wird da unten draus?

5

Ein Bein zuerst allein,
und dann das zweite Bein.

6

Ein Maul, mit dem er quakt.
Und hörst du, was er sagt?

Nimm Grün und Gelb und quak mich an,
damit ich lauter quaken kann!

Igel

1

Ich brauche einen Eierbauch
und eine spitze Nase auch.

2

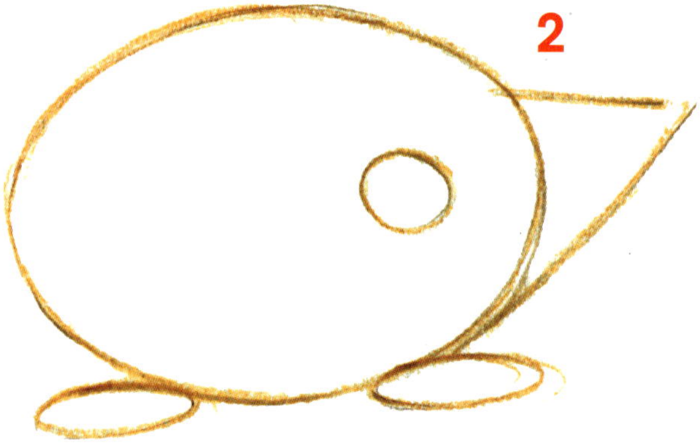

3

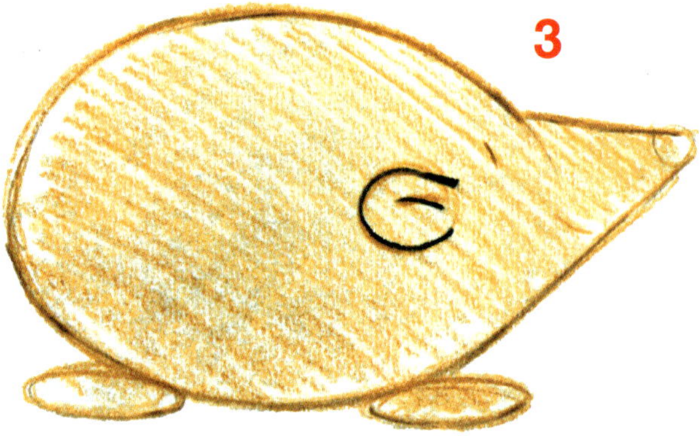

Da unten Füße, hier das Ohr.
Bald kommen Stacheln. Doch zuvor
malst du mich bitte rundum an.
Erst dann die schwarzen
Stacheln dran!

Nun fehlt mir nur noch
das Gesicht.
Doch bitte Vorsicht,
Igel sticht!

Mäuschen

1

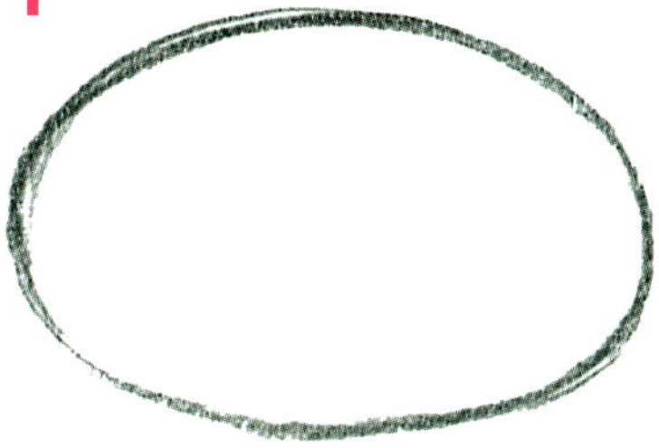

2

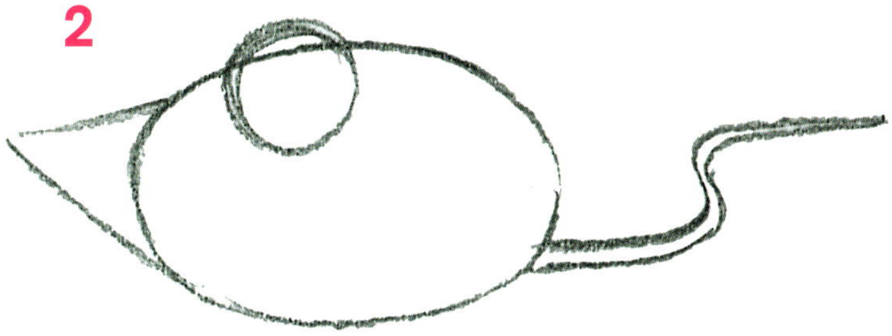

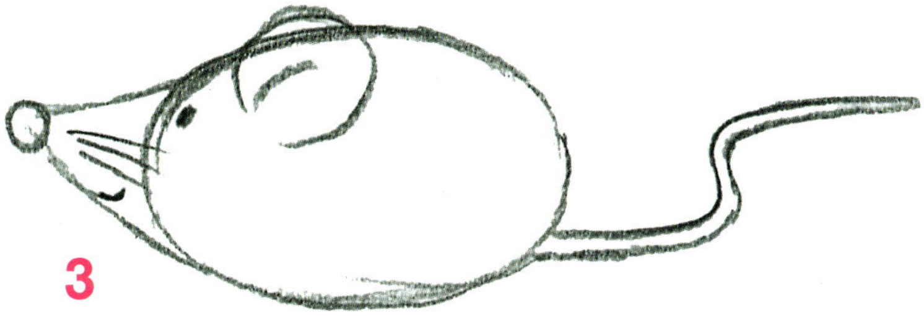

3

Die Spielzeugmaus hat keine
Spielzeugmäusebeine.
Sie rutscht auf ihrem Bauch.
Na also. Geht doch auch!

Fliegenpilz

1

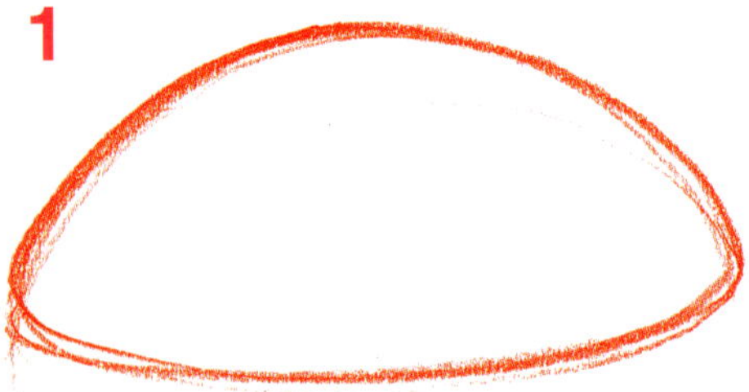

2

Ein jeder Pilz hat einen Hut
und einen Stängel drunter.
Und stellt sich jemand unter,
wird er nicht nass und hat es gut.

3

Ein jeder Pilz hat einen Hut,
doch mancher macht uns krank.
Vom Fliegenpilz weiß Gott sei Dank
ein jeder: Tut nicht gut!

Fuchs

1

2

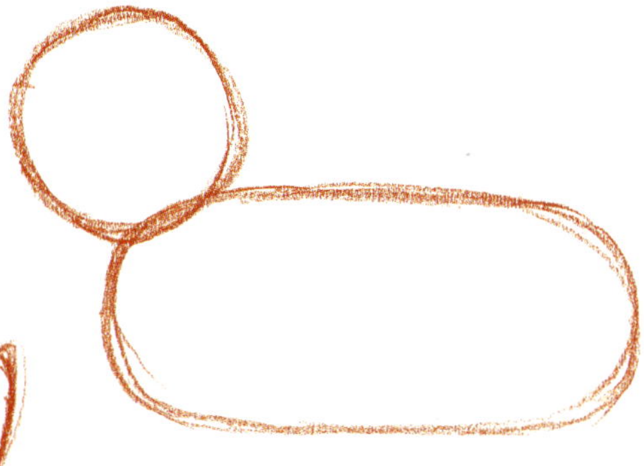

Walze, Kugel drauf und flugs
wird daraus der kleine ...

Hase.

3

Hase?

4

Kurze Ohren, spitze Nase?
Und dazu der dicke Schwanz?
Nein, das ist ein Fuchs!

Von oben, von unten

Von oben seh'n wir gut
vom Pilz den großen Hut.

1

2

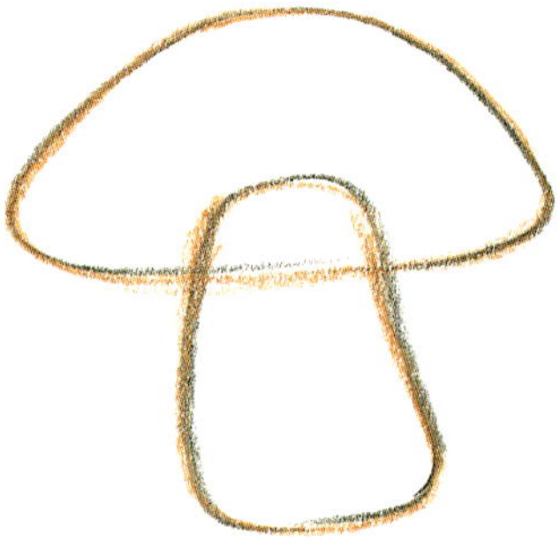

1

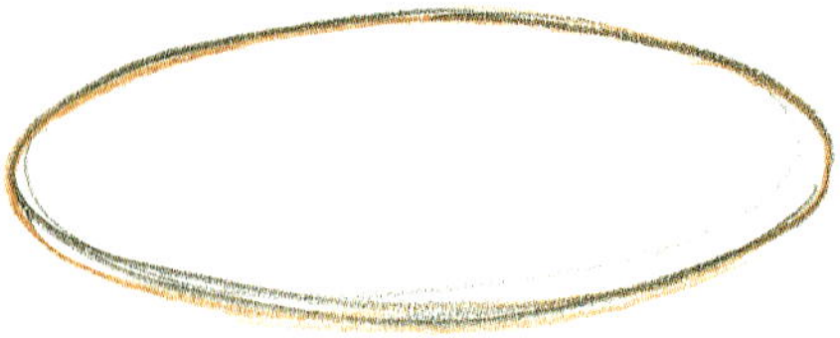

2

Jetzt machen wir uns klein
wie eine kleine Maus.
Und schaun von unten rein.
So sieht der Pilz dann aus!

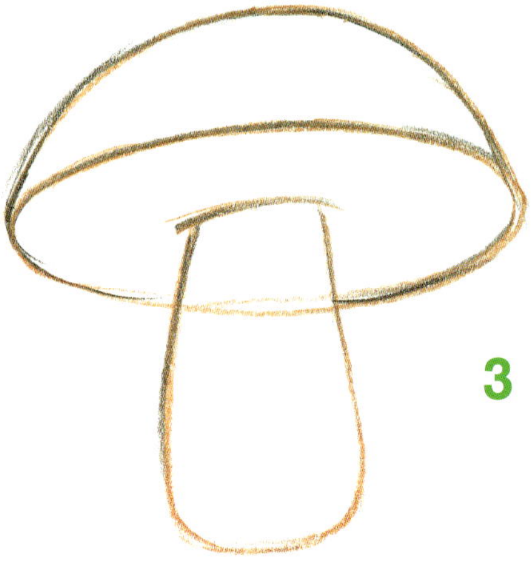

3

Eule

1

Das Ei, das sitzt da ganz allein:
Das Ei will eine Eule sein!

2

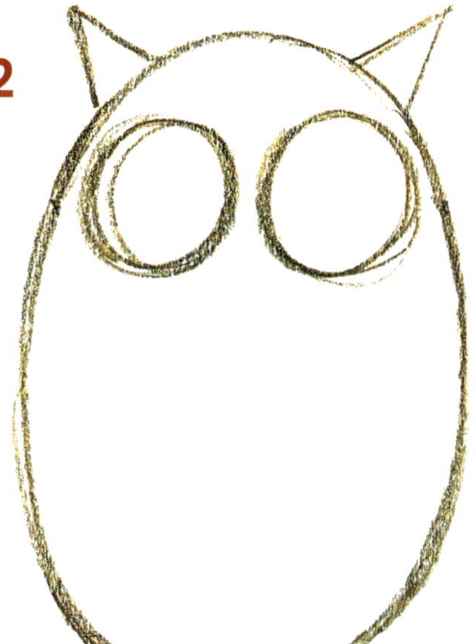

Da zeichnen wir ihm Augen ein:
ganz groß, dafür die Ohren klein.

3

Zwei Flügel kommen außenrum.
Zwei Füße, da fällt sie nicht um.
Der Schnabel und das Federkleid.
Und Farbe! Schau, es ist soweit.

Da sitzt die Eule ganz allein.
Jetzt schau doch nicht
so finster drein!

Eichhörnchen

1

Das Eichhörnchen
im Walde rief:
Das Ei im Viereck
ist ja schief!

2

Das muss so sein! Wir zeichnen hier
gerade doch ein Bild von dir!
Der Kopf kommt in die Ecke rein.
Hier sind die Pfoten, groß und klein.

3

Dort in den Kreis den Kuschelschweif
und da die Ohren, schmal und steif.

Das Eichhörnchen ruft: Wunderbar!
Das sieht mir ähnlich, wirklich wahr!

Tannenbaum

Wer ein Dreieck zeichnen kann,
pflanzt ein Tannenbäumchen an.

Zeichne einen Baumstamm auf
und das erste Dreieck drauf.
Nun das zweite in die Mitte
und dann oben drauf das dritte.

Soll die Tanne höher sein, zeichne noch mehr Äste ein!

Laubbäume

Ein dicker Stamm, wie schön zum Klettern!
Darauf ein Wuschelkopf aus Blättern.
Der Baum hat eine grüne Krone
und nur im Winter ist er ohne.

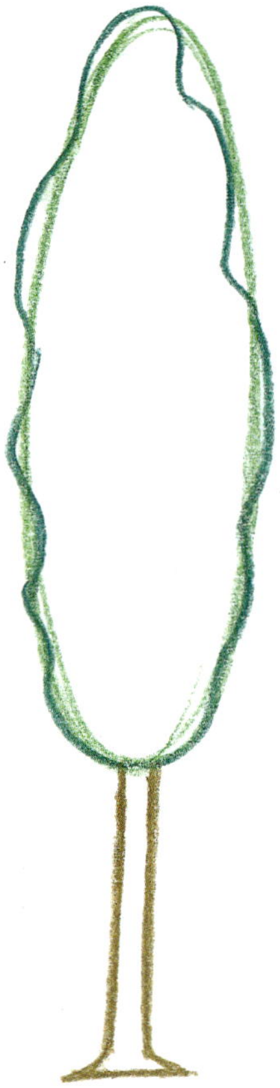

Häschen

1

Zeichne hier ein großes Ei

2

und ein kleines. Das sind zwei.

3

Ohren, Schwänzchen, Pfoten dran:
lauter Kringel. Sieh mal an!

Hasenfell und dann ein Näschen:
Fertig ist das Hoppelhäschen.

Dinosaurier

Wie lang ein Dinosaurier ist!
Vom Kopf, mit dem der Dino frisst,
bis hinten, wo der Schwanz am Schluss
dann endlich auch mal enden muss!

1

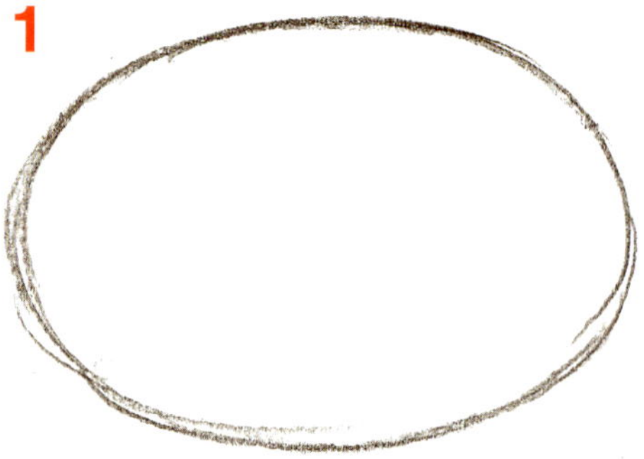

Dazwischen ist der Dino dick.
Wir fangen an mit diesem Stück.

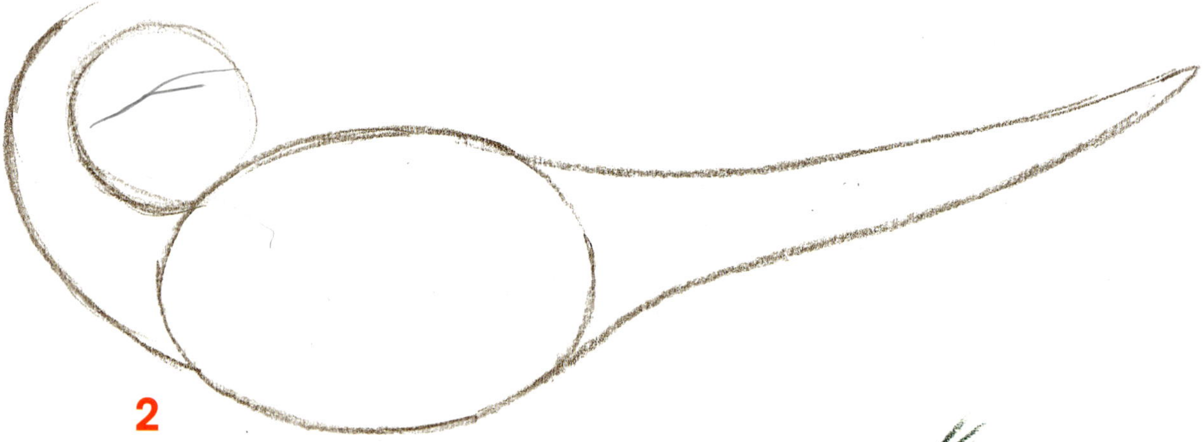

2

Der Hals wird um den Kreis gebogen,
der Schwanz nach hinten lang gezogen.

3

Ein kleiner Kopf darauf und dann
fang mit den vielen Zacken an.

4

Mit seinen Beinen dick und stumpf
versinkt ein Dino nie im Sumpf!

Tyrannosaurus

Schon am Morgen, früh um sechs,
stampft Tyrannosaurus Rex
durch den Wald und brüllt und murrt:
Hunger hab ich, Magen knurrt!

1

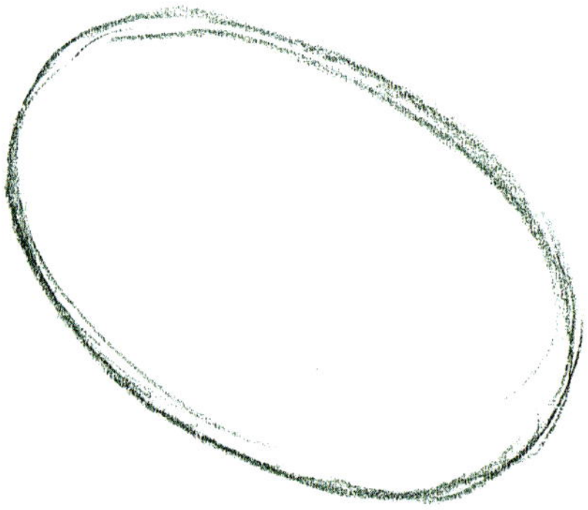

Ich bin ja so fürchterlich!
Nimm ein Ei und zeichne mich!

2

Hinten einen Schwanz daran,
vorne Hals und Kopf und dann
kriegt er starke Hinterbeine.
Aber vorne nur ganz kleine!

3

Bald kommt er daher getappt.
Hat sein Maul schon aufgeklappt!

Was, wenn er jetzt nach mir schnappt?
Ausgestorben! Glück gehabt!

Delfin

1

Mit dem Kringel
fängt es an.
Da kommt gleich
der Schnabel dran.

2

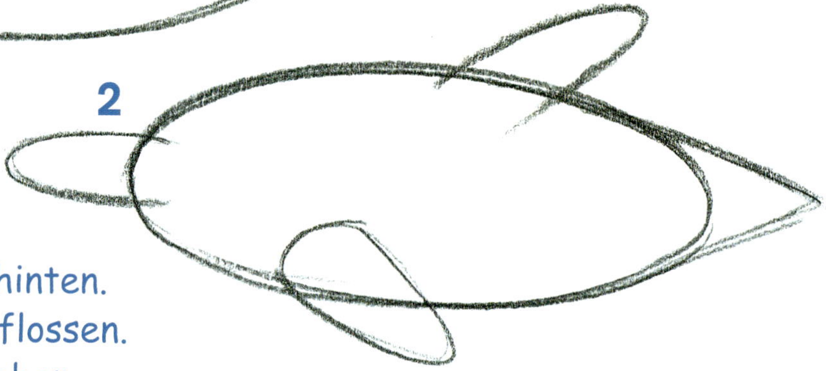

Fluke heißt die Flosse hinten.
Flipper sind die Seitenflossen.
Finne heißt die Flosse oben.
Alles passt wie angegossen!

3

Fertig! Schon kann der Delfin
fröhlich durch die Wellen ziehn.

Dicker Fisch

1

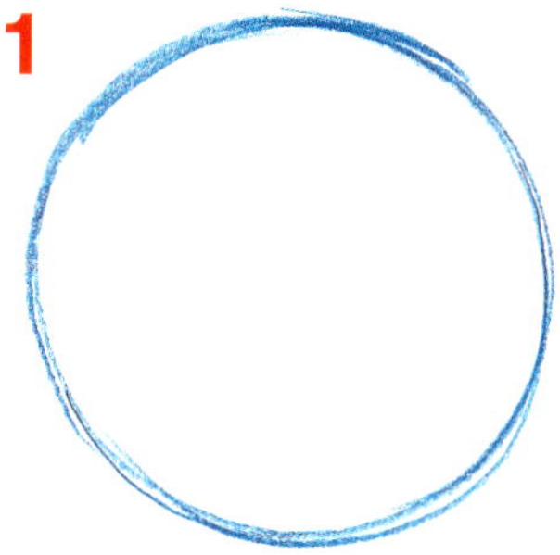

Das hier ist der Kugelbauch.

2

Spitze Flossen rundherum.

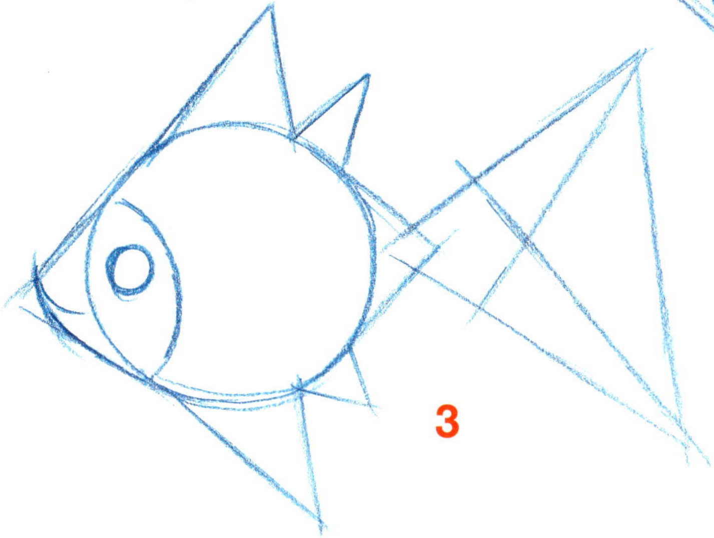

3

Mund und Augen braucht er auch.
Los jetzt, ins Aquarium!

Toller Hecht

1

Auch lange Fische waren mal
nur so ein längliches Oval.

2

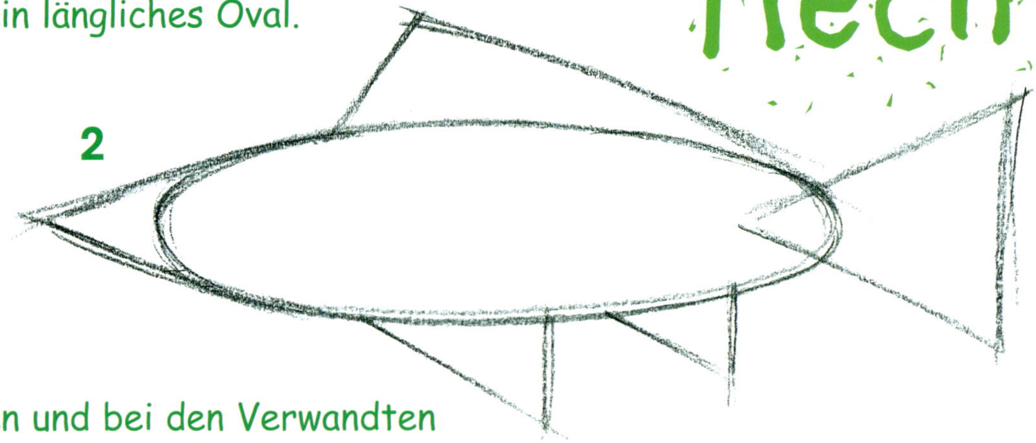

Bei ihnen und bei den Verwandten
kriegen Flossen scharfe Kanten.

3

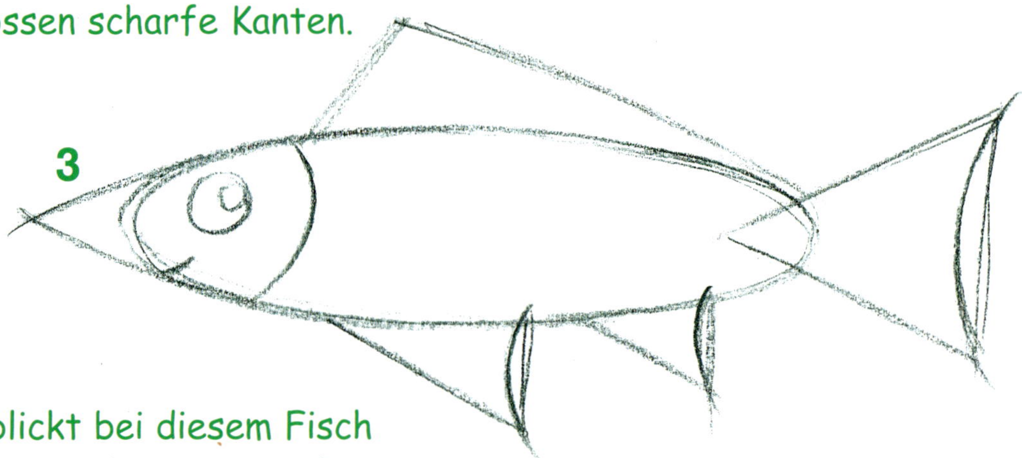

Das Auge blickt bei diesem Fisch
gefährlich und sehr räuberisch.

Ist das nicht echt
ein toller Hecht?

Pinguin

1

2

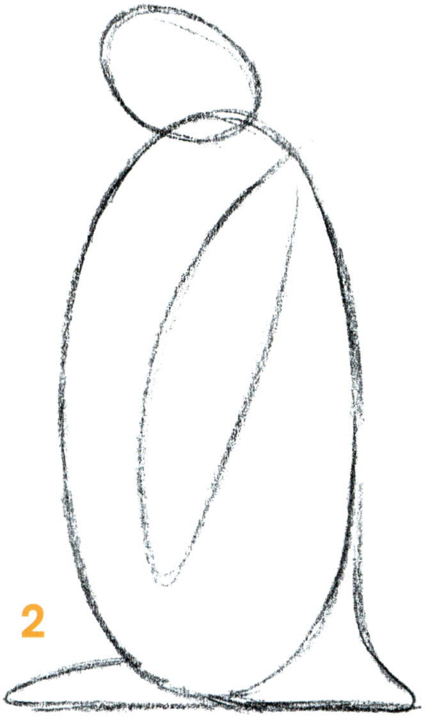

Ein Männlein steht am Südpol
mit einem großen Bauch.
Wir zeichnen Kopf und Flügel
und Schwanz und Füße auch.

3

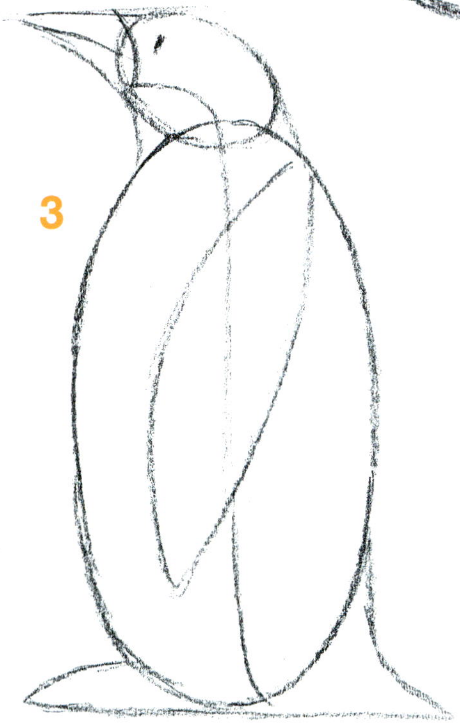

Vorne kommt der Schnabel dran,
Augen, Zehen, Latz und dann
ziehen wir dem Pinguin
den dunklen Anzug an.

Vöglein

1
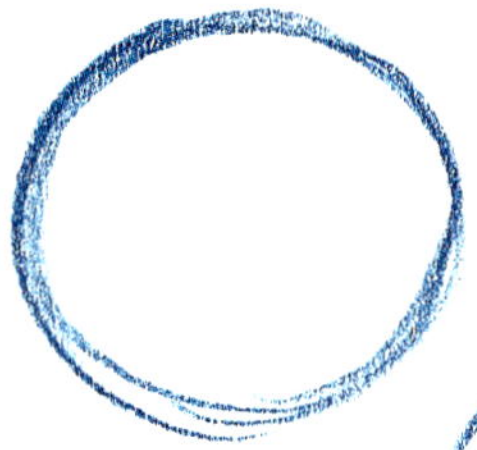

Vöglein flattert,
Vöglein steht.
Schau, ich zeig dir,
wie das geht.

2

3

Will der Vogel
hoch hinaus,
streckt er seine
Flügel aus.

1

Bleibt er lieber stehen, dann
legt er seine Flügel an.

2

Äffchen

Wer ein Äffchen zeichnen will,
möchte, dass es brav und still
ruhig auf dem Boden sitzt,
und nicht durch den Urwald flitzt!

Stell ein Ei am Boden auf.
Setz ein kleineres darauf.
Arm und Bein zuerst und dann
zeichne Hand und Fuß daran.

Kleine Kringel für die Ohr'n,
großer fürs Gesicht da vorn.
Zeichne Finger, Zehen und
Nase, Augen und den Mund.

Und jetzt fehlt nur noch das Fell.

Sitzen bleiben,
das geht schnell!

1

2

3

In Afrika steht unerkannt
ein ziemlich kleiner Elefant.

Elefant

1

2

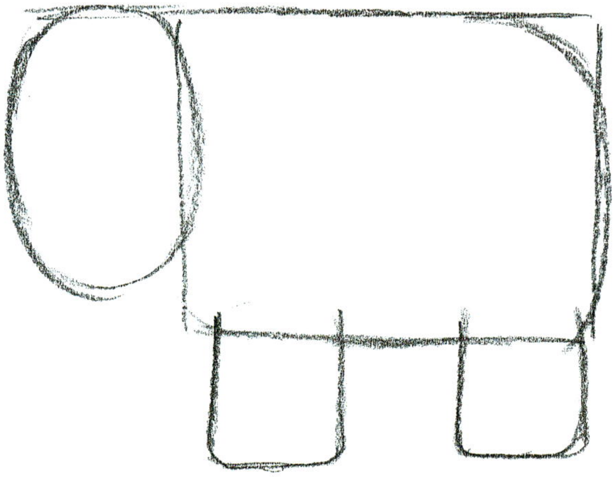

3

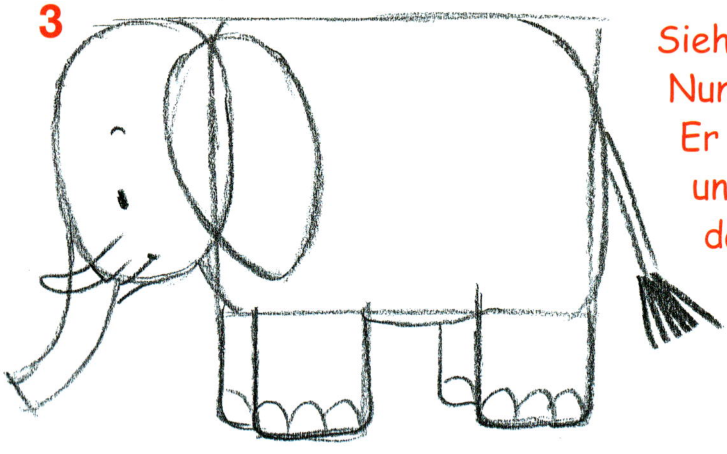

Sieht grad noch wie ein Viereck aus.
Nun schauen Kopf und Beine raus.
Er trägt den Rüssel stolz voran
und hinten hängt
das Schwänzchen dran.

Die Ohren groß,
der Stoßzahn klein –
bald wächst er
und wird größer sein!

Nun sieh mal an! Ein Elefant!
Den habe ich doch gleich erkannt!

Löwe

Das wird ein Löwe, stolz und wild.
So zeichnen wir das Löwenbild:

1

Wir fangen mit dem Körper an.

2

Da kommen Kopf und Beine dran.

3

Beim Löwen werden Kopf und Tatzen
viel größer als bei Miezekatzen!

Rund ums Gesicht die Löwenmähne.
Wo sind die scharfen Löwenzähne?

O nein, die zeigt er
uns nicht her.
Sonst fürchten wir
uns viel zu sehr!

Giraffe

1

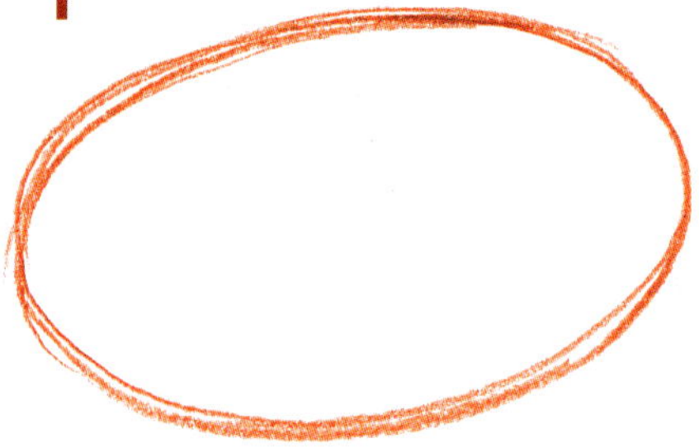

Jedes Tier hat einen Bauch,
also die Giraffe auch.
Damit haben auch die langen
Tiere einmal angefangen!

2

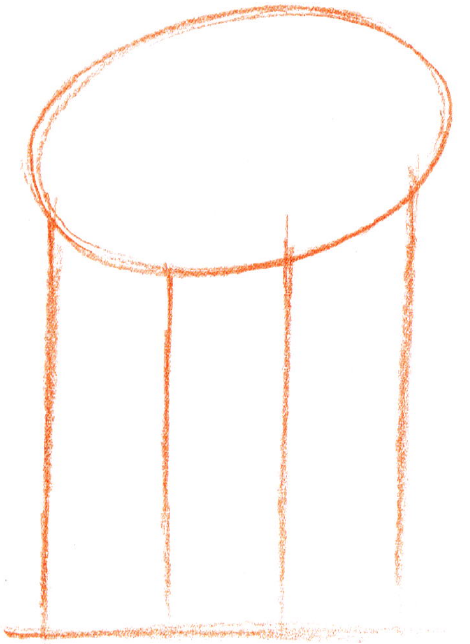

3

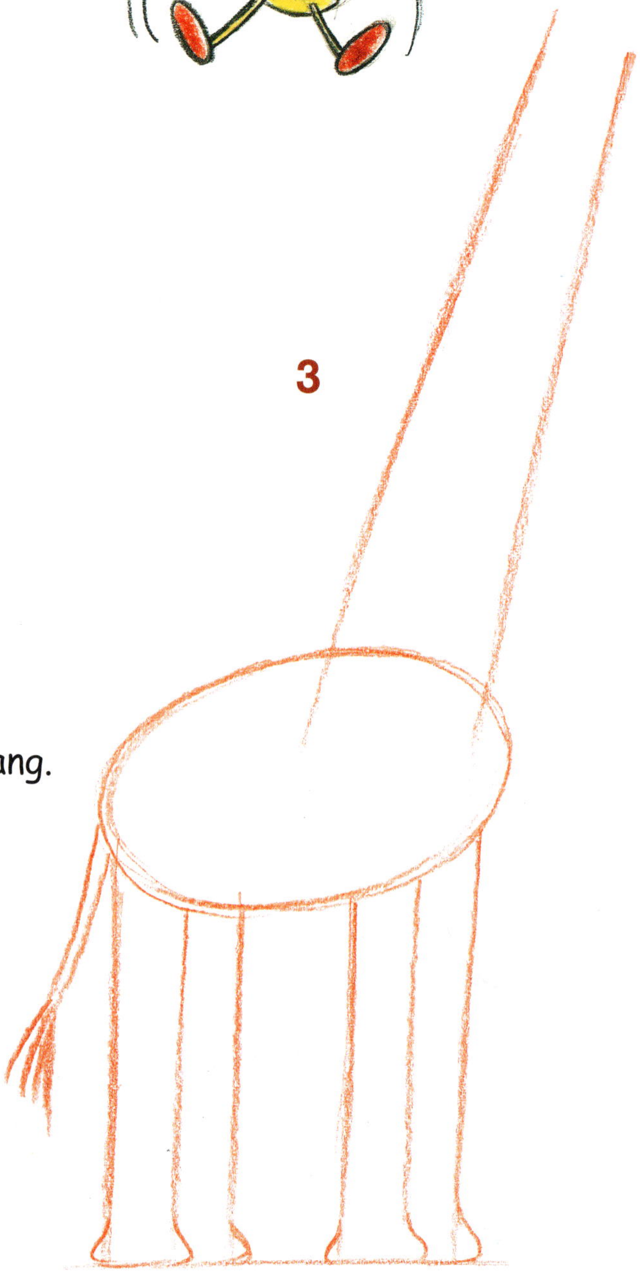

Und für den Giraffengang
braucht es Beine, ziemlich lang.

Aber nichts ist länger als
oben der Giraffenhals.

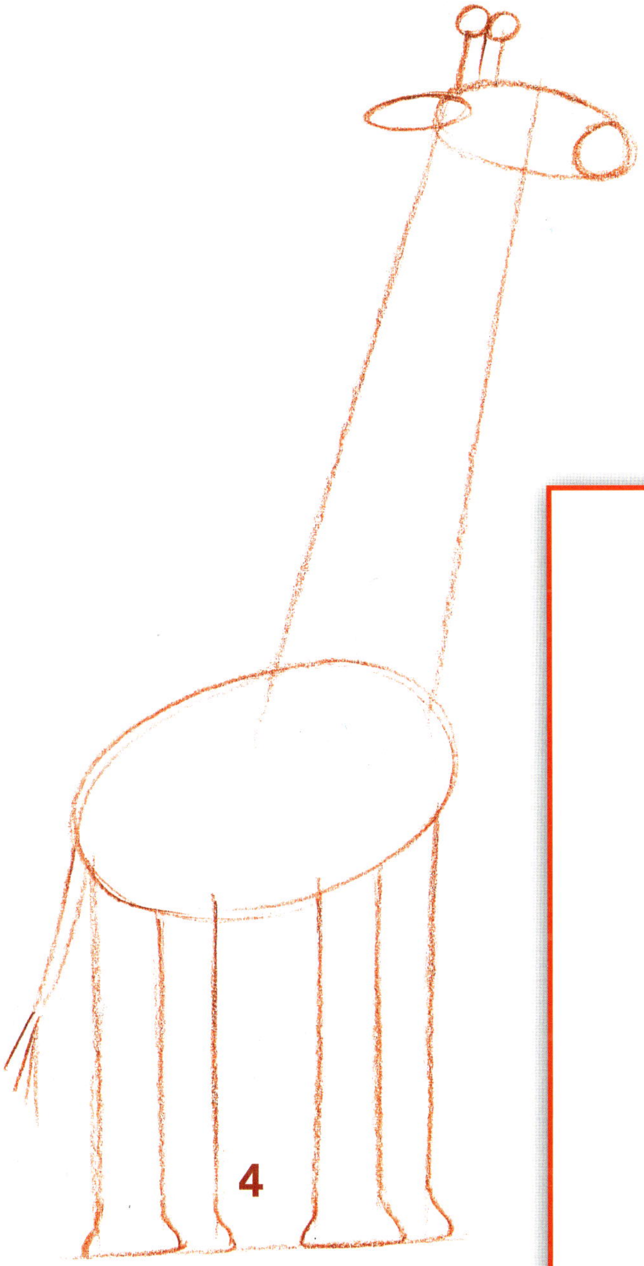

Die Giraffe trägt dort droben
ihren Kopf ganz hoch erhoben.

Hinten kommt das eine Ohr.
Zeichne einen Kringel vor,
einen für die Schnauze vorn,
einen noch für jedes Horn.

Nur noch das
Giraffenfell
und die Mähne.
Ging ja schnell!

So. Da steht sie nun
und guckt.
Dauert lange, wenn
sie schluckt!

Känguru

Das Känguru
hüpft immerzu
und bleibt nur selten stehen.
Schnell zeichnen wir
das Beuteltier
vom Kopf bis zu
den Zehen.

1

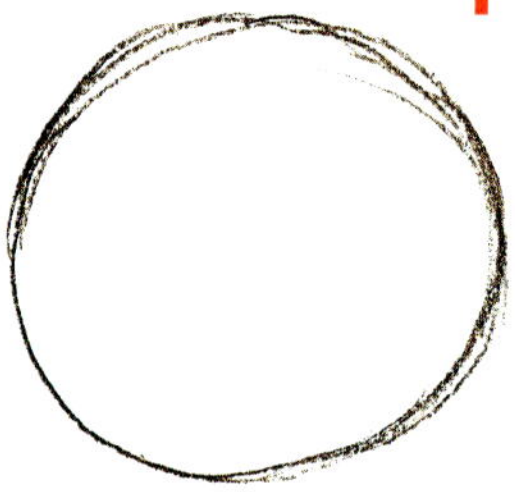

2

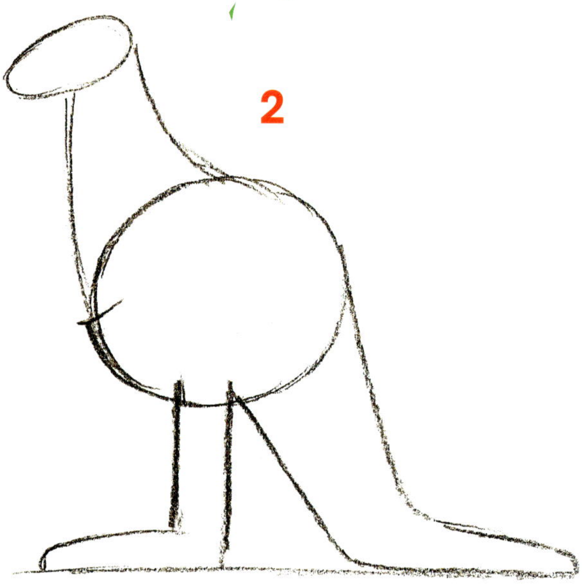

Bald sitzt es ganz
auf seinem Schwanz
und dazu kommen Beine.
Und einen Bauch,
den hat es auch.
Und darin steckt das Kleine.

3

Nashorn

1

Jedes Nashorn hat ganz vorn
auf der Nase so ein Horn.
Doch das Horn kommt später dran.
Wir fangen mit dem Viereck an.

2

Drauf der Kopf und drunter kleine
kurze, dicke Stummelbeine.

3

Hinten kommt der Schwanz und vorn
Ohren, Augen, Mund und Horn.

Kamel

1

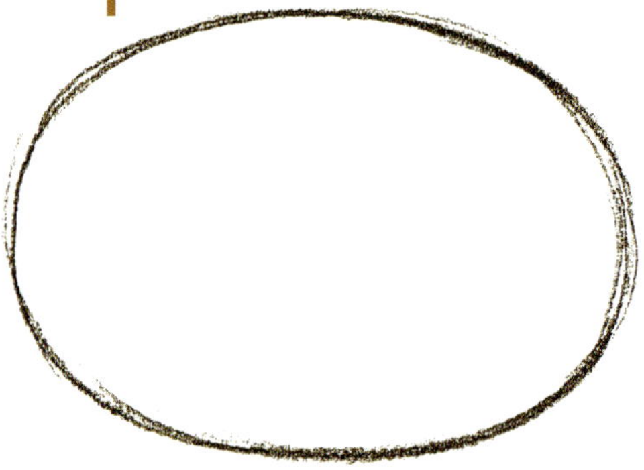

Tief in der Wüste liegt ein Ei.
Wie viele Höcker kriegt es? Zwei!

2

Wie viele Beine kriegt es? Vier!
Was wird das für ein Wüstentier?

3

Da vorne kommt der Hals hervor,
gebogen wie ein dickes Rohr.

4

Da steht nun das Kamel und spricht:
Mir fehlen noch: Kamelgesicht,
die Ohren, Füße und der Schwanz.
Ich bin bereit. Nun mach mich ganz!

Siehst du die beiden Höcker hier?
Deshalb bin ich ein Trampeltier!
Mit einem wäre ich, ganz klar,
bloß so ein dummes Dromedar.

Lastauto

1

Vorne hoher Kasten, hinten breiter Kasten.
Vorne für den Fahrer, hinten für die Lasten.

2

Vorne wird daraus
unser Fahrerhaus.

Vorne ist er leicht.
Dieses Rad hier reicht.

Hinten ist er schwer,
und da braucht er mehr.

3

Zeichne nun ganz klein
einen Kreis hinein.
Und nun sieht ein jeder:
Da dreh'n sich die Räder.

4

Vorne kommt die Tür.
Hinten müssen wir
alles fest verschnüren.
Bitte nichts verlieren!

Auto

1

Fang mit einem Viereck an.
Teil es mit zwei Strichen ein.
Unten zeichnest du die Räder,
oben Dach und Fenster rein.

2

3

Zeichne in den weißen Fleck
Kühlerhaube, Türen, Heck.

Und wenn alle drinnen sind,
Vater, Mutter, Hund und Kind,
fährt das Auto weg.

Cabriolet

Das Cabriolet ist
rund und flach
und es braucht
kein Wagendach.

1

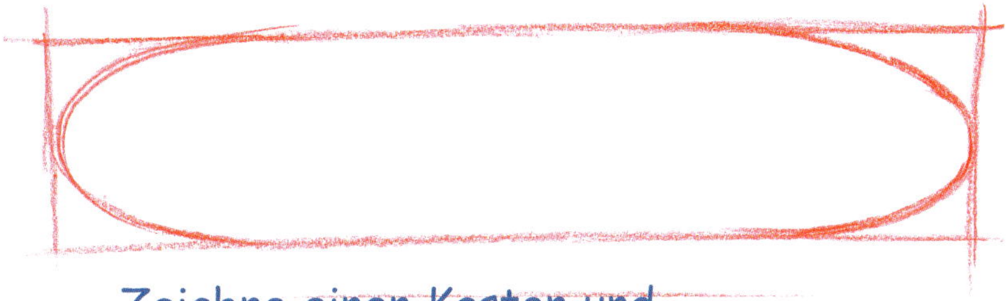

Zeichne einen Kasten und
vorn und hinten alles rund.

2

Zeichne oben
eine spitze
Windschutzscheibe.
Und die Sitze!

Unten Räder, vorn das Licht.
Alles dran? Noch lange nicht!

Fertig.
Bitte Sonnenschein,
denn sonst regnet
es herein!

3

Traktor

Der alte Traktor fährt nicht mehr.
Was wünscht sich da der Bauer?
Es muss ein neuer Traktor her!
Sonst ist der Bauer sauer!

1

Wir fangen mit zwei Kästen an,
da passt der Traktor rein.
Da unten kommen Räder dran,
eins groß und eines klein.

Und was muss sonst noch alles dran,
damit der Bauer fahren kann?

Wir zeichnen ihm ein Fahrerhaus
und nun das Lenkrad rein.
Denn sonst geht's immer gradeaus
und über Stock und Stein!

2

Den Auspuff ziehen
wir ganz hoch,
sonst stinkt's
im Fahrerhaus!

Dann zeichnen wir
die Reifen noch,
sonst rutscht
der Traktor aus.

Nun malen wir den Traktor an.
Das haben wir doch gern getan!

Hubschrauber

1

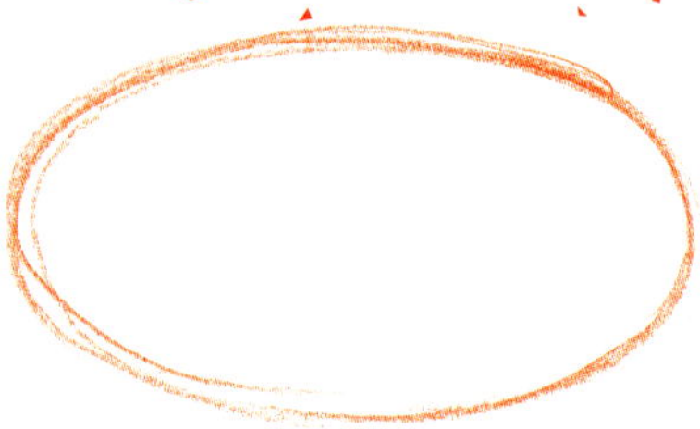

Das wird ein Ei, das fliegen kann!

Du zeichnest einen Schwanz daran.

2

Da drinnen brummen die Motoren
und außen drehn sich die Rotoren.

3

Da unten kommen Kufen dran,
damit er wieder landen kann.

Dampfer

1

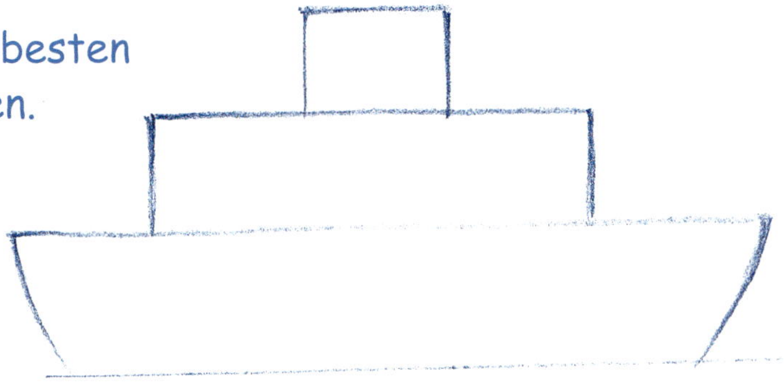

Den Dampfer zeichnen wir am besten
ganz am Anfang mit drei Kästen.
Da vorne ist der Bug gebogen.
So geht es schneller
durch die Wogen.

Dann zeichne Fenster
und den Kran
und Wellen.
Male alles an.

So dampft er fröhlich
auf dem Meer
nach Afrika
und wieder her.

2

Segelboot

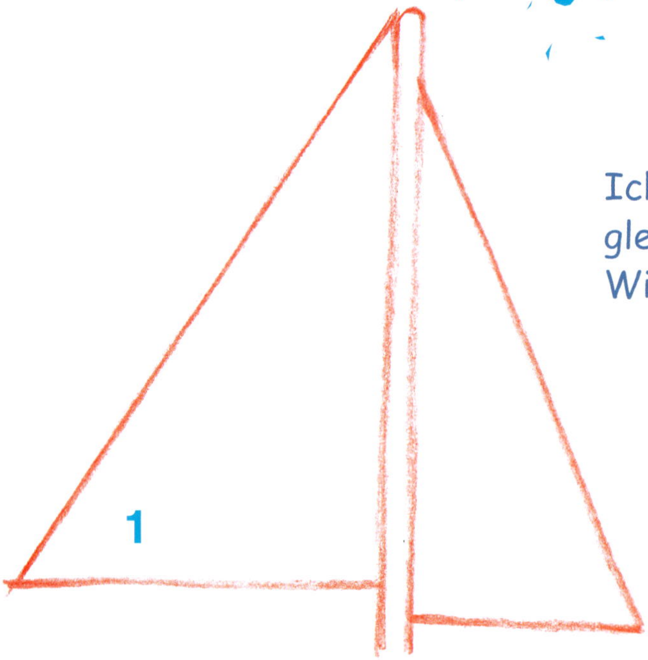

1

Ich spür es schon,
gleich kommt der Wind.
Wir bauen uns ein Boot geschwind!

Ein Dreieck groß und eines klein.
Dazwischen kommt der Mast hinein.

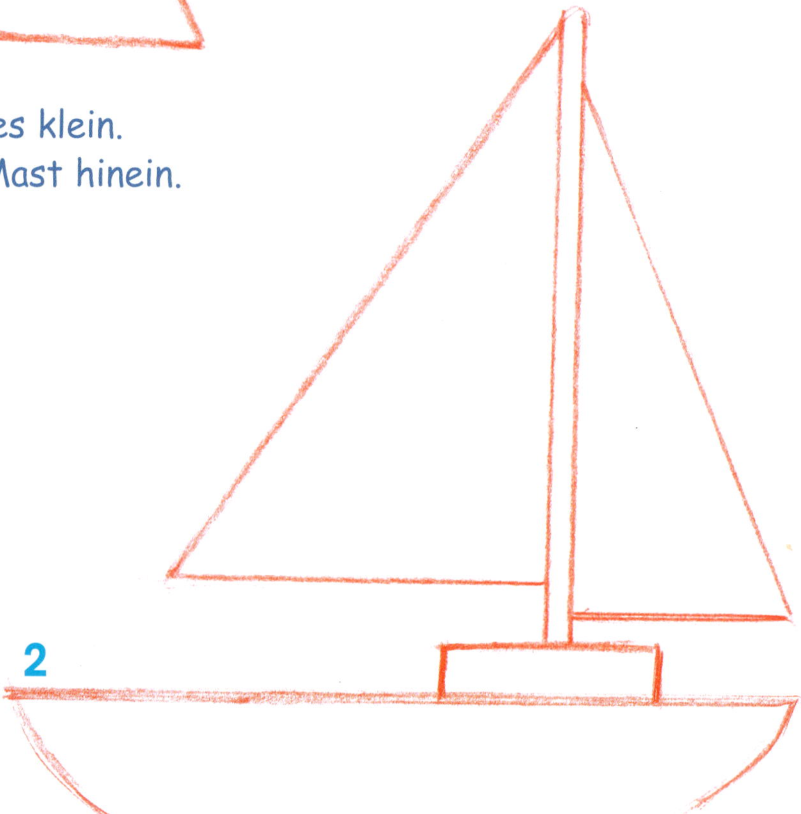

2

Nun setzen wir den Segelmast
auf unser Boot. Wie gut das passt!

Und jetzt noch die Kabine bauen,
mit Fenstern, um hinauszuschauen.

Die Wellen tanzen hin und her
und auf ab und übers Meer.

Da kommt der Wind!
Die Taue spannen!
Schon segelt unser Boot
von dannen.

3

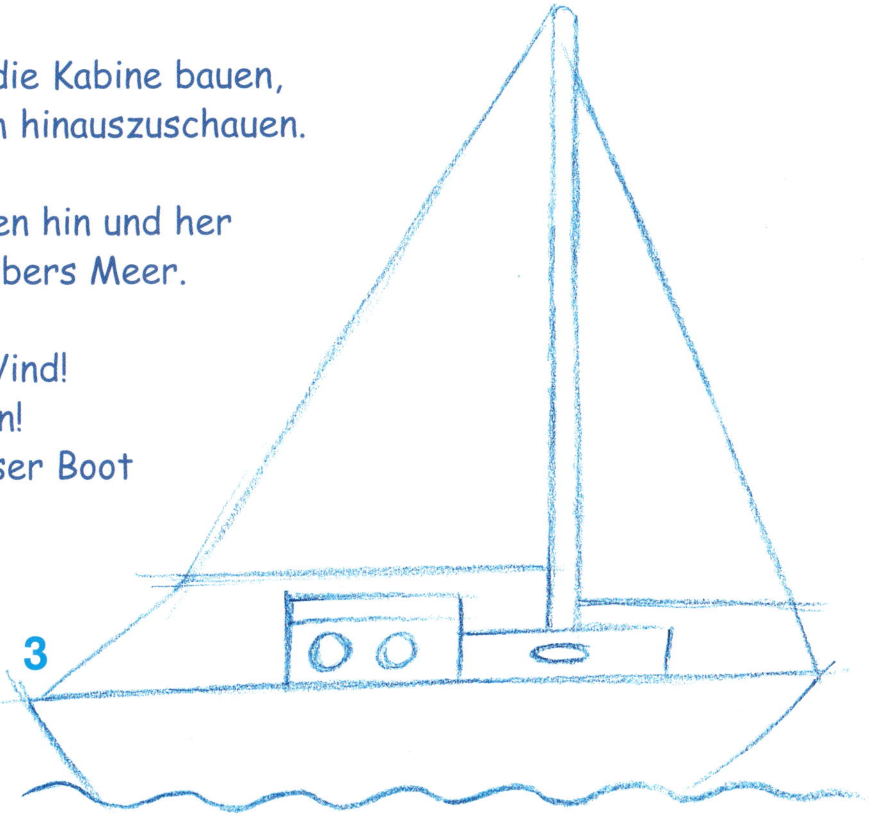

Ritterburg

Ritter Kuno baut sich eine
Burg und dafür braucht er Steine.
Außerdem noch einen Plan:
Mit drei Türmen fängt er an.

1

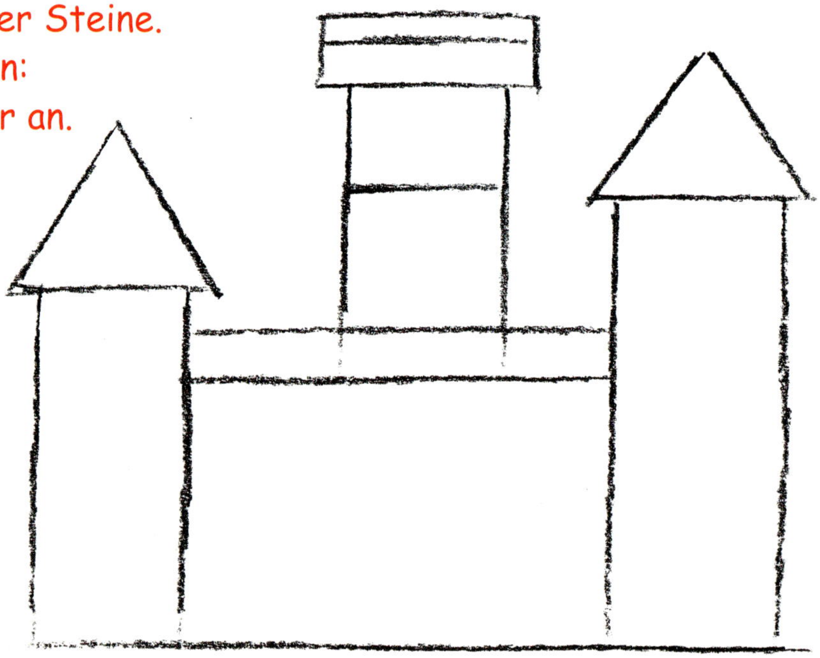

Oben drauf das Hütchendach,
nur der große Turm bleibt flach.
So. Dann macht der Burgenbauer
Tür und Fenster
in die Mauer.

2

3

Zimmert sich das Tor aus Holz,
mauert Zinnen Stein auf Stein.
Oben wehen Fahnen stolz.
Unten lässt er keinen rein!

Teddybär

1

Womit macht ein Teddy Brumm?
Mit dem dicken Bauch!
Aber Arme, Kopf und Beine
braucht ein Teddy auch.

2

3

Sieben Kringel kriegt der Bär:
ein Mal Schnauze,
zwei Mal Ohren,
vier Mal Pfoten.
Bitte sehr!

4

Binde ihm die Schleife um.
Was macht Teddy?
Brumm, brumm, brumm!

Mädchen

1

2

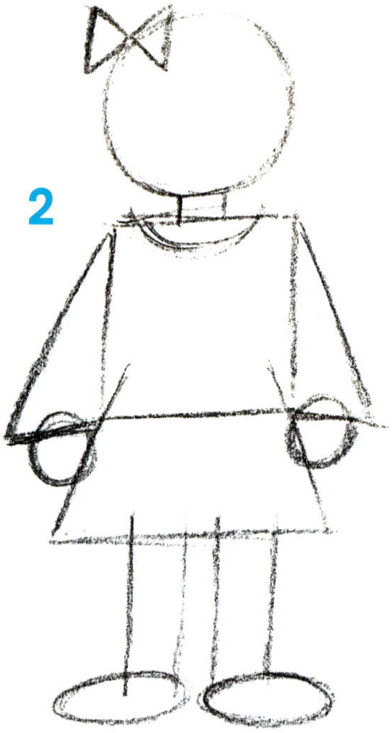

3

Das ist Monika und hier
zeichnen wir ein Bild von ihr.

Fang mit Kreis und Kasten an.
Dreiecke als Ärmel dran,
Kugelhände, aber kleine!
Unten kommen Rock und Beine.

Zeichne das Gesicht und dann
ziehe ihr was Hübsches an!

Junge

Dieser Junge hier heißt Klaus
und sieht fast wie Moni aus.

Was ist anders? Oben nur
eine andere Frisur.

Außerdem steckt er in seinen
langen blauen Hosenbeinen.

Prinzessin

Die Prinzessin geht nie ohne
ihre schöne goldne Krone.

1

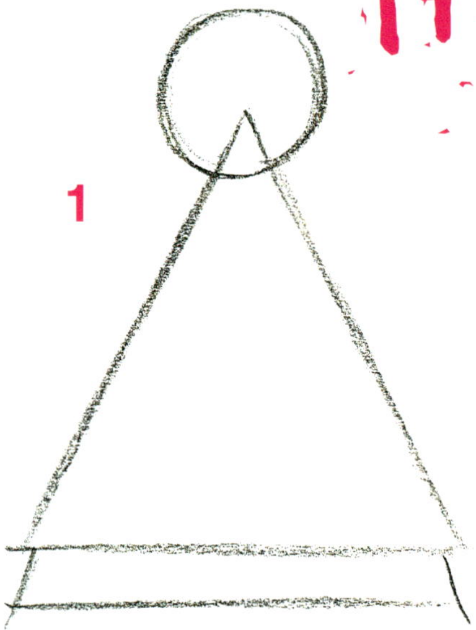

Zeichne erst ein Dreieck auf
und dann einen Kreis darauf.

2

Dann die Füße und die weiten
Ärmel auf den beiden Seiten.
Und das oben auf dem Kopf
wird die Krone und kein Topf!

3

Bin ich hübsch? Nein, ich gehör
unbedingt noch zum Frisör!
Gold und Sterne überall.
Und jetzt auf zum Märchenball!

Hexe

Morgens früh um sechs
wird aus Kreis und Dreieck
eine kleine Hex.

1

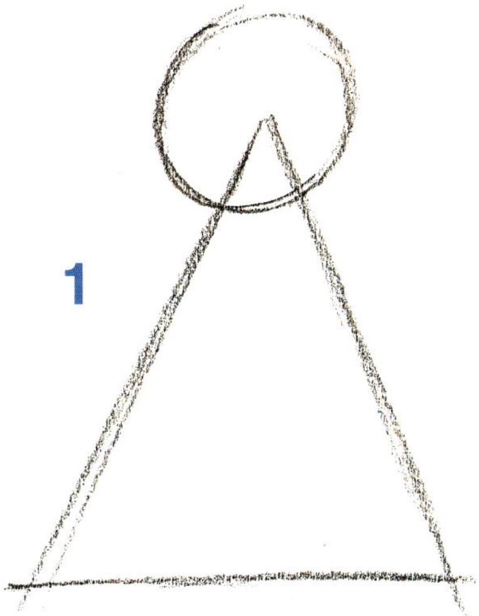

2

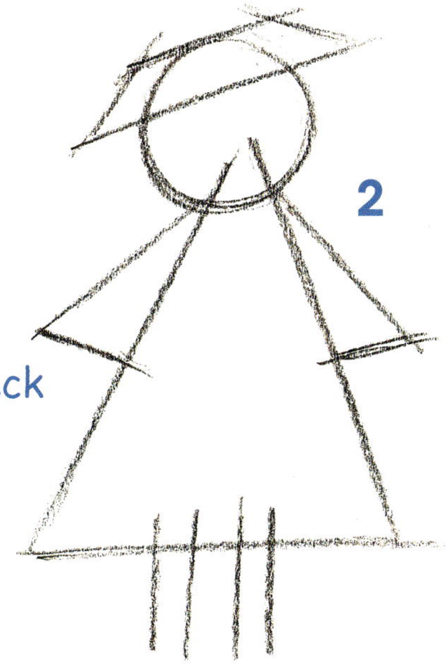

Morgens früh um sieben
steht sie auf den Beinen.
Hexe, hier geblieben!

3

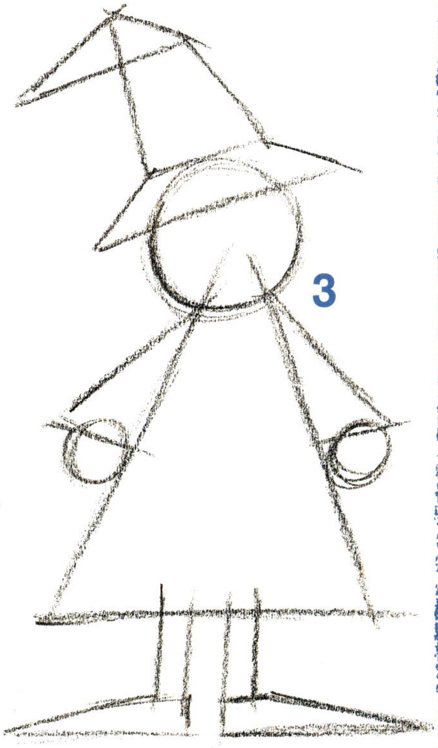

Morgens früh um acht:
Hände, Füße, Hexenhut,
alles schnell gemacht.

4

Morgens früh um neun
kriegt sie auch den Besen.
Da wird sie sich freu'n!

Morgens früh um zehn
ist die Hexe fertig,
kann zur Arbeit gehn!

Zauberer

1

Bitte zaubere mich her!
Komm, ich zeig's dir. Ist nicht schwer.

Denn bei mir ist alles Spitze:
Auf dem Kopf die spitze Mütze,
spitz der Mantel, spitz die Schuh'
und ein spitzer Bart dazu.
Was ich in den Händen hab?
Das ist doch mein Zauberstab!

2

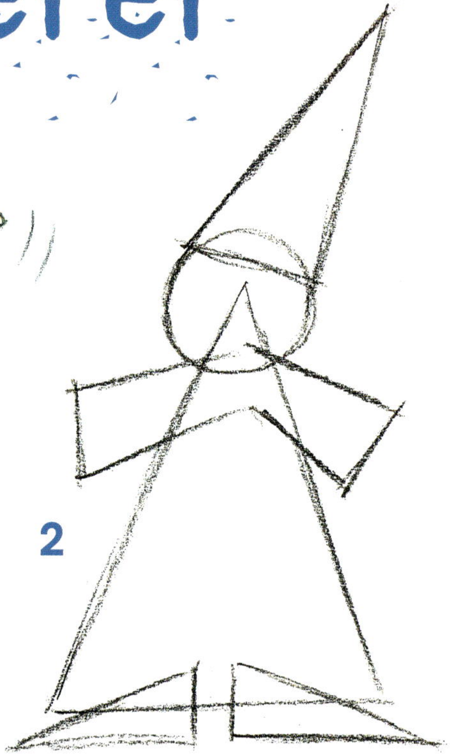

3

Zwerg

1

Wer ein Dreieck
zeichnen kann,
setzt noch eine Kugel drauf.

Ziehe ihm ein Röcklein an,
Setze ihm die Mütze auf.

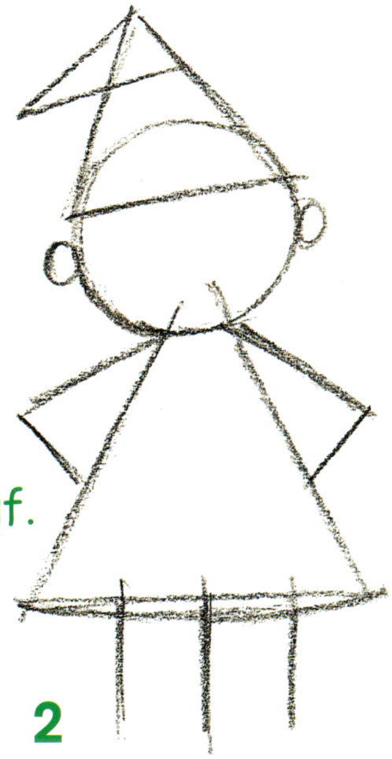

2

3

Gürtel zu! Dann steck ihm kleine
Zwergenschuhe an die Beine.

Zeichne Haare und Gesicht.
Hörst du, was das Zwerglein spricht:

Ach, ich bin ja so allein!
Wer malt mir ein Brüderlein?

Pirat

1

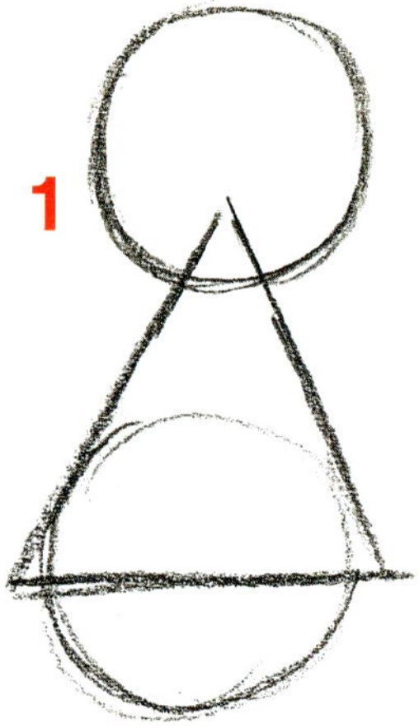

Ein Dreieck und zwei Kreise,
nun darfst du dreimal raten:
Wen haben wir denn da?
Vielleicht einen Piraten?

2

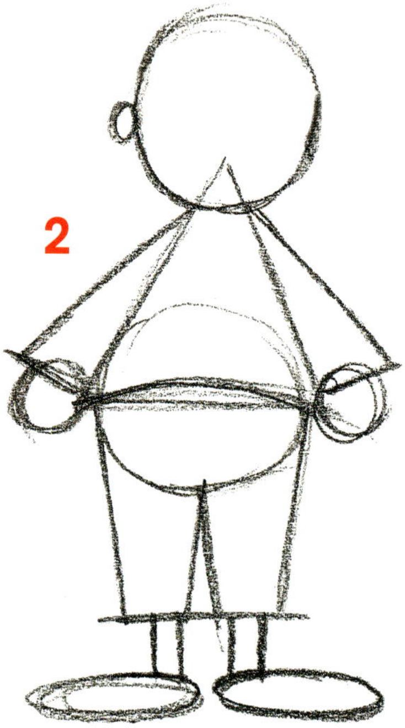

Zwei Arme und zwei Hände,
das sieht schon besser aus.
Und aus der Hose gucken
Piratenfüße raus.

3

Das Tuch, die Augenklappe
und dieser Räuberbart.
Wer will mit dem Piraten
auf große Räuberfahrt?

Clown

1

Drei Dreiecke und noch ein Kreis:
ein Clown! Ihr werdet sehen!
Da oben sitzt der Kugelkopf,
da unten wird er stehen.

2

Wir zeichnen ihm die Ärmel
und Schuhe, riesengroß.
Da oben kommt ein Hütchen.
Wann geht der Zirkus los?

3

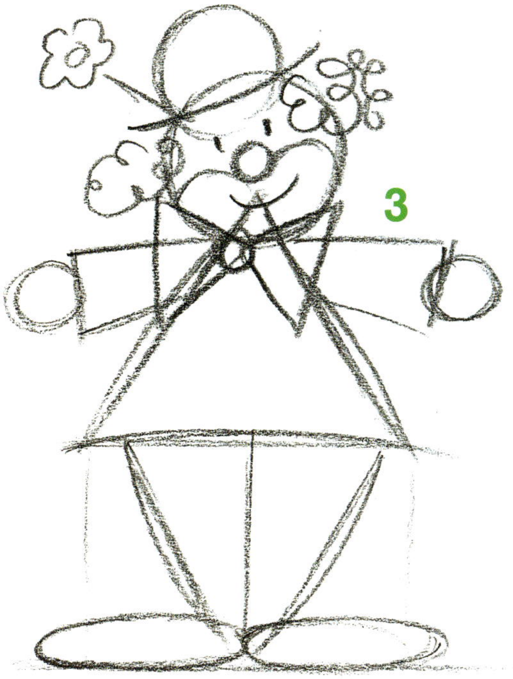

Das Blümchen und die Fliege,
was braucht ein Clown noch mehr?
Er braucht ein lustiges Gesicht.
Und Farben, bitte sehr!

Wir lernen malen

Ohne Farben wäre die Welt ziemlich traurig: alles nur schwarz oder grau oder weiß. Und natürlich sind auch unsere Bilder bunt. Aber wie machen wir das?

Jeder kennt Buntstifte und Wachsmalkreiden, Filzstifte und Wasserfarben. Aber jeder wird staunen, was für tolle Bilder wir malen, wenn wir erst die Tricks der Künstler kennen. Denn jede Art von Stiften und Farbe hat ihre besonderen Eigenschaften. Je besser wir uns dabei auskennen, desto mehr Spaß macht das Malen.

Wie können wir Mond und Sterne in finsterer Nacht leuchten lassen? Wieso fließen Wasserfarben nur auf nassem Papier so schön ineinander? Wie kommen weiße Schneeflocken in den Winterwald? Und wie geht das Malen mit Buntstiften und Pinsel?

All das und noch viel mehr spannende Sachen lernen wir beim Nachmalen der Bilder in diesem Buch.

Wie malen wir den Fisch?

Buntstift oder Filzstift, Wachsmalkreide oder Wasserfarben? In diesem Buch lernen wir all diese Farben kennen. Hier zeigen uns die Bilder, wie zum Beispiel ein Fisch aussieht, wenn er auf unterschiedliche Weise gemalt wird. Jeder Fisch auf den beiden Seiten hat die gleiche Farbe und die gleiche Form. Deshalb können wir die Unterschiede gut erkennen.

Buntstift

Mit Buntstiften können wir dünne Linien ziehen und kleine Farbflächen genau ausmalen. Es gibt wasserfeste und vermalbare Buntstifte. Wenn wir mit vermalbaren Buntstiften malen, können wir die Farbflächen später mit Pinsel und Wasser übermalen. An diesen Stellen werden die Farben dunkler und die Striche verwischen sich. Das sehen wir bei diesem Fisch.

Verdünnte Wasserfarben

Wasserfarben lassen sich gut mit Wasser verdünnen. Dann scheint der Untergrund durch, nämlich das Papier oder die Farbe darunter. Wir können scharfe Ränder, aber auch fließende Übergänge von einer Farbe zur anderen malen und im nassen Bild Farben miteinander vermischen.

Deckende Wasserfarben

Hier wurde die Wasserfarbe direkt aus dem Malkasten genommen und mit ganz wenig Wasser dick aufgetragen. Nun deckt sie den Untergrund ab. Wenn wir eine trockene Farbfläche mit einer anderen übermalen, vermischen sich die Farben. Das sehen wir vorne beim Kopf.

Filzstift

Mit Filzstiften malen wir auf trockenes Papier. Später können wir an bestimmten Stellen auch mit Pinsel und Wasser darübermalen. Hier sehen wir, wie die Farben dann ineinander übergehen.

Vermalbare Wachsmalkreide

Vermalbare Wachsmalkreide können wir trocken auftragen und so belassen. Wir können sie aber auch mit dem Pinsel und mit Wasser vermalen. Hier sehen wir, wie die Farben dunkler werden und verfließen.

Wasserfeste Wachsmalkreide mit Wasserfarbe

Wasserfeste Wachsmalkreide löst sich nicht auf. Wenn wir mit dem Pinsel und verdünnten Wasserfarben über das Bild malen, nimmt nur das Papier die Farbe an. So entstehen schöne Muster.

Wir malen mit Buntstiften

Beim Malen mit Buntstiften reiben wir die Farbe der Mine auf das Papier ab. Das geht am besten bei einem Papier, das nicht ganz glatt ist. Auf Papier mit einer rauen Oberfläche färbt der Stift stärker ab und rutscht nicht so leicht darüber.

Raues Papier hat viele winzige Grübchen und Hügel. Wenn wir leicht darübermalen und dabei den Stift flach halten, bekommen nur die Hügel Farbe ab. Die Grübchen bleiben weiß. Dadurch erscheint die Farbe heller. Je fester wir andrücken, desto weiter dringt die Farbe in die Vertiefungen des Papiers ein. Die weißen Pünktchen verschwinden, und die Farbe wirkt dunkler und kräftiger. So können wir mit der gleichen Farbe dunkler und heller, Schatten und Licht malen.

Es gibt auch Buntstifte, die man mit Wasser vermalen kann. Mit ihnen malen wir zuerst genauso wie mit normalen, wasserfesten Buntstiften. Doch im Wasser löst sich ihre Farbspur auf, und wir können die Farbe mit dem nassen Pinsel gut auf dem Papier verteilen. Das sehen wir an den Bildern auf der rechten Seite.

Die Farbflächen links bilden eine Farbpalette. Sie enthält längst nicht alle, aber die wichtigsten Farben. Mehr brauchen wir nicht. Denn wir können die Farben mischen und viele Zwischenfarben erzeugen.

Die Farbpalette ist mit vermalbaren Buntstiften gemalt. Der obere Teil jedes Farbfeldes zeigt die Farbe so, wie sie vom Stift auf das Papier kommt. Darunter sieht sie verwaschen aus. Das kommt vom Vermalen mit Wasser: Die Farbe wird flüssig und fließt in die Grübchen im Papier. Gleichzeitig nimmt der Pinsel die Farbe auf. So können wir die Farbe noch weiter verteilen und verdünnen.

Hier sehen wir, dass auf einem rauen Papier nur die Hügel Farbe angenommen haben. Die winzigen Grübchen sind weiß geblieben. Bei manchen Bildern wollen wir das genau so haben – und keine glatte Farbfläche.

So sieht es aus, wenn wir mit dem Pinsel Wasser über die Farbfläche malen. Das geht nur mit vermalbaren Buntstiften.

Wo Wasser hinkommt, verfließt die Farbe und färbt auch die Grübchen im Papier ein. Hier wird die Farbe dunkler und glatter.

Das sehen wir auch an der Blume. Die eine Blüte (A) ist nicht übermalt, und bei ihr schimmert es weiß durch. Die andere Blüte (B) ist übermalt. Die Farbe ist voll und dunkel.

A

B

C

So sieht das Blatt vor dem Vermalen aus (C). Nach dem Vermalen (D) gehen die Farben weich ineinander über.

D

Bei uns im Wald

1

1. Mit dem Bleistift zeichnen wir ein Bäumchen nach dem anderen vor: die vorderen zuerst, die hinteren danach. Falsche Striche nehmen wir mit dem Knetgummi weg.

2

2. Die Umrisse malen wir mit einem grünen Buntstift aus. Die Bleistiftstriche sollen noch schwach sichtbar bleiben. Fertig? Nein, der Wald ist noch langweilig. Überall das gleiche Grün!

3

3. Deshalb kommen jetzt Wasser und Pinsel dran. Damit malen wir hier und dort einen Baum an, vielleicht nicht ganz bis zum Rand. Plötzlich stehen die Bäume auch hintereinander!

Nun soll das Bild trocknen. Den dunklen, schattigen Waldboden malen wir kräftig mit dem dunkelgrünen Stift auf und vermalen ihn mit dem Pinsel.

Was wir brauchen

- weicher Bleistift Knetgummi
- vermalbare Buntstifte
- Zeichenpapier oder Aquarellpapier
- Pinsel und Wasser

1

2

3

1. Zum Vorzeichnen nehmen wir wieder einen weichen Bleistift.

2. Die Flecken auf dem Hut und dem Stiel lassen wir weiß wie das Papier. Alles andere malen wir mit Buntstiften kräftig aus. Die linke Seite haben wir hier schon mit Wasser und Pinsel bemalt. Aufpassen: Beim Wechsel von Rot zu Grün den Pinsel gut auswaschen, sonst kommt das Rot noch in die Wiese!

3. Manche Stellen können wir ruhig trockener und heller oder aber feuchter und dunkler malen. Wo mehr Licht auf den Pilzhut fällt, soll er heller erscheinen.

Miezekatze

Was wir brauchen
- weicher Bleistift
- vermalbare Buntstifte
- Schreibpapier
- Pinsel und Wasser

1

1. Mit dem weichen Bleistift zeichnen wir die Katze vor. Wenn ein Schwung oder Strich nicht gelingt, nicht gleich radieren, sondern lieber mehrere Striche übereinanderzeichnen. Dann suchen wir uns die besten Linien aus, fahren sie kräftig nach und wischen mit dem Knetgummi über das ganze Bild. Dabei verschwinden die anderen Linien, und nur die gelungenen bleiben übrig.

2

2. Am besten malen wir das Katzenfell von außen nach innen. So ist es einfacher, nicht über den Rand hinauszufahren. Nicht zu viele verschiedene Farben für die Streifen und Flecken nehmen – drei reichen! Hier wird das Fell bräunlich, orangefarben und grau.

3

3. Den Teppich malen wir mit Buntstift. Dann gehen wir mit Pinsel und Wasser darüber. Nun übermalen wir die Farbflächen der Katze. Aufpassen: Wir müssen den Pinsel immer gut auswaschen, bevor die nächsten Farbflächen an die Reihe kommen. Sonst gibt es Mischfarben, die wir vielleicht gar nicht wollen.

4

4. Das Bild muss ganz trocken sein. Erst dann können wir mit Buntstift die Kringel auf den Teppich zeichnen. Sonst verschmieren sie. Zum Schluss zeichnen wir die Umrisse der Katze mit einem dunkleren Buntstift nach.

Mandala

Was wir brauchen

- weicher Bleistift
- Buntstifte
- Zeichenpapier
- Lineal
- Zirkel oder zwei verschieden große Teller

1. Wie soll unser bunter Mandala-Kreis aussehen? Auf jeden Fall braucht das Mandala außen einen großen und innen einen kleineren Kreis. Wir nehmen dafür einen Zirkel oder zwei Teller als Hilfsmittel. Mit Bleistift und Lineal unterteilen wir den Kreis in Tortenstücke: zuerst mit einem Kreuz in vier gleiche Teile und dann jedes Viertel noch einmal.

1

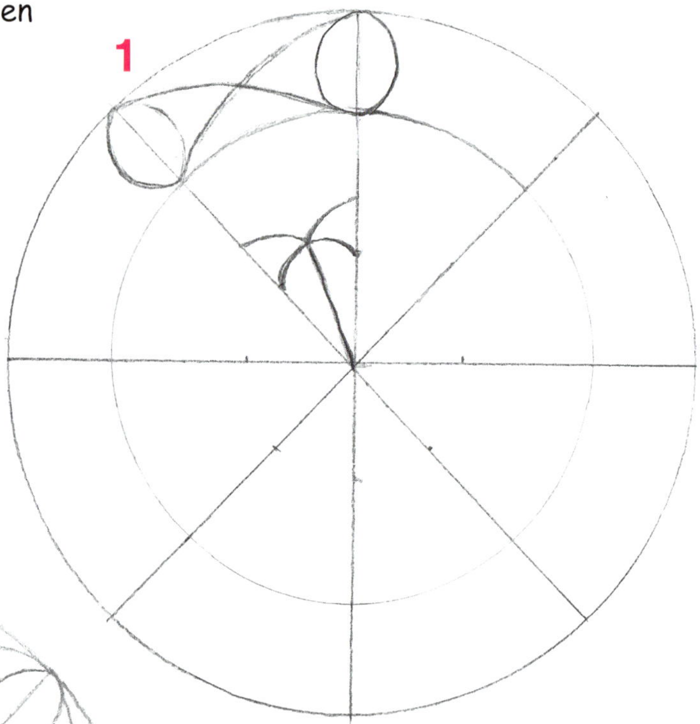

2

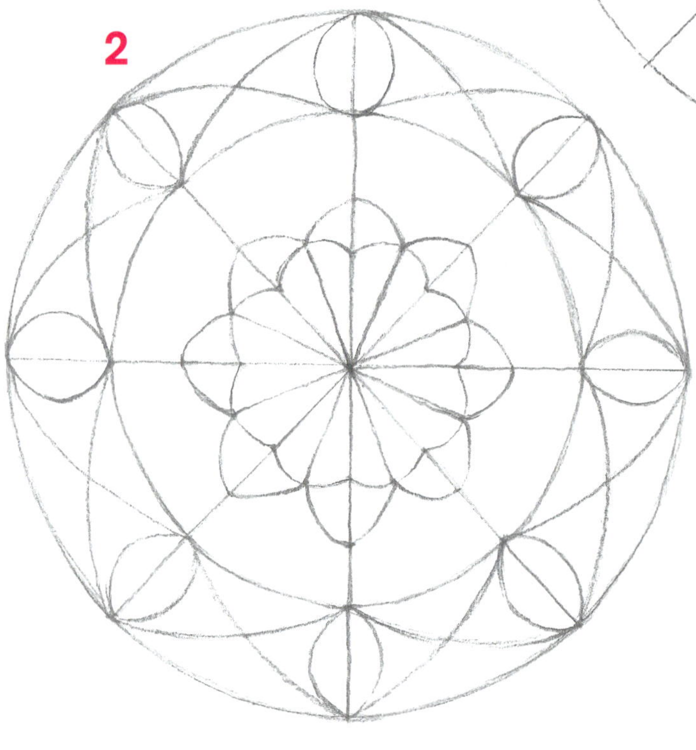

2. In die Felder kommen Muster, die sich rundherum wiederholen. In einem Feld fangen wir an, und genauso geht es weiter. Am schönsten ist es, wenn die Muster ineinander übergehen. Alles zeichnen wir so genau wie möglich vor. Vielleicht pausen wir die Vorzeichnung auch ein paarmal durch. Dann können wir das gleiche Mandala noch einmal in anderen Farben ausmalen.

3

3. Welche Farben passen zusammen? Das probieren wir am besten auf einem anderen Blatt Papier aus, bevor wir die Muster auf dem Mandala mit Buntstiften ausfüllen.

Beim Ausmalen der Felder achten wir auch auf die Reihenfolge der Farben. Sie müssen sich genauso wiederholen wie die Muster!

Mein Ponyhof

1
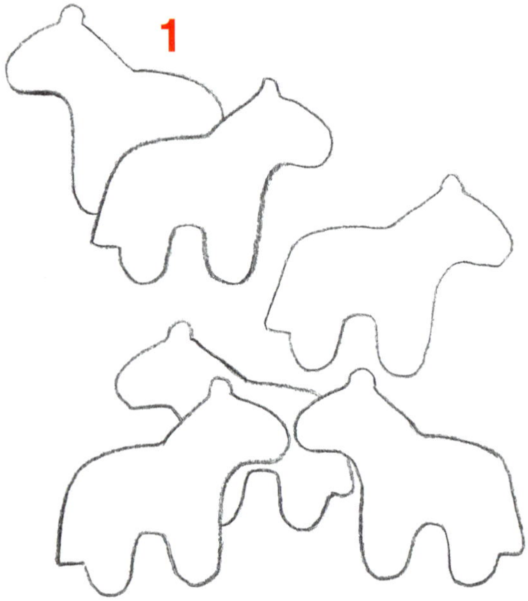

Wer viele gleiche Formen zeichnen will, nimmt dafür am besten eine Schablone. Für den Ponyhof brauchen wir eine Pferdeschablone. Wir zeichnen die Umrisse des Pferdes auf Pappe und schneiden es aus. Dann legen wir die Schablone auf das Papier und fahren die Umrisse mit dem Bleistift nach. Die Schablone verschieben, und noch einmal!

Für andere Bilder können wir statt einer gebastelten Schablone auch Ausstechförmchen aus der Küche nehmen.

2

1. Die Ponys können wir nebeneinander und übereinander vorzeichnen. Wenn ein Pferdchen hinter einem anderen stehen soll, radieren wir die Umrisse an den verdeckten Stellen aus.

3

2. Für das Fell nehmen wir andere Buntstifte als für die Mähne und den Schwanz. Das Fell eines Schimmels lassen wir einfach weiß.
3. Rund um die Ponys malen wir die ganze Wiese grün an und lassen nur den Himmel weiß.

Richtig schöne und kräftige Farben bekommen die Ponys beim Ausmalen mit Pinsel und Wasser.

Vielleicht lassen wir einen Teil der Mähne auch trocken. Dann sehen die Buntstiftstriche wie Strähnen aus. Zwischen den Pferden übermalen wir auch die Wiese. Diese Stellen werden dunkler.

Was wir brauchen

- weicher Bleistift
- Pappe
- Schere
- vermalbare Buntstifte
- raues Zeichenpapier oder Aquarellpapier
- Pinsel und Wasser
- Knetgummi

Wir malen mit Wachsmalkreide und Wasser

Beim Malen mit Wachsmalkreide reiben wir den Farbstoff auf das Papier. Er setzt sich fest und überzieht das Papier mit einer hauchdünnen farbigen Schicht. Malen wir jedoch mit vermalbaren Wachsmalkreiden und befeuchten dann die Farbschicht mit Wasser, löst sich der Farbstoff ein wenig auf. Für ein Bild mit solchen Stiften machen wir die Vorzeichnung mit Bleistift, malen das Bild mit den Wachsmalstiften an – und malen dann mit dem Pinsel und Wasser weiter.

Das Vermalen funktioniert so: Wenn das Wasser vom nassen Pinsel auf die Kreidestriche kommt, wird die oberste Schicht der Farbe flüssig. Der Pinsel nimmt etwas von dieser Farbe auf. Wir können sie gut verteilen und mit ihr weitermalen. Das sehen wir gut an dem langen Kreide- und Pinselstrich rechts. Die Farbe fließt in die winzigen Rillen und Poren im Papier. Nun kommt überall Farbe hin, und die Farben erscheinen hier dunkler und kräftiger. Beim Hinausmalen auf das weiße Papier wird die Farbe heller.

Wir können ein ganzes Bild auf diese Weise malen. Oder wir suchen uns nur die Stellen eines Bildes aus, die dunkler und glatter werden sollen, und malen sie mit dem Pinsel aus.

Bei Wachsmalkreiden macht es einen großen Unterschied, auf welchem Papier wir malen – ob es glatt ist oder rau, weiß oder farbig.

Die Fee ist auf raues Aquarellpapier gemalt. Beim Übermalen mit Wasser werden die Farben glatter und dunkler.

Bei dem Schmetterling auf gelbem Tonpapier schimmert an manchen Stellen die Papierfarbe durch.

Das Häuschen steht auf braunem Packpapier. Die feinen Rillen sind auch nach dem Übermalen noch zu sehen.

Das Papier für diese Burg ist weißes, glattes Schreibpapier. Wenn beim Malen Packpapier darunter liegt, drücken sich die Rillen durch, wie hier bei der Mauer. Nachmalen und ausprobieren!

Sternenfee

Was wir brauchen
- weicher Bleistift
- Transparentpapier
- Aquarellpapier
- vermalbare Buntstifte
- Pinsel und Wasser

1

1. Wir zeichnen die Sternenfee vor. Wer will, kann sie auch von der Vorzeichnung oder vom großen Bild selbst abpausen. Dazu legen wir Transparentpapier auf die Vorlage und zeichnen die Umrisse mit einem weichen Bleistift kräftig nach. Dann drehen wir das Transparentpapier um, legen es auf das Aquarellpapier und fahren darauf die Linien noch einmal nach. Nun pausen sich die Linien durch.

2

2. Wir malen die Fee mit den Buntstiften aus. Wo sollen die Farben kräftig sein und leuchten? Bei den Schuhen, im Haar und am Stern. Wir tauchen den Pinsel in Wasser und malen damit über diese Stellen. Auch die Arme, Beine und das Gesicht übermalen wir: Dann wird die Haut glatt. Wenn wir die Farben wechseln, müssen wir den Pinsel immer gut auswaschen!

Blätterwald

Was wir brauchen

- Wachsmalkreiden
- trockene Blätter
- Schreibpapier
- Zeichenpapier
- Schere

1

2

3

1. Wir legen Schreibpapier auf ein Blatt und rubbeln mit einem Stück Kreide flach darüber. Wo Blattadern darunterliegen, wird das Papier farbig.
2. Die Umrisse ziehen wir mit dunkler Wachsmalkreide nach und schneiden das Blattbild aus.
3. Wir malen größere und kleinere Blätter und kleben sie zusammen auf Zeichenpapier. Wenn wir nun dicke Striche unter die Blätter malen, sehen sie aus wie Bäume.

Aufgepasst: Die Blätter müssen ganz trocken sein, sonst wird das Papier vom Pflanzensaft feucht!

Für dieses Bild schneiden wir die Papierblätter ohne gemalte Umrisse aus und kleben sie auf schwarzes Papier. Dann malen wir die Baumstämme, den Boden und die Sterne.

Zwerglein

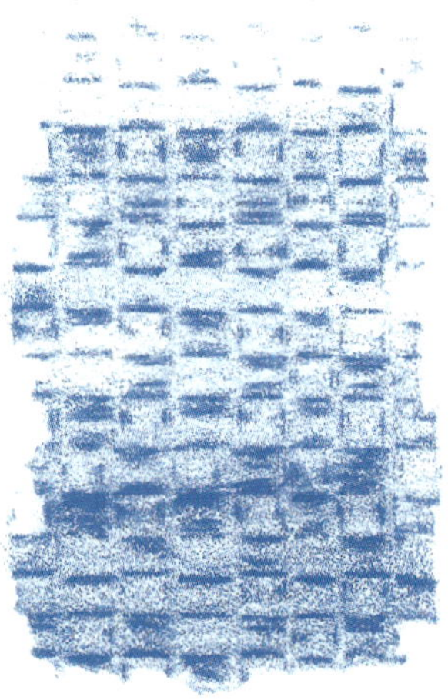

Wo kommt das schöne Muster her? Ganz einfach: Wir legen Schreibpapier auf einen groben Stoff oder auf eine Bastmatte. Beides klammern wir zusammen, damit nichts verrutscht. Nun rubbeln wir mit einem flachen Stückchen Wachsmalkreide kräftig darüber. Schon sehen wir das Muster.

Wenn wir einen Korb oder einen Sack haben wollen, malen wir die Umrisse mit schwarzer Kreide nach. Nun können wir das Bild ausschneiden, und die Ränder werden schön scharf und genau.

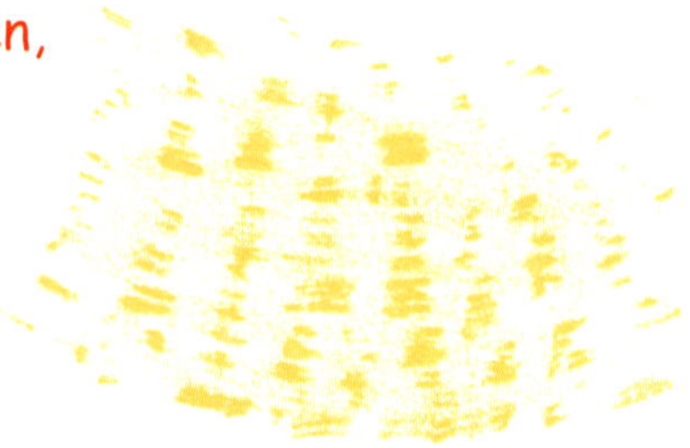

So einen Sack brauchen wir für das Zwerglein auf der rechten Seite. Auf diese Weise können wir auch Mauersteine malen und in ein Bild kleben.

Dieses Bild hat zwei Teile: den Zwerg und seinen Sack. Zuerst malen wir den Zwerg und die Wiese. Auf die Wiese kleben wir den Sack und darauf noch den Flicken. Zuletzt malen wir den Flicken mit dem Pinsel und ein wenig Wasser aus. Wenn der Flicken trocken ist, malen wir schwarze Nähte auf.

Was wir brauchen

- Schreibpapier
- raues Zeichenpapier
- vermalbare Wachsmalkreiden
- Pinsel und Wasser
- grober Stoff oder Bastmatte
- Schere
- Büroklammern

Farbe drunter, alles bunter!

Wir malen auf Tonpapier. Auf gelbem Tonpapier sehen Wachsmalfarben und deshalb auch die Bilder anders aus als auf einem weißen, grünen oder schwarzen Papier. Das sehen wir an den Clowns und an den Farbfeldern auf diesen beiden Seiten.

Hier können wir vergleichen: Der senkrechte weiße Kreidestrich deckt die Papierfarbe nicht vollständig ab; Sie schimmert immer noch ein wenig durch. Deshalb sehen auch die quer darüber gemalten Farbfelder auf den unterschiedlichen Papierfarben immer etwas anders aus. Die Stiftfarben sind gleich, den Unterschied macht die Papierfarbe. Und über dem weißen Strich sehen die Farben dann noch einmal anders aus!

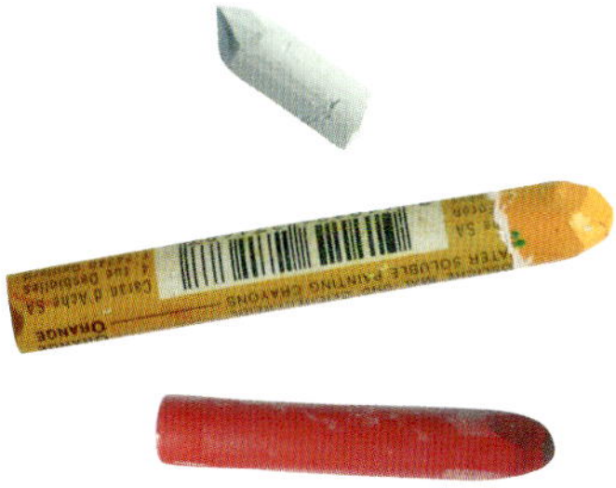

Es macht Spaß, auf schwarzem Papier zu malen. Denn je dunkler der Hintergrund ist, desto heller, kräftiger und leuchtender erscheinen die aufgemalten Farben. Bei einem hellem Untergrund ist der Kontrast schwächer, und die Farben treten nicht so stark hervor.

A: Der dicke weiße Kreidestrich hellt das schwarze Papier auf; hier werden auch die Farbfelder darüber heller.

B: So sieht es aus, wenn man mit weißer Wachsmalkreide auf Schwarz und dann mit einer anderen Farbe kräftig darüber malt. Dabei halten wir die Kreide flach und nehmen am besten ein Kreidestückchen.

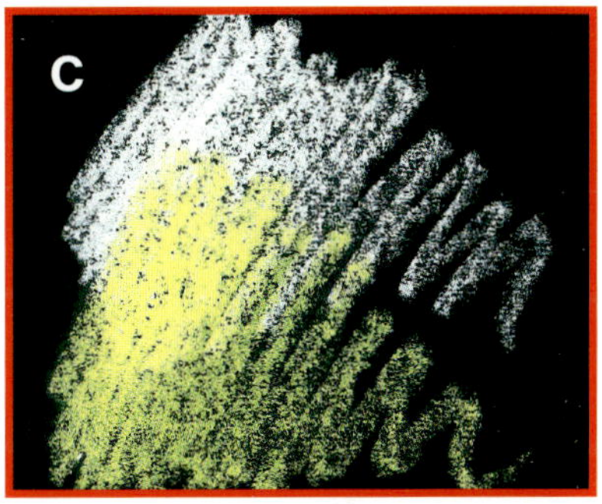

C: Für dünnere Striche halten wir die angespitzte Kreide steil.

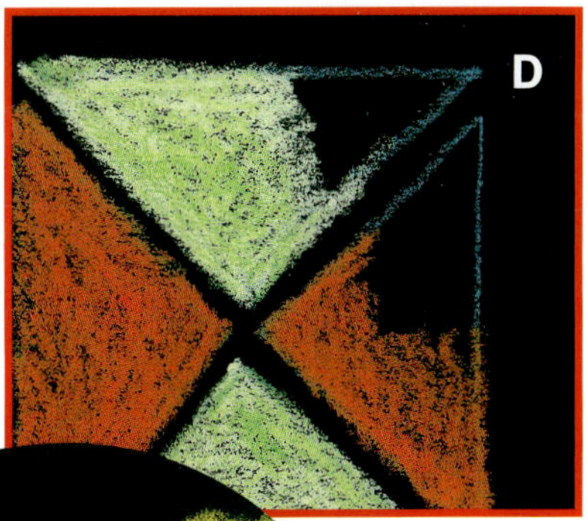

D: Solche Kreidestriche brauchen wir auch zum Vorzeichnen auf schwarzem Papier, auf dem Bleistiftstriche nicht zu sehen sind.

Die drei Clowns sind alle mit den gleichen Farben auf gelbes, grünes und schwarzes Papier gemalt. Und doch wirken die Farben auf jedem Bild anders!

Clown

Was wir brauchen
- weicher Bleistift
- vermalbare Wachsmalkreiden
- gelbes Tonpapier
- Pinsel und Wasser

1

1. Das gelbe Tonpapier passt wunderbar zu einem bunten Clown. Wir zeichnen den Clown vor und radieren falsche Linien sorgfältig aus. Die Bleistiftstriche sehen wir auch noch im fertigen Bild.

2

2. Mit Wachskreiden malen wir alle Farbflächen aus und achten darauf, nicht über die anderen Farben zu malen. Vielleicht müssen wir den Stift etwas anspitzen, um einen sauberen Rand malen zu können.

3

3. Hier ist das Gewand schon fast fertig. Das Gelb vom Papier schimmert durch. Wenn wir das nicht wollen, übermalen wir die farbigen Flächen mit Pinsel und Wasser. Nun werden die Farben glatt und noch kräftiger, weil die gelben Punkte und Striche verschwinden. Achtung: Den Pinsel immer gründlich auswaschen, bevor ein neues Farbfeld an die Reihe kommt!

Was braucht der Clown noch?
Ein lustiges Gesicht,
Knöpfe und Schuhe.
Hallihallo, und fertig!

Packpapier-Häuschen

Braunes Packpapier nimmt auf der rauen Seite die Wachsmalfarbe gut an. Links sehen wir, wie kräftig die Farben dabei werden. Die feinen Papierrillen bleiben auch nach dem Vermalen sichtbar, sodass unsere Häuschen richtig schöne Wände und Dächer bekommen.

1. Mit Bleistift zeichnen wir das Häuschen vor.
2. Dann malen wir es aus und zeichnen die Ränder mit schwarzer Kreide nach. Ausschneiden und auf weißes Papier kleben!
3. Zuletzt malen wir mit Pinsel und Wasser über die Flächen. So können wir mit verschiedenen Farben viele Häuschen bauen und aufkleben. Fertig ist unser kleines Dorf!

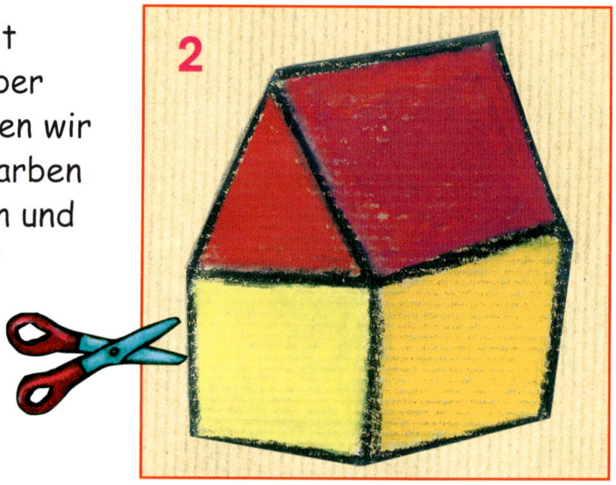

Was wir brauchen
- weicher Bleistift
- vermalbare Wachsmalkreiden
- Packpapier
- Pinsel und Wasser
- Schere

Der gute Mond

So ähnlich wie die Häuschen malen wir auch den Mond. Vielleicht kommen auf einem Bogen Packpapier noch viele Funkelsterne dazu?

1. Wir zeichnen mit Bleistift den Mond und den Kreis vor.
2. Den Mond und den Himmel malen wir mit Wachsmalkreide aus. Wo die Farbe nicht hinkommt, bleiben braune Striche und Flecken.
3. Mit dem Pinsel und Wasser verwischen wir die Farbe, die dabei in die Rillen fließt. Nun muss das Bild trocknen.
4. Dann malen wir mit Wachsmalkreide das rote Bäckchen und machen Farbtupfer für das Auge und den Mund. Auge und Mund zeichnen wir mit Bleistift nach.

Wir malen mit wasserfesten Wachsmalkreiden

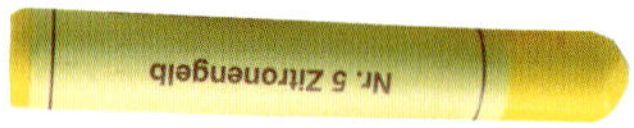

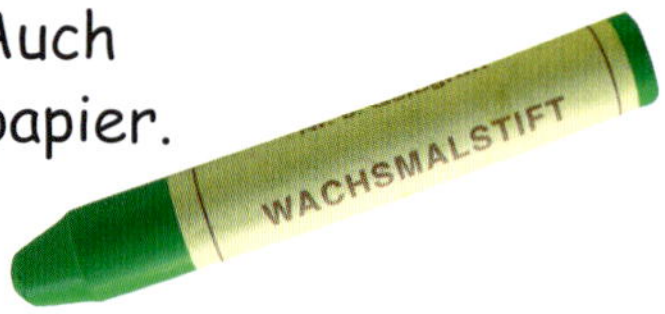

Das Malen von Bildern mit wasserfesten Wachskreiden geht genauso wie das Malen mit vermalbaren Wachsmalkreiden. Auch hier nehmen wir am besten Aquarellpapier. Den Unterschied erkennen wir erst, wenn wir mit dem Pinsel und Wasser oder Wasserfarben weitermalen.

So sieht eine Palette mit wasserfesten Wachsmalkreiden aus. Die Farben bleiben, wie sie sind, auch wenn wir mit dem Pinsel und Wasser darübermalen. Das Wasser perlt von den bemalten Flächen ab wie von einem Lacküberzug. Auch Wasserfarben bleiben darauf nicht haften, wenn sie nur mit genug Wasser verdünnt sind.

Was passiert, wenn wir mit dem Pinsel und Wasserfarben über ein Wachsmalbild malen? Überall dort, wo das Papier nicht bedeckt ist, nimmt es die Farbe an - rundherum und auch in den Farbflächen selbst. Denn beim Malen mit den Wachsmalfarben bleiben auf rauem Papier immer winzige Grübchen frei. Und dorthin fließt die Wasserfarbe: Was vorher weiß war, bekommt Farbe.

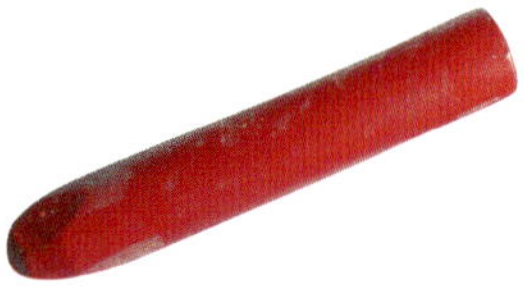

Dann entstehen wie von Zauberhand tolle und geheimnisvolle Muster.

Hier sehen wir, wie es geht: Zuerst malen wir die Spirale mit einer hellen Wachskreide. Nun nehmen wir den Pinsel und malen mit roter Wasserfarbe einfach darüber. Wir haben jetzt eine schöne, gleichmäßige Farbfläche, und die gelbe Spirale bleibt so gelb wie vorher auf dem weißen Papier.

Wenn wir mit weißer Wachskreide auf weißem Papier malen, sehen wir zuerst gar nichts. Erst beim Darübermalen mit Wasserfarbe taucht die weiße Spirale auf – wie ein Geheimzeichen!

Wir können auch mit mehr als nur einer Wachsmalfarbe arbeiten: zum Beispiel mit weißer Wachskreide über die gelbe Spirale malen oder nebeneinander grüne und weiße Striche setzen.

Hübsch sieht es auch aus, wenn wir nicht mit einer, sondern mit zwei verschiedenen Wasserfarben malen, so wie bei dem eckigen Muster hier. Zuerst kommen die Kreidestriche dran. Nun malen wir mit dem Pinsel hellgrüne Wasserfarbe darüber und lassen alles trocknen. Zum Schluss malen wir die Linien mit dunkelgrüner Wasserfarbe nach.

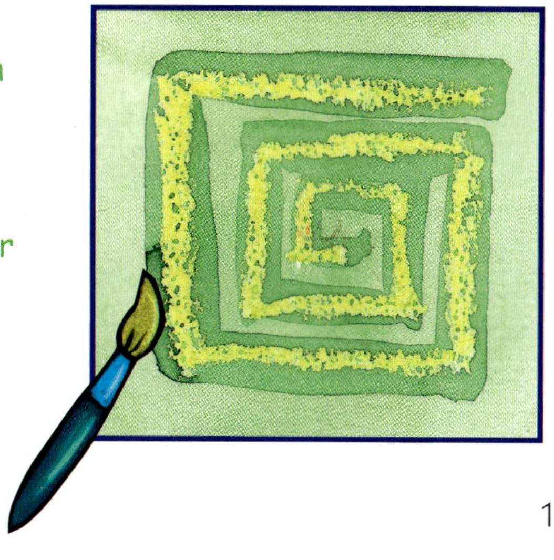

Henne und Hahn

Was wir brauchen
- weicher Bleistift
- schwarzer Filzstift
- raues Zeichenpapier oder Aquarellpapier
- wasserfeste Wachsmalkreiden
- Pinsel und Wasser
- Wasserfarben

1

2

1. Wir zeichnen das Huhn auf rauem Zeichenpapier oder Aquarellpapier vor. Das Papier muss rau sein, damit das Huhn später wie gesprenkelt aussieht.

2. Huhn und Stroh malen wir mit Wachsmalkreide aus. Wo wir nur leicht andrücken, bleiben mehr weiße Punkte stehen.

3. Mit dem Pinsel übermalen wir den Himmel und das Huhn mit dünner, blauer Wasserfarbe. Durch das Gefieder schimmern nun die Punkte blau durch, die zuvor noch weiß waren. Die Wiese malen wir mit grüner Wasserfarbe und malen dabei auch über das Stroh. Schon bekommt es grasgrüne Flecken!

Die Schmetterlingsflügel malen wir mit gelber, Körper und die Fühler mit schwarzer Wachsmalkreide. Dann übermalen wir das ganze Bild samt Schmetterling mit hellgrüner Wasserfarbe. Nun sehen die zarten Schmetterlingsflügel wie durchsichtig aus.

Der bunte Hahn braucht viele kräftige Wachsmalfarben. Wenn er fertig gemalt ist, können wir das ganze Bild mit himmelblauer Wasserfarbe übermalen. Nur das Auge bleibt weiß. Nun glänzt das Gefieder! Nach dem Trocknen malen wir noch ein Stück Wiese auf. Für das Auge nehmen wir einen schwarzen Filzstift.

Zitronenfalter

Was wir brauchen

- weicher Bleistift
- raues Zeichenpapier oder Aquarellpapier
- wasserfeste Wachsmalkreiden
- Pinsel und Wasser
- Wasserfarben
- schwarzer Filzstift

1

2

3

1. Wir zeichnen nur die Flügel vor und malen sie mit gelber Wachsmalkreide aus.
2. Die Ränder malen wir mit weißer Wachskreide nach und fahren dabei ein wenig über den Rand hinaus.
3. Für den Körper nehmen wir schwarze Wachsmalkreide. Auf die Flügel setzen wir Punkte mit orangefarbener Kreide.
4. Das alles übermalen wir mit dem Pinsel mit dünner himmelblauer Wasserfarbe. Unten und auf der rechten Seite malen wir Dunkelblau in die nasse Farbe: So erscheint ein dunkler Schatten. Darüber tupfen wir mit dem Pinsel rote Wasserfarbe. Nach dem Trocknen zeichnen wir die Fühler mit schwarzem Filzstift auf.

4

So leicht und luftig wirkt der Zitronenfalter – da scheint ja der Himmel durch! Genau das passiert beim Übermalen mit himmelblauen Wasserfarben.

Kalt im Winter,

Schau dir die Farben an! Im Winter ist das Grün fast blau und glitzert frostig kalt. Solche Farben nennt man auch kalte Farben. Der Sommer bringt warme Farben in den Wald. Das Laub ist gelb gesprenkelt – gelb und freundlich wie die Sonne.

Was wir brauchen

- Wachsmalkreide (wasserfest)
- Aquarellpapier (rau)
- Pinsel
- Wasserfarben

1. Nimm ein Stückchen weiße Wachsmalkreide und male damit über das ganze Zeichenblatt. Halte das Stückchen flach und drücke nicht zu fest auf! Zu sehen ist noch nicht viel, aber das Wachs bedeckt die winzigen Hügel auf dem rauen Papier.

2. Nun malst mit dem Pinsel den Boden und die Bäume. Die Farbe muss gut verdünnt sein! Für den kahlen Baum nimmst du Braun, für den Boden Blau und für die Tannen Blau und Grün. Das ergibt das frostige Grünblau.

3. Die weißen Sprenkel sind die mit weißem Wachs bedeckten Stellen auf dem Papier. Hier färbt die Wasserfarbe nicht ab.

warm im Sommer

Im Sommer werden Wald und Wiese freundlich gelb.

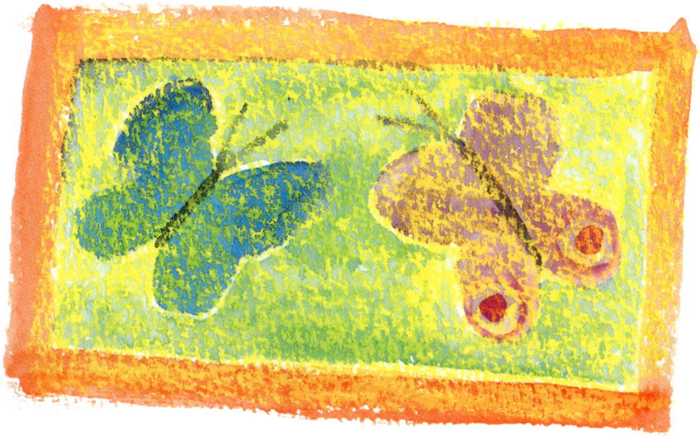

1. Male mit einem Stückchen gelber Wachsmalkreide das Zeichenblatt aus und lasse nur einen Streifen Himmel frei. Du siehst lauter gelbe Sprenkel.

2. Nun nimmst du wieder den Pinsel und die Wasserfarben. Male die Tanne und den Streifen unter den Bäumen dunkelbraun und die Stämme hellbraun aus. Für die Wiese und die Laubbäume nimmst du Grün und für den Himmel Blau.

Genau so kannst du auch die Schmetterlinge malen. Nimm wieder die gelbe Wachsmalkreide, damit das Bild freundlich wird. Den Rahmen und die Schmetterlinge malst du in deinen Lieblingsfarben.

Es regnet!

Was wir brauchen

- weicher Bleistift
- Aquarellpapier
- wasserfeste Wachsmalkreiden
- Pinsel und Wasser
- Wasserfarben

1. Wir zeichnen das Bild mit Bleistift vor. Dann malen wir mit weißer Wachsmalkreide kurze, kräftige Striche darauf. Das werden die Regentropfen. Auf dem weißen Papier sehen wir sie noch nicht.
2. Erst beim Darübermalen mit dünner, blauer Wasserfarbe tauchen die Regentropfen auf.

3. Den Himmel malen wir oben dunkler und in der Mitte heller. Dann malen wir Schirm und Kleidung aus.

Nun muss alles gut trocknen. Denn wenn wir zum Schluss rundherum den dunklen Boden und die blauen Pfützen darin malen, darf keine Farbe in die Stiefel und auf den Mantel fließen.

Wie kommen die weißen Striche für die
Regentropfen so schön sauber auf das Bild?
Sie waren zuerst da!

Kristalle

Ein schöner Schneekristall hat ein regelmäßiges Muster. Das können wir nicht gleich mit weißer Wachsmalkreide auf weißes Papier zeichnen: Wir sehen ja die Striche nicht. Wir brauchen also eine Vorzeichnung. Dafür gibt es zwei Möglichkeiten:

1. Wir können die Kristalle mit Bleistift ganz dünn vorzeichnen. Die Linien fahren wir mit weißer Wachsmalkreide kräftig nach. Die Bleistiftstriche verschwinden darunter. Nun malen wir mit verdünnter Wasserfarbe darüber – und schon erscheinen die Kristalle.

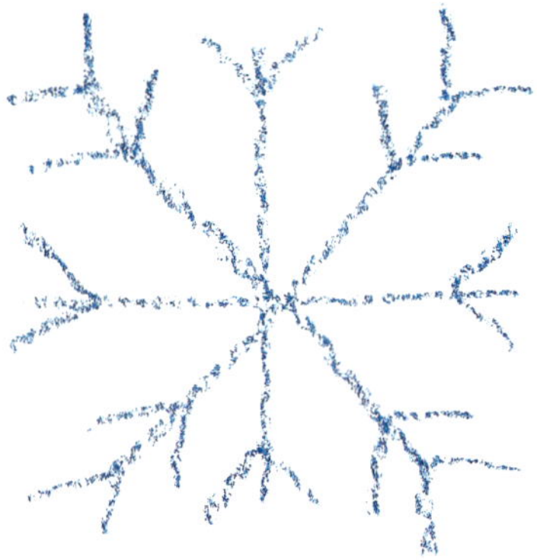

2. Wir können Schneekristalle auch mit blauer Wachsmalkreide vorzeichnen. Dann fahren wir diese Linien in Weiß nach. Mit Wasserfarbe übermalen – und der Kristall fängt an zu glitzern.

Eisbärchen

Was wir brauchen

- weicher Bleistift
- Zeichenpapier oder Aquarellpapier, nicht zu rau und nicht zu glatt
- wasserfeste Wachsmalkreiden
- Pinsel und Wasser
- Wasserfarben

Bei diesem Bild könnten wir den weißen Eisbären auch weiß wie das Papier lassen. Schöner sieht es aus, wenn wir ihn mit weißer Wachskreide malen.

1

1. Wir zeichnen das Bild mit Bleistift vor und malen den ganzen Eisbären mit weißer Wachsmalkreide kräftig aus. Bei der Eisscholle drücken wir nicht so fest auf. Die Punkte für die Schneeflocken verstreuen wir rund um den Eisbären. Auf dem weißen Papier ist die weiße Wachsmalfarbe noch unsichtbar.

2. Erst beim Übermalen des ganzen Bildes mit blauer Wasserfarbe tauchen die Schneeflocken auf.
3. Die Umrisse des Bären malen wir ein zweites Mal nach, nun in einem dunkleren Blau.

Pferdinand

Was wir brauchen
- weicher Bleistift
- Aquarellpapier
- wasserfeste Wachsmalkreiden
- Pinsel und Wasser
- Wasserfarben

Die Wiese braucht blühende Blumen, und das Fell des Pferdchens Pferdinand braucht Flecken. Dann wirkt das ganze Bild richtig fröhlich und lebendig. Mit wasserfesten Wachsmalkreiden und Wasserfarben geht das alles ganz einfach.

1

1. Wir zeichnen das Pferd mit Bleistift vor.

2

2. Den Pferdekörper bemalen wir mit orangefarbener Wachsmalkreide, die Mähne und den Schweif mit Weiß. Rundherum tupfen wir die orangefarbenen Blüten auf.

3

3. Nun kommen Pinsel und Wasserfarben an die Reihe. Wir übermalen das ganze Pferd dunkelbraun. So entstehen dunkle Flecken auf dem Fell, dem Schweif und auf der Mähne .

4. Nun muss das Bild trocknen. Erst dann fangen wir an, die Wiese rund um das Pferd zu malen.

5. Die dunkelgrünen Schatten malen wir sofort in die nasse Wiese. Wenn alles trocken ist, können wir mit Wasserfarbe noch ein paar rote Blüten in die Wiese tupfen.

Wir malen mit Wasserfarben

Farben, die den Untergrund mit einer undurchsichtigen Farbschicht abdecken, nennt man Deckfarben. Wasserfarben sind dann deckend, wenn nur ganz wenig Wasser dazukommt. Zum Malen holen wir die Farbe mit dem feuchten Pinsel direkt aus dem Farbtöpfchen und tragen sie dick auf.

Auf diese Weise können wir mit deckenden Farben auf allen Papiersorten malen: auf dünnem Schreibpapier oder dickem Aquarellpapier, auf farbigem Papier oder auf Pappe. Unter der Deckfarbe verschwinden auch die Bleistiftstriche der Vorzeichnung.

Die Farbfelder links sind auf gelbes Papier gemalt. Das Gelb scheint nicht durch, und die Farben bleiben klar.

Mit Deckfarbe können wir auch eine andere Farbfläche deckend übermalen. Die untere Farbschicht muss ganz trocken sein, und wir müssen die Farbe zügig auftragen. Wenn wir viel hin und her malen, kann sich die untere Farbschicht wieder auflösen, und dann verschmieren wir die beiden Farben.

Was wir brauchen

- weicher Bleistift
- Zeichenpapier
- Wasserfarben
- Pinsel und Wasser

Drachen

Beim Drachen sehen wir, dass wir mit Wasserfarben die Farbflächen genauso gut übereinander wie nebeneinander malen können. Wenn die Farbe dick genug ist, deckt sie die Farbe darunter ab.

1

2

3

1. Wir zeichnen den Drachen vor und malen die Form vom Rand nach innen hin in einer Farbe aus. Für einen sauberen Pinselstrich drehen wir das Bild. Die Bleistiftstriche können wir übermalen, oder wir radieren sie am Schluss weg.
2. Die untere Farbe muss gut getrocknet sein. Erst dann malen wir die nächste Farbe auf.
3. Was braucht der Drachen noch? Bänder, Schleifen und einen lustigen Haarschopf!

Bei Bildern mit vielen Farben malen wir zunächst alle Bildteile, die dieselbe Farbe haben. Das erspart uns viel Wartezeit. Außerdem müssen wir den Pinsel zwischendurch nicht so oft auswaschen.

Wenn uns die Farben nicht gefallen, können wir sie später wieder mit anderen Farben übermalen!

Oink!

Eine Schablone deckt alles zu, was weiß bleiben oder eine andere Farbe bekommen soll als der Rest des Bildes. Da können wir frisch darübermalen, ohne uns um einen genauen Rand zu kümmern. Außerdem lassen sich mit einer einzigen Schablone viele gleiche Figuren malen, so wie die fünf Schweinchen im Stall!

Was wir brauchen
- weicher Bleistift
- Zeichenpapier
- Wasserfarben
- Schere
- Karton
- dicker Pinsel und Wasser

Für die Schablone zeichnen wir die Figur auf Karton und schneiden sie aus. Wir brauchen sie zweimal: zuerst fürs Zeichnen der Umrisse, dann beim Darübermalen.

So sieht die Schablone vor dem Malen aus ...

... und so danach:

Wenn wir wollen, können wir die Schablone auch gleich auf das Bild legen, festhalten und drumherummalen. Auf diese Weise kommt erst der Hintergrund an die Reihe, und das Schweinchen bleibt weiß. Das müssen wir nun recht genau ausmalen.

So malen wir den Stall:

1. Wir legen die Schablone auf das Zeichenpapier und fahren die Umrisse mit dem Bleistift nach. Dann verschieben wir die Schablone und zeichnen die nächsten Schweinchen auf. Nun malen wir die Schweinchen über den Rand hinaus an und lassen das Bild trocknen.
2. Dann legen wir die Schablone genau auf die Vorzeichnung, halten sie fest und malen in anderen Farben rundherum und darüber. So machen wir das mit allen Schweinchen. Sie bleiben innen schön sauber und rosarot, und rund um sie herum ist alles voller Farben. Zuletzt malen wir mit dem dicken Borstenpinsel die groben Striche für den Zaun und stupsen Farbe auf. So entstehen all die Kleckse und Flecken, und es sieht wirklich aus wie in einem Schweinchenstall!

1

Aufpassen beim Malen mit der Schablone: Wir dürfen sie nicht einfach über die nasse Farbe schieben, sondern müssen sie jedes Mal aufnehmen und wieder hinlegen.

2

Schmetterling

Für die Schmetterlinge auf diesen Seiten mischen wir Tapetenkleister mit Wasserfarbe. Die Farben wirken hell und fast schon durchsichtig. Trotzdem ist die Mischung dickflüssig. Damit können wir Figuren mit zwei genau gleichen Hälften malen und drucken.

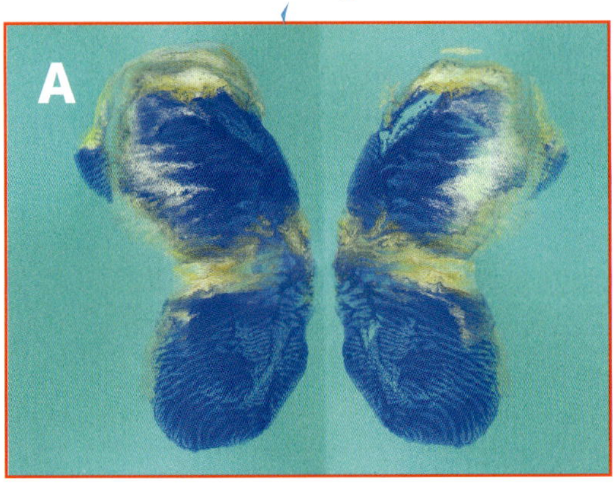

So sieht das bemalte und aufgefaltete Blatt aus.

1. Wir falten ein Blatt helles Tonpapier in der Mitte zusammen und wieder auseinander.

2. In einem Schälchen vermischen wir einen Teelöffel Tapetenkleister mit etwas kaltem Wasser, bis die Masse cremig ist. Davon nehmen wir einen Teelöffel, klecksen ihn auf einen Teller und mischen Wasserfarbe dazu. Sie muss dunkler sein als die Papierfarbe.

Körper und Fühler sind auf weißes Papier gemalt.

3. Auf eine Hälfte des Papiers setzen wir zwei dicke Kleckse übereinander. Neben die Kleckse tupfen wir mit dem Pinsel noch andere Farben. Nun klappen wir das Blatt wieder zu und streichen mit der Hand zweimal leicht vom Falz nach außen und klappen wieder auf (A).

4. Nach dem Trocknen schneiden wir die Flügel aus. Auf weißes Papier malen wir mit Filzstift den Körper und die Fühler (B). Flügel dazukleben (C), fertig!

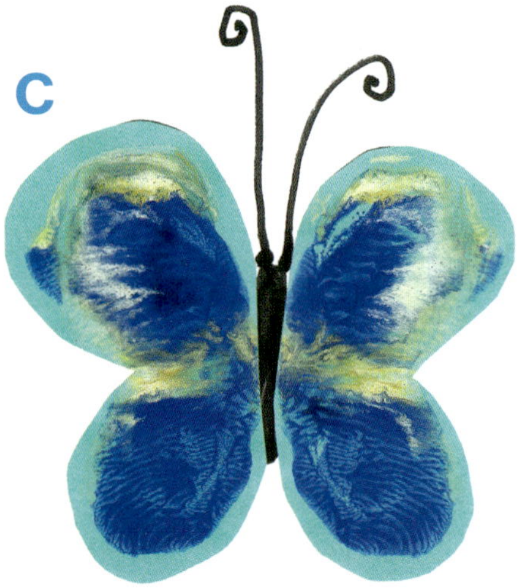

Die Flügel ausschneiden und zum Körper kleben!

Was wir brauchen

- 1 TL Tapetenkleister
- Zeichenpapier
- helles Tonpapier
- Wasserfarben
- Pinsel und Wasser
- schwarzer Filzstift
- Teller

Wir können die Flügel auch gleich auf das Zeichenpapier malen (A). In die Mitte zeichnen wir dann später den Körper und die Fühler (B).

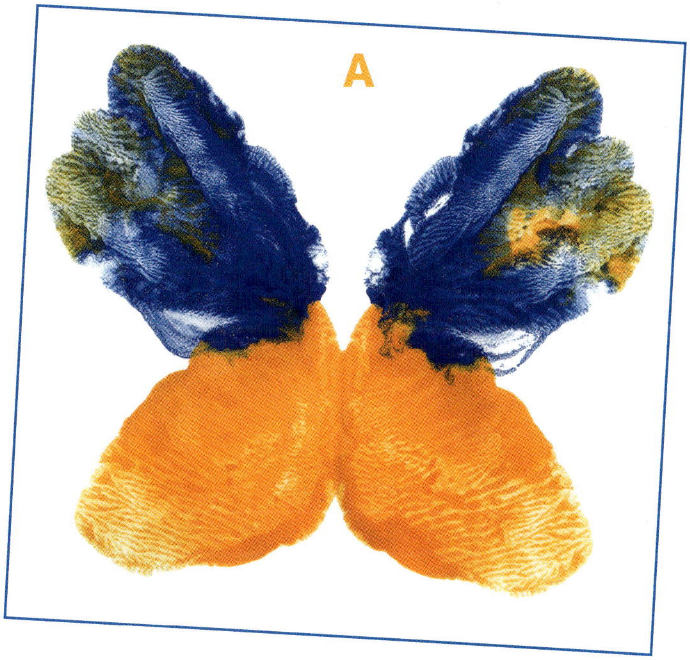

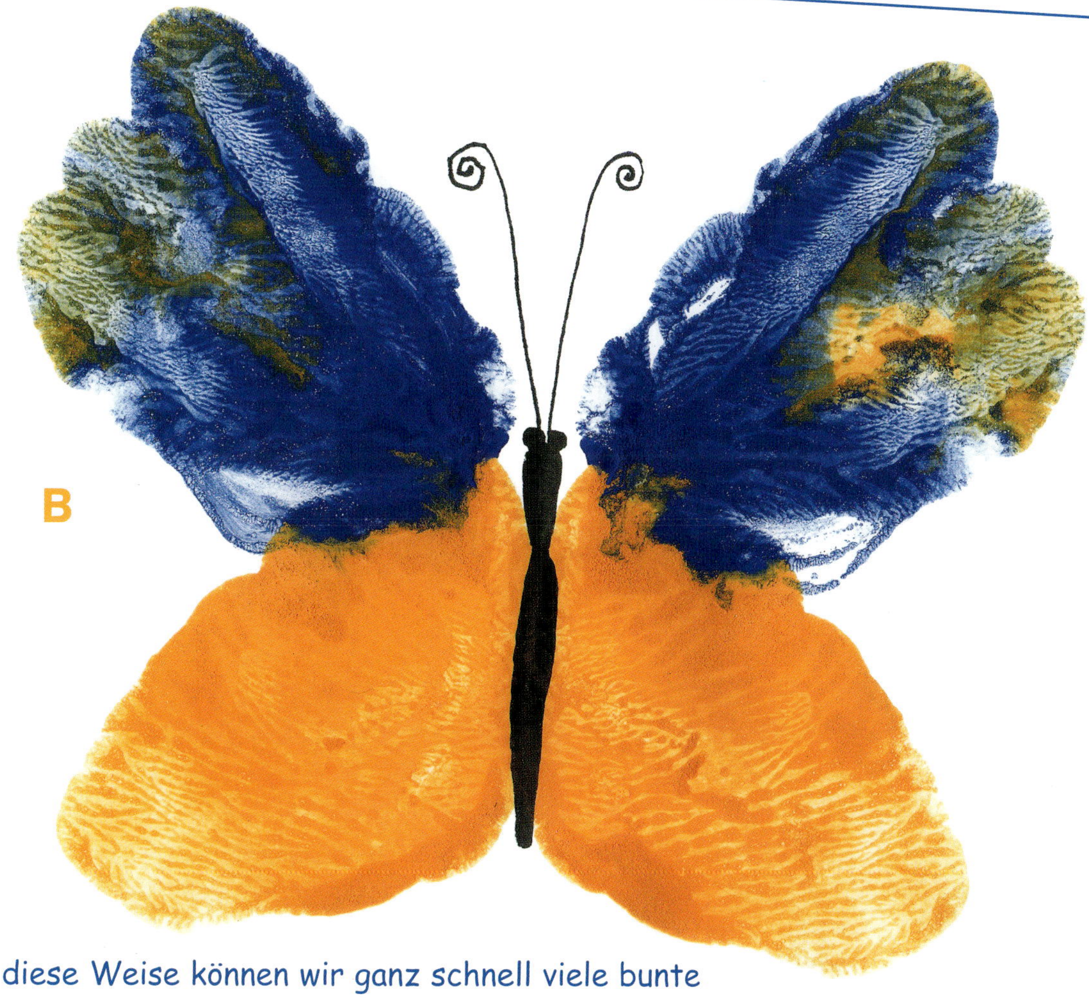

Auf diese Weise können wir ganz schnell viele bunte Schmetterlingsbilder malen, die alle verschieden aussehen. Was genau dabei herauskommt, sieht man erst nach dem Auffalten. Überraschung!

Hallo Löwe!

Was wir brauchen
- Zeichenpapier
- weicher Bleistift
- Wasserfarben
- Pinsel und Wasser

Zuerst kommt der Löwe dran, und dann rundherum die Wüste und der Himmel.

1. Wir zeichnen den Löwen vor. Bei Tieren ist das nicht so einfach wie bei Blumen oder Häusern. Vielleicht pausen wir den Löwen ab. Wie das geht, steht bei der Sternenfee auf Seite 22.

1

2. Zum Ausmalen des Körpers nehmen wir einen dicken Pinsel, für den Schwanz und die Mähne einen dünnen. Die Farbe muss hier nicht ganz dick sein, damit das Bleistiftgesicht noch durchscheint. Während des Malens drehen wir das Bild so, dass wir den Pinsel immer gut vom Rand zur Mitte führen können.

2

3. Geduld! Jetzt muss der Löwe erst ganz trocken werden. Dann malen wir mit dunkleren Farben die Schatten im Fell und das Gesicht nach. Und wieder muss das Bild trocknen.

Zum Schluss braucht der Löwe die ausgetrocknete Savanne und den blauen Himmel. Das malen wir sorgfältig um den Löwen herum. Die Farben nehmen wir ziemlich dick und mischen etwas Deckweiß dazu. Dann decken sie besser und wir können kleine Patzer gut übermalen.

Wasserfarben verdünnt

Was wir brauchen
- ♦ Aquarellpapier (rau)
- ♦ Pinsel und Wasser
- ♦ Wasserfarben

Wenn wir Wasserfarben mit Wasser verdünnnen, lassen sie den Untergrund durchscheinen. Damit können wir in nasse Farben hineinmalen oder trockene Farbflächen übermalen.
Wir können aber auch Farben auslaufen oder ineinander verschwimmen lassen, einen Farbton verändern oder klare, einheitliche Farbflächen malen. Die Farbfelder links zeigen, wie Farben von Dunkel nach Hell auslaufen. Ganz links ist die Farbe einfach dick aufgemalt. Wenn man mit dem ausgewaschenen Pinsel in die nasse Farbe geht, nimmt er die Farbe auf. Der Pinselstrich zieht Farbe mit hinaus auf das trockene Papier. Sie wird immer heller und der Pinsel immer trockener. Zum Schluss bleibt ein scharfer Rand stehen.

So verdünnen wir die Wasserfarben:
Wir nehmen die Wasserfarbe mit dem nassen Pinsel aus dem Farbtöpfchen und machen einen Klecks in den Deckel des Malkastens. Mit dem Pinsel geben wir nach und nach Wasser dazu. Zwischendurch probieren wir aus, ob die Farbe schon dünn genug ist. Wir drehen den Pinsel in der Pfütze. So nimmt er gleichmäßig Wasser auf. Dann malen wir ein kleines Farbfeld auf Papier und schauen, ob es hell genug ist.

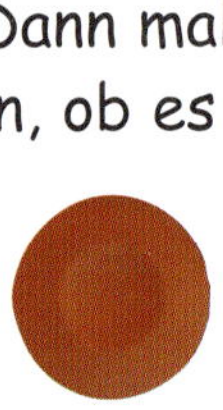

Aufgepasst beim Malen mit dem Pinsel:
- Den Pinsel nur ins Wasser tauchen, nicht auf den Boden des Glases stupsen und nicht darin stehen lassen!
- Nicht zu viel Wasser aufnehmen; den Pinsel am Wasserglas oder auf Küchenkrepp abstreifen.
- Nie gegen den Strich – in Richtung Pinselspitze – malen!
- Große Flächen mit einem dicken Pinsel malen, feine Linien mit der Spitze eines dünnen Pinsels.

So malen wir mit verdünnten Wasserfarben:

1

1. Wir malen mit dem dicken Haarpinsel und viel Farbe auf trockenes Papier. Der Rand bleibt scharf.

2

2. Wir fangen wie im Bild 1 an. Mit dem ausgewaschenen Pinsel und viel Wasser malen wir in die Mitte und schieben dabei das Wasser mit dem Pinsel zum Rand. Das Ganze ein paar Mal; den Pinsel immer auswaschen. Nun trocknen wir den Pinsel ab und nehmen damit Farbe von der Mitte auf.

3

3. Wir fangen wie im Bild 1 an und lassen die Fläche etwas trocknen. Mit dem sauberen Pinsel und viel Wasser malen wir einen Rand. Das Wasser will weiter nach innen fließen, kommt aber nur bis zur trockenen Innenfläche. So entstehen die schönen Unregelmäßigkeiten.

4

4. Wir fangen wie bei Bild 1 an und setzen Wassertropfen auf die trockene Farbe. Mit dem abgetrockneten Pinsel nehmen wir die Tropfen ab. Die Farbe geht weg und es bleiben helle Tupfen.

5

5. Wir ziehen mit Pinsel und Farbe eine Wellenlinie, waschen den Pinsel aus und ziehen mit Pinsel und Wasser die Farbe nach unten. Sie fließt weg.

6

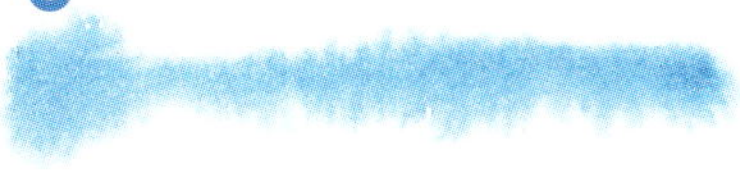

6. Mit dem Pinsel befeuchten wir das Papier und malen dann mit Farbe in die Wasserfläche hinein.

7

7. Wir fangen wie im Bild 6 an, malen jedoch mit einer anderen Farbe hinein. Die beiden Farben fließen ineinander.

Fließende Farben

Mit Wasserfarben können wir auf trockenem oder auf nassem Papier malen – oder auch in eine nasse Farbfläche hinein. Dann fließen die Farben ineinander. Zwischen ihnen gibt es keine scharfen Grenzen, sondern sanfte Übergänge. Ein Farbton geht in den anderen über. Diese Malweise nennt man Nass-in-Nass-Technik.

In eine nasse Fläche können wir mit einer anderen Farbe oder nur mit Wasser malen. Beim Vogel oben hellt Wasser die Farbe auf, und in die feuchte grünliche Farbfläche rechts kommt ein nasser blauer Pinselstrich.

Das Geheimnis dieser Malweise: Trockenes Papier saugt die Farbe auf. Nasses Papier hingegen ist schon so voll Flüssigkeit, dass es nicht mehr so viel Farbe aufnehmen kann. Also breitet sich die hinzukommende Farbe aus und verdrängt die nasse Farbe des Untergrundes. Dabei weiß man vorher nie genau, wie die Farben fließen werden und welche Muster dabei entstehen.

Je mehr Farbe ins Nasse hinzukommt, desto breiter macht sie sich. Solange es für die Farbe einen Ausweg in eine nasse Farbfläche gibt, fließt sie nicht auf die trockenen Stellen des Papiers.

Am besten geht das, wenn eine dunklere Farbe zu einer helleren kommt. Allzu nass darf der Untergrund jedoch auch nicht sein. Sonst fließen beide Farben durcheinander, und es entsteht eine Farbmischung, die wir vielleicht nicht haben wollen.

Schlingel-Schlange

Was wir brauchen
- weicher Bleistift
- Aquarellpapier
- Wasserfarben
- Pinsel und Wasser

1. Wir zeichnen die Schlange mit Bleistift vor und malen sie mit Pinsel und klarem Wasser bis zum Rand hin aus. Rundherum bleibt das Papier trocken.

2. Nun malen wir die ganze nasse Schlange mit gelber Farbe an. Sofort nehmen wir grüne Farbe und malen dort, wo die Schlange grün sein soll, innen am Rand entlang. Das Grün fließt ein Stück weit nach innen und schiebt das Gelb zur Schlangenmitte.

3. In die immer noch nasse Farbe tupfen wir Gelb, Grün für Auge und Nasenloch und Rosarot für den Mund.

Vögel im Himmel

Wie kommt die bunte Vogelschar in einen blauen Himmel, ohne dass sich die Farben der Vögel und des Himmels vermischen? Am einfachsten geht das so: Mit verdünnter Wasserfarbe über das ganze Blatt malen, die Farbe trocknen lassen und dann die himmelblauen Vögel bunt ausmalen.

1. Wir zeichnen alles mit Bleistift vor und malen das ganze Blatt in Hellblau mit viel Wasser an. Am vorgezeichneten Vogel sehen wir, dass die Bleistiftstriche bleiben.

2. Das Bild muss gut trocknen und darf sich nicht mehr feucht anfühlen, wenn man mit der Hand darüberstreicht. Erst dann können wir die Vögel nacheinander ausmalen, ohne dass Farbe von den Vögeln in den Himmel fließt. Wo die Vögel übereinander fliegen, lassen wir eine feine Linie frei.

Die Vögel lassen wir nicht trocknen, sondern wir malen gleich mit dunkleren Farben in die nasse Farbe. Dazu nehmen wir mit dem Pinsel viel Farbe auf und setzen sie an die Ränder von Flügeln und Schwanz.

Was wir brauchen

- ♦ weicher Bleistift
- ♦ Aquarellpapier (glatt)
- ♦ Wasserfarben
- ♦ Pinsel und Wasser

Wir können auch zuerst den Himmel rund um die Vorzeichnung ausmalen. Das Blau wird dann nicht so einheitlich, weil wir oft absetzen müssen und nicht in einem Schwung malen können. Dafür können wir die Vögel aber auf weißes Papier malen. Die Farben leuchten so stärker als beim Malen auf einem farbigen Untergrund.

Nach dem Ausmalen des Himmels erscheinen die Vögel als weiße Flächen. Das Bild muss gut trocknen. Nun befeuchten wir die Vögel mit Pinsel und Wasser und malen gleich mit einer Farbe hinein. In die nasse Farbe malen wir mit einer anderen Farbe den Kopf, die Flügelspitzen und den Schwanz.

Dampfer

Was wir brauchen
- weicher Bleistift
- Aquarellpapier
- Wasserfarben
- Pinsel und Wasser
- Schere
- Tonpapier

Unten wogen die Wellen, und aus dem Schornstein des Dampfers steigt eine finstere Rauchwolke. Im Meer und im Himmel sollen die Farben verschwimmen. Also malen wir alles ziemlich nass!

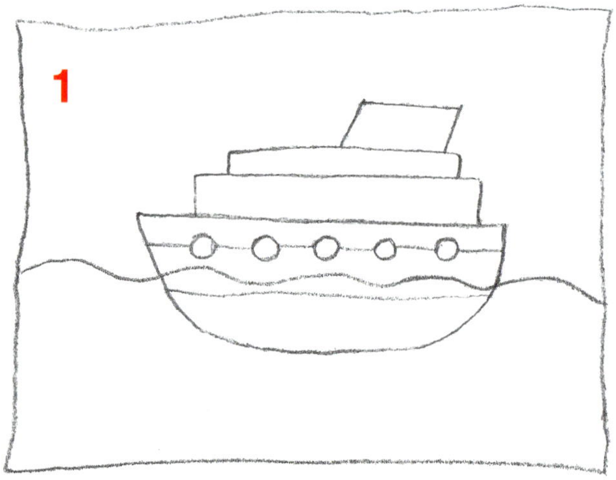

1. Bei diesem Dampfschiff zeichnen wir alles genau vor. Die Bleistiftlinien bleiben auch später noch sichtbar.

2. Wir befeuchten den Himmel bis hinunter zu den Wellen mit Pinsel und klarem Wasser. Den Dampfer sparen wir aus; Er bleibt trocken. Die nasse weiße Himmelsfläche malen wir hellblau aus und malen gleich eine schwarze Rauchwolke an den Schlot des Schiffes.

3. Nun muss das Bild trocknen, damit der Himmel nicht ins Meer fließt. Wir befeuchten alles unterhalb der Wellenlinie mit Wasser und malen Blau und Grün hinein. Den Streifen und die Luken im Schiff malen wir auf das trockene Papier.

Himmel und Meer

1

Hier malen wir das wilde Meer und den weiten Himmel in einem Schwung und kleben das Schiffchen einfach darauf.

1. Das Papier muss nass sein. Oben am Bildrand machen wir einen dünnen blauen Pinselstrich, unten grüne und blaue. Schon fließen die Farben zueinander und ineinander. In der Mitte, zwischen Himmel und Meer, bleibt das Bild hell.

2

2. Das Schiffchen schneiden wir aus Tonpapier aus. Wenn das Bild trocken ist, kleben wir das Schiffchen auf.

Blumen

Was wir brauchen
- Wasserfarben
- Pinsel und Wasser
- Aquarellpapier

A

B

C

A

1. Wir malen eine violette Scheibe.
2. In die noch feuchte Mitte setzen wir sofort einen Wassertropfen und malen rundherum einen roten Kreis. Das Wasser treibt die Farbe nach außen, sodass sich Violett und Rot am Rand ein wenig vermischen. Nun muss das Bild trocknen.
3. Jetzt erst malen wir den gelben Kreis. Wenn ein Stängel drankommt, wird daraus eine Blüte.

B

1. Anders sieht es aus, wenn wir die violette Scheibe trocknen lassen.
2. Erst dann die gelben Blütenblätter aufmalen. Nun gibt es scharfe Ränder. Wir lassen auch die Blütenblätter trocknen und tupfen mit Orange hinein.

C

1. Hier malen wir eine gelbe Scheibe mit wenig Wasser. Sie soll feucht, aber nicht nass sein.
2. Sofort malen wir außen den hellblauen Ring, und zwar mit etwas mehr Wasser. So gibt es keine scharfe Grenze zwischen den beiden Farben, aber sie fließen auch nicht richtig ineinander. Wieder muss das Bild trocknen.
3. Wenn wir nun die Blütenblätter aufmalen, sehen wir, dass sie sich klar vom Ring abheben.

Bei diesen Bildern lassen wir die Farben schön ineinanderfließen und malen an anderen Stellen scharfe Ränder. Der Trick dabei: Das Bild muss zwischendurch manchmal trocknen. Auf der linken Seite steht, wie das geht.

Wir malen mit Filzstiften

Mit Filzstiften lässt sich toll zeichnen und malen. Wichtig dabei ist die Papiersorte. Auf Schreibpapier bleiben die einzelnen Striche in der ausgemalten Farbfläche sichtbar, weil das dünne Papier die Farbe sofort aufnimmt.

Wenn wir schöne glatte Farbflächen wollen, nehmen wir Aquarellpapier. Darauf lassen sich die Flächen viel gleichmäßiger ausmalen. Das sehen wir links in den Farbfeldern.

Die Farben lassen sich sogar mit Pinsel und Wasser vermalen. Wenn wir mit dem nassen Pinsel über ein Farbfeld malen, nehmen wir etwas Farbe auf und können damit ein Stück weit weitermalen. Dabei verwischen sich die Filzstiftstriche. Auch das sehen wir an den Farbfeldern links. Das geht auch dann noch, wenn die Farbe schon getrocknet ist – aber nur dann, wenn wir normale, wasserlösliche Filzstifte verwenden.

Rechts sehen wir, wie sich zwei Filzstift-Farben mit Pinsel und Wasser vermischen lassen und wie an diesen Stellen andere Farben entstehen.

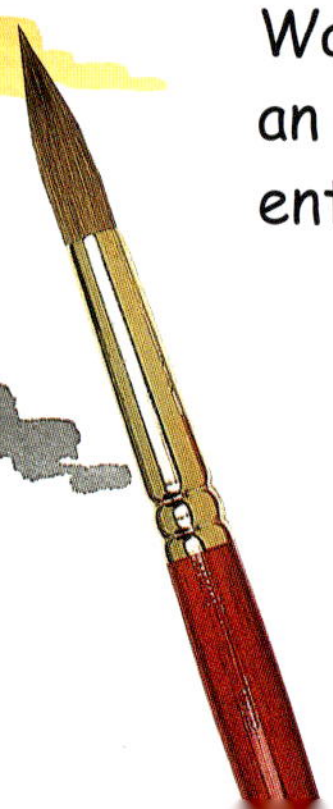

So sieht es aus, wenn wir mit Filzstift auf Schreibpapier zeichnen und malen. An den Linien und Farbflächen beim Auto und beim Häuschen kann nichts mehr geändert werden, außer wenn wir noch einmal mit einem dunklen Filzstift über eine helle Farbfläche malen.

Für solche Bilder reicht ein einfaches Schreibpapier.

Aquarellpapier brauchen wir, wenn wir ein mit Filzstiften angefangenes Bild mit Pinsel und Wasser weitermalen möchten. Dazu nehmen wir mit dem Pinsel klares Wasser auf und malen von den Linien aus nach innen. Dabei nimmt der Pinsel etwas Farbe von den Strichen mit. So entstehen schöne zarte Farbverläufe.

Für den Rauch aus dem Schornstein nehmen wir etwas mehr Wasser.

Ganz wichtig: Vor jedem Farbwechsel den Pinsel auswaschen!

Frühling, Sommer,

Ein Baum für alle Jahreszeiten – und alle Bilder erst mit Filzstift und dann mit Wasser gemalt! Im Frühling und Winter kommen wir mit wenigen Farben aus; umso farbenfroher zeigen sich der Sommer und der Herbst.

Was wir brauchen
- Filzstifte
- Aquarellpapier
- Pinsel und Wasser

Die Frühlingswiese haben wir auf der linken Seite nur gestrichelt, auf der rechten Seite schon mit Pinsel und Wasser übermalt. Die Äste und Zweige sind deutlich zu sehen. Darauf tupfen wir die jungen Blätter. Den Himmel malen wir in einem blassen, wässrigen Blau.

Im Sommer verschwinden die Äste in der Laubkrone. Beim Ausmalen nehmen wir für die helleren Stellen mehr Wasser und schieben es mit dem Pinsel hin zu den schattigen Stellen. Beim Himmel malen wir mit dem Filzstift einen kräftigen Rand und ziehen dann die Farbe mit dem Pinsel nach innen in die befeuchtete Himmelsfläche hinein.

Herbst und Winter

Es ist Herbst geworden. Das Laub hat sich bunt verfärbt und ist schütter geworden. Der Himmel ist dunkel und verwaschen, und auch in der Baumkrone und auf der Wiese fließen die Farben ineinander. Die schweren Regentropfen malen wir zuletzt mit Filzstift auf das trockene Bild.

Im Winter sind die bunten Farben verschwunden. Für den Schnee auf dem Baum sparen wir weiße Stellen aus. Himmel und Erde malen wir mit Filzstift in kühlen, hellen Blautönen; dunkel ist nur der Schatten. Das alles vermalen wir mit viel Wasser.

Teddybär

Mit Filzstiften, Pinsel und Wasser können wir schöne Flächen in kräftigen Farben malen. Auch kleine Farbfelder können wir viel genauer malen als mit Wasserfarben.

1

2

3

1. Wir zeichnen den Teddy schon in der richtigen Farbe vor: oben in Braun.
2. Die Hose malen wir rot, das Gesicht dunkelbraun und die Füße wieder braun.
3. Das alles malen wir mit Filzstiften aus und zeichnen auch die Streifen auf der Hose ein.
4. Zum Schluss kommt der Pinsel dran. Wir tauchen ihn in klares Wasser und vermalen die Farben von den Rändern zur Mitte hin.

Krokodil

Was wir brauchen
- ♦ Filzstifte
- ♦ Aquarellpapier
- ♦ Pinsel und Wasser

1. Das Krokodil zeichnen wir nur in einer Farbe vor.
2. Beim Ausmalen mit dem Filzstift lassen wir das Auge und die Zähne weiß.
3. Mit dem Pinsel und mit klarem Wasser malen wir über das Krokodil. Wir fangen in der Mitte an und malen zum Rand hin. Deshalb bleibt die Mitte heller.
4. Solange das Krokodil noch nass ist, malen wir mit dem blauen Filzstift die Zacken, das Auge, das Maul und die dunklen Schatten hinein.

1

2

3

4

Papagei

Was wir brauchen
- Filzstifte
- weicher Bleistift
- Pinsel und Wasser
- Aquarellpapier

Sieht der bunte Papagei nicht wie gemalt aus? Das ist er auch: zuerst mit dem Filzstift und dann mit dem Pinsel und Wasser. Beim Übermalen verschwinden die Filzstift-Striche, die Farben gehen ineinander über und leuchten kraftvoll.

1

1. Den Papagei zeichnen wir ganz leicht vor – nur so viel, dass wir gerade noch erkennen, wo die Farbflächen hingehören. Die Bleistiftstriche bleiben später sichtbar.

2

3

2. Beim Ausmalen setzen wir die Farbflächen so genau wie möglich nebeneinander.

3. So sieht der ausgemalte Papagei aus. Gefällt er uns schon – oder malen wir lieber noch mit Pinsel und Wasser weiter?

So wird aus dem Filzstift-Bild eine richtige Malerei. Mit den Pinselstrichen ziehen wir Farbe weg oder schieben sie zusammen. Nun entstehen helle Stellen oder dunkle Schatten.

4

Gelb, Rot, Blau: Das sind die drei wichtigen Farben für unseren Papagei. Alle anderen Farbtöne entstehen beim Darübermalen mit Pinsel und Wasser. Dabei geht eine Farbe in die andere über.

Wir malen und kratzen

Zum Kratzmalen brauchen wir zwei Schichten Farbe: erstens den auf Papier gemalten Untergrund und zweitens den Anstrich darüber, der den Untergrund abdeckt. Wo wir vom Anstrich etwas abkratzen, leuchten die Farben darunter durch. Mit diesen Kratzstrichen können wir tolle Bilder malen.

1. Für die untere Farbschicht nehmen wir Wachsmalkreide in hellen Farben. Dann hebt sie sich später deutlich vom dunklen Anstrich ab. Das Zeichenpapier soll dick und glatt sein, damit wir darauf kräftig malen können und eine dichte und glatte Farbschicht erhalten.

2. Die obere, dunkle Farbschicht malen wir ent-weder mit Wasserfarben oder wieder mit Wachsmalkreide. Bei Wasserfarben brauchen wir wasserfeste Wachsmalkreiden und einen dicken Wasserfarben-Anstrich, der die Farben ganz und gar abdeckt.

3. Auf dem dunklen Anstrich können wir nicht vorzeichnen, sonst geht gleich Farbe ab. Am besten zeichnen wir auf einem anderen Blatt Papier ungefähr auf, wie das Bild aussehen soll.

Wenn wir beim Kratzen Fehler machen, können wir diese Stelle oder das ganze Bild noch einmal anstreichen, alles wieder trocknen lassen und neu anfangen.

Aufpassen: Beim Kratzen geht Farbstaub ab. Deshalb decken wir den Zeichentisch rund um das Zeichenblatt mit Zeitungspapier ab.

1

Der Untergrund ist hell und bunt.

2

Darüber kommt die dunkle Farbschicht.

3

Die Farbe muss gut trocknen.

Das Auskratzen geht am besten mit einer Kugelschreiberkappe.

Schuhu!

Was wir brauchen
- glattes, dickes Zeichenpapier
- wasserfeste Wachsmalkreiden
- Pinsel und Wasser
- Wasserfarben
- Kugelschreiberkappe

Das Eulenbild hat einen Anstrich mit dicken, schwarzen Wasserfarben. Beim Kratzen erscheinen die bunten Striche in den Farben des Untergrundes. In der schwarzen Umgebung leuchten sie besonders hell!

Gespenster

Was wir brauchen

- ♦ dickes, glattes Zeichenpapier
- ♦ wasserfeste Wachsmalkreiden
- ♦ Pinsel und Wasser
- ♦ Wasserfarben
- ♦ Kugelschreiberkappe

1. Den Untergrund für die beiden Gespenster malen wir zweimal: zuerst mit Wachsmalfarben in verschiedenen hellen Farben. Da können ruhig weiße Stellen bleiben. Denn beim zweiten Mal malen wir ganz kräftig mit weißer Wachsmalkreide darüber. Je dicker, desto besser!

2. Nun malen wir mit dem Pinsel ganz dick mit schwarzer Deckfarbe darüber.
3. Beim weißen Gespenst kratzen wir die schwarze Deckfarbe von der ganzen Gestalt ab. Dazwischen lassen wir immer wieder schwarze Striche stehen. Nur Augen und Mund bleiben ganz schwarz. Beim schwarzen Gespenst machen wir es umgekehrt und kratzen nur die Umrisse und das Gesicht aus.

Es ist Nacht geworden. Oben am Himmel leuchten Mond und Sterne, und unten scheint Licht aus den Fenstern.

Gute Nacht!

Die Häuser, der Wald und der Nachthimmel können nicht so bunt sein wie Fische im Meer. Deshalb überlegen wir uns vorher, in welchen Farben wir die untere Farbschicht anlegen und wie wir sie aufteilen: Oben, wo Mond und Sterne leuchten sollen, nehmen wir mehr helles Gelb. Die Häuser können im Lichtschein rötlich erscheinen, und Wald und Wiese sind grün.

Unter Wasser

1

Bunt leuchten die Fische im tiefen blauen Meer, und hell glänzen Gold und Perlen in der Schatztruhe. Die beiden Bilder malen wir nur mit Wachsmalkreiden.

2

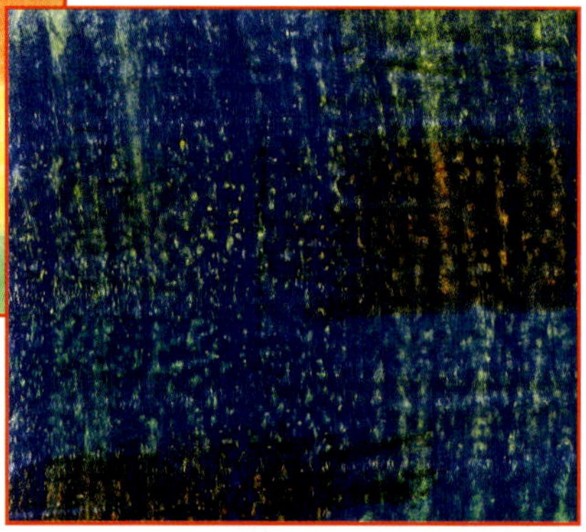

3

1. Für den Untergrund malen wir auf dickes glattes Zeichenpapier die Farbfelder in kräftigen Farben nebeneinander auf. Darüber malen wir eine dunkelblaue Schicht – immer in eine Richtung.
2. Anders als beim Übermalen mit dicker Wasserfarbe scheint der Untergrund immer noch durch. Dabei entstehen an manchen Stellen Mischfarben. Beim Übermalen sehen wir gleich, wie fest wir aufdrücken müssen: ziemlich fest, aber auch nicht allzu fest, denn sonst werden die Farben durch das Reiben warm und schmelzen. Dann verschmieren sie leicht.
3. Nun kratzen wir mit der Kugelschreiberkappe die Striche und schaben die Flächen aus.

Was wir brauchen

- Wachsmalkreiden (wasserfest oder vermalbar)
- Aquarellpapier (rau oder glatt)
- Kugelschreiberkappe

Auf den Wachsmalfarben können wir nichts vorzeichnen. Bevor wir mit dem Kratzen anfangen, überlegen wir uns, wohin die Fische und all die anderen Dinge ungefähr kommen und welche Form sie haben sollen. Das alles zeichnen wir auf einem anderen Blatt Papier auf.

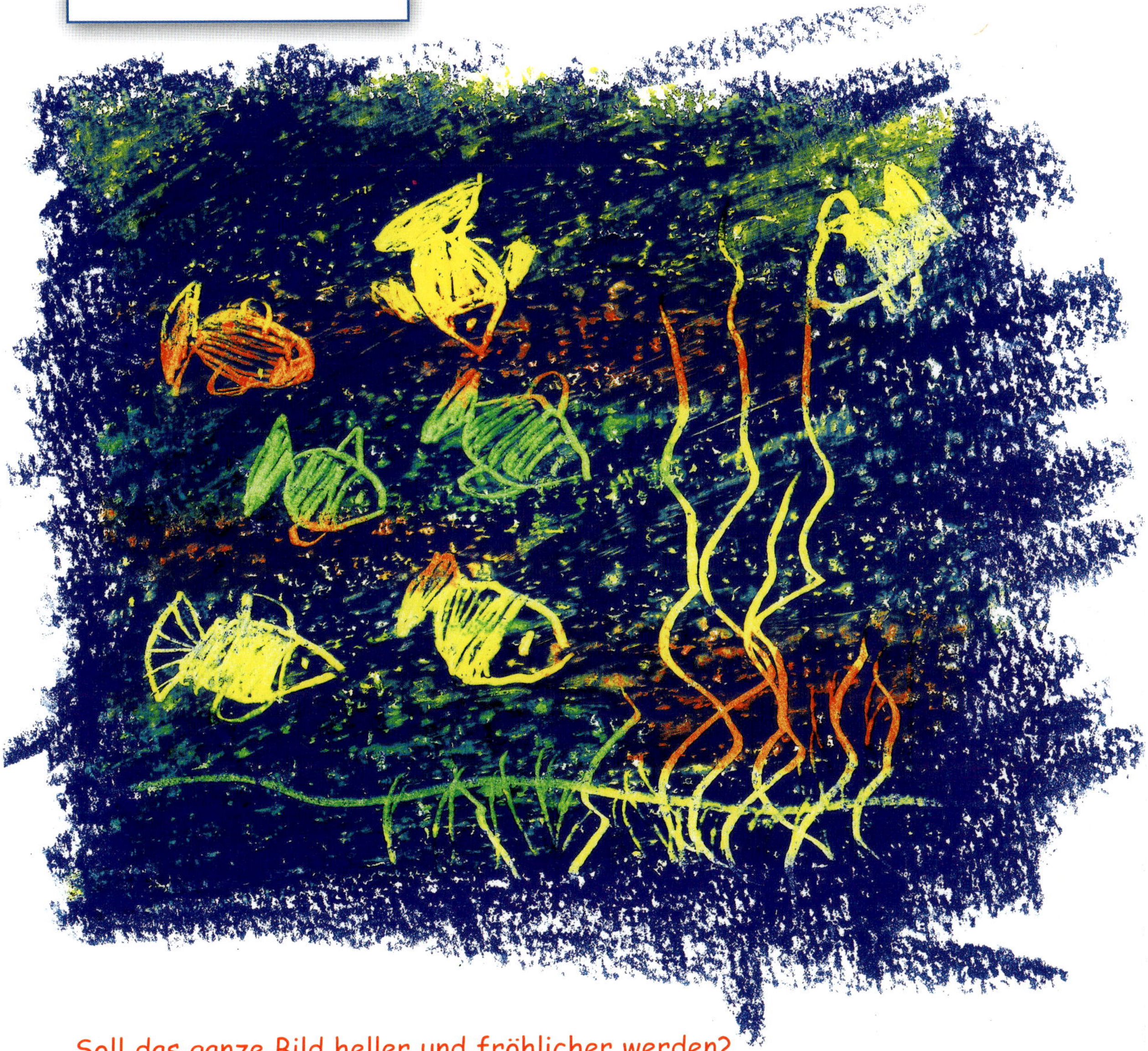

Soll das ganze Bild heller und fröhlicher werden? Dann können wir auch ein raues Zeichenpapier nehmen. Auf dem Bild oben sehen wir, dass die obere, blaue Farbschicht den bunten Untergrund nicht überall ganz abdeckt. Auch dort, wo wir gar nicht kratzen, bleiben farbige Sprenkel stehen. An manchen Stellen schimmert sogar noch das weiße Papier durch.

Impressum

Kinder lernen zeichnen und malen
Konzeption: Alex Bernfels und Norbert Landa
Text: Norbert Landa
Illustrationen: Rosanna Pradella (Seite 4-83);
Alex Bernfels (Seite 84-156)

Lektorat: Dipl.-Päd. Agnes Ribbat und Manfred Schmeing (Seite 4-83);
Mareike Ahlborn (Seite 84-156)
Redaktion: Erika Schuler-Konietzny

Cover: art und weise, Freiburg
Gestaltung: Yulia Vershinskaya
Herstellung: Klaus Peduzzi
Druck und Bindung: Himmer AG, Augsburg

ISBN 978-3-86673-259-9

Art.- Nr. 2259

Wolfgang Althof

Sträflingsinseln

Schauplätze der Verbannung

Seit 1789

Verlag E.S. Mittler & Sohn GmbH
Hamburg · Berlin · Bonn

Bildnachweis:
Schutzumschlag vorn: Château d'If
Schutzumschlag hinten: Kreml von Solovki
Althof, Wolfgang (S. 144);
Flohr, Dieter (S. 140, S. 141, Rücktitel);
Howard (S. 30);
Israel/Gebauer (S. 35);
Krumbügel, Anita (S. 137, S. 169);
Malsagoff (S. 121, S. 122);
Maude (S. 15, S. 16);
Russian Monasteries (S. 115, S. 124, S. 142, S. 143);
Savvan (Titel, S. 137);
Schimmel, Gisela (S. 137);
Stein, Holger (S. 144);
Wagner (S. 165).
Die Karten wurden von Gunter Kaiser, Ingenieurbüro für Reliefkartographie, Herzsprung (Uckermark), angefertigt.
Die Briefmarken stammen aus den Sammlungen von Siegfried Meißner, Sanitz, und Erwin Seppelt, Sagerheide.

Nicht bei allen Fotos konnten die Inhaber der Bildrechte ermittelt werden.
Der Verlag bittet freundlich um Kontaktaufnahme:
Verlagsgruppe Koehler/Mittler, Striepenweg 31, 21147 Hamburg

Ein Gesamtverzeichnis der lieferbaren Titel der
Verlagsgruppe Koehler/Mittler schicken wir Ihnen gern zu.
Sie finden es aber auch im Internet unter www.koehler-mittler.de.

Bibliografische Information Der Deutschen Bibliothek
Die Deutsche Bibliothek verzeichnet diese Publikation in der Deutschen Nationalbibliografie; detaillierte bibliografische Daten sind im Internet über http://dnb.ddb.de abrufbar.

ISBN 3-8132-0843-5

Produktion: Anita Krumbügel
Druck und Bindung: Druckerei zu Altenburg GmbH, Altenburg
Printed in Germany

Inhalt

Vorbemerkung

Als ich mich vor etwa fünfzehn Jahren für Sträflingsinseln zu interessieren begann, den Anstoß hatte eine Arbeit über Sträflings- und Sklaventransporte über See gegeben, kannte ich gerade mal eine knappe Hand voll dem Namen nach. Aber diese reichten aus, mehr wissen zu wollen. Nun stolperte ich förmlich über weitere. Es wurden immer mehr auf meiner Liste. Als ich dann vor etwa zehn Jahren mit gezielten Recherchen begann, umfasste meine Kartei bereits etwa hundert Inseln.

Nun sind es rund hundertfünfzig und ein Ende ist nicht abzusehen.

Wer schreibt, der weiß, dass man als Autor zwei schwierige Phasen zu bewältigen hat: anzufangen und aufzuhören.

Ich höre einfach auf, wohl wissend, dass noch so vieles ungesagt, manches ungeprüft, einiges unreif geblieben ist. Sei's drum.

Das Buch war ursprünglich als »trockene« Dokumentation geplant. Es wurde eine erschreckende Sammlung von Zeugnissen menschlicher Abgründe. Mit jeder weiteren Insel wurde deutlicher, dass die Menschheit im Verlauf ihrer Entwicklung nicht humaner geworden ist – im Gegenteil.

Was dürfen wir noch erwarten? Was müssen wir befürchten?

Hamburg, im April 2005
Wolfgang Althof

Phänomen Insel

Inseln üben gewöhnlich auf Menschen einen besonderen Reiz aus. Sie vermitteln den Eindruck von Abgeschiedenheit. In der Literatur findet man den Begriff »Insel« oft als Metapher für Isolation.

Inseln bieten Zuflucht, z. B. für die Meuterer von der BOUNTY, können Refugien sein. Häufig stehen Inseln plakativ und stereotyp für Idylle, Palmen, Strand, schöne junge Menschen. Bounty-Reklame – nein, diesmal sind nicht die Meuterer gemeint, sondern diese klebrige Süßigkeit bzw. süße Klebrigkeit – gleich Inselideal.

Inseln gelten allerdings auch als Symbol der Hoffnungslosigkeit, abgeschieden von der Welt, unberührt von historischen Ereignissen, ohne Einfluss auf die Ereignisse, mit eigener, interner Ordnung.

Inseln entsprechen entweder dem Stereotyp vom unwirtlichen, sturmgepeitschten, felsigen Eiland oder aber von der kleinen Idylle: von lieblichen Düften umweht, von kristallklarem Wasser umgeben und von wohl geformten, edlen Jungfrauen und Jünglingen bewohnt.

Isoliert zu sein auf einer Insel ist entweder Traum oder Albtraum oder beides.

Der niederländische Journalist Bob Snoijink nahm Ende der 1980er das Angebot einer Illustrierten an, zusammen mit seiner Frau und nur mit dem Allernötigsten ausgerüstet, ein Jahr auf einer unbewohnten Insel zu verbringen und darüber eine Artikelserie zu schreiben. Die Insel heißt Ata, liegt im Nordosten des Fidschi-Archipels – und entstanden ist ein wunderschönes Buch über die Höhen und Tiefen einer modernen Robinsonade.

Seit Anfang der 1980er gab es schon zwei Versuche, für einen bestimmten Zeitraum auf unbewohnten tropischen Inseln zu leben. Ein französisches Paar verbrachte einige Zeit auf einer Insel in der Nähe von Tahiti und ein britisches auf einer Insel zwischen Australien und Neuguinea. Oder nehmen Sie Strindbergs »Totentanz«: wie zur Strafe leben der Artilleriehauptmann Edgar und Alice, eine ehemalige Schauspielerin, in dem früheren Gefängnis einer gottverlassenen Insel. »Big Brother« ist Isolation, »Insulation«, vor den Augen der Öffentlichkeit, ist eine Form des Exhibitionismus und findet offensichtlich sein Publikum.

Für die Extrem-Show »Inselduell« suchte ein deutscher Fernsehsender im Jahr 2000 zwölf Kandidaten. Diese sollten sieben Wochen lang auf dem unbewohnten 1.000 Meter langen und maximal 200 Meter breiten Eiland Simbang, vor der Ostküste Malaysias im Südchinesischen Meer, von Fernsehkameras beobachtet, wie Schiffbrüchige hausen. 18.000, in Worten: achtzehntausend, bewarben sich! Ein anderer deutscher Sender veranstaltete eine ähnliche Show auf der malaysischen Insel Tengah, ebenfalls im Südchinesischen Meer.

Ein britischer Sender startete im Jahr 2000 eine Reality-Show, bei der verschiedene Teams an einem ihnen unbekannten Ort der Erde mit minimaler Ausrüstung ausgesetzt wurden. Die Aufgabe bestand darin, innerhalb kürzester Zeit die Nelson-Säule auf dem Londoner Trafalgar Square zu erreichen. Der erste Aussetzungsort war die Insel Anzerski des Solovezki-Archipels im Weißen Meer. Ehemals ein berüchtigtes russisches und sowjetisches Straflager. Wir werden später noch darauf zurückkommen.

»Inseln gehören mehr als andere Landschaften ins Reich der Mythen und der Magie, in eine Art innere Landschaft der Seele …«, schrieb Claudia

Clasen-Holzberg. »Es gibt in den Mythen nicht umsonst die Insel der Glückseligen, das alte Elysium, wo die abgedankten Helden leben. An diesen imaginären Orten werden Ursehnsüchte der Menschen gestillt, der Einklang von Mensch und Tier etwa oder von Mensch und göttlichem Wesen … Inseln sind die Verkörperung dessen, was ganz weit weg und unerreichbar ist. Man muss erst etwas anderes überwinden, das Element Wasser, das früher ein gefährliches Element war, um zu ihnen zu gelangen … Inseln geben uns dieses Gefühl von Sicherheit. Sie sind wie Burgen, nur schöner.«

Der azoreanische Dichter Vitorino Nemésio sprach von »insularidade« (Insularität), wenn er das eigentümliche Lebensgefühl der Azoreaner meinte, das Gefühl vom Rest der Welt isoliert zu sein, nicht hinaus zu können, nicht an den Vorzügen dort draußen teilhaben zu können, und gleichzeitig die Sehnsucht nach ihren Inseln, nach der Geborgenheit und Überschaubarkeit.[1]

Oder Annette Bruhns: »Jede Insel ist ein Mikrokosmos, eine Erde im Kleinen.«[2]

Inseln sind geeignet zum Absondern vom Alltag, von der Masse. Reif für die Insel zu sein (in mehrfacher Bedeutung reif), auszusteigen, sich zu erholen, zu leben wie Robinson. Nicht jeder kann sich auf eine richtige Insel zurückziehen, aber jeder schafft sich mit seiner Wohnung, einem Zimmer, seinem Garten seine eigene kleine »Insel«.

Braucht der Mensch die Grenzen, auch für seine Fantasie?

In der Welt der Globalisierung bekommt offenbar die Sehnsucht nach überschaubaren Räumen mit »echten« Grenzen neue Nahrung. Inseln können diesen Appetit stillen.

»Der Insulaner verliert die Ruhe nicht.
Der Insulaner liebt keen Jetue nicht.«[3]

Inseln prägen ihre Bewohner. Ein lateinisches Sprichwort lautet: Omnes insulares mali (Alle Inselleute sind schlecht). In der englischen Sprache steht »insular« im übertragenen Sinne für »beschränkt, engstirnig«.

Die norwegische Schauspielerin Liv Ullmann beschreibt die Inselmenschen als einfach, der Erde nah und dem Meer, in Harmonie mit sich selbst lebend, mit einem Stolz, einer Würde, die niemand brechen könnte. Inselmenschen seien wie viele alte Leute, die allen Prätentionen und trügerischen Träumen entsagt, das hektische Treiben aufgegeben haben. Auch sie seien Inselmenschen in unserer Gesellschaft.[4]

»Es sind nicht die Schlechtesten, die auf Inseln lebten, in Absicht und Freiwilligkeit einen kleinen Bereich sich erwählend, da ihnen das Ganze wirr und ordnungslos dünkte«, meinte Eugen Gottlob Winkler und widerspricht damit dem o. g. lateinischen Sprichwort. Und weiter: »Die Vermutung, dass jemand, der auf längere Zeit eine Insel bewohnen soll, an Seele und Geist eine Einengung spürt, erwies sich als durchaus begründet.«

Wie viel mehr mag das für jemanden zutreffen, der nicht freiwillig auf einer Insel leben soll?

Aus »Gesang an die Inseln« von Fritz Diettrich: »O Inseln, ihr Grenzen im Grenzenlosen, der Freiheit wahrhaftiges Abbild! … Und nur wer ungenügsam, verlässt euch, steigt über die schäumende schützende Brüstung … Nur wer als Gefangner auf Inseln, der findet nicht Frieden, nicht letzt ihn die Freiheit …«

Noch vor 100 Jahren waren Inseln tatsächlich isolierbar. Heute ist dank moderner Kommunikationstechnik keine Insel mehr absolut sicher von der Außenwelt abzusperren. Trotzdem, ein gewisser Grad der Faszination ist geblieben. Weshalb sonst stoßen z. B. die USA-TV-Serie »Fantasy Island« und die deutsche TV-Serie »Insel der Träume«, in denen Träume wahr werden, auf solches Interesse?

Wie viele Inseln gibt es eigentlich? Riesen, große, kleine, winzige? Bewohnte und unbewohnte? Karge und artenreiche? Bewohnbare und unbewohnbare? Da Kontinente nicht als Inseln gelten, fallen Australien und die Antarktis aus dem Wettbewerb, den Grönland anführt, heraus. Ich habe etliche Geografen gefragt. Keiner war in der Lage, mir eine zumindest angenäherte Zahl zu nennen. Mir fiel das Kinderlied ein: Weißt du wie viel Sternlein stehen? Einige Quellen nennen Zahlen für begrenzte Regionen: im inselreichen Pazifik soll es etwa 30.000 Inseln geben, davon gehören allein zu Indonesien rund 13.000, die Stockholmer Schärenlandschaft soll 24.000 Inseln umfassen.

Inselliteratur

Die Besonderheit der Inseln, die besondere Konstellation, die Isolation der Akteure zu nutzen, war und ist Anlass für Schriftsteller, Handlungen auf Inseln anzusiedeln. Ihnen bietet sich damit die Möglichkeit, eine ideale Welt zu beschreiben, ohne ein reales Land anzusprechen. Jeder kann sich in Gedanken sein Shangri-La[5] schaffen. Beispiele für unerreichbare Glücksländer finden sich in allen Kulturen und zu allen Zeiten.

Fast all diesen ideellen Inseln ist gemeinsam, dass man auf ihnen glücklich und unbeschwert leben kann.

Im Gilgamesch-Epos der Sumer heißt diese Insel Dilmun. In der Antike finden wir sie unter den Namen Elysium oder einfach nur als Glückliche Inseln. Griechen der Antike, Hesiod (vor 2.700 Jahren) und Lukian (fast 1.000 Jahre später), beschrieben die Inseln der Seligen, auf denen die von den Göttern geliebten Verstorbenen, das vierte Geschlecht, ein glückliches Dasein führen. Nicht zu vergessen Homer mit seiner »Odyssee«, auf die weiter unten eingegangen werden soll.

Der Römer Diodoros schwärmte von der Sonneninsel. Friedrich Nietzsche schrieb von den Glückseligen Inseln Zarathustras. In den Mythen der Kelten spielten die Paradiesinseln eine Rolle und im alten China die Inseln Fang-chang, P'eng-lai und Ying-chou. In »Das Lied der Indianerin« beschrieb Heinrich Heine Bimini[6], die Sehnsuchtsinsel der Indianer Südamerikas.

Kurd Lasswitz erfand die Insel Apoikis, wohin sich Freunde und Schüler des Sokrates zurückzogen, um das innere Leben harmonisch auszugestalten, das Denken zu vertiefen, den Willen zu erziehen und heitere Sinnlichkeit maßvoll zu genießen.

Um den Zustand des wunschlosen Glücks, um die Suche nach dem verheißenen Land der Seligen geht es in der Brandanlegende (Vita Brendani; Navigatio Brendani), Erzählungen und Legenden von der Fahrt des seefahrenden Abtes St. Brandanus (Brendan), die nach dem 6. Jahrhundert entstanden ist.

Das Dasein des Büßers ist z. B. bei Hartmann von Aue, »Gregorius« (ca. 1190), und Thomas Mann, »Der Erwählte« (1951,) beschrieben.

Tatkräftige Bejahung des Augenblicks und Aufbau einer utopischen Gemeinschaft und vorbildlichen Gesellschaftsordnung sind zu finden z. B. bei Platon: Atlantis, die Götterinsel des Poseidon und seiner Nachkommen, als erste Staatsutopie; Thomas Morus: »Utopia«; Daniel Defoe: »Robinson Crusoe«, Johann Gottfried Schnabel: »Die Insel Felsenburg«. Auch Merles »Die Insel« (die Meuterer der BOUNTY und ihr Refugium), Stefan Heyms »Schwarzenberg« (Exklave, Insel im übertragenen Sinne, umgeben von okkupierten Gebieten), Henry Nevilles »Die Insel der Pines« (1668; ein Buchhalter besiedelt mit vier Frauen eine Insel und gründet einen Staat) sowie Mörikes Wunschtrauminsel Orplid gehören in diese Aufzählung.

Anton Ulrich von Braunschweig-Wolfenbüttel erfand Anfang des 18. Jahrhunderts die Stoichadischen Inseln, auch: Inseln der Jungfrauen.

August Jakob Liebeskind wählte Inseln als Metaphern für die Phasen des menschlichen Lebens.

Grimmelshausen lässt im »Simplizissimus« (1669) seinen Simplex auf einer Insel Abstand vom Dreißigjährigen Krieg gewinnen.

Nach dem Zweiten Weltkrieg wünschte sich Arno Schmidt kleine Inseln als kulturelle Reservate einzurichten, ohne Waffen und ohne Besuchserlaubnis für Physiker, Chemiker, Techniker, Politiker, Berufssoldaten, Filmstars, Boxweltmeister, reiche Gaffer usw.

Bei Shakespeare (»The Tempest«, »Der Sturm«) hat Prospero auf seiner Zauberinsel, den öden Geschäften des wirklichen Lebens, den bösen Machenschaften der Politik entkommen, sein Utopia, sein Paradies gefunden: das Luftreich der Geister. Das Phantom des Glücks hat Prospero auf seiner Insel allerdings nicht gefunden. Alt geworden und bitter will er zurück nach Mailand, von wo man ihn verjagt hatte.

Die Besinnung auf den Sinn des Daseins finden wir z. B. bei Leopold Stolberg: »Die Insel« (1788); Wilhelm Heinse: »Ardinghello« (1794); Conrad F. Meyer: »Huttens letzte Tage« (1871).

Selbstanalyse spielt eine Rolle z. B. bei Adalbert von Chamisso: »Salas y Gomez« (1829); Alfred Tennyson: »Enoch Arden« (1864); Stefan George: »Der Herr der Insel« (1895); Gottfried Benn:

»Gefilde der Unseligen« (1910; eine Insel mit Gefängnis als ganz gewöhnliche Insel beschrieben); Gerhart Hauptmann: »Die Insel der großen Mutter« (1925); Karl Krolow: »Die Inseln« (1957).

Barrataria heißt bei Cervantes die nicht existierende Insel, zu deren Statthalter Sancho Pansa, der Knappe Don Quijotes, von der die beiden foppenden Hofgesellschaft ernannt wurde.

Joseph Eichendorffs »Eine Meerfahrt« (posthum 1866) schildert von fernen Inseln ausgehende Verlockungen.

Zahlreiche Romane befassen sich mit Inseln als Stützpunkte für Piraten und Orte vergrabener Schätze, z. B. Stevensons »Die Schatzinsel«.

Die Odyssee ist unbestritten die berühmteste Insel-Reise-Literatur, Homer der Erfinder des Island-hopping. Und meist wurden die Argonauten auf den beschriebenen Inseln gefangen gehalten. Welch trefflicher Bezug zu diesem Buch.

Da wäre die Kalypso-Episode. Odysseus wurde während seiner Irrfahrt durch das Mittelmeer sieben Jahre lang von der verführerischen Nymphe Kalypso in ihrer Felsengrotte (sie wird den Touristen auf der Insel Gozo gezeigt) auf der Insel Ogygia (Historiker nehmen an, Ogygia sei die kleine Insel Peregil vor der marokkanischen Küste in der Straße von Gibraltar) gefangen gehalten und bezirzt. Sieben Jahre lang widerstand der edle Dulder dem Begehren der zauberkundigen Nymphe, sehnte sich heim zu seinem Weib und Sohn und Volk und saß am Strand und barg den Kopf in die hohlen Hände und klagte und schluchzte, dass es die stummen Fische jammerte.

Auf der Ziegeninsel konnten sich Odysseus und seine Gefährten nur dadurch der Gefangenschaft und dem Schicksal des Gefressenwerdens entziehen, indem sie dem Zyklopen Polyphem mit einem glühenden Pfahl das einzige Auge ausstachen.

Ein Jahr lang verbrachte Odysseus mit seinen Gefährten als Gefangene oder Gäste, der Unterschied ist unerheblich, bei Circe auf der Insel Aiaia. Homer erzählt, die Zauberin wohne auf einer »Insel, die rings das unendliche Meer umgürtet: Nahe liegt sie am Land«. Dichter Wald schmücke das Eiland und allerhand prächtiges Wild, Hirsche vor allem, und Wildschweine leben auf ihr. Die Göttin verwandelte zunächst einige seiner Gefährten in Schweine, machte jedoch die schändliche Tat rückgängig als Dank dafür, dass Odysseus mit ihr das Lager teilte, wie man es damals nannte. Die Gefangenschaft auf der Insel kann so unangenehm nicht gewesen sein, denn Homer weiß zu berichten, dass die Gefährten des Odysseus, nachdem sie wieder Menschen geworden waren, jünger als zuvor, mit besserer Bildung und erhabenerem Wuchs erschienen. Das Essen sei reichlich gewesen, der süße Wein sei in Strömen geflossen und das Baden habe den Helden die Glieder gelöst. Circe gebar dem Odysseus einen Sohn.

Forscher haben seit jeher versucht, die homerischen Orte zu lokalisieren und sind davon überzeugt, die Insel der Circe ist der heutige Monte Circeo zwischen Rom und Neapel. Es gibt nur ein Problem: der Circeo ist schon seit dem Pleistozän, also spätestens seit 20.000 v. Chr. keine Insel mehr. Strandversetzungen verbanden die Insel mit dem Festland und machten sie zur Halbinsel.

Noch in römischer Zeit, so wird berichtet, waren am Circeo Teile vom Schiff des Odysseus und das Grab seines Gefährten Elpenor, der sich im Vollrausch zu Tode gestürzt hatte, zu sehen gewesen. Die Grotta della Maga Circe, die größte der dreiundvierzig Grotten, wird als der bei Homer genannte Palast der Circe bezeichnet.

Auf Scheria (vielleicht Korfu) lebten die Phäaken, die glücklichsten von allen Menschen. Odysseus lernte auf ihr die Königstochter Nausikaa kennen.[7]

Auch in anderen Gegenden werden mythische Ereignisse mit Inseln als Orte der Gefangenschaft verknüpft.

Bei den Römern lassen sich wie bei den Griechen Hinweise auf Sehnsucht nach Inseln nachweisen. Sertorius floh aus dem Lärm der Bürgerkriege mit seinem Schiff nach Westen, zu den Glücklichen, den Kanarischen Inseln[8], auch Gärten der Hesperiden genannt. Quintus Horatius Flaccus sehnte sich aus dem Glanz des kaiserlichen Roms nach der kleinen Griecheninsel Lebedus.

Auf der kleinen Insel Tory (gälisch: Oileán Thoraí), die fast fünfzehn Kilometer vor der irischen Nordwestküste im Atlantik liegt, befindet sich Balor's Fort. Balor war der keltische Kriegsgott, ein einäugiger Held aus dem Schattenreich der vorgeschichtlichen Mythen und Legenden, der mit seinem feurigen Zyklopenauge ganze

Heerscharen vernichten konnte. Ihm war geweissagt worden, dass sein Enkel, der Sohn seiner Tochter, der keltischen Mondgöttin Eithne, ihn töten würde. So hielt Balor seine Tochter im Felsenfort gefangen. Kein Mann durfte sie sehen, geschweige denn berühren. Aber ein Mann kam als Frau verkleidet vom Festland herüber und begegnete Eithne. Neun Monate später brachte sie Drillinge zur Welt. Einer von ihnen, Lugh, der Gott der Sonne und des Lichts, tötete wirklich seinen Großvater, nachdem dieser seinen Vater getötet hatte.

Ein anderes Beispiel ist der Leanderturm (Kiz Kulesi) im Bosporus (s. d.).

Die Menschen der Bretagne glaubten, irgendwo ganz weit draußen im Westen, wo die Sonne hinter dem Horizont verschwindet, läge die Insel der Seligen, Avalon, das Paradies. Dorthin, wo es keinen Krieg, keinen Schmerz, keinen Streit, keinen Hass gäbe, zögen die Seelen der Toten. Manche allerdings versänken auf dem Weg nach Avalon. Wer in seinem Leben allzu viel und zu schwer gesündigt hatte, den zöge die Last seiner Schuld in die kalten und finsteren Tiefen des Meeres.

Die Iren glaubten, dass weit im Westen ihrer Insel die Toteninsel liegt, die nur zwei Mal im Jahr aus dem Meer auftaucht.

Das Christentum kennt zunächst keine Inselsehnsucht. Es verlegt die Seligkeit in den Himmel. Im Mittelalter waren Inseln karge Eilande, Symbole der Gefangenschaft und Isolation, der Buße und der Selbstkasteiung, sie galten als Furcht einflößend.

Aber spätestens seit Grimmelshausen und Mörike wurden in deutscher Sprache Inseln als alternative Wunschziele definiert.

Es gibt eine Unmenge von Inselfilmen, -romanen, -witzen, -karikaturen, die größtenteils Massenware sind und nach einheitlichem Muster gestrickt wurden. In Bezug auf Gefängnisinseln wird das Angebot schon knapper. Filme ja, aber Literatur, und zudem noch anspruchsvolle, objektive – da muss man schon recht lange suchen.

Inseln für jeden Zweck

Einsamkeit

Inseln waren beliebte Orte zur Anlage von Klöstern, geeignet zur Meditation und einigen, wie zu zeigen sein wird, völlig unzureichenden Schutz bietend.

Der russische Historiker Rozanov schrieb: »Klöster waren Inseln des Christentums inmitten eines ehemals heidnischen Ozeans.«[9]

Vorzüglich eigneten sich kleine Inseln, die für weltliches Herrentum zu klein waren, aber groß genug, um den Mönchen eine Lebensbasis zu sichern. Je reicher die Klöster wurden, desto mehr weckten sie Begehrlichkeiten.

Lindisfarne (auch: Holy Island), die kleine englische Insel vor der Küste Northumbriens, beherbergte ein ehrwürdiges Kloster, dem Generationen von Frommen und Sündern kostbare Gaben gespendet hatten. Im Juni des Jahres 793 wurde es von Wikingern überfallen und völlig ausgeraubt.

In den folgenden Jahren suchten die Wikinger weitere Klöster heim, u. a. gleich fünf Mal das Kloster des heiligen Columba auf dem Eiland Iona vor Mull an der Küste Schottlands, zeitweilig das Zentrum des Christentums in Europa.

Holy Island im Lough Derg, dem größten See, zu dem sich Irlands Lebensader, der River Shannon, erweitert, war über viele Jahrhunderte der Sitz eines in ganz Europa berühmten Klosters. Nur noch einige Reste sind von den Klosterbauten übrig geblieben. Auch dieses Kloster wurde einige Male von den Wikingern ausgeraubt.

Die entlegenen Solovezki-Inseln im Weißen Meer beherbergten eines der berühmtesten Klöster des alten Russlands. Es konnte sich verschiedener Angriffe dank seiner festungsartigen Mauern und wehrhaften Mönche erwehren.

In Deutschland waren bzw. sind Beispiele für Klosterinseln: Nonnenwerth im Rhein bei Bad Honnef und die Reichenau im Bodensee.

Stützpunkte

Inseln wurden geschätzt als sichere, gut zu schützende Stützpunkte. Pirateninseln wurden von den Anführern wie eigenständige, unabhängige Gemeinwesen geführt. Auf ihnen galten eigene Gesetze und Strafen. Auf manchen Inseln werden noch heute Piratenschätze vermutet und gesucht.

Beispiele für Pirateninseln:

Kush Adasi (Vogelinsel), früher: Güvercin Adasi (Taubeninsel) bei Ephesos (Türkei), mit genuesischer Festung aus dem 13. Jahrhundert, jetzt durch einen Damm mit dem Festland verbunden, war zeitweilig Stützpunkt der Piratenbrüder Barbaros.

Auf den Antillen dienten De Nieves und San Cristobal im 16. Jahrhundert als Piratenstützpunkte.

Isla de Pinos (jetzt: Isla de la Juventud), der Südküste Kubas vorgelagert, wurde von den karibischen Piraten bevorzugt. Santa Catalina war Stützpunkt der Flibustier in Westindien. Berüchtigt war Tortuga, auch: Île de la Tortue, vor der Nordküste von Haiti. Ab 1630 war die Insel fast ein Jahrhundert lang das Hauptquartier der Bukanier. Der Hugenotte Alexander Exquemelin lebte auf der Insel als Wundarzt der Piraten. In seinem 1684 in London erschienenen Buch »The Bucaneers of America« schilderte er seine Erlebnisse. Legendäre Piratenkapitäne, wie L'Olonnais, Chevalier de Grammont, Henry Morgan und El Portuges, spielten eine gewichtige Rolle im Kampf der Kolonialmächte um Einfluss auf dem amerikanischen Kontinent.

Im Ostpazifik waren im 17. Jahrhundert Juan Fernández, die Cocosinsel und Galápagos Piratenstützpunkte.

Auf Amoy, vor der chinesischen Küste, hatte der gefürchtete Koxenga, der »Attila des chinesischen Meeres«, seine Residenz.

Die zum philippinischen Sulu-Archipel gehörende Insel Pangutaran diente schon immer als

Schlupfwinkel für Piraten, Schmuggler und zwielichtige Händler. Noch heute gehen Seeräuber von hier aus auf Kaperfahrt.

Im Indischen Ozean waren Madagaskar und Remartin im 18. Jahrhundert Piratenhochburgen.

In der Ostsee diente Gotland und in der Nordsee Helgoland den Vitalienbrüdern als Unterschlupf.

Clare Island, vor der Clew Bay, in der irischen Grafschaft Mayo gelegen, war einst Stützpunkt der Piratenkönigin Grace O'Malley (ihr irischer Name war »Granuaile«). Auf dem felsigen Vorgebirge in der Nähe des Hafens steht ein quadratischer Turm, der einst der Piratin als Festung diente. Sie war im 16. Jahrhundert berühmt und gefürchtet, wurde von Königin Elizabeth I empfangen und starb 70-jährig im Jahr 1603. Auf dem kleinen Friedhof der Klosterkirche liegt sie begraben. Auf dem Grabstein der Leitspruch ihrer Familie: »Unschlagbar zu Lande und zu Wasser.« Die weiter südlich gelegene Insel Inishbofin (Grafschaft Galway) diente ebenfalls der Grace O'Malley als Stützpunkt. Das Schloss, dessen Ruinen am Hafen zu sehen sind, wurde von dem spanischen Piraten Don Bosco, einem Verwandten der O'Malleys, als Festung erbaut.

Refugium, Exklusivität

Prominente zogen und ziehen sich gern auf Inseln zurück. Im Januar 1997 entdeckten Archäologen in einer Höhle der Athen vorgelagerten Insel Salamina (Salamis) eine Scherbe, auf der die ersten sechs Buchstaben vom Namen des griechischen Dramatikers Euripides zu erkennen sind. Es gilt als sicher, dass Euripides sich zum Schreiben in diese Höhle zurückgezogen hatte, um hier mit »Iphigenie«, »Elektra« und den »Bakchen« (Bacchanten) einige Grundsteine der Weltliteratur zu legen.

Tiberius, Princeps (obwohl mehrmals vom Senat angetragen, lehnte er den Titel »Augustus« ab), Oberbefehlshaber in Germanien, verleumdet als Wüstling, von Historikern rehabilitiert, zog sich 26 n. Chr. als 68-Jähriger auf die Insel Capri zurück. Von den Legenden über seine wilden Orgien auf Capri profitiert der moderne Tourismus (»anziehender Verruf«). Friedrich Alfred Krupp hoffte auf Capri seine Neurasthenie zu heilen, Maksim Gorkij, Lenin und Oscar Wilde waren einige der berühmten, prominenten Exilanten auf der Insel.

Gern möchten Prominente unter sich sein, verschont von Paparazzi. Aber ganz ohne Publikum, ohne das gemeine Volk fehlt ein wichtiger Bestandteil des Prominentseins. Beispiele für Prominenteninseln sind Sylt und Mustique. Letztere gehört zu den Antillen, genauer: zu den Grenadinen. Ein reicher, junger, etwas spleeniger Engländer hatte sie gekauft und ein Grundstück darauf der Frau zur Hochzeit geschenkt, in die er verliebt war, Prinzessin Margaret. Margaret kam an Bord der königlichen Jacht BRITANNIA, um sich das Geschenk anzusehen. Die Bucht, in der die Jacht ankerte, wurde daraufhin Britannia Bay genannt. Sie ließ sich ein Haus bauen, und in ihrem Schlepptau folgten Millionäre und Prominente: die französische Industriellenfamilie Hachette, ein kanadischer Luftfahrt-Tycoon, die Londoner Lady Guinnes, der Werbefotograf Earl of Lichfield, mit dem die Models kamen, sowie David Bowie und Mick Jagger.

Martha's Vineyard, östlich von New York gelegen, wo der ausgestreckte Zeigefinger von Long Island hinzeigt, wird von den Celebrities, US-Präsidenten und ihren Familien, berühmten Schriftstellern und Künstlern als Sommeraufenthalt bevorzugt.

Die legendäre Figur des italienischen Risorgimento, der Abenteurer und Nationalheld Giuseppe Garibaldi, zog sich häufig gekränkt auf die kleine, karge und unfruchtbare Insel Caprera vor der Nordostspitze von Sardinien, auf der er Land besaß, zurück. Dort züchtete er Schafe und schrieb Bücher über das einfache Leben und den Sieg des Guten über das Böse. Auf der Nachbarinsel La Maddalena, auf der 1943 Mussolini interniert wurde, eröffnete ein geschäftstüchtiger Hotelier eine Herberge, von der aus Touristen mit dem Fernrohr beobachten konnten, wie der berühmte Garibaldi seine Esel fütterte. Caprera wurde 1892, zehn Jahre nach dem Tod Garibaldis, enteignet, zur Seefestung ausgebaut und war bis 1981 militärisches Sperrgebiet. Heute kann man auf der zum Naturschutzgebiet erklärten Insel Garibaldis Haus besichtigen.

Der Maler Paul Gauguin suchte und fand auf der Marquesas-Insel Hiva Oa seine letzte Zuflucht vor den »Segnungen« der Zivilisation, sein Arkadien.

Die vietnamesische Insel Tau Chau in der Ha-Long-Bucht gilt als Juwel unter den Naturschätzen des Landes. Sie diente Ho Chi Minh als Sommerfrische und wird seit 2000 mit amerikanischem Kapital in ein Ferienzentrum verwandelt.

Der griechische Großreeder Onassis kaufte Anfang der 60er-Jahre die kleine Insel Skorpios (östlich von Levkada bzw. Lefkas, Ionische Inseln) und ließ sie mit allem erdenklichen Luxus ausstatten.

Der Gouverneur der Antilleninsel Saint Lucia schenkte dem Dichter Derec Walcott als Anerkennung für dessen Literaturnobelpreis (1992) die Rat Island. Walcott will dort einen internationalen Treffpunkt für Künstler und Schriftsteller schaffen.

Der belgische Goldminenbesitzer François Joseph Fournier schenkte 1913 die 12,5 Quadratkilometer große Insel Porquerolles seiner dritten Frau zur Hochzeit. Porquerolles gehört zu den wunderschönen Îles d'Hyère vor Toulon.

Die Karibikinsel St. James ist Privateigentum des amerikanischen Meister-Magiers David Copperfield.

Achill Island heißt die Insel vor der irischen Grafschaft (County) Mayo, auf der Heinrich Böll in den 50er-Jahren die Einsamkeit suchte und fand und sein »Irisches Tagebuch« schrieb.

Auch Helgoland war zeitweilig eine Exilinsel. In der Zeit von 1807, als die Engländer die Insel erobert hatten, bis im Jahr 1890 der Felsen in der Nordsee wieder an Deutschland kam, hatten deutsche Intellektuelle dort Zuflucht gesucht. Unter ihnen der Dichter Hoffmann von Fallersleben, der auf der Insel sein Deutschlandlied, mit Unterbrechungen seit 1922 deutsche Nationalhymne, schrieb.

»No Man's Land« heißt eine ehemalige Festungsanlage vor der englischen Hafenstadt Portsmouth, gebaut 1861 gegen eine befürchtete Invasion. Im Zweiten Weltkrieg wurde sie mit Flak bestückt. 1986 erwarb sie der englische Immobilienunternehmer Roger Penfold und ließ sie zu einem Luxusanwesen mit Hubschrauberlandeplatz, Tennisplatz, Sonnendeck, Swimmingpool, Sporthalle, Empfangsräumen, mehreren Gästezimmern mit Bädern und einem drehbaren Schlafzimmer im Leuchtturm umbauen. 1993 wurde sie von einem deutschen Millionär für 2,35 Mill. Mark gekauft.

Sealand, eine Flak-Plattform, die im Zweiten Weltkrieg zur Abwehr deutscher Bomber vor der britischen Küste in die See gesetzt wurde, ist im Handstreich genommen und 1967 zum Fürstentum erklärt worden. Damals lag die künstliche Insel noch außerhalb der britischen Hoheitsgewässer. Sie war verlassen und aufgegeben worden und gehörte nach altem Seerecht demjenigen, der sie besetzte. Die Besetzer verabschiedeten eine eigene Verfassung und gaben eigene Pässe und eine eigene Währung heraus. Alle Versuche des Königreichs, das Fürstentum unter Kontrolle zu bekommen, scheiterten. Kein britisches Gericht erklärte sich für Belange der Insel zuständig. Auch fremde Mächte, Deutsche und Holländer, wollten sich Sealand einverleiben. Sie holten sich blutige Köpfe. Die Argentinier wollten während des Falklandkrieges ein Camp auf Sealand einrichten. Andere sind schlauer. Amerikanische Firmen mieten sich auf der Plattform ein und betreiben Internet-Geschäfte, digitale Casinos und vermieten Server.[10]

Rockall, ein einsamer Felsen im Atlantik, 400 Seemeilen vor der schottischen Küste, wurde Mitte 1997 in einer Protestaktion gegen Erdölgewinnung in diesem Gebiet von Greenpeace-Aktivisten besetzt. Die Organisation proklamierte den Felsen zum unabhängigen Staat Waveland, gab eigene Pässe aus und eröffnete in verschiedenen Ländern diplomatische Vertretungen.

Versteck, Zuflucht

»Greek Island« (griechische Insel) ist der Tarnname für eine unterirdische, atomsichere Kommandozentrale der USA. In White Sulphur Springs, in den Bergen West Virginias, wurde zwischen 1959 und 1962 unter dem Hotel Greenbrier eine Anlage installiert, die im Falle eines Atomkrieges die Mitglieder des Kongresses und einige ihrer Mitarbeiter für das Leben danach aufbewahren sollte. Für insgesamt 800 Personen, für die Familien der Kongressabgeordneten war kein Platz vorgesehen, standen Schlafsäle, Großraumduschen, eine Kantine, ein Krankenhaus, eine Verbrennungsanlage für Müll und Leichen sowie Sitzungssäle zur Verfügung. Nur einmal wurde die Anlage in Alarmbereitschaft versetzt, 1962, während der Kubakrise. 1992 lüftete ein Journalist das

Geheimnis, womit die »Griechische Insel« der Auserwählten inmitten der USA, zumindest für den vorgesehenen Verwendungszweck, wertlos wurde. Das Hotel übernahm die Einrichtungen und plant, dort ein Casino unterzubringen.

Auf manchen Inseln kann man sich gut verstecken. Vor allem dann, wenn deren Position in den Karten falsch eingezeichnet ist.

1767 wurde vom Midshipman Robert Pitcairn auf HMS SWALLOW unter Kapitän Philipp Carteret eine bis dahin in keiner Karte verzeichnete Insel entdeckt. Sie lag 2.250 Kilometer südöstlich von Tahiti und 5.300 Kilometer östlich von Neuseeland, bis zur Küste Chiles waren es 6.000 Kilometer. Die 4,5 km^2 große Insel aus vulkanischem Fels mit fast überall steil abfallenden Uferhängen war damals unbewohnt. Sie erhielt den Namen Pitcairn.

Pitcairn

25°04'S, 130°05'W

Sechs Jahre später suchte James Cook die Insel an der angegebenen Stelle, fand sie jedoch nicht. Sein Vorgänger schien die Position falsch bestimmt zu haben.[11] 1789/90 machte sich Fletcher Christian, Anführer der Meuterer auf HMS BOUNTY diesen Fehler zu Nutze. Die gesuchte Insel sollte unbewohnt sein, nicht regelmäßig besucht werden und keinen natürlichen Hafen haben. Die Flüchtlinge versuchten es zunächst auf der Insel Tubuai, südlich von Tahiti. Von einem der Häuptlinge kauften sie für eine Hand voll roter Federn Platz für den Bau einer Siedlung. Sie errichteten Fort George, eine Festung mit Zugbrücke und Geschützen. Es gab jedoch immer wieder Konflikte mit den Eingeborenen, hauptsächlich um Frauen und wegen häufiger Diebstähle, so dass Christian mit seinen Leuten schon nach drei Monaten die Insel wieder verließ. Er lief zunächst noch einmal Tahiti an, um Frauen und Proviant an Bord zu nehmen.

Mit weiteren acht Briten, sechs Tahitianern, neunzehn Tahitianerinnen und einem kleinen Mädchen machte er sich am 22. September 1789 auf die Suche nach einer neuen Heimat. Die Frauen waren nicht alle freiwillig an Bord geblieben. Sechs von ihnen ließ er auf Moorea von Bord.

Das Schiff nahm zuerst Kurs in Richtung Westen. In die engere Wahl kamen eine von den Cook-, den Tonga- oder den zum Fidschi-Archipel gehörenden Lau-Inseln. Keine der angelaufenen

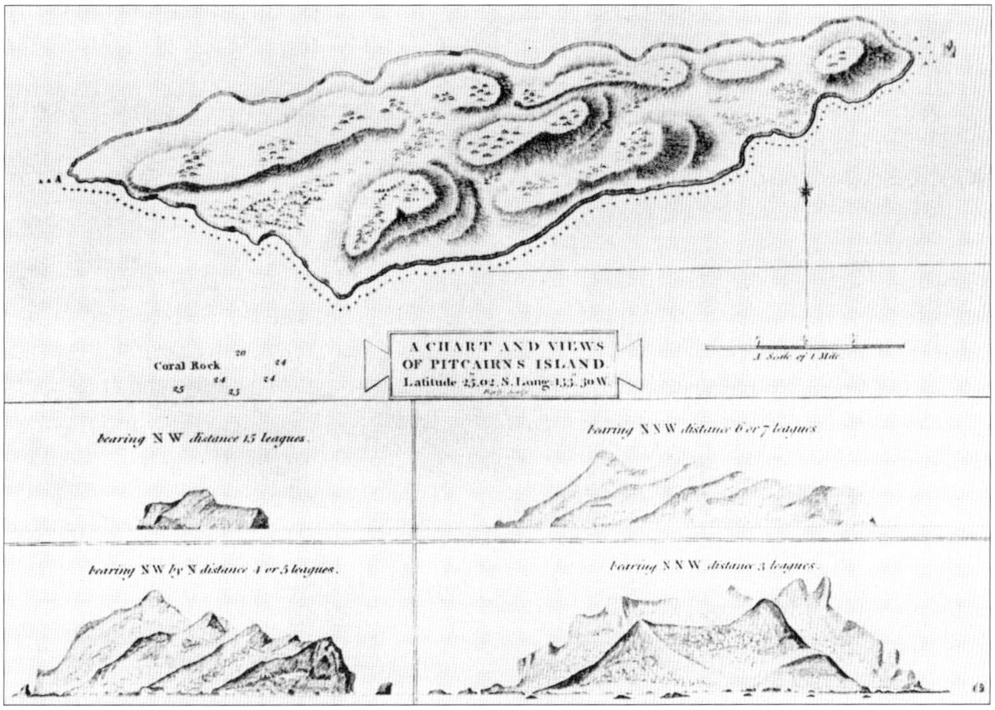

Pitcairn, kartiert von Carteret.

Pitcairn, zeitgenössische Darstellung um 1850.

Inseln entsprach den Anforderungen. Christian hatte in Kapitän Bligh's Kabine eine Ausgabe von »Hawkesworth's Voyages« aus dem Jahr 1773 mit Carterets Bericht über seine Entdeckung gefunden. Er richtete Ende November 1789 den Bug der BOUNTY nach Westen.

Wenn der berühmte Cook die rätselhafte Insel nicht gefunden hatte, würde es der britischen Admiralität, so glaubte er, schwer fallen, sie, die Meuterer, in den Weiten des Ozeans aufzuspüren. Falls sie mit ihrer BOUNTY sie fänden.

Am 15. Januar 1790 hatten sie Pitcairn, ihre neue Heimat gefunden. Die Insel entsprach allen Anforderungen: sie ist fruchtbar, hat ein angenehmes Klima und eine schöne Landschaft und ist relativ unzugänglich.[12]

Sie landeten und verbrannten ihr Schiff und fühlten sich relativ sicher. Aber sie wurden nicht glücklich auf der Insel, fanden nicht den ersehnten Frieden. Bald stritten sich die Männer um die von Tahiti mitgebrachten Frauen, und als es einem der Matrosen gelang, aus den Wurzeln des Drachenbaumes Schnaps zu brennen, war das Unheil nicht mehr aufzuhalten. Sie brachten sich gegenseitig um. Vier Jahre nach ihrer Landung lebten nur noch vier der britischen Meuterer und zehn Jahre später lebte nur noch einer von ihnen, John Adams, der eigentlich Alexander Smith hieß, mit zehn tahitianischen Frauen und neunzehn Mischlingskindern. Er lebte nun züchtig und gottesfürchtig, verbot den Alkohol und das Fluchen, unterrichtete die Kinder mithilfe der Bibel und sorgte für sinnvolle Eheschließungen unter dem Nachwuchs. Adams starb am 5. März 1829. Sein Grab ist als einziges aus jener Zeit erhalten.

Erst 1808 wurde das Versteck durch Zufall entdeckt. Der amerikanische Walfänger TOPAZ legte an der Insel an. Der Kapitän berichtete nach London, aber dort war der Fall inzwischen abgeschlossen worden.

1838 wurde der Pitcairn-Archipel, neben Pitcairn noch die Inseln Henderson, Ducie und Oeno, offiziell zur britischen Kolonie erklärt. Er ist es noch heute.

Anfang 1997 lebten einundfünfzig Personen auf der Insel. Die meisten tragen den Nachnamen Christian und weisen sich damit als Nachkommen des Anführers der Meuterer, Fletcher Christian, und seiner Frau, der Häuptlingstochter Moetua, aus. Sie leben von ein wenig Viehzucht und Ackerbau, verkaufen Schnitzereien, Flechtarbeiten, Mützen und T-Shirts mit Pitcairn-Aufdruck sowie BOUNTY-Modelle in allen Größen an die Touristen, die mit Kreuzfahrtschiffen die Insel besuchen. Diese bekommen auch die begehrten Pitcairn-Stempel in die Pässe gedrückt. Seit 1940 werden auch eigene, in Sammlerkreisen sehr begehrte Briefmarken herausgegeben. Der Postmeister heißt natürlich Christian, Dennis Christian.

Von der Bounty Bay führt ein steiler Pfad nach oben, vorbei an dem noch nie benutzten Inselgefängnis und einem kleinen Laden sowie an einigen im dichten Regenwald verborgenen Hütten, bis zum Plateau mit dem Hauptplatz von Adamstown, der etwa zwanzig mal zwanzig Meter misst. Hier stehen die schlichte hölzerne Kirche mit der Originalbibel der BOUNTY (sie wurde allerdings in England restauriert), das Postamt und das Courthouse, vor dem der 1957 gehobene Anker der BOUNTY liegt und ihre Schiffsglocke hängt. Noch ein Stück weiter oben befindet sich das Gebäude, in dem der Kindergarten und die Schule untergebracht sind. Ein Raum beherbergt auch ein kleines Museum mit Teilen der BOUNTY und Werkzeugen der ersten Siedler. Im schönsten Haus der Insel, mit einem großen, gepflegten Garten, wohnt die jeweils für zwei Jahre amtierende neuseeländische Lehrerin. Bisher ist noch kein Pitcairner Lehrer geworden, Pfarrer übrigens auch nicht.

Zwei Mal wurde versucht, die Bewohner umzusiedeln, erfolglos. 1831 wurden sie nach Tahiti gebracht, sie kehrten aber im selben Jahr wieder zurück. Von 1840 an litten die Bewohner besonders an Epidemien und Unterernährung. Eine bessere, unbewohnte Insel wurde gesucht. In die engere Wahl kamen: Elizabeth Island, etwa 160 Kilometer entfernt, aber mit ungeeignetem Boden, Juan Fernández (s.d.) und Norfolk (s.d.).

1856, als eine große Hungersnot wegen Dürre drohte, transportierte man die damals 193 Bewohner Pitcairns mit ihren Haushalten nach Norfolk. Ein Kind wurde unterwegs geboren. Auch von Norfolk kehrten bald die meisten zurück nach Pitcairn.

Was hält sie auf dem »lone rock of the sea«, wie Rosalind Amelia Young die Insel nannte, fest?

Es gibt keinen Lärm und keine Hektik, das ganze Jahr über ist das Klima mild, üppig gedeihen Süßkartoffeln, Bananen, Apfelsinen, Zitronen, Pampelmusen und Gemüse aller Art. Jeder hält sich Hühner, Schweine und Ziegen. Zwei- bis dreimal im Jahr kommt ein Frachter aus Neuseeland und bringt Gummistiefel, Werkzeug, wetterfeste Kleidung, Kaugummi, Haushaltswaren, Spielzeug, Konserven, Schokolade und Milchpulver. Für Kontakt zur übrigen Welt sorgen die Amateurfunker Tom und Irma Christian. Ein Generator versorgt die Insel für einige Stunden am Tag mit Strom. Nur schwer krank werden darf niemand, denn das nächste Krankenhaus steht in Neuseeland.

Weniger ein Versteck als vielmehr eine Zuflucht waren die Westmänner-Inseln (Vestmannaeyjar), eine Inselgruppe vor der Südküste Islands. Sie erhielten ihren Namen nach den Sklaven des ersten Siedlers. Diese, es waren Iren, hatten sich gegen ihren Herrn erhoben und waren auf die Inseln geflohen.

Exil, Asyl

Inseln, die als Exil gewählt oder angewiesen wurden, sind hier nur mit wenigen Beispielen vertreten, sofern sie herausragenden Exilanten als Aufenthalt dienten oder touristisch interessant sind. Sie sind keine Sträflingsinseln im Sinne des Wortes.

Die Kanalinseln verdienen besondere Aufmerksamkeit, zum einen wegen des berühmten Exilanten, der auf ihnen lebte, Victor Hugo, und zum anderen, weil sie eine lange Tradition als Fluchtinseln haben, und zum Dritten, weil sie bis heute einige originelle Besonderheiten gewahrt haben.

Kanalinseln, Channel Islands, Normannische Inseln, Archipel de la Manche

49°10' bis 49°44'N, 1°57' bis 2°42'W

Die britischen Inseln Alderney, Guernsey, Jersey, Herm und Sark vor der französischen Küste verfügen über weit gehende Eigenständigkeit.

Die Insulaner hatten schon den in Frankreich verfolgten Hugenotten im 16. und 17. Jahrhundert Asyl geboten. Der wegen Beteiligung an Untergrundorganisationen in den Jahren 1642 und

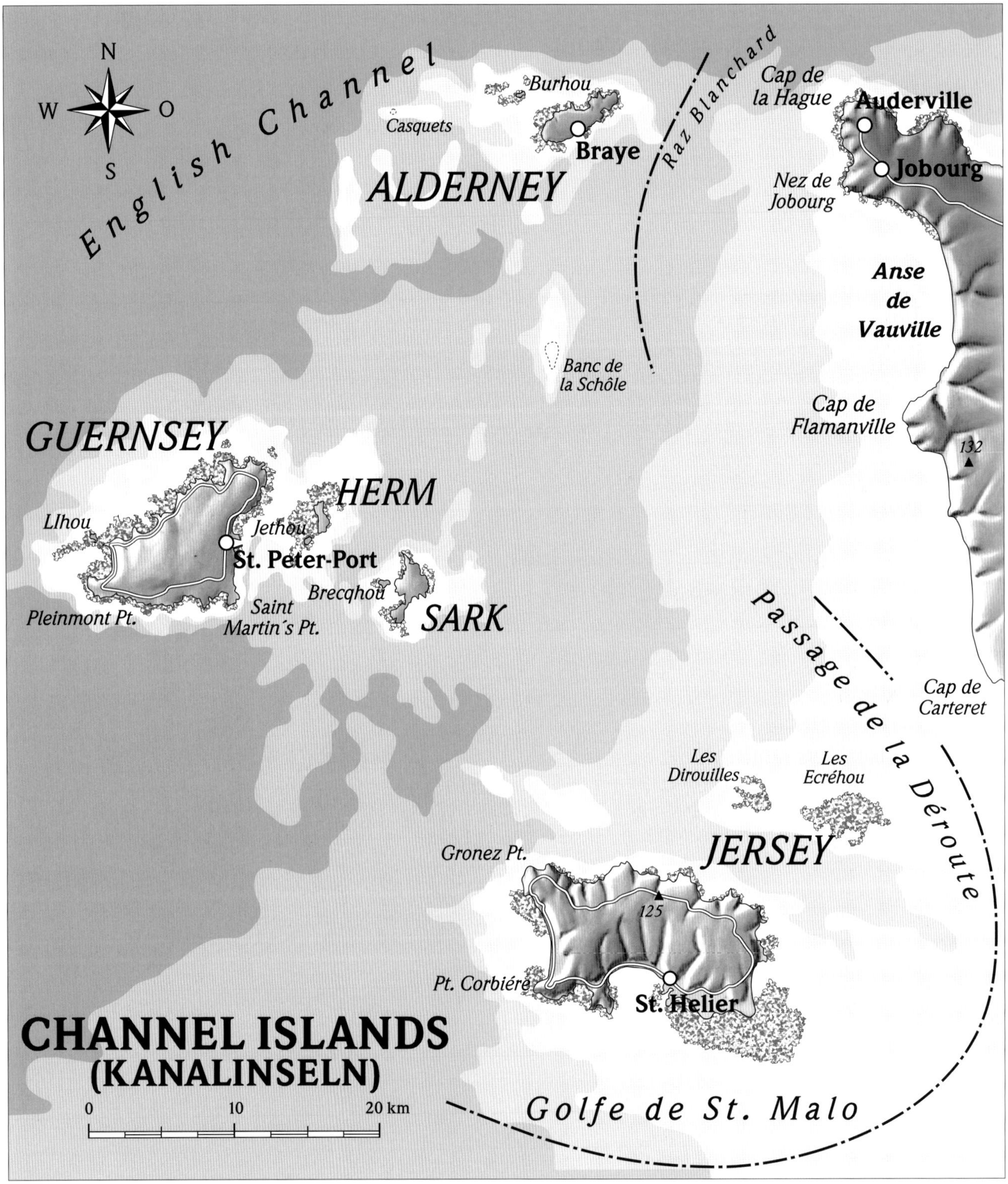

43 von Mazarins Schergen verfolgte Normanne Henri de Campion zog sich 1644 auf die Kanalinsel Jersey zurück. Wenige Jahre später fand Charles Stuart, später König Charles II. von England, auf seiner Flucht vor Oliver Cromwell zunächst auf Jersey Asyl, bevor er weiter nach Frankreich floh. Seither sympathisierte Jersey mit dem König, Guernsey mit dem Parlament.

Während der Französischen Revolution fanden Tausende von Aristokraten Schutz vor der Guillotine und zahlreiche eine neue Heimat auf den Kanalinseln.

Auf Herm waren vor allem Schmuggler zu Hause.

Victor Hugo nannte die Kanalinseln »Brocken Frankreichs, die ins Meer geworfen und von England aufgelesen wurden«.

Wilhelm der Eroberer, Herzog der Normandie, eroberte 1066 England; in seiner Person vereinigte er die englische Krone und das Herzogtum der Normandie. Die Kanalinseln gehörten zum Herzogtum der Normandie, bis König John Lackland (Ohneland) alle französischen Besitzungen außer den Kanalinseln verlor.

Der offizielle Toast lautet immer noch: »Auf die Königin, die Herzogin der Normandie!«

Der Archipel hat sich relative Unabhängigkeit von Großbritannien gewahrt. Er hat eigenes Postwesen und Münzrecht. Zollprivilegien, wie der zollfreie Warenhandel mit England, und die Steuerhoheit brachten den Inseln Wohlstand. Jersey gilt als Steuerparadies, denn es gibt keine Grund-, Erbschafts-, Kapitalertrags- und Mehrwertsteuer. Die Einkommensteuer beträgt maximal 20 %. Und es gibt keine politischen Parteien auf der Insel.

Jährlich überschwemmen eine Million englische Touristen die Inseln und Vertreter der britischen Middle-Class kaufen sich Häuschen vor allem auf Jersey für ihren Lebensabend.

Die Inseln, allesamt vom Golfstrom umschmeichelt, unterscheiden sich auch deutlich voneinander.

Vor allem die dem Festland zugewendete Küste ist gesäumt von Relikten der Verteidigung aus sechs Jahrhunderten: die Wehrburgen des Mittelalters, die Martello-Türme aus napoleonischer Zeit und die zahllosen Bunker.

Seit dem 13. Jahrhundert rannten die Franzosen gegen die Kanalinseln an. Im Hundertjährigen Krieg zwischen England und Frankreich (14./15. Jh.) hatte sich der Archipel zahlreicher Angriffe zu erwehren. Im Zweiten Weltkrieg wurde Jersey Teil des Atlantikwalls. Von 1940 bis zum Ende des Krieges waren die Kanalinseln von deutschen Truppen besetztes britisches Territorium. Nach der Landung der Alliierten in der Normandie wurde die Versorgung der deutschen Truppen allmählich schwierig. Churchill meinte lakonisch: »Let them rot.«

Victor Hugo, der berühmte französische Romancier, Lyriker und Politiker, war von 1855 bis 1870 im Exil auf Guernsey, wo er hervorragende Werke schuf: »Die Elenden« (erschienen 1862), »Die Arbeiter des Meeres« (erschienen 1866), »Der lachende Mann« (erschienen 1869), »93« (erschienen 1874) und die »Kontemplationen«, gerühmt als schönster und reichster seiner Gedichtbände.

Der Dichter hatte sich vom konservativ-königstreuen Pair von Frankreich zu einem glühenden Verfechter der Ideen der bürgerlichen Revolution gewandelt.

Der Staatsstreich unter Louis Bonaparte, eines Neffen Napoleons I., der sich selbst am 2. Dezember 1851 zum Kaiser Napoleon III. machte, und den Hugo verächtlich »Augustulus« und »Napoleon, der Kleine« nannte, führte zu einer Woge von Verfolgungsmaßnahmen. Hugo, damals 49 Jahre alt, versuchte, den Widerstand zu organisieren, scheiterte jedoch und musste fliehen. Zunächst ging er nach Brüssel, wo man ihn auf Druck Frankreichs bald wieder auswies, im Sommer 1852 nach London und dann auf die Kanalinsel Jersey, wohin ihm Juliette Drouet[13] bereits vorausgereist war. Seine Familie folgte. Am 4. August 1852 traf Hugo auf der Insel ein, wo bald etwa 200 Exilfranzosen die Zeit ihrer Verbannung zu verbringen gedachten.

Am nächsten Tag mietete er »Marine-Terrace«, ein einsames altes Gebäude am Meeresufer an der Ostküste, ein Landhaus im englischen Stil mit zwei Balkonen und zwei Terrassen. Es wurde recht spartanisch eingerichtet: das Schlafzimmer war zugleich das Arbeitszimmer des Dichters. Es enthielt nur eine eiserne Bettstelle, einen Tisch und zwei Stühle, bot jedoch einen herrlichen Ausblick auf das Meer. Die Umgebung des Hauses bot Gelegenheiten zu erholsamen Wanderungen in abwechslungsreicher Natur. »Von meinem Fenster aus sehe ich Frankreich«, schrieb Hugo, »dort geht die Sonne auf.«

Einige Probleme gab es, wenn französische Nonchalance und englische Steifheit einander begegneten. Seltsam genug, dass es damals als verpönt galt, mit Badeanzug oder -hose zu baden. In den Augen der Jerseyaner war eben die unverhüllte Natur züchtig.

Nach der Veröffentlichung seiner politischen Schriften »Die Züchtigungen« und Kritik an den guten Beziehungen des französischen Kaisers zur britischen Königin wiesen ihn die englischen Behörden unter dem Druck der eigenen Bevölkerung und der französischen Regierung aus. Am 27. Oktober 1855 erschienen in Marine-Terrace Beauftragte des Gouverneurs von Jersey und teilten ihm mit, dass er die Insel bis zum 2. November zu verlassen habe. Mit Victor Hugo und seiner Familie verließen am 31. Oktober 1855 auch die anderen französischen Verbannten die Insel, nachdem sie zuvor von ihren Toten auf dem Friedhof Saint-Jean, dem »Friedhof der Unabhängigen«, Abschied genommen hatten. Noch sind einige Gräber von französischen Emigranten vorhanden, an denen nicht selten Victor Hugo die Grabrede hielt und zu Anklagen gegen das Regime unter Napoleon III. nutzte.

Auguste Vacquerie schrieb über den Abschied: »Schuld daran ist nicht Jersey. Sei also freigesprochen von dem Ausweisungsbefehl und bedankt für drei Jahre Gastfreundschaft, du liebliche Insel, du Blume im Meer, du Vaterland der Vaterlandslosen, das am Tore Frankreichs wartet, um denen, die es verlassen müssen, Asyl zu gewähren.«[14]

Nachdem die französischen Verbannten von Jersey verwiesen worden waren, fanden sie auf der Nachbarinsel Guernsey Aufnahme.

Guernsey stand zwar auch, wie Jersey, unter britischer Oberhoheit, nahm jedoch die Franzosen, schon aus Rivalität zu Jersey heraus, gastfreundlich auf.

Am 31. Oktober 1855 traf auch der 53-jährige Victor Hugo, der prominenteste Verbannte, auf der durch ihn weltberühmt gewordenen Kanalinsel ein. In einer Art Leuchtturmhaus, auf einem Felsen über Saint Pierre, fand er Unterkunft für etwa die nächsten fünfzehn Jahre. Das Haus hatte bereits seit neun Jahren leer gestanden, weil es in ihm spuken sollte. Im 17. Jahrhundert war das Hauteville-House, wie man es seiner Lage wegen nannte, der Sitz eines gefürchteten Korsaren gewesen.

Auch hier waren seine Familie und seine Freundin, Juliette Drouet, mit ihm. Sie lebten in einfachsten Verhältnissen.

Hugo stellte einen Teil der Möbel selbst her. Unter seinen Händen verwandelte sich der alte Korsarensitz in eine Art Seeschloss, dessen Einrichtung von künstlerischer Phantasie zeugte. Im Vestibül fiel ein vergoldeter Altar mit Szenen aus »Notre-Dame von Paris« ins Auge, in den Vorzimmern standen auf von Hugo geschnitzten Konsolen Zinnkrüge und Porzellanteller. In den Wohnräumen dominierten Eichenmöbel, Brokat und Samt, standen kostbare Sèvresvasen. Der Speisesaal mutete gotisch an. Bänke mit hohen, geschnitzten Lehnen standen an den Wänden, ein so genannter Ahnenstuhl trug die Wappen der Hugos und Namenszüge von Vorfahren. Ein wunderschöner alter Kachelofen sorgte für angenehme Temperatur. In der ersten Etage lagen die Schlafzimmer seiner Gattin und seiner Kinder sowie der blaue und der rote Salon mit Diwanen, Sesseln und Mahagonischreibtischen, alle Räume mit Blick auf das Meer. Die zweite Etage wurde beherrscht von einer Eichengalerie mit einem riesigen, von Victor Hugo geschnitzten Leuchter in der Mitte. Hinter einer Balustrade stand das für den italienischen Revolutionär Garibaldi bestimmte Bett. Hugo hoffte, dass dieser eines Tages seiner Einladung folgen würde. Über eine Wendeltreppe gelangte man zum Arbeitszimmer des Dichters, ein ringsum verglaster Raum, den er seinen »Kristallsalon« nannte. Neben diesem lag das Schlafzimmer mit einem einfachen Eisenbett, vielen kleinen Wandschränken für seine Manuskripte, Skizzen und Briefe. Hinter zwei großen, von Hugo mit allegorischen Szenen verzierten Paneelen befanden sich die Toilette und das Bad.

Das Gästezimmer wurde wegen des darin hängenden Gemäldes von Géricault »Medusenfloß« genannt.

Hugo wurde während des Aufenthalts auf Guernsey körperlich immer kräftiger und geistig immer freier.

Häufig trafen sich Mitverbannte in seinem Haus und er las aus seinen Manuskripten. Nachdem das Erscheinen des Romans »Die Elenden« zu einem überragenden Ereignis der europäischen Literatur geworden war, leisteten auch manche der in Frankreich lebenden Dichter und Schriftsteller, wie Dumas, Gautier, Glatigny, der Einladung Hugos nach Hauteville-House Folge.

Zu Vorstudien für seinen Roman »Die Arbeiter des Meeres« hatte Hugo in Begleitung von Juliette Drouet bereits 1858 die kleine Kanalinsel Sark besucht und ihre geologische Struktur sowie eigenartige Fauna und Flora studiert. Den Roman widmete er »dem Felsen der Gastfreundschaft und der Freiheit, jener Ecke des alten normannischen Reiches, wo das hochherzige Seevolk lebt, der herben und zugleich milden Insel Guernsey«. Auch für das öffentliche Leben auf Guernsey engagierte sich Hugo. Einmal in der Woche waren vierzig Kinder zum Essen und Spielen bei den Hugos zu Gast, und zu Weihnachten fand im Hauteville-House eine Bescherung für die Kinder der Armen statt. Hugo wurde zu einem häufig in Anspruch genommenen Helfer der Bedürftigen auf Guernsey. Selbst aus Frankreich und anderen Ländern wurde er um Hilfe gebeten, meist nicht vergebens.

Von 1863 an häuften sich Todesfälle seiner Kinder und Enkelkinder. 1868 starb seine Frau. Er begann, in seinem Haus spiritistische Sitzungen zu veranstalten.

Hugo war auf der Insel nicht nur der unermüdliche Dichter, sondern er meldete sich zu politischen Tagesfragen zu Wort. Der deutsche Romanist Karl Voßler bemerkte in einer Studie zum fünfzigsten Todestag Hugos: »Den Bürgern von Genf empfahl er die Abschaffung der Todesstrafe, den Italienern die nationale Einigung und Freiheit, den Russen die Schonung Polens, den Mexikanern den Widerstand gegen Napoleon und die Verteidigung der Republik, den europäischen Großmächten die Gerechtigkeit für Kreta, den Engländern die Rücksicht auf Irland, den Spaniern die Revolution, den Kubanern die Milde und so weiter. Der Papst in Rom und der Kaiser in Paris waren die bevorzugten Zielscheiben seiner blitzenden Worte und donnernden Verse.«

Im Juli 1870 überstürzten sich Meldungen über die Verschärfung des Konfliktes zwischen Frankreich und Preußen. Die Emser Depesche vom 13. Juli gab schließlich den letzten Anstoß. Am 14. Juli pflanzte Victor Hugo demonstrativ im Garten von Hauteville-House die »Eiche der Vereinigten Staaten von Europa« und schrieb dazu in sein Tagebuch: »In hundert Jahren wird es keine Kriege und keinen Papst mehr geben, und die Eiche wird groß sein.«

Als das kaiserliche Frankreich im September 1870 bei Sedan geschlagen war, Napoleon III. gestürzt und gefangen gesetzt wurde, kehrte der 68-jährige Hugo nach Paris zurück, wurde mit Triumph empfangen und in die Nationalversammlung gewählt.

Die blutige Niederschlagung der Kommune 1871 erlebte Hugo in Belgien, wo er manchem geflüchteten Kommunarden Unterschlupf gewährte. Wieder wurde er ausgewiesen und kehrte, über Luxemburg, noch einmal auf seine Insel Guernsey zurück, bevor er 1873 wieder nach Paris reiste.

Ein anderer berühmter Exilant war Leo Trotzki, eigentlich Lew Dawidowitsch Bronstein. Er wählte sein Exil zunächst auf der türkischen Insel Prinkipo oder Büyük Ada, die zur Inselgruppe der Prinzeninseln oder Kizil Adalar gehört.

Kizil Adalar, Prinzeninseln
40°53'N, 29°05'O

Leo Trotzki war eine der zentralen Gestalten der Russischen Sozialistischen Revolution. Von zaristischen Behörden war er zweimal nach Sibirien verbannt worden, als Emigrant lebte er insgesamt etwa dreiundzwanzig Jahre in verschiedenen Ländern und war in Gefängnissen verschiedener Länder inhaftiert. Er war Vorsitzender des Petersburger Sowjets der Deputierten, Mitglied der Sowjetregierung, führte als Volkskommissar des Auswärtigen (Außenminister) in Brest-Litowsk die Friedensverhandlungen mit den Vertretern Deutschlands, Österreich-Ungarns, der Türkei und Bulgariens, war fünf Jahre lang Volkskommissar für das Kriegs- und Marinewesen (Kriegs- und Marineminister) und leitete 1920 die Wiedereinrichtung des Eisenbahnwesens. Trotzki war ein enger Vertrauter Lenins. Er geriet nach Lenins Tod und der Machtübernahme durch Stalin in dessen unbarmherzige »Säuberungs«- und Vernichtungsmaschinerie. Im Januar 1928 wurde er nach Alma-Ata verbannt. Schließlich wurde er in die Türkei ausgewiesen. In einer Februarnacht im Jahr 1929 brachte man ihn mit seiner Familie in Odessa von einem Wagon auf einen Dampfer, der sie einem Ort zuführen sollte, den sie nicht gewählt hatten.

Auf der kleinen Insel Prinkipo, in der Nähe von Istanbul, fand er mit seiner Frau Natalja und einem

seiner beiden Söhne, Leo, in einer Villa Unterkunft. Trotzki war zu Beginn seines Exils fünfzig Jahre alt und lebte vier Jahre auf Prinkipo. Die Insel verließ er nur selten. Einmal besuchte er Istanbul, um sich die Hagia Sophia anzusehen, und eine Reise führte ihn im Jahr 1932 auf Einladung der Vereinigung Dänischer Sozialdemokratischer Studenten nach Kopenhagen. Nach seiner Rückkehr brach ein Brand in der Villa aus, durch den ein großer Teil seiner Bibliothek, unersetzliche Kopien von Dokumenten, die Stalin der Veröffentlichung entzogen hatte, sowie eine wertvolle Sammlung von Fotografien aus der Revolutionszeit vernichtet wurden.

Der Schah von Persien, Rezah Pahlewi, lebte zeitweilig im Contadora-Resort auf der panamaischen Insel Contadora, in der Bahia de Panamá, im Exil. Auf der Insel stehen fast nur Villen. Das Hotel der gehobenen Mittelklasse verfügt über Swimmingpools, Tennisplätze, einen Golfplatz, Diskothek, Spielkasino und liegt an einer 500 Meter langen Bucht mit Sandstrand.

Sicher, die Exilanten waren aus der Heimat vertrieben worden, hatten auf Freunde, gewohnte Umgebung, Sitten, Muttersprache, Wohlstand, Reichtum, Ansehen, Einfluss, Macht verzichten müssen – aber sie können und sollen nicht in einen Topf geworfen werden mit den Sträflingen auf den diversen Teufelsinseln.

Anders als beim Exil, bei dem der Aufenthaltsort in der Regel selbst gewählt werden kann, ist er bei der Verbannung vorgegeben.

Iulia, die Tochter des römischen Kaisers Augustus, wurde auf die Insel Pandataria verbannt. Die Kaiserin Irene wurde auf die Insel Lèsvos verbannt, Napoleon zunächst nach Elba und schließlich nach St. Helena. Die Westgoten kannten ab dem 4. Jahrhundert die Dekalnation, die Verbannung in entlegene Provinzen.

Der baskische Philosoph und Schriftsteller Miguel de Unamuno y Jugo wurde unter der Diktatur von Primo de Rivera y Orbaneja, Gründer der spanischen faschistischen Partei Falange, nach Fuerteventura (Kanaren) verbannt.

Dann gibt es natürlich noch die Kategorien der Flüchtlinge und der Asylanten. Zwar kaum auf Inseln, aber an sie und ihr oft schweres Schicksal sei erinnert. An die Bürgerkriegsflüchtlinge, die sich über Grenzen hinweg zu retten versuchen und apathisch auf Hilfe hoffen. An die palästinensischen Flüchtlingslager, in denen manche Familien seit Generationen leben.

Das Flüchtlingslager Woomera, in der Wüste Südaustraliens gelegen, ist ein »Höllenloch«. Die Insassen lebten 2002 unter Bedingungen, wie sie auf Teufelsinseln nicht schlimmer sein könnten.

Rettung

Für Schiffbrüchige wurden Inseln, auf die sie sich retten konnten, oft zu Gefängnissen.

Im März 1887 lief die mit Weizen voll beladene Bark DERRY CASTLE am nördlichen Ende von Enderby Island (Auckland-Inseln, südlich von Neuseeland) auf ein Riff und brach auseinander. Nur acht Männer konnten sich retten. Sie hatten kein Feuer und ernährten sich zunächst von rohen Muscheln und Fischen. Als sie die Insel erkundeten, entdeckten sie eine Hütte (die Stella-Hütte), fanden aber nur wenig Brauchbares darin. Es gelang ihnen jedoch wenigstens, mithilfe einer Patrone Feuer zu machen. Nun konnten sie an Land gespülten Weizen aus dem Wrack mit heißem Wasser vermengen, Fische, Vögel und Robbenfleisch braten oder im Rauch konservieren. Sie konnten das Depot in Port Ross auf der Hauptinsel sehen, aber ohne Boot nicht dorthin gelangen. Erst nach drei Monaten fanden sie eine Axt, bauten aus angeschwemmten Wrackteilen ein Boot und setzten nach Port Ross über, wo sie von einem kleinen Regierungsschiff aufgenommen wurden.

Auf Auckland-Island, genauer im Süden der Hauptinsel, auf der Musgrave Peninsula und in Carnley Harbour, spielte sich einst eine Tragödie ab. Dort erlitt im Jahr 1864 die GRAFTON Schiffbruch. Ihre fünfköpfige Besatzung kämpfte zwanzig Monate lang ums Überleben. Der amerikanische Kapitän Musgrave führte sein Tagebuch, als die Tinte ausging, mit Seelöwenblut weiter. Er vermerkte unter anderem: »Ich habe beide Kaps gerundet – Kap Hoorn und das Kap der Guten Hoffnung – und den westlichen Ozean viele Male überquert, aber niemals habe ich erfahren, gelesen oder gehört von solchen Stürmen, wie sie hier vorkommen.«

Die Überlebenden der schiffbrüchigen, mit ca. sieben Tonnen Gold beladenen 110-Tonnen-Dreimastbark GENERAL GRANT mussten im Jahr 1866 achtzehn Monate lang an der unwirtlichen Westküste von Auckland ausharren, bis sie endlich von einem Walfänger gerettet wurden.

An den Felsen von Disappointment Island (Insel der Enttäuschung), westlich der Hauptinsel Auckland gelegen, strandete 1907 der Weizenklipper DUNDONALD. Sechzehn Mann konnten sich ans Ufer retten. Der Erste Offizier starb schon nach wenigen Tagen. Die Übrigen kämpften elf Monate lang ums Überleben. Die Nahrung wurde immer knapper. Schließlich bauten sie auf der baumlosen Insel ihr berühmtes Boot, das heute im Museum in Christchurch zu sehen ist, und erreichten damit die Hauptinsel und das rettende Depot.[15]

Nachdem ihr Schiff, die ENDURANCE, 1915 vom Packeis zermalmt worden war, retteten sich der Polarforscher Sir Ernest Shackleton und seine Mannschaft auf die vor der Antarktischen Halbinsel (Grahamland) gelegene Elephant Island.

Tourismus

Inseln sind bei Touristen beliebt, vor allem wenn sie neben Insel zu sein noch Strände, Sonnenschein, Natur, Geschichte(n), Flair etc. zu bieten haben: Rügen, Mallorca, Hawaii. Die Reiseindustrie wird dieser Vorliebe auf differenzierte Art gerecht, zwischen dem Heuschreckenschwarm ähnlichen Massenbewegungen und individuellen Einzelreisen.

Reiseveranstalter bieten ihren Kunden Ausflüge auf eigene Inseln: der Kreuzfahrt-Reederei RCCL (Royal Caribbean Cruise Line) gehört die kleine Karibikinsel Coco Cay, der Majesty Cruise Line die Royal Isle, dem Kreuzfahrtmogul Kloster Little San Salvador und der griechischen Reederei Costa Serena Cay.

Naturfreunde unter den Touristen schätzen Inseln, weil sie oft die Möglichkeit bieten, Endemiten, d. h. nur hier vorkommende Pflanzen und Tiere, beobachten zu können.

Im Zweiten Weltkrieg nannten die USA ihren Krieg im Pazifik »Island-hopping«. Dieser Begriff bezeichnete die Eroberung der von den Japanern okkupierten Inseln eine nach der anderen. Man »hüpfte« von Insel zu Insel. Ein solches Programm bieten heute auch einige Reiseveranstalter an, allerdings angenehmer für die Einheimischen.

Die Reiseindustrie hat den Gefängnistourismus entdeckt. In England wurden sowohl ehemalige Kerker dem Tourismus geöffnet, wie Clink und House of Detention, als auch noch in Betrieb befindliche teilweise zugänglich gemacht, wie Dartmoor und Lancaster Castle, wo die Besucher durch unbenutzte Zellentrakte geführt werden. In Vilnius, Litauen, kann man das ehemalige KGB-Gefängnis besichtigen, in Moskau die Lubianka, in Paris La Conciergerie, wo Marie-Antoinette auf ihre Hinrichtung wartete, in Venedig den Palazzo Ducale, dessen populärster Insasse Casanova war. Das ehemalige Zentralgefängnis von San José in Costa Rica ist zu einem Kulturzentrum umgebaut worden. In den zum Teil noch mit Originalgittern ausgestatteten Zellen stellen Künstler ihre Werke aus, daneben beherbergt ein Backsteingebäude aus der Jahrhundertwende ein Museum und einen Theatersaal.

In Basel dient ein ehemaliges Kloster, von 1821 bis 1995 Untersuchungsgefängnis, nun als Hotel »Au Violon« dem Tourismus. Das »Four Seasons« in Istanbul, nahe der Blauen Moschee, war früher ein Gefängnis für prominente politische Gegner. Das »Youth Hostel« in Ottawa war früher das Carlton County Jail und das ehemalige Breakwater Prison in Kapstadt, von 1859 bis 1989 Gefängnis, ist seit 1991 das Hotel »The Breakwater Lodge« mit dreihundert Zimmern.

In Russland wirbt der Reiseveranstalter GULag-Travel mit: »Wahren Sie die Tradition – 1937 ›erholte‹ sich die Creme der Gesellschaft, Reiche und Aristokraten, die besten Vertreter der schöpferischen Intelligenz, im GULag.«

Gefängnis-Insel-Tourismus hat seine besonderen Reize. Die Nachfrage übersteigt allerdings das Angebot bisher noch beträchtlich.

Wer es ganz exklusiv haben möchte, der kauft sich eine eigene Insel. Der Deutsch-Kanadier Vladi vermarktet weltweit als Inselmakler und Reiseveranstalter »Vladi Private Islands« Privatinseln. Da findet man im Katalog das 900-m^2-Inselchen für 120.000 $ neben der doch schon beachtlichen 3.400-Hektar-Insel zum Preis von mehreren Millionen.

Isolation

Aus verschiedenen Gründen werden Menschen auf Inseln isoliert: weil sie etwas wissen oder können, was geheim bleiben sollte, weil man die Ausbreitung von Krankheiten verhindern möchte, weil man andere lieber unter Kontrolle haben will.

Toteninseln und Totenreiche gibt es in Mythen, einige Städte verfügen über Begräbnisinseln.

Venedig nutzt San Michele als Friedhofsinsel. Sie liegt gegenüber der Altstadt und ist von einer hohen Backsteinmauer umschlossen. Napoleon hatte bereits im Jahr 1804 angeordnet, einen Zentralfriedhof aus hygienischen Gründen außerhalb der Stadt einzurichten. Im Mittelalter war die Insel von Kamadulensern bewohnt. Später wurde sie als Gefängnis genutzt und seit 1870 ist sie die Friedhofsinsel für Venedig. Auch Ausländer sind auf San Michele beigesetzt, unter ihnen der Komponist Igor Strawinski.

Ein Familiengrab auf der Insel kostet etwa 50.000 €. Früher bestanden die Leichenzüge aus Prozessionen schwarzer Gondeln. Ein solches Begräbnis gibt es heutzutage nur noch etwa zehnmal im Jahr, ansonsten bedient man sich des Vaporetto. Alle Viertelstunde verkehrt der Wasserbus von Fundamenta Nuove zur Friedhofsinsel.

Auf der »Insel der Toten«, Sant'Ariano, werden die Gebeine von allen Friedhöfen gesammelt.

Das schlechte Gewissen New Yorks liegt außerhalb der Stadt, auf Hart Island. Dort werden die namenlosen Leichen und Leichenteile der Millionenstadt verscharrt – von Gefangenen der Nachbarinsel Rikers Island.

Arnold Böcklin diente das Eiland Sveti Djodje in der Bucht von Kotor als Vorlage für sein Gemälde »Toteninsel«.

Inseln wurden genutzt, um Menschengruppen, z. B. Kranke oder einfach »Andere«, zu isolieren.

Im antiken Rom hießen die ersten Wohnsilos »Insulae« (Inseln). Man grenzte jedes dieser Gebäude durch Straßen und Freizonen ab, um die Plebs, die in ihnen wohnte, kontrollieren zu können.

In Syrakus, der Hafenstadt an der Südküste Siziliens, gibt es einen Stadtteil »Nasos«, was mit »Insel« übersetzt wird.

Auf der 70 mal 230 Meter kleinen, zu Nagasaki gehörenden Insel Dejima war bis zu Japans Öffnung um die Mitte des 19. Jahrhunderts die holländische Handelsniederlassung zusammengepfercht. Dies war der einzige Ort, an dem sich Ausländer aufhalten durften. Die »Langnasen-Siedlung« wurde 1904 bei Hafenbauarbeiten abgerissen, wird allerdings wieder aufgebaut.[16]

Venedig sonderte seine Juden früher auf einer Insel ab. Die drei Tore zum Judenviertel wurden bei Sonnenuntergang geschlossen und durften erst wieder geöffnet werden, wenn vom Campanile von San Marco die Morgenglocken läuteten. Die kleine, sumpfige Insel hatte zuvor den Gietto[17] Nuovo, die »neue Kanonengießerei«, beherbergt.[18] Venedig hatte überhaupt Jahrhunderte lang seine »anderen« Mitbürger auf Inseln verteilt: die Toten nach San Michele, die Irren nach San Servolo und San Clemente, die Leprakranken nach San Lazzaro degli Armeni, die Juden nach La Giudecca.[19] Selbst die Fachleute der Glasproduktion wurden auf einer Insel gefangen gehalten, auf Murano, um zu verhindern, dass sie ihre Geheimnisse preisgeben könnten. Im 15. Jahrhundert stand sogar die Todesstrafe auf das Verlassen der Insel.

In James-Bond-Filmen nutzen gewissenlose Schurken die Abgeschiedenheit von Inseln, um ihre schmutzigen Pläne zu verwirklichen.

Leprakranke kamen auf die Île aux Pigeons (Taubeninsel) im Maroni-Fluss, der Grenze zwischen Franz.-Guyana und Surinam, oder nach Robben Island, der späteren Sträflingsinsel Südafrikas, oder auf die Hawaii-Insel Molokai, oder auf die Granitinsel Curieuse der Seychellen, oder nach Spinalónga im Mirambelou-Golf von Kreta.

Das Pesthaus von Rotterdam, in der Maas auf einer kleinen Insel gelegen, war zeitweilig, nach der Belagerung von Bergen-op-Zoom, als Militärhospital und später als Gefängnis genutzt worden.

Bei den alten Römern setzten manche Herren ihre kranken und mit schweren Gebrechen behafteten Sklaven, um sich der Last ihrer Behandlung zu entziehen, auf der Insel des Äskulap aus, einer Tiberinsel mit einem Tempel des Gottes der Heilkunde.

Quarantäneinseln dienten in einigen Ländern der zeitweiligen Isolierung von Immigranten, um zu verhindern, dass Krankheiten eingeschleppt würden. Eine der bekanntesten Quarantäneinseln war Ellis Island vor New York.

Auf der seit 1910 isolierten Insel Riems im Greifswalder Bodden, südlich der Ostseeinsel Rügen, wird Tierseuchenforschung betrieben.

Als Ida Pfeiffer Mitte des 19. Jahrhunderts ihre Aufsehen erregenden Reisen unternahm, war die griechische Insel Ägina, vor dem Piräus gelegen, eine solche Quarantäneinsel, auf der die Reisenden wie Gefangene gehalten wurden.[20] Ägina war zuvor, während des Freiheitskrieges 1821, Zuflucht für Freiheitskämpfer gewesen.

Als die ersten mit einer geheimnisvollen Krankheit infizierten kubanischen »Internationalistas« aus Angola zurückkamen, hielt man sie auf Schiffen in Quarantäne, die vor der kubanischen Küste vor Anker lagen. Später stellte sich heraus, dass es sich bei der geheimnisvollen Krankheit um Aids handelte.

Auf Fisher Island vor Miami sollte einst eine Feriensiedlung für Schwarze entstehen, um diese

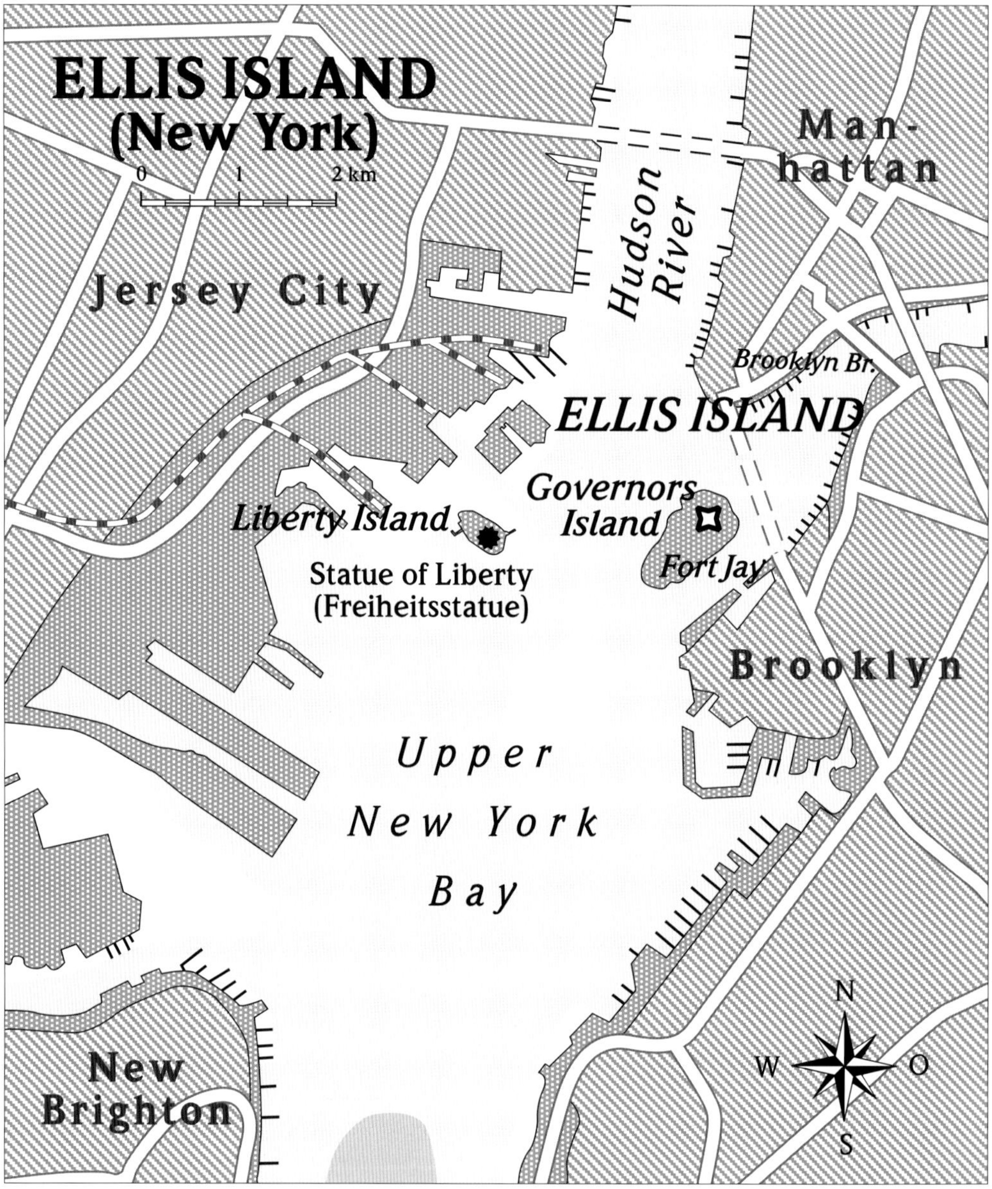

von den Stränden des Festlands fernzuhalten. 1919 kaufte der Unternehmer Carl G. Fisher die Insel und tauschte sie 1927 gegen die 80-Meter-Jacht des Milliardärs William K. Vanderbilt II. Damit begann der Aufstieg der Insel zum Getto der Superreichen. Heute haben etwa 550 Familien aus vierzig Ländern Immobilienbesitz auf der Insel. Als 1999 ein Investor begann, 315 zusätzliche Luxuswohnungen zu bauen, empörten sich die Milliardäre – sie haben etwas gegen popelige Millionäre als Nachbarn. Die Insel sei »wie ein freiwilliges Asyl für Menschen, die sich fast jeden Platz auf der Erde leisten können«, schrieb eine Zeitung.

In den Plänen verschiedener Mächte, die Juden zu isolieren, spielte lange Zeit Madagaskar eine herausragende Rolle.

Madagaskar, Madagascar

12° bis 25°40'S, 43°20' bis 50°30'O

Madagaskar kam 1885 unter französisches Protektorat und wurde 1896 französische Kolonie. Im Zweiten Weltkrieg besetzten britische Truppen die Insel. Nach dem Krieg eskalierten die Unabhängigkeitsbestrebungen der Madagassen. 1947 konnte Frankreich zwar noch einen Aufstand niederschlagen, musste jedoch dem Land im Jahr 1947 begrenzte Autonomie und am 26. Juni 1960 die Unabhängigkeit zugestehen. Erst 1973 zog die ehemalige Kolonialmacht ihre Truppen ab.

Schon im 19. Jahrhundert wurden französische Häftlinge nach Madagaskar deportiert.

1911 richteten die Franzosen auf Nosy Lava ein Straflager für madagassische Häftlinge ein. Hunderte wurden zur Zwangsarbeit auf die kleine Insel geschickt – und nach der Unabhängigkeit vergessen.

Madagaskar spielte mehrmals eine Rolle bei der »Lösung der Judenfrage«, womit vor Hitler überwiegend die Aussiedlung, Vertreibung und Isolierung in einem eigenen Territorium gemeint war. In einem Pamphlet aus dem Jahr 1885 war schon beiläufig von der »Abschaffung« der Juden nach Madagaskar die Rede. Nach dem Ersten Weltkrieg widmete sich eine »Internationale des Antisemitismus« der »Judenfrage« und veranstaltete Kongresse, u. a. in Wien, Florenz, Paris, Budapest, Stockholm, Luzern und München. Es war ein Brite, der 1923 die Madagaskar-Idee in Umlauf brachte. Und ein Ungar propagierte sie 1931 als Vollendung des zionistischen Gedankens, als »Voll-Zionismus«. Zum konkreten politischen Projekt wurde der Plan, die Juden nach Madagaskar auszusiedeln, zuerst in Polen. Anfang 1937 äußerte der französische Kolonialminister, die Insel war damals französische Kolonie, dass man dem Gedanken jüdischer Auswanderung von Polen nach Madagaskar wohlwollend gegenüberstehe. Eine polnische Kommission, der auch jüdische Mitglieder angehörten, bereiste monatelang Madagaskar. Der Vertreter des Jüdischen Weltkongresses beim Völkerbund signalisierte Unterstützung, ebenso die britische und die US-Regierung. Im September 1938 äußerte Hitler gegenüber dem polnischen Botschafter seine Absicht, das »Judenproblem« zusammen mit Polen, Ungarn und Rumänien durch »Emigration in die Kolonien« zu lösen. Der polnische Botschafter habe Hitler daraufhin versprochen, »dann werde man ihm in Warschau ein Denkmal errichten«.

Am 30. Januar 1939 hatte Hitler angekündigt: Wenn es dem »internationalen Finanzjudentum« gelingen sollte, »die Völker noch einmal in einen Weltkrieg zu stürzen«, dann werde das Ergebnis »die Vernichtung der jüdischen Rasse in Europa« sein. Burrin[21] interpretiert das so: Wenn die Welt die Erweiterung des deutschen Lebensraumes ohne größeren Widerstand hinnähme, werde er sich mit einer Aussiedlung der Juden begnügen. Tatsächlich erwog Hitler 1939/40, als er ziemlich mühelos von Sieg zu Sieg eilen konnte, die Ansiedlung der Juden entweder in Ostpolen oder in Madagaskar.

Der berüchtigte nationalsozialistische Madagaskar-Plan entstand erst 1940, nach dem Sieg über Frankreich.[22] Im Sommer 1940 legte der Legationssekretär im Auswärtigen Amt, Franz Rademacher, einen Plan vor, nach dem Krieg alle Juden aus Europa nach Madagaskar zu deportieren. Der Plan sah vor, Madagaskar in einem Friedensvertrag von Frankreich zu fordern und zur »Endlösung der Judenfrage« in ein riesiges Getto zu verwandeln. Die Insel im Indischen Ozean war allerdings nur eines von mehreren Reservatsprojekten.[23] Zwei Wochen später erwähnte Hitler den Madagaskar-Plan gegenüber Mussolini. Auch Eichmann reklamierte die geistige Urheberschaft des Projektes für sich. Das Auswärtige Amt, das Reichssicherheitshauptamt und die SS rangelten um Zuständigkeiten.

Im August/September 1941, als für Deutschland der Luftkrieg gegen Großbritannien verloren war, der sowjetische Widerstand sich versteifte und als die USA der Sowjetunion zu Hilfe kamen, da erst habe sich Hitler für die angekündigte Vernichtung entschieden.

1942 steckten Deutschland, Italien und Japan in einem Militärabkommen ihre Operationszonen ab. Eine Trennungslinie war der 70. Längengrad Ost, wodurch Madagaskar dem deutschen, Indien dem japanischen Operationsbereich zugeordnet wurde. Madagaskar blieb jedoch weiterhin ein Streitobjekt zwischen Deutschland und Japan.

Die Isolation der Juden war auch Stalins Anliegen. Er schuf 1934 die Jüdische Autonome Provinz Birobidshan an der Grenze zu China, in die sogar Siedler aus den USA, aus Argentinien, aus Westeuropa und sogar aus Palästina kamen. Aber auch sie fielen, welch auffällige, perverse Analogie zu Hitlerdeutschland, »Säuberungsaktionen« während der dreißiger und vierziger Jahre zum Opfer.

Kaltschnäuzig entschieden die »christlichen Staaten« über das Schicksal von Millionen Juden.[24]

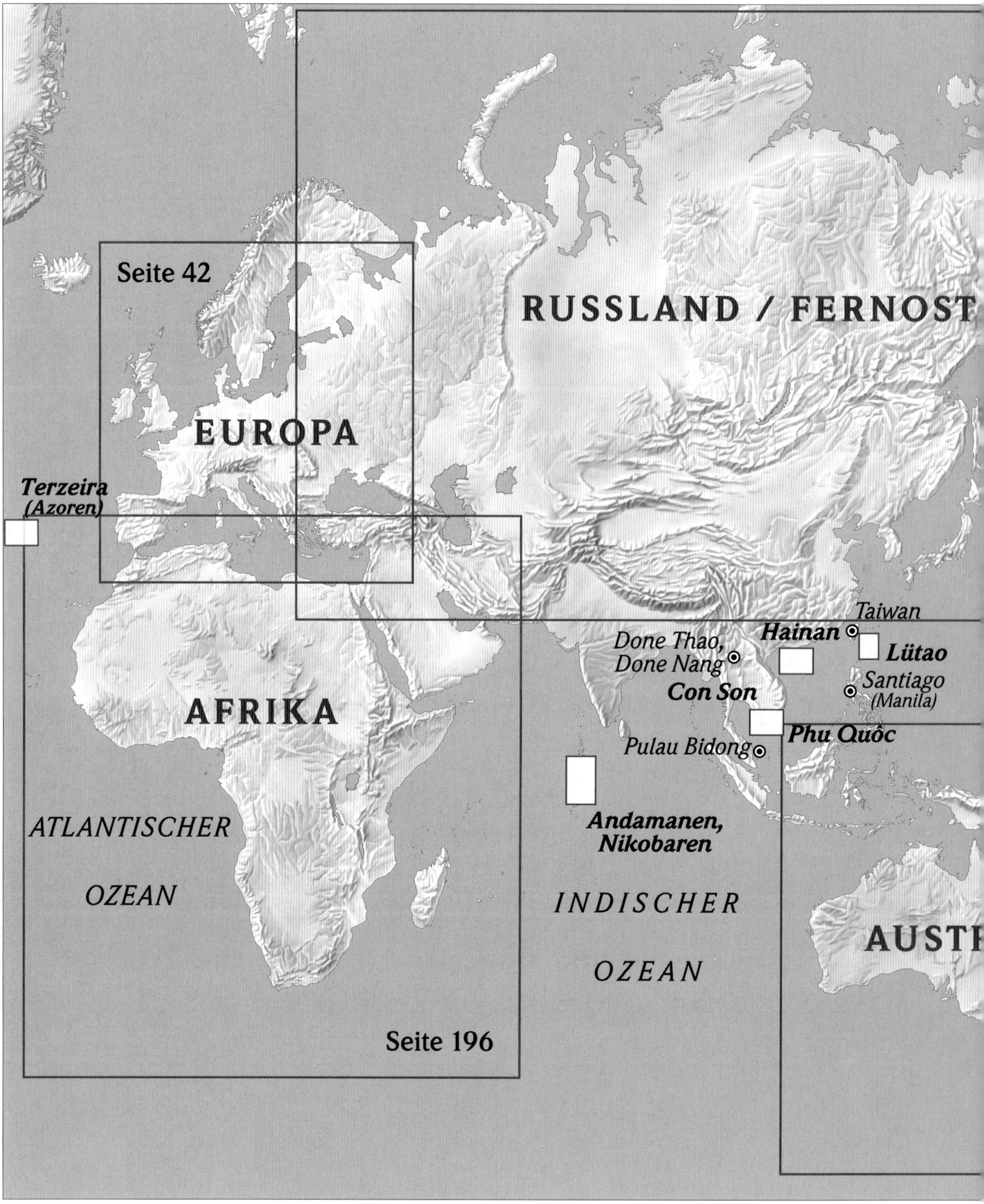
Seite 42
RUSSLAND / FERNOST
EUROPA
Terzeira
(Azoren)
AFRIKA
ATLANTISCHER
OZEAN
Seite 196
Taiwan
Hainan
Lütao
Done Thao,
Done Nang
Con Son
Santiago
(Manila)
Phu Quôc
Pulau Bidong
Andamanen,
Nikobaren
INDISCHER
OZEAN
AUST

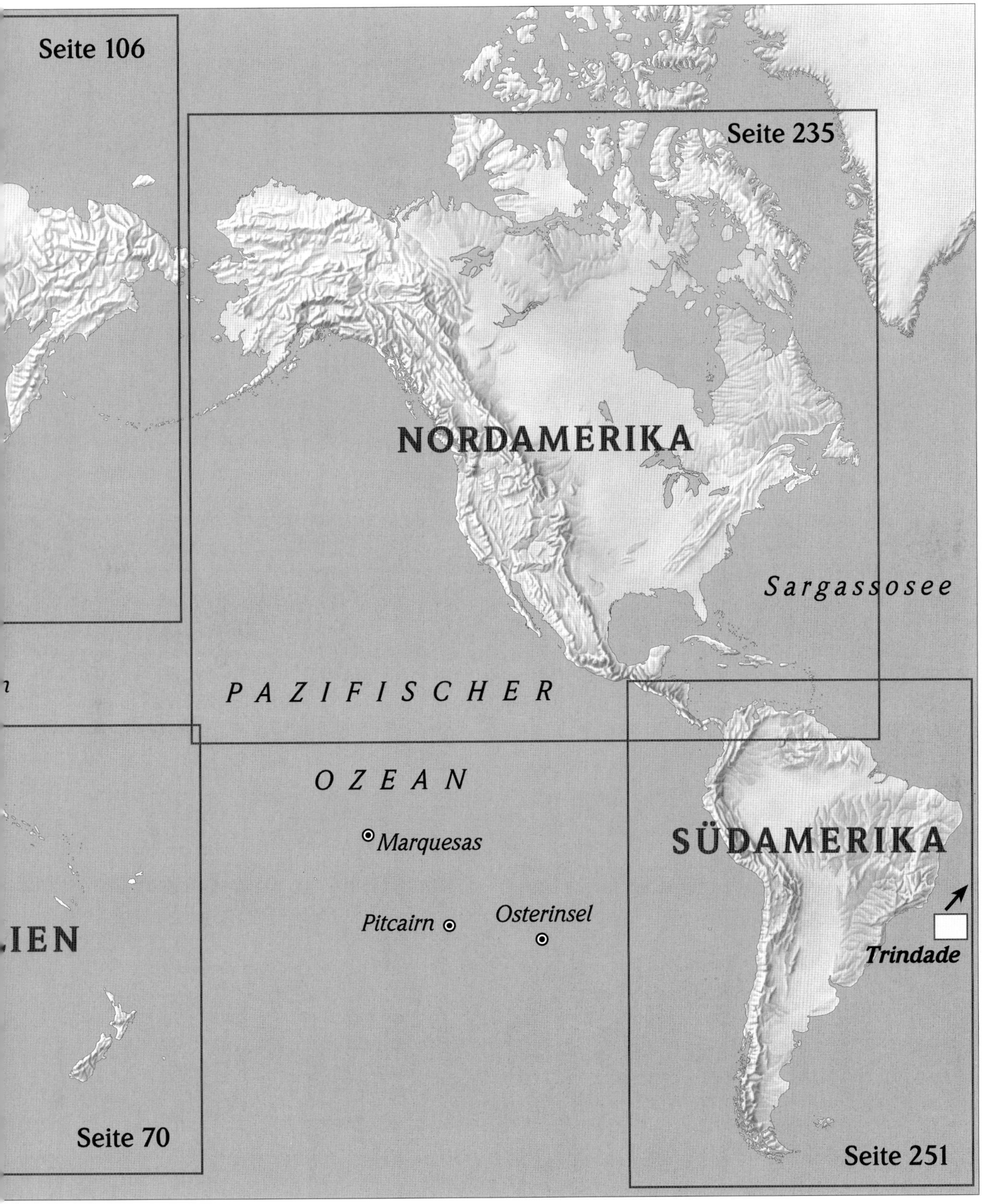
Seite 106
Seite 235
NORDAMERIKA
Sargassosee
PAZIFISCHER
OZEAN
Marquesas
SÜDAMERIKA
Trindade
Pitcairn
Osterinsel
IEN
Seite 70
Seite 251

Inseln für Gefangene

Geschichte der Inselhaft

Strafe kann auf verschiedene Art erfolgen, aber in der Regel kann nur der Stärkere den Schwächeren bestrafen: die Eltern das Kind, der Staat den Einzelnen. Die Art der Strafen – welchen Einfallsreichtum hat die Menschheit allein auf diesem Gebiet entwickelt – hat sich im Verlauf der Geschichte gewandelt. Obwohl immer subtiler, läuft die Bestrafung stets auf eine der drei Arten hinaus:

- Körperstrafe – sowohl die Physis als auch die Psyche treffend,
- Eigentumstrafe – in Form von Geldstrafen oder Konfiskation von Eigentum,
- Freiheitsstrafe – als Entzug von Freiheiten aller Art, nicht unbedingt nur das Einsperren betreffend.

In Europa war die drakonische Körperstrafe bis ins frühe 19. Jahrhundert hinein ein öffentliches Spektakel gewesen. Der Pranger, das Martern, das Verstümmeln, Verbrennen, Köpfen, Hängen auf den Marktplätzen wurden im Zuge der bürgerlichen Revolutionen durch andere Strafen ersetzt. Länger hielten sich Zurschaustellungen durch öffentliche Arbeiten der auffällig gekleideten, häufig mit Eisenkugeln an den Füßen oder anderen Fesseln versehenen Häftlinge, die »Kette«, d. h. der Transport aneinander geketteter Häftlinge. In Deutschland gab es im 17. Jahrhundert die Strafe des Springers oder Schellenwerks. Die Springer- oder Schellenbuben waren Häftlinge, die besondere Fesseln und Glöckchen trugen, »dass man sie höre und daran erkenne«.[25] Chain Gangs sind gegenwärtig noch in den USA üblich und neuerdings dort sogar für weibliche Häftlinge geplant.

Sträfling im »Spanischen Mantel«, Ende 18. Jh.

Das Straf-Schauspiel barg neben der »Vernichtung« von Arbeitskraft eine weitere Gefahr in sich. Die dem Bestraften zuteil gewordene Strafe konnte sich in Mitleid oder sogar Bewunderung verkehren und die Tat der Justiz und ihrer Vollstrecker in Schande verwandeln. Auch die Entwicklung der Produktionssysteme hat natürlich ihren Einfluss auf die Art der Strafen. Im Feudalismus ist der Körper häufig das einzige erreichbare Gut, mit Zunahme der Tauschwirtschaft gewinnt die Zwangsarbeit, die Strafmanufaktur an Bedeutung. Im industriellen Zeitalter ist die freie Arbeitskraft gefragt, daraus folgt zwangsläufig, dass die Zwangsarbeit innerhalb der Strafmechanismen an Bedeutung verliert und von der Internierung zum Zweck der Besserung, Umerziehung, politischen Unterwerfung abgelöst wird.

Brutale Prügelstrafe war nicht auf Sträflinge beschränkt. Erinnert sei nur an das Spießrutenlaufen als militärische Strafe des 17. und 18. Jahrhunderts. Der Bestrafte musste mehrmals durch eine von hundert bis dreihundert Mann gebildete Gasse laufen und erhielt von jedem Mann mit einem Stock einen Schlag auf den entblößten Rücken.

Das Verbannen ist sicher eine ältere Form der Bestrafung als das Einsperren. Die Vertreibung aus der Stammesgesellschaft, der Ausschluss aus der gewohnten Umgebung war für den Betroffenen mit großen Risiken und Gefahren verbunden.

Im Mittelalter galt in Europa für Geistliche folgende Rangfolge der Bestrafung: Prügelstrafe als die mildeste Strafe, dann Klosterhaft und als höchste Strafe das Exil.

Auch die so genannte privilegierte Verbannung, ohne Gefahr des Verhungerns und ohne körperlicher Gewalt ausgesetzt zu sein, war eine schwere Belastung, vor allem für die »Politischen«. Da war die Qual der Untätigkeit, die Isolation von Freunden und Gefährten, von Informationen. Der »Politische« kann nur bedingt aus der Ferne wirken. Auch Ovid hat diese Last zu spüren bekommen.

Verbreitete Strafe bei Seeräubern, z. B. für Diebstahl am Eigentum der Gemeinschaft, war das »Maronieren«, das Aussetzen auf einer unbewohnten Insel. Auch Robinson war ein solcher Maronierter.

Im Jahr 1810 setzte der Kapitän des Robbenfängers ADVENTURE, aus London kommend, wegen Mangels an Proviant kurzerhand vier Männer auf Snares (die Fallen) ab. Er überließ ihnen lediglich ein wenig Reis, einige Kartoffeln und einen eisernen Kochkessel. Die unbewohnte, unwirtliche Inselgruppe südlich von Neuseeland, von Vancouver entdeckt, war eigentlich für das menschliche Leben völlig ungeeignet. Als die Ausgesetzten nach sieben Jahren vom amerikanischen Schiff ENTERPRISE gerettet wurden, hatten sie fünf Häuser gebaut, 1.300 Robbenfelle getrocknet und Kartoffeln angebaut.[26]

Eine besondere Rolle spielen Kriegsgefangene als Häftlinge. Sie galten und gelten in ihren Heimatländern als nicht heroisch, nicht ehrenhaft, häufig als Feiglinge und Verräter. Während Kriegstote geehrt werden, ihnen Denkmäler geweiht sind, Friedhöfe über Jahrzehnte liebevoll gepflegt werden, werden die Kriegsgefangenen und ihr oft schlimmes Los, ihre psychischen Probleme meist ignoriert. An militärischen Jahrestagen werden sie kaum erwähnt. In der Sowjetunion wurden Heimkehrer aus deutscher Kriegsgefangenschaft in Lager gesperrt, während man ihren gefallenen Kameraden monströse Denkmäler errichtete. Stalins berüchtigter Befehl Nr. 270 definierte jeden sowjetischen Kriegsgefangenen als Vaterlandsverräter.

Kriegsgefangene auf Inseln sind eher selten. Beispiele sind die Orkney-Inseln Lamb Holm (zwischen Mainland und South Ronaldsay, vor der Bucht von Scapa Flow) und Hoy, auf der deutsche Seeleute vorübergehend interniert wurden, nachdem sich die in der Bucht von Scapa Flow internierte deutsche Hochseeflotte (72 Schiffe) am 21. Juni 1919 selbst versenkt hatte.

Russische Kriegsgefangene mussten während des Zweiten Weltkriegs auf der Lofoteninsel Vestvågøy Bunker in die Felsen graben.

Auf dem Dänholm, zwischen Stralsund und der Insel Rügen gelegen, befand sich im Ersten Weltkrieg ein Offiziersgefangenenlager.

Die deutsche Wehrmacht hielt die Kanalinseln zwischen 1940 und 1945 besetzt, ließ zahlreiche Tunnel bauen und errichtete auf Alderney ein Arbeits- und Konzentrationslager, nachdem fast die gesamte Bevölkerung nach Großbritannien geflüchtet war.

Der britische Premier Winston Churchill notierte für einen seiner Minister: »Wie Sie wissen, war ich immer gegen die rachsüchtige Exekution so genannter Kriegsverbrecher in Nürnberg; sie wären besser lebenslang auf irgendeine einsame Insel verfrachtet worden.«[27] Na, ob das was geworden wäre? Man denke an Napoleon, der recht schnell wieder von Elba nach Frankreich zurückkam.

Im Januar 2002 trafen per Flugzeug die ersten zwanzig in Afghanistan gefangen genommenen Taliban- und Al-Qaida-Kämpfer auf dem US-amerikanischen Stützpunkt Guantánamo auf der Insel Kuba ein. Sie wurden zunächst einzeln in provisorische Drahtkäfige mit Blechdächern untergebracht. Nachts wurde das Terrain von Flutlicht taghell beleuchtet. Ein Hochsicherheitsgefängnis für zweitausend Gefangene befand sich im Bau.

Die Polizeibehörden und Geheimdienste jeder Regierung haben Listen von Personen, die im Falle eines Falles festzunehmen sind.

Bei Kriegsbeginn werden regelmäßig nach dem Casablanca-Motto »Verhaften Sie die üblichen

Verdächtigen!« die dem Kriegsgegner in irgendeiner Form verbundenen Menschen, wehrfähige Angehörige der Kriegsgegnerstaaten sowie solche, von denen man annehmen konnte, sie würden mit ihnen sympathisieren, vorsichtshalber interniert, u. a. auch auf Inseln und Schiffen.

Erster Weltkrieg

- in Großbritannien ca. 22.500 Personen auf der Isle of Man und jeweils rund 1.000 Personen auf mehreren Ozeandampfern
- in Frankreich auf Korsika und in einem ehemaligen Militärlager auf der Île Longue vor Brest, in der Zitadelle auf der Île d'Yeu, in der alten Festung auf Noirmoutier, auf der Île de Groix
- in Italien auf Sardinien und Ponza

Zweiter Weltkrieg

- in Großbritannien Italiener und Deutsche u. a. auf der Isle of Man, 4.000 »aliens« auf St. Helens (kleine Insel vor Montreal, Ontario)
- Die USA internierten japanischstämmige Amerikaner bereits vor dem japanischen Angriff auf Pearl Harbor.
- Japan internierte ebenfalls Ausländer.

Die massenhafte Präventivhaft von Ausländern hat in den USA, allerdings nicht nur dort, Tradition:

1798 richtete sich das Enemy Alien Act gegen Immigranten aus Irland und Frankreich, fand 1919, nach dem Ersten Weltkrieg, mit den Palmer Raids ihre Fortsetzung und gipfelte schließlich nach dem Zweiten Weltkrieg mit der Internierung von 110.000 japanischen Einwanderern. Nach dem 11. September 2001 wurden ein paar tausend Ausländer muslimischen Glaubens verhaftet und über Jahre ohne Anklage und ohne Rechtsbeistand in Haft gehalten.[28]

Massenhaft wurde die Deportation auf entlegene Inseln erst mit dem Kolonialismus als öffentliche Zwangsarbeit eingeführt. Die Mutterländer hofften auf zwei Effekte:

a) die kriminellen Elemente aus dem Land zu haben und

b) sie für den Aufbau und die Ausbeutung der Kolonien nutzbringend einzusetzen. Die wirtschaftlichen Effekte blieben jedoch oft aus.

Wenn von Sträflingsinseln die Rede ist, denkt kaum jemand an Inseln, auf die hunderte und tausende von Sklaven verschifft wurden. Aber in welcher Hinsicht unterscheiden sich diese Inseln von Tasmanien, Solovki, Robben Island?

Die Sklaven wurden wie wilde Tiere eingefangen, über mehrere Stufen verkauft, unter unsäglichen Bedingungen zu einem ihnen unbekannten Ziel transportiert, zur Zwangsarbeit benutzt, waren völlig rechtlos, kannten die Sprache nicht, die an ihrem neuen Aufenthaltsort gesprochen wurde, und hatten zudem keinerlei Hoffnung, irgendwann einmal in ihre Heimat zurückkehren zu dürfen.

Vierhundert Jahre lang wurden mit etwa 39.000 Transporten rund dreißig Millionen Menschen gewaltsam aus Afrika in die »Neue Welt« gebracht, die durch das Leid, das Blut, den Schweiß der Sklaven aufblühte.

Eine dieser Sklaveninseln ist Hispaniola, früher getrennt in einen französischen und einen spanischen Teil, heute Dominikanische Republik und Haiti. Saint-Domingue war gegen Ende des 18. Jahrhunderts die reichste Kolonie Frankreichs. Sie produzierte die Hälfte des weltweit verbrauchten Kaffees. Der Reichtum wurde von 900.000 Sklaven geschaffen, die seit dem 16. Jahrhundert aus Afrika dorthin verschleppt wurden. Als in Paris die Bastille erstürmt wurde, lebten in der kleinen Kolonie etwas über eine halbe Million Menschen, davon fast 90 % Sklaven. Für sie galt immer noch der Code noir von 1685. Dieses Gesetz sah Strafen vor, wie sie auf keiner noch so grausamen Sträflingsinsel üblich waren. Hiebe mit aus Rindersehnen geflochtenen Peitschen waren noch das »Humanste«. Bei Diebstahl wurde der Sklave mit glühendem Eisen gebrandmarkt, beim ersten Fluchtversuch wurden ihm beide Ohren abgeschnitten, beim zweiten die Kniekehlen durchtrennt und beim dritten wurde er ersäuft, verbrannt, lebendig begraben oder auf eine andere bestialische Weise umgebracht.[29]

Es gibt wohl keine Karibikinsel, die nicht Sklaven- und damit Sträflingsinsel gewesen ist.

Ein ganzer Sklavenarchipel waren auch die Kapverden. Bis 1460 noch unbewohnt, siedelten die Portugiesen vom 15. bis 17. Jahrhundert dort Negersklaven an.

In den 20er-Jahren des 19. Jahrhunderts beschlossen weiße Amerikaner, ihre Sklaven zurück nach Afrika zu schicken. Das Motiv war nicht allein, vielleicht nicht einmal vorrangig, Menschenfreundlichkeit, sondern auch pure Angst davor, dass sich die »Wilden« für ihr Sklavendasein rächen könnten. Aber die in ihre Heimat zurückkehrenden ehemaligen Sklaven waren nur selten ein Segen für ihre neue, alte Heimat. Sie importierten die Gewalt, vertrieben die Einwohner von ihrem Besitz und richteten sie zu Sklaven ab.[30]

Festungshaft galt als nicht entehrende Form der Freiheitsstrafe. Zu Festungshaft verurteilt wurden z. B. Offiziere, die in Duelle verwickelt gewesen waren, hochrangige Kriegsgefangene, politische Gegner (der schwäbische Dichter Christian Friedrich Daniel Schubart), Menschen, die gegen Staatsräson verstoßen hatten (Kronprinz Friedrich, später König Friedrich der Große; Hitler), Personen, die in Ungnade gefallen waren (Gräfin Cosel, ehemalige Mätresse des sächsischen Königs), oder wichtige Geheimnisträger (Johann Friedrich Böttger, der europäische »Erfinder« des Porzellans). Festungen galten als besonders gut isolierbar und ausbruchsicher.

Internierungs- oder Konzentrationslager, in denen ohne rechtliche Grundlage politische Gegner des Regimes gefangen gehalten und oft physisch vernichtet wurden, gab es im Amerikanischen Sezessionskrieg (1861–1865), auf spanischer Seite im Kubanischen Unabhängigkeitskrieg (1895 – 1898) und auf britischer Seite im Burenkrieg (1901) sowie pervertiert zu Vernichtungslagern, in Form der KZs des faschistischen Deutschlands und der sowjetischen GULags.

Der Begriff Concentration Camp (Konzentrationslager) und seine Bestimmung zur Internierung politischer Gegner, später auch Kranker, sind englischen Ursprungs. Der deutsche Arzt und Bakteriologe Robert Koch griff den Terminus auf und schlug vor, mit der Schlafkrankheit Infizierte in »Konzentrationslagern« zu sammeln, wo man sie »als Parasitenträger dem Verkehr entzöge« und eine große Zahl von Patienten für die Erprobung neuer Mittel zur Verfügung hätte.[31]

Mitte der 90er-Jahre des 20. Jahrhunderts existierten in China 2.000 Arbeitslager mit etwa sechzehn Millionen Gefangenen, d. h., etwa jeder 70. Chinese war in einem Lager untergebracht. In den USA saßen Anfang des Jahres 2000 fast zwei Millionen ein, d. h. jeder 140. USA-Bürger. Harry Belafonte stellte fest: »Wir haben in den USA die größte Gefängnisbevölkerung der Welt. Im Namen des Populismus werden mehr Gefängnisse gebaut als Schulen oder Krankenhäuser. Es gibt in amerikanischen Haftanstalten mehr junge schwarze Männer und Frauen als an den Hochschulen.«[32] In Russland saß jeder 150., in Deutschland jeder 1.000. und in Finnland sogar nur jeder 2.200. in Haft.

Allerdings: Massen sind Statistik – das Einzelschicksal rührt an und bewegt. Die Statistik sollte zumindest nachdenklich machen.

Das Gefängniswesen erlebte manche Veränderungen, die sich natürlich auch auf den Sträflingsinseln niederschlugen. Diese Veränderungen bestanden zum einen in der unterschiedlichen Auffassung vom Sinn der Absonderung (Buße, Strafe, Besserung), zum anderen in der Gefängnisarchitektur.

In Europa entstanden die Grundlagen der noch heute vorherrschenden Formen des Freiheitsentzugs um das Jahr 1600 mit der Schaffung von Zuchthäusern in London, Amsterdam und in den deutschen Hansestädten. Sie waren dazu bestimmt, Vagabunden, Spitzbuben, Huren und Müßiggänger aufzunehmen. Der englische König schenkte der Stadt London für diesen Zweck den alten Palast Bridewell. Immer noch werden die englischen Arbeitshäuser als »Bridewells« bezeichnet.

Zwischen Zuchthäusern und Gefängnissen wurde streng unterschieden. Schuldgefangene durften nicht in Zuchthäuser und Bettler nicht in (Schuld-, Kriminal-) Gefängnisse eingewiesen werden. Der Aufenthalt im Zuchthaus galt nicht als entehrend. Entsprechend der dort überwiegend ausgeführten Arbeiten wurden die Zuchthäuser für Männer oft Rasphäuser (auch: Raspelhaus, St. Raspinus)[33], die für Frauen Spinnhäuser genannt.

Auf Bettelei standen in Holland ab sechs Wochen, auf Diebstahl ab zwei bis zwanzig Jahre Zuchthaus. Simulierende Bettler wurden meist sehr schnell kuriert.

Die Einweisung in Zuchthäuser erfolgte sowohl von Obrigkeit wegen als auch zum Zwecke der Zwangserziehung auf Antrag von Eltern, Angehörigen und Freunden.[34] Im Zuchthaus konnten verschiedene Berufe gelernt und ausgeübt werden und die Seelsorge spielte eine wichtige Rolle.

Die Insassen hießen damals noch nicht Zuchthäusler, sondern Züchtlinge.

Zuchthäuser gehörten bald zu den viel besuchten Sehenswürdigkeiten der Städte (siehe Gefängnistourismus heute). In Hamburg war das Zuchthaus in der Jahrmarktszeit zur Besichtigung freigegeben. Die daraus resultierenden Einnahmen trugen zum Unterhalt der Anstalten bei.[35]

Einen gravierenden Schnitt stellte der Übergang zur Einzelhaft dar. Die im Jahr 1842 nach dem Vorbild von Philadelphia gebaute englische Musteranstalt Pentonville hatte Einfluss auf den Strafvollzug in vielen Ländern.

Verbannung auf Inseln ist zurzeit ein Kuriosum. 1994 beraubten und verprügelten zwei jugendliche Tlingit-Indianer, der Stamm ist in Alaska und Nordkanada ansässig, einen Pizzalieferanten. Der zuständige Richter überantwortete die beiden, statt sie ins Gefängnis zu stecken, dem Ältestenrat ihres Stammes. Der verurteilte sie zu einem Jahr Verbannung auf zwei der unbewohnten Inseln des Alexander-Archipels, der mit einem schmalen Festlandstreifen im südöstlichen Teil Alaskas den »Pfannenstiel« bildet. Ältere Stammesmitglieder blieben für eine Woche bei den Verbannten, um sie das Jagen und Fischen zu lehren und ihnen beim Bau einer Unterkunft zu helfen. Den Jungen wurde Essen lediglich für die ersten Tage mitgegeben sowie Schlafsäcke und etwas Werkzeug, eine Bibel und andere religiöse Literatur. Jeder bekam als Gefährten einen Hund, vor allem zum Schutz gegen Bären. Die Jugendlichen hatten selbst keinerlei Möglichkeit, mit der Außenwelt Kontakt aufzunehmen, aber von Zeit zu Zeit schauten Stammesmitglieder nach ihnen.

Im Königreich Tonga findet man ähnliche Sitten. In diesem Pazifikstaat haben straffällige Kinder aus europäischer Sicht paradiesische Haftbedingungen: minderjährige Gesetzesbrecher werden von den Behörden einfach auf ein einsames Inselatoll zum Fischefangen abgeschoben, berichtete das »Matangi Tonga Magazine« Mitte des Jahres 2002. Derzeit seien fünfzig Kinder zwischen vierzehn und sechzehn Jahren auf der Insel Ata. Dort ernährten sie sich überwiegend von selbst gefangenem Fisch und werden von nur einem Wärter bewacht. Unterricht gebe es für die zum Großteil wegen Einbrüchen verurteilten Jugendlichen nicht. Dafür dürften sie einmal im Monat zum Familien- und Kirchenbesuch nach Hause.

Vielfalt der Sträflingsinseln

Sträflingsinseln verbinden die Besonderheit der Haft mit der Besonderheit der insularen Isolation. Also eine zweifache Absonderung von der Umgebung. Sträflingsinseln sind genau genommen Zweifachinseln. Als Steigerung wurde die dunkle, feuchte und kalte Sonderzelle für Einzelhaft in einem südamerikanischen Gefängnis namens »Libertad« (welche Ironie!) von den Häftlingen »die Insel« genannt. Seit Solschenizyns »Der Archipel GULag« blickt man auf Straflager und in gewissem Sinne auch Gefängnisse wie auf Inseln in einem »sonderbaren Land GULag« oder im Mutterland, besiedelt vom »Volk der Seki« (russ. Abk. für Strafgefangene, Lagerhäftlinge).

Lager wurden jeweils überflüssig, je mehr sich die herrschende Macht sicher fühlen konnte (siehe u. a. Chile).

Für Häftlinge werden auch Schiffe zu Inseln: Galeeren, Hulken, Passagierschiffe. Hulken (oder Hulks), außer Dienst gestellte Schiffe ohne Takelage, manchmal auch ohne Aufbauten, waren zeitweilig als Gefängnisschiffe recht verbreitet.

1933 wurden politische Häftlinge in Bremen, Ochtum-Sand, auf dem Lloyd-Kahn gefangen gehalten. Der Lloyd-Kahn war ein umgebautes Bockschiff, eine Art Schleppkahn. Er wurde als provisorisches Konzentrationslager benutzt.[36]

Die DSCHURMA, ein Dampfer der Dalstroi-Flotte für den Transport von Gefangenen nach Kolyma, befand sich im Spätsommer 1933 mit 12.000 Häftlingen unterwegs auf dem Nördlichen Seeweg, als das Schiff im Eis eingeschlossen wurde. Eine Rettungsaktion wurde als unökonomisch angesehen und die Häftlinge kamen alle um. Als der Eisbrecher TSCHELJUSKIN im selben Gebiet eine Havarie hatte, lehnten die sowjetischen Behörden alle ausländischen Hilfsangebote ab, vermutlich um eine Entdeckung des DSCHURMA-Dramas zu verhindern.[37] Die Angaben werden zunehmend infrage gestellt, da erst im April 1935 ein Schiff namens BRIELLE von einer niederländischen Reederei an die Sowjetunion verkauft und in

Sträflingshulk in Portsmouth, Häflinge gehen an Bord. Zeichnung von E. W. Cooke, 1828.

DSCHURMA umbenannt wurde. Es wird vermutet, dass bisher Autoren die DSCHURMA mit der CHABAROWSK verwechselt haben.[38]

Das deutsche Passagierschiff CAP ARCONA wurde zum Ende des Zweiten Weltkriegs für KZ-Häftlinge genutzt. Der deutsche U-Boot-Tender WARNOW, 1906 in Bremen-Vegesack als Seebäderschiff VORWÄRTS vom Stapel gelaufen, diente den Engländern 1945 in Hamburg als Gefängnisschiff. Die TACOMA (gebaut 1930) diente ab 1969 in Montevideo als schwimmendes Gefängnis. Die ESMERALDA, ein chilenisches Schulschiff, wurde von der Militärjunta als Folterzentrum missbraucht. 33 ORIENTALES, ein Fahrgastschiff, diente 1976 dem argentinischen Militär im Hafen von Rio de Janeiro als Gefängnis für fünfzig hohe Politiker der gestürzten Regierung Isabel Peróns.

Auf dem Hudson River vor Greenwich Village, dem New Yorker Künstlerviertel, hatte 1989 ein fünfgeschossiger, schwimmender, grauer Stahlblechcontainer festgemacht. Er war bei seinem Stapellauf auf den Namen BIBBY VENTURE getauft und während des Falklandkrieges von den Briten als Kaserne eingesetzt worden. Als er dort nicht mehr gebraucht wurde, schleppte man ihn nach New York, um für 386 Häftlinge als Gefängnis zu dienen.

In den 70er-Jahren ankerte die MOUNTAIN als Gefängnisschiff im Hafen von Belfast, Nordirland. Das eigentliche Gefängnis befand sich achtern, das Quartier für die Bewacher lag mittschiffs und vorn, in Bugnähe, gab es einen »Gefängnishof«, der von einem drei Meter hohen Stacheldrahtzaun umgeben war. Von der Brücke und vom Peildeck aus überwachten britische Soldaten das Schiff. Es galt als ausbruchsicher. Angehörigen der IRA (Irish Republican Army) und der ISA (Irish Socialist Party) gelang jedoch die Flucht, und die Geflohenen waren bereits in der Irischen Republik, bevor man ihr Verschwinden auf der MOUNTAIN überhaupt bemerkt hatte.[39]

In manchen Marinen war es üblich, Männer zum Dienst an Bord zu »pressen«, wenn sich nicht genügend Freiwillige fanden. Auch für diese waren die Schiffe, ob Kriegs- oder Handelsschiffe, Gefängnisse.

Haftbedingungen

»Den Stand der Zivilisation einer Gesellschaft erkennt man bei einem Blick in ihre Gefängnisse.«[40]

»Der Umgang mit Verbrechen und Verbrechern ist der eigentliche Zivilisationstest jedes Landes.«
Winston Churchill

Beim Umgang mit Häftlingen, bei der Ausstattung der Haftanstalten scheiden sich die Geister. Soll ein Gefängnis besser ausgestattet sein als eine

Schule? Sollen Häftlinge einen Beruf lernen dürfen, was nicht jedem »Freien« vergönnt ist? Sollen Häftlinge in sauberen, bequemen Betten und »Freie« unter Brücken schlafen?

Soll es für »Freie« erstrebenswert sein, in eine Haftanstalt zu kommen, nur um in den Genuss sauberer Wäsche, regelmäßiger Dusche, regelmäßiger Mahlzeiten, ärztlicher Versorgung zu gelangen?

Sicher bedauert jeder den kleinen Gauner à la Egon Olsen, der mal wieder Pech hatte oder sich einfach zu dusslig angestellt hat. Wir fühlen auch mit dem unschuldig Verurteilten. Aber kaum jemand empfindet Mitleid mit Kinderschändern, Mördern, Terroristen, Rauschgiftbossen.

Wenn er einem selbst nicht gerade die Geldbörse geklaut oder mit einem Trick ein paar Euro abgeknöpft hat, schmunzelt man eher über den kleinen Gauner. Dem großen wünscht man, dass es ihm so richtig schlecht gehe, egal ob dem mehrfachen Kindermörder oder dem General, der seine Soldaten in den sicheren Tod geschickt hat, oder den Politiker, der sein Mandat schamlos zur eigenen Bereicherung ausnutzt.

Natürlich gab und gibt es sie, die unschuldig Verurteilten, die von menschenverachtenden Machthabern willkürlich ihren Peinigern ausgelieferten Andersdenkenden, diejenigen, die in der Haft stärker werden, diejenigen, die sich ihre Ehre und Würde auch unter schlimmsten Bedingungen nicht rauben lassen. Und es gab und gibt auf den Inseln die brutalen, jede menschliche Regung vermissen lassenden Verbrecher, Räuber, Mörder, Kinderschänder sowie die kleinen Schurken, die auf den Inseln sich zu großen entwickeln.

Und natürlich sind und waren nicht alle Wärter Sadisten, vielleicht nur die wenigsten unter ihnen. Aber in diesen zweipoligen Gesellschaften bilden sie nun einmal die Gruppe mit den größeren Rechten, mit Macht, mit Privilegien, mit Freiheiten.

So unterschiedlich wie die Häftlinge sind auch ihre Bewacher. Einige haben sich ihre Menschlichkeit bewahrt, andere sind abgestumpft im Verlauf ihrer Dienstzeit. Manche sind brutal und sadistisch.

Eine Grundregel sollte beachtet werden: Jeder Häftling, so schlimm und verachtenswert die Tat auch gewesen ist, für die er zu Freiheitsentzug verurteilt wurde, jeder Häftling ist ein Mensch und ist als solcher zu behandeln. Mag man ihm auch sonst alle Rechte nehmen, dieses Recht steht ihm zu. Mag man ihm bis zu seinem Lebens- oder Haftende die schwersten, ekelhaftesten, niedersten Arbeiten auftragen – seine Existenz als Mensch darf nicht infrage gestellt werden.

Arthur Miller beschrieb seine Eindrücke vom Jackson State Penitentiary, das als das progressivste Gefängnis der USA galt, die er um 1930 bei seinen Recherchen für »The Great Disobedience« gewann: »... wenn ich von dort nach Ann Arbor zurückkehrte, konnte ich nie einschlafen. Ich musste zuerst diese Stadt der eingesperrten Männer aus meinen Gedanken verbannen: den dumpfen, scharfen Zoogeruch der heißen, feuchten Zellen, in denen Menschen saßen, insgesamt mehr als achttausend, den Widerhall des hohlen, tiefen Dröhnens, das nie verstummte; das wilde, irre Gelächter und das bedrohliche Lärmen, das in regelmäßigen Abständen ausbrach. ... Ich glaubte, dass zumindest ein Viertel von ihnen völlig verrückt war.«[41]

Unmenschlichkeit des Strafvollzugs ist längst nicht Vergangenheit. Immer wieder müssen Organisationen wie amnesty international und die Vereinten Nationen feststellen, dass auch in der Gegenwart noch in etlichen Anstalten, auch in Ländern, die als hochzivilisiert gelten, »der Geruchs-, Geschmacks-, Tastsinn und das Sehvermögen auf das Widerwärtigste angegriffen werden. Die Bedingungen sind grausam, unmenschlich und erniedrigend. Sie kommen der Folter gleich.«[42]

In den USA werden in so genannten Boot-Camps jugendliche, männliche sowie weibliche, Diebe, Dealer und Gewalttäter aus den Armenvierteln der Städte innerhalb von 120 Tagen, falls sie die Prozedur durchstehen, systematisch eingeschüchtert, verängstigt, gedemütigt, gebrochen, entwürdigt, schikaniert, gedrillt; sie geben ihre Identität auf. Ihnen wird eingebläut, sie seien keine Menschen, sondern wertloser Dreck. Sie wählen diese Prozedur freiwillig im Tausch gegen zwei bis drei Jahre Gefängnis.

Die hygienischen Bedingungen in einigen Gefängnissen werden als abscheulich beschrieben.

Über die geheime marokkanische Strafkolonie, das Todeslager Tazmamart im Atlasgebirge, berichtet Tahar Ben Jelloun. Dort waren ab 1973 achtundfünfzig französische Offiziere und Unteroffiziere achtzehn Jahre lang »wenig mehr als Ratten, viel weniger als Menschen«. Für das Sonderlager unter Hassan II. galt die Auflage: »Schmerzhaft langsam sterben lassen. In Zellen ohne Licht, ohne Bett, ohne Heizung. In Zellen, deren kleines Kackloch rasch verstopfte, in denen die Fäkalien schwammen, Skorpione lauerten, Kakerlaken hausten. Eine Hölle auf viereinhalb Quadratmetern. Zu niedrig zum Stehen. Wüstensommerheiß und wüstenwinterkalt. In ewiger Dunkelheit.« Dreißig der Tazmamart-Insassen starben.[43]

Kriegsgefangene sind nach der Genfer Konvention zu behandeln.

1994 hatten die USA die Anti-Folter-Konvention ratifiziert. Man wusste sich zu helfen: angebliche Al-Qaida-Kämpfer wurden auf amerikanischen Druck in befreundete Länder wie Ägypten oder Pakistan gebracht, wo die Erpressung von Geständnissen unter Folter erlaubt ist. Im Frühjahr 2004 wurde die Öffentlichkeit mit schockierenden Bildern davon in Kenntnis gesetzt, dass in irakischen Gefängnissen gefoltert wurde – von britischen und US-amerikanischen Besatzern, die eigentlich als Befreier gekommen waren.

Was aber gilt die Genfer Konvention, wenn der Status nicht eindeutig ist, wie 2002 bei den in Afghanistan und anderen Staaten gefangen genommenen Taliban- und Al-Qaida-Kämpfern in Guantánamo? Sie seien keine Kriegsgefangenen, meinte der US-Außenminister, sie seien »unlawful combatants« (illegale Kombattanten), sie seien Terroristen (mutmaßliche sollte man hinzufügen, die bis zum Nachweis ihrer Schuld als unschuldig gelten). Camp X-Ray (Röntgen) nannten die Amerikaner das Lager, denn die Wände waren durchsichtig. Außenminister Rumsfeld beteuerte, dass die Eingesperrten, darunter 13- bis 15-Jährige, human behandelt würden. Das sah so aus: Während des Transports zur Basis trugen die Gefangenen orangerot fluoreszierende Overalls und Kappen, mit schwarzem Band zugeklebte Schutzbrillen, Ohrenschützer und Handschuhe – sie waren praktisch blind, taub und tastunfähig. Im Camp kamen sie in Einzelkäfige mit Betonböden, Maschendrahtwänden und Wellblechdächern. Sie erhielten zwei Handtücher, von denen eines als Gebetsteppich dienen sollte. Ihre Köpfe wurden kahl geschoren und die Bärte abrasiert, schlimme Demütigungen für Muslime.

Im Februar 2002 gestand die US-Regierung nach weltweiten Protesten wenigstens einem Teil der Gefangenen, den Taliban, den Kriegsgefangenenstatus zu. Die Käfighaltung jedoch blieb.

Camp X-Ray wurde aufgegeben, die Gitterkäfige wurden schon nach kurzer Zeit von dichtem Gestrüpp überwuchert. Die Häftlinge, um die 660 aus 44 verschiedenen Nationalitäten, sind im neuen Camp Delta untergebracht. Camp Delta ist in vier Blöcke eingeteilt. In den Blöcken 1 und 2 sitzen die Verstockten. Für sie gehört Wasser zu den Komfortartikeln, die ihnen als Anreiz zu Kooperationsbereitschaft in Aussicht gestellt werden. Block 3 ist der Hochsicherheitstrakt. Block 4 ist »halb offen«. Seine Vorzüge dürfen etwa hundert besonders kooperationswillige Häftlinge genießen. Solche Vorzüge sind: Mineralwasser aus der Eisbox, Klopapier, weiße Kleidung statt der orangefarbenen Gefängniskluft, Kopfkissen, richtige Gebetsteppiche, Schlafsäle statt Einzelhaft sowie die Erlaubnis, Kopf- und Barthaar wachsen zu lassen.

Die Baracken haben Außenwände aus starkem Profileisen, die Innenwände der Zellen bestehen aus Stahlgittern. Zur Ausstattung gehören ein angeschweißtes Eisenbett, ein Waschbecken und ein Hockklo aus Nirostastahl.

Die New York Times bezeichnete das Lager als amerikanisches GULag.

Johan Steyn, einer der höchsten britischen Lordrichter, über Guantánamo: »Der Zweck, die Gefangenen zu internieren, war und ist, sie in einem rechtsfreien Raum, jenseits des Schutzes aller Gerichte festzuhalten, der Gnade der Sieger überlassen.«[44] Der Oberste Gerichtshof der USA hatte Anfang 2004 noch nicht entschieden, ob Guantánamo US-Hoheitsgebiet ist oder nicht. Eine Entscheidung, die von großem Einfluss auf die Rechte der Gefangenen wäre.[45] Erst Mitte 2004, zweieinhalb Jahre nach ihrer Gefangennahme, wurde den Häftlingen ein Recht zugestanden, das seit 1679 als Habeas-Corpus bekannt und anerkannt ist, das Recht jedes Häftlings, die Rechtmäßigkeit seiner Gefangenschaft von einem Gericht überprüfen zu lassen.

In jedem Gefängnis entwickelt sich eine spezielle Subkultur. Die soziale Struktur im Gefängnis oder Lager ist wie »draußen«, nur mit schärferen Grenzen und stabiler als »draußen«, wo sich Strukturen miteinander vermischen, wo man ausweichen kann. Hier wie dort gibt es Stolze und Gebrochene, Starke und Schwache, den selbst ernannten Lageradel, Arschkriecher, Rücksichtslose, Egoisten, Lumpen und Schweinehunde, Kumpel und Kameraden, Optimisten und Pessimisten, Lustige und Trauerklöße.

Einheitliche Gefängniskleidung und militärische Verhaltensweisen sollen zwar die Individualität ausschalten, schaffen es jedoch nie. Eher wird die Verbundenheit untereinander gestärkt.

Erich Mühsam, wegen Teilnahme an der Münchner Räterepublik zu sechs Jahren Festungshaft verurteilt, erlebte seine Schicksalsgefährten als »blöde, reuig, interesselos« und will »fast gar keine geistig beträchtlichen Physiognomien« gesehen haben.

Oscar Wilde schrieb nach zweijähriger Haft:

»In Kerkerluft sprießt Gemeinheit – sie schießt wie giftiges Unkraut empor.
Nur das Gute verdorrt an dem grässlichen Ort, wo der Mensch seine Würde verlor.
Hier wird die Verzweiflung zum Wärter gemacht, und die Angst hütet fahl das Tor.«[46]

Glück und Zufriedenheit werden relativiert. Schon fünfzig Gramm Brot mehr bei einer Tagesration von zweihundert Gramm, aus dem Essenkübel das Dickere oder nicht im Bunker gelandet zu sein – das kann schon ausreichen, um sich glücklich zu fühlen.

Für Häftlinge gibt es keine Intimsphäre. Sie werden heimlich von Wärtern bei intimsten Handlungen beobachtet. Das Guckloch, die nur aus einem Gitter bestehende Zellentür, die Überwachungskameras – niemand kann sich verbergen, weder am Tage noch in der Nacht.

Nicht nur sensible Menschen empfinden die Einsamkeit als bedrückend.

Ernst Toller, 1919 zu fünf Jahren Festungshaft verurteilt, schrieb:

»Ein Freund starb in der Nacht.
Allein.
Die Gitter hielten Totenwacht.
Bald kommt der Herbst.
Es brennt, es brennt ein tiefes Weh.
Verlassenheit.«[47]

Emmy Ball-Henning gehörte vor dem Ersten Weltkrieg Anarchistenkreisen an. Während mehrwöchiger Einzelhaft erlebte sie Ohnmacht und Angst, die Haft als Erniedrigung und Unterdrückung, als Verbindung zwischen körperlicher, sexueller und staatlicher Gewalt, Symptome der Einzelhaft in Form von Autoaggression über Wahrnehmungsstörungen und Halluzinationen, die durch Reizentzug entstehen, bis hin zum Verlust des Bewusstseins.

Die Deformation der Menschen auf einer Sträflingsinsel hat Franz Kafka beschrieben in »In der Strafkolonie« (1919). 1996 inszenierte Matthias Langhoff in Paris Kafkas Werk unter dem Titel »L'Île du Salut« und nahm damit unmittelbar Bezug auf die berüchtigte Strafkolonie in Französisch-Guyana.

Der Nigerianer Ken Saro-Wiwa, Stammesführer der Ogoni im Nigerdelta, Schriftsteller, zeichnet mit dem Roman »Prisoners of Jebs« ein Sittenbild Nigerias. Auf einer Gefängnisinsel sitzen ruchlose Politiker, Generale im Dauerrausch und Halunken jeder Couleur. Sie spielen gern den »Jo-Jo-Tanz«, ein Poker mit Wechselkursen. Ziel ist die Plünderung öffentlicher Haushalte und die private Bereicherung.

Dennis Lehane beschreibt in seinem hoch gelobten Thriller »Shutter Island« die bedrückenden Bedingungen in einem Hospital für psychisch kranke Straftäter auf einer Insel vor dem Hafen von Boston.[48]

Während ihrer Haft entwickeln Häftlinge oft ungeahnte Fähigkeiten, arbeiten geduldig, listig und einfallsreich an einfachen aber wirkungsvollen Waffen, Werkzeugen und Fluchtmitteln. Die List entwickelt sich zur Perfektion.

Andere studieren, werden zu Experten auf Spezialgebieten. Viele werden im Verlauf ihrer Haft zu perfekteren Verbrechern, als sie es bei ihrer Einlieferung waren.

Vielfach sind politische Häftlinge nach Inseln deportiert worden (siehe Dawson, Robben Island).

Oft wurden die Gefängnisse zu Universitäten für die Häftlinge, Robben Island wurde »Nelson Mandela University« genannt, und manchmal übernahmen ehemalige Häftlinge später hohe Positionen: Fidel Castro (seit 1959 Ministerpräsident Kubas), Nelson Mandela (1994 Präsident

Südafrikas), Ton Duc Thang (20 Jahre Con Son, Präsident Vietnams nach Ho Chi Minh), Pham Van Dong (7 Jahre Con Son, Ministerpräsident Vietnams), Mikis Theodorakis (Minister).

Auch von kriminellen Karrieren von Häftlingen lässt sich berichten.

Politische Häftlinge sind ihren Wärtern zumeist weit überlegen. Jene, engagierte, intelligente Persönlichkeiten, waren für das Eintreten für eine Idee, für die Verbesserung der Lage unterdrückter Schichten bestraft worden, während diesen, überwiegend schlichten Geistern, eingebläut worden war, dass sie die Guten und jene die Schlechten seien. Wer kann es einem schlichten Geist verdenken, dass er die Macht genießt, einen Parlamentsabgeordneten, einen angesehenen Journalisten, einen Arzt oder Juristen kommandieren und schikanieren zu dürfen. Ein ähnliches Verhältnis besteht häufig zwischen Vorgesetzten und Rekruten in der Armee.

Im Strafvollzug gibt es zumindest drei Schwachstellen:

1. Die Gesetze, nach denen verurteilt wird. Glücklich die Bevölkerung des Staates, dessen Strafrecht aus humanen, gerechten, angemessenen Gesetzen besteht, dessen Strafmaße den Anlässen angemessen sind. Niemand wird erwarten, dass weltweit gleiches Strafrecht gilt, dass überall die gleichen Straftatbestände mit den gleichen Strafen geahndet werden. Aber Einflussnahme bei Verletzung der Menschenrechte (wann und womit beginnt die Verletzung?) durch internationale Organisationen, durch die Medien sollte inzwischen zur allgemeinen Gewohnheit der Menschen geworden sein.
2. Willkürliche, nicht durch Gesetze gedeckte Isolation in Straflagern und -anstalten. Diese hauptsächlich gegen politische Gegner angewendeten Maßnahmen können ebenfalls öffentlich gemacht werden, die Verantwortlichen an den Pranger gestellt oder durch internationale Gerichtshöfe verurteilt werden.
3. Behandlung der Häftlinge und Zustände in den Strafanstalten. Je isolierter die Anstalten, desto schwerer dringen Informationen nach außen, desto leichter werden Kontrollinstitutionen zu täuschen sein. Hier sind wieder die Parlamente, die Medien, internationale Organisationen, die Öffentlichkeit gefordert.

»Ihr wisst so gut wie wir, dass im menschlichen Verhältnis Recht nur gilt bei Gleichheit der Kräfte, doch der Starke das Mögliche durchsetzt, der Schwache es hinnimmt.« Thukydides[49]

Interesse an Gefängnisinseln

Inselliteratur ist häufig, Gefängnisliteratur ist auch nicht selten, aber um Gefängnisinsel-Literatur zu finden, noch dazu gute, muss man sich schon recht intensiv bemühen. Doch es gibt sie. Bereits genannt wurden: Franz Kafka, Ken Saro-Wiwa, Gottfried Benn, Henri Charrière und natürlich Homer. Scherl hat Erinnerungen von Häftlingen aus Cayenne in Romanform herausgegeben.

Victor Auburtin beschrieb das Leben als Zivilgefangener im Ersten Weltkrieg auf Korsika.

Carlo Lucarelli lässt in »Die schwarze Insel« seine Charaktere im Mikrokosmos einer Strafkolonie-Insel einen Reigen der Gewalt, Verstörtheit und dumpfen Sinnlichkeit tanzen.

Wissenschaftliche Literatur erfasst die Ereignisse ohne Gefühl. Aber auch nur wenige Sachbücher beschreiben sachlich, ohne Emotionen zu verbergen – ein Beispiel liefert Robert Hughes mit seinem Buch über die Besiedlung Australiens.

Gefängnisliteratur wird unterschiedlichen Ansprüchen gerecht. Trivialliteratur herrscht allerdings vor. Sie beschäftigt sich mit spektakulären Ereignissen, der Brutalität der Wärter und der Häftlinge untereinander, dem bedauernswerten Schicksal unschuldig Verurteilter, dem edlen Häftling und dem schurkischen Wächter.

Bei jugendlichen Lesern amerikanischer Romanhefte war in den 30er-Jahren ein Held namens Doc Savage populär. Dieser hatte den Plan gefasst, die Welt von Verbrechern zu befreien. Er kaufte zunächst eine große Insel im Ozean und entführte mit einem ganzen Heer geschulter Helfer alle Verbrecher dieser Welt auf die Insel. Dort führte Doc Savage an ihnen Gehirnoperationen in der Weise durch, dass er den Teil des Hirns entfernte, in dem die Kriminalität sitzt. Nach dieser Prozedur waren sie alle ordentliche Bürger.

In der Erzählung »Das Meer« schildert Korolenko die Zwiespältigkeit der Gefühle des Gefangenen einer Inselfestung. Er hat die Wahl zwischen der sicheren Geborgenheit in seiner Zelle und der unsicheren Flucht mit einem kleinen Fischerboot in stürmischer Nacht. »Bleib hier«, sagen die Mauern, »hinter uns ist Ruhe und Stille – dort Unruhe und Gefahr.« In der Zelle hatte er viele lange Jahre seines Lebens verbracht, das schreckliche wilde Meer machte ihm zunächst Angst. Aber schließlich ließ er sie hinter sich, »diese ertötende Ruhe und Stille«, die schrecklicher war als die Brandung des Ozeans. Im Ozean wartete seiner ein Kampf mit dem Tod um sein Leben, dort, in der Zelle, wartete der Tod gelangweilt auf ihn.[50]

Wenn Inseln schon attraktiv sind, so Sträflingsinseln umso mehr. Manche der vormaligen Inseln des Leidens sind für den Tourismus erschlossen worden.

Alcatraz in der Bucht von San Francisco übertrifft an Anziehungskraft alle vorgenannten Gefängnisse.

In der Ostsee wurde Suomenlinna, vor Helsinki, in ein Kulturzentrum umgewandelt, andere Inselgefängnisse dienen als Jugendherbergen und Hotels.

In Italien wurde 1994 ein Projekt »Tourismus statt Kerker« gestartet. Die Inseln Asinara, Gorgona Favignana, Elba und Pianosa, auf denen damals rund 400 Häftlinge untergebracht waren, darunter der oberste Boss der sizilianischen Mafia, Salvatore »Toto« Riina, sollten für den Tourismus geöffnet werden, meinen die Protagonisten des Projektes. Seine Gegner meinen, Italien brauche Isolierungslager für Schwerstverbrecher, und die Isolierung auf einer Gefängnisinsel gilt als härteste Strafe für die mächtigen Paten. Was die Mafiabosse zerstöre, sei, dass sie weder Nachrichten erhielten noch Befehle erteilen könnten.

An gewissen Orten siegen zum Schluss unweigerlich die Opfer. Sie haben Spuren hinterlassen, manchmal sichtbare, immer jedoch spürbare für den, der fühlen kann.

Für manche Inseln war es ein glücklicher Umstand, als Gefängnis- oder Deportationsorte ausgewählt worden zu sein. Flora und Fauna und Landschaftsbild können sich auf ihnen besser erhalten als auf »normal« besiedelten Inseln.

Zum Glück wurde nicht jede Insel, die sich als Deportationsort geeignet hätte, ein Ort des Schreckens. Dort, wo die Adria am schönsten ist, liegt, vor der Küste Istriens, gegenüber von Pula, die Insel Brioni. Noch Ende des 19. Jahrhunderts waren die Bedingungen auf der Insel ärger als auf Neukaledonien. Der Baedeker von 1869 hatte nur ein paar Worte für die Insel, aber sie sagten alles: »Unterkunft und Verpflegung ausgeschlossen.« Denkbar gut geeignet als Sträflingsinsel, sollte man meinen.

Um 1893 kaufte Paul Kupelwieser diese gottverlassene Insel von einem Schweizer, der sie zuvor von einer nach Portugal ausgewanderten italienischen Familie erworben hatte, aber auch nichts mit ihr anzufangen wusste. Die Malaria machte sie nahezu unbewohnbar. Kupelwieser bekämpfte mit Robert Kochs Hilfe die Malaria und ihre Ursachen erfolgreich und nachhaltig. Die Insel wurde wieder zu dem, was sie bereits 2.000 Jahre zuvor gewesen war, ein Luxusbad und Kurort.

Im Folgenden werden Inseln vorgestellt, die in Vergangenheit und Gegenwart als Aufenthaltsorte von Verbannten, Häftlingen und Deportierten gedient haben bzw. noch dienen.

Manche von ihnen heißen »Teufelsinsel«, sie wurden nicht nur von den Gefangenen so genannt, sondern sind offiziell in den Seekarten unter diesem Namen registriert.

Nur wenige der in diesem Buch aufgenommenen Inseln sind bekannt geworden, berühmt, berüchtigt etc., die weitaus meisten sind unbekannt, werden oft bewusst verheimlicht. Oder es gab nichts Besonderes über sie zu berichten.

Längst nicht alle Sträflingsinseln konnten erfasst werden. Trotz intensiver Recherchen waren oft keine Informationen zu erlangen. Dafür sind verschiedene Gründe denkbar:

- die betreffenden Regionen oder Länder scheuen Veröffentlichungen über ihre Sträflingsinseln, weil sie sich des dort Geschehenen schämen; die Erinnerung wird verdrängt;
- man fürchtet negative Wirkungen auf die touristische Nachfrage;
- Informationen über noch aktive Sträflingsinseln werden aus Gründen der Sicherheit zurückgehalten.

Manche der Inseln findet man in keinem Atlas, schon gar nicht in Reiseführern.

Eine große Differenziertheit der Beispiele lässt sich feststellen:

- manche sind schon keine Inseln mehr, sie sind heute entweder durch Dämme mit dem Festland verbunden (Nessébar) oder von der Umgebung »aufgesogen« (Manila),
- einige sind noch »aktiv«, auf ihnen leben nur Gefangene und ihre Wärter (Gyáros),
- es gibt andere, deren Vergangenheit als Sträflingsinsel fast in Vergessenheit geraten ist (Suomenlinna),
- wieder andere nutzen ihre Vergangenheit, um Touristen anzulocken (Alcatraz),
- einige sind »normale« Inseln mit einem Gefängnis (Isle of Wight),
- manche dienten für Leute von Stand als Verbannungsinseln, vergleichbar mit der Festungshaft, mit dem Ziel, politische Gegner vom gesellschaftlichen Leben fernzuhalten und ihren Einfluss zu verhindern. Hochrangige Personen wurden oft in auf Inseln gelegene Klöster verbannt (Kinali).

Einige dieser Inseln sind durch berühmte Häftlinge bekannt geworden (St. Helena durch Napoleon, Robben Island durch Nelson Mandela, Makronissos durch Mikis Theodorakis), andere durch Romane (Château d'If durch Dumas, die Teufelsinsel in Französisch-Guyana durch Charrière), wieder andere durch spektakuläre Spielfilme (z.B. Alcatraz) und Enthüllungsjournalismus (Con Son[51]).

Etliche Inseln und Relikte ihrer Vergangenheit haben den Status von UNESCO-Weltkulturgütern erhalten.

Allen Beispielen gemeinsam ist ein gewisses Fluidum als Ergebnis des besonderen Verwendungszwecks dieser Inseln, ein Gefühl für Schicksale und das Interesse an ihnen.

Möge dieses Buch dazu beitragen, auch bei einem Urlaubsaufenthalt an diesen Teil der Geschichte zu erinnern, für etliche vielleicht mit einem wohligen Erschauern, das Phänomen des makabren Voyeurismus ist ja wohl nicht gerade selten unter uns Menschen anzutreffen, für andere mit Nachdenken über die Gerechtigkeit in dieser Welt – nicht die größten Schurken kamen auf die Inseln, und wenn doch, dann nicht auf die hier beschriebenen und nicht als Gefangene.

Einige Länder haben lange historische Traditionen in Bezug auf Sträflingsinseln, vor allem Kolonialreiche und Staaten mit vielen kleinen Inseln (Griechenland, Italien).

Frankreich und Britannien haben als Kolonialimperien die größte Zahl an Sträflingsinseln betrieben. Einrichtungen in ehemaligen Kolonien (Indien, Madagaskar, Vietnam) trugen oft noch für lange Zeit den Stempel der Kolonialzeit.

Die Bewohner mancher der genannten Inseln werden sich dagegen verwahren, ihre Heimat mit dem Etikett »Sträflingsinsel« versehen zu lassen, denn dieses Etikett wertet auch die Einwohner. Und sie haben Recht. Ausgenommen die wenigen Inseln, die ausschließlich für Häftlinge benutzt wurden bzw. werden, sind die anderen eher Fischerinseln, Seefahrerinseln, landwirtschaftlich genutzte Inseln mit dem Zusatz, dass sich auf ihnen ein Gefängnis befand oder befindet, durch das oder dessen Insassen sie bekannter geworden sind als durch die zahllosen, namenlosen, fleißigen Bewohner.

Die Einwohner mancher Inseln mit Gefängnissen litten unter den Verhältnissen. Die über 2.000 Jahre alte griechische Insel Imvroz (auch: Imbros oder Imroz) vor den Dardanellen kam mit Sonderstatus für die dort lebenden Griechen 1923 an die Türkei. Sie heißt seitdem Gökçeada (auch: Imroz Adasi). 1964 lebten noch 9.000 Griechen auf der Insel. Die etwa 3.000 türkischen Schwerverbrecher im Inselgefängnis durften sich frei auf der Insel bewegen. Es kam zu Übergriffen gegen die Griechen, Angst und Schrecken verbreiteten sich. Viele Griechen verließen ihre Heimat. Soweit sicher gewollt. Aber die dort lebenden Türken merkten, dass mit dem frei herumlaufenden Gesindel der Tourismus keine Chance hatte. So wurde das Gefängnis im Jahr 1991 aufgelöst.

Autor und Verlag sind sich einer gewissen Gratwanderung durchaus bewusst. Manche der im Folgenden beschriebenen Inseln sind für Betroffene (Häftlinge, Wärter, Einwohner) und mit ihnen Fühlende Stätten des Gedenkens, der Besinnung, der Zurückhaltung. Werbung für den Tourismus sollte stets diesen Aspekt respektieren.

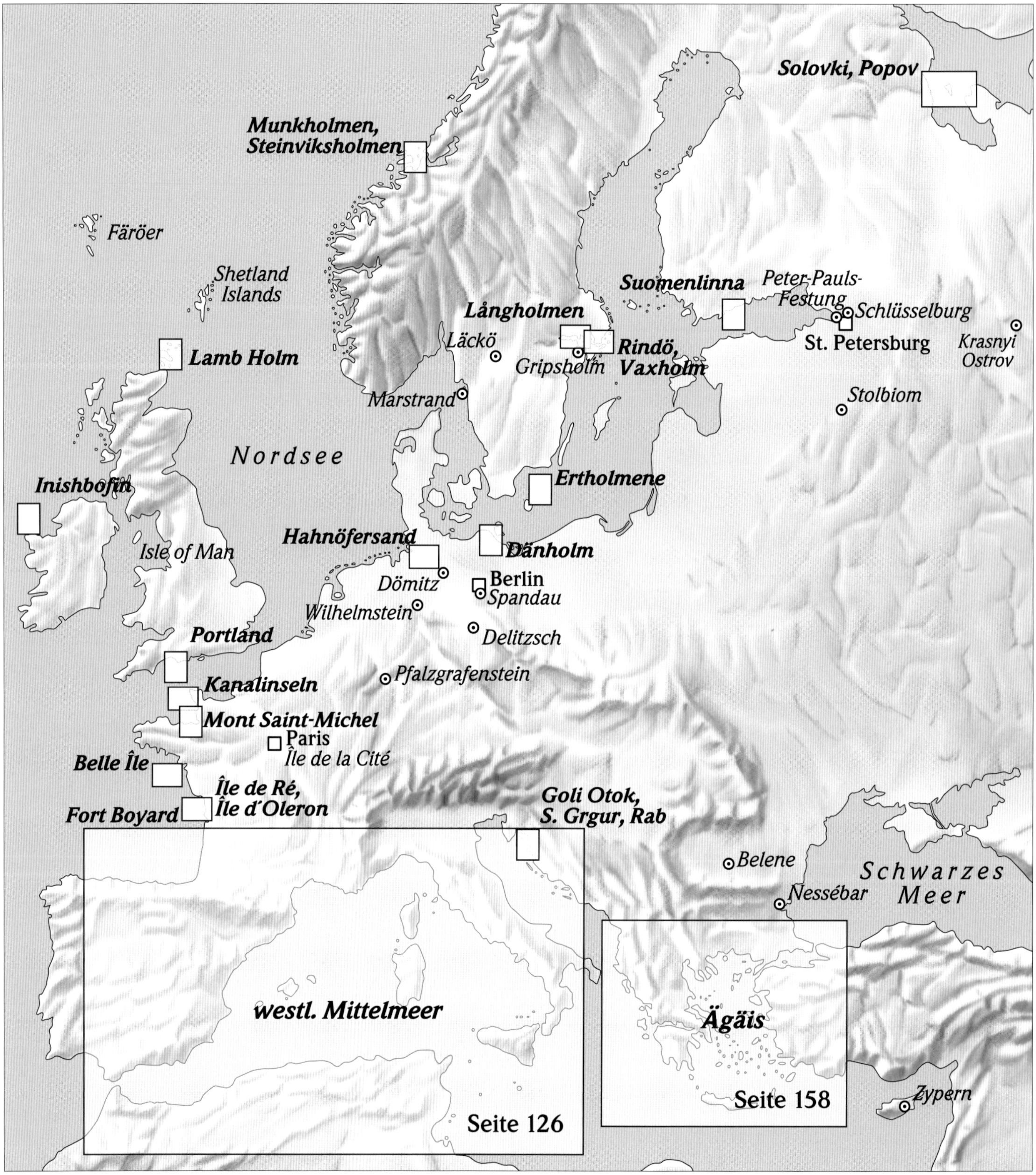
Solovki, Popov
Munkholmen,
Steinviksholmen
Färöer
Shetland
Islands
Suomenlinna
Peter-Pauls-
Festung
Schlüsselburg
Långholmen
St. Petersburg
Krasnyi
Ostrov
Läckö
Rindö,
Vaxholm
Gripsholm
Lamb Holm
Marstrand
Stolbiom
Nordsee
Ertholmene
Inishbofin
Hahnöfersand
Dänholm
Isle of Man
Dömitz
Berlin
Spandau
Wilhelmstein
Portland
Delitzsch
Pfalzgrafenstein
Kanalinseln
Mont Saint-Michel
Paris
Île de la Cité
Belle Île
Île de Ré,
Île d'Oleron
Fort Boyard
Goli Otok,
S. Grgur, Rab
Belene
Schwarzes
Meer
Nessébar
westl. Mittelmeer
Seite 126
Ägäis
Seite 158
Zypern

Die Inseln

Frankreichs Sträflingsinseln

Die französische Verordnung zum Strafvollzug aus dem Jahr 1670 sah folgende Hierarchie der Strafen vor: Tod, Folter unter Vorbehalt der Beweise, Galeere auf Zeit, Peitsche, öffentliche Abbitte und schließlich, als »mildeste Form«, die Verbannung. Daneben gab es leichte Strafen: Genugtuung für die beleidigte Person, Ermahnung, Tadel, Gefängnis für eine bestimmte Zeit, Vertreibung von einem Ort und Vermögensstrafen, wie Geldbußen oder Konfiskation.

Ende des 17. Jahrhunderts wurde in Frankreich die bisherige Galeerenstrafe durch schwere körperliche Arbeit in den Häfen und Arsenalen ersetzt. Es entstanden die berüchtigten Bagno-Gefängnisse für Schwerverbrecher in den Hafenstädten.

In den letzten Jahrzehnten vor der Revolution von 1789 lauteten die meisten Urteile in Frankreich auf Verbannung oder Geldbuße. Verbannung machte mehr als die Hälfte aller verhängten Strafen aus. Diese Strafe war meist mit weiteren Prozeduren verbunden: Zurschaustellung, Pranger, Halseisen, Peitsche, Brandmarkung.

Im Entwurf einer Polizeiverordnung von François Noël (»Gracchus«) Babeuf, Ende des 18. Jahrhunderts, sind für uns folgende Passagen interessant:

Art. 17. Die Inseln Marguerite und Honoré d'Hyères, Oléron und Ré werden in Besserungsanstalten umgewandelt; verdächtige Ausländer und Individuen, die nach der Proklamation an die Franzosen verhaftet wurden, werden dort gemeinnützige Arbeiten ausführen.

Art. 18. Diese Inseln werden unzugänglich gemacht; dort werden Verwaltungen eingerichtet, die direkt der Regierung unterstehen.[52]

Im französischen Strafgesetzbuch von 1810 nahm die Haftstrafe in verschiedenen Formen, zwischen der Todesstrafe und der Geldbuße, fast den gesamten Bereich möglicher Bestrafungen ein. Das vorrangige Strafprinzip war die Isolierung, Isolierung des Häftlings von der äußeren Umgebung, Isolierung von dem, was die Straftat motiviert hatte, Isolierung von den Komplizen und Isolierung der Häftlinge voneinander. Man erkannte also die Gefahr, dass aus einer Ansammlung von Missetätern eine einheitliche und solidarische Gemeinschaft würde, und ergriff Maßnahmen, die das verhindern sollten.[53]

Nach dem Aufstand der Pariser Arbeiter im Juni 1848 wurden 11.000 von ihnen erschossen, 25.000 verhaftet, 3.500 in die Verbannung geschickt.

1850 wurde der französischen Nationalversammlung der Entwurf für ein Deportationsgesetz unterbreitet. Der Begriff »Deportation« wurde damals nur auf die politischen Gefangenen angewendet. Victor Hugo trat mit scharfen Worten dagegen auf: »Man will die Todesstrafe abschaffen? Was aber tut man? Man kombiniert Klima, Verbannung und Gefängnis. Das Klima gibt dazu seine Bösartigkeit, die Verbannung ihre niederschmetternde Wirkung, das Gefängnis seine Verzweiflung: so hat man statt eines Henkers deren drei. Die Todesstrafe ist dadurch ersetzt.«

Nach dem Staatsstreich des Louis Bonaparte Ende 1851 zählte man 2.000 ermordete, 1.200 hingerichtete, 10.000 deportierte und 40.000 verbannte Franzosen.[54]

Nach französischem Recht von 1854 war die Deportation als lebenslängliche Strafe für politische Verbrecher vorgesehen.

Tausende Insurgenten wurden nach der blutigen Niederschlagung der Pariser Kommune von 1871 in Frankreich inhaftiert und in überseeische Deportationsstätten verschickt. Victor Hugo setzte sich mehrmals für eine Amnestie der deportierten Kommunarden ein, u. a. 1876 im Senat und 1879 anlässlich des 90. Jahrestages der Erstürmung der Bastille – ohne Erfolg. 1876 nannte er die Strafen, die über die Kommunarden verhängt worden waren: »Die Galgen von Satory und Nouméa für 18.184 Verurteilte, die einfache und verschärfte Deportation, die Zwangsarbeit, das Bagno, fünftausend Meilen vom Vaterland.« Mehr als hunderttausend Männer fehlten damals der Industrie als Arbeiter, der Kunst, der Wissenschaft, den Familien als Ernährer.

Zunächst deportierte Frankreich nur nach Guyana, ab 1863 auch nach Neukaledonien, von 1867 bis 1889 nur nach Neukaledonien und ab 1898 wieder nur nach Guyana. Als Gefangene ausschließlich nach Neukaledonien verschickt wurden, nahmen die Vergehen in den festländischen Strafanstalten zu. Sträflinge wollten deportiert werden. Guyana dagegen galt wegen seines mörderischen Klimas und der hohen Sterblichkeitsrate von anfangs bis zu 63 % als abschreckender Deportationsort.[55]

Frankreich hatte besonders viele Deportationsorte eingerichtet, sowohl im Mutterland selbst, z. B. Belle-Île, als auch und besonders in seinen Kolonien, z. B. in der Kasbah von Bône, Algerien, in Mazán, am Amazonas, auf Neukaledonien und in Guyana.

In Frankreich war, wie in anderen Ländern auch, die Galeerenstrafe üblich. Die Sträflinge verbrachten die meiste Zeit auf den Schiffen, angekettet an ihre Ruderbänke, zeitweilig auch an Land untergebracht, vor allem während der Werftzeiten.

Frankreich betrieb ein ausgeklügeltes Gefängnissystem im Inland. Solche Bezeichnungen wie Bastille oder Conciergerie sind zumindest im Zusammenhang mit den Ereignissen der Revolution und der Pariser Kommune weltweit bekannt geworden. Die blutige Niederschlagung der Pariser Kommune 1871 durch die französische Regierung unter dem Beistand preußischer Kanonen hatte neben massenhafter Deportation eine beispiellose Welle terroristischer Anschläge als Antwort militanter Anarchisten zur Folge. Allein 1892 wurden in Westeuropa über tausend Attentate mit dem neuen Sprengstoff Dynamit, dem »Zaubermittel der Ausweglosen«, verübt, die meisten in Frankreich.

Einige Franzosen bewunderten Englands Deportationspolitik nach Australien und forderten die Behörden des eigenen Landes zur Nachahmung auf. Sie wählten die Neuen Hebriden (seit 1980 Vanuatu) im Pazifik. Die dortige Sträflingskolonie wurde eine wahre Hölle für die Sträflinge.

Im Ersten Weltkrieg internierte Frankreich Zivilgefangene u. a. auf Korsika, in Morsiglia.

Île de la Cité
48°51'N, 2°20'O

Auf der Seine-Insel in Paris stehen neben Notre-Dame mehrere Gebäude der Justiz und der Polizei, das Palais de Justice, die Préfecture de Police und die Conciergerie (wörtlich: Portierloge).

Sie war Ende des 18. Jahrhunderts ein uraltes, steinernes, halb unterirdisches Gebäude mit undurchdringlichen Mauern, faustdicken, eisenbeschlagenen Türen, jedes Fenster vergittert, jeder Gang mit einer Sperre bewehrt.

Während der Französischen Revolution war die Conciergerie Gefängnis für Herzöge, Fürsten, Grafen, Bischöfe, Bürger, für Menschen aller Stände. Sie war das Gefängnis für die gefährlichsten unter den politischen Verbrechern. Sie wurde »Totenhaus« genannt oder auch »Vorzimmer des Todes«, da es von dort aus nur zur Guillotine ging. Nur wenigen Inhaftierten war aus der Conciergerie der Weg in die Freiheit vergönnt.

Ab 1. August 1793 war die Conciergerie die letzte Station der Witwe Capet, ehemals Königin Marie Antoinette, vor ihrer Hinrichtung am 16. Oktober 1793.[56]

In den Zeiten der Revolution, 1793/94, warteten 2.700 Verurteilte in der Conciergerie auf ihre Hinrichtung. Neben Marie Antoinette auch der Dichter André-Marie Chénier, der Politiker Georges Jaques Danton und die einunddreißig Abgeordneten der Gironde sowie Robespierre, nachdem er selbst zahllose politische Gegner, unter ihnen Danton, auf das Schafott geschickt hatte.

Die aus dem Mittelalter stammenden Baulichkeiten stehen heute zur Besichtigung offen. Man betritt die Conciergerie durch die 1310 errichtete Salle des Gardes. Prunkstück der Conciergerie ist die Salle des Gens d'Armes (daher kommt der Begriff Gendarmen; wörtlich: Saal der Waffenleute). Seit der Auflassung als Königsresidenz, also bereits seit dem 14. Jahrhundert, dienten der mächtige Saal und die anderen Räume als Staatsgefängnis.

Im Jahr 1314 wurde auf der Insel der letzte Großmeister des einst mächtigen und reichen Templerordens, Jacques de Molay, auf dem Scheiterhaufen verbrannt. Der Papst und der König von Frankreich hatten dem Orden Blasphemie und Paktieren mit dem Teufel zur Last gelegt, es in Wirklichkeit jedoch auf den Schatz des Ordens abgesehen.

Île d'If
43°17'N, 5°20'O

Westlich von Marseille und östlich der Inseln Ratonneau und Pommègue, von den Inseln Daume, Tiboulen, Lemaire umgeben: die Île d'If mit ihrem düsteren Château. Die Festung entstand ab 1524 unter König François I. Mit imposanter Majestät steigt das finstere Bauwerk aus dem Meer empor.

Im 17. Jahrhundert wurde die düstere Festung ein gefürchtetes Staatsgefängnis, hauptsächlich für politische Gefangene.

Marseille ist eine faszinierende Stadt, auch wenn Tucholsky meint, sie sähe aus wie Görlitz. Europäische Intellektuelle fühlten sich stets von ihr angezogen, von ihrer komischen Behäbigkeit und ihrer zivilisierten Enge, vom Atem der Ferne und europäischer Gebundenheit: Stephan Zweig, Joseph Roth, Kurt Tucholsky, Lion Feuchtwanger. Für Arthur Schopenhauer, der Marseille 1803 besuchte, war sie die schönste Stadt Frankreichs. Im Januar 1943 befahl Himmler, die Altstadt von Marseille zu sprengen.

Während der Zeit, als in Deutschland der Faschismus herrschte, war Marseille eines der Tore zur Flucht nach Übersee. Die Schiffe passierten stets die düstere Festung.

Von Marseille, Quai des Belges, ist das Château d'If mit dem Motorboot in fünfzehn Minuten erreicht.

Berühmt und bekannt geworden ist die Insel durch Alexandre Dumas' »Graf von Monte Christo«.

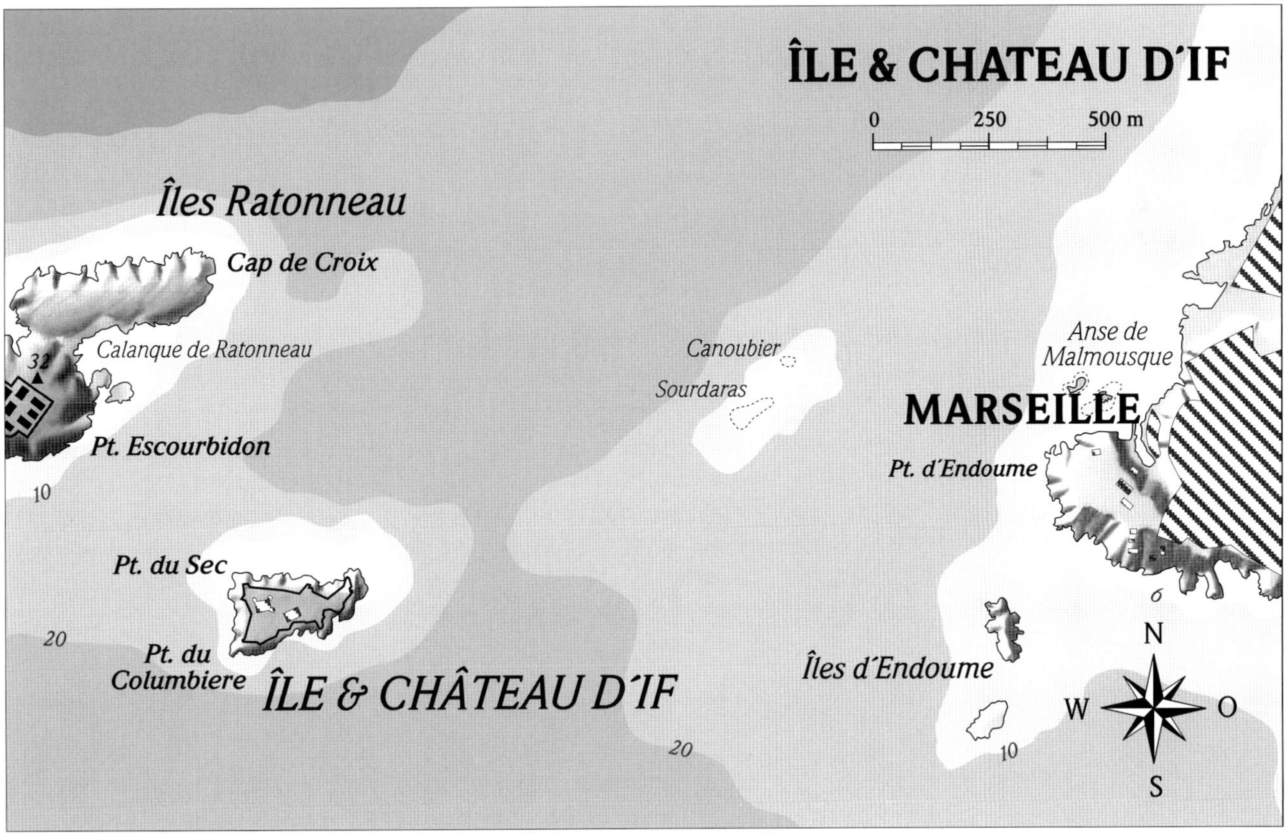

Umberto Eco, Ordinarius für Semiotik an der Universität Bologna und Autor von u. a. »Der Name der Rose«, nannte »Der Graf von Monte Christo« einerseits einen der fesselndsten Romane, die je geschrieben worden sind, und andererseits einen der am schlechtesten geschriebenen Romane aller Zeiten und Literaturen. Letzteres sei wohl damit zu erklären und zu entschuldigen, dass Dumas Geld brauchte und nach Zeilen bezahlt wurde.[57]

Eine Interpretation erklärt den Roman als eine »unverkennbar christologische Version der Auferstehung nach Einkerkerung; dort geht es aber nicht darum, im Gefängnis die Fügsamkeit gegenüber den Gesetzen zu erlernen, sondern durch ein geheimes Wissen die Macht zu erlangen, jenseits der Ungerechtigkeit der Behörden Gerechtigkeit zu üben«.[58]

Ein paar Bemerkungen zum Inhalt des Romans: Edmond Dantes, ein junger Seemann im Alter von neunzehn Jahren, war während seiner Reise mit der PHARAO auf Elba gewesen, hatte ein Paket an Großmarschall Bertrand übergeben und Napoleon gesehen und gesprochen und einen für Paris bestimmten Brief mitgenommen.

Aufgrund einer Intrige wurde Dantes unter der Anschuldigung, bonapartistischer Agent zu sein, während seiner Verlobungsfeier mit der reizenden Mercedes im Februar 1815 in Marseille verhaftet und auf die Festung If gebracht. Er schmachtete dort vierzehn Jahre in seinem feuchten Verlies. Nach fast sieben Jahren Einzelhaft hatte Dantes wieder Kontakt mit einem anderen Menschen als seinen Aufsehern, mit dem Abbé Faria. Und diese Gesellschaft machte ihn glücklich. Durch ihn erfuhr er von einem immensen Schatz, konnte fliehen und rächte sich erbarmungslos an den für sein Unglück Verantwortlichen.[59]

Dumas vermittelt in seinem Roman einen Eindruck von der Justiz und vom Strafvollzug in Frankreich unter Louis XVIII. (1814 bis 1824). Diese Schilderung unterscheidet sich von anderen Beschreibungen der Schicksale Gefangener (z. B. Papillon, Rufus Dawes) dahingehend, dass hier die Willkür der Verhaftung angeprangert wurde, während dort die unmenschlichen Haftbedingungen im Mittelpunkt stehen.

Die Mächtigen dreier Jahrhunderte ließen ihre politischen Gegner auf der Felseninsel verschimmeln.[60] Das Gefängnis hatte 50 Zellen, darunter einige Verliese. Schon die normalen Gefängniszellen waren fast unterirdisch, ausgestattet mit etwas Stroh. Sie waren durchweg feucht, da der Gischt des Meeres ausgesetzt. Etwa fünfzehn stinkende und verfallene Stufen führten hinab zu den Verliesen, in die die irrsinnigen und gefährlichen Gefangenen gesperrt wurden. Die Verliese waren nahezu vollständig dunkel. Ein wenig Licht fiel durch ein enges, vergittertes Kellerloch unerreichbar hoch über den Köpfen der Gefangenen. Die Gefangenen wurden überwiegend in Einzelhaft gehalten, und die in den Verliesen waren lebendig begraben. Die Zeit verlor ihr Maß. Vor allem dann, wenn die Dauer der Haft völlig unklar war. Ein Abbé verbrachte siebenunddreißig Jahre in einer fensterlosen Zelle.

Es gab auch Inspektionen, die jedoch, wie Dumas schreibt, von den Inspekteuren selbst als überflüssig erachtet wurden. So lässt er den Generalinspektor der Gefängnisse, als er 1815 If besuchte, sagen: »Wer einen Gefangenen sieht, sieht hundert; wer einen hört, hört tausend, es ist immer dieselbe Geschichte: schlecht beköstigt und unschuldig.«[61]

Die Gefangenen machten alle Phasen durch: Hoffnung und Hoffnungslosigkeit, inbrünstige Gebete und Gotteslästerung, Ergebenheit und Wut, Fluchtpläne und Selbstmordgedanken. Besonders schlimm waren diejenigen dran, bei denen wegen fehlender Bildung keine Ablenkung aus dem eigenen Geist kommen konnte, ohne Arbeit und ohne Gesellschaft durch Mithäftlinge.

Manche kratzten über Jahre hinweg an den Mauern ihrer Kerker, froh, am Tag zehn Hände voll Material abgeschabt zu haben. Und manche schafften es, im Verlauf von Jahren Tunnel von fünfzehn Metern Länge zu graben. Die Wärter kamen nur zweimal am Tag zu den Gefangenen, am Morgen und am Abend. Dazwischen waren die Gefangenen sich, ihren Gedanken und ihren sinnlosen oder auch sinnvollen, erfindungsreichen Beschäftigungen überlassen.

Mont-Saint-Michel
48°38'N, 1°31'W

Im Golf von St. Malo der französischen Nordküste, zwischen Normandie und Bretagne, im

Watt vorgelagert, liegt die achtzig Meter hohe Insel.

Victor Hugo nannte sie »Pyramide im Ozean«.

Kelten, Römer und christliche Einsiedler ließen

ließen ihn zu einer

ichael dem Bischof
n, auf dem damals
n Granitberg eine
. Ab 966 wurde er
d wehrhaft befes-
i wurde der Mont-
m der Gelehrsam-
luss der frommen

gen belagert, aber
vertrieben Revolu-
e und verwandel-
einen Kerker, der
Province« genannt

fangenen auf der

n die Werber des
gsaushebung un-
rn. In der Vendee
formierten sich in
kampf gegen die
Renée Bordereau
-et-Loire, damals
sich den Rebellen
eines Trupps, der
en Truppen wur-
an, eilte bedroh-
zahlreiche Lands-

lagen wurde, ver-
in ihrem Haus,
erwältigt.
314, hielt man sie

UNESCO-Liste
Versandung der
e Insel nur noch
es 2003 wurden
zur Insel werden
, sollte der Damm

zwischen Festland und Saint-Michel durch einen

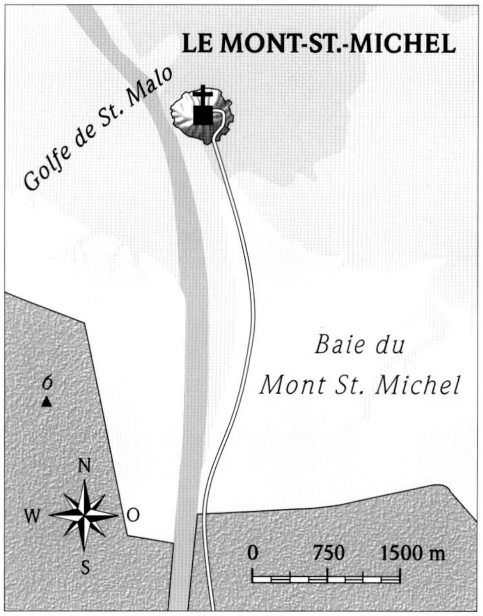

Steg ersetzt werden, um das Wasser wieder zirkulieren zu lassen.

Belle Île en Mer, Belle-Île
47°20'N, 3°10'W

Belle-Île, westlich der Loire-Mündung, gehört zu den vor der Bretagne gelegenen Bretonischen Inseln. Die Insel ist siebzehn Kilometer lang und bis zu neun Kilometer breit. Nach Nordosten, dem Festland zu, fällt sie sanft ab. Dem Ozean zeigt sie sich wild zerklüftet und steil, als wende sie Wind und Wellen den Rücken zu, um die Häfen von Sauzon und Le Palais zu schützen.

Die Zitadelle im Hafenort Le Palais diente von 1848 bis 1857 als Gefängnis für politische Häftlinge.[63] Die Festungsanlage über dem Hafen dominiert das Bild auf bedrückende Weise. Sie, die Vauban-Zitadelle, wurde im 16. Jahrhundert angelegt, war Gefängnis und Erziehungsanstalt für jugendliche Straftäter. In ihr ist heute ein historisches Museum untergebracht.

Dreimal im Jahr wechselt die Insel ihr Aussehen. Im Frühjahr sind die grau-grünen Felsen vom leuchtenden Gelb des blühenden Ginsters übersät, im Frühsommer überzieht das Rosé der Erika die Höhen der Côte Sauvage, und im Herbst dominiert das Rostrot der Farne.

Belle-Île ist Wohnsitz bzw. Feriendomizil für viele Künstler. Sarah Bernhardt gehörte ein Landhaus

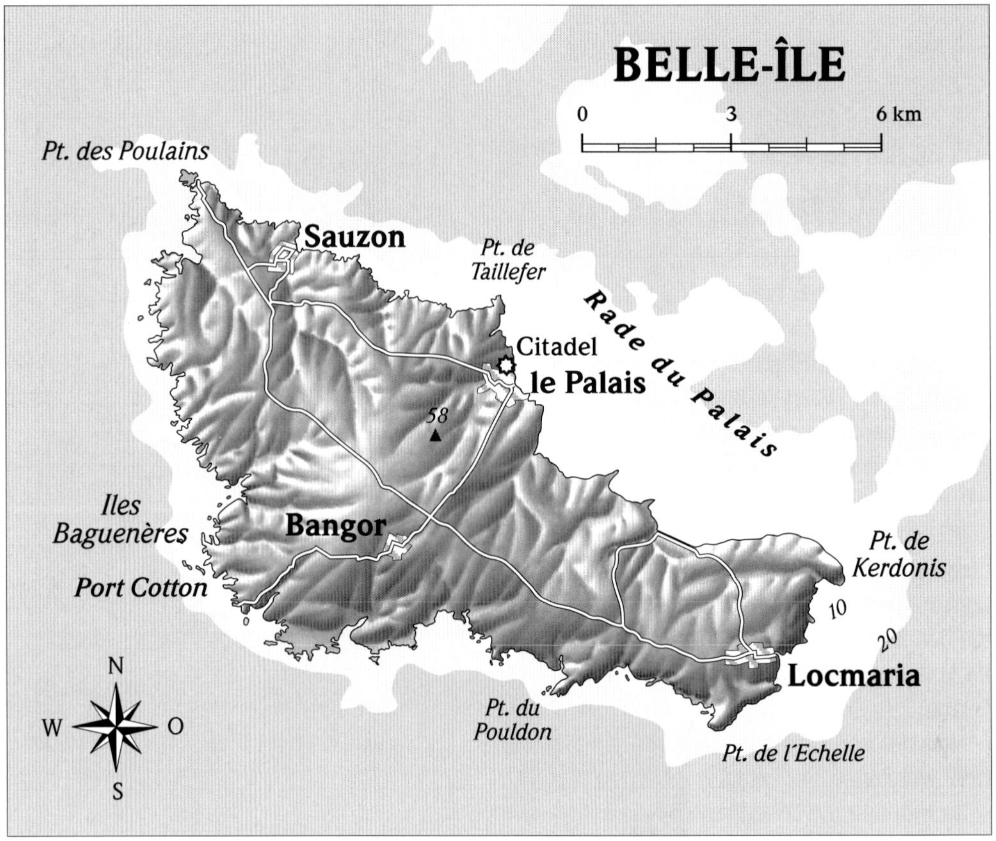

im Norden der Insel, die Ruinen gehören nun allein dem Wind. Claude Monet malte die Felsnadeln von Port Cotton achtunddreißig Mal.

Heute ist die Insel vom Massentourismus überschwemmt, ohne jedoch ihre Beschaulichkeit verloren zu haben. Statt eines turbulenten, lärmenden Unterhaltungsangebots finden die Besucher Möglichkeiten zum Wandern, Radfahren, Golfen, Tauchen und Segeln vor. Mit Thalassocenter und Golfplatz ausgestattet, hat sie auch den Ruf, eine der bretonischen Prominenteninseln zu sein.

Île de Ré

46°12'N, 1°22'W

Seit 1988 ist die vor La Rochelle gelegene Insel durch eine etwa drei Kilometer lange, kühn geschwungene, auf achtundzwanzig Pfeilern ruhende Brücke mit dem Festland verbunden. Zuvor dauerte die Überfahrt vom Rochelaiser Hafen La Pallice nach Sablanceaux zwanzig Minuten.

Die Insel ist in der Mitte wie eine Wespentaille abgeschnürt. Auf der einen Seite des Isthmus von Martray, der aus einer von einem Damm geschützten Straße besteht, liegt der Atlantik, auf der anderen Seite dehnen sich die Salzgärten des Fier d'Ars.

Auf Ré dominiert die Landwirtschaft mit Spargel-, Sonnenblumen- und Getreidefeldern. Alte Weingärten werden traditionell mit Tang (varech) gedüngt. Kenner schätzen die dezente »Meeresnote« solcher Weine wie Rosé des Dunes oder Blanc Marin. Im Mittelalter verschiffte eine eigene Handelsflotte den Wein, das Salz und das Getreide von der Insel in die Städte der Hanse.

Die Vegetation ist üppig. In den Gärten gedeihen Palmen, Feigen, Lorbeer und Granatäpfel.

Ausgedehnte Befestigungsanlagen, gebaut nach Plänen Vaubans, und Betonbunker des Atlantikwalls betonen die strategische Bedeutung, die dieser Insel zugemessen wurde.

Die Zitadelle von Saint-Martin vermittelt den Eindruck, uneinnehmbar zu sein. Im »Grauen Haus« verbüßten während und nach der Revolution Priester und Kommunarden ihre Haft. Zwischen 1873 und 1938 warteten ungezählte Verurteilte in den Verliesen auf ihre Deportation in die

Kolonien Neukaledonien und Guyana. Hier wurden die Bagno-Konvois über mehrere Wochen zusammengestellt. Mit etwa 2.000 Häftlingen, schreibt Charrière, war das Gefängnis schließlich zum Bersten gefüllt, etwa zur Hälfte Bagnosträflinge und Verbannte. Bagnosträflinge waren wegen schwerer Verbrechen mindestens zu sieben Jahren Zwangsarbeit verurteilt worden.

Einer der berühmtesten Insassen war der Offizier, dessen Fall die französische Nation spaltete: Alfred Dreyfus. Er wurde 1895 von Saint-Martin aus nach Guyana deportiert.

1923 wurden drei deutsche Terroristen zu Zwangsarbeit auf der Île de Ré verurteilt. Sie hatten zur Truppe des von den Nationalsozialisten zum nationalen Märtyrer erhobenen Leutnant Albert Leo Schlageter gehört. Als französische Truppen wegen nicht erfüllter Verpflichtungen aus dem Versailler Friedensvertrag im Ruhrgebiet einmarschierten, verübte seine Gruppe Sabotageakte und Attentate. Am 11. Mai 1923 wurden mit ihm sechs Mitglieder der Gruppe verhaftet. Drei kamen auf die Insel, Schlageter wurde zum Tode verurteilt und das Urteil wurde trotz Intervention des Vatikans und der aus Baden, der Heimat Schlageters, stammenden Königin von Schweden am 26. Mai 1923 in einer Sandgrube bei Düsseldorf vollstreckt.

Das St.-Martin-Gefängnis dient heute noch der Verwahrung von Verbrechern.

Île d'Oléron
46°N, 1°20'W

Zwischen den Mündungen der Loire und der Gironde, wo Frankreich eine von See aus verwundbare Stelle hat, wurden die Festungen La Rochelle und Rochefort angelegt sowie die vorgelagerten Inseln als vorgeschobene Forts befestigt. Die kleineren wurden vollständig in Forts umgewandelt, die größeren mit einem Kranz von Werken umgeben. Jede Regierung seit Louis XIV. fügte etwas hinzu. Im Château an der Ostküste der Île d'Oléron, am beherrschenden Punkt der Insel, liegen die Zitadelle, die Forts und Kasernen.

Die Île d'Oléron ist seit dem Mittelalter durch eine Sammlung von seerechtlichen Entscheidungen zumindest den Schifffahrts-Fachleuten geläufig.

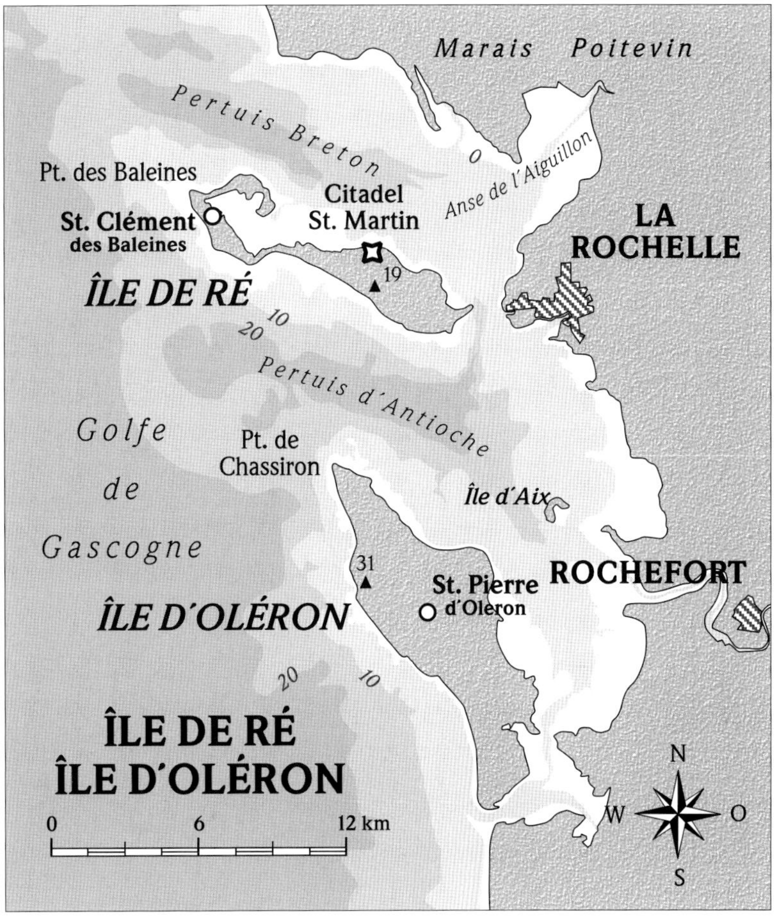

Besondere Bedeutung gewannen die Inseln in der Zeit des fünfundzwanzig Jahre andauernden Krieges zwischen Frankreich und England und an dessen Ende. Zwischen den Inseln Ré und Oléron lag eine englische Flotte unter Admiral Hotham mit dem Auftrag, eine Flucht Napoleons über See zu vereiteln. Am 3. Juli 1815 war Napoleon in Rochefort, am 12. Juli auf der Oléron östlich vorgelagerten Île d'Aix, von der er am 14. die berühmt gewordenen Zeilen an den englischen Prinzregenten George richtete: »Ausgesetzt den Parteiungen, die mein Land entzweien, und der Feindschaft der größten Mächte Europas, habe ich meine politische Laufbahn abgeschlossen. Ich komme, wie Themistokles[64], und setze mich an den Herd des britischen Volkes; ich stelle mich unter den Schutz seiner Gesetze, den ich von Eurer Königlichen Hoheit als dem des mächtigsten, des beständigsten und des hochherzigsten meiner Feinde fordere.«

Am Tag darauf ging Napoleon an Bord des englischen Kriegsschiffes BELLEROPHON, um Frankreich für immer zu verlassen. Am 16. Oktober, am Jahrestag der Völkerschlacht von Leipzig, landete er auf St. Helena.

Seit 1815 wurde die Inselgruppe vor Rochefort und La Rochelle stets als Detentionsort (Gefängnisort) genannt. 1854/55 waren Russen, 1859 Österreicher, 1870/71 Preußen und Bayern auf ihr in Gefangenschaft.

Theodor Fontane verbrachte die Zeit vom 9. bis 29. November 1870 als Gefangener auf der Insel, nachdem er am 5. Oktober in Domremy, der Stadt der heiligen Johanna von Orléans (Jeanne d'Arc), von Franktireurs[65] festgenommen worden war. Er war in Frankreich unterwegs, um ein Buch über den Deutsch-Französischen Krieg zu schreiben. Er war aufgefallen, als er sich eifrig Notizen machte, und als man den in seinem Spazierstock eingearbeiteten Dolch entdeckte, stand fest: ein preußischer Agent.

Als kriegsgefangener Schriftsteller genoss Fontane einige Vergünstigungen, die gewöhnlichen Gefangenen sicher versagt blieben.

Mit anderen Gefangenen wurde Fontane von Marennes aus mit der Fähre nach Oléron übergesetzt, dort angekommen jedoch von der Kolonne abgesondert und in die persönliche Obhut des Kommandanten der Insel und seiner jungen Frau genommen. Auf der Zitadelle durfte er von den

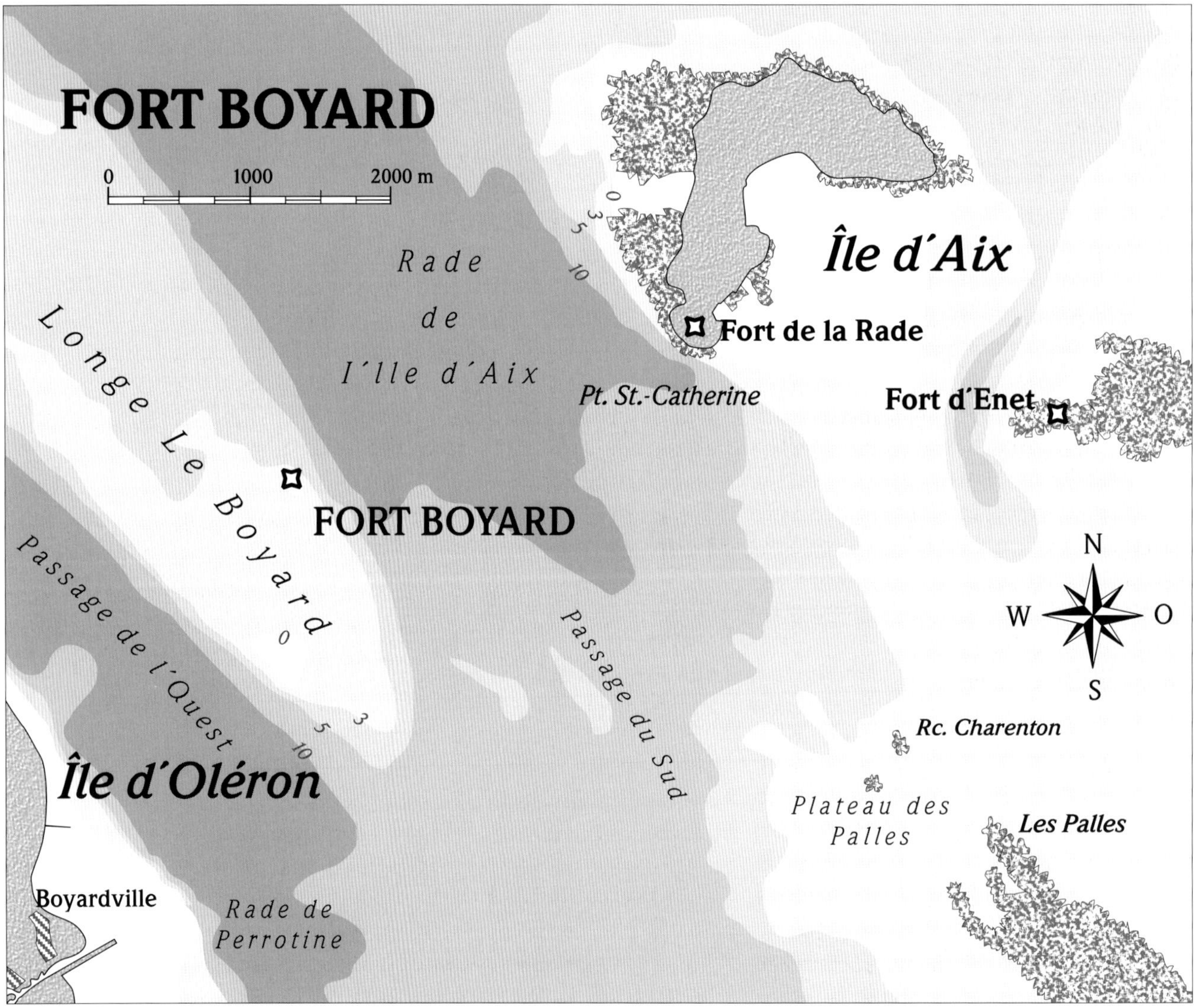

Fort Boyard.

Offiziersquartieren eines auswählen. Es war das Zimmer Nr. 9. Bedienstete brachten Matratzen, Decken, Gardinen, Feuerholz und Kognak, ein Mitgefangener wurde sein Bursche.

Für Spaziergänge nutzte Fontane den Rempart, einen Wallgang zwischen der Kaserne und dem Meer. Der Vormittag gehörte der Arbeit. Von sechs bis acht war Teestunde am Kamin und die Gefangenen besuchten einander.

Wer weder Lektüre noch Arbeit hatte, für den zogen sich die Tage endlos in die Länge. Die Teestunden, in denen meist ausführlich Kriegsereignisse und -erfahrungen zum Besten gegeben wurden, waren neben Begräbnissen die einzige Abwechslung. Während des Aufenthalts Fontanes auf der Insel gab es wohl zahlreiche Beerdigungen, denn nach der Einnahme Orleans' durch die Franzosen trafen Mitte November etwa 700 Bayern auf der Zitadelle ein, von denen etliche zuvor in Lazaretten gelegen hatten. Auf Oléron fanden sie in den ersten Nächten kaum Stroh und Decken, geschweige medizinische Betreuung.[66]

Bei Charrière ist eine Korrektionsanstalt auf der Insel erwähnt.

Boyard, Fort Boyard
46°N, 1°13'W

Französische Gefängnisinsel und Festung vor der Charente-Mündung (Rochefort), zwischen den Inseln Oléron und Aix.

Das Fort überrascht mit seiner wunderlichen Architektur. Mit dem Grundriss in Form eines Sportstadions und rundum senkrecht ins Wasser fallenden Mauern liegt die Wasserburg wie ein futuristisches Schiff im Meer.

Der einzigartige Bau wurde 1806 von Napoleon I. veranlasst, zu einer Zeit, als er die Engländer noch das Fürchten lehren wollte. Gebaut wurde das Fort jedoch erst in der Zeit von 1841 bis 1858. Im Film »Die Abenteurer« (Frankreich/Italien 1966, mit Lino Ventura und Alain Delon) diente Boyard als Waffenlager.

Häufig wurde die Inselfestung für Spielshows verschiedener TV-Sender genutzt, meist mit waghalsigen Geschicklichkeitsprüfungen. Für gewöhnliche Sterbliche ist der Zugang jedoch verboten.

Überseeische Sträflingsinseln a) im Atlantik

Sable Island
43°55'N, 60°W

Etwa 180 Kilometer vor der kanadischen Halbinsel Nova Scotia (Neuschottland) liegt diese kleine Insel. Das französische Wort »sable« bedeutet »Sand«.

Sable Island erstreckt sich wie eine nach Süden gebogene Sichel von West nach Ost über rund achtzig Kilometer. Davon sind nur die ersten rund dreiundfünfzig mal anderthalb Kilometer Insel mit bis zu dreißig Meter hohen Dünen, der Rest ist eine für die Schifffahrt mörderische Barre. Vom östlichen Ende der Insel an fallen die ersten sechs bis sieben Kilometer bei ruhigem Wetter noch trocken, der Rest wird von Brechern überspült bzw. liegt unter einer teuflischen Kreuzsee.

»Insel und Barre zeigen sich als eine über achtzig Kilometer lange kontinuierliche Linie fürchterlicher Brecher. Die Strömungen, die um die Insel fließen, stehen miteinander im Widerstreit und sind unglaublich unbeständig; manchmal passieren sie alle Striche des Kompasses in vierundzwanzig Stunden. Ein leeres Fass wird rund um die Insel getragen; immer wieder, und das Gleiche gilt für die ertrunkenen Seeleute von den Wracks.«[67]

Die Insel wandert ruhelos auf dem Festlandsockel von Neuschottland umher, verliert Sand an einem Ende, um ihn am anderen wieder anzula-

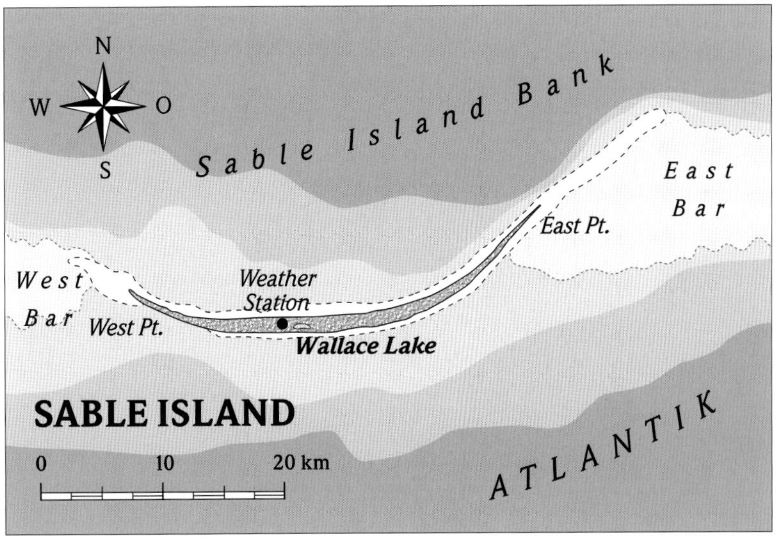

gern, endlos, ohne Unterlass, durch die Jahrhunderte. Seit 1873 ist sie unter den Fundamenten von sechs Leuchtfeuern weg geschmolzen.

Sowohl die Insel als auch die Barre werden von Jahr zu Jahr kleiner.

Der Golfstrom und der eisig kalte Labradorstrom treffen bei Sable Island zusammen und lassen die Insel oft im Nebel verschwinden. Fünftausend Menschen sollen schon in ihren Untiefen ertrunken sein, was ihr den Namen »Friedhof des Atlantik« eingetragen hat, und mindestens genauso viele sind von den Männern des Rettungsdienstes in Sicherheit gebracht worden, der seit 1801 auf der Insel stationiert ist. Bei schlechtem Wetter ritten Wächter rund um die Insel und spähten nach Schiffen in Seenot aus. Wenn sie eins entdeckten, ritten sie schnell zu ihrem Brandungsboot und ruderten durch die Brecher hinaus, um die noch lebenden Besatzungsmitglieder zu retten. Manchmal konnten sie auch mit einer Rakete eine Leine zum gestrandeten Schiff hinüberschießen, mit deren Hilfe eine Hosenboje geriggt werden konnte. Wenn der Sturm vorüber war, bargen sie die Ladung und zersägten das Schiff zu Feuerholz oder Baumaterial. Leute, die von sinkenden Schiffen abgeborgen werden konnten, verbrachten oft den ganzen Winter auf der Insel. Manchmal kampierten zwei- bis dreihundert Menschen in den Dünen und warteten auf die Ankunft eines Hilfsschiffs im Frühjahr.

Sebastian Junger hat diese Region eindrucksvoll beschrieben und der Film nach dem Buch zeigt in großartigen Bildern die fantastischen Naturgewalten.

Zwölf Jahre nach Kolumbus überquerte ein Franzose namens Jean Denis den Atlantik, fischte auf den Grand Banks vor Neufundland und kehrte mit einer großen Ladung Kabeljau zurück. In den folgenden Jahren holten die Europäer aus diesen fischreichen nordamerikanischen Gewässern riesige Mengen an Fisch. Die Inseln und klippenreichen Küsten wird man damals weit gehend gemieden haben.

Aber dann hatte jemand eine Idee.

Im Jahr 1598 holte der französische Marquis Troïlus de Mesgouez sechzig Sträflinge aus französischen Gefängnissen und setzte sie auf dem schmalen Sandstreifen Sable Island aus. Sich selbst überlassen, jagten die Männer verwildertes Vieh, bauten sich Hütten aus dem Holz gestrandeter Schiffe, stellten Fischöl her und brachten sich gegenseitig um. 1603 waren nur noch elf von ihnen am Leben. Sie wurden nach Frankreich zurückgebracht und König Henry IV. vorgestellt. Sie waren in Tierfelle gehüllt, und ihre Bärte reichten ihnen halb über die Brust. Der König war so gnädig, diese Jammergestalten nicht nur zu begnadigen, sondern ihnen auch noch eine Belohnung zu gewähren, um sie für ihre Leiden zu entschädigen.

Heute gibt es dort zwei Leuchttürme, eine Station der Küstenwache, eine Wetterstation und einige Dutzend Öl- und Erdgasquellen und etwa ein Dutzend Bewohner. Herden wilder Pferde, die Nachkommen zäher bretonischer Bergpferde, welche die Franzosen einst hier zurückgelassen haben, galoppieren über die Insel. Nach anderer Lesart sind sie die Nachkommen von Artgenossen, die einen Schiffbruch im 16. Jahrhundert überlebt hatten. Die Dünen werden allein vom Strandhafer einigermaßen festgehalten, und in den weiter landeinwärts liegenden Sümpfen gedeihen Preiselbeeren, Heidelbeeren und wilde Rosen.[68] Auf der Insel wachsen keine Bäume. Versuche, widerstandsfähige Kiefernarten heimisch werden zu lassen, sind fehlgeschlagen.

Dank moderner Navigationstechniken hat Sable seinen Schrecken als »Friedhof des Atlantik« verloren. Die Insel ist stattdessen eine Kinderstube. Auf ihr findet sich alljährlich die weltweit größte Kolonie von Kegelrobben, etwa 100.000 Exemplare, zusammen.

Französisch-Guyana[69]

Seit dem 17. Jahrhundert hatten sich Engländer, Franzosen und Niederländer um die Küste von Guayana gestritten, bis 1816 deren endgültige Aufteilung durch den Vertrag von London erfolgte. Französisch-Guyana, das Land von der Größe Bayerns und Rheinland-Pfalz zusammen, zwischen dem Maroni und dem Oyapock (Oiapoque), ist also seit 1816 in französischem Besitz und seit 1946 französisches Überseedépartement der Kategorie Départements d'outre-mer (DOM), das sind Gebiete, die als französisches Mutterland gelten.

Die Hauptstadt ist Cayenne und häufig wird das ganze Département Cayenne genannt.

Deportationen nach Cayenne erfolgten auch schon vor der Existenz einer organisierten Strafkolonie.

Ein Edikt König Louis XV. von 1719 erlaubte den Richtern, Häftlinge in die Kolonien zu schicken, wo sie vor allem für den Straßen- und Brückenbau eingesetzt wurden.

General Charles Pichegru, der Holland erobert und den Jakobineraufstand im Frühjahr 1795 in Paris niedergeschlagen hatte – ein junger General namens Napoleon Bonaparte schlug im Oktober 1795 erbarmungslos einen Royalistenaufstand der Pariser Sektionen nieder – und 1797 Präsident des Rates der Fünfhundert wurde, war nach Napoleons Staatsstreich, im Jahr 1799, nach Guyana deportiert worden. Viele Royalisten, die nicht der Guillotine zum Opfer fielen, wurden nach Cayenne geschickt, aber auch Priester und Freimaurer.

Von 1854 bis 1953 war Französisch-Guyana offiziell französische Strafkolonie.

Die Gründung der Strafkolonie auf südamerikanischem Boden wird Napoleon III. von einigen Historikern als fortschrittliche Idee angerechnet. Man erhoffte sich einen dreifachen Vorteil: Die Bagnos von Toulon, Brest und Rochefort konnten endlich geschlossen, die lästigen kriminellen Elemente weiter weg abgeschoben werden, und sie konnten sich bei der Besiedlung der Kolonie nützlich machen, auf die Frankreich seit dem 17. Jahrhundert Anspruch geltend machte. Die dritte Erwartung erfüllte sich allerdings nicht. Das Land hatte wenig Nutzen von den Sträflingen, aber Guyana bekam einen sprichwörtlich schlechten Ruf. Das Heer kostenloser Arbeitskräfte für Straßenreinigung, Gartenpflege, Häuser anstreichen etc. machte andererseits Laurent zu einem der gepflegtesten Orte Südamerikas.

Etwa 70 bis 80.000 Männer, anfangs auch etwa 1.000 Frauen, wurden nach Französisch-Guyana deportiert. Man schätzt, dass kaum 2.000 von ihnen jemals zurückkehrten. 50.000 sind vor Ablauf ihrer Strafe an Krankheiten, Hinrichtungen, Morden oder den Folgen der Zwangsarbeit gestorben, 10.000 konnten fliehen. Noch bis zum Ende des Zweiten Weltkrieges wurden Sträflinge nach Guyana deportiert. Zu den politischen Häftlingen gehörten auch indochinesische Intellektuelle aus der Zeit des Indochinakrieges.

Nach dem Zweiten Weltkrieg löste Frankreich nach und nach alle überseeischen Straflager auf.

Die letzte Gruppe repatriierter Häftlinge wurde am 22. August 1953 nach Bordeaux zurückgebracht.

Die Gefangenen wurden im Mutterland meist auf der Insel Île de Ré vor La Rochelle für die mehrwöchige Reise nach Südamerika vorbereitet und eingeschifft. Zwei- bis dreimal pro Jahr fuhren Sträflingsschiffe von Saint-Martin nach Französisch-Guyana. Parallelen zu den Sklaven- und Silberflotten drängen sich auf.

Manche Transporte gingen auch von Toulon ab. Die Häftlinge wurden im Fort La Malgue (Militärgefängnis) und im Bagno gesammelt, bis eine Schiffsladung zusammen war (bei Scherl: 146 »Politische« und ca. 80 Galeeren- bzw. Bagnosträflinge).[70]

Jeder Konvoi transportierte 1.800 bis 2.000 Mann in so genannten Käfigschiffen über den Atlantik.

In Guyana legte sich der Konvoi auf dem Maroni vor Anker und die Neuen wurden an Land gerudert, natürlich von Gefangenen, wie selbstverständlich alle Arbeiten in der Kolonie von Gefangenen ausgeführt wurden. Jeder Gefangene musste durch das hohe Eichentor zum Gefängniskomplex von Saint-Laurent-du-Maroni, über dem »Camp de la Transportation« stand.

Saint-Laurent-du-Maroni, etwa zweihundert Kilometer nordwestlich von Cayenne (Dégrad-des-Cannes), war der Hauptort der größten französischen Strafkolonie. Viele der dort ankommenden Häftlinge trugen auf der rechten Schulter die eingebrannten Buchstaben T.F.P., die Abkürzung für Travaux forcés perpétuité (lebenslängliche Zwangsarbeit). Sie wurden dorthin geschickt, wo der Pfeffer wächst – d. h. nach Cayenne (Cayenne-Pfeffer).

Hinter dem Tor standen zwei Reihen von je sechs Baracken aus Ziegelsteinen mit Gitterstäben und Wellblechdächern, der Fußboden wegen des häufigen Regens erhöht. Die meisten Baracken bestanden nur aus einem großen Raum, einige hatten ein Obergeschoss mit Zellen für die Strafverschärfung. An den Längswänden standen Nummern, bis 44. Vierundvierzig Gefangene in einer Baracke. Sie schliefen auf durchlaufenden Brettern, ohne Trennwände. Erst Ende der 1920er-Jahre erhielt jeder eine Hängematte. Die eisernen Türen wurden von außen mit einem Vorlegeriegel verschlossen. Von siebzehn Uhr bis fünf Uhr mussten alle in den Baracken sein. Bei trübem Licht spielten sie Karten um Zigaretten oder Geld. Nahezu jeder Häftling hatte sein Geld in einem »Plomb« (Kapsel, Stöpsel) bei sich. Das war eine dicht verschlossene, fingerdicke Röhre aus verschiedenen Materialien, sogar goldene soll es gegeben haben, die im Mastdarm getragen wurde.

Maria Leitner besuchte in den 20er-Jahren des 20. Jahrhunderts die Sträflingskolonie. Sie berichtet von den Forçats, den Libérés und den Doublages. Jeder Forçat, der zu mehr als sieben Jahren verurteilt worden war, musste sein ganzes Leben lang in Guyana bleiben und sein Aufenthaltsbereich in der Kolonie war eng begrenzt. Er blieb immer im Gefängnis, wurde um fünf Uhr zu seiner Arbeit geführt, um elf Uhr wurde er ins Gefängnis zu einer kargen Mahlzeit geführt und danach wieder an die Arbeit, die dann bis siebzehn Uhr dauerte. Bis zum nächsten Morgen wurde er streng bewacht. Allerdings gab es auch unter ihnen verschiedene Schweregrade. In den »leichteren« Gefängnissen durften sich die Sträflinge ziemlich frei bewegen, während die in den »Disziplinargefängnissen« untergebrachten keinerlei Freiheiten hatten und einer ganzen Kette von Strafen ausgesetzt waren.

Doublage bedeutete, dass jeder Gefangene genauso lange noch als so genannter Libéré in der Kolonie bleiben musste, wie seine Strafe dauerte. Das Strafmaß verdoppelte sich also in jedem Fall. Zwei Jahre Gefängnis bedeutete: zwei Jahre Forçat und zwei Jahre Libéré. Die Libérés, die »Freien«, hatten die Freiheit zu hungern und nicht einmal die armseligste Unterkunft. Sie sollten sich Arbeit suchen, fanden aber selten welche, denn die Forçats waren natürlich immer billiger. So lungerten sie herum. Eigentlich sollten sie dazu beitragen, die Kolonie zu einer blühenden Einrichtung zu machen. Sie fingen Schmetterlinge, schnitzten Handstöcke und Kokosnüsse, flochten Körbe aus Palmblättern, bastelten Guillotinen als Zigarrenabschneider und versuchten sie zu verkaufen. Selbst wenn ein Libéré sich durchgehungert, -gebettelt und -gekämpft hatte, war das noch keine Gewähr dafür, dass er endlich nach Hause durfte. Ein Ausschuss musste noch über seine Eignung zur Rückkehr befinden. Und diese Entscheidung fiel überwiegend negativ aus. Häufig war eine zweijährige Freiheitsstrafe in Guyana gleichbedeutend mit lebenslänglicher Deportation.

Die meisten Sträflinge wurden nach kurzer Zeit im Hauptlager auf ein halbes Dutzend anderer Gefängnisse oder Lager zwischen dem Maroni und dem Oyapock sowie auf die Inseln verteilt. Die Diebe, z. B. Taschendiebe, denen mindestens sechs Diebstähle nachgewiesen werden konnten, kamen nach Saint-Jean, die Mörder nach Royale, die Raubmörder nach Saint-Joseph, Militärpersonen, die Verbrechen (oft nur Disziplinlosigkeiten) begangen hatten, nach Saint-Laurent und Spione auf die Diable, die Teufelsinsel. Auf Saint-Jean hießen die Sträflinge nicht Forçats (Zwangsarbeiter), sondern Relégués, d. h. Verbannte, ihre Strafe wurde »interdiction de séjour«, Aufenthaltsverbot für Frankreich, genannt. Aber der Unterschied zwischen Zwangsarbeiter und Verbannter sei gleich null gewesen, schrieb Maria Leitner.

Die Sträflinge starben an Gelbfieber (»schwarzes Erbrechen«) und anderen Tropenkrankheiten sowie an den Folgen chronischer Unterernährung, bis 1866 von 16.000 Männern nahezu die Hälfte. Guyana bekam den traurigen Beinamen »Menschenfresserin«. »In der Strafkolonie macht die Krankheit den Henker, sie ist die unblutige Guillotine«, schrieb ein Gefängnisarzt gegen Ende des 19. Jahrhunderts. So heißt auch der von Friedrich Scherl herausgegebene Roman »Die trockene Guillotine«. Der Roman handelt in der Zeit unter Napoleon III., um 1851/52. Die »unblutige Guillotine« sorgte für eine hohe Sterblichkeitsrate: 1799 im September kamen hundertzehn Häftlinge in Cayenne an, davon starben sechsundvierzig noch im selben Jahr, sieben ein Jahr später, und zwölf flohen, d. h., von achtundneunzig sind dreiundfünfzig in nicht einmal zwei Jahren gestorben.

Einen Henker gab es trotzdem. Die Guillotine wurde von einem Häftling bedient, der für seinen Dienst einige Privilegien genießen durfte. Er war verhasst, da er die zum Tode Verurteilten auf ihrem Weg zum Schafott misshandelte und beleidigte. Später wurde er von Häftlingen im Busch an einen

Baum gebunden und mit Honig beschmiert. Die Ameisen haben ihn aufgefressen.

Man sagte, in Cayenne gebe es zwei Wächter, die niemals schlafen: der Dschungel und das Meer. Trotzdem gab es Fluchtversuche und harte Strafen für die wieder Eingefangenen. Auf den ersten Fluchtversuch standen zwei zusätzliche Jahre, auf den zweiten Fluchtversuch schon fünf Jahre.

Einem Häftling gelang einst die Flucht nach Panama. Er hatte fünfzehn Kilogramm Manuskripte und Zeichnungen mit sich geschleppt. Daraus entstand u. a. das Buch »Die trockene Guillotine« und als Experte beriet er in den USA manche Produzenten bei Filmen über die Strafkolonie, u. a. »Fahrkarte nach Marseille« mit Humphrey Bogart.

Der wohl berühmteste Deportierte in Guyana war Alfred Dreyfus. Sein Schicksal, von geradezu Shakespeare'schen Dimensionen, ließ damals, als es geschah, und lässt heute, nach einem Jahrhundert, niemanden unberührt. Das Geschehen offenbarte eine breite antisemitische Stimmung in Frankreich. Die Affäre erschütterte die französische Republik und spaltete die Grande Nation in Dreyfusards und Antidreyfusards. Sie führte um ein Haar zum Krieg mit Deutschland. Der französische Hauptmann jüdischer Abstammung wurde 1894 im Alter von fünfunddreißig Jahren aufgrund eines falschen Gutachtens, gefälschter Dokumente und voreingenommener Richter wegen Landesverrats (angeblich Spionage für Deutschland) »zur Strafe der lebenslänglichen Deportation an einen befestigten Ort in Französisch-Guyana« verurteilt. Die Anschuldigungen standen auf äußerst schwachen Beinen und die Unschuld des Beschuldigten wurde Eingeweihten bald offensichtlich. Aber auch seine jüdischen Mitbürger wendeten sich von ihm ab, sie opferten ihn ihrem Ansehen in der Gesellschaft. Vierundvierzig Bürger des Namens Dreyfus beantragten Namensänderung.

Am 5. Januar 1895 wurde Dreyfus öffentlich degradiert und über die Stationen Pariser Zivilgefängnis de la Santé, La Rochelle, wo ihn eine Bürgerhorde zu lynchen versuchte, und der Île de Ré am 21. Februar an Bord der SAINT NAZAIRE zur Teufelsinsel verschifft. Der damalige Herausgeber der »Aurore« und spätere Ministerpräsident Clemenceau bedauerte in einem Zeitungsartikel, dass Dreyfus statt der Todesstrafe ein Paradies auf der Teufelsinsel erwarte. Fünf Jahre später bedauerte er wiederum diese Äußerung. Am 13. April 1895 traf Dreyfus auf der Teufelsinsel ein.

Berühmtheiten in aller Welt kämpften für seine Rehabilitierung: der Wiener Journalist Theodor Herzl, die Schauspielerin Sarah Bernhardt, Proust, Ibsen, Strindberg, der belgische Symbolist Maeterlink. Emile Zola widmete ihm sein »J'accuse« (Ich klage an) in der »Aurore« vom 13. Januar 1898 und Romain Rolland das erste Theaterstück, das sich mit dem Skandal beschäftigte: »Les Loups« (Die Wölfe), veröffentlicht 1898. Zola wurde wegen Beleidigung des Kriegsgerichts angeklagt, zu einem Jahr Gefängnis und einer Geldstrafe verurteilt und floh nach England.

Nicht zuletzt diesen »Dreyfusards« war es zu verdanken, dass Dreyfus 1906 rehabilitiert wurde.

Um seinen Bruder nicht in Vergessenheit geraten zu lassen, lancierte Mathieu Dreyfus das Gerücht von einer angeblichen Flucht Alfred Dreyfus' von der Teufelsinsel. Die Presse griff es auch begierig auf, aber für den Häftling hatte es schlimme Folgen. Er stand nun Tag und Nacht unter Beobachtung, fünf Aufseher kümmerten sich nur um ihn, seine Hütte wurde mit einer Palisade umgeben, so dass er nicht einmal mehr das Meer sehen konnte. Wochenlang wurde er nachts ans Bett gefesselt.

Am 16. November 1898 wurde Dreyfus per Telegramm mitgeteilt, dass er demnächst zwecks eines Revisionsverfahrens ins Mutterland verschifft werde. Am 3. Juni 1899 hob der Kassationshof das Urteil von 1894 auf und verwies den Fall an das Kriegsgericht in Rennes. Am 9. Juni 1899 verließ Dreyfus die Teufelsinsel. An Bord des Kreuzers SFAX, eingesperrt in einer vergitterten Kammer, lediglich morgens und abends eine Stunde zum Luftschnappen, gelangte er, abgemagert und geschwächt, am 30. Juni nach Frankreich und wurde in das Militärgefängnis Rennes eingeliefert. Am 7. August 1899 begann das Revisionsverfahren und am 9. September verurteilte das Kriegsgericht Dreyfus zu zehn Jahren Gefängnis. Am 19. September wurde er begnadigt. Am 12. Juli 1906 endlich wurde das Urteil von Rennes annulliert und Dreyfus völlig rehabilitiert.

Nach seiner Rehabilitation wurde er sogar in die Ehrenlegion aufgenommen.

Die »Dreyfus-Affäre« bewegte weiterhin die Gemüter: Anatole France schrieb 1908 »L'Île des pinguoins« (Die Insel der Pinguine), 1930 erschien das Buch »Der Prozess des Hauptmann Dreyfus« von Bruno Weil, Eugen Szatmari veröffentlichte in dem von Edgar Wallace herausgegebenen »Kriminalmagazin« im Juni 1930 die Story »Der Fall des Kapitäns Dreyfus«, 1931 veröffentlichten Hans J. Rehfisch und Wilhelm Herzog ihr Stück »Die Affäre Dreyfus«, 1899 drehte der Filmpionier Georges Méliès den ersten »Dokumentarfilm« und Ferdinand Zecca nach Dreyfus' Rehabilitierung einen kommerziell äußerst erfolgreichen Film. Auch der Film »Das Leben des Emile Zola« (1937, mit Josef Schildkraut als Dreyfus, wofür er einen »Oscar« erhielt) wurde ein großer Erfolg. 1930 spielte Sir Cedric Hardwicke den Hauptmann und im selben Jahr drehte Richard Oswald seine »Affäre Dreyfus« mit Fritz Kortner. 1950 entstand ein Dreyfus-Film, in dem José Ferrer sowohl Regie führte als auch den Hauptmann spielte, Adolf Wohlbrück spielte den Esterhazy. Und schließlich 1992 der Film »Prisoners of Honour«. Auch das Musiktheater nahm sich des Themas an: 1985 die Kammeroper »Herzl« (Text: Mordecai Nemman, Musik: Morris Moshe Cotel); 1993 eine Dreyfus-Trilogie mit der Oper »Dreyfus – Die Affaire« (Text: George Whyte, Musik: Jost Meier), dem Ballett »Dreyfus – J'accuse« (Musik: Alfred Schnittke) und einem satirischen Cabaret »Café-Concert« mit Originalchansons und -szenen aus jener Zeit.

Die Auseinandersetzungen mit dem Antisemitismus werden sicher auch weiterhin auf jenes Ereignis zurückgreifen. 1944 starb Madeleine, eine Enkelin von Alfred Dreyfus, im KZ Auschwitz-Birkenau. Aus Anlass des 100. Jahrestages des Schandurteils veranstalteten das Moses Mendelssohn Zentrum an der Universität Potsdam und die Stiftung Neue Synagoge Berlin Centrum Judaicum im Mai 1994 ein internationales Symposium, »Dreyfus und seine Folgen«. 1994 erschien das Buch »J'accuse! Zur Affäre Alfred Dreyfus« der beiden Historiker Günther und Eckhardt Fuchs. Hans-Ulrich Lüdemann veröffentlichte sein Buch »Alfred Jude Dreyfus. Der nicht vollendete Justizmord.« im Jahr 1995, zu einer Zeit also, als rechter Mob in Deutschland an Einfluss gewann. Ein zweiteiliger Fernsehfilm entstand als europäische Gemeinschaftsarbeit nach der Vorlage von Jean Denis Bredins »L'Affaire« und wurde 1995 ausgestrahlt.

Dreyfus war sicher nicht der einzige Unschuldige der französischen Justizgeschichte auf den Inseln.

Während das Geschehen um Dreyfus vor allem unter Intellektuellen für Aufsehen sorgte, machte Henri Charrières fesselnder Roman »Papillon«, der 1969 erschien und ein sensationeller Erfolg wurde, Französisch-Guyana in allen Gesellschaftsschichten bekannt. Er wurde in fünfunddreißig Sprachen übersetzt und erreichte eine Auflage von mehr als fünfzehn Millionen Exemplaren. Der Stoff wurde 1973 in den USA unter der Regie von Franklin J. Schaffner u. a. mit Steve McQueen und Dustin Hoffman verfilmt. Charrière (Papillon) war wegen angeblichen Mordes an einem Zuhälter verurteilt worden.

Schilderungen der unvorstellbaren Lebensbedingungen in Guyana waren nur vereinzelt an die Öffentlichkeit gelangt.

Es war nicht zu begreifen: das Mutterland der Menschenrechte, von Freiheit, Gleichheit, Brüderlichkeit sollte zu solchen Grausamkeiten wie in Französisch-Guyana geschehen fähig sein?

1925 wurden einige Erleichterungen im Strafvollzug eingeführt. Charrière, dem 1941 die Flucht gelang, brauchte schon nicht mehr die Fußketten zu tragen.

Zwar hatte schon 1936 die Volksfront-Regierung angekündigt, die Verschickung einzustellen, aber 1938 kamen noch einmal 600 Gefangene nach Französisch-Guyana. Der Krieg verzögerte die Auflösung der Strafkolonie. Im Zweiten Weltkrieg marschierten die US-Truppen in Französisch-Guyana ein, ließen jedoch das Strafvollzugssystem unangetastet.

Einige der ehemaligen Häftlinge blieben freiwillig. 1960 lebten noch dreißig, zehn Jahre später nur noch drei ehemalige Sträflinge in der Kolonie. Jazek Baron, 1935 lebenslänglich ins Bagno geschickt, verwaltete noch 1991 mit 88 Jahren die aus 600 Kriminal- und Liebesromanen bestehende Bibliothek des Krankenhauses von Saint-Laurent, des ehemaligen Gefängnishospitals, und erzählte Besuchern von der Vergangenheit. Monsieur

Merlin ist Mitte 1996 gestorben. Er war der letzte Überlebende des Bagno. Unter den nach Frankreich Zurückgekehrten war der Scharfrichter Ladurelle, selbst Gefangener von 1921 bis 1937. Er wurde 1938 in Paris ermordet.

Die Dschungellager auf dem Festland waren mörderisch, aber noch schlimmer waren die Inseln.

Îles du Salut, Heilsinseln
5°17'N, 52°35'W

Vor der Küste von Französisch-Guyana, zwischen Kourou, von wo jetzt die Europa-Raketen »Ariane« in den Weltraum steigen, und Cayenne liegen sie, die Îles du Salut, die Heilsinseln, bestehend aus den drei Inseln Le Diable (Teufelsinsel), Royale (die Königliche) und Saint-Joseph. Neben Saint-Laurent waren sie die wichtigste Anlage der Strafkolonie.

Auf den Inseln war das Klima gesünder als auf dem Festland. Der Name »Heilsinseln« soll auf eine Gelbfieberepidemie in Cayenne zurückgehen, vor der Mönche und Nonnen auf die Inseln flohen und dort überlebten.

Mitte des 19. Jahrhunderts lag zwischen Royale und St. Joseph die Hulk CASTOR als Zwischenstation für die Häftlinge und als Quarantänestation vor Anker.

Nur etwa fünf Prozent der Deportierten kamen auf die Inseln, die übrigen blieben auf dem Festland. Die Zwangsarbeit auf dem Festland war mörderisch, die Regenzeit dauert sieben oder acht, oft zehn Monate des Jahres, aber es gab dort bessere Möglichkeiten zur Flucht.

Die Inseln galten als das Schrecklichste, was Frankreich an Straflagern seinen Kriminellen und politisch Missliebigen zu bieten hatte. Sie wurden »Archipel der Verdammten« genannt. Sie waren ein Zuchthaus im Paradies, für die Verbannten die Hölle in der Hölle. Es gab kaum eine Chance von dort zu fliehen, deshalb waren sie den besonders Gefährlichen vorbehalten. »Man muss also um jeden Preis vermeiden, auf den Inseln zu landen«, sagte Julot, ein Mithäftling von Papillon, und rammte sich kurz vor der Ankunft in Saint-Laurent ein Messer in den Oberschenkel. So kam er zunächst ins Hospital statt auf die Inseln.

Die ersten Gefangenen hatten innerhalb weniger Monate das Unterholz geschlagen und verbrannt, seitdem sind die Inseln schlangenfrei. Inzwischen wuchert wieder der Wald.

Als Maria Leitner die Kolonie besuchte, waren über sechshundert Gefangene auf den Inseln. Die Familien der Beamten empfanden das Leben unter den Häftlingen alles andere als schrecklich. Die Frauen hatten Hilfe im Haushalt, so viel sie wollten. Und keiner durfte frech werden, wenn man ihm etwas sagte. Ab fünf Uhr abends, wenn alle Sträflinge hinter Schloss und Riegel waren, herrschte vollkommene Ruhe und das Gesellschaftsleben wurde gepflegt.

Île Royale (Königsinsel)

Sie ist die größte der drei Inseln. Ein mehr als zweihundert Meter hoher Hügel mit Leuchtturm auf dem Plateau ist von einer Ebene kranzförmig so umgeben, dass sie aussieht wie ein »mexikanischer Hut mit abgeschnittener Spitze, den jemand über das Meer gestülpt hat«.[71]

Die Ufer sind über neunzig Meter hoch. Die Insel war anfangs ohne Vegetation, ohne Quellen.

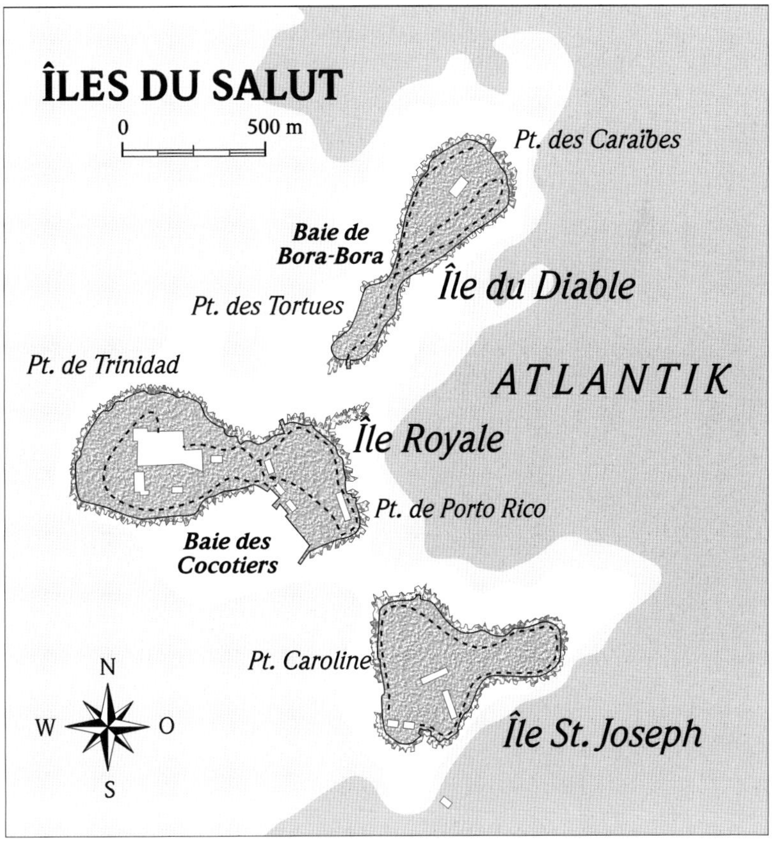

Alles Wasser wurde in Fässern vom Festland gebracht. Eine in den Fels gehauene, steile Treppe führt auf das Plateau. Dort stand die Bastille der Inselgruppe, die »Strafanstalt der Inseln – Sektion Royale«, das Château Rouge (weil aus dem roten Gestein der Insel gebaut). Der Komplex bestand aus zwei langen Gebäuden für 400 Sträflinge und einem dritten, dem Internierungsgebäude mit Zellen und Käfigen. Die stinkenden Zellen waren für jeweils etwa zehn Häftlinge vorgesehen. Ein viertes Gebäude war das Spital für die Gefangenen. Die Gebäude waren drei Stockwerke hoch und von einer mächtigen Mauer umgeben. Das hölzerne Tor war etwa sechs Meter hoch. Innerhalb des Komplexes befand sich auch eine Guillotine, die, wie Maria Leitner zu berichten wusste, recht häufig benutzt wurde, z. B. wenn ein Häftling einen anderen im Streit erschlagen hatte. Gewalt und Mord gehörten zum Leben auf den Inseln.

Ein weiteres Gebäude war das Krankenhaus der Aufseher. Weiter standen auf dem Plateau Kasernen der Wächter und, über die Hänge verstreut, Häuser der Beamten, der Geistlichen und des Arztes.

Maria Leitner sah schon überall Kokospalmen wachsen. Sie schrieb: »Vom Schiff vor der Insel erkennt man die dunklen Gefängnisgebäude und die kleinen, freundlichen Häuser der Beamten, die Wege sind gepflegt, man sieht hübsche Gärten und Anlagen.«

Die Insel war Verwaltung und Zuchthaus für den Archipel. Auf der Insel hatte man sich, wenn auch auf recht unsicherer Basis, irgendwie arrangiert. Es gab eine strenge Hierarchie unter den Gefangenen, es gab Arbeit und Beschäftigung für alle, es gab einen schwunghaften Handel unter den Gefangenen sowie zwischen ihnen und den Aufsehern, das Glücksspiel wurde eifrig betrieben, und es gab Liebschaften zwischen Aufseherfrauen und Sträflingen sowie zwischen Sträflingen. Homosexualität wurde nicht geheim gehalten. Kunsthandwerkliche Gegenstände wurden aus Panzern von Schildkröten, Kokosschalen, Büffelhörnern, Holz und Bronze hergestellt und an die Aufseher verkauft. Ein namhafter Kunstfälscher hinterließ zahlreiche Bilder.

Geld gab es genug auf der Insel. Die meisten Sträflinge trugen es im »Plomb«.

Mitte des 19. Jahrhunderts war die Strafe des »Pfostens« im Château Rouge üblich und gefürchtet. Dabei wurde versucht, den Oberkörper eines an einem Pfosten mit dem Kopf nach unten aufgehängten Häftlings durch einen eng um seinen Leib gebundenen Gürtel zu ziehen. Gewöhnlich wurde jemand zu sechzig Stunden Pfosten verurteilt, das bedeutete, fünfzehn Tage lang jeweils morgens und abends zwei Stunden diese äußerst schmerzhafte, mörderische Prozedur über sich ergehen zu lassen. Viele sind dabei gestorben.[72]

Ein kleiner Friedhof war den Wärtern und ihren Angehörigen vorbehalten. Tote Gefangene wurden kurzerhand ins Meer geworfen, was dazu führte, dass sich deutlich mehr Haifische in der Nähe der Inseln aufhielten.

Île Saint-Joseph

Die Insel macht, im Vergleich zu Royale, einen wilderen Eindruck und ist auch etwas kleiner. Sie hat zwei Plateaus unterschiedlicher Höhe. Das Lager lag auf halber Höhe der Insel, auf dem ersten Plateau.

Die ersten Gefangenen mussten die Zugangswege und ihre Kerker selbst bauen.

Von den Gefangenen gefürchtet und gehasst war Saint-Joseph, das Disziplinargefängnis der Inseln, von dessen Strafmethoden schaurige Berichte umgingen.

Saint-Joseph war das Gefängnis im Gefängnis, das Strafhaus im Gefängnis, der Ort der verschärften Isolation für Aufsässige, Rebellische, Unbeugsame, Häftlinge, die in der Kolonie gemordet hatten, und diejenigen, die zu fliehen versucht hatten.

Nahe der Spitze der Insel, dort, wo weniger Palmen stehen, auf dem höheren Plateau, befand sich der riesige Bau des Zuchthauses, auch »Korrektionsanstalt« genannt, umgeben von einer hohen Mauer. Neben dem Gebäude der Direktion gab es die Gebäude A, B und C mit jeweils 150 Zellen.

Widerspenstige Sträflinge wurden dort für im Bagno begangene Delikte in engen Käfigen gehalten. Die legendären Verliese hat Papillon beschrieben: Einzelhaftzellen, ca. 8 m^2, vier Schritte vor, vier Schritte zurück. In drei Metern Höhe die Decke aus gekreuzten Eisenstangen und etwa sieben Meter hoch das Dach. Die vier dicken Zellenmauern waren nur durch eine kleine Eisentür mit einem kleinen Fenster darin unterbrochen. Über jeder Tür stand: »Diese Tür darf nur mit Erlaubnis der Direktion geöffnet werden.« In der Zelle eine Pritsche, an die Wand geklappt und nur auf Kommando herunterzuklappen, eine Decke, ein Betonklotz als Hocker, ein Handbesen, ein Holzlöffel, eine senkrechte Eisenplatte und hinter ihr, mit ihr durch eine Kette verbunden, der eiserne Klosetteimer. Über den Zellen ein Steg für die Aufseher. Kaum ein Schimmer des Tageslichtes geschweige ein Lufthauch drangen in die Verliese. Mehr als zwanzig Zentimeter lange und gute zwei Finger breite Tausendfüßler, deren Bisse höllisch brennen und Fieber erzeugen, waren eine der wenigen Abwechslungen für die Gefangenen während ihrer jahrelangen Einzelhaft (Papillon war nach einem Fluchtversuch zu acht Jahren Korrektionshaft verurteilt worden), ohne mit jemandem ein Wort wechseln zu können, ohne die Zelle verlassen zu dürfen, ohne die Sonne und den Wind auf der Haut zu fühlen, ohne etwas anderes zu riechen als den Gestank von Urin und Kot.

Saint-Joseph war die Insel der Stillen, da absolutes Sprechverbot herrschte.

Saint-Joseph war die Insel der mörderischen Zwangsarbeit. Anfangs arbeitete ein Teil der Häftlinge mit Kugel am Fuß, rodete und baute Früchte an. Später waren auf Saint-Joseph nur noch Kugelsträflinge. Die anderen kamen auf die Teufelsinsel. Auf Saint-Joseph gab es keine Kasernen. Die Wärter wurden morgens von Royale nach Saint-Joseph und abends wieder zurück gerudert. Nachts blieben die Häftlinge sich selbst überlassen. Flucht war nahezu unmöglich.

Die Bagnosträflinge gaben der Insel den Namen »Menschenfresserin«.

Während der Revolution waren die Menschenrechte proklamiert worden – hier wurden sie mit Füßen getreten.

Ein Beamter erklärte Maria Leitner: »Hier sind freilich nicht die schlimmsten Verbrecher, aber es sind die undiszipliniertesten Elemente, solche, die einfach nicht zu lenken sind, die ihre Kameraden aufzuhetzen versuchen, die Verschwörungen anzetteln, die ausgerückt sind, aber wieder eingefangen wurden … Wenn ihr Abenteuer (der Flucht, d. A.) misslingt, kommen sie nach Saint-Joseph. Hier können sie nicht mehr frei herumlaufen, und auch wenn sie es könnten, es würde ihnen nicht gelingen zu entkommen. Die Boote, die Saint-Joseph mit der Île Royale verbinden, werden streng bewacht. Weit hinaus könnten sie sich in dem Boot überhaupt nicht wagen. Und dann die vielen Haifische um die Inseln, kein Mensch könnte hier auch nur einen Steinwurf weit schwimmen.«[73]

Erst Ende der 30er-Jahre wurden die Haftbedingungen erleichtert.

Der Friedhof der Wärter, der Geistlichen und der Nonnen liegt in der Einsamkeit von Saint-Joseph. Einen Friedhof der Gefangenen sucht man vergebens. Tote Sträflinge wurden in Leinwand geschlagen und morgens zwischen Royale und Saint-Joseph zu den Haien ins Meer geworfen.

Île du Diable, Le Diable (Teufelsinsel)

Neben Sankt Helena und Mauritius gehört sie zu den bekanntesten Inseln der Welt.

Über den Ursprung des Namens gibt es verschiedene Auffassungen. Einige leiten ihn aus der Gefahr für Schiffe durch heftige Strömungen ab, andere meinen, sie sei wegen der Gräuel des Straflagers so genannt worden. Scherl ist der Meinung, dass die Insel ihren Namen wegen der dort vor der Kolonialzeit stattgefundenen Rituale trägt. Auf dem Berg der Insel habe sich die Statue des furchtbaren, bösen Gottes oder Teufels Hyrouka befunden, vor der die Priester des auf dem Festland lebenden Volkes der Galibis ihre gefangenen Feinde opferten.

Die Île du Diable gleicht einem bewachsenen, schwarzen Schildkrötenpanzer. Sie wirkt herb und wild und ist Wellen und Wind unmittelbar ausgesetzt. Hinter einem schmalen Küstenstreifen steigt das Terrain steil zu einem Plateau an, auf dem sich das Gebäude für die Aufseher und ein Gebäude für etwa ein Dutzend Sträflinge befand.

Sie war ausschließlich politischen Gefangenen vorbehalten. Vier Jahre lang, von 1895 bis zur Wiederaufnahme des Verfahrens 1899, war dort Alfred Dreyfus der einzige Gefangene. Seine Wächter durften kein Wort mit ihm reden, nachts wurde er alle zwei Stunden geweckt, eine Palisade versperrte ihm den Blick aufs Meer. Nach anfänglich gelockerten Haftbedingungen musste er später in einer vergitterten Zelle und in Fußfesseln unter ständiger Bewachung schlafen.

Zeitweise waren neben den politischen Verbannten auch einige zu lebenslänglicher Haft verurteilte Kriminelle auf der Teufelsinsel. Die »Politischen« lebten, Kontakte zu den Kriminellen vermeidend, jeder in einem kleinen Haus ganz oben auf dem Plateau.

Normalerweise gab es auf dieser Insel keine Wärter. Sie war von Royale aus gut zu überblicken und zu beobachten. Den Deportierten wurde sogar eine eingeschränkte Selbstverwaltung gewährt. Sie bekamen jeden zweiten Tag Lebensmittel geliefert und wurden ab und zu inspiziert. Regelmäßig kam ein Händler von Cayenne mit Kaffee, Branntwein, Brot und anderen Lebensmitteln, Tabak, Schreib- und Nähzeug auf die Insel.[74]

Maria Leitner schrieb, dass vom Schiff aus die kleinen Häuser der Gefangenen sehr deutlich unter den Palmen zu sehen seien. »Wüsste man nicht, was diese Insel bedeutet, alle Passagiere würden entzückt ausrufen: Welch eine reizende Insel. So ungefähr stellt man sich das Eiland Robinsons vor, sehr grün, mitten im Ozean, mit hohen, mächtigen Palmen. Das Teuflische würde man erst merken, wenn man hier leben müsste. Die Abgeschiedenheit ist vollkommen, keine Botschaft dringt zu den Gefangenen, sie dürfen nichts über den Lauf der Welt erfahren. Nur in Ausnahmefällen dürfen sie zensurierte Nachrichten von ihren Angehörigen empfangen. Nichts anderes können sie sehen als diese Kokospalmen, die aus der Ferne so idyllisch wirken, und immer quält sie die gleiche Hitze, quälen sie Schwärme von Moskitos und Krankheiten, für die sie im Krankenhaus nie Heilung finden. Es gibt jetzt zwölf Gefangene auf der Insel, darunter einen Deutschen, alle zwölf sind wegen Landesverrats verurteilt, alle zwölf lebenslänglich. Zwei Gefangenenwärter sind noch auf der Insel.« Mehr seien nicht erforderlich, da es ein gut funktionierendes Signalsystem mit Royale gebe, und, würden sie etwas gegen die Wärter unternehmen, sie nur die Guillotine erwartete.[75]

Zwischen Royale und Le Diable verkehrte gewöhnlich ein Versorgungsboot. Ein Stahlkabel verband beide Inseln, um auch bei heftigem Sturm die Versorgung zu sichern.

Was erinnert noch an die Zeit der Strafkolonie?

Am Anlegeplatz der Gefangenenschiffe erinnert eine Bronzestatue an die Zeit der Deportationen.

In ehemaligen Sträflingscamps am Maroni-Fluss siedeln Eingeborene.

In einer der Zellen über dem Schlafraum kann man die Rötelzeichnung eines Flamingos erkennen, ein anderer Künstler unter den Sträflingen, Huguet, hat die Holzkirche von Iracoubo, einer Kleinstadt zwischen Saint-Laurent und Kourou, in naiver Manier leuchtend bunt ausgemalt. Die kleine Kirche ist ohne Zweifel die heiterste Erinnerung an die Zeit der Strafkolonie.

Der kleine Leuchtturm an der Mündung des Maroni ist nach Dreyfus benannt worden. Der Gebäudekomplex einer Sträflingskolonie musste dem Drei-Sterne-Hotel Des Roches weichen, dem besten des Landes.

Die Heilsinseln gehören heute zum Raumfahrtzentrum und werden von Fremdenlegionären bewacht. Da unmittelbar unter der Raketenflugbahn gelegen, werden sie bei jedem Start einer Rakete geräumt.

Île Royale wird regelmäßig von einem kleinen Katamaran in halbstündiger Überfahrt von Kourou aus angelaufen, der ca. zwanzig bis dreißig Touristen täglich dorthin bringt, wo noch in der ersten Hälfte des 20. Jahrhunderts Tausende von Gefangenen angekettet an Malaria, Gelbfieber oder Unterernährung krepiert waren. Manche der wenigen Besucher versuchen, Spuren ihrer Vorfahren zu finden. In den Andenkenshops liegen zum Teil recht makabre Souvenirs aus.

Die ehemaligen Dienstwohnungen des Wachpersonals dienen heute als Ferienwohnungen. Überreste eines Zellentraktes sind zu besichtigen.

Die einstige Messe der Wärter auf der Île Royale dient heute als Herberge und Restaurant. Über den Sträflingsquartieren und den Häuschen der Wärter, über dem Bau für die Irren, über dem Haus der Nonnen, über der Schmiede und über der Schweinemästerei schließt sich wieder der Wald. Dächer sind eingestürzt, Wurzeln und Stämme bringen solide Mauern zum Bersten. Der Leuchtturm steht noch, ebenso das Hospital und die

Kirche. Am Chor verblassen Reste von Fresken: ein muskulöser Christus und die Madonna, gemalt von Francis Lagrange, der wegen seiner täuschend echt gefälschten Banknoten von 1931 bis 1946 nach Guyana musste. Seine Bilder, Schilderungen aus dem Alltag des Straflagers, sind im Museum von Cayenne zu besichtigen.

Von der Île Royale kann man zur Île Saint-Joseph übersetzen. Die kleinste der Inseln, Île du Diable, ist unzugänglich, obwohl nur durch einen schmalen Meeresarm von der Hauptinsel getrennt. Die Strömung ist zu gefährlich und unberechenbar.

1972 besuchte der britische Abenteuer-Segler Tristan Jones die ehemalige Sträflingskolonie. Er nannte die Îles du Salut herrlich, den schönsten Platz von Französisch-Guyana, ein »Sträflingsparadies«. Die Luft sei besser und kühler und es gebe keine Insekten. Das Klima sei das beste gewesen, das er in der westlichen Hemisphäre kennen gelernt hatte. Alle drei Inseln seien mit Palmen bewachsen, die in der Sonne glitzern. Es gab viel Fisch und an Land waren die wilden Schweine leicht zu erjagen. Er besuchte den von Sträflingen erbauten Hafen der Île Royale. Der Leuchtturmwärter auf Royale, ein ehemaliger Sträfling, behauptete, dass es nur einen einzigen Menschen gegeben habe, dem es gelungen sei, von den Inseln zu entkommen. Das war ein Nachtwächter im Zweiten Weltkrieg. Er hatte sein Schilderhaus heimlich kalfatert, ein Segel dafür gebastelt und war nach Trinidad gesegelt. Dort sei er mit offenen Armen empfangen und sofort in die französische Marine eingezogen worden. Auf Saint-Joseph und Royale besuchte Jones die Ruinen der alten Gefängnisse und war beeindruckt von einem Wandgemälde in einer Sträflingszelle, das Jesus darstellt, wie er die Ketten der Gefangenen zerbricht. Die meisten der Zellen waren damals noch erhalten. Man konnte sehen, wie die Sträflinge auf langen hölzernen Pritschen und mit angeketteten Handgelenken schlafen mussten. Auf Saint-Joseph waren die Zellen von einem natürlichen Seewasserbecken umgeben. In der Hitze des Nachmittags seien alle Häftlinge aus ihren Zellen herausgelassen worden und man habe ihnen erlaubt, in dem Becken zu schwimmen. Auf der Teufelsinsel fand er nichts Interessantes. Die meisten der Gebäude waren Ruinen, von dichtem Unterholz und Schlingpflanzen überwuchert. Der o. g. Leuchtturmwärter erzählte Jones, dass auf der Teufelsinsel unter der Kirche ab 1937 eine komplette Geldfälscherwerkstatt existiert habe. Sie sei erst entdeckt worden, als die Deutschen Paris erobert hatten. Dort habe die SS mehrere Bündel von Hundert-Franc-Noten untersucht und zwei mit derselben Nummer entdeckt. Sie verfolgten die Spur, die sie schließlich auf die Teufelsinsel führte. Man schätzt, dass zwischen 1937 und 1940 über zwei Millionen Franc von der Teufelsinsel nach Frankreich eingeschleust worden sind.

Auf den Inseln gab es etwa 6.000 Sträflinge. Der Leuchtturmwärter erzählte, dass zum Ende des Krieges nicht die Sträflinge eingesperrt waren, sondern dass sich die Aufseher in ihren Baracken selbst einsperrten. Die Sträflinge hätten die Inseln beherrscht, mit Sicherheit Royale. Dort hatten sie sogar einen Nachtclub für Schwule und ein Spielcasino.

Saint-Joseph weist die imposantesten Spuren der Vergangenheit auf, obwohl die Natur von den ehemaligen Bauten Besitz ergreift. Das Szenarium ist noch immer beklemmend.

Auf der Teufelsinsel steht noch die Hütte, die eigens für Alfred Dreyfus gebaut worden war. Noch Anfang der 40er-Jahre soll auf der nördlichsten Spitze der Insel die Bank existiert haben, von der aus Dreyfus aufs Meer blickte.

Die Stadtverwaltung von Saint-Laurent plant, das historische Straflager, dessen kümmerliche und verfallene Reste von illegalen Einwanderern genutzt werden, mit staatlicher Hilfe zu restaurieren und zu einem Kulturzentrum und einer Touristenattraktion zu machen. Mit 15.000 Besuchern jährlich rechnet das Fremdenverkehrsamt.

Der Club Méditerranée hat recherchiert, ob sich Saint-Laurent für die Anlage eines Clubdorfes, z. B. als Basislager für Abenteuerurlauber, eignet.

Die Inseln sind von Reiseveranstaltern »entdeckt« worden. 1995 bot Hapag-Lloyd Tours mit MS BREMEN eine »abwechslungsreiche Kreuzfahrt vom Orinoco in die Karibik und die Möglichkeit, die berüchtigten Gefangeneninseln Îles du Salut zu erleben«.

La Mère
4°54'N, 52°11'W

Die Île La Mère gehört nicht zu den Îles du Salut, aber zur Strafkolonie Französisch-Guyana. Die kleine Insel La Mère (Mutter) liegt vor der Mündung des Mahury. Auf ihr wurden neben politischen Häftlingen auch Kriminelle gefangen gehalten.[76]

Sie hat reiche Vegetation und verfügte über kleine Hütten für die etwa fünfzig Häftlinge, die hauptsächlich mit Gemüseanbau beschäftigt wurden. Die Verpflegung war besser als auf Royale. Die Insel diente als Aushängeschild für die Behandlung der Deportierten. Später wurden die Haftbedingungen verschärft.

Die ersten zehn Deportierten, die in Cayenne ankamen, wurden bemitleidet und in der Stadt bei Kaufleuten untergebracht. Erst die nächsten etwa sechzig Ankömmlinge kamen nach La Mère.

b) im Pazifik

Nouvelle-Calédonie, Neukaledonien
17°55' bis 23°S, 162°45' bis 168°10'O

Der aus drei Inselgruppen bestehende Archipel gehört zu Melanesien und liegt zwischen Australien und den Fidschi-Inseln, etwa 1.300 Kilometer östlich von Australien.

Die erste Inselgruppe besteht aus der Hauptinsel Nouvelle-Calédonie (16.177 km^2, auch: Grande Terre, mit dem Hauptort Nouméa), der Île des Pins (Kië oder Konie Island), dem Beleparchipel, den D'Entrecasteaux-Inseln sowie einer großen Anzahl kleiner, meist unbewohnter Inseln wie Walpole, Huon und Surprise.

Das »Herz von Voh«, eine interessante und merkwürdige Sandformation in der Nähe der Stadt Voh auf Grande Terre, ist als Kuriosität weltbekannt.

Die zweite Gruppe sind die der Hauptinsel östlich vorgelagerten Îles Loyauté (Loyalitäts-Inseln).

Schließlich gehören noch die etwa 400 Kilometer weiter westlich liegenden Îles Chesterfield zu Nouvelle-Calédonie.

Die ersten Europäer auf Nouvelle-Calédonie waren Engländer. James Cook erreichte im September 1774 die Inseln, aber London war an ihnen nicht interessiert.

Frankreich erkannte als erste Großmacht die strategische Bedeutung der Inseln und annektierte sie im Jahr 1853. Die Eingeborenen, die von den Europäern mit dem polynesischen Namen Kanaken (d.h. Menschen) belegt wurden, leisteten erbitterten Widerstand. Der Kampf um Unabhängigkeit hat niemals nachgelassen. 1956 wurde der Archipel als Überseeterritorium mit weit gehender Selbstverwaltung, Territoire d'outre-mer (TOM), in die französische Republik eingegliedert. Die Einwohner wurden zu französischen Staatsbürgern. 1976 erhielt das Gebiet die innere Selbstverwaltung.

Für 1998 hatte Frankreich ein Referendum über die Unabhängigkeit in Aussicht gestellt. Es wurde jedoch boykottiert und soll nun 2018 stattfinden.

Die Inseln bieten eine besonders reizvolle Natur. Mit ihrem milden subtropischen Klima gehören sie zu den klimatisch bevorzugten Gebieten der Erde. Gefährliche Tiere gibt es nicht und Tropenkrankheiten sind selten. Belege einer sehr alten Kultur sind gefunden worden.

Die Hauptinsel ist von Korallenriffen umgeben, in die das Süßwasser der Flüsse Passagen fräst.

Der Nationalbaum von Nouvelle-Calédonie ist der Niaouli. So werden übrigens auch die auf der Insel geborenen Weißen genannt. Der Rinde des Niaouli können selbst Waldbrände nichts anhaben.

Ein anderer typischer Baum auf Nouvelle-Calédonie ist die Araukarie. Nur auf Nouvelle-Calédonie – aber wie lange noch? – ist der Kagu anzutreffen, ein prächtiger, silberfarbener, flugunfähiger Vogel mit einem schönen Schopf, den er zur Balz aufrichtet. Seine Rufe klingen wie das Bellen junger Hunde. 1994 wurden Zoologen auf den Archipel aufmerksam, als deutsche Wissenschaftler den seit 128 Jahren nicht mehr gesehenen Kronengecko (Rhacodactylus ciliatus) wieder entdeckten.

Nahezu ursprünglich, un-europäisiert sind die Loyalitäts-Inseln Ouvéa, Lifou, Tiga und Maré geblieben. Sie bilden ein geschütztes Reservat, das von einem Eingeborenenrat der Alten geleitet wird. Nur wer von den Bewohnern eingeladen wurde, darf das Stammesleben kennen lernen.[77]

Île de Nou

1863 bis 1894 war Neukaledonien Strafkolonie für politische Gefangene. 1864 trafen die ersten Häftlinge auf der Île de Nou ein. Diese Insel schützt zusammen mit der kleinen Insel Méa die Bucht, an der die Hauptstadt liegt, vor Wind und Wellen. Die Gefangenen wurden für Bauarbeiten in der Hauptstadt eingesetzt, die bis 1866 Fort-de-France hieß, sie bauten Straßen, fällten Bäume und arbeiteten in Nickeltagebauen.

Île des Pins, Konie Island, Kië

Die Insel liegt vor der Südspitze der Hauptinsel Grande Terre. Sie war von 1871 bis 1880 der Verbannungsort für rund 3.800 Überlebende der Pariser Kommune.[78] Nach der Niederschlagung der Pariser Kommune im Jahr 1871 wurden viele Kommunarden nach Nouvelle-Calédonie deportiert. Unter ihnen auch Ausländer, wie der Waffengefährte Garibaldis, der Italiener Amilcare Cipriani. Als Ergebnis des Aufstands der Kommune und seiner Niederschlagung beklagte die Regierung 877 Gefallene und gut 100 von den Kommunarden füsilierte Geiseln. Die Kommune hatte 3.000 Opfer in den Straßenschlachten verloren, hinzu kamen 20.000 Aufständische und auch Unbeteiligte, die mit dem Segen der »ehrenwerten Leute«, die in den Kommunarden gefährliche Subjekte sahen, vor deren Ansteckung die Gesellschaft zu bewahren sei, massakriert wurden. Dreiundneunzig Kommunarden wurden zum Tod, 4.827 zur Deportation oder Zwangsarbeit verurteilt.[79]

Die Deportierten nahmen die Insel unter den Pflug und den dunkelhäutigen Ureinwohnern deren geheiligtes Land. 1878 kam es deshalb zu einem jener Aufstände, die bis heute Schlagzeilen machen. Noch erinnern Reste des Sträflingslagers, Inschriften an den Mauern und der Friedhof mit den anonymen Gräbern von 240 Häftlingen, darunter Ärzte, Schriftsteller, Künstler, Wissenschaftler, an jene Zeit. Einige der Deportierten ließen sich für immer auf der Insel nieder.

Die Île des Pins ist eine touristische Attraktion. Von der Hauptstadt aus verkehren Flugzeuge und Schiffe zur Insel. Vom höchsten Punkt der Insel, vom Mont Nga aus, bietet sich ein atemberaubendes Panorama: weite Buchten, Lagunen, Inselketten, kristallklare Küstengewässer und majestätische Araukarien. An der Kanumera-Bucht steht das einzige Hotel der Insel.

Im Innern der Insel sind Spuren alter Kulturen zu besichtigen, wie die Höhlen von Oro, Hügelgräber und Keramikgegenstände von Vao.

c) im Indik

La Réunion, Réunion, Île de la Réunion
21°S, 55°30'O

La Réunion gehört zur Gruppe der zwischen Madagaskar und Mauritius gelegenen Maskarenen.

Seit Anfang des 16. Jahrhunderts wurde die Insel von Seefahrern verschiedener Nationen besucht und unterschiedlich benannt: Dina Morgabine (1502), Santa Apolonia (1518), England Forest, Islas Mascarenhas (1520), Mascarin (1638), Île Bourbon, Île Bonaparte (1806), Bourbon (1814).

Die Umbenennung von Île Bourbon in La Réunion im Jahr 1848 war eine Verbeugung vor der Revolution.

Die Portugiesen entdeckten die Insel zufällig bei einer Rückreise von Indien, hatten aber wenig Interesse an ihr. Dafür war sie beliebt bei Piraten, die auf ihr bis 1649 Unterschlupf fanden. Um 1620 machten auch Holländer ab und an auf der Insel Halt. Schließlich, Mitte des 17. Jahrhunderts, erwählte Frankreich sie als Handelsstützpunkt und nutzte sie von 1665 an auch als Verbannungsort. Zuvor waren bereits einmal drei Meuterer auf die Insel verbannt worden. Die Strafgefangenen schwärmten später von der Natur und dem milden Klima. Als der auf Madagaskar residierende Gouverneur vom Wohlergehen der Verbannten erfuhr, stieg der Wert der Insel in seinen Augen und er nahm sie für Frankreich in Besitz.

Réunion gehört seit 1946 zu den Départements d'outre-mer (DOM), d. h., die Insel ist französisches Mutterland. Achthundert Kilometer östlich von Madagaskar liegen 2.500 Quadratkilometer Frankreich inmitten des Indischen Ozeans. Geologisch interessant: unter der Vulkaninsel liegt ein »Hotspot«, ein »heißer Fleck« im Erdmantel.

Die schöne Insel wurde zur Hölle für Hunderttausende von Sklaven, die auf die Insel kamen, als die Compagnie des Indes Orientales 1664 mit dem systematischen Aufbau einer Kolonie begann. Zuckerrohr, Vanille und Kaffee sowie billige Arbeitskräfte verhalfen den Kolonialherren zu Reichtum. Viele Sklaven flohen in die Berge, um den barbarischen Lebensbedingungen zu entfliehen, und organisierten sich zu Räuberbanden. Man nannte sie »Marrons«, von dem spanischen Wort »Cimarron« für Gebüsch.

1764 ging die Compagnie des Indes Orientales Konkurs und die Inseln Mauritius und Bourbon fielen an England. Drei Jahre später kaufte der französische König sie zurück.

Der bekannteste Verbannte war Abd al-Krim (1881 oder 1882–1963), der die im Mittleren

Atlas ansässigen Rifstämme vereinte und im Kampf gegen die französische Kolonialmacht anführte. Auf das Territorium der Rifkabylen erhob auch Spanien Anspruch. Am 21. Juli 1921 errangen die Rifkabylen bei Annoual einen Aufsehen erregenden Sieg über die Spanier. Am 19. September gründete Abd al-Krim die »Republik der konföderierten Rifstämme« und wurde ihr Präsident. Die Erfolge der Truppen der Republik, Erhebungen weiterer Berberstämme im Mittleren Atlas und Sympathiekundgebungen in den Städten an der Atlantikküste erschütterten Frankreichs Positionen in Marokko beträchtlich. Im Oktober 1925 rückten 400.000 spanische und französische Soldaten gegen die junge Republik vor und zwangen sie im Februar 1926 zur Kapitulation. Abd al-Krim wurde auf die Insel Réunion verbannt. Er konnte erst 1947 nach Ägypten fliehen und starb am 6. März 1963 in Kairo.[80]

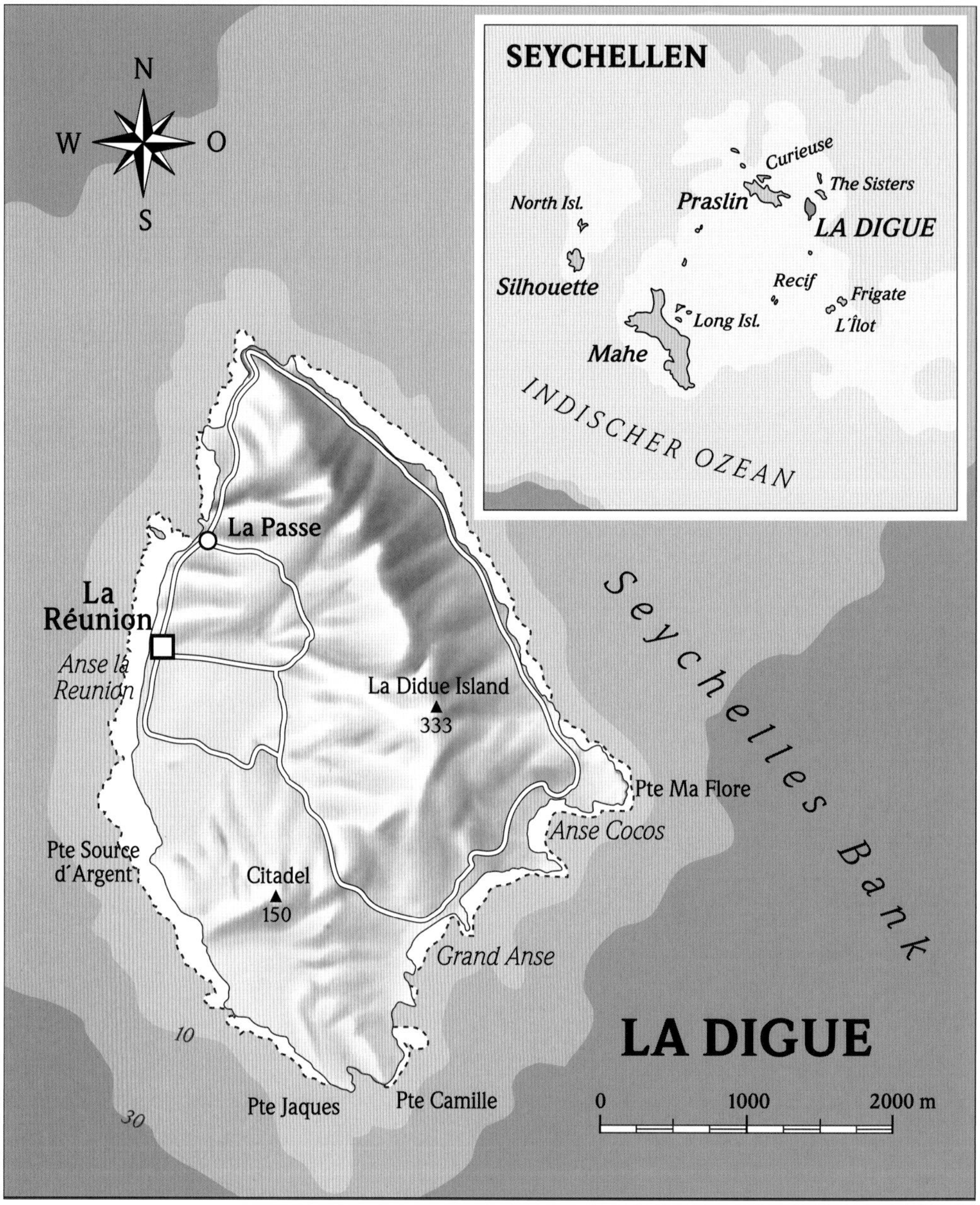

La Digue

4°21'S, 55°50'O

Die zur Gruppe der Seychellen gehörende, nordöstlich von Madagaskar gelegene Insel wurde bis 1811 von Frankreich, danach von Großbritannien, u. a. als Verbannungsinsel genutzt.

Nach der Französischen Revolution gelang dem Sohn von Louis XVI. die Flucht. Auf den Seychellen tauchte um diese Zeit ein gewisser Louis Poiret auf. Seine erste Station war das zu den Amiranten gehörende Poivre Atoll. 1819 kaufte Poiret eine eigene Plantage. Nach dem Sturz Napoleons schrieb er Briefe als Louis XVIII. an seine Verwandten.

Die Seychellen-Insel Curieuse war durch ihre Leprastation eine Gefangeneninsel für die Kranken.

Die Seychellen sind berühmt geworden durch ihre Meereskokosnuss Coco de Mer. Dieser größte Pflanzensamen der Welt erregte wegen seiner Form weltweites Interesse. Kaiser Rudolph II. von Habsburg soll für eine einzige Nuss 4.000 Goldflorin bezahlt haben. Ganze Schiffsladungen voller Handelsgüter wechselten für eine Nuss den Besitzer. Das Besondere: Die Nuss sieht aus wie ein pralles, verführerisches weibliches Hinterteil, der männliche Blütenstand steht im jugendlichen Zustand stramm wie ein erigierter Penis aufrecht, in der Reife hängt er sanft und schwer herab.[81]

Immer wieder gab es Projekte für neue Deportationsorte. Als Beispiele seien Clipperton und die Marquises genannt.

Clipperton
10°18'N, 109°19'W

Die winzige Insel von sechs Quadratkilometern, mehr als tausend Kilometer vor der mexikanischen Küste, gehört zu den Französischen Süd- und Antarktisgebieten, Les Terres Australes et Antarctique Françaises (TAAF).

Ende der 1970er wurde in Frankreich darüber diskutiert, die Todesstrafe für Schwerverbrecher durch lebenslange Verbannung auf eine Strafinsel zu ersetzen. Im Gespräch war Clipperton. Die ursprünglich dort vorhandenen Phosphatvorkommen waren restlos ausgebeutet worden, und die Insel war seitdem unbewohnt. Zwei Delegationen des französischen Justizministeriums, zu Sondierungen ausgesandt, hielten es nur für kurze Zeit auf der ungastlichen Insel aus. Das Klima ist nahezu unerträglich. Die Hälfte des Jahres toben fast ununterbrochen Regenstürme und Wirbelwinde. Die Luftfeuchtigkeit ist so hoch, dass man kaum atmen kann.

Fachleute meinten, dass Clipperton schlimmer zu werden drohe, als es Guyana gewesen sei – und plädierten für die Beibehaltung des schnellen Todes durch die Guillotine.

Îles Marquises, Marquesas-Inseln, Fenua Enata
9°S, 140°W

Die Inselgruppe bildet den nördlichsten Teil von Französisch-Polynesien. Sie nimmt eine Fläche von ca. 325 mal 125 Kilometer ein.

Sie gehört, wie ganz Französisch-Polynesien, zu den Territoires d'outre-mer (TOM). In die Schlagzeilen geriet Französisch-Polynesien Mitte der 90er-Jahre des 20. Jahrhunderts, als auf Moruroa wieder Kernwaffentests durchgeführt wurden.

Im April 1850 nahm Victor Hugo vor der französischen Nationalversammlung im Rahmen der Debatte über ein Deportationsgesetz Bezug auf den Archipel als geplantes Deportationsziel. Er sagte: »Das Klima des Deportationsortes wird im Vergleich mit dem Frankreichs immer mörderisch und die Akklimatisierung, die schon freien Menschen sehr schwer fällt, für unglückliche Strafgefangene völlig unmöglich sein.«[82]

Admiral Bruat nannte die Marquises das »Grab der Europäer«.

Den Franzosen blieb die Schande weiterer grauenvoller Sträflingsinseln und den Einheimischen zweifelhafte Erfahrungen mit französischen Kriminellen und mit der Praxis des französischen Strafvollzugs erspart.

Britanniens Sträflingsinseln

Ein Gesetz aus dem Jahr 1597 ermöglichte es, »Übeltäter, Vagabunden und unverbesserliche Bettler aus dem Reich zu verbannen und in solche Länder jenseits der Meere zu bringen, die vom Kronrat dafür benannt würden«.

Von 1600 an hatte England 175 Jahre lang seine Häftlinge, Verbrecher ebenso wie Kriegsgefangene und aufsässige Iren, in die »Neue Welt«, in die amerikanischen Kolonien deportiert, wo sie u. a. in Massachusetts, auf den Pflanzungen der Virginia Company, auf den Zuckerplantagen von Jamaika und Barbados arbeiteten. Die Gefangenen wurden verkauft, wie Sklaven gehandelt: von Gefängniswärtern an Schiffseigner und von diesen an Plantagenbesitzer in Übersee.

Hulken, schwimmende Inseln

Auf der Themse und in den Häfen an Englands Südküste verrotteten, nachdem die amerikanischen Kolonien im Jahr 1776 ihre Unabhängigkeit erklärt hatten, eine Vielzahl außer Dienst gestellter, abgetakelter, aber noch schwimmfähiger Truppentransporter und Kriegsschiffe, so genannte Hulken. Auf ihnen wurden zur Deportation verurteilte Sträflinge, die nun nicht mehr nach Amerika abgeschoben werden konnten, untergebracht und die Gefängnisse an Land entlastet.

Die Häftlinge bekamen ein acht Kilogramm schweres Eisen an den rechten Fuß genietet, damit sie nicht schwimmend fliehen konnten.

Vor Portsmouth, Deptford und Woolwich lagen die Gefängnishulken in Kiellinie. Die Stückpforten mit Gittern versperrt, im Innern beengt, feucht, dunkel, stinkend, die Bordwände überwuchert von übel riechendem Tang.

Eine der berühmtesten Gefängnishulken war die DISCOVERY in Deptford, ehemals eines von Cooks Schiffen bei seiner Weltreise. Als Howard 1779 die Gefängnisschiffe auf der Themse inspizierte, beklagte er die hohe Todesrate unter den Gefangenen. Von 632 Gefangenen seien innerhalb kurzer Zeit 176 gestorben.

Vor Woolwich lagen zu jener Zeit der alte Indiaman JUSTITIA mit 256 Gefangenen und die Fregatte CENSOR mit 250 Gefangenen an Bord.

Später, während der Napoleonischen Kriege bis 1815, kamen die Hulken noch einmal groß in Mode, es wurden ca. 122.400 kriegsgefangene Soldaten und Seeleute, hauptsächlich Franzosen und Amerikaner, in britischen »Depots« interniert, jeweils bis zu 1.000 Mann auf einer Hulk. Augenzeugen berichteten von grauenvollen Pontons, in denen die Gefangenen, nur ein paar Schritte von den glänzenden Badeorten entfernt, bei lebendigem Leibe verfaulten. Genannt wurden Plymouth, Portsmouth und Rochefort.

Die Gefängnisse und Hulken in England waren, nachdem der »Absatzmarkt« Nordamerika nicht mehr zur Verfügung stand, bald entsetzlich überfüllt, ein Chaos stand unmittelbar bevor. Die Regierung unter William Pitt d. J. suchte und fand Ersatz. Alternativen waren, neben Australien, Gibraltar und Westafrika.

Der Gouverneur der Afrika-Kompanie, eines britischen Sklavenunternehmens, schlug die 400 Meilen den Gambia hinauf liegende Insel Lemane als Sträflingsinsel vor.

1786 beschloss die Regierung auf Empfehlung des Wissenschaftlers Joseph Banks, der James Cook auf dessen erster Pazifikreise begleitet hatte, eine Gefangenenkolonie in der ostaustralischen Botany Bay einzurichten. 1787 erklärte die britische Regierung ganz Australien zur Sträflingskolonie. Damit erhob England offiziell Anspruch auf den neuen Kontinent.

Man wollte die Häftlinge vom Hals haben und versprach sich außerdem Mast- und Bauholz für die Flotten. Die gleichzeitig als Außenstation okkupierte Norfolkinsel sollte mit ihrem erstklassigen, von Sträflingen zu erntenden und zu verarbeitenden Flachs der Segelherstellung für die Marine nützlich sein.

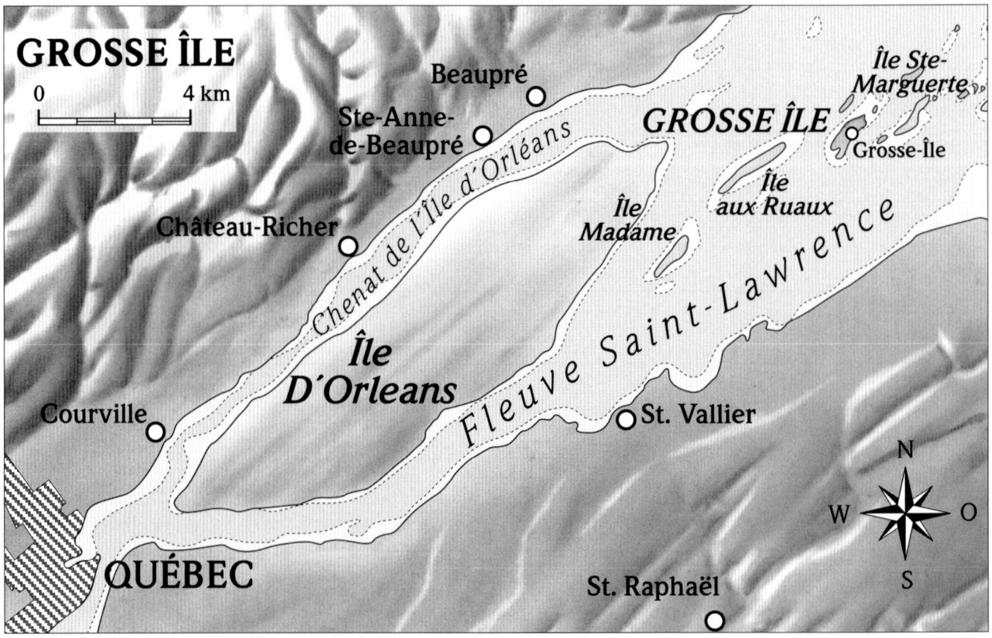

Nicht nur Häftlinge wollte man abschieben. John Galsworthy, der berühmte englische Erzähler und Dramatiker, plädierte dafür, dass die englischen Arbeiter, um von ihren ökonomischen Krankheiten – was immer er darunter verstanden haben mag – geheilt zu werden, wie eine Herde Vieh in die Kolonien deportiert werden.[83]

Als Kanada noch britische Kolonie war, mussten die Einwanderer aus Europa Quarantänestationen durchlaufen. Eine dieser Stationen war im St.-Lorenz-Strom, auf Grosse-Île, eingerichtet.

Grosse-Île
47°02'N, 70°40'W

Als in Quebec 1832 fast dreieinhalbtausend Menschen an der aus Europa eingeschleppten Cholera starben, wurde die knapp dreißig Kilometer vor Quebec City gelegene Insel zur Quarantänestation für die flussaufwärts kommenden Schiffe.

Bis zu ihrer Auflösung 1937 wurden hier fast vier Millionen Zuwanderer medizinisch untersucht und viele für vierzig Tage in Quarantäne gehalten.

Die weiß gestrichenen Kirchen der verschiedenen Konfessionen und die hübschen Häuser der Ärzte lassen kaum noch ahnen, welches Leid auf der Insel über ein Jahrhundert lang erlitten wurde.

Berichte sprechen davon, dass die Passagiere an Bord der Auswandererschiffe bis zu den Knien im Kot steckten. Wer eine solche Überfahrt überlebt hatte, der konnte auch die Unbilden des neuen Lebens ertragen. Die Kranken wurden auf der östlichen Inselhälfte in Hospitälern untergebracht. Weibliche Sträflinge, denen man die Freiheit versprach, wenn sie ein Jahr auf der Insel überlebten, pflegten sie, denn helfen konnte man den Cholerakranken anfangs nicht, und keine Statistik verrät, wie viele von ihnen in den Massengräbern liegen.

Vor allem Iren, die vor der großen Hungersnot (The Great Famine) flohen, die zwischen 1845 und 1849 in Irland wütete, sind auf dem St.-Lorenz-Seeweg nach Nordamerika eingewandert.

Von den 100.000 Iren, die sich allein 1847 in Londonderry einschifften, überlebten 17.000 die Überfahrt nicht, weitere 5.300 wurden auf Grosse begraben. Bis zu hundert Segler dümpelten in diesen Tagen gleichzeitig auf Reede und warteten darauf, ihre lebende Fracht zu entladen.

Ein keltisches Granitkreuz ist dem Gedenken an etwa 15.000 Einwanderer gewidmet, die auf der Insel starben.

Die Gesunden betraten Grosse am Westufer. Entsprechend ihrer Passagebuchung kamen sie dort in Hotels der ersten bis dritten Klasse, während ihre Kleider und Habseligkeiten nach einem hier entwickelten Prinzip mit heißem Dampf desinfiziert wurden.

Lediglich die Typhuskranken schlüpften wegen der langen Inkubationszeit durchs medizinische Netz. Ihre Krankheit wurde erst später offenbar. Allein in Montreal sind 6.000 von ihnen beigesetzt.

Dass die winzige Siedlung auf Grosse-Île die erste kanadische Gemeinde mit elektrischem Strom war, zeigt, wie hoch ihre Bedeutung für das Land damals eingeschätzt wurde.

Aber die Insel hat noch ein weiteres Gesicht. Schmucklose Wellblechbaracken sind die Reste einer Forschungsstation, in der man die bei der medizinischen Betreuung der Einwanderer gewonnenen Erkenntnisse auf Haustiere zu übertragen begann. Grosse-Île wurde damit für Jahrzehnte zur Wirkungsstätte für Mikrobiologen und machte Kanada zu einem der führenden Länder auf diesem Gebiet.

Ziemlich spät haben die Quebecer den historischen Wert der Insel entdeckt. Erst jetzt, da 60.000 Touristen jährlich Grosse besuchen, sollen die vom Verfall bedrohten Hotels und Hospitäler mit anderthalb Millionen Dollar restauriert werden.

Heute ist Grosse eine nationale Gedenkstätte. Zu besichtigen sind die beiden Friedhöfe, zwanzig renovierte Gebäude der Quarantänestation, darunter das Desinfektionsgebäude gleich am Pier sowie das Hotel für die Passagiere der ersten Klasse.

Australien

Portugiesische und niederländische Seefahrer hatten Anfang des 17. Jahrhunderts als erste Europäer zunächst die unwirtliche Westküste Australiens angelaufen.

1642 erkundete der berühmte niederländische Navigator Abel Janszoon Tasman im Auftrag des

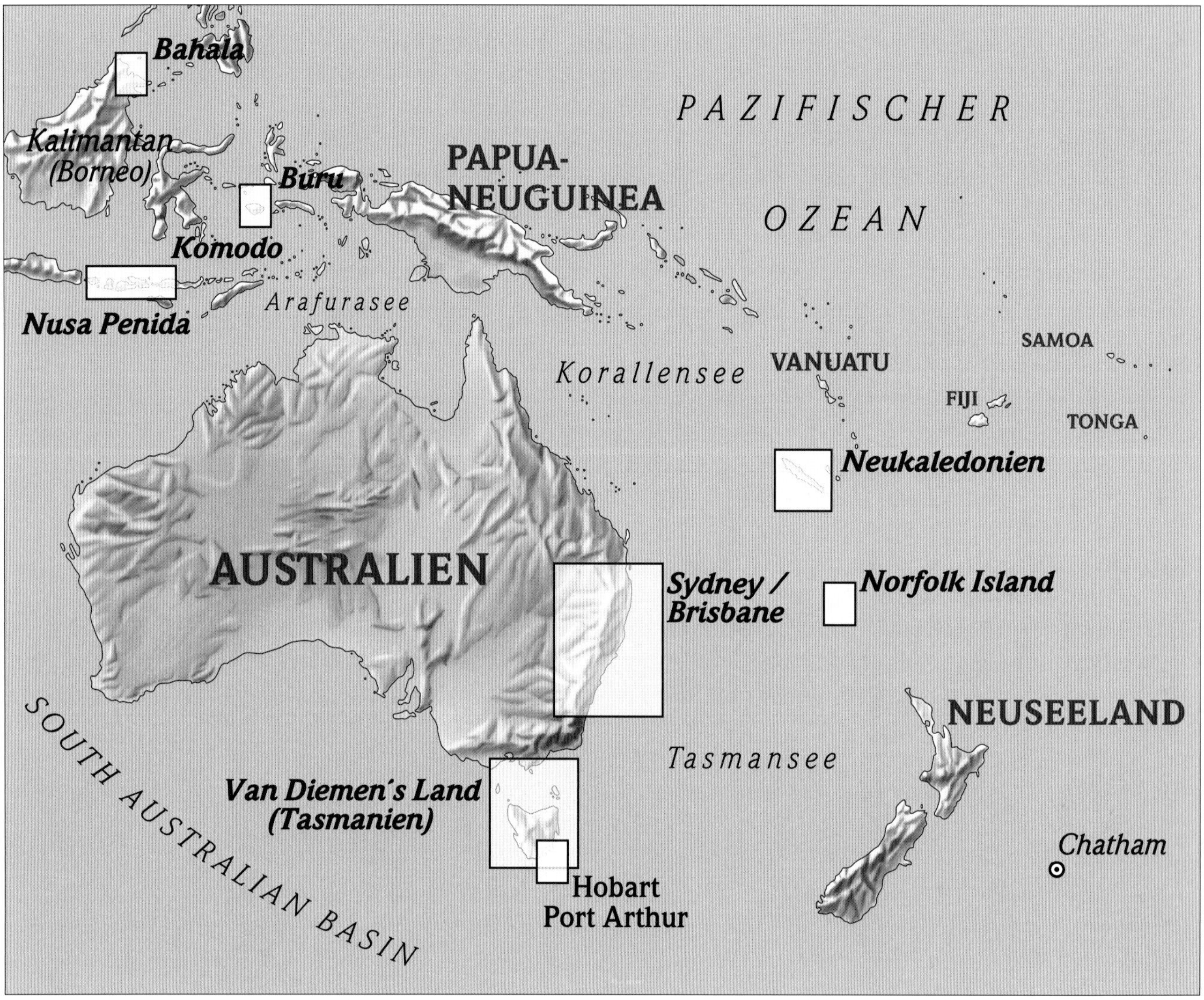

Generalgouverneurs von Holländisch Ost-Indien, Anton van Diemen, die Südküste und entdeckte im Dezember die später nach ihm benannte Insel.

Neuholland, wie Australien damals genannt wurde, war für die Kolonialmächte anfangs überhaupt nicht attraktiv. Es lag zu weit abseits der Handels- und Schifffahrtsrouten, die Küsten schienen unwirtlich und das Hinterland wirtschaftlich uninteressant zu sein. Als James Cook Ende April 1770 an der Ostküste, in der Botany Bay, landete und kurzerhand alles Land östlich des 135. Längengrades zu britischem Besitz erklärte, erregte das kaum Aufmerksamkeit.

Als jedoch 1783 mit dem Frieden von Versailles die nordamerikanischen Kolonien für die Briten endgültig verloren waren, erkannte die britische Regierung 1787 die Cook'sche Landnahme an und verfügte die Besiedlung mit Sträflingen.

So wurde begonnen, einen ganzen Kontinent mit Sträflingen zu okkupieren und zu besiedeln. Die Sträflingskolonien und ihre Außenposten bildeten die Kerne, in deren Nähe sich Siedlungen entwickeln konnten, die von den billigen Arbeitskräften und vom Handel mit den Wächtern sowie den Sträflingen profitierten.

Schon im Mai 1787 verließen neun Schiffe mit 736 Gefangenen, eskortiert von zwei Kriegsschiffen, den Hafen von Plymouth.

Nach achtmonatiger Seereise erreichte die Flotte die Botany Bay. Der Leiter der Expedition, Arthur Phillip, befand das Gelände allerdings für ungeeignet und gründete die Kolonie in der Bucht von Port Jackson, wenige Kilometer nördlich der Botany Bay. Aus ihr entstand das heutige Sydney, so genannt nach dem damaligen Lord Sydney, Secretary of State for Home Affairs.

Der Standort der Sträflingskolonie, Hyde Park Barracks, war Sydney Cove, heute Circular Quay. Auf der bei den Einheimischen und Besuchern gleichermaßen beliebten Promenade mit ihren Cafés, Läden, Straßenmusikanten sowie an- und ablegenden Fähren und Ausflugsschiffen erinnert nichts mehr an die Sträflinge und ihre Bewacher, die dort am 26. Januar 1788 anlandeten und ihre ersten Unterkünfte bauten. Im Osten wird die Sydney

Cove durch Bennelong Point mit dem imposanten Wahrzeichen der Stadt, dem 1973 erbauten Opernhaus, begrenzt. Im Westen verläuft die gewaltige, 1932 vollendete Harbour Bridge über Dawes Point. Und mit diesem Namen ist wieder eine Verbindung zur Vergangenheit hergestellt: Rufus Dawes, so nannte Marcus Clarke seinen Romanhelden.

Australien
Sydney: 33°51'S, 151°14'O

Dem aus London stammenden, seit seinem 18. Lebensjahr in Australien lebenden Marcus Clarke (1846–1881) verdanken wir die eindrucksvolle, bedrückende Schilderung der britischen Deportation nach Australien, wie sie von 1788 bis in die Mitte des 19. Jahrhunderts praktiziert wurde. Der junge Autor veröffentlichte, inspiriert von Victor Hugos »Die Elenden« und Alexandre Dumas' »Graf von Monte Christo«, ab März 1870 in Fortsetzungen im Australian Journal »For the Term of His Natural Life« (Lebenslänglich). Es wurde einer der ersten Bestseller in der jungen Nation Australien und später in mehrere Sprachen übersetzt. Kritiker werfen Clarke vor, dem Publikumsgeschmack zu viele Tatsachen geopfert zu haben. So seien keine Kinder in Port Puer von den Klippen in den Freitod gesprungen, wie er behauptet hatte.[84]

Robert Hughes, gebürtiger Australier, hat mit seinem Buch »The Fatal Shore« über die Besiedlung Australiens eine Monographie geschrieben, die wie wenige Sachbücher in der internationalen Presse enthusiastisch gefeiert wurde.

Wer kam nach Australien?

Der erste Sträflingstransport war gemischt zusammengesetzt: einige Schwerverbrecher, einige Angehörige der höheren Stände, eine beträchtliche Zahl aufständischer Iren, überwiegend jedoch kleine Gauner, Wilderer und Taschendiebe. Der älteste Häftling war eine zweiundachtzig Jahre alte Frau, der jüngste war ein neunjähriger Schornsteinfeger.

Manche der Häftlinge nutzten die Zeit der Überfahrt, um in Übung zu bleiben. So hatte sich auf einem der Schiffe des ersten Konvois ein Fälscherring gebildet, der aus alten Gürtelschnallen und Zinnlöffeln täuschend echte Münzen herstellte.

In der Mehrzahl waren es Bettler und bettelarme Landarbeiter und Tagelöhner, die wegen geringfügiger Eigentumsvergehen Opfer drakonischer Besitzergesetze wurden. Zwischen 1827 und 1830 verzeichnet die Statistik mehr als 8.500 überführte Wilderer, die zum großen Teil nach Australien deportiert wurden. Wilderei war für viele die einzige Möglichkeit zu überleben[85], und die organisierte Wilderei war eine Form des Protestes der Landbewohner gegen die zunehmende Armut, ein Krieg der Armen gegen die Reichen. Die damalige englische Gesetzgebung sah für zweihundert Vergehen die Todesstrafe vor. Sie konnte aber ausgesetzt werden, wenn sich der Verurteilte bereit erklärte, als Verbannter in die Kolonien zu gehen. Jede Person, die nicht zur Klasse der Jagdberechtigten gehörte und mit einer Schusswaffe oder irgendeiner anderen Waffe in einem Wald oder Park angetroffen wurde, verfiel ohne Gnade der Deportation.[86]

Mary Haydock aus Yorkshire war dreizehn Jahre alt, als sie auf das Pferd eines Grafen kletterte. Dieses Vergehen brachte ihr sieben Jahre Deportation ein. Sie blieb auf Tasmanien und heiratete einen Offizier der Handelsmarine. Ihr Enkel wurde Geistlicher und schließlich hoher Beamter auf Tasmanien.

Eine nicht geringe Zahl der Deportierten waren politische Gefangene, namentlich irische Aufständische von 1798 und Führer der Chartistenbewegung der 1840er-Jahre. Die 1.067 Verurteilten des 98er Aufstands kamen mit neun Schiffen nach Australien. Damals war Sydney als Gefängnis für passive und apathische englische Gauner recht gut geeignet. Wie sollte man aber mit den rebellischen Iren fertig werden? Aber diese verhielten sich wider Erwarten ruhig und versuchten erst 1804 einen Aufstand, der jedoch erfolglos und die einzige organisierte Erhebung blieb.[87]

Unter den Verbannten befanden sich nicht nur Menschen aus Britannien, sondern auch aus Indien, Frankreich, Kanada, der Ukraine, Brasilien, Italien, von Korsika, aus Hongkong und aus afrikanischen Ländern. Sogar ein Deutscher soll nach Australien verbannt worden sein.

In Island erzählt man, dass Anfang des 19. Jahrhunderts ein dänischer Abenteurer namens

Jörgensen in der englischen Flotte als Kapitän gedient habe. Er sei nach Island gekommen und habe die Insel kurzerhand besetzt und zum Eigentum der englischen Krone erklärt. Die Engländer hätten die Insel aber nicht gewollt und sie den Dänen wieder zurückgegeben. Jörgensen sei nach Van Diemen's Land verbannt worden.[88]

Manche der Verbannten waren gebildet. Es gab unter ihnen Rechtsanwälte, Ärzte, höhere Beamte und Geistliche.

Ein Siebtel der Deportierten waren Frauen. Viele wurden für Huren gehalten, aber Prostitution war zu keiner Zeit eine mit Deportation bedrohte Straftat.

Die Gouverneure unterstützten die Deportation von Frauen nach Australien, um so für im Land geborene Freisassen zu sorgen, die dann die landwirtschaftliche Grundlage der Kolonie bilden sollten. Und wegen der Moral: »Ohne eine ausreichende Anzahl an Frauen ist es unmöglich, die Siedlung vor Regelverstößen und Ordnungswidrigkeiten zu bewahren«, schrieb ein Angestellter im Kolonialministerium. Es ging vor allem darum, Homosexualität und Unzucht mit Tieren einzuschränken.

1789 verließ der Dreimaster LADY JULIANA die Themse. An Bord sechs Offiziere, dreißig Seeleute und 240 wegen meist geringfügiger Delikte verurteilte Mädchen und Frauen aus allen Gefängnissen des Königreichs. Jeder Seemann durfte sich für die Dauer der Reise eine Gefährtin aussuchen. Die Regierung hatte vorsorglich sechzig Garnituren Babywäsche mitgeliefert. Unterwegs, in den Anlaufhäfen Teneriffa, Rio und Kapstadt, kamen Seeleute anderer Schiffe an Bord des schwimmenden Bordells. Nach einem Jahr kam die LADY JULIANA an ihrem Bestimmungsort, Port Jackson, an. Zwölf Frauen waren schwanger. Die »Ladung« wurde an Siedler und Soldaten versteigert. Wer keinen Käufer fand, landete als Sträflingshure in einem Getto.[89]

In Port Jackson ankommende weibliche Häftlinge wurden wie auf einem Sklavenmarkt dargeboten. Offiziere hatten die erste Wahl, danach kamen die Unteroffiziere, dann die Gemeinen und schließlich die als Siedler ansässig gewordenen ehemaligen Häftlinge, sofern ihnen die Erlaubnis zum Halten einer weiblichen Arbeitskraft erteilt worden war. Die Frauen waren also nicht nur Sexual- und Heiratsobjekt, sondern begehrte Arbeitskraft, gleichgültig ob als Dienerin in einem Offiziershaushalt oder als Mädchen für alles auf einer Farm. Alle übrig gebliebenen Frauen wurden nach Parramatta in die Textilfabrik gebracht.

Mit der Deportation konnten gleich mehrere Fliegen mit einer Klappe geschlagen werden:

1. wurde der Straftäter ebenso gründlich wie dauerhaft aus der Gesellschaft entfernt,

2. verschwanden mit der Deportation die Gefangenen ebenso wie einige der anstößigen Gefängnisse, und

3. stand schließlich mit den Deportierten eine erhebliche Arbeitskraftreserve für die Besiedlung von Kolonien und für Aufgaben zur Verfügung, die kein freier Siedler unter den herrschenden Bedingungen erledigen würde.

Das Besondere der Besiedlung des riesigen Landes durch Sträflinge kam auch in den Bezeichnungen für die Deportierten zum Ausdruck.

In der Frühzeit der britischen Landnahme galt es in Australien als Beleidigung, einen Sträfling »Sträfling« zu nennen. Er wurde »Government Man« (Regierungsmann), später »Legitimate« (Rechtmäßiger), »Exile« (Verbannter, Exilant) oder gar »Empire-builder« (Erbauer des Empire) genannt. Die Deportierten waren eben Engländer, wenn auch »schlechte«.

Ende des 18. Jahrhunderts kamen die ersten freien Siedler und erschlossen weiteres Land, d. h. stahlen es den Eingeborenen.

Als um 1850 die ersten Goldfunde gemacht wurden, zogen massenhaft Einwanderer ins Land.

Wie viele Häftlinge kamen nach Australien?

Bis 1868, als das letzte Sträflingsschiff in Westaustralien ankam, waren auf dem fünften Kontinent 160.663 Sträflinge, nach Morton[90] tausende der schlimmsten und der besten Engländer, »angelandet« worden. Man schätzt, dass unterwegs ebenso viele den unmenschlichen Transportbedingungen und Schiffsunfällen zum Opfer fielen.

Wie waren die Transportbedingungen?

Acht bis zehn Monate dauerten anfangs die Seereisen und fremde Häfen durften unterwegs nicht angelaufen werden. Später brauchte die Mehrzahl der Transporter weniger als hundertzehn Tage. Die EMMA EUGENIA schaffte 1838 die Passage sogar in fünfundneunzig Tagen.

Die Transportbedingungen waren meist katastrophal. Zu viele wollten an dieser Art der menschlichen »Abfallbeseitigung« verdienen: die Schiffseigner, die Makler, die Ausrüster. Später wurden Vorschriften für die Ausstattung der Sträflingsschiffe erlassen und mehr oder weniger auch eingehalten.[91] Viele Schiffe, die Sträflinge nach Australien brachten, waren Walfangschiffe, die nach dem Löschen ihrer menschlichen Fracht wieder ihrer eigentlichen Arbeit nachgingen.[92]

Bei Marcus Clarke lesen wir über einen Transport im Jahr 1827: »Das Gefängnis (des Sträflingsschiffes MALABAR, d. A.) war etwa fünfzig Fuß (15,24 m) lang, fünfzig Fuß breit und hatte die volle Höhe des Zwischendecks, das heißt ungefähr fünf Fuß zehn Zoll (1,80 m).« In diesem Käfig mussten sich hundertachtzig Sträflinge aufhalten. Außerdem befanden sich an Bord noch fünfzig Soldaten, dreißig Mann Besatzung und sieben Kajütpassagiere. Über die Bedingungen im Käfig schrieb Clarke: »Es ist unmöglich, mit Worten eine Vorstellung von der schaurigen Gespensterhaftigkeit dieser Szene zu vermitteln oder die aus dem übel riechenden Dämmerlicht des schrecklichen Gefängnisses auftauchenden Gestalten und Gesichter zu beschreiben. Der Griffel eines Jaques Callot, die Feder eines Dante hätten es vielleicht andeutungsweise vermocht; aber jeder Versuch, dieses Grauen eingehend zu schildern, würde nichts als Abscheu erregen.«[93]

Wie entwickelte sich die Kolonie?

Das Zentrum war Port Jackson.

Auf Goat Island (Ziegeninsel), einem Felsen im Hafen von Sydney, wurden besonders widerspenstige Sträflinge isoliert. Diese kleine Insel beherbergte später auch das Arsenal.

Wer sich schwererer Vergehen schuldig machte – was darunter zu verstehen war, wurde willkürlich festgelegt –, kam auf einen Strafaußenposten. Der erste auf dem Festland wurde Newcastle, gut hundert Kilometer nördlich von Sydney, an der Hunter-Mündung. Dort gab es ein Kohleflöz, das dem Ort auch seinen ersten Namen gab: Coal Harbour. 1801 wurden die ersten Sträflinge dorthin geschickt.

Später wurden viele Sträflinge zum Fällen von Zedern eingesetzt. Besonders verhasst war das Brennen von Kalk aus Austernschalen der einige Kilometer nördlich von Newcastle liegenden riesigen Austernbänke. Die etwa 250 Sträflinge schliefen jeweils zu dritt in 1,20 Meter breiten Abteilen von Hütten.

Als sich Newcastle nicht länger als Strafkolonie eignete, wurde 1821 rund 400 Kilometer nördlich von Sydney das Straflager Port Macquarie für erneut straffällig gewordene Lebenslängliche gegründet. Ende der 20er-Jahre wurde auch dieses Gebiet für freie Siedler freigegeben.

Auch Brisbane, nördlich von Sydney gelegen, hat seinen Ursprung in einer Strafkolonie. Im Jahr 1823 erkundete John Oxley das Land an der 700 Kilometer nördlich von Sydney gelegenen Moreton Bay, um im Auftrag des Gouverneurs von New South Wales, Sir Thomas Makdougall Brisbane, einen geeigneten Platz für eine neue Strafkolonie zu finden. Die erste Gruppe von Häftlingen wurde 1824 in Redcliffe angelandet. Die Kolonie musste jedoch bereits nach kurzer Zeit wegen fehlenden Trinkwassers und Problemen mit den Eingeborenen um rund dreißig Kilometer an die Stelle des heutigen Brisbane verlegt werden. Ende 1824 besuchte der Gouverneur den nach ihm benannten Fluss und erteilte den Auftrag, die Strafkolonie namens Edenglassie an dessen Ufer zu verlegen.

Patrick Logan, Kommandant der Garnison von 1826 bis 1830, entwarf einen Plan für die Entwicklung der Stadt. 1834 wurde die Siedlung in Brisbane umbenannt.

Um 1840 wurde Moreton Bay als Strafsiedlung, und mit ihr die letzte auf dem australischen Festland, aufgegeben. 1842 wurde das Land für die Siedler freigegeben.[94]

Eine Episode am Rande:

Rund 250 Kilometer nördlich von Brisbane liegt eine lang gestreckte, bemerkenswerte Insel. Bei den seit 19.000 Jahren dort lebenden Eingeborenen, den Angehörigen des Stammes Badjala, hieß sie N'gari (bzw. K'gari), das bedeutet: Paradies.

Im Jahr 1836 strandeten Kapitän James Fraser, seine Frau Eliza und die Schiffsbesatzung bei einem Sturm auf der den Engländern bis dahin unbekannten Insel. Unter dem Vorwand, ihr Mann und seine Crew würden von den Wilden gefangen gehalten, alarmierte die »geflohene« Eliza das Festland. Und nun kamen die weißen Eroberer und nahmen von den Schätzen der Insel Besitz. Sie begannen den sagenhaften Holzreichtum, vor allem die bis 70 Meter hohen Satinay-Bäume, zu plündern. Die Eingeborenen waren bald bis auf wenige Überlebende ausgerottet. Die Insel erhielt den Namen Fraser, wird aber auch Great Sandy Island genannt, denn sie ist die größte Sandinsel der Welt, mit den ältesten und höchsten, bis zu 240 Meter hohen, Küstendünen der Erde. Seit 1992 gehört sie zum Weltkulturerbe der Menschheit.

Port Jackson wurde trotz der Erschließung von Außenposten bald zu eng. Mit immer neuen Sträflingsgruppen entstanden Kolonien in Van Diemen's Land (1803), Victoria (1804), Südaustralien (1820) und schließlich sogar im unwirtlichen Westaustralien (1827).

Der letzte Teil Australiens, der Sträflinge aufnahm, war also der Westen. Dort wurden dringend Arbeitskräfte für die Erschließung des Landes benötigt.

1826 hatte Gouverneur Darling mit der 75-Meter-Brigg AMITY einen Trupp Soldaten und fünfzig Sträflinge unter Major Lockyer ausgeschickt, die eine Gegend am King George's Sound in Besitz nehmen sollten, wo heute der kleine Fischerort Albany liegt. Eine Nachbildung der AMITY konnte noch Ende des 20. Jahrhunderts in Albany besichtigt werden. Die Siedlung Frederikstown überdauerte nur fünf Jahre.

Der nächste Versuch wurde am Swan River unternommen. Diese Siedlung brauchte, um sich erhalten zu können, billige Sträflingsarbeit. Die Bewohner Westaustraliens baten London darum, die Kolonie in eine Strafsiedlung umzuwandeln. Und so geschah es. Das erste Schiff mit Sträflingen machte im Juni 1850 in Fremantle fest. Bis 1868 wurden 9.668 Sträflinge dorthin gebracht. Die Sträflingsunterkunft bei Fremantle war ein lang gestreckter, weißer Flachbau. Dort waren die Sträflinge untergebracht, die in Kettenkolonnen in der Stadt und ihrer Umgebung arbeiteten. Gruppen von Sträflingen, die nicht in Ketten arbeiten mussten, bauten Straßen und Gebäude in der Umgebung, z.B. für das 1856 zur Stadt proklamierte Perth.

Freie Einwanderer, Freigelassene und vor allem die Offiziere der Wachmannschaften eigneten sich als Squatters riesige Ländereien an. Die Eingeborenen, das mit Abstand älteste Volk der Erde, wurden zu tausenden getötet und in unwirtliche Gegenden vertrieben. Unter anderem die Palm Islands sind derzeit noch Reservate für Aborigines. Nur zwei der im Great Barrier Reef gelegenen, aus zehn Hauptinseln bestehenden Inselgruppe, nämlich Orpheus Island und Pelorus, sind der Öffentlichkeit zugänglich.

Die Napoleonischen Kriege steigerten die Nachfrage nach Wollstoffen in einem solchen Maß, dass die einheimische britische Landwirtschaft nicht mehr in der Lage war, sie zu befriedigen. Das war der Anstoß für riesige Schafherden in Australien.[95]

Wie war das Leben in der Kolonie?

Vieles hing davon ab, wie der jeweilige Gouverneur seine Aufgabe interpretierte und seinen Pflichten nachkam.

Erster Gouverneur von New South Wales war Kapitän Arthur Phillip. Er übte dieses Amt bis Dezember 1792 aus. Einer seiner Nachfolger wurde William Bligh, ehemals Kapitän der BOUNTY, deren Besatzung gemeutert und sich auf Pitcairn niedergelassen hatte.

Jeder der Gouverneure regierte mit anderen Mitteln und Methoden und herrschte nahezu uneingeschränkt, denn England war weit entfernt.

Die ersten Sträflinge lebten wie ihre Bewacher etwa fünf Jahre lang am Rande des Verhungerns. Die ersten Ernten fielen katastrophal aus. Die gesamte Ernte der zweiten Aussaat musste als Saatgut aufbewahrt werden. In Sydney Cove herrschte dasselbe Elend wie in den Slums der englischen Städte. Einer war des Anderen Feind. Auf Nahrungsmitteldiebstahl standen drastische Strafen. Ein Sträfling bekam tausend Peitschenhiebe dafür, dass er etwa ein Kilogramm Kartoffeln gestohlen hatte. Nach einer solchen Strafe war ein Mann lebendigen Leibes gehäutet und zu keiner Tätigkeit mehr im Stande.

Im März 1790 schickte Phillip die SIRIUS mit dreihundert Mann in Begleitung der SUPPLY nach Norfolk. Am 5. April kehrte die SUPPLY allein zurück, die SIRIUS war verloren gegangen. Nun waren die beiden Kolonien nahezu isoliert.

Später verkehrten zwischen den Sträflingskolonien, z. B. Macquarie Harbour und Hobart Town, Sydney und Norfolk, regelmäßig Schiffe.

Am 3. Juni 1790 kam das erste Schiff seit Anlandung der ersten Sträflinge aus England an. Es brachte zwar etwas Mehl, aber auch 222 weibliche Sträflinge, die von Wächtern wie Häftlingen einerseits mit besonderem Interesse aufgenommen wurden, andererseits als zusätzliche Esser nicht sehr willkommen waren.

Erst ab 1792 konnte sich die Kolonie selbst erhalten.

Homosexualität war verbreitet. Kein Wunder, wo doch das Verhältnis von Männern zu Frauen in der Stadt vier zu eins und im Busch zwanzig zu eins betrug. Sie war sicher nicht weniger verbreitet als in heutigen Gefängnissen. Zur Befriedigung ihrer sexuellen Gelüste nahmen sich die Männer, wenn keine Frauen oder Männer zur Verfügung standen, nicht selten auch Schafe vor.

Für jeden Sträfling gab es zwei Möglichkeiten: er konnte entweder direkt für die Krone arbeiten oder – in ihrem Auftrag – für einen privaten Arbeitgeber. Das war flexibel und produktiv, da die Häftlinge nach ihren Fähigkeiten eingesetzt wurden. Die Dienstverpflichtung hatte den Nebeneffekt, dass die Sträflinge über weite Flächen verteilt wurden und es zu keinen gefährlichen Ballungen kam. Nur in den Strafaußenposten, an der Moreton Bay, in Port Macquarie oder auf Norfolk, wurde sture Gefängnisarbeit geleistet.[96]

Die meisten verbüßten einige Jahre ihrer Strafe mit Arbeit für einen freien Siedler oder für die Regierung, trugen nie Ketten, bekamen Urlaub und wurden im Laufe der Zeit als freie Bürger in die Gemeinschaft der Kolonie aufgenommen. Manche ließen ihre Familien nachkommen, sofern sie einen Freibrief[97] vorweisen oder den Nachweis erbringen konnten, eine Familie zu ernähren, oder gründeten in Australien Familien. Scharfe Haftbedingungen hatten diejenigen zu erwarten, die als unverbesserlich galten oder in der Kolonie erneut straffällig und verurteilt wurden.

Das Gesetz sah drei Möglichkeiten vor, wie ein Sträfling freikommen konnte: die bedingungslose Begnadigung durch den Gouverneur mit allen Rechten, einschließlich des Rechtes auf Rückkehr nach England, eine bedingte Begnadigung mit Bürgerrechten in der Kolonie ohne das Recht auf Rückkehr nach England und schließlich der Freibrief mit dem Recht, bis zum Ende seiner Strafzeit Arbeitsplatz und Wohnsitz innerhalb der Kolonie frei wählen zu dürfen. Allerdings hatte der Freibrief einen Haken. Er galt nur für jeweils ein Jahr, musste erneuert werden und war jederzeit widerrufbar. Eine billige Denunziation genügte, um den Freibriefinhaber wieder rechtlos werden zu lassen.

Die wichtigste Währung in Australien war der Rum. Das Wort stand für alle verfügbaren Arten von Alkohol. Der Rum bestimmte darüber, ob jemand reich oder arm wurde. Man schätzt, dass de facto alle Männer und die meisten Frauen trunksüchtig waren. Nicht nur die Sträflinge waren dieser Sucht erlegen, sondern auch Mitglieder der Kolonialverwaltung.

Dem von 1810 bis 1821 amtierenden Gouverneur Lachlan Macquarie gelang es, die Sitten wieder etwas zu verbessern. Er muss wohl recht eitel gewesen sein, denn zahlreiche Orte wurden nach ihm benannt.[98]

Vergehen wurden vorzugsweise mit Auspeitschen bestraft. Schon das berüchtigte »Botany-Bay-Dutzend« oder der »Tester« (25 Peitschenhiebe) bedeuteten eine schier unmenschliche Qual. Die knotenförmigen Narben blieben ein Leben lang sichtbar. Schlimmer noch waren die seelischen Schäden. Peitschenhiebe erniedrigten und demoralisierten die Betroffenen dauerhaft. Von Narben bedeckte Rücken waren Rangabzeichen. Auch die Haltung am Dreibein war von Bedeutung. Wer jammerte und schrie, galt als »Crawler« (Kriecher, Wurm) oder »Sandstone« (Sandstein). Wer die Hiebe schweigend ertrug und dem Mann, der ihn geschlagen hatte, nach der Prozedur verächtlich vor die Füße spie, war ein »Pebble« (Kiesel) oder »Iron Man« (Eisenmann).[99]

Später spielte die Peitsche nicht mehr die dominierende Rolle. Den Sträflingen wurde Straferleichterung bei guter Arbeit für die Behörden zugesichert.

Häftlinge versuchten immer wieder zu fliehen. Über See konnte eine Flucht nur mit Hilfe von außen gelingen. Amerikanische Robbenfänger nahmen geflohene Häftlinge gern auf, wenn sie billige Arbeitskräfte brauchten. Auch an Bord französischer und sogar englischer Kauffahrer gelang einigen Häftlingen die Flucht. Zwischen Sträflingen und Seeleuten gab es eine natürliche Sympathie, denn beide waren oft tyrannischen Menschen ausgeliefert. Einer jungen Frau gelang 1791 mit ihren zwei kleinen Kindern, ihrem Mann und sieben weiteren Sträflingen die Aufsehen erregende Flucht mit einem kleinen Boot in knapp zehn Wochen von Sydney nach Timor.

Auf dem Landweg zu fliehen war ein großes Wagnis und misslang meist. Fälle von Kannibalismus sind überliefert. Eigentlich war es leicht zu fliehen, schwer war es, im Busch zu überleben.

Das Ende der Sträflingskolonie

Allmählich wuchsen um die Sträflingskolonien herum die Siedlungen der Bewacher, freigelassenen und freien Siedler, Verwaltungs- und Behördenangestellten, Bediensteten, bis die Sträflingsunterkünfte nur noch einen kleinen Teil des Ortes ausmachten und schließlich, wenn überhaupt noch vorhanden, nicht mehr als eine örtliche Institution waren.

Der Makel, der Australien als Sträflingskontinent anhaftete, konnte auch durch den wirtschaftlichen Nutzen der Sträflingsarbeit nicht wettgemacht werden.

1863 fand in Melbourne der erste Kongress der australischen Kolonien statt. Sämtliche Teilnehmer waren sich darüber einig, dass die Deportation nach Westaustralien aufhören müsse. Anfang 1865 erklärte das Kabinett in London, dass die Deportation binnen drei Jahren aufhören würde.

Am 10. Januar 1868 setzte das letzte Sträflingsschiff seine Ladung von sechzig politischen Gefangenen (Fenians, die Mitglieder einer irischen Untergrundorganisation) und verschiedenen Kriminellen bei Fremantle an Land.

Das Fehlen der Sträflinge war eine wirtschaftliche Katastrophe für Westaustralien.[100]

Wir haben mit dem vorhergehenden Abschnitt der Entwicklung ein wenig vorgegriffen. Bevor die Deportationen völlig aufhörten, spielten Van Diemen's Land bzw. Tasmanien und Norfolk ihren Part im unrühmlichen Akt des britischen Geschichtsdramas. Sie sollen natürlich nicht unterschlagen werden.

Tasmanien, Van Diemen's Land
40°45' bis 43°40'S, 144°40' bis 148°25'O

Es ist bezeichnend für den überheblichen Umgang der Europäer mit den Ureinwohnern dieser Insel, dass weder deren Bezeichnung für ihr Land noch wie sie sich selbst nannten, überliefert ist.

Die Insel wurde zunächst nach dem Generalgouverneur von Holländisch Ost-Indien, Anton van Diemen, benannt. Später, 1853, erhielt sie den Namen des Entdeckers, Abel J. Tasman, eines berühmten Navigators, den van Diemen ausgeschickt hatte, die australische Südküste zu erkunden.

Die abgelegene Insel vor der abgelegenen Küste des abgelegenen Kontinents unterscheidet sich in vieler Hinsicht vom gegenüberliegenden Festland. Sie bietet ein frisches Klima, viele Flüsse mit eindrucksvollen Wasserfällen sowie eine artenreiche Fauna und Flora. In den dichten Wäldern des Südwestens lebt eines der seltsamsten Tiere Australiens, der gefräßige tasmanische Beutelteufel. Auch den Beutelwolf soll es dort noch geben.

Sie ist aber auch eine Insel der krassen Gegensätze. Lassen wir dazu Clarke zu Wort kommen:

»Von dem einsamen Mewstone bis zu den Basaltklippen von Tasmans Vorgebirge, von Tasmans Vorgebirge bis Kap Pillar und von Kap Pillar bis zu der rauen Erhabenheit der Piratenbucht ähnelt die Südostküste von Van Diemen's Land einem von Ratten angenagten Zwieback …

Das Klima in diesem Küstenbereich ist eins der lieblichsten auf der Welt. Launceton im Norden ist warm, geschützt und feucht; Hobart Town, durch Bruny Island und die Archipele des D'Entrecasteaux-Kanals und der Sturmbucht vor der Gewalt der südlichen Brandung geschützt, hat die mittlere Temperatur von Smyrna. Zwischen diesen beiden Städten erstrecken sich eine Reihe schöner Täler, durch die klare, glitzernde Ströme fließen.

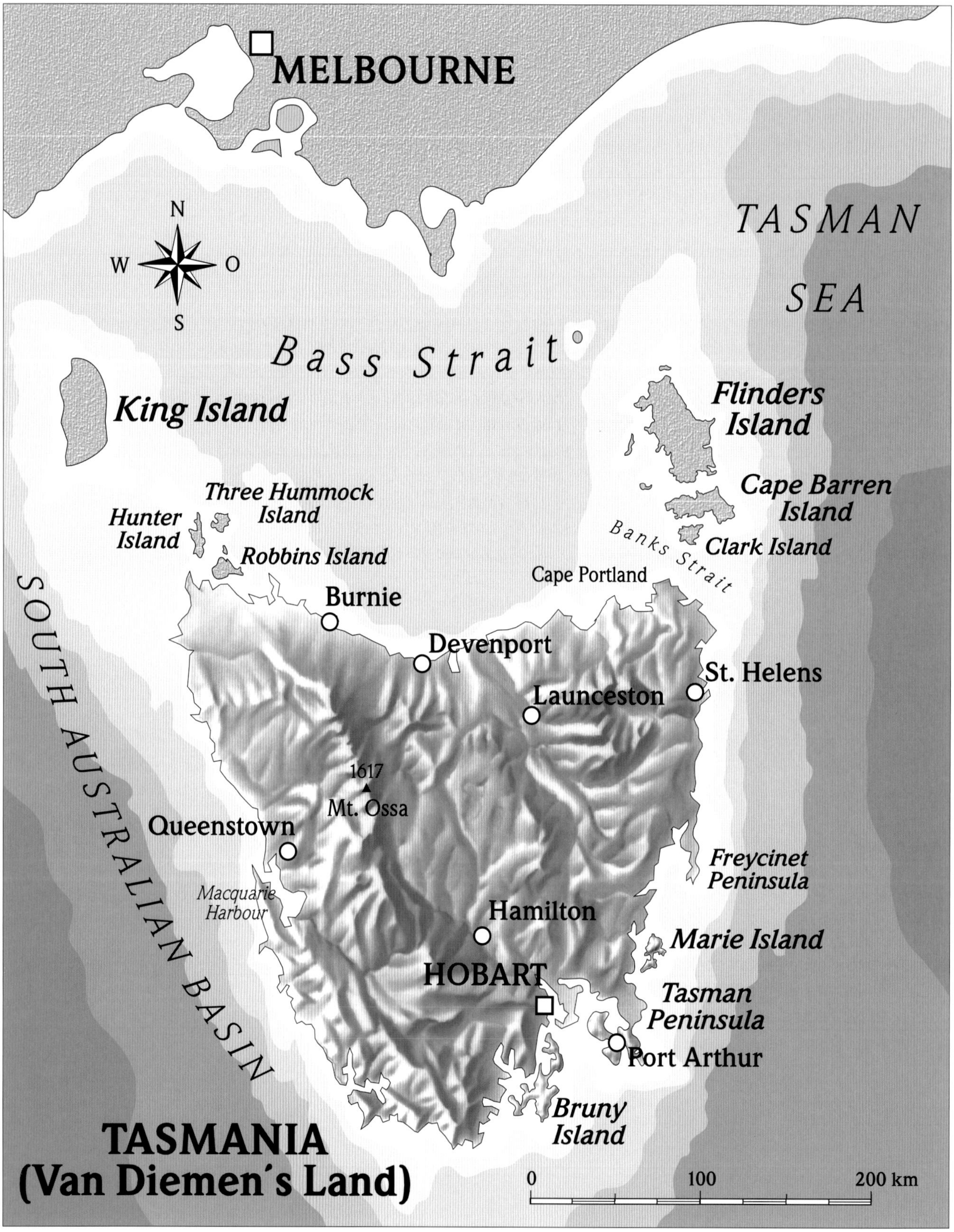
MELBOURNE
N
W
O
S
TASMAN
SEA
Bass Strait
King Island
Flinders Island
Cape Barren Island
Three Hummock Island
Hunter Island
Robbins Island
Banks Strait
Clark Island
Cape Portland
Burnie
Devenport
St. Helens
Launceston
SOUTH AUSTRALIAN BASIN
1617
Mt. Ossa
Queenstown
Macquarie Harbour
Freycinet Peninsula
Hamilton
Marie Island
HOBART
Tasman Peninsula
Port Arthur
Bruny Island
TASMANIA
(Van Diemen´s Land)
0
100
200 km

An der Westküste aber, von den steilen Felsen des Kap Grim bis zu dem kahlen, vom Busch umschlossenen Kap Sandy und dem finsteren Eingangstor nach Macquarie Harbour, weist die Landschaft einen völlig anderen Charakter auf. Längs der felsigen Küste, von Pyramid Island und den einsamen Wäldern von Rocky Point bis zu dem großen Ram-Vorgebirge und dem lang gestreckten Hafen von Port Davey, ist alles öde und freudlos. Hier, an diesem düsteren Strand, beenden die Flutwellen der Südsee ihre Rundreise um den Erdball, und der Sturm, der das Kap der Guten Hoffnung heimgesucht und sich auf seinem Wege nach Osten mit den eisigen Winden vereinigt hat, die aus den unbekannten Schreckensgebieten des Südpols nordwärts fegen, verheert ungehindert die Fichtenwälder von Huon und peitscht die grimmige Stirn des Mount Direction mit Regen. ... Jede Seefahrt ist ein gefährliches Wagnis, und in das Höllentor von Macquarie Harbour kann man – zu der Zeit, von der wir berichten, der unrühmlichen Blütezeit der Strafkolonie (kurz vor ihrer Auflösung 1833, d. A.) – nur bei ruhigem Wetter gelangen. ... Die Luft ist unangenehm kalt und feucht, der Boden bringt nur stachliges Gestrüpp und Unkraut hervor, und die giftigen Ausdünstungen der Sümpfe und Moore hängen dicht über der feuchten, schwammigen Erde. ... Das Antlitz der Natur trägt den Stempel ewiger Drohung ...

Macquarie Harbour ist der nasseste Ort Australiens. Jährlich fallen dort etwa 1.960 mm Regen.

Die Strafsiedlung lag etwa 30 Kilometer von der Hafeneinfahrt entfernt. Auf dem Weg dorthin passierten die Schiffe Orte mit zynischen Namen, z. B. »Liberty Point«, »Liberty Bay«, »Butt of Liberty« (Letzte Freiheit).

»Das Höllentor wird von zwei Landzungen gebildet. ... In der Mitte des Tores befindet sich ein natürlicher Riegel – das heißt eine Insel, die auf einer sandigen Barriere liegt und beiderseits von der Strömung umtost wird, so dass sich ein doppelter Strudel bildet, ein selbst bei ruhigem Wetter nahezu unüberwindliches Hindernis. Hat das landeinwärts fahrende Schiff dieses Tor glücklich passiert, so sieht der an das Deck gekettete Sträfling den kahlen Kegel von Frenchman's Cap vor sich, der in fünftausend Fuß Höhe aus dem feuchten Dunst ragt, er sieht die dunklen Ränder des Talbeckens, die sich, von überhängenden Felsen verfinstert und von riesigen Wäldern beschattet, nach der Mündung des Gordon verengen. Der reißende Strom ist von indigoblauer Farbe, und da er von zahlreichen Nebenflüsschen gespeist wird, die ihren Weg durch eine von Fäulnis zerfressene Vegetation nehmen, ist sein Wasser so giftig, dass es nicht nur ungenießbar ist, sondern auch jeden Fisch tötet, der bei stürmischem Wetter aus der offenen See hereingespült wird. ... Unweit der Mündung dieses unwirtlichen Flusses, in der Südostecke des Hafens, auf einer flachen Insel, die Sarah Island heißt, lag das Hauptquartier der Strafkolonie. ... Auf Philip Island, auf der Nordseite des Hafens, lag eine kleine Farm, wo man Gemüse für die Beamten der Niederlassung anbaute; auf Sarah Island befanden sich Sägemühlen, Schmieden, Schiffswerften, das Gefängnis, das Waschhaus, die Baracken und die Mole.«[101]

Van Diemen's Land wurde zum Gefängnis des Imperiums, als in den übrigen Kolonien die freien Siedler überwogen und die Proteste gegen die Deportationen zunahmen. Mit der Besetzung der Insel wollte man andererseits auch den Franzosen zuvorkommen, die ebenfalls Interesse zeigten und sich in der Nähe herumtrieben.

Die Anfänge: Risdon, Hobart

Im August 1803 verließ ein kleiner Trupp von freien Siedlern, Soldaten und Sträflingen Port Jackson (Sydney), segelte weisungsgemäß auf Van Diemen's Land den Derwent hinauf und errichtete ein Lager am Ostufer, das man Risdon nannte. Wenig später wurde die Siedlung ans Westufer verlegt und erhielt den Namen des damaligen Kolonialministers: Hobart.

Die Gefängnisbaracke von Hobart war ein lang gestreckter, niedriger Schuppen mit einem Wellblechdach innerhalb der steinernen Gefängnismauern. Im Hof saßen die Häftlinge in Ketten und zerkleinerten Steine. Andere arbeiteten außerhalb.

Im Jahr 1806 stand die Kolonie kurz vor dem Hungertod. Sie wurde nur durch das Fleisch der Kängurus gerettet.

Bei den Sträflingen hatte Van Diemen's Land wegen der Härte, mit der sie dort behandelt wurden, den denkbar schlechtesten Ruf. Van Diemen's Land war die Verkörperung der Strafe.

Diesen Ruf hatte die Insel allerdings nicht von Anfang an. Anfangs war sie, wie jede neue Siedlung in Australien, lediglich bedrückend, unwirtlich, gefahrvoll, von Mangel bedroht. Den Ruf besonderer Strenge bekam sie erst unter dem Statthalter Thomas Davey, der von 1813 bis 1816 amtierte.

1824 wurde George Arthur, eine der umstrittensten Gestalten der frühen australischen Geschichte, Statthalter auf Van Diemen's Land. Er übte dieses Amt bis 1836 aus.

1825 wurde Van Diemen's Land eine von New South Wales unabhängige Kolonie mit eigenem gesetzgebenden Rat. Unter Arthur entstand dort die totalitärste Gesellschaft, die innerhalb des britischen Empires je existierte. Er wollte vollständige Gewalt über »seine« Insel haben, über Sträflinge und Siedler. Van Diemen's Land war für ihn nichts anderes als ein großes Gefängnis.

Oberst Arthur hatte von seinem Vorgänger, dem Gouverneur Oberst Sorell, mit Hobart eine verwahrloste und demoralisierte Kolonie übernommen. Die Offiziere wählten sich ihre Geliebten unter den weiblichen Sträflingen aus, und diese konnten sich manche Erleichterung und Vergünstigung erkaufen. Ausschweifende Orgien waren üblich. Unter den freien Siedlern war Trunksucht weit verbreitet. Selbst betrunkene Kinder

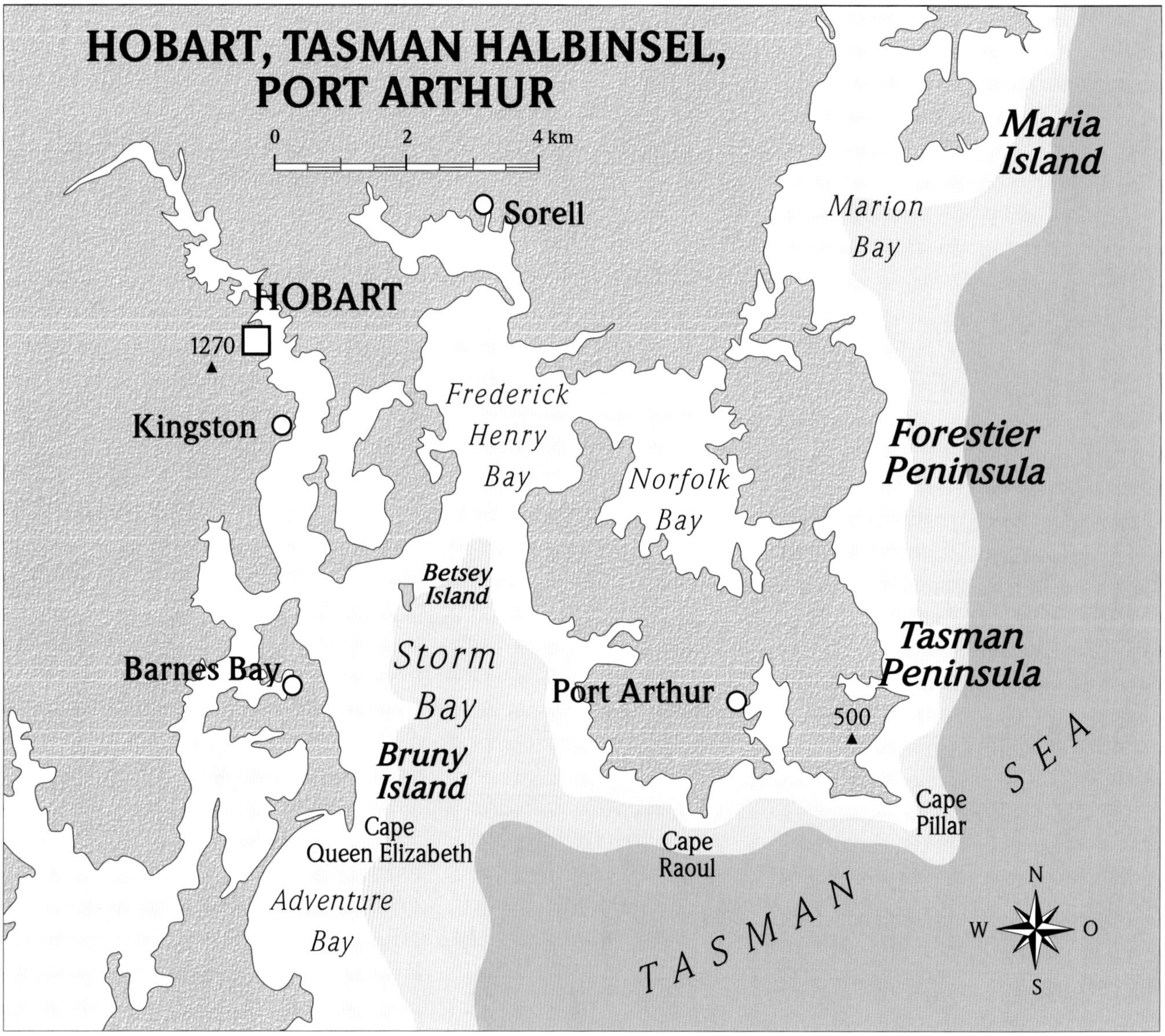

seien kein seltener Anblick auf den Straßen gewesen. An Sonntagen drängten sich Männer und Frauen vor den Wirtshäusern, die erst nach dem Gottesdienst mit dem Ausschank beginnen durften. Auch unter den Gefangenen spielte der Alkohol, obwohl verboten, eine große Rolle. Eine Flasche Branntwein galt als billig erstanden, wenn man mit zwanzig Peitschenhieben davonkam. Frauen und Männer betranken sich gemeinsam, und die »Fabrik«, ein Frauengefängnis, war der Schauplatz widerlichster Ausschweifungen. In den Arbeits- und Straflagern spielten sich mit der größten Selbstverständlichkeit ekelhafte Szenen ab, die jede Scham und Hemmung vermissen ließen.[102]

1826 waren die neuen Gefängnisbaracken in Hobart Town fertig und Arthur begann, sein differenziertes Strafsystem durchzusetzen. Er teilte die Gefangenen in sieben Kategorien ein, gleichbedeutend mit sieben Stufen der Behandlung.

1. Kategorie: Freibrief. Die Gefangenen brauchten nicht in den Baracken schlafen und durften am Samstag auf eigene Rechnung arbeiten.

2. Kategorie: Zuweisung an einen Siedler. Diese Gefangenen hatten lediglich das Privileg, am Samstag auf eigene Rechnung arbeiten zu dürfen.

3. Kategorie: Arbeit an öffentlichen Projekten. Diese Gefangenen hatten den Samstagnachmittag zur freien Verfügung.

In die vierte und fünfte Kategorie wurden die »widerspenstigen und aufrührerischen Elemente« eingestuft.

4. Kategorie: Arbeit im Straßenbau in den besiedelten Gebieten.

5. Kategorie: Arbeit in einer Kettenkolonne.

In die sechste und siebte Kategorie kamen »Menschen von entartetem und unverbesserlichem Charakter«. Sie waren von den übrigen Gefangenen abzusondern.

6. Kategorie: Verbannung in eine isolierte Strafsiedlung.

7. Kategorie: Arbeit in Ketten in einer solchen Siedlung.

Die Sträflinge der siebten, d. h. höchsten Kategorie galten als Abschaum des Abschaums, weder durch Ketten noch Peitschenhiebe zu bessern, für die menschliche Gesellschaft gestorben.

Als isolierte Strafsiedlungen standen zunächst Maria Island und Norfolk (s. d.) zur Verfügung. Ab 1827 kam als Steigerung Macquarie Harbour (s. d.), kurz und treffend nach seiner Einfahrt »das Höllentor« genannt, hinzu. Und schließlich Port Arthur (s. d.) als weitere Steigerung und Finale.

Maria Island, drei Seemeilen vor der Ostküste gelegen, gilt als besonders reizvoll. Der irische Adlige und Nationalist Smith O'Brian lebte 1849 auf der Insel. Er schrieb: »Auf einem der lieblichsten Flecken dieser Erde ein Gefängnis vorzufinden, erzeugt in mir einen Gefühlsaufruhr, der jeder Beschreibung spottet.«

Die Strafsiedlung auf Maria Island galt als weniger streng im Vergleich zu Macquarie Harbour. Auf Maria Island wurde zwar auch ausgepeitscht und Einzelhaft verhängt, aber die Arbeiten und die Lebensbedingungen waren ungleich leichter als in anderen Strafkolonien.

Im Februar 1837 ging Sir John Franklin mit Lady Jane und seinem Privatsekretär Alexander Maconochie in Hobart als Nachfolger von George Arthur auf Van Diemen's Land an Land. Mit ihm übernahm ein außergewöhnlicher Mann das Amt. Franklin hatte unter Nelson bei Trafalgar gedient, mehrere Forschungsreisen mitgemacht und geleitet. Er war in England eine gesellschaftliche Berühmtheit. Lady Franklin wurde in der Kolonie auch sogleich aktiv: sie gründete eine Gesellschaft zur Besserung weiblicher Gefangener, versuchte, die Schlangen auszurotten, förderte die schönen Künste, gründete eine Regatta auf dem Derwent und einen botanischen Garten.

Eine grundlegende Reform des Strafvollzugs in Australien bewirkte jedoch Alexander Maconochie. Er berichtete über die Zustände in Van Diemen's Land nach London. Die Berichte waren in der englischen Presse eine Sensation. Als diese Zeitungen sechs Monate später auf der Insel ankamen, war die Reaktion noch stärker. Die »braven« Bürger fühlten sich verunglimpft. In London rangierten die Probleme in Australien allerdings weit hinter denen Kanadas, Maltas, Gibraltars und der Kapkolonie. Trotzdem, ein Ausschuss beschäftigte sich mit dem Sinn der Deportation für die Verbrechensbekämpfung und mit ihrer wirtschaftlichen Bedeutung. Als Ergebnis wurde die Deportation nach New South Wales und Van Diemen's Land beendet. Der letzte Sträflingstransporter, die EDEN I, setzte am 18. November 1840 die letzten 269 Sträflinge in Sydney an Land.

Aber wohin nun mit den zu Haftstrafen Verurteilten? Es gab mehrere Vorschläge: die Bermudas, Malta, Korfu, die Falkland Inseln.

Das Ende der Deportation nach New South Wales bedeutete zunächst mehr Sträflinge für Van Diemen's Land. 1839 waren weniger als 1.500 Sträflinge auf die Insel geschickt worden, 1842 waren es weit über 5.000. Die vorhandenen Einrichtungen waren diesem Ansturm nicht gewachsen.

Maconochie forderte, den Strafvollzug auf Besserung zu orientieren und den Sträflingen Rechte nach festgelegten und unveränderlichen Bedingungen zu gewähren.

1840 wurde Maconochie nach Norfolk Island versetzt, um seine Ideen zu verwirklichen.

1843 wurde Franklin abberufen. Sein Nachfolger war Lord Stanley. Er führte ein fünfstufiges Besserungssystem ein:

1. mindestens ein Jahr nach Norfolk Island,
2. Arbeit in Bewährungskolonnen auf Van Diemen's Land mit besonderer religiöser Unterweisung,
3. Bewährungspass mit der Genehmigung zur Arbeit gegen Entlohnung für die Regierung oder freie Siedler,
4. Freibrief mit dem Recht, sich seinen eigenen Dienstherrn zu suchen, und
5. bedingte oder bedingungslose Freilassung.[103]

Im Verlauf der Zeit wurden sechzehn Bewährungsstationen für Bergbau, Holzwirtschaft, Landwirtschaft, Hoch- und Tiefbau eingerichtet.

Macquarie Harbour

Hobart war bald nicht mehr Schrecken genug. 1827 wurde in Macquarie Harbour, an der unwirtlichen Westküste, eine kleine Strafsiedlung gegründet. Sie war geplant als Ort der äußersten Verbannung und Strafe für in der Kolonie erneut straffällig gewordene, von denen man befürchten konnte, dass sie Buschklepper würden, für die unbelehrbarsten und zuchtlosesten Sträflinge. Für Jahre sollte dies der schlimmste Ort in der englisch sprechenden Welt sein. Die Sträflinge sollten schon allein die Vorstellung, dorthin geschafft zu werden, fürchten.

Bis 1832 war Macquarie Harbour der einzige Ort auf Van Diemen's Land, wo sich die letzten Stufen von Arthurs Strafsystem verwirklichen ließen.

Die für Macquarie Harbour vorgesehenen Sträflinge wurden in Hobart auf Schiffe verladen, die weder Schlafkojen noch Hängematten kannten. Die Schiffsreise konnte fünf bis sechs Wochen dauern und je nach Windrichtung konnte es vorkommen, dass das Schiff vor dem Hafen noch tagelang warten musste, bevor es einlaufen konnte.

Der wirtschaftliche Reichtum von Macquarie Harbour war die Hountanne (Dacrydium cupressinum), die das beste Schiffsbauholz lieferte, leicht zu bearbeiten und äußerst dauerhaft. In einem Jahr wurden nahezu 3.000 dieser herrlichen, uralten Bäume gefällt, zersägt und nach Hobart transportiert.

Untergebracht waren die Sträflinge auf einer Insel in der Mitte des Hafens, die damals Sarah Island hieß (heute Settlement Island). In den Jahren der Strafsiedlung war die Insel völlig abgeholzt und mit Gebäuden bedeckt worden. Den Mittelpunkt der Insel bildete das Haus des Kommandanten. Weitere Gebäude dienten den Wachmannschaften und dem Geistlichen. An der Westküste lagen das Krankenhaus und die beiden Strafanstalten. Die Sträflinge waren in Baracken untergebracht. Das Gefängnis war ein zweistöckiger Bau des Grauens. Weiter gab es Sägegruben, Werften, ein Backhaus, eine Gerberei.

Mehrere Reihen hoher Palisaden umgaben die Kolonie. Sie dienten weniger dazu Ausbruchsversuche zu verhindern, sondern vielmehr zum Schutz vor den unerbittlichen Stürmen.

Inzwischen hat die Natur wieder Besitz von der Insel ergriffen. Die Ziegelmauern sind zerfallen und überwuchert.

Etwa sechzig Soldaten sowie einige Aufseher und Constabler bewachten oft mehr als dreihundertfünfzig Gefangene. Einige glückliche Sträflinge, ungefähr hundert, genossen wegen guter Führung die Erleichterung, auf einer der Werften arbeiten zu dürfen. Eine beträchtliche Zahl unterschiedlicher Schiffe entstand auf der kleinen Insel, darunter sogar eine 200-Tonnen-Bark.

Die Übrigen wurden nach dem kärglichen Frühstück, bestehend aus Haferbrei, Wasser und Salz, jeden Tag um sechs Uhr zum Bäumefällen, -transportieren und -bearbeiten auf das Festland gerudert, wo sie täglich bis zum späten Abend ohne Pause und ohne Essen in Ketten schwerste Arbeiten zu verrichten hatten. Die bis zu zwölf Tonnen schweren Stämme wurden von den Männern, Zugtiere gab es nicht, zum Ufer geschleift und dort zu Flößen zusammengebunden. Dann wurden diese Flöße zur Sarah Island gebracht und dort wurde das Holz weiter verarbeitet.

Andere bauten Kohle ab, brannten Kalk oder schufteten in der schrecklichen Sandgrube von Sarah Island.[104]

So sah der normale Arbeitstag aus. Widerspenstige Sträflinge wurden mit Nahrungsentzug, Fußeisen von bis zu fünfzehn Kilogramm, Auspeitschen, Arbeiten in Ketten im Wasser, Dunkelhaft oder Aufenthalt auf der winzigen Klippe Grummet Rock bestraft.

Das Auspeitschen gehörte in Macquarie Harbour zum Alltag. Für nachlässige Arbeit gab es fünfundzwanzig Hiebe, wer ein Werkzeug zerbrach, bekam fünfzig Hiebe und drei Monate in Eisen, wer sich an den Vorräten vergriff, zu fliehen versuchte oder einen Aufseher schlug, bekam hundert Peitschenhiebe und sechs Monate in Eisen. Die Peitsche, die Katze, hatte neun Schnüre oder Schwänze von jeweils 1,20 Meter Länge und war dreimal so dick wie in Hobart. Jeder Schwanz hatte sieben Knoten und an seinem Ende entweder Drahtspitzen oder gewachste Spitzen. Hundert Peitschenhiebe zogen sich über eine Zeit von einer Stunde und mehr hin. Danach musste der Delinquent, außer zur Essenzeit oder bei Nacht, mit seinem zerfetzten Rücken unverzüglich wieder an die Arbeit. Die Krankenstation durfte er erst am nächsten Morgen aufsuchen.[105]

Zwischen Sarah Island und Frenchman's Cap ragt eine etwa fünfzehn Meter hohe, senkrecht abfallende, fünfunddreißig mal sieben Meter große Felsenklippe namens Grummet Rock aus dem Meer. Eine grob in den Fels gehauene Treppe führt zu Höhlen, die nur kläglichen Schutz vor dem Wetter bieten. Auf diesem Eiland verbüßten Sträflinge eine besonders grausame Art der Einzelhaft. Der bestrafte Häftling wurde mit Proviant auf die Klippe gerudert und blieb dort für etwa einen Monat. Außerdem blieb der Häftling in Ketten, d. h., seine Knöchel steckten in Eisenringen, die durch eine kurze, schwere Kette miteinander verbunden waren. Ein Lederriemen an der Kette war mit dem Gürtel verbunden. Die schlimmste Qual war die Einsamkeit. Später wurde eine elende Baracke errichtet, in der bis zu neunundsiebzig durchnässte, frierende Männer zusammengepfercht wurden.

Das Leben im Höllentor war so schrecklich, dass die Sträflinge alles daransetzten, ihm zu entkommen. In einem Jahr waren von achtzig Todesfällen nur dreißig auf natürliche Ursachen zurückzuführen, von den übrigen fünfzig waren siebenundzwanzig ertrunken, acht tödlich verunglückt, drei waren von den Soldaten erschossen und zwölf von anderen Gefangenen ermordet worden.

In einem Jahr waren von 182 Sträflingen 169 mit insgesamt 2.000 Peitschenhieben bestraft worden. In zehn Jahren flohen aus dem Höllentor hundertzwölf Mann, von denen nur zweiundsechzig gefunden wurden, und die auch nur als Leichen.

Auch das Leben der Soldaten war hart in der Strafkolonie. Die Versetzung nach Australien war bereits eine Strafe, und nicht die Besten wurden in die Strafkolonien geschickt. Hier gab es keine sinnvolle Erholung, keine Abwechslung, und für Vergehen wurde die Verpflegung gekürzt und ausgepeitscht.[106]

Starb ein Häftling, so wurde er auf Halliday's Island begraben, so genannt nach dem ersten Toten unter den Sträflingen. Ein Stück Holz mit dem Anfangsbuchstaben des Namens diente als Grabmal. In einem namenlosen Massengrab ruht Dennis Collin, ein Matrose, der in einer Seeschlacht für König und Vaterland ein Bein verloren hatte. Verbittert darüber, dass ihm eine Rente verweigert wurde, warf er einen Stein gegen den Monarchen, der jedoch nur dessen Zylinder traf. Collin wurde zum Tode verurteilt und zu lebenslänglicher Verbannung begnadigt. Er verweigerte sowohl die Zwangsarbeit als auch das Essen und starb im Gefängnishospital.

1833 wurde die Strafkolonie Macquarie Harbour – wegen der zahlreichen Mordfälle und Fluchtversuche war sie ins Gerede gekommen und den Behörden aufgefallen – auf Beschluss des Gouverneurs Arthur aufgelöst und nach Port Arthur auf der Tasman Halbinsel verlegt. Denn Port Arthur war gegenüber Hobart der Ort für die schweren Fälle.

Port Arthur

Der Betrieb von zwei Strafsiedlungen, Macquarie Harbour und Maria Island, erwies sich als unwirtschaftlich. So wurden beide geschlossen und an der wilden Spitze der Tasman Halbinsel, näher an Hobart, wurde eine neue Strafsiedlung gegründet. Sie erhielt den Namen Port Arthur.

1830 hatten britische Kolonialbeamte ein Holzfällercamp in Port Arthur eingerichtet. Die erste Gruppe kam im September 1830. Sie bestand aus vierunddreißig Häftlingen und fünfzehn Soldaten. Recht schnell entstand eine kleine Siedlung. Drei Jahre später war der Gefängniskomplex fertig.

1833 gab es 475 Gefangene auf der Tasman Halbinsel. Insgesamt waren bis 1853, als die Deportation nach Van Diemen's Land beendet wurde, etwa 12.700 Sträflinge in Port Arthur, die von fast der gleichen Zahl Soldaten bewacht wurden. Mit dem Ende der Deportation wurde gleich der Name mit dem schlechten Beigeschmack abgelegt: aus Van Diemen's Land wurde Tasmania (Tasmanien).

Zur Zeit der Sträflingssiedlung führte noch keine Straße zur Tasman Halbinsel. Die Sträflinge kamen mit dem Schiff von Hobart die Mündung des Derwent hinab in die Storm Bay, wo einst Tausende von Schwarzwalen kalbten. Vom Cape Direction aus erkennt man in Südost das Profil der Tasman Halbinsel. Ihre Südspitze ist Cape Raoul im Westen der Maingon Bay. Das Kap im Osten der Bucht heißt Pillar. Beide Kaps bestehen aus hoch aufragenden kannelierten Basaltsäulen. Zwischen ihnen hindurch gelangt man in die Bucht von Port Arthur.

Die Landschaft machte sicher auch damals einen friedlichen und lieblichen Eindruck. Aber weit mehr als Macquarie Harbour oder sogar Norfolk wurde Port Arthur das Symbol für das Elend der Deportation, obwohl in den Erstgenannten die Behandlung der Sträflinge weit schlimmer war. Bereits von Beginn an war der Ruf von Port Arthur entsetzlich. Wer dort eine gewisse Zeit verbracht hatte, war stigmatisiert. George Arthur führte ein System der automatisierten Bestrafung ein. Sie bestand aus der Abfolge von Tat – Entdeckung – Strafe ohne Raum für Mitleid oder Rachsucht oder Sadismus.

Die Anlage wurde dominiert von der Kaserne, die sich drohend hoch über der Esplanade erhob. Unter ihr erstreckten sich die Gefängnisbaracken, Werkstätten und Lohgruben. Von der Mole aus links, oberhalb der Behausungen des Doktors und des Kaplans, lag das Haus des Kommandanten mit seinen Schießscharten. Auch ein Hospital – wenn man es so nennen möchte – war vorhanden. Gegenüber der Mole erhoben sich die dunkelroten Felsen der »Toteninsel«.

Im Sommer standen die Häftlinge um 5:30 Uhr auf und arbeiteten bis 18 Uhr. Für das Frühstück waren fünfundvierzig Minuten und für das Mittagessen eine Stunde vorgesehen. Einmal pro Woche wurde das Hemd gewechselt, alle zwei Wochen die Socken. Die Häftlinge in Port Arthur trugen ständig Ketten.

Die Häftlinge waren im Ackerbau, im Holzeinschlag und -transport, im Schiffsbau, in der Lohgerberei und in Kohlegruben beschäftigt. In die westlich von Eaglehawk-Neck und Woody Island gelegenen Kohlegruben wurden die Häftlinge mit dem Schiff befördert. Sie waren besonders gefürchtet. In ihnen schufteten etwa sechzig zusätzlich Bestrafte unter strengster Bewachung.

In den Schlafsälen der Gefängnisbaracken spielten sich die brutalsten und ekelhaftesten Dinge ab, ohne dass die Wärter eingriffen. So wurde immer wieder von jungen Häftlingen berichtet, die in den Schlafsälen nächtelang missbraucht und misshandelt wurden.

Die Prügelstrafe gehörte auch in Port Arthur zum Alltag. Drei Pfosten waren zu einer mehr als zwei Meter hohen Pyramide zusammengefügt und bildeten das »Dreibein«. Der Delinquent wurde mit den Füßen unten an zwei Pfählen, die Handgelenke an der Spitze der Pyramide festgebunden. Bis zu hundert Hiebe mit der Peitsche, deren Schnüre geknotet waren, sind manchem der Häftlinge verabreicht worden.

Der Kommandant verkörperte das Recht in der Kolonie, er war nur dem Gouverneur gegenüber rechenschaftspflichtig. Seine Macht war nahezu unbegrenzt.

Elf Jahre lang, von 1833 bis 1844, war Charles O'Hara Booth Kommandant in Port Arthur. Er hatte den Auftrag, »die Vergeltung durch das Gesetz an die äußersten Grenzen dessen zu führen, was der Mensch zu ertragen vermag«. Und er erfüllte seinen Auftrag gewissenhaft. Er ließ Einzelzellen bauen und winzige, stockdunkle Isolierzellen. Die Peitsche in Port Arthur wurde aus den härtesten Schnüren geflochten, in Salzwasser gelegt und in der Sonne wieder getrocknet, bis sie wie Draht wurden und die Haut wie mit einer Säge aufrissen. An die Fußeisen wurden oft noch schwere Vierkanthölzer angekettet, die der Sträfling beim Gehen nachschleppen musste.

Die Kolonie für die schweren Fälle wurde streng bewacht. Um das Gefängnis herum zog sich ein Ring von Wachtürmen. In jeder Bucht war ein Wachboot stationiert. Booth führte einen optischen Telegrafen ein. Über zweiundzwanzig Relaisstationen von Semaphoren konnten bei klarem Wetter Nachrichten in weniger als einer halben Stunde nach Hobart übermittelt werden und waren alle Stationen der Kolonie miteinander verbunden.

Er entwickelte auch die älteste australische Eisenbahn, sie wurde von Sträflingen geschoben und gezogen. Zwischen der Long Bay und der Norfolk Bay hatten die Sträflinge einen Schienenstrang durch den nahezu undurchdringlichen Busch gebaut.

Am Eaglehawk Neck, der schmalen Landzunge, dem Tor zur Kolonie, das zur Flucht verleiten könnte, wurden Hunde angeleint und Öllampen angebracht.

Nach 1853 wurde ein Zuchthaussystem eingeführt, das nach amerikanischem Vorbild das Philadelphia-System (auch: Absonderungs-System) genannt wurde. Es stützte sich auf Einzelhaft, nahm den Sträflingen ihre Identität und das Gemeinschaftsgefühl. Selbst während der Andachten waren die Häftlinge durch Trennwände von ihren Nachbarn abgesondert. Jeder konnte nur den Prediger auf der Kanzel sehen. Das Zuchthaus von Port Arthur war die kleinere Kopie des Londoner Mustergefängnisses an der Caledonian Road.

Auf Puer Point (puer: lat. Knabe), einer felsigen grauen Landzunge südlich von Port Arthur, lag das Straflager, die »Besserungsanstalt« für Kinder und Jugendliche vom achten bis achtzehnten Lebensjahr. Man wusste nichts mit ihnen anzufangen. Sie konnten noch nichts oder waren zu schwach für die schweren Arbeiten. 1833 hatten achtundsechzig dieser Jungen in Hobart herumgelungert. Arthur schickte sie auf die Tasman Halbinsel, wo sie stockbetrunken ankamen, denn sie hatten auf dem Schiff eine Kiste mit Wein aufgebrochen. Damit sie von den erwachsenen Sträflingen nicht noch mehr verdorben würden, isolierte man sie auf Puer Point. 1842 waren es schon 716 Jungen, die Schulwissen erwerben, ein Handwerk erlernen und in christlicher Lehre unterwiesen werden sollten. Für sie wurde mehr getan als normalerweise für Arbeiterkinder im Mutterland. Allerdings konnten sie auch mit Peitschenhieben bestraft werden.

Aufzeichnungen eines Aufsehers verzeichneten für einen kleinen Dieb von zwölf Jahren innerhalb von fünfzehn Wochen folgende Strafen: für ungebührliches, freches und aufsässiges Benehmen: einmal Rationskürzung, zweimal zwei Tage Einzelhaft, fünfmal zwölf Peitschenhiebe, einmal zwanzig Peitschenhiebe. Nach der letzten Strafe, den zwanzig Peitschenhieben, stürzte er sich von den Klippen, wie mehrere Kinder auch, um den Quälereien im Lager zu entrinnen.

Zwischen 1804 und 1856 hatte die britische Regierung mehr als 65.000 Sträflinge wie Abfall nach Van Diemen's Land/Tasmanien gemäß dem Richterspruch »an einen Ort jenseits der Weltmeere« deportiert – 40 % aller nach Australien Deportierten.

1853, fünfzig Jahre nach Gründung der ersten Siedlung an der Risdon Cove, wurde die Deportation nach Van Diemen's Land endgültig beendet. Doch die zu langer Haft Verurteilten waren noch da und mussten ihre Strafe verbüßen. 1857 waren 60 % der erwachsenen Männer Sträflinge oder ehemalige Sträflinge.[107]

Als 1877 die Strafsiedlung Port Arthur aufgelöst wurde, lebten dort nur noch vierundsechzig Sträflinge, hundertsechsundzwanzig Arme und neunundsiebzig Geisteskranke. Sie wurden nach Hobart verlegt. Die Gefangenen, von denen die meisten alt und gebrechlich waren, wurden an einer gaffenden und spottenden Menge vorbei in Handschellen und Fußeisen an Land gebracht.

Erst 1886 verschwanden die letzten Reste des Sträflingssystems auf der Insel.

Das Schicksal der Eingeborenen

Für die eingeborenen Ureinwohner von Van Diemen's Land (sie wurden, wie auch die weißen Sträflinge und Siedler, Vandiemenians, Vandiemenier genannt), wie für die Australier insgesamt, war die Entscheidung der britischen Regierung, Sträflinge dorthin zu deportieren, eine Katastrophe.

Als James Cook 1770 erstmals australischen Boden betrat, sollen auf dem »fünften Kontinent« etwa 750.000 Menschen gelebt haben. Ende des 19. Jahrhunderts lebten von ihnen gerade noch 60.000. Die Ureinwohner von Van Diemen's Land, von denen zur Zeit ihrer »Entdeckung« durch die Europäer etwa 6.000 gelebt hatten, gab es gar nicht mehr.

Um die 30.000 Jahre lang war Van Diemen's Land (Tasmanien) für die Aborigines die »heilige Insel« gewesen. In Höhlen wurden Felsmalereien und andere Zeugnisse für eine bereits vor 50.000 Jahren erfolgte Einwanderung und über 30.000 Jahre andauernde ununterbrochene Besiedlungszeit entdeckt.

Gut siebzig Jahre nach Ankunft der Briten war die Urbevölkerung von den Kolonisten ermordet oder durch regelrechte Treibjagden traumatisiert worden.

Am 14. Dezember 1802 hatte Leutnant Charles Robbins tasmanischen Boden betreten, die britische Flagge gehisst und die Insel zum Besitz seines Königs erklärt. Schon neun Monate später trafen neun Soldaten, drei freie Siedler und die ersten vierundzwanzig Sträflinge auf der Insel ein. Im Februar 1804 landeten weitere 400 Sträflinge und ein weiteres Kontingent von Soldaten auf der Insel. Wenige Wochen danach wurde ein erstes Massaker unter den Ureinwohnern von Van Diemen's Land angerichtet, man sprach von drei bis fünfzig getöteten Ureinwohnern.

1806 wurden die Lebensmittelvorräte knapp und den Siedlern drohte eine Hungersnot.

Man ließ die Gefangenen frei, damit sie sich im Busch ihre Nahrung selbst suchen konnten. Viele der Entlassenen drangen ins Landesinnere vor und bildeten Banden, die so genannten »Bushrangers« (Buschranger, Buschklepper), die mit den Eingeborenen in Konflikt gerieten. Auch Wärter schlossen sich ihnen an. Die Buschranger, bislang in der sozialen Hierarchie ganz unten, hatten es nunmehr mit noch »Minderwertigeren« zu tun. Ihre Brutalität kannte keine Grenzen. Sie wurden zu den ersten »Volkshelden« des britischen Australiens.

Der Vizegouverneur in Hobart, David Collins, versuchte im Jahr 1810, die Eingeborenen per Dekret zu schützen, allerdings vergeblich. Die Buschranger hatten bereits weite Gebiete des Hinterlandes unter ihrer Kontrolle und setzten nun auch den weißen Siedlern immer ärger zu. Um 1814 machte eine Bande von achtundzwanzig Buschkleppern die Gegend um den Derwent unsicher.

1817 schließlich gelang es, die Banden unter Einsatz von Militär zu zerschlagen.

William Sorell, Vizegouverneur von 1817 bis 1824, plädierte für Menschlichkeit im Umgang mit den Ureinwohnern von Van Diemen's Land, aber das Morden ging weiter. Großbritannien hatte Van Diemen's Land inzwischen zum Gebiet freier Einwanderung erklärt und förderte die Besiedlung mit finanziellen Anreizen. Und auch Sträflinge wurden weiterhin auf die Insel deportiert.

Um 1820 waren die Ureinwohner von Van Diemen's Land gegenüber den 5.500 Weißen, davon vier Fünftel Sträflinge, in der Minderheit. 1825 gab es bereits 6.800 Sträflinge und ebenso viele Siedler. 1830 waren es 23.000 Weiße, davon 10.000 Sträflinge.

Die Ureinwohner von Van Diemen's Land wurden in immer entlegenere Gebiete abgedrängt. Sie wehrten sich gegen die erdrückende Übermacht, hatten allerdings keine Chance, zumal Vizegouverneur George Arthur 1828 in allen von Weißen besiedelten Gebieten das Standrecht gegen die schwarzen Eingeborenen verhängte. Nur ein Jahr später waren zwei Drittel der Urbevölkerung vernichtet. Ein kleiner Rest, etwa zweihundert Ureinwohner von Van Diemen's Land, wurde in einem Reservat auf Flinders Island (s. d.) »zivilisiert«.

Im Jahr 1830 kam ein Mann namens Robinson im Auftrag des Gouverneurs Arthur nach Van Diemen's Land, »um Aborigines aufzuspüren, die man umsiedeln müsse, um die Insel frei von Eingeborenen vernünftigen Zwecken zuführen zu können«. Eine gnadenlose Menschenjagd begann.

1838 gab es noch sechsundachtzig Ureinwohner von Van Diemen's Land im Reservat. 1847 wurden die letzten vierundvierzig Ureinwohner von Van Diemen's Land auf dem Gelände eines ehemaligen Gefängnisses in Oyster Cove, auf der Hauptinsel, interniert.

Am 8. Mai 1876 starb nur sechsundvierzig Jahre nach der Zwangsumsiedlung auf einer kleinen Insel in der Bass-Straße mit Truganini die letzte Reinblütige eines noch siebzig Jahre zuvor freien, unabhängigen Volkes.

Die letzten Vertreter dieser langen gesellschaftlichen und kulturellen Entwicklung waren nun ausgerottet.

Heute

Port Arthur bietet in Australien das einzige größere Beispiel einer aus geschichtlicher Zeit stammenden Ruine, die allgemeine Wertschätzung genießt.[108]

Ein Erdbeben und, 1897, ein Buschfeuer vernichteten die gesamte Strafsiedlung. Das Modellgefängnis brannte zwei Tage und zwei Nächte lang.[109]

Von der einst größten australischen Strafkolonie sind zwar lediglich die Ruinen der um 1840 erbauten Kirche und weniger Bauwerke erhalten geblieben, aber nichts auf Tasmanien ähnelt so sehr einem englischen Adelssitz wie dieses Gefängnis für Rückfalltäter. Die honigfarbenen Gebäude, neben der Kapelle der freskenverzierte Gouverneurspalast und eine Hospitalruine, liegen in einem sanft abfallenden Park mit Blick auf eine Bucht von atemberaubender Schönheit. Auch der Kornspeicher steht noch, aus dem zeitweise bis zu 12.000 Sträflinge verpflegt werden mussten.

Die freundlichen Orte an der Ostküste sind überwiegend von ehemaligen Strafgefangenen gegründet worden. Auch die Hauptstadt Tasmaniens, Hobart, entstand aus einer Sträflingskolonie an der Sullivan Cove. 1997 wurde in Hobart auf 3.800 m^2 Fläche das »Dreamland Antarctic Adventure« eröffnet, das über das Ökosystem der Südpolregion informiert.

Der aufgegebene Gefängniskomplex zählt heute zu den größten Touristenattraktionen Australiens.

Am 28. April 1996 wurde der Ort erneut Schauplatz schrecklichen Geschehens. An diesem Tag richtete ein junger Amokschütze ein Blutbad unter Einheimischen und Besuchern an. Fünfunddreißig Menschen starben. Der Vorfall hat das touristische Interesse an Port Arthur eher noch erhöht. Auf dem vierzig Hektar weiten, von mächtigen Eichen beschatteten Gelände der »Port Arthur Historic Site« werden jährlich mehr als 200.000 Besucher gezählt.

Mit Einbruch der Dunkelheit beginnen die »Historic Ghost Tours« zu den Ruinen der 1884 abgebrannten, nie geweihten Kapelle, zu »The Parsonage«, dem Haus der Geistlichen, in dem es spuken soll, seit im oberen Stockwerk ein Geistlicher starb, in den Keller des Ärztehauses, wo der Chirurg seinen Sezierraum hatte.

In Port Arthur braucht man keine Spezialeffekte, um Besucher zu schockieren. Die Wirklichkeit ist schrecklich genug. Vom Gefängniskomplex sagt man, der Teufel habe sich dort umgeschaut, um Anregungen für die Hölle zu finden.

An Macquarie Harbour erinnerten schon wenige Jahre nach Auflösung der Kolonie nur noch ein paar modernde Pfähle. Auf Sarah Island kann man nur hier und dort noch den Grundriss einer Zelle, Tür- und Fensterstürze erkennen.

Ein vor kurzem erschienener Roman lässt Sarah Island wieder lebendig werden. Der Australier Richard Flanagan erzählt in »Goulds Buch der Fische« die Geschichte des Diebs und Fälschers William Buelow Gould. In einer Zelle auf der Insel schreibt Gould seine Erinnerungen und illustriert sie mit detailgenauen Fischbildern. Er schildert dort seinen Lebensweg, seine Deportation, seine Kunst und seine Liebe zu Sally Twopence, die ihm schließlich zum Verhängnis wird.

Flinders Island
40°S, 148°O

Die Hauptinsel der in der Bass Strait zwischen Australien und Tasmanien gelegenen Furneaux-Gruppe, zu der achtzig Eilande gehören, misst sechzig mal zwanzig Kilometer. Die Insel ist nach dem englischen Seefahrer Matthew Flinders benannt, der Ende des 18. Jahrhunderts als erster Europäer die Bass Strait vermaß.

Die Wetterlage auf Flinders wird knapp mit drei Begriffen beschrieben: sie ist entweder »awful«, »very awful« oder »simply terrible«. Oft »blows the wind a dog off his chain« (bläst der Wind einen Hund von der Kette).

Als sich ankündigte, dass auf Van Diemen's Land die Ureinwohner bald ausgerottet sein würden, warb der Laienprediger George Augustus Robinson unter den Aborigines für ihre freiwillige Auswanderung in ein »Paradies«, wo sie vor Verfolgung sicher ihre traditionelle Lebensweise beibehalten könnten. Flinders Island war nach seiner Meinung dieses Paradies. 1834 folgten 150 bis 200 Menschen dem Rattenfänger auf die unwirtliche Insel und in ihren Untergang.

Sie wurden in Wybalenna angesiedelt. Der Name des Ortes lässt sich annähernd mit »Heim des schwarzen Mannes« übersetzen, die Behörden bezeichnen ihn inzwischen offen als Konzentrationslager. Wybalenna, das häufig starken Westwinden ausgesetzt ist und über nur wenig Trinkwasser verfügt, wurde wie ein Gefängnis geführt. Die Aborigines wurden in Baracken untergebracht und durften weder jagen noch fischen und mussten ihre Namen durch englische ersetzen.

Sie begannen rasch dahinzusiechen, an Krankheiten, die von den schlechten hygienischen Bedingungen herrührten oder von den Weißen eingeschleppt wurden. Manche starben wohl auch an gebrochenem Herzen. Es wurden kaum noch Kinder geboren.

1835 erklärte Robinson sein Experiment für gescheitert. Als das Lager 1847 aufgegeben wurde, gab es kaum noch fünfzig Überlebende, die wieder nach Van Diemen's Land zurückkehren durften. Dort vegetierten sie, als Staatspensionäre versorgt, bevormundet und jeder Verantwortung enthoben, dahin und verfielen dem Alkohol.[110]

Heute hat Flinders etwa 1.200 Einwohner und ist bei Geschäftsleuten aus Melbourne als Naherholungsgebiet mit Möglichkeiten zum Fischen, Tauchen und Baden beliebt. Busch-Liebhaber kommen wegen des Strzelecki-Nationalparks. Große Teile der Insel werden als Weideflächen genutzt.

An die Vergangenheit als Gefängnis für Eingeborene erinnert kaum noch etwas. Die Sammlungen zur Geschichte der Insel beginnen erst, nachdem das Grauen von Wybalenna zu Ende gegangen war.

Die Kapelle von Wybalenna, in der den Aborigines der »rechte« Glaube beigebracht werden sollte, diente lange Zeit den Schafscherern als Arbeitsplatz. Sie wurde 1973 restauriert. Die Baracken, in denen die unglücklichen Ureinwohner untergebracht waren, sind längst zerfallen und abgerissen. Ein paar vergilbte Tafeln mit Zeichnungen und Worten sind letzte Zeugen. Kaum noch zu erkennen ist der Friedhof aus der damaligen Zeit. Grabsteine wurden sowieso nur für Weiße errichtet. Aborigines wurden außerhalb der Umzäunung beigesetzt, falls überhaupt. Denn es heißt, dass viele Skelette an wissenschaftliche und medizinische Einrichtungen in Europa verkauft wurden.

1999 wurde nach langem Gerangel die Gedenkstätte Wybalenna an die Nachkommen der Aborigines zurückgegeben.

Norfolk Island

29°02'S, 168°02'O

Die kleine vulkanische Insel, etwa 1.600 Kilometer östlich von Sydney und 750 Kilometer von der Nordspitze Neuseelands gelegen, misst ca. acht mal fünf Kilometer und ist 36 km^2 groß. Benannt ist sie nach einer englischen Adelsfamilie. Die Insel ist ein einsamer Felsen im Ozean. Zur Zeit der Strafkolonie, war eine riesige Araukarie ihr auffälligstes Merkmal. Das Klima ist schwülheiß.

Südlich liegen zwei kleinere Inseln: Nepean, eine Kalksteininsel von etwa vier Hektar, und Philip, eine vulkanische Insel von zwei Kilometern Länge.

Norfolk war über zwei Perioden, von 1788 bis 1814 und von 1825 bis 1856, eine berüchtigte britische Sträflingsinsel. Sie war einer der grausamsten Kerker der Welt. »Es war ein Paradies und wurde eine Hölle«, schrieb Margaret Hazzard. Die lieblichen Gesänge der Vögel, das Raunen der Bäume, das Rauschen der Brandung, vorher die einzigen Geräusche, seien abgelöst worden vom Pfeifen der Peitschen, vom Klirren der Ketten und vom Stöhnen und Fluchen der Häftlinge.

1774 betrat James Cook als erster Europäer die damals unbewohnte Insel. Der wild wachsende Flachs und dichter Pinienbestand ließen die Insel wirtschaftlich attraktiv erscheinen. Cook vermerkte, dass es im südlichen Pazifik außer in Neuseeland nur auf Norfolk möglich sei, einen Schiffsmast zu bekommen. Später stellte sich heraus, dass die Norfolk-Pinien (Araucaria heterophylla)

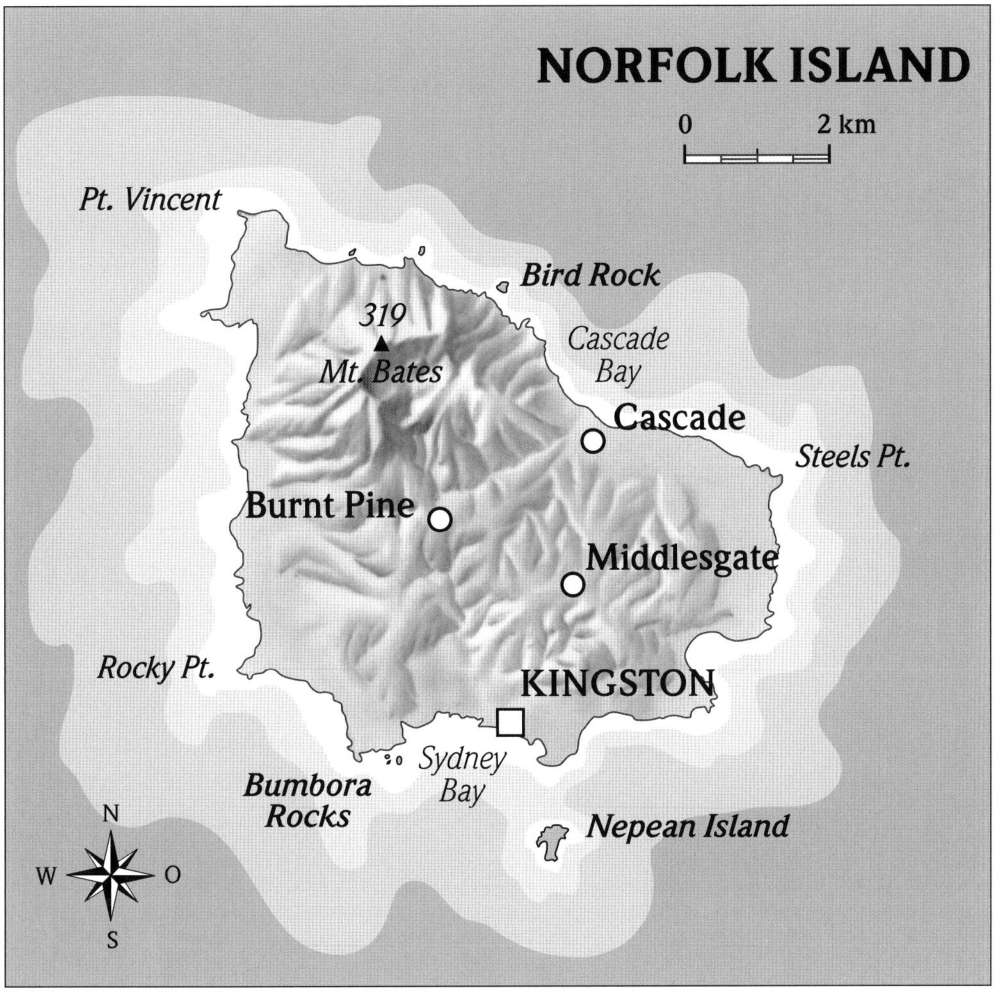

zwar kerzengerade wachsen, ihr Holz aber für Schiffsmasten wenig geeignet ist.

Von einem sich nähernden Schiff aus gesehen, machte die Insel mit ihren sanften Formen, grünen Matten, ihrem dichten subtropischen Regenwald und den hohen Bäumen einen angenehmen Eindruck. Die Küste besteht zu weiten Teilen aus steil abfallendem, von roten Oxidspuren durchzogenem schwarzen Fels. Die schroff abfallenden Küsten sind zudem noch von Riffen gesäumt. Die landschaftlich reizvolle Insel erwies sich als natürliches Gefängnis. Sie verfügte über keinen natürlichen Hafen.

Es gibt auch heute nur zwei Anlegemöglichkeiten: Cascade Bay im Nordosten und Sydney Bay, wo die Ruinen der Strafsiedlung Kingston liegen.

An Land erwarten den Besucher ein schmaler, feinsandiger Strand und dahinter dichter Wald.[111]

Kurz nach der Ankunft der »First Fleet« in Australien im Jahr 1788 wurde die SUPPLY mit Lieutenant Philip Gidley King und zweiundzwanzig Kolonisten, darunter fünfzehn Häftlinge (9 Männer[112] und 6 Frauen[113]), nach Norfolk entsandt, um etwaigen Ansprüchen der Franzosen zuvorzukommen, eine Häftlingskolonie zu gründen, Flachs zu roden und zum Erhalt der Kolonie in Australien beizutragen.

Die SUPPLY musste fünf Tage lang in Lee der Insel warten, bis am 4. März 1788 in der Ansonbucht ein Landungsversuch unternommen werden konnte. Am 6. März wurden die Häftlinge und einige Vorräte dort an Land gebracht, wo heute Kingston liegt. Zwei Tage später lief die SUPPLY wieder nach Australien aus.

Die ersten Wochen waren ausgefüllt mit Urbarmachen, Holzeinschlag, Aussaat, Wegebau.

Die Kultivierung der auf Norfolk heimischen Flachspflanze (Phormium tenax) wurde in Angriff genommen. Am 2. April 1788 hatten die Männer ein Lagerhaus fertig gestellt und gingen nun daran, Hütten zu bauen.

Weniger als zwei Monate nach der Ankunft sah sich King gezwungen, einen seiner Soldaten für den Diebstahl von Rum zu bestrafen. Der Soldat erhielt drei Dutzend Peitschenschläge: ein Dutzend dafür, seinen Dienst vernachlässigt zu haben, ein Dutzend für den Einbruch in ein königliches Lager und ein Dutzend für den Diebstahl. Wenige Tage später erhielt ein 15-jähriger Junge für denselben Tatbestand hundert Peitschenhiebe, die größere Zahl wurde mit der Hoffnung begründet, sie würde ihn bessern.

Von Sydney kamen ständig neue Transporte mit Häftlingen und Wachsoldaten. Im Dezember 1788 war die Siedlung nahezu fertig gestellt.

Am 8. Januar 1789 wurde das erste Kind auf der Insel geboren, Kings eigener Sohn mit einer Gefangenen, er wurde auf den Namen Norfolk getauft.[114]

Die ersten Ernten misslangen. Im März 1790 lebten 425 Menschen, davon 200 Sträflinge, auf der Insel. Im November 1791 hatte sich die Zahl auf 959 (davon 748 Sträflinge) erhöht. Die Menschen überlebten dank eines Vogels, des Möwensturmvogels (Pterodroma melanopus), der in riesigen Scharen den Mount Pitt bevölkerte. Von April bis Juli 1790 wurden 170.000 dieser Vögel abgeschlachtet und ihre Gelege geplündert. Ein Fourier hat gewissenhaft Buch geführt. 1830 war der Vogel auf Norfolk ausgerottet.

Im März 1790 lief die SIRIUS, die mit der SUPPLY von Australien gekommen war, vor Norfolk auf Grund. Vieles von ihrer Ausrüstung und Ladung konnte geborgen werden. Zwei Häftlinge boten an, das auf dem Schiff verbliebene Vieh zu retten. Aber sie zogen es vor an Bord zu bleiben und die Alkoholvorräte zu dezimieren. Erst Ende 1792 ging das Schiff völlig verloren.

1792 lief die ATLANTIC Norfolk an. Sie brachte Vorräte für die verzweifelten Menschen auf der Insel mit.

1794 und 95 waren die Ernten recht gut und die Aussichten für die Selbstversorgung der Kolonie verbesserten sich.

1796 beschrieb King die Insel als ein florierendes Gemeinwesen mit Menschen verschiedener Berufe: Tischler, Bootsbauer, Köhler, Steinmetze, Bäcker, Steinbrucharbeiter, Schmiede, Glaser, Maler, Barbiere, Schneider, Lagerarbeiter, Schuhmacher, Müller, Fleischer, Seiler, Lehrer und Flachsarbeiter. Zwei Schulen waren in Betrieb und es gab sogar ein Waisenhaus. 619 Hektar waren gerodet worden und angebaut wurde: Mais, Weizen, Kartoffeln, Zuckerrohr, Bananen, Guaven, Zitronen, Äpfel und Kaffee. Es gab zwei Windmühlen und eine Wassermühle. In Cascade Bay war ein Anleger gebaut worden. Cascade hatte sich zum Zentrum der Flachsindustrie entwickelt und Queenborough zum Zentrum der Landwirtschaft.

1797 wurde kein Weizen geerntet und die Siedler auf Norfolk beklagten sich darüber, dass die Waren auf ihrer Insel fünfmal so teuer waren wie in Australien.

1799 ging die Maisernte verloren. Trunksucht breitete sich aus. Die Häftlinge tauschten bei den Siedlern alles Mögliche gegen Alkohol ein. Der Gesundheitszustand verschlechterte sich drastisch.[115]

1800 wurde ein geplanter Häftlingsaufstand aufgedeckt. Zwei Männer wurden ohne Gerichtsurteil gehenkt.

Statthalter King hatte schon ein grausames Regiment geführt. Als er 1800 Gouverneur von New South Wales wurde, setzte er Major Joseph Foveaux als Kommandanten auf Norfolk Island ein. Dies war ein Sadist übelster Sorte. Sein Ehrgeiz bestand darin, feste Steinbauten zurückzulassen, wenn er die Insel verließ: ein Gefängnis, eine Kaserne, Wohnhäuser für die Offiziere. Selbst geringfügige Vergehen oder das Zerbrechen von Werkzeugen wurden mit Auspeitschen bestraft. Ein Gefangener hatte in drei Jahren etwa zweitausend Peitschenhiebe erhalten. Sein Rücken schien gänzlich ohne Fleisch zu sein, seine Schulterblätter lagen frei und wirkten wie poliertes Elfenbein, berichtete ein Mitgefangener.

Unterhalb des Erdbodens befand sich eine finstere Isolierzelle, die ständig unter Wasser stand. Gefangene, die dort nackt in Einzelhaft achtundvierzig Stunden lang eingesperrt wurden, wagten aus Angst vor dem Ertrinken nicht einzuschlafen.

Vor allem auf irische politische Gefangene hatte Foveaux es abgesehen. Sie waren dafür, dass sie in Parramatta angeblich einen Aufstand angezettelt haben sollten, in Sydney entsetzlich ausgepeitscht und anschließend lebenslänglich nach Norfolk geschickt worden.

Philip Island war eine Extra-Strafinsel für Häftlinge, die nicht zu bändigen waren. Häftlinge, die auf dieser Insel allein mehrere Monate verbringen mussten, erhielten ein Fass Wasser, etwas Nahrung, sonst nichts. Keinen Schutz. Die einzige Gesellschaft war ein verwilderter Hund. Einmal im Monat kam jemand von der Hauptinsel, um nach dem Rechten zu sehen und Wasser und Nahrung zu bringen.[116]

Norfolk hieß im Sträflingsjargon »the old hell« (alte Hölle), das Festland, d. h. Australien, nannten sie »heaven« (Himmel).

Das Experiment, von Norfolk aus die Kolonie in Australien zu unterstützen, wurde wieder aufgegeben. Die Flachspflanze sollte zu Tauwerk, Segeltuch und Kleidung verarbeitet werden. Aber auf dem Höhepunkt der Flachsproduktion stellten die Sträflinge pro Monat etwa hundert Meter eines groben Gewebes her. Bei dieser Produktivität hätte es zwei Jahre gedauert, das Segeltuch für ein Linienschiff herzustellen.[117]

1813 wurde die Insel geräumt und alle Gebäude wurden zerstört. Die Holzhütten wurden verbrannt und die Steinhäuser niedergerissen. Alles Vieh wurde geschlachtet, bis auf einige Schweine, denen es gelang zu entkommen. Nichts sollte bleiben, das einem vorbeifahrenden Schiff verlockend erscheinen könnte. Man ließ sogar einige Hunde in der Hoffnung zurück, sie würden verwildern und mögliche Besucher abschrecken. Im Februar 1814 legte die Brigg KANGAROO mit den letzten Bewohnern ab. Nun war Norfolk wieder ebenso leer wie vor Cooks Ankunft. So sollte sie zehn Jahre lang bleiben.

Die Häftlinge von Norfolk kamen nach Van Diemen's Land. Dort nannten sie einen Landstrich Norfolk Plains (später Longford) und eine Siedlung New Norfolk.[118]

Hatten schon in der ersten Phase sadistische Wärter die Häftlinge gequält, sollte es in der »zweiten Siedlungsphase« noch schlimmer werden.

Im Sommer 1824 informierte Lord Bathurst, Staatssekretär für die Kolonien, den Gouverneur von New South Wales, Sir Thomas Brisbane, darüber, dass die Regierung beschlossen hatte, Norfolk Island als einen Ort für die schlimmsten Kriminellen von New South Wales und Van Diemen's Land, als »a great Hulk or Penitentiary«, wieder zu eröffnen.[119]

Brisbane machte sich sofort ans Werk, zumal die Anlagen in Sydney damals total überfüllt waren. Er schrieb 1825: »Port Macquarie ist für erste schwere Rechtsbrüche, Moreton Bay für die, die von dort zu fliehen versucht haben, und Norfolk Island ist das Nonplusultra der Erniedrigung.«[120]

Ralph Darling, seit Dezember 1825 Gouverneur, schrieb: »My object was to hold out that Settlement as a place of the extremest punishment, short of Death.« – Knapp am Tod![121]

In den vergangenen zehn Jahren hatte die Natur wieder Besitz von der Insel und von den Resten der Strafkolonie ergriffen. Die jungen Pinien waren sechs Meter hoch gewachsen. Der Flachs stand mannshoch.[122]

Von 1825 an wurden von Australien aus solche Sträflinge nach Norfolk verfrachtet, die für absolut unverbesserlich galten. Die Verlegung von Australien auf die Strafinsel Norfolk war kein einfacher Verwaltungsakt wie die Verlegung eines Gefangenen von einem Gefängnis in ein anderes, sondern der Beschuldigte musste von einem Gericht rechtskräftig verurteilt worden sein und seine Rechte als Mitglied der Gemeinschaft (New South Wales) verloren haben.[123]

Die britische Behörde wies an, jeden Versuch zur Besserung der Sträflinge fallen zu lassen und ein Maximum an Erniedrigung der Gefangenen anzustreben. Auf Norfolk Island hatten die Sträflinge jeden Anspruch auf den Schutz des Gesetzes verloren. Brisbane erbat von London die Erlaubnis, die Insel vollständig unter Kriegsrecht stellen zu dürfen. Dem wurde zwar nicht stattgegeben, aber die Vollmachten der Kommandanten von Norfolk gingen doch so weit, dass man ihre Herrschaft als nahezu absolut bezeichnen darf. Sie durften niemanden hängen lassen, aber das war auch so ziemlich die einzige Einschränkung. Anfangs gab es noch kein Gericht auf Norfolk. Nach einigen Morden wurde beschlossen, dass der Gerichtshof von New South Wales Sitzungen auch auf Norfolk abhalten sollte.

Frühestens nach zehn Jahren konnte ein Sträfling hoffen, die Insel verlassen zu dürfen. Allerdings war dafür Voraussetzung, sich in den letzten fünf Jahren untadelig verhalten zu haben. Schon die Laune eines Wärters oder eine Denunziation machten alle Hoffnungen zunichte.

Die erste Sträflingsgruppe der zweiten Besiedlung bestand aus siebenundfünfzig Männern. Sie errichteten aus den Steinen und Brettern, die noch von der ersten Besiedlung übrig geblieben waren, Unterkünfte.

Darling verbot den Aufenthalt von Frauen auf der Insel, was zu einem starken Anwachsen der Homosexualität führte.

Im September 1826 kam es zum ersten Aufstand der Gefangenen. Vier Menschen verloren ihr Leben, zwei Anführer wurden später in Sydney gehenkt.

Im Februar 1827 gab es schon 115 Gefangene auf Norfolk. 1833 befanden sich auf der Insel 600 Häftlinge und 130 Soldaten.

Von der Insel zu fliehen, galt als unmöglich. Einigen gelang es allerdings, auf der Insel selbst unterzutauchen, wie dem legendären Barney Duffy, der in einem hohlen Baum Unterschlupf fand. Er wurde erst nach Jahren aufgespürt und hingerichtet.

Die Strafkolonie war in Kingston eingerichtet. Das ansehnlichste Gebäude war das Haus des Kommandanten, ein Flachbau aus Kalkstein mit vergitterten Fenstern, armselig möbliert, wie ein zeitweilig auf der Insel beschäftigter Richter anmerkte.

Die Unterkünfte der Bewacher waren ebenfalls aus Kalkstein gebaut.

Die Sträflingsunterkünfte des alten Gefängnisses, die Sträflinge schliefen in Hängematten, lagen zwischen den Unterkünften der Bewacher und der Küste. Sie waren von einer hohen Mauer umgeben. Innerhalb des Komplexes befand sich auch das Hospital, ein flaches Steingebäude für zwanzig Kranke. Vor dem Tor stand der Galgen. Hinter den Baracken, teilweise überdacht und von hohen Mauern umgeben, lag der so genannte Holzhof. Er war mit Tischen und Bänken ausgestattet, an denen die Sträflinge ihre Mahlzeiten einnahmen. Vor der Tür zur Küchenbaracke war Brennholz aufgestapelt, und in der Küche backten die Männer ihr Brot. Im Hof brannten offene Feuer, an denen die Sträflinge ihre Fleischrationen braten und Maismehlkuchen backen konnten.[124]

Das neue Gefängnis hatte die Form eines Fünfecks und enthielt achtzehn strahlenförmig aufeinander zulaufende Zellen. Der Gaol, dieses unrühmliche Muster britischer Gefängnisarchitektur, enthielt u. a. zwei lichtlose und schalldichte Isolationszellen, deren Insassen meist wahnsinnig wurden. Aber auch die »normalen« Zellen, in denen Menschen oft jahrelang gefangen gehalten wurden, waren unvorstellbare Schreckenskammern.

Auf Norfolk befand sich stets ein Gemisch aus kleinen Dieben und Schwerstverbrechern, englischen Landarbeitern, Handwerkern, Deserteuren, Wilderern, Chinesen aus Hongkong, Eingeborenen der britischen Kolonien.

Grundlage der Disziplin in der Kolonie war das Denunziantentum, das auf Norfolk zur Perfektion entwickelt wurde.

Als Strafe war auch auf Norfolk das Auspeitschen üblich. Bis zu hundertzwanzig Peitschenhiebe wurden einem Häftling an einem Vormittag verabreicht. Das Auspeitschen geschah in bestimmten zeitlichen Abständen: die ersten fünfzig Hiebe auf den Rücken, nach vier Tagen die nächsten fünfzig wieder auf den nun zum Teil verschorften Rücken, nach wiederum vier Tagen fünfzig auf das Hinterteil und nach weiteren vier Tagen die letzten fünfzig wieder auf das Hinterteil. Die Wunden wurden im Allgemeinen nicht versorgt, so dass die Rücken der ausgepeitschten Männer bald voller Maden und anderem Ungeziefer waren.[125]

Eine andere Strafe bestand darin, den Delinquenten für mehrere Stunden so auf ein Gestell zu binden, dass Hals und Kopf über den Rand hinausragten. Andere Häftlinge wurden, mit einem Holzpflock in Form eines Zaumzeugs geknebelt, für mehrere Stunden an einen Pfahl gebunden. Weitere Strafen waren das Mais- und – besonders gefürchtet – das Pfeffermahlen.

Um den menschenunwürdigen Bedingungen zu entkommen, taten sich, so ist berichtet worden, in einigen Fällen drei Häftlinge zu einem Komplott der Verzweiflung zusammen. Sie losten um den Tod. Der Gewinner wurde von dem, der den zweitlängsten Halm zog, ermordet. Der Dritte war der Tatzeuge. Da der Zweite unweigerlich für seine Tat gehenkt wurde, konnte er sich ebenfalls als Gewinner betrachten. Dem Dritten, dem Verlierer, war der Tod nicht so sicher wie den beiden anderen.[126]

Die Männer brachen in Ketten Steine im Steinbruch. Eine besondere Strafe war die Arbeit im »nassen Steinbruch«, einem Riff am Rande des Friedhofs, das die See überspülte.

Unter unsäglichen hygienischen Bedingungen, unzureichend ernährt, mit Schwerstarbeit und drakonischen Strafen belegt, die »neunschwänzige Katze« wurde täglich benutzt, starben die Sträflinge wie die Fliegen.

Im Januar 1834 kam es zu einer Rebellion auf der Insel. Dem Kommandanten, James Thomas Morriset, hatten die Denunzianten zwar 200 Verdächtige gemeldet, aber der Ausbruch der Rebellion konnte nicht verhindert werden. Gegen Mittag war schon alles vorüber. Fünf Rebellen waren tot und etwa fünfzig verwundet. Zwei Wachsoldaten waren durch ein Versehen getötet worden, als Patrouillen sich gegenseitig beschossen. Die Schmiede brauchten neun Tage, um neue Fußeisen für die Gefangenen anzufertigen. Diese waren zwei- und dreimal so schwer wie die vorherigen und innen mit Stacheln versehen, um das Fleisch aufzureißen. Gegen 137 Sträflinge wurde Anklage wegen Meuterei erhoben, aber nur ein gutes Drittel kam vor Gericht, weil der Kronanwalt die Aussagen notorischer Denunzianten nicht akzeptierte. Die Geschworenen erkannten 30 der Aufrührer für schuldig, dreizehn von ihnen wurden am 22. und 23. September 1834 gehenkt.

Bischof William Ullathorne beschrieb eine bezeichnende Szene: Nachdem im Jahr 1834 eine Revolte niedergeschlagen worden war, wurden einige Sträflinge zum Tode verurteilt, andere kamen mit geringeren Strafen davon. Diejenigen, die am Leben bleiben sollten, weinten bitterlich, während die zum Tode Verurteilten auf die Knie fielen und Gott dankten, dass sie von diesem furchtbaren Ort erlöst würden.

Die ersten Kommandanten wechselten häufig und waren nicht weiter bemerkenswert. Erst 1829 kam mit Oberstleutnant Morisset ein wahres Ungeheuer als Kommandant in die Kolonie. Er brachte seine Frau und zwei kleine Kinder mit.[127]

Der Aufstand hatte noch unter Morisset stattgefunden, aber seit März 1834 (bis Februar 1839) stand die Insel unter dem Kommando von Major Joseph Anderson (»Potato Joe«[128]). Unter ihm blühte das Denunziantentum und es wurde weiter eifrig ausgepeitscht. Einmal ließ er vor dem Frühstück fünf Männern 1.500 Peitschenhiebe verabreichen. Ein Häftling, William Riley, brachte es in zwei Jahren auf tausend Peitschenhiebe, elf Monate Einzelhaft und drei Monate Kerker, weil er u. a. gelächelt oder weil er gesungen hatte. Anderson ließ die Gefangenen schwer arbeiten, sowohl auf den Feldern, die nur mit Hacken bearbeitet wurden, als auch bei seinem ehrgeizigen Bauvorhaben. Die Sträflinge entwickelten großen Einfallsreichtum, um nicht arbeiten zu müssen. Sie vergifteten sich mit Pflanzen oder ließen sich Zehen abhacken. Einige blendeten sich sogar.[129]

An bessere Kommandanten erinnert heute kaum noch etwas auf der Insel. Andersons Name prangt jedoch an zwei Gebäuden, die aus seiner Zeit stammen: am ehemaligen Commissariat Store, heute All Saints' Kirche, und an einer Militärbaracke, heute Verwaltungsgebäude.

Unter seinen Nachfolgern wurden zwar einige Erleichterungen eingeführt, aber das Prinzip blieb. Der schlechte Ruf der Insel musste erhalten werden. Es ging nicht nur um die tausend Sträflinge auf der Insel, Zehntausende sollten durch ihren Ruf eingeschüchtert werden.

1839 gab es auf der Insel 1.200 Gefangene und 180 Soldaten. Im Juli 1839 kam es zu einer Revolte der Soldaten. Diese hatten sich Hütten gebaut, um in ihnen Geräte und Produkte aufzubewahren. Der Kommandant erfuhr, dass gestohlene Dinge darunter waren, und ließ die Hütten von Gefangenen niederreißen. Die Soldaten setzten sich dagegen zur Wehr.[130]

1840 war die Deportation nach New South Wales beendet worden.

Im selben Jahr übernahm Captain Alexander Maconochie, ein »edler Sonderfall«, das Kommando über Norfolk. Er hatte unter Franklin auf Van Diemen's Land gedient und durch kritische Analysen des Deportationssystems auf sich aufmerksam gemacht. Als er sein Amt antrat, befanden sich 1.200 alte Norfolkers (doubly-convicted) auf der Insel und er brachte etwa 300 neue Sträflinge mit, die aus England kamen und nicht einmal in Sydney an Land gegangen waren. An dieser Mischung wollte Maconochie sein visionäres Strafvollzugssystem ausprobieren. Einige Tage nach seiner Landung ließ er die »Alten« im Hof des Gefängnisses von Kingston antreten und erläuterte ihnen seine Auffassung vom Strafvollzug. Die Sträflinge, die nie zuvor wie Menschen behandelt worden waren, jubelten ihm zu. Den 25. Mai 1840, Geburtstag der Königin, erklärte er zum Feiertag für jedermann, ob frei oder gefangen. Die Gefängnistore wurden geöffnet und die Sträflinge konnten unbehelligt über die Insel wandern, schwimmen, am Strand liegen. Es gab ein besonderes Essen und sogar Zitronensaft mit Rum, um auf das Wohl der Königin anzustoßen. Nach dem Essen fand eine Aufführung statt. Bei Einbruch der Dunkelheit wurde ein Feuerwerk veranstaltet. Es gab den ganzen Tag über keine Disziplinverstöße und alle Sträflinge waren wieder pünktlich in ihrer Unterkunft.

Maconochie hatte nicht nur Freunde und Befürworter. Auf dem Festland war man mit seinen Methoden überhaupt nicht einverstanden. Und aus London kam die Weisung, seine Befugnisse einzuschränken und ihn gegebenenfalls abzulösen. Noch konnte Maconochie sein Experiment fortsetzen. Er richtete sogar eine anspruchsvolle Sträflingsbibliothek ein und setzte die Musik als Therapie ein. Er ließ den Galgen abreißen und die speziell angefertigten, neunschwänzigen, schweren Peitschen mit ihren doppelten Knoten vernichten. Außerdem ließ er zwei Kirchen errichten, eine für Protestanten und eine für Katholiken, und den Juden wies er einen Raum in der Unterkunft als Behelfssynagoge zu.[131]

1844 ging die Aufsicht über Norfolk Island von New South Wales auf Van Diemen's Land über. Im selben Jahr wurde Maconochie schließlich abberufen. Er schrieb: »Ich fand die Insel als eine unruhige, brutale Hölle vor und verließ sie als friedliches, gut geordnetes Gemeinwesen.«[132]

Sein Nachfolger, Major Joseph Childs, kam mit der Order auf die Insel, sie wieder zu einem Ort exemplarischer Abschreckung zu machen. Was ihm mithilfe sadistischer Wärter auch relativ schnell gelang. Das Vertrauen, das Maconochie zwischen Sträflingen und Behörden geschaffen hatte, ging wieder verloren. In den letzten sechzehn Monaten seiner Amtszeit hatte Childs 26.000 Peitschenhiebe angeordnet. Seine Schergen verfielen auf besondere Verfahren, Disziplin zu erzwingen. Ihr Motto hieß: »Das Rückgrat muss man sehen!« Sie führten den »Röhrenknebel« ein, bei dem den auszupeitschenden Opfern ein Hartholzknebel mit einer winzigen Bohrung in den Mund getrieben wurde. Bei der Prozedur »Adler« wurde das Opfer sechs bis acht Stunden so gefesselt, dass es nur mit den Zehenspitzen den Boden berührte. Beim »Tier mit dem krummen Rücken« wurde dem Sträfling der Kopf zwischen die Knie gebunden. Die »Wassergrube« war eine schon unter King bekannte Dunkelzelle, bis auf Hüfthöhe mit Salzwasser gefüllt, in der die Sträflinge tagelang eingesperrt waren und, aus Angst zu ertrinken, nicht wagen konnten einzuschlafen.

Trotz aller Gewalt war die Disziplin sehr schlecht. Beim Morgenappell taten die Sträflinge was sie wollten, Wärter wurden beschimpft, Neulinge wurden ausgeplündert und vergewaltigt, Häuser wurden am hellichtem Tage ausgeraubt, der Kommandant wurde einmal zu Boden geworfen. Vor allem aber wurde häufig gestreikt. Eine mafiaähnliche Sträflingsorganisation, der »Ring«, übte ein hartes Regime aus. Auch vor Morden an Verrätern und sogar Wärtern wurde nicht zurückgeschreckt.

Am 1. Juli 1846 brach eine Meuterei aus, die durch die Konfiskation von Lebensmitteln und Küchengeräten ausgelöst worden war. Vier Wärter wurden erschlagen. Der Aufstand war nach wenigen Minuten niedergeschlagen. Die Rädelsführer und Mitläufer wurden exemplarisch bestraft. Am 13. Oktober wurden siebzehn Männer gehenkt. Ihre Leichname wurden in eine alte Sägegrube geworfen. Der über ihnen aufgehäufte Hügel wurde »Mörderhügel« genannt.

Mit der Massenhinrichtung nach der Meuterei vom Juli 1846 begann die Laufbahn des berüchtigtsten aller Norfolk-Kommandanten, John Giles Price. Er ist bis heute in den Vorstellungen der Australier als das schauerlichste Monster des Landes lebendig geblieben. »Entweder ich zähme euch oder ich bringe euch um«, waren seine ersten Worte an die angetretenen Sträflinge. Er demoralisierte sie wo er nur konnte, er ging unbegleitet mitten unter hunderten von Sträflingen und züchtigte einen, der sich aufsässig gezeigt hatte. Er begünstigte das Denunziantentum und strafte launenhaft und willkürlich mit der Peitsche. Er ersann Methoden, so dass sich die Wunden nach dem Auspeitschen nicht schlossen, zu faulen begannen und entsetzlich stanken. Bischof Willson besuchte 1852 die Insel und berichtete über die unmenschlichen Zustände. An dem Montag, bevor der Bischof ankam, waren neununddreißig Männer ausgepeitscht worden und am Dienstag noch einmal vierzehn. An seinem Gottesdienst nahmen 270 Männer teil, nur zweiundfünfzig von ihnen ohne Ketten. Sein Bericht hatte zunächst keine Konsequenzen.

Nach mehr als sechs Jahren konnte Price den Anblick von Gefangenen nicht mehr ertragen und verließ die Insel.

1854 avancierte er auf dem Festland zum Generalinspekteur der Strafvollzugsanstalten in Victoria. Zu seinen Aufgaben gehörte die Verwaltung der fünf Gefängnisschiffe im Hafen von Melbourne mit dem Ergebnis, dass bald die Brutalität, mit der die Sträflinge auf ihnen behandelt wurden, sprichwörtlich war. Als er am 26. März 1857 den Steinbruch von Williamstown inspizierte, wo Kolonnen von Sträflingen dieser Schiffe arbeiteten, wurde er erschlagen.

Schließlich führten die sich häufenden Berichte über die unmenschlichen Zustände auf Norfolk im Jahr 1847 zu einer Untersuchung. Unter dem Druck der öffentlichen Meinung wurde die Auflösung der Kolonie und die Verlegung der Häftlinge nach Van Diemen's Land beschlossen.

Die Kolonie blieb allerdings noch etwa zehn Jahre lang bestehen.

Ende Juni 1856 verließen die letzten Häftlinge Norfolk in Richtung Hobart.

Die Insel blieb nur für kurze Zeit ohne Bewohner. Sie war zwar weder wirtschaftlich noch militärisch interessant. Attraktiv schien Norfolk allerdings für eine Gruppe von Menschen, die sich bisher auf einer noch kleineren Insel im Pazifik versteckt hatte. Das waren die Meuterer der BOUNTY und ihre Nachkommen, die im Januar 1790 Pitcairn erreicht und zum Versteck gewählt hatten. Auf ihr Gnadengesuch hin stellte ihnen Queen Victoria die frei gewordene Insel Norfolk zur Verfügung. Die gesamte Bevölkerung von Pitcairn, vierzig Männer, siebenundvierzig Frauen, hundert Kinder, zog um. Nicht alle blieben auf Norfolk. Andere zogen aus Australien und Neuseeland und anderswoher zu.

Zeitweilig befand sich eine Walfangstation auf der Insel. Im Zweiten Weltkrieg wurde eine Start- und Landebahn angelegt und Militär war auf der Insel stationiert.

Heute leben rund 1.800 Einwohner auf der Insel. Etwa ein Drittel von ihnen sind »Pitcairner«.

Einen Hafen gibt es immer noch nicht, Piers bei Cascade und Kingston bieten die einzigen Anlegemöglichkeiten.

Die Überreste des Straflagers im Süden der Insel sind ein großes Freilichtmuseum. Restauriert wurden die Kommandantur und einige Häuser, in denen früher die Offiziere und ihre Familien gewohnt hatten. Sie dienen unter anderem als Regierungsgebäude. Der berüchtigte Gaol, der zentrale Teil des Hochsicherheitsgefängnisses, ist nur noch in wenigen Teilen erhalten.

Das ökonomische Rückgrat ist der Tourismus, ein beschaulicher Tourismus. Man sagt, Norfolk sei etwas für »newly weds and nearly deads«. Die jährlich etwa 20 bis 30.000 Besucher schätzen das milde Klima, die Ruhe und die fehlende Kriminalität sowie die Möglichkeit des steuerfreien Einkaufs. Ein Ausflug in die frühere Strafkolonie gehört zum touristischen Pflichtprogramm. Auch gibt es ein etwas makaberes »Convict Dinner«, ein Barbecue in Sträflingskleidung. Wichtigster Feiertag ist »Bounty Day«, der 8. Juni, der an die Ankunft der Pitcairner im Jahr 1856 erinnert.

Kommerzielles Zentrum der Insel ist Burnt Pine, die »Hauptstadt« ist Kingston.

Mit dem »Norfolk Island Act« wurde 1979 der Insel einige Selbstständigkeit zugestanden: eigener Exekutivrat, eigener Gerichtshof, eigene Polizei und eigener Zoll.

Der Tourismus soll moderat entwickelt werden. In Zukunft sollen sich nie mehr als 750 Gäste gleichzeitig auf der Insel aufhalten. Über ein Viertel der Insel steht unter Naturschutz. Die unbewohnte Insel Philip ist Vogelreservat.

Hier endet das Kapitel der britischen Massendeportationen. Es ist kein Ruhmesblatt und man macht möglichst wenig Aufhebens davon.

Die Mehrzahl der unmittelbar mit dem Deportationssystem nach Australien und Norfolk zusammenhängenden Bauten ist längst zerfallen. Manche der von Sträflingen erbauten öffentlichen Gebäude und Brücken sind noch erhalten. Gefängnisse und Gefangenenunterkünfte waren als Erinnerung an die beschämende Vergangenheit nicht erhaltenswert. Nur Weniges ist dem Abbruch entronnen. Auf Norfolk haben die neuen Bewohner, die 1856 von Pitcairn Island umgesiedelt wurden, das fünfeckige neue Gefängnis, die riesige Gefangenenunterkunft und manche kleine Gebäude in Kingston abgerissen, um Baumaterial zu gewinnen. Außer einigen Zellenfundamenten ist an der Stelle der Strafsiedlung wenig übrig geblieben. Als 1959 ein Erholungspark dort entstehen sollte, konnten einige Mauern und Tore vor dem Abriss bewahrt werden.

Eine der wenigen Attraktionen von Hobart war in den 80er-Jahren des 19. Jahrhunderts das Wrack des Sträflingsschiffes SUCCESS, das jahrelang in der Port Phillip Bay gelegen hatte. Es hatte einen gruseligen Ruf, denn die auf ihm untergebrachten Sträflinge waren am Mord am »Dämon« John Price beteiligt gewesen. Clevere Geschäftsleute kauften das Schiff, staffierten es mit Sträflingspuppen und den üblichen Folterinstrumenten aus und verdienten mit der Schaustellung ihr Geld. Schließlich verlegten sie es nach Sydney in der Hoffnung, es noch mehr Besuchern vorführen zu können. Aber empörte Bürger, die nicht an die Schmach der Deportationszeit erinnert werden wollten, versenkten es im Dunkel der Nacht.[133]

Schriftsteller widmeten sich diesem Phänomen nur selten. Charles Dickens bot 1840 der Regierung an, »eine lebendige Schilderung der auf der Norfolkinsel und an anderen Stätten herrschenden Schrecken« zu liefern, »mit großer Anschaulichkeit und Wahrheitsliebe in eine ansprechende Erzählung gekleidet, die sehr preiswert unter das Volk gebracht werden kann«. Der Plan wurde nicht ausgeführt. Die einzige vollständig ausgeführte Gestalt aus dem Australien der Strafkoloniezeit bei Dickens ist der zurückgekehrte Sträfling Abel Magwitch in »Great Expectations« (1860)[134].

Der Romancier Anthony Trollope hatte Port Arthur in den letzten Jahren des Bestehens der Strafkolonie besucht.

Die im Folgenden dargestellten Inseln sind mit den zuvor beschriebenen nicht vergleichbar.

Chatham-Inseln
44°S, 176°30'W

Die neuseeländische Inselgruppe, östlich der Hauptinseln gelegen, besteht aus der Hauptinsel Chatham (Warekauri) sowie der Pittinsel (Rangihaute), Rangitara und weiteren kleinen Eilanden.

Sie haben ungefähr 600 Einwohner, die von Fisch- und Langustenfang, dem Sammeln von Paua-Muscheln und der Schafzucht leben.

Um etwa 1.000 v. Chr. waren die Inseln bereits besiedelt, von den Moriori. Sie sind, wie die Neuseeland-Maori, Polynesier, stammen also von denselben Vorfahren ab. Im Gegensatz zu den kriegerischen Maori lebten die Moriori auf Chatham in völliger Gewaltlosigkeit. Ihr legendärer Anführer, Nunuku Whenua, soll jeden Streit und das Töten zu Ritualzwecken verboten haben. Später vermischten sich die Ureinwohner mit Walfängern, Seeleuten verschiedener Nationalitäten, entflohenen australischen Häftlingen, Maori und deutschen Missionaren. Die »Deutsche Colonisations-Gesellschaft« in Hamburg hatte 1841 die Chathams von der »New Zealand Company« gekauft. Die britische Regierung bewirkte allerdings, dass der Kauf rückgängig gemacht wurde.

Der bedeutendste Ort und Gouverneurssitz ist Waitangi, an der Westküste der Hauptinsel gelegen.

Der Ort diente ab 1866 als Verbannungsort für »kriegsgefangene« Maorirebellen, die mit ihren Familien von Neuseeland herübergebracht wurden. Einer von ihnen, Te Kooti, zettelte 1868 einen Gefangenenaufstand an, kaperte ein Schiff und segelte mit seinen Leuten nach Neuseeland zurück. Wenig später wurde die Inselgruppe von Tsunamis heimgesucht. Das veranlasste auch den Rest der Maori, nach Neuseeland zurückzukehren.

Ende des 19. Jahrhunderts wurde die Inselgruppe den Maori zugesprochen. Einige von ihnen kamen zurück und verpachteten Ländereien an europäische Schaffarmer.

Was nun kommt, ist lediglich europäisches Mittelmaß. Bis auf eine Ausnahme – St. Helena. Niemand würde dieses winzige, einsame Eiland in den Weiten des Südatlantiks beachten, wenn nicht eine herausragende Persönlichkeit dorthin verbannt gewesen und dort gestorben wäre.

St. Helena, Saint Helena, Sankt Helena
15°57'S, 5°42'W

Die 122 km² große Insel im Südatlantik ist vulkanischen Ursprungs. Der dunkelgrüne Basaltfelsen steigt fast senkrecht bis 823 Meter aus dem Ozean empor. Am 21. Mai 1501, dem Tag der heiligen Helena, wurde die Insel von portugiesischen Seefahrern entdeckt. Anfang des 17. Jahrhunderts übernahmen die Holländer die Insel und benutzten sie als Poststation, indem sie unter beschrifteten Steinen Behälter mit Post zur Mitnahme durch andere Schiffe hinterließen.

Mitte des 17. Jahrhunderts wurde die Insel durch ein episches Meisterwerk des spanischen Barocks bekannt, durch »Das Kritikon« des Freidenkers Baltasar Gracián y Morales. Darin wird ein Schiffbrüchiger an die Küste der Insel gespült und trifft einen jungen Mann, der unter wilden Tieren aufgewachsen ist.

1650 kam die Insel in den Besitz der britischen East India Company, die 1659 mit ihrer Kolonisierung begann. Die Bevölkerungszahl wuchs rasch an, und wenige Jahre später erkannte die englische Krone die strategische Bedeutung St. Helenas u.a. als Kabel- und Kohlestation. Sie übernahm die Verwaltung.

Seit 1834 ist St. Helena britische Kronkolonie.

Die Portugiesen nutzten die Insel wegen des angenehmen, gesunden, allerdings oft stürmischen Seeklimas als Sanatorium für kranke Seeleute. Die Kapitäne setzten Seeleute, die an Skorbut und anderen Krankheiten litten, auf der Insel ab. Andere Schiffe nahmen die Genesenen wieder mit.

Das Klima ist tatsächlich sehr gesund. Die mittlere Tagestemperatur beträgt im heißesten Monat 24°, im kältesten 18,5°, der Jahresdurchschnitt liegt bei 21°. Das Trinkwasser ist sehr schmackhaft und gesund.

Als man sich für die Insel als Verbannungsort Napoleons entschieden hatte, wurde aus propagandistischen Zwecken, vor allem in Frankreich, eine ganz andere Version verbreitet. St. Helena sei ein ideales Gefängnis mit ungesundem Klima, durch schlechtes Wasser würden Leberentzündungen hervorgerufen. Napoleon würde auf der Insel nicht lange überleben.

Aber ich habe vorgegriffen.

Nach seiner Abdankung begab sich Napoleon nach Rochefort, um sich nach Amerika einzuschiffen. Zwei Fregatten lagen für ihn bereit. Bei seiner Ankunft am 3. Juli 1815 war der Hafen jedoch durch englische Kriegsschiffe blockiert.

Am 15. Juli, nahezu einen Monat nach der Schlacht bei Waterloo, stellte sich Napoleon unter den Schutz der Engländer und ging vor Rochefort von der Brigg VAUTOUR (Geier) an Bord des englischen Kriegsschiffes BELLEROPHON, das unter dem Kommando von Kapitän Maitland stand. Dort wurde ihm der Beschluss der verbündeten Mächte mitgeteilt, dass »General Bonaparte« im Interesse der allgemeinen Ruhe auf die englische Insel St. Helena verbannt worden sei.

Am 16. Oktober 1815, zwei Monate nach seinem 46. Geburtstag, kam Napoleon an Bord der NORTHUMBERLAND auf der Insel an. Zu seinem Gefolge gehörten: Marshall Bertrand mit Gattin, General Graf Montholon mit Gattin, General Gourgaud und der Historiker Las Cases mit Sohn, ferner sein Diener Marchand und einige Personen aus der Dienerschaft, darunter der Korse Santini.

Anfangs war die Unterbringung recht einfach, erst später stand ein geräumiges Haus in dem Teil der Insel, der Longwood heißt, zur Verfügung.

Dass Napoleon auf die Insel verbannt wurde, galt allgemein als recht und billig, dass man ihm aber nur eine Flasche Champagner pro Tag zugestand, löste weltweite Empörung aus, der z.B. auch Sir Walter Scott Ausdruck verlieh. Mit dem Gouverneur der Insel, General Lord Hudson Lowe, der im April 1816 im Alter von siebenundvierzig Jahren den bisherigen Befehlshaber, Admiral Cockburn, abgelöst hatte, lag Napoleon in ständigem Streit. Er weigerte sich fast immer, den Gouverneur zu empfangen und antwortete prinzipiell nicht auf dessen Einladungen, was er damit begründete, dass diese an General Bonaparte gerichtet seien. Napoleon beanspruchte den Titel Kaiser.

Auf der Insel befanden sich auch offizielle Vertreter Frankreichs, Russlands und Österreichs als Beobachter.

Napoleon genoss alle Freiheiten auf der Insel. Er durfte nach Belieben ausgehen, ausfahren, ausreiten, Besuche empfangen oder auch abweisen. Er empfing Reisende, deren Schiffe auf ihrem Wege von oder nach Europa St. Helena anliefen.

Die Offiziere und Soldaten der Garnison brachten dem gestürzten Kaiser nicht nur Achtung, sondern sogar Zuneigung und Verehrung entgegen. Der kleine Hofstaat, der ihn umgab, benahm sich, als wäre man noch in Paris. Da wurde gegeneinander intrigiert und um die Gunst Napoleons gebuhlt.

Auf der Insel diktierte Napoleon Emmanuel Graf de Las Cases einen Teil seiner Erinnerungen. Las Cases wurde 1818 von den Engländern nach Frankreich zurückgeschickt. Er redigierte dieses »Mémorial de Sainte-Hélène«, das 1821/23 in acht Bänden veröffentlicht wurde. Ein einbändiger Auszug erschien erstmals 1854 unter dem Titel »Souvenirs de l'empereur Napoléon Jer«.

Nach Las Cases' Abreise hatte Napoleon keinen so geeigneten und gebildeten Sekretär mehr zu seiner Verfügung.

Nach der vor seiner Verbannung unermüdlichen Arbeit von fünfzehn bis achtzehn Stunden täglich versetzte ihn nun der völlig veränderte Tagesablauf, der Müßiggang, zeitweise in düstere Schwermut.

Einem kleinen Mädchen, Betsy Balcombe, der Tochter eines englischen Unternehmers auf der Insel, war Napoleon offensichtlich sehr zugetan. Sie besuchte ihn häufig, plauderte mit ihm.

Eine bemerkenswerte Frau und glühende Verehrerin Napoleons, Regula Engel, schickte zwei ihrer Söhne zu dem Verbannten nach St. Helena. Mit ihrem Mann, einem napoleonischen Offizier, hatte sie einundzwanzig Kinder. Sie war ihrem Mann und Napoleon in Uniform auf nahezu allen Feldzügen gefolgt. Sie nahm nur Urlaub, um wieder einem Kind das Leben zu schenken. Sechs ihrer Söhne starben für Napoleon, und ihr Mann sowie ihr jüngster Sohn gehörten zu den Gefallenen von Waterloo. Sie selbst wurde, in Kapitänsuniform, schwer verwundet geborgen.

Die beiden Söhne, die sie zu Napoleon in die Verbannung geschickt hatte, sind verschollen. Sie selbst starb, 1853, halb erblindet, zweiundneunzigjährig in einem Züricher Armenhaus.[135]

Schon 1819 war Napoleon immer häufiger krank. 1820 verschlimmerte sich sein Zustand und Anfang 1821 bezeichnete ihn der englische Arzt als recht ernst. Napoleon ermüdete schnell und litt offensichtlich unter starken Schmerzen.

Am 13. April diktierte er dem Grafen Montholon sein Testament, das er am 15. abschrieb und unterzeichnete. Dieses Testament enthält u. a. die Zeilen, die auf der Marmortafel im Pariser Invalidendom zu lesen sind, wo sich der Sarkophag mit den sterblichen Überresten Napoleons befindet: »Ich wünsche, dass meine Asche an den Ufern der Seine ruht, inmitten des französischen Volkes, das ich so sehr geliebt habe.« Den größten Teil seines Besitzes von etwa 200 Mill. Goldfranken vermachte er zur Hälfte den Offizieren und Soldaten, die unter seiner Fahne gekämpft hatten, und zur anderen Hälfte den Regionen Frankreichs, die unter den Invasionen 1814 und 1815 gelitten hatten.

Napoleon starb am 5. Mai 1821, achtzehn Uhr. An diesem Tag wütete auf dem Ozean ein furchtbarer Sturm, der Bäume entwurzelte und einige Häuser hinwegfegte.

Napoleon war nur einundfünfzig Jahre alt geworden.

Die Leichenschau wurde von sechs vom Gouverneur bestellten Ärzten auf einem Billardtisch vorgenommen.

Die offizielle Version lautet, Napoleon sei an Magenkrebs gestorben. Behauptet wird aber auch, er sei vergiftet worden.[136] Haar-Analysen in Lausanne sowie in diversen französischen Laboratorien und im Jahr 2000 auch in München ergaben hohe Arsen- und Quecksilber-Konzentrationen. Sie lassen auf eine kontinuierliche Giftbeimischung in Nahrungsmitteln bzw. im Rotwein schließen. Verdächtigt werden Graf Charles-Tristan de Montholon und dessen Gattin Albine. Und als Motiv wird Rache angenommen. Eine andere Version: Napoleon ist an seinen Tapeten gestorben. Mit »Scheeles Grün«[137] bedruckte Tapeten geben Arsen in Form von Dampf ab, wenn sie feucht und schließlich schimmlig werden. Und Haus Longwood war für seine Feuchtigkeit bekannt. Der magenkranke Napoleon war für die giftigen Ausdünstungen der Tapeten besonders anfällig. Andere Bewohner klagten auch über Unwohlsein, waren jedoch nicht so anfällig.

Vier Tage nach dem Tod Napoleons schritten im Trauerzug außer dem Gefolge und den Dienern die gesamte englische Garnison, alle Matrosen und Marineoffiziere, alle Zivilbeamten mit dem Gouverneur an der Spitze und fast die gesamte Bevölkerung der Insel. Der Sarg wurde unter Salutschüssen in das Grab hinabgelassen.

1840 wurde der Leichnam Napoleons an Bord des französischen Kriegsschiffes LA BELLE POULE (»Das schöne Huhn«) in den Himmel der Unsterblichen – in den Invalidendom in Paris – überführt.

Eine Exhumierung könnte Gewissheit über die Todesursache liefern, wird jedoch von den Verwandten des großen Korsen abgelehnt.

Die Haarlocke, die sein treuer Schweizer Diener, Jean-Abraham Noverraz, Napoleon am Todestag abgeschnitten hatte, wird im Geschichtsmuseum von Lausanne versiegelt aufbewahrt.

Während des Burenkrieges in Südafrika 1899 bis 1902 internierten die Briten Kriegsgefangene u. a. auf St. Helena.[138]

Ende des 20. Jahrhunderts war die Insel vom Tourismus noch nicht erreicht. Kein Reiseführer, kein Veranstalter hatte sie im Programm, in keinem Reisebüro war sie zu buchen, kein Fremdenverkehrsamt vertrat sie. Doch wer sie finden möchte, findet zu ihr. Wie die Mitglieder der Gesellschaft »Souvenir Napoléonien«, die regelmäßig Reisen zu Orten, die an Napoleon erinnern, veranstalten. 1980 fuhren sie mit der ST. HELENA nach St. Helena.

Hauptproblem ist die Erreichbarkeit, 2.000 Kilometer von der Südwestküste Afrikas und fast 3.000 Kilometer von der Ostküste Südamerikas entfernt.

St. Helena hat keinen Flugplatz, nicht einmal eine Grasbahn für Kleinflugzeuge. Einen zu bauen würde etwa sechs Mill. Dollar kosten. Lieber subventioniert die britische Regierung den Schiffsverkehr mit jährlich drei bis vier Mill. Dollar.

Bis 1977 liefen die Postschiffe der Union-Castle Line, die zwischen Southampton und Südafrika verkehrten, St. Helena an. Dann wurde der Dienst eingestellt. 1978 wurde die erste ST. HELENA in Dienst gestellt. Sie bot, von der britischen Regierung finanziell unterstützt, Rundreisen von Avonmouth über Teneriffa, Ascension und St. Helena nach Kapstadt und zurück an. Das Schiff hatte nur 3.500 BRT und Platz für fünfundsiebzig Passagiere. Es beförderte auch Post und durfte deshalb vor dem Schiffsnamen die Buchstaben RMS (Royal Mail Ship) führen. Während des Falklandkrieges wurde die ST. HELENA abkommandiert, und für die Versorgung der Insel wurden kleine Schiffe gechartert. Nach der Rückkehr der ST. HELENA drängte die Reederei, die St. Helena Shipping Company, auf einen größeren Neubau. Dieser wurde genehmigt und Ende 1990 konnte die neue ST. HELENA (6.767 BRT, 105 m Länge, 128 Passagierplätze) die Werft A&P Appledore, Aberdeen, zur Jungfernreise verlassen. Die Besatzung besteht aus Briten und St. Helenen. Das Schiff ist recht komfortabel eingerichtet. Neben dem Speisesaal gibt es zwei größere Gesellschaftsräume, jeder mit Bar, eine Bibliothek, einen Shop sowie ein Schwimmbecken auf dem Sonnendeck. Abends werden traditionelle britische Partys veranstaltet: Quizshows, Bingo, Disco. Mit den Schiffen der St. Helena Line reisen maximal tausend Touristen pro Jahr zur Insel. Die Fahrzeit von Cardiff dauert vierzehn Tage, von Kapstadt fünf Tage. Für Kreuzfahrtschiffe ist die kleine Insel kaum geeignet, bei schlechtem Wetter ziehen sie in Sichtweite vorbei. Der nächstgelegene Flughafen befindet sich auf der rund tausend Kilometer entfernten, den USA gehörenden Insel Ascension. Er ist in die touristischen Entwicklungspläne St. Helenas einbezogen. Von Ascension aus wäre St. Helena mit Schnellfähren innerhalb eines Tages zu erreichen. Dazu müsste allerdings der Militärstützpunkt auf Ascension, der u. a. als Notlandeplatz für amerikanische Raumgleiter dient, die Landung von Zivilflugzeugen zulassen.

Die Insel hat viel zu bieten: mildes, subtropisches Klima, einzigartige Flora, von kristallklarem Wasser umspült; die beiden Häuser, die Napoleon einst bewohnt hat, stehen noch, und es ist das Grab zu sehen, in dem der tote Kaiser bis 1840 ruhte.

La Digue

4°21'S, 55°50'O

Im Indischen Ozean nutzte Britannien zeitweilig die Seychelleninsel La Digue als Aufenthaltsort für Verbannte. Während der Französischen Revolution hatte Großbritannien die Inselgruppe besetzt und bekam sie im Frieden von Paris 1814 zugesprochen. Zusammen mit Mauritius wurde sie als Kronkolonie verwaltet, bis sie 1975 die Autonomie und ein Jahr später die Unabhängigkeit im Rahmen des Commonwealth erlangte.

Das Haus auf La Digue, in dem der Film »Emanuelle« gedreht wurde, stammt aus dem 19. Jahrhundert.

Zypern, Kibris, Kypros
34°33' bis 35°42'N, 32°16' bis 34°37'O

Die Insel im östlichen Mittelmeer war keine Sträflingsinsel. Aber sie beherbergte Auffanglager, die wie Haftanstalten geführt wurden.

Nach wechselvoller Vorgeschichte besetzte im Jahr 1878 Großbritannien, unter formeller Anerkennung der türkischen Oberhoheit, die Insel, annektierte sie 1914 und machte sie 1925 zur Kronkolonie.

1922 erhielt Großbritannien das Völkerbundsmandat über Palästina, das es bis 1948 ausübte.

Nachdem schon in den 30er-Jahren versucht worden war, den von jüdischen Organisationen organisierten Strom illegaler jüdischer Einwanderer nach Palästina zu unterbinden oder zumindest zu steuern (siehe Mauritius und das Lager Atlit), kündigte die britische Regierung im August 1946 an, dass künftig illegale Einwanderer nach Palästina auf Zypern interniert würden. Das sollte zwar abschrecken, aber die ehemaligen Häftlinge der deutschen Konzentrationslager, die den Völkermord überlebt hatten, zogen es vor, auf Zypern interniert zu werden, statt im ehemaligen Dritten Reich zu leben.

Die Organisatoren der Einwanderung nach Palästina begannen, die Lager auf Zypern mit Flüchtlingen zu überschwemmen. Bald drängten sich 15.000 Menschen in den Lagern. Ehepaare und Familien wurden auseinander gerissen.

Es gab ein Sommerlager aus Zelten in Karaolas, fünf Kilometer vom Hafen Famagusta entfernt, und ein Winterlager aus Wellblechbaracken in Xylotymvou, siebenunddreißig Kilometer vom Hafen entfernt.

Trotz der im großen Ganzen humanen Bedingungen empfanden die Überlebenden der deutschen Vernichtungslager es als ungerecht, dass sie nun nach ihrer Befreiung wieder hinter Stacheldraht sitzen mussten. Zumal sie beobachten konnten, dass in ihrer Umgebung sich deutsche Kriegsgefangene des ehemaligen Afrikakorps frei bewegen durften.

Ein großes Problem war die Wasserversorgung. Ab Sonnenaufgang bis abends, oft bis nach Mitternacht, gab es kein Wasser. Die Frauen wuschen nachts, und um die Wasserhähne bildeten sich Trauben von Menschen, die darauf warteten an die Reihe zu kommen und sich gegenseitig in zehn verschiedenen Sprachen beschimpften.

Aber sie hatten die Hoffnung, dass ihr Aufenthalt im Lager nur eine Etappe auf ihrem Weg in die ersehnte Freiheit war. Sie nutzten die Zeit, lernten Hebräisch und bereiteten sich auf ihre neue Heimat vor. Es gab sogar eine jüdische Polizei, die jeden Samstag unter den Augen ihrer Bewacher für ihre zukünftigen Aufgaben in Palästina exerzierte. Die Internierten hatten ihr eigenes Gericht, das Strafen von öffentlicher Bekanntmachung der Verfehlung bis Streichung der Zigaretten für maximal dreißig Tage verhängte.

Und viele Ehen wurden auf Zypern geschlossen. In einem Rekordmonat wurden mehr als dreihundert Hochzeiten gefeiert. Intimität war allerdings kaum möglich. Sexualität fand hinter vorgehaltenen Decken statt. Im ersten Jahr wurden auf Zypern fünfhundert Kinder geboren, die automatisch britische Staatsbürger wurden.

Die Internierten begehrten ab und zu auf, es kam zu Kundgebungen, teils blutigen Zusammenstößen mit den britischen Soldaten und zu Hungerstreiks.

Am 29. November 1947 entschied eine UNO-Vollversammlung, Palästina in zwei souveräne Staaten zu teilen, einen jüdischen und einen arabischen. Am 15. Mai 1948 erlosch das britische Mandat in Palästina. Am Abend des 14. Mai hatte David Ben Gurion im Namen des jüdischen Nationalrats den unabhängigen Staat Israel proklamiert. Am 19. Juli 1948 gestatteten die Briten den rund 20.000 noch auf Zypern festsitzenden Juden die Einreise in ihre neue Heimat. Seit August 1946 hatten die Lager auf Zypern 51.530 Menschen beherbergt.[139]

Etwa 80 % der Bevölkerung Zyperns sind Griechen. Es gab auch immer wieder Bestrebungen, die Insel mit Griechenland zu vereinigen. Erzbischof Makarios III. von Zypern strebte die

Vereinigung an und stellte sich an die Spitze der gegen die britische Herrschaft gerichteten Unabhängigkeitsbewegung. Er wurde 1956/57 auf die Seychellen verbannt und nach der Erlangung der Unabhängigkeit zum Staatspräsidenten gewählt. Nach dem Staatsstreich auf Zypern am 15. Juli 1974, durch den die Junta die Insel mit Griechenland vereinigen wollte, konnte Makarios entkommen. Die Türkei okkupierte den nördlichen Teil der Insel und seit 1975 ist Zypern geteilt.

Isle of Man
54°05' bis 54°26'N, 4°23' bis 4°48'W

Zu Beginn des Zweiten Weltkrieges löste Winston Churchill die Ausländerfrage auf dem bedrohten Inselreich mit dem berühmten Befehl: »Collar the lot!« – »Ins Loch mit ihnen!«

Samt und sonders wurden sie, ob deutsch-jüdische Emigranten, italienische Restaurantbesitzer oder antifaschistische Widerstandskämpfer, aufgegriffen und als »verdächtige Ausländer« auf der Isle of Man interniert oder, als Alternative, nach Kanada deportiert.[140]

Die Insel in der Irischen See, seit den Zeiten der Wikinger unabhängig, lässt sich von London nur außen- und verteidigungspolitisch vertreten. Ansonsten verbittet man sich jegliche Einmischung. Erst kürzlich wurden trotz Drucks von Seiten Großbritanniens und der Europäischen Union die Prügelstrafe und das Verbot der Homosexualität nicht aus dem Gesetzeswerk der Insel gestrichen. Der kleine Inselstaat ist erzkonservativ. Man pflegt den alljährlichen Thingwald auf einer prähistorischen Grabstätte, bei dem die Beschlüsse des Manx-Parlaments in Englisch und Keltisch vorgetragen werden.

Heute hat die Insel einen hervorragenden Ruf als Finanzplatz und Steuerparadies. Ca. 35.000 Briefkastenfirmen haben sich auf der Insel niedergelassen. Auch die Kanalinseln Jersey und Guernsey, ehemalige Exilinseln, sind Fluchtinseln des Kapitals geworden. Ob es da einen Zusammenhang gibt?

Inishbofin
53°37'N, 10°15'W

Die acht mal fünf Kilometer kleine Insel liegt ungeschützt vor der irischen Westküste, County Galway. Inishbofin bedeutet »Insel der weißen Kuh«.

Die Insel diente im 16. Jahrhundert Piraten, u. a. der berühmt-berüchtigten Piratenkönigin Grace O'Malley, als Stützpunkt, woran Burg- und Schlossruinen am Hafen von Bofin erinnern. Von 1652 bis 1700 war sie Garnison der Truppen Oliver Cromwells und diente als Gefängnis für die von Cromwell unbarmherzig verfolgten katholischen Priester und Mönche. Cromwell's Fort heißt das

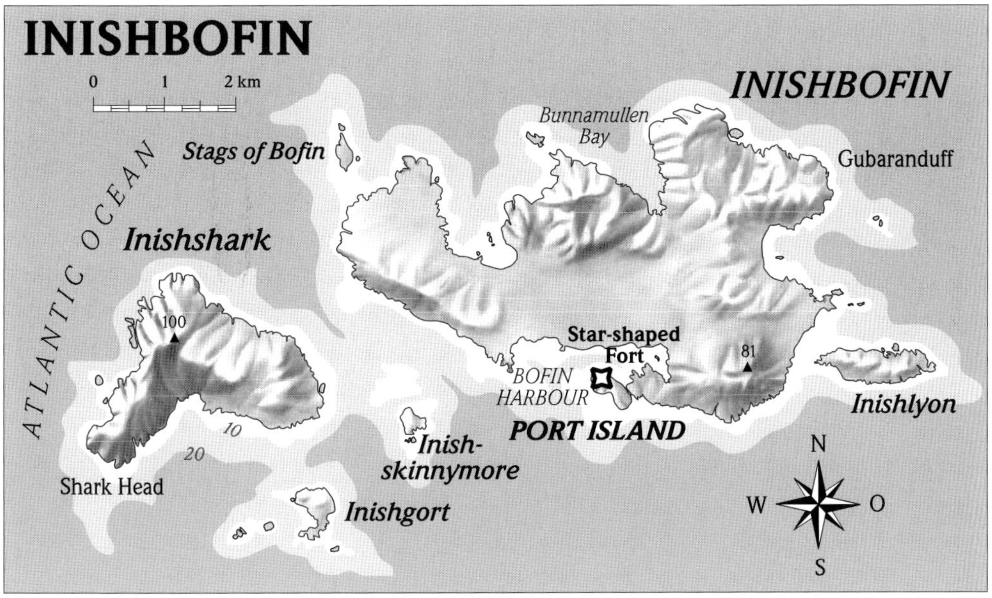

düstere Gemäuer in der Hafeneinfahrt. Im 17. Jahrhundert hatte Oliver Cromwell mit eiserner Hand der in elisabethanischer Zeit begonnenen englischen Eroberung zum Sieg verholfen.

Inishbofin hatte sich als letztes Bollwerk Cromwells Truppen widersetzt und wurde nun zur Strafkolonie. Die Penalty Laws erkannten den Katholiken die bürgerlichen Ehrenrechte ab und verboten ihnen die Religionsausübung. Legenden erzählen von den Priestern, die an der unwirtlichen Nordküste gefangen gehalten wurden.

Heute ist die Insel, die von 180 Menschen bewohnt wird, beliebt bei Touristen, die Ruhe und Natur lieben. »Workshop-Touristen« werden jeweils für eine Woche von Botanikern, Geologen und Archäologen begleitet.

An der Stelle einer Klosteranlage, in einem Tal westlich des Hafens, steht eine spätmittelalterliche Kirche.

Inishbofin ist von zahlreichen Riffs und kleinen Inseln umgeben. Besonders die Westseite ist klippenreich und von rauen Winden geformt, während die Ostseite herrliche weiße Sandstrände und den Blick auf das irische Festland zu bieten hat. Wenn er sich nicht gerade hinter Nebel und Nieselregen versteckt, sieht man auf dem irischen Festland den kegelförmigen heiligen Berg Irlands, den Croagh Patrick oder Reek, wie er in dieser

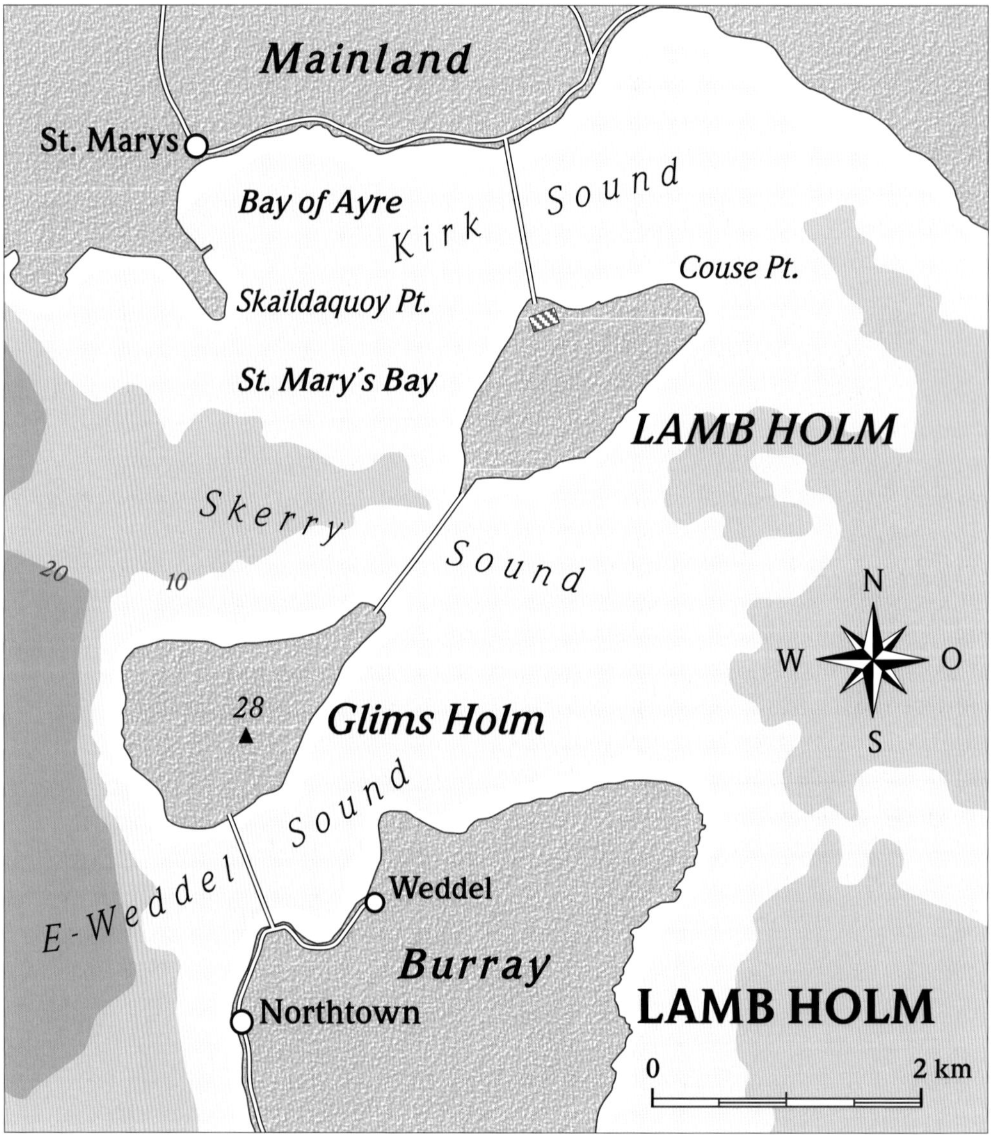

Gegend genannt wird. Alljährlich am jeweils letzten Sonntag im Juli pilgern bis zu 80.000 Menschen mit dem traditionellen Stab in der Hand auf diesen berühmtesten aller irischen Wallfahrtsorte. An diesem Ereignis teilzunehmen, die gleichzeitig fröhliche und festliche Atmosphäre, die Mischung keltischer und christlicher Traditionen zu erleben, gehört sicher zu den Höhepunkten einer Irlandreise.

Die Überfahrt von Cleggan zur Insel mit dem Postboot sowie im Sommer mit einer kleinen Fähre dauert nur etwa eine halbe Stunde.

Lamb Holm
58°53'N, 3°53'W

Die Insel gehört zu den Orkneys und liegt an der Westgrenze der Bucht von Scapa Flow.

Die Orkney-Inseln, insbesondere Scapa Flow, sind durch Ereignisse in den beiden Weltkriegen allgemein bekannt geworden.

Am 21. Juni 1919 versenkten die Besatzungen der in Scapa Flow internierten deutschen Hochseeflotte auf Befehl des Konteradmirals von Reuter ihre Schiffe: elf Linienschiffe, fünf Panzerkreuzer, acht Kleine Kreuzer, fünfzig Torpedoboote.[141]

In der Nacht vom 13. auf den 14. Oktober 1939 drang das deutsche U-Boot U 47 unter Kapitänleutnant Günther Prien durch den stark gesicherten Holm Sound, dort, wo Lamb Holm liegt, in den Flottenstützpunkt Scapa Flow ein und versenkte das britische Schlachtschiff ROYAL OAK. 833 britische Seeleute verloren bei dieser Aktion ihr Leben.

Italienische Kriegsgefangene, die im Zweiten Weltkrieg in Nordafrika gekämpft hatten, wurden auf Lamb Holm, im Camp 60, gefangen gehalten. Das raue Klima muss den Südländern besonders arg zugesetzt haben. Sie wurden nach Priens Aktion zur Zwangsarbeit an den spektakulären »Churchill-Barrieren« (zur Blockierung der östlichen Zufahrt in die Bucht von Scapa Flow errichtet, über sie führt jetzt eine Autostraße) eingesetzt.

Domenico Chiocchetti trug dem Lagerkommandanten Major Buckland und dem Pfarrer Gioachino Giacobazzi den Wunsch der Gefangenen vor, eine kleine Kirche zu bauen und auszugestalten. Dem Wunsch wurde entsprochen und so entstand 1943 aus geringsten Mitteln die Italian Chapel. Zwei Nissenhütten wurden zusammengefügt und im Innern vom Fußboden bis zur Decke kunstvoll mit bunten Backsteinen und dekorativ gemeißelten Steinpaneelen geschmückt. Aus dem Holz eines gestrandeten Bootes entstand das Tabernakel. Palumbo, ein Schmied unter den Gefangenen, fertigte aus Eisenstangen die Chorschranken. Domenico schuf aus Draht und Beton die Georgsplastik vor der Kirche. Er malte auch die Heiligendarstellungen im Chorraum nach kleinen Bildchen, die die Gefangenen bei sich trugen. Schließlich erhielt die Kirche noch eine Fassade aus Beton. Die Italian Chapel ist heute eine Sehenswürdigkeit und ein Mahnmal gegen den Krieg.

Der Marinestützpunkt Scapa Flow wurde 1956 geschlossen.

Nicht nur wegen der militärischen Relikte – Geschützaussichtspunkte, Royal-Oak-Gedenkgarten, verlassene Stellungen, ein Marinefriedhof, eine zum Besucherzentrum umgebaute Ölpumpstation, ein Funkmuseum mit Geräten aus beiden Weltkriegen, das Marinetheater, Schlachtendenkmäler, Wracks von Blockschiffen – sind die Orkneys bemerkenswert.

Verschwenderisch geheimnisvoll nannte einmal jemand die Orkneys wegen ihrer Megalithgräber, den historischen Ansiedlungen, den sagenhaften Kultstätten, den Gebäuden der Pikten, den Wehranlagen der Wikinger, dem geheimnisvollen Rundturm »Broch«, den Standing Stones of Stenness, der Grabkammer Maes Howe, des Rings of Brodgar.

Der Faszination dieser Inseln ist einer der bedeutendsten zeitgenössischen britischen Komponisten erlegen: Peter Maxwell Davies. Er wohnt und komponiert seit den 70er-Jahren hoch oben auf den Klippen der Insel Hoy, in einem Haus ohne Fernsehen, Telefon und Fax, gegenüber einer im Meer stehenden Felsensäule, die den Namen »The Old Man of Hoy« trägt, ein Name, der allmählich auf den Komponisten übertragen wurde.

Isle of Portland
50°33'N, 2°27'W

Obwohl längst durch einen wenn auch nur straßenbreiten Damm zur Halbinsel geworden, trägt Portland weiterhin die Bezeichnung Insel. Man ist eben konservativ, in jeder Hinsicht.

Unter Premierminister Lord John Russel (1865–1866) wurde entschieden, die Insel zu einer Strafkolonie zu machen. Das Home Office, zuständig für die örtlichen Verwaltungen, Polizei etc., brauchte neue Gefängnisse und Portland brauchte Wellenbrecher, deren Bau wegen zu hoher Kosten immer wieder hinausgeschoben wurde. Zur selben Zeit wollte die Armee die Insel befestigen und den Kriegshafen ausbauen. Was lag näher, als die Arbeiten von Gefangenen ausführen zu lassen? Dazu war zunächst der Bau eines Gefängnisses erforderlich. Was als Provisorium entstand, wurde zu einer permanenten Einrichtung und zwar für besonders schwere Fälle. Später wurde das ursprüngliche Gefängnis in eine Besserungsanstalt für jugendliche Straftäter umgewandelt. Die Festungsanlagen wurden nach dem Zweiten Weltkrieg von der Armee nicht mehr benötigt und als Gefängnis der mittleren Sicherheit benutzt.

Anfang 1997 kam eine dritte Einrichtung hinzu, das 105 Meter lange Gefängnisschiff HM PRISON

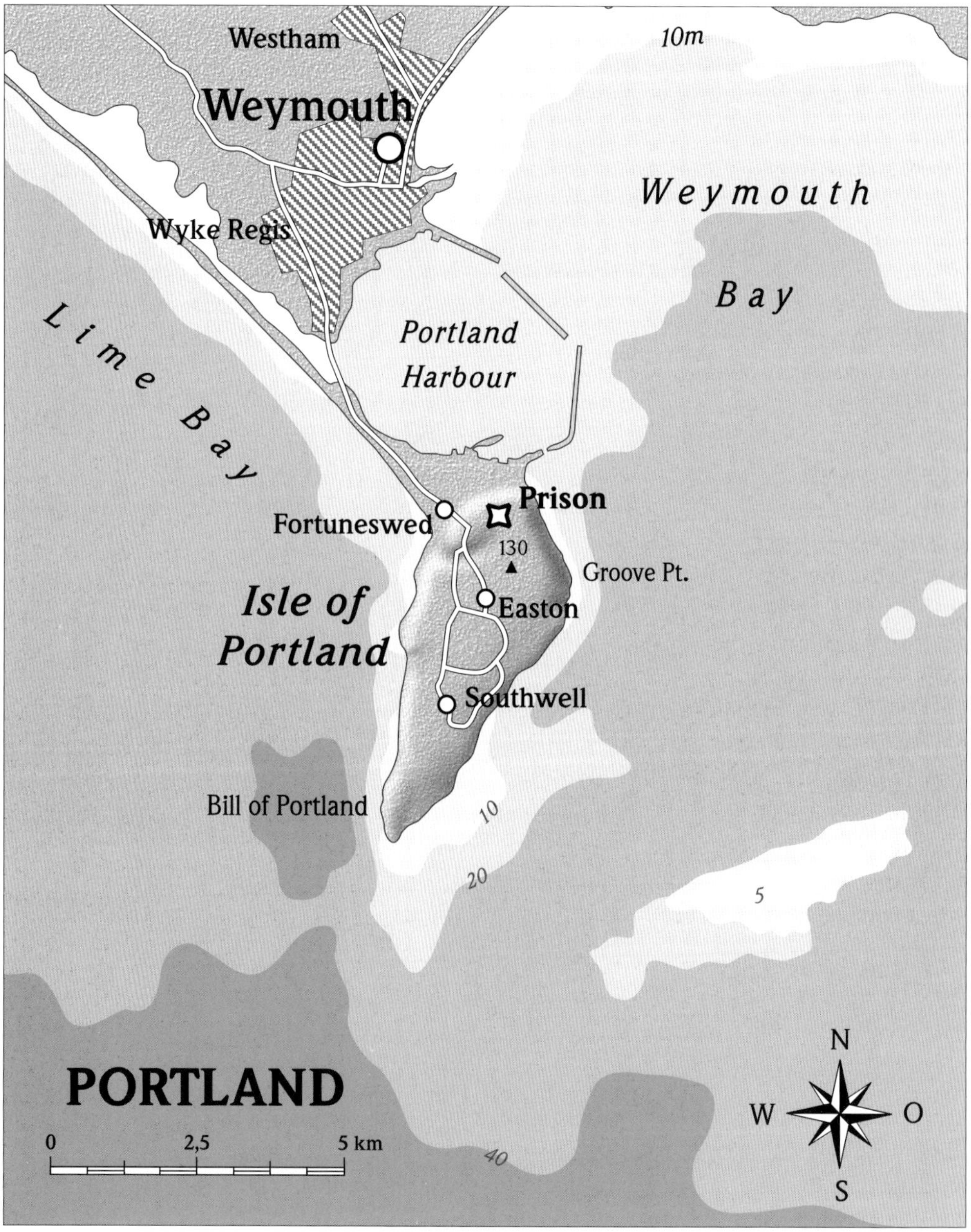

WEARE mit einer Kapazität von fünfhundert Häftlingen. Das zuvor im Hafen von New York unter dem Namen RESOLUTION vor sich hin rostende schwimmende Gefängnis wurde für etwa 4 Mill. Pfund Sterling gekauft und vollständig renoviert. Es sollte für drei Jahre als Übergangslösung dienen, bis die erforderlichen Gefängnisse an Land entstanden sind. Immerhin wächst die Zahl der Gefangenen im Königreich wöchentlich um dreihundertfünfzig an.

Die Häftlinge sind in Einzel- und Doppelkabinen untergebracht, jede ausgestattet mit fließendem Wasser und Toilette. Im Unterdeck befinden sich Sporthalle, Bibliothek und Gefängniskapelle. Auf Deck sind weitere Sporteinrichtungen untergebracht: zwei Schwimmbecken, vier Squash- und Federballplätze sowie Fitnesseinrichtungen.

Die PRISON WEARE ist eines der wenigen modernen Gefangenenschiffe seit der Zeit von Königin Victoria, als Hulken recht häufig zur Aufnahme von Gefangenen dienten.

Die 13.000 Portlander sind nicht glücklich über diesen Zuwachs an Gefangenen in ihrer Nähe. Sie fürchten zum englischen Alcatraz zu werden, sie befürchten, dass das Image für den Tourismus nicht günstig sein wird. Möglicherweise tritt das Gegenteil ein. Auch als das ursprüngliche Gefängnis eröffnet wurde, kamen die Leute von überall her, um die Mauern und die Gefangenen bei der Arbeit zu sehen. Das Gefangenenschiff könnte durchaus zu einer touristischen Attraktion werden.[142]

Die britische Tradition der Sträflingsschiffe lebt. Im Mai 2002 meldeten die Nachrichtenagenturen, dass nach drei Gefangenenrevolten binnen einer Woche, die zunächst geheim gehalten wurden, das britische Innenministerium mehr Häftlinge auf Schiffen unterbringen wollte. Die Häftlinge hatten gegen die Zustände in englischen Gefängnissen protestiert.

Isle of Wight
50°40'N, 1°20'W

Die 381 km² große Insel und zugleich Grafschaft liegt südlich von Southampton und Portsmouth. Auf ihr liegt mit dem Parkhurst-Gefängnis der schärfste Knast in England, in dem die härtesten Burschen sitzen.

Jack Higgins schrieb in seinem Roman »Die Tochter des Präsidenten«: Wenn man jemanden dorthin bringt, dann sei das, als ob man den Sargdeckel über ihm schließt.

Russische und sowjetische Sträflingsinseln

Archipel GULag

Unter den russischen Zaren wurden Massen von politischen Gefangenen und Kriminellen nach Sibirien verbannt, Stalin und einige seiner Nachfolger setzten diese Tradition mit den berüchtigten GULags fort.

Die GULags sind heute aufgelöst, und die Taiga ergreift wieder Besitz von ihnen. Selbst die Gedenkstätte am Jenissej, die an Stalins Verbannung erinnern sollte, ist verfallen.

Über kein Strafsystem wurde übrigens so viel publiziert, das faschistische deutsche vielleicht ausgenommen, wie über das sowjetische GULag-System.

Russland und die Sowjetunion nutzten nur wenige Inseln, um auf ihnen Gefangene zu isolieren. In diesem riesigen Reich war man nicht auf Inseln im Meer angewiesen. Die Lager in den unwirtlichen Weiten Sibiriens waren die russischen »Sträflingsinseln«, Inseln im Land. Solschenizyn nannte das System der Lager den Archipel GULag[143]. Eine interessante Metapher.

In der Region Kolyma, im Nordosten Russlands, sprach man vom »Festland«, wenn die übrige Sowjetunion gemeint war. 11.000 Kilometer von Moskau entfernt, war Kolyma eine nur per Flugzeug oder Schiff erreichbare, unwirtliche »Insel« inmitten der Tundra. Im Sommer herrschen Temperaturen bis zu 40°, im Winter, der acht Monate dauert, sinken sie bis auf minus 60°.

Noch Ende des 20. Jahrhunderts war eine gebräuchliche Redewendung in den sozialistischen Ländern: »Wer nicht spurt, der kommt nach Sibirien.«

1857 war die erste »Katorga«[144] zur Zwangsarbeit von Schwerverbrechern, verbunden mit meist lebenslänglicher Deportation, auf Sachalin gegründet worden.

1943 wurden KTR (Abk. f. Katorga) für angebliche oder tatsächliche Kollaborateure eingerichtet.[145]

Verbannt wurde nahezu ausschließlich in den unwirtlichen Osten und Norden. Nur äußerst selten wurde jemand von Sibirien in den Westen verbannt, manchmal auch auf eine Insel. Katharina die Große ließ den Gelehrten Slovzov aus Tobolsk, dem Zentrum der sibirischen Lager, auf die Insel Walaam[146] (oder Valaam, Walamo, Balaam) im Ladogasee bringen, weil er in der Tobolsker Sophienkathedrale allzu kritische Reden gehalten hatte, die geeignet waren, die verbannten Revolutionäre noch revolutionärer zu machen. Die 28 km^2 große Insel Walaam, die Hauptinsel des gleichnamigen Archipels war keine Sträflingsinsel. Sie beherbergte ein Kloster, das wegen seines Reichtums, seiner Gelehrten und seiner Bibliothek als »Perle des russischen Nordens« bezeichnet wurde.

Nun, wie wir an Solovki sehen werden, muss das eine das andere nicht ausschließen. Klöster wurden offensichtlich gern als Gefängnisse genutzt.

Nach der Großen Sozialistischen Oktoberrevolution wurde streng gegen die »innere Opposition« vorgegangen, gegen die Weißgardisten, Kulaken[147], Priester, gegen alle, die als potenzielle Feinde des Sowjetsystems galten. In den meisten Fällen war es eine vorbeugende Isolation.[148]

Gegen Ende 1920 gab es in der RSFSR[149] vierundachtzig Lager mit etwa 50.000 Häftlingen, davon etwa die Hälfte Kriegsgefangene des Bürgerkrieges.[150]

In den 20er-Jahren des 20. Jahrhunderts wurden auf den Solovezki-Inseln, im Eismeer, die Organisationsprinzipien des späteren GULag erprobt: das Regime des Terrors, die Selbstbewachung der Häftlinge, die Systematisierung des Arbeitseinsatzes und die Koppelung der Nahrungs-

versorgung mit der Erfüllung der Arbeitsnormen. Das System der Leistungsernährung war ein tödlicher Kreislauf. Wer die hoch angesetzten Arbeitsnormen nicht erfüllte, bekam weniger zu essen; wer hungerte, verlor die Kraft, um die Normen erfüllen zu können, und erhielt noch weniger Nahrung.

Klöster eigneten sich recht gut als Isolationslager, besonders jene auf Inseln. Neben Solovki wurde auch die Nil-Einsiedelei auf der Seliger-Insel Stolbiom zum Lager gemacht.[151] Nil von Sora war, ebenso wie Savvati von Solovki (s. d.), aus der Klostergemeinschaft des Kirill vom Weißensee (Beloosero) hervorgegangen.[152]

1936 bis 1938 fand die »Tschistka« (Säuberung) statt, mit der Stalin seine vermeintlichen Gegner dezimierte. In diese Zeit fallen die monströsen Schauprozesse, die Liquidation alter Funktionäre in Partei und Armee, die Massenverhaftungen. Acht Millionen Menschen wurden in dieser Zeit inhaftiert, fünf bis sechs Millionen wurden in die Straflager des Nordens und Sibiriens geschickt.

Offiziell hieß es, die Lager des GULag seien Stätten der »Besserung durch Arbeit«, sie waren aber eher Orte der Vernichtung durch Arbeit. Schätzungen zur Zahl der Toten in den Jahren 1937 bis 1953, der Hauptzeit des GULag, schwanken zwischen einer Million und fünfzehn Millionen.

In Bezug auf die Lager hat es einen Erfahrungsaustausch zwischen Deutschland und der Sowjetunion gegeben. 1934 und im August 1939 waren hochrangige deutsche NS-Funktionäre in die Sowjetunion gereist, um Lager zu besichtigen, und 1941 hatte sich eine Kommission des NKWD in Deutschland über das System des Strafvollzugs informiert.

Der GULag hatte Vorläufer und Parallelen in den Konzentrationslagern der Geheimpolizei (Tscheka[153], später OGPU) sowie in den Kolonien, Straf- und Zwangsarbeitslagern des Justiz- und Innenministeriums (NKWD).[154]

Zwischen 1928 und 1930 vollzog sich die Wende vom politischen Strafvollzug zur Zwangsarbeit. Die Lager wurden in die wirtschaftliche Gesamtplanung einbezogen und zentral geleitet. Die Zentralbehörde hatte Zehntausende von Bediensteten und unterstand erst der Geheimpolizei, später, ab 1934, dem NKWD. Die Zentrale verfügte über eine eigene Armee, eigene Gerichte, eine eigene Finanz- und Kulturverwaltung. Die Lager standen außerhalb der örtlichen Aufsicht.

Eigene Großprojekte wurden von den GULags betrieben, und ganze Industriezweige waren von dem Millionenheer der Häftlinge abhängig, denn Freiwillige waren für diese Aufgaben angesichts der Unwirtlichkeit der Natur und fehlender Infrastruktur kaum zu gewinnen. 1931 hatte Stalin angeordnet, die Gold-, Zinn- und Uranerzvorkommen der Region um den Fluss Kolyma auszubeuten. Zu diesem Zweck wurde die »Verwaltung der Bauarbeiten im Fernen Osten« (Dalstroi) gegründet, ein einzigartiger Lager- und Wirtschaftskonzern, dessen Leiter, anfangs der Bürgerkriegsveteran Eduard Berzin[155], nahezu autokratisch herrschte und nur der unmittelbaren Kontrolle Stalins unterlag. 1934 beschäftigte Dalstroi mehr als 35.000 Arbeiter, 90 % von ihnen waren Häftlinge. 1940 stieg die Zahl der Arbeitskräfte des Lagerkomplexes Magadan auf 190.500. Für die Gesamtzeit der Existenz von Dalstroi, von 1932 bis 1957, haben 17 % der 800.000 Zwangsarbeiter ihr Leben verloren, darunter 11.000, die erschossen, »liquidiert«, wurden. In solchen Lagern wurde der Tod von Häftlingen wohl billigend in Kauf genommen, war jedoch nicht das Ziel der Inhaftierungen. Die Gefangenen bildeten in erster Linie ein riesiges, billiges Heer von Arbeitssklaven.

Der Vernichtungsdruck war nach der Art der Haftstätten gestaffelt. Wohin ein Gefangener eingeliefert wurde, entschied über seine Überlebenschance. »Besserungsarbeitslager« waren der Standardtyp, in die berüchtigten »Katorgas« kamen Kriminelle und »Konterrevolutionäre«. Letztere wurden 1948 von den geheimen und völlig isolierten »Speziallagern«, die von Einheiten der Staatssicherheit bewacht wurden, abgelöst. Es gab separate Straflager, Lager für Invaliden, für Frauen, für Kinder, »Prüf- und Filtrationslager«, in denen aus Deutschland zurückkehrende Kriegsgefangene und »Ostarbeiter« verhört und dann auf die GULags verteilt wurden.

Ein Prinzip bestand in Hierarchie und Atomisierung statt Gemeinsinn und Zusammenhalt.[156]

Solschenizyn[157] schrieb, dass unter den Torturen der Vernehmung die bevorstehende Lagerhaft wie ein Hoffnungsschimmer am Horizont erschien. Die Folter grausamster Art wurde von Zehntausenden darauf gedrillten Menschenbestien an wehrlosen Millionen von Opfern verübt. In einer Gesellschaftsordnung, die sich als die beste aller bisher da gewesenen verstand.

Es gab »Besserungsarbeitskolonien« für Kinder und Jugendliche. Zwischen 1947 und 1949 wurden auch zehn- bis fünfzehnjährige »Volksfeinde« zu zehn bis fünfundzwanzig Jahren Strafkolonie verurteilt.[158] Zumindest ein »Todeslager« soll existiert haben, Serpantinka, das einzig zur Erschießung von Häftlingen gedient haben soll.

Daneben existierte ein Verbannungssystem, das nicht dem GULag unterstand. Soziale und ethnische Gruppen, ganze Völkerschaften wurden in Zwangssiedlungen deportiert.

Seit 1940 war für alle Arten von Häftlingen der Begriff »Sek« üblich, er war aus der Abkürzung 3/K abgeleitet.[159]

Das Strafmaß wurde mehrmals geändert, sprich verschärft[160]:

1917 wurden überwiegend verhängt: Konfiskation des Vermögens, Gefängnis, Abtransport an die Front, Zwangsarbeit.

1918 gab es für Korruption mindestens zehn Jahre Gefängnis und zehn Jahre Zwangsarbeit. Erstmals wird in Russland der Begriff Konzentrationslager benutzt (von Lenin). Konzentrationslager oder Konzlager wurden ab 1918 zum Schutz der Sowjetrepublik vor Klassenfeinden und zu deren Isolation eingerichtet; 1930 in Arbeitslager umbenannt.[161]

Das Strafgesetzbuch der RSFSR[162] und spezielle Erlasse, Fassungen von 1922, 1926, 1932, 1947, sahen strenge Strafen vor[163]:

Organisation konterrevolutionärer bewaffneter Erhebungen (Art. 58)[164],

Teilnahme an der Ausführung konterrevolutionärer Akte (Art. 64),

Spionage zum Nutzen ausländischer Kräfte (Art. 66),

Verheimlichen konterrevolutionärer Verbrechen (Art 68),

andere Artikel stellten unter Strafe: kirchliche Konterrevolution, Widerstand gegen die Konfiskation kirchlicher Werte, Propaganda, Ausbildung von Kindern in einem religiösen Sinne; bewaffnetes Banditentum,

1937 gab es als Alternativen zehn Jahre (den Zehner), zwanzig Jahre, Tod durch Erschießen[165],

1943: zwanzig Jahre, Zwangsarbeit, Tod durch den Strang,

1945: durchgehend zehn Jahre plus fünf Jahre Aberkennung der Bürgerrechte,

1949: durchweg fünfundzwanzig Jahre (Stalin'sches Viertelmaß).

Dem Sowjetsystem waren die Kriminellen weniger gefährlich als die »Politischen«. Privateigentum galt als Überbleibsel der Vergangenheit. Sich an ihm zu vergreifen, eine Wohnung auszuräumen, einen Alten auszurauben, brachte höchstens ein Jahr. Drei Kartoffeln vom Kolchosfeld gestohlen, Farbe aus dem Magazin genommen, dafür gab es den Zehner, nach 1947 sogar zwanzig Jahre. Suspekt waren vor allem die Intellektuellen, die Gebildeten, die Geistlichen, die Heimkehrer aus deutscher Gefangenschaft.[166]

Zitat aus der Großen Sowjet-Enzyklopädie[167]:

»Die sowjetische Strafgesetzgebung ahndet die Entwendung sozialistischen Eigentums aufs Strengste. ... Die strenge Ahndung von Verbrechen dieser Art erklärt sich daraus, dass das sozialistische Eigentum die geheiligte unverletzliche Grundlage der Sowjetordnung ist, die Quelle des Reichtums und der Macht der Heimat, die Grundlage des Wohlstandes und des kulturellen Lebens des gesamten Sowjetvolkes. Die Verfassung der UdSSR legt für alle Bürger der UdSSR die Grundpflicht fest, das sozialistische Eigentum zu hüten und zu festigen; sie erklärt diejenigen, die sich an gesellschaftlichem, sozialistischem Eigentum vergreifen, zu Volksfeinden.

In der Erhöhung des in der Periode des Sozialismus festgesetzten Strafrahmens für Entwendung von sozialistischem Eigentum und für Missachtung der Arbeitsdisziplin sowie für eine Reihe sonstiger Straftaten kommt der Wille des Sowjetvolkes zum Ausdruck, alle diejenigen zu bekämpfen, welche die von ihm errichtete Ordnung verletzen und die Grundlagen seines Wohlstandes untergraben.«

Petropavlovskaja Krepost, Peter-Pauls-Festung
59°56'N, 30°20'O

Die Insel liegt in der Neva, im Stadtgebiet von Sankt-Peterburg (Sankt Petersburg).

Auf der Suche nach einem sicheren Stützpunkt ließ Zar Peter I. die Inseln der Neva erkunden und wählte schließlich die Haseninsel (Sajazkij Ostrov) im Delta des Flusses. Dort, auf dem ehemaligen Lust-Eiland eines schwedischen Majors, legte er am 16. Mai 1703 den Grundstein einer neuen Festung, die er Sankt-Piter-Burg nannte. Diese Grundsteinlegung gilt als Gründungsdatum St. Petersburgs.

Da 1703 der Nordische Krieg voll im Gange war und mit einem Angriff des Feindes gerechnet wurde, sollte die Festung schnellstmöglich erbaut werden. Die damals als Fort St. Petersburg bekannte Festung wurde in Rekordzeit errichtet.

1712 begann Trezzini mit dem Bau der Peter-und-Paul-Kathedrale in der Festung, die seitdem nur noch Petropavlovskaja Krepost (Peter-Pauls-Festung) heißt.

Die Festung blickt auf ein seltsames Schicksal zurück. Die mit allen den Festungsbaumeistern der damaligen Zeit bekannten Neuerungen ausgestattete Anlage hat keinem einzigen Angriff standhalten müssen, auch wurde von ihr aus nie ein Schuss auf Angreifer abgegeben.

Die Festungsanlage, in deren Kathedrale Peter und Paul die russischen Zaren, seit Juli 1998 auch die Gebeine der 1918 ermordeten letzten Zarenfamilie, beigesetzt sind, war rund zweihundert Jahre lang Gefängnis, Folterzentrum und Hinrichtungsort. Vorrangig politische Häftlinge waren dort inhaftiert.

Die dunkle Seite der Geschichte des Forts steht vor allem mit der Trubezkoj-Bastion und dem Aleksejevskij-Vorwerk in Verbindung, das unter der Regentschaft Zarin Anna Ivanovnas an der Westseite der Festung erbaut wurde.

Der erste politische Gefangene der Trubezkoj-Bastion war Aleksej, der Sohn des Zaren Peters des Großen, der an einer Verschwörung der Bojaren gegen die Reformen seines Vaters teilgenommen hatte.

Der Staatsmann Artemi Volinskij wurde eingekerkert, weil er sich an einer Verschwörung gegen den Herzog Birons, den allmächtigen Minister Anna Ivanovnas, beteiligt hatte.

1790 wurde Aleksander Radistschev, Autor der »Reise von St. Petersburg nach Moskau«, einer kritischen Betrachtung der Monarchie aus der Sicht der Aufklärung, zu Festungshaft verurteilt.

1826 kam der Ökonom und Publizist Ivan Pososchkov, Autor von »Das Buch von Mangel und Wohlstand«, hier ums Leben.

In den Kerker mussten auch die Teilnehmer des Dekabristenaufstands von 1825. Die führenden Köpfe der Gruppe wurden in das Hochsicherheitsverlies, die so genannten geheimen Zellen des Aleksejevskij-Vorwerks, gesteckt. Die Beschuldigten hat man zu Arbeitslager und Exil, die fünf Anführer zum Tod durch Erhängen verurteilt.

Dem Kritiker, Publizisten und Philosophen Nikolai Tschernyschevski gelang es, in seiner Zelle einen Roman zu schreiben, der 1865 nach außen geschleust und unter dem Titel »Was tun?« veröffentlicht werden konnte.

Weitere hochrangige Insassen waren Dostojevski, Mitglieder der Kerenski-Regierung und Angehörige des Hochadels. Fjodor Dostojevski gehörte dem Geheimbund der Petraschevzen an, dessen Mitglieder im April 1849 verhaftet wurden. Der Schriftsteller war acht Monate lang in den Kasematten der Festung eingesperrt. Am 22. Dezember 1849 wurden er und seine Mitstreiter wenige Minuten vor der Vollstreckung des Todesurteils zu Zwangsarbeit in Sibirien begnadigt.

Bakunin, der internationale Revolutionär russischer Herkunft, war nach dem sächsischen Aufstand 1849 zum Tode verurteilt, an Österreich ausgeliefert, dort ebenfalls zum Tode verurteilt und für zwei Jahre in einem Gefängnis angekettet worden. Schließlich wurde er an Russland ausgeliefert und sechs Jahre lang in der furchtbaren Peter-Pauls-Festung gefangen gehalten. Nach dem Tod des Zaren Nikolaus I. wurde er nach Sibirien verbannt.

Der Revolutionär und Anarchist Fürst Kropotkin wurde 1874 verhaftet und verbrachte zwei Jahre in der Peter-Pauls-Festung, bevor ihm die Flucht aus dem Gefängnishospital gelang.[168]

Auch der großartige russische und sowjetische Schriftsteller Maksim Gorkij war in der Festung inhaftiert.

Das letzte Kapitel der Geschichte des Gefängnisses wurde 1917 geschrieben, als die Minister der provisorischen Regierung hier einsaßen.

Das Gefängnismobiliar der Zellen bestand aus einem eisernen Bett und einem Tisch, die beide fest mit der Mauer verbunden waren, sowie einem Schemel. Je ein Ofen im Flur beheizte notdürftig zwei Zellen. Zur Zeit Peters des Großen gab es eine Stelle im Gefängnis, die man als »Tanzfläche« bezeichnete. Dort bestrafte man Soldaten, indem man sie an einen Pfosten fesselte und zwang, sich mit nackten Füßen auf spitze Pflöcke zu stellen. Um diesen Schmerz überhaupt ertragen zu können, mussten sie wie beim Tanzen von einem Fuß auf den anderen wechseln.

Schlüsselburg, Schlisselburg, Noteburg, Petrokrepost

59°57'N, 31°02'O

Am Ausfluss der Neva aus dem Ladogasee wurde 1323 von den Novgorodern eine Siedlung gegründet. Schon seit dem 10. Jahrhundert gab es auf der im Osten vom Ladogasee begrenzten, im Norden und Süden von Armen der Neva umfassten Nussinsel (Osero Orech) ein Bollwerk. Die Anlage wurde Oreschek genannt. Im Jahr 1611 fiel sie nach monatelanger Belagerung an die Schweden, die sie in Noteburg umbenannten und nahezu ein Jahrhundert lang besetzt hielten. Im Nordischen Krieg, 1700 bis 1721, wurde die Festung von der russischen Armee unter Zar Peter I. erobert und in Schlisselburgskaja Krepost (Schlüsselburger Festung) umbenannt.

Nach dem Nordischen Krieg und dem Bau der Festung Kronstadt hatte die Festung am Ladogasee keine strategische Bedeutung mehr, sie wurde zum Staatsgefängnis. Kerker waren die Kasematten, die Kaserne und die Zitadelle, das so genannte »Alte Gefängnis«.

1764 starb in Schlüsselburg Zar Ivan VI. im Alter von vierundzwanzig Jahren. Er hatte zunächst unter der Vormundschaft des Herzogs von Kurland, Ernst J. von Birons, dann seiner Mutter Anna Leopoldovna gestanden und war 1741 von Zarin Elisabeth gestürzt worden.

Peter I. ließ seine Schwester dort einsperren und nach seinem Tod lebte seine erste Frau, Evdokija Lopuchina, im Festungsgefängnis. Später waren zahlreiche Oppositionelle dort eingesperrt. Anführer des Dezemberaufstands von 1825 (Dekabristen) saßen ebenso dort wie der Anarchist Mikhail Bakunin und Fürst Dmitrij Golizyn. Im Jahr 1887 wurde Lenins großer Bruder, Aleksandr Uljanov, im Festungshof wegen seiner Mitwirkung an einem Attentat auf Zar Aleksandr III. hingerichtet.

1881 bis 1884 wurde das »Neue Gefängnis« gebaut. Bis 1917 galt die Festung als besonders grausames Gefängnis für politische Gefangene.

Im Zweiten Weltkrieg wurde Schlüsselburg sechzehn Monate lang von deutschen Truppen belagert, hielt stand und verhinderte, dass Leningrad völlig eingekesselt wurde. Die Festung wurde so stark beschädigt, dass sie nur noch als Ruine erhalten ist.

1944 wurde sie in Petrokrepost (Petersfestung) umbenannt.[169]

Sachalin, Sakhalin

46° bis 54°30'N, 141°40' bis 144°40'O

Sach-alin bedeutet »schwarzer Fels« in der Sprache der Nivchen.

Wegen ihrer Form wird die Insel auch »der große Fisch« genannt.

Sachalin ist 75.400 km² groß und 945 Kilometer lang. Die Insel ist vom sibirischen Festland durch die sieben bis fünfundzwanzig Kilometer breite Nevelskoj-Straße (im Tatarensund) getrennt. Jetzt ist sie durch einen zwölf Kilometer langen Betondamm mit dem Festland verbunden.

1643 wurde Sachalin vom Niederländer de Vries für Europa entdeckt.

Nordsachalin hat eine mittlere Jahrestemperatur von 1,5° C, der Süden der Insel liegt auf derselben Breite wie Südfrankreich.

Sachalin war über viele Jahre eine russische Verbannungsinsel. 1857 war die erste Katorga in Duë, acht Kilometer von Aleksandrovsk, entstanden. Aleksandrovsk wurde später der größte Sträflingsort auf Sachalin mit einem Gefängnis für tausend Strafgefangene.

Die Südhälfte war von 1905 bis 1945 japanisch.

Vor der Teilung, Ende des 19. Jahrhunderts, lebten 28.113 Menschen auf der Insel, davon drei Viertel Männer, 32 % Strafarbeiter, 1.143 Ureinwohner, 271 Deutsche und 224 Japaner.

Nachdem er eben den Puschkinpreis erhalten hatte, besuchte der Arzt und Schriftsteller Anton Pavlovitsch Tschechov im Jahr 1890 die Insel, um die Lebensverhältnisse der Strafkolonisten und Zwangsarbeiter, die u. a. im Kohleabbau eingesetzt waren, zu studieren.

Danach veröffentlichte er die anklagende Abhandlung über den zaristischen Strafvollzug »Ostrov Sachalin« (»Die Insel Sachalin«). Darin nannte er Sachalin die Hölle auf Erden.

Tschechov fuhr mit der Fähre BAIKAL in Begleitung von Soldaten und Verbannten von Nikolajevsk-na-Amure nach Aleksandrovsk. Berührt hat ihn vor allem das Bild eines Häftlings, dessen fünfjährige Tochter sich an seinen Ketten festhielt.

Die Verbannten gelangten vom europäischen Teil Russlands Ende des 19. Jahrhunderts auf dem Seeweg nach Sachalin; und zwar durch den Suezkanal!

Die Küste der Dekastri-Bucht, in der das Fort Aleksandrovsk lag, machte Tschechov beklommen. Drei Felsklippen, die Tri Brata (Drei Brüder), markieren den Hafen des Ortes, der heute 15.000 Einwohner hat, die vor allem von der Fischerei leben. Hundertjährige Holzhäuser bilden einen besonderen Reiz der Stadt.

Japan hat nach dem Russisch-Japanischen Krieg und während des Zweiten Weltkrieges Koreaner zu Zehntausenden nach Sachalin zur Zwangsarbeit deportiert.[170] Derzeit sind 40.000 der 200.000 Einwohner von Jushno-Sachalinsk (früher Vladimirovka), dem Sitz des Gouverneurs, Koreaner.

Später schickte Stalin Häftlinge in die fernöstliche Eishölle, ins GULag Nummer 506.

Überall sind Massengräber unter der Erde verborgen. Bei Tauwetter soll es noch immer nach Verwesung riechen. Hungrige Bären graben nach Menschenresten.

Achtzig Jahre lang wurde auf Sachalin Kohle abgebaut. Spuren sind noch heute zu sehen.

Im Innern des Landes wird ein Goldcamp betrieben, in einer Art freiwilliger Katorga.

Noch unter Gorbatschov war aus militärischen Gründen, auch für Russen, der Besuch Sachalins verboten.

Nun öffnet sich die Insel, die weitestgehend unerschlossen ist. Nach Süden trifft man auf verschiedene, reizvolle Küstenformen und nur wenige Bauern- und Fischerhäuser.

An der Nordspitze der Insel pflegt das kleine Fischervolk der Nivchen, von dem derzeit noch etwa 4.000 leben, wieder seine alte, jahrzehntelang unterdrückte Kultur. Sie tanzen im Rhythmus der Bambusstöcke und die Schamanen spielen wieder eine bedeutende Rolle in ihrem Leben.

Jeder Ort hat ein eigenes Wetter.

Die Gewässer sind fischreich. Es gibt Lachs, Hering und Kabeljau.

Im Leuchtturm von Piltun beschäftigt sich ein gemeinsames russisch-amerikanisches Forscherteam mit den Grauwalen und versucht die Offshore-Ölsuche zu verhindern.

Korsakov war 1853 das erste russische Fort an der Bucht der Lachse. Dort befindet sich heute ein Stützpunkt der russischen Marine. Die Seeleute sind ausschließlich mit dem Bekämpfen des Schmuggels von Fisch von Russland nach Japan beschäftigt.

Das 1881 gegründete Vladimirovka (Jushno-Sachalinsk) erinnert mit einem Denkmal und einem Theater an den berühmtesten Gast der Insel, Tschechov.

Gegenüber der Insel, auf dem Festland, etwa achtzig Kilometer hinter Nikolajevsk, war unter Stalin ein GULag eingerichtet worden. Hunderttausende dorthin Deportierte schufteten unter schlimmsten Bedingungen, um eine Wahnsinnsidee zu erfüllen: einen Tunnel zur Insel Sachalin. Nach Stalins Tod wurde auch dieses Lager aufgelöst. Etwa ein Drittel des Tunnels war bereits fertig.

Solovezkije-Ostrova, Solovezki-Inseln
65°N, 36°O

Auch die Bezeichnung Solovki ist anzutreffen, wahrscheinlich eine umgangssprachliche Verkürzung, analog zu »Kurili« aus »Kurilskije Ostrova«. Der Name des Archipels leitet sich aus dem russischen Wort für Salz, »sol«, ab. Die ausgedehnten Salzvorkommen auf Solovki trugen wesentlich zum Reichtum des Klosters bei.

Die im westlichen Weißen Meer, vor der Onegabucht, 450 Kilometer südlich von Murmansk,

150 Kilometer vom Polarkreis entfernt gelegene Inselgruppe besteht aus sechs größeren und mehreren kleinen Inseln: Solovki (auch: Solovez, Solovezki) (285 km^2), Anzerski (auch: Anzer, Anser, Anserski, Ansherski), Bolschaja (Große) und Malaja (Kleine) Muksalma (auch: Muksolski), Bolschoj (Große) und Malij (Kleine) Sajazki (Haseninsel) sowie Kond. Alle gehörten zum Straflager.

Auch die Insel Popov (s. d.) gehörte zu den Solovki-Konzentrationslagern.

Die aus Graniten und Gneisen aufgebauten Inseln messen zusammen 347 km^2 und ragen bis zu 107 Meter über den Meeresspiegel. Sie sind mit Kiefern, Fichten und Birken bewaldet, haben zahlreiche Moore und etwa 360 Seen. Die Mücken sind eine Plage.

Die Landschaft ist von einer spröden Schönheit. Das Klima ist feuchtkalt. Der Sommer ist recht kurz, er dauert nur zwei oder zweieinhalb Monate. Oft herrschen Stürme. Ein drei viertel Jahr lang, während des langen, dunklen Winters, ist der Archipel völlig von der Außenwelt abgeschnitten.

Obwohl die Inselgruppe nur 160 Kilometer vom Polarkreis entfernt liegt, ist das Klima immerhin noch so angenehm, dass sogar Wassermelonen gedeihen.

Sajazki ist berühmt für seine großen Steinlabyrinthe, die vor etwa 4.000 Jahren angelegt wurden und vermutlich Grabstellen sind.

Entstehung und Entwicklung des Lagers

Auf der Insel Solovki steht das Solovezki-Kloster (Solovezkoje Sidenije). Es wurde 1424 als Einsiedelei gegründet, seit 1429 als Wallfahrtsort besucht und ab 1435 klösterlich organisiert.

1429 gelangte der Mönch Savvati aus dem Kirill-Kloster in Vologda auf einer Irrfahrt über das Weiße Meer mit dem Ruderboot nach Solovki.

Ihm schloss sich der Eremit German (Herman) an, der bereits auf Solovki lebte. Gott zu Ehren begannen sie mit dem Klosterbau. Nach Savvatis Tod kam der Mönch Zosima auf die Inseln. Unter ihm entwickelte sich das Kloster rasant. 1436 ließ er die erste Kirche bauen.

Bei der Kolonisation des russischen Nordens spielten die Klöster eine große Rolle. In Bezug auf das Novgoroder Land war es das Solovezki-Kloster, ein Kloster erster Klasse.

Solovki war bald eines der reichsten Klöster Russlands, das größte Kloster im hohen Norden des russischen Reiches. Seine Ländereien reichten von Novgorod bis Murmansk.

Der Reichtum lockte Räuber an. 1571, 1582 und 1611 belagerten schwedische Kriegsschiffe das Kloster, ohne Erfolg. Ausgrund der häufigen Überfälle wurde das Kloster in den Jahren 1584 bis 1595 mit dicken, betürmten Granitmauern umgeben und zu einer Festung – mit Kerker – umgebaut. Die Holzkirchen wurden durch Steinbauten ersetzt. Es entstand eine imposante, wehrhafte Anlage. Der Kreml von Solovki galt gegen Ende des 16. Jahrhunderts als die am besten bewehrte Festung Europas. Die Mauern sind bis acht Meter dick, mit acht Türmen versehen und verfügen über schmale Schießscharten. Die sieben Kirchen des Klosters wurden durch Wehr- und Brückengänge miteinander verbunden.

Die Anlage ist immer noch beeindruckend.

Im und um das Kloster herum blühte das Handwerk. Eine Ziegelei schaffte pro Jahr ein halbe Million Backsteine. Es gab eine klostereigene Gerberei, Eisengießerei, Papierfabrik, Zündholzfabrik, ein Sägewerk, Dutzende von Werkstätten, eine Druckerei, einen Hafen, eine Handelsflotte, eine kleine Marine (zur Verteidigung der Küste), Infanterie, Artillerie – alles von Mönchen ausgeführt.

Das Kloster war auch berühmt für seine Ikonenmalerei und Bibliothek. In ganz Russland lobte man das Kloster von Solovki wegen seiner Gelehrsamkeit. Vier Heilige sind mit dem Namen des Klosters verbunden und künden von seinem Ruhm: St. Sabbatius (Savvati), St. Zosimus, St. German (Herman) und St. Filipp, später Metropolit von Moskau. Filipp hatte die Verbrechen des Zaren Ivan IV. (des Schrecklichen) angeprangert und wurde daraufhin zum Tode verurteilt und 1569 erwürgt.

Das heutige Naturschutzgebiet Anzerski war im Mittelalter Rückzugsgebiet für allein lebende Mönche. Einsiedeleien wurden hier gebaut. Auf Anzerski hatte jeder Mönch seine eigene Hütte. Einer von ihnen war Nikon, später Patriarch von Russland.

In den besten Zeiten sorgten etwa 10.000 bis 15.000 Pilger jährlich für den außergewöhnlichen Reichtum des Klosters.

Um das Kloster herum siedelten schon im 16. Jahrhundert Bauern und Händler. Heringe und Seehundfelle waren wichtige Handelsgüter. Kanäle, von den Mönchen erbaut, verbanden die Seen miteinander.

Im 17. Jahrhundert war das Kloster das Zentrum der Bewegung der Altgläubigen (Raskolniki[171]) gegen die Staatskirche. Erst 1676, nach achtjähriger Belagerung und fünf Jahre nach der Hinrichtung Stepan Rasins, des Initiators der revolutionären Bewegung, konnte der Aufstand im Kloster durch Regierungstruppen unterdrückt werden.

1701 kam Zar Peter I. nach Solovki. Vor der Sajazki lag seine Flotte. Hier wurde die russische Seekriegsflagge (weiß mit blauem Andreaskreuz) geweiht. Hier nahm der Sieg über Schweden seinen Anfang und damit der Zugang Russlands zur Ostsee. Auf Sajazki ließ der Zar eine Kirche bauen, zu Ehren der Seefahrer Andreas-Kirche genannt.

Während des Krimkrieges (1853–56) griffen britische und französische Geschwader neben Zielen im Schwarzen Meer auch russische Stützpunkte in der Ostsee (Bomarsund auf den Ålands, Sveaborg vor Helsinki), im Pazifik (Kamtschatka und Sachalin) sowie im Eismeer 1854 die Solovezki-Inseln an.

Nach der Oktoberrevolution war die Region für einige Zeit von britischen Truppen okkupiert. Während dieser Zeit war das Kloster geschlossen.[172]

Die Geschichte der Inseln als Gefängnis begann unter Ivan IV. (dem Schrecklichen), Zar von 1547 bis 1584. Er ließ einen Kerker im Kloster einrichten. Auf Solovki sollten Ketzer umerzogen werden.

Von da an wurden vier Jahrhunderte lang Aufrührer, Schismatiker, in Ungnade gefallene Heerführer, Freidenker, Bojaren, Revolutionäre,

Bauern und Professoren hierher verbannt. In Solovki waren sie alle gleich.[173]

Peter I. ließ seinen eigenen Beichtvater, den Mönch Issus, nach Solovki verbannen.

In Aleksandr Pushkins Tragödie »Boris Godunov« fordert der Patriarch von Moskau: »Fangen, fangen den Teufelsdiener und ab mit ihm nach Solovez zur Buße auf Lebenszeit.« Zumindest um 1830, als Pushkin an diesem Werk schrieb, sicher auch schon Ende des 16. Jahrhunderts, als Boris Godunov als Zar das russische Reich regierte, waren diese Inseln allgemein bekannt als Orte, wohin man verbannt werden konnte.

Auch Mikhail Bulgakov erwähnt in seinem Roman »Der Meister und Margarita« die Inseln: »Für solche Beweise (f. d. Existenz Gottes, d. A.) müsste man den Kant drei Jahre nach Solovki verbannen.«

Von Mitte des 16. Jahrhunderts bis zum Beginn des 20. Jahrhunderts waren im Kloster rund dreihundert Gefangene hingerichtet worden. Unter ihnen hochrangige Geistliche, Intellektuelle und Angehörige des Hochadels.[174]

Im 18. Jahrhundert waren im Kloster u. a. der Direktor der Geheimkanzlei Peter Andrejevitsch Tolstoj und Fürst Vassilij Lukitsch Dolgorukij inhaftiert. Der letzte Kosakenführer der Schlacht von Saporoschje, Peter Kalnischevskij, verbrachte fünfundzwanzig Jahre im Kloster in Isolationshaft.

Im 19. Jahrhundert waren etwa zwei Dutzend Altgläubige und Skopzen (Verschnittene) im Gefängnis des Klosters eingesperrt.[175]

1903 wurde das alte Gefängnis geschlossen.[176]

Nach der Oktoberrevolution 1917 wurden Konzentrationslager in den nördlichen Teilen des Landes, insbesondere im Gouvernement Archangelsk, angelegt. Die bekanntesten der frühen Konzentrationslager lagen alle in dieser Region. In Archangelsk hatte die Verwaltung der Lager, USLON[177], zunächst ihren Sitz.

1920 wurde das Kloster geschlossen.

1922 übertrug die Sowjetmacht die Solovezki-Inseln mitsamt Kloster an die GPU (Staatliche Politische Verwaltung), um dort Gefangene der Konzentrationslager Cholmogory und Pertominsk (beide etwa fünfundsiebzig Kilometer südöstlich von Archangelsk) unterzubringen.

Mit dem jahrhundertealten Kloster samt seinen Gebäuden, Wegen und Werkstätten bot Solovki ausreichende infrastrukturelle Grundlagen, um einen größeren Lagerkomplex dort anzusiedeln. Die deutsche Firma Siemens baute das Wasserkraftwerk.

Sammelstelle und Verteilungs- und Transitpunkt für die Solovki-Lager waren zunächst die westlich gelegenen Popov-Inseln, dann ein Lager in der karelischen Stadt Kem.

Die Sträflinge kamen durch das »Heringstor«, das Haupttor. Tausende, Zehntausende. Die ersten Gefangenen waren die Mönche selbst. Über dem Tor stand die Losung: »Mit eiserner Hand treiben wir die Menschheit zum Glück.«

Die Bolschewiki wollten Schluss machen mit der Religion. Aus der gesamten Sowjetunion wurden tausende Mönche, Priester, Pfarrer, Orthodoxe, Katholiken, Evangelische nach Solovki deportiert. Danach kamen Künstler und Wissenschaftler, Sozialdemokraten, selbst Hitlergegner, die aus Deutschland geflüchtet waren.

Verschiedene Blockhäuser der Klosteranlage wurden abgebrannt, wie auch die uralte Bibliothek und die Archive. Bis heute ist nicht geklärt, wer die Klosteranlagen in Brand gesteckt hat. Die einen meinen, die Mönche, andere sagen, die Leute von der GPU. Die Glocken wurden zerstört. Einige Mönche wurden zur Arbeit in entfernte Gegenden verschickt, einige sofort erschossen. Einige blieben im Kloster und arbeiteten im Lager bis Mitte der 1920er. Der Klosterschatz wurde gestohlen. Die Zellen der Mönche wurden Kerker. Solovki war das erste Sonderstraflager.

Handwerke, die über Jahrhunderte gepflegt worden waren, gingen nach kurzer Zeit zu Grunde. Die Klosteranlagen verfielen.

1923 erfolgte eine größere Umorganisation innerhalb des SLON-Lagersystems. Da die bisherigen Lager zu klein geworden waren, löste man bis Sommer 1923 die SLON-Festlandslager auf, transportierte deren Insassen auf die Solovezki-Inseln und nutzte diese Gelegenheit, um einen großen Teil der Häftlinge zu ermorden.

Der 6. Juni 1923[178] gilt als Gründungstag des Lagers. Unter den Ersten, die mit dem Schiff ankamen, waren eine Gruppe von Geistlichen, Menschewisten, Sozialrevolutionäre, Anarchisten sowie Kriminelle. Als der erste Transport ankam, rauchten noch die Trümmer des Klosters.[179]

Mit den ersten Häftlingen kamen auch ihre Bewacher, Tschekisten, auf die Insel. Sie führten die besonderen Solovezker Kennzeichen: schwarze Ärmelaufschläge, Kragenspiegel und Mützenumrandungen. Ihr Auftrag: ein mustergültig strenges Lager zu errichten.[180]

Das Sonderlager Solovki war der Ort, an dem das berüchtigte GULag-System entwickelt und getestet wurde. Es wurde erprobt, wie viele Kalorien ein Sträfling pro Tag braucht und wie viele Wächter pro hundert Sträflinge nötig sind. Über sämtliche Vorgänge wurde akribisch Buch geführt, und schon bald hatte das Lager einen solchen Ruf, dass Spezialisten aus Deutschland es 1934 besuchten, um sich Anregungen zu holen.[181]

Anfangs wurden erschöpfte Gefangene hingerichtet, gab es brutale Übergriffe, starben Häftlinge an Unterernährung und Skorbut.

Von Anfang an wurde Selbstverwaltung praktiziert: 1923 waren auf Solovki alle Posten außer Lagerleiter, Stellvertreter und Chef der Sonderabteilung mit Gefangenen besetzt.[182]

Zentralpunkt des Lagersystems war die Große Solovezki-Insel mit dem ehemaligen Kreml des Klosters, wo die SLON-Verwaltung (USLON), die im Zuge der Umorganisation von Archangelsk 1923 dorthin verlegt worden war, residierte. Aus den »Nördlichen Lagern zur besonderen Bestimmung (SLON)« wurden nun die »Solovezker Lager zur besonderen Bestimmung (SLON)«. Die alte Abkürzung konnte beibehalten werden (Sever – Norden – wurde durch Solovez ersetzt).[183]

Im Inselinneren und auf den kleineren umliegenden Inseln (Bolschaja Muksalma, Malaja Muksalma, Anzerski, Kond) wurden Lageraußenstellen eingerichtet. In den 20er-Jahren gliederte sich das Lagergebiet SLON schließlich in sechs Lagerabteilungen. Auf der Großen Solovezki-Insel waren dies der Kreml, die Einsiedelei Savvatievski und der Berg Sekirny, wo auch die Strafabteilung lag; dazu kamen Muksalma, Anzerski und die Kond-Inseln.

Auf Anzerski war die Golgatha-Kreuzigungs-Klause eine Außenstelle für Strafversetzte.

Gläubige, besonders viele Frauen, erhielten wegen konterrevolutionärer Agitation nach § 58 den

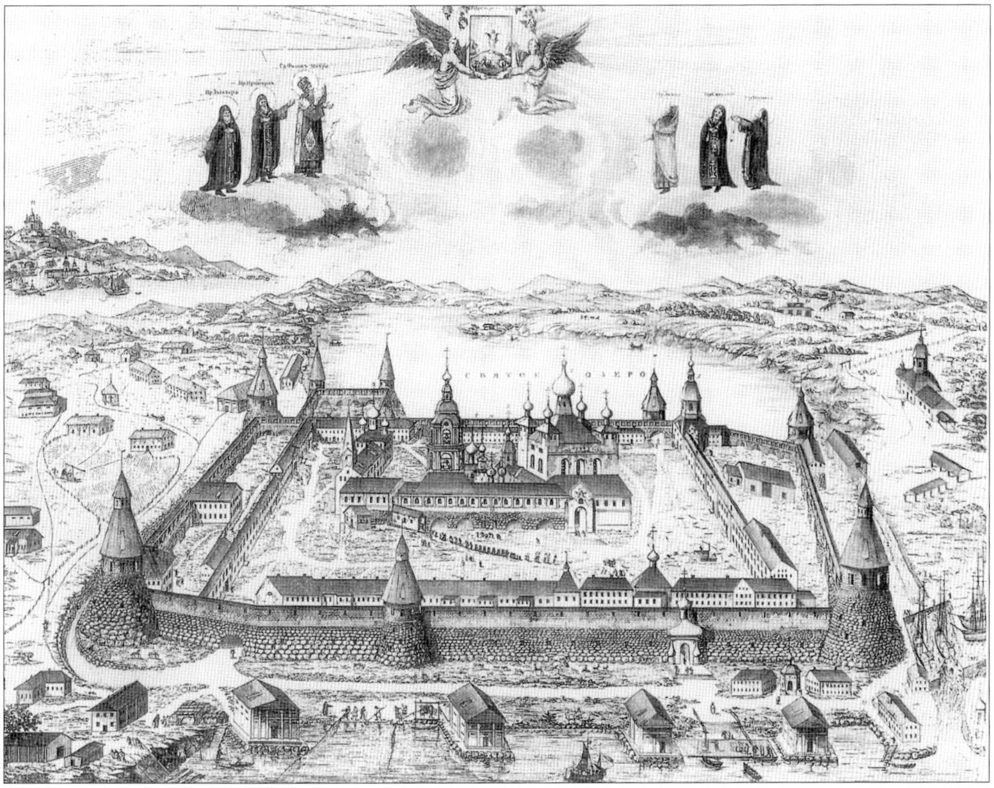

Das Kloster Solovki, Radierung von Andrej Shelkovnikov, 1827

Zehner (10 Jahre, die damalige Höchststrafe) und kamen in den 20er-Jahren nach Solovki. Man nannte sie alle »Nonnen«. Im Zuge der »Müllbeseitigung in den Städten« wurden in jenen Jahren, vor allem 1927, die nach Solovki abgehenden Nonnen-Transporte mit Prostituierten aufgefüllt, die allerdings »nur« drei Jahre bekamen und ihre Profession im Lager fortsetzten.[184] Die Prostituierten genossen das Wohlwollen der Bewacher. Sie waren privilegiert.

Unter den Häftlingen von Solovki befanden sich: Regisseure, Kameraleute, Adlige, Geistliche, ein Erzbischof, hohe Funktionäre und langjährige Mitglieder der kommunistischen Partei (einer von ihnen hatte sogar Lenins Parteibuch unterschrieben), Ingenieure, Archäologen, Schriftsteller, Forschungsreisende, Akademiemitglieder, Professoren verschiedener Disziplinen (Philosophie, Philologie, Ökonomie, Naturwissenschaften), Historiker, Dichter, Helden des Bürgerkrieges, die die höchsten Posten in der Roten Armee bekleidet hatten. Jede Universität hätte Solovki um die dort lebenden Fachleute beneiden können.

Auch Ausländer kamen als Häftlinge nach Solovki: Briten, Italiener, Japaner, Franzosen, Deutsche, Litauer, Letten, Polen, Ungarn, Finnen. Eine Gruppe von Spanienkämpfern war nach Odessa eingeladen worden und fand sich auf Solovki wieder. Deutsche, die vor Hitler geflohen waren, kamen nach Solovki sowie Mitglieder der Komintern.

Ehemalige Tschekisten wurden mit Lagerhaft bestraft, nach Solovki strafversetzt und avancierten dort bald zu Aufsehern. Mindestens 20.000 Tschekisten sind den stalinschen Repressionen zum Opfer gefallen. Manche Lagerleiter wurden später selbst zu Häftlingen.[185]

Das Lager litt von Anfang an unter Geldknappheit. Der Unterhalt des Lagers erforderte etwa zwei Millionen Goldrubel, 1925 wurden nur 250.000 bewilligt.[186]

In einem Dokument vom 10. März 1925 wurden diese Lager als Solovezkije Konzentrazionnye Lagerja OGPU (OGPU – Politische Hauptverwaltung der UdSSR) bezeichnet.[187]

1927/28 entstand ein Propagandafilm über das Lager, in dem über die Umerziehung von Verbrechern berichtet werden sollte. Er wurde allerdings erst in den 80er-Jahren veröffentlicht.

Solovki war nicht nur ein Straflager, sondern ein Staat im Staate mit eigenen Gesetzen, einer eigenen Oberschicht, einem eigenen Verwaltungsapparat. Der Inselstaat war gut ausgestattet. Es gab eigene Dampfer, ein eigenes Flugzeug, eigene Züge, eine Holzfabrik, eine eigene Zeitung, ein Theater.

1928 begann Solovki Metastasen abzusetzen. Ingenieure wurden unbewacht zu Arbeitsstellen geschickt, das Gehalt wurde ans Lager überwiesen. Im Sommer 1929 ging eine unbewachte Häftlingsgruppe unter Leitung eines Geologen von Solovki-Inseln an die Uchta – es entstand das Ucht-Lag, danach das Ucht-Petsch-Lag (an Uchta und Petschora), Solikamlag (im Nordural) usw. Der ganze nördliche Teil des GULag ist aus den Solovki hervorgegangen.

Ab März 1929 hatte Solovki auch eine »Kinderkolonie«. In Kinderkolonien mussten die Kinder vier Stunden am Tag arbeiten.

Die Lager wurden in die staatliche Planwirtschaft (Gosplan) einbezogen.

Die große Zeit des Naftalij Aronovitsch Frenkel begann. Als erfolgreicher türkischer Geschäftsmann hatte er Millionen im Holz- und Waffengeschäft gemacht. Im Auftrag der GPU eröffnete er eine schwarze Börse für den Ankauf von Gold und Wertsachen gegen sowjetisches Papiergeld. Als die Aktion zu Ende ging, wurde er eingesperrt. 1927 kam er nach Solovki. Dort erhielt er einige Privilegien und wurde Chef der Wirtschaftsstelle. Er ließ von den Häftlingen Schuhe und Lederwaren anfertigen und verkaufte sie in Moskau. Um 1929 wurde er zu einer Audienz bei Stalin geholt, dem er seine Ideen über den sozialistischen Aufbau mittels der Arbeitskraft der Häftlinge und ein System der Lagerbuchhaltung und der Stimulierung der Arbeit unterbreitete. Eigens für Frenkel wurde der Posten eines Arbeitsleiters – des Oberaufsehers auf dem »Feld der Arbeitsschlacht« – geschaffen. Zum Baubeginn des Weißmeer-Ostsee-Kanals wurde er freigelassen.[188]

1932 wurden viele Solovki-Häftlinge für den Bau dieses Kanals abkommandiert.

1930 wurden alle OGPU-Konzentrationslager in »Arbeitserziehungslager« umbenannt, während die Solovki-Lager SKITL (Solovezko-Kemskij Ispravitelno-Trudovoj Lagerja OGPU) genannt wurden. In Kem, auf der Karelischen Halbinsel, befand sich die Lagerverwaltung.[189] Die Solovezki-Inseln waren nun ein »gewöhnliches« Besserungsarbeitslager.

Gefangenengruppen wurden immer häufiger auf das Festland kommandiert.

1933 wurde das Lager dem Weißmeer-Baltischen-Kombinat der GPU angegliedert.

1939, kurz vor dem Finnischen Krieg, wurde das Solovki-Lager, weil zu nahe an der Westgrenze gelegen, auf dem nördlichen Seeweg an die Mündung des Jenissej verlegt, wo es mit dem entstehenden befindlichen Lager Norilsk verschmolz.[190] Man erzählt, dass nur Arbeitsfähige in die sibirischen Lager kamen. Die Alten und Kranken seien auf den Frachter KLARA verladen und im Weißen Meer versenkt worden. Doch das ist nicht belegt.[191]

Haftbedingungen

Immer wenn Verhaftungswellen über die Sowjetunion brandeten, stauten sich die Häftlinge auf Solovki. In der Kathedrale waren zeitweilig bis zu zweitausend Menschen zusammengepfercht: ohne Toiletten, ohne Waschgelegenheiten.

Einmal wurden etwa zehntausend Ankömmlinge bei Schneetreiben auf den Sekirka getrieben.[192]

Bis Mitte der 1920er-Jahre genossen politische Häftlinge einige Privilegien. Sie wurden nicht zur Arbeit gezwungen, lebten separat, einige mit ihren Familien. Es gab einen Chor, Theatergruppen und Studienzirkel.[193] Sie durften sich auf der Insel frei und ohne Wächter bewegen, erhielten Hilfe u. a. vom »Politischen Roten Kreuz« (Präsidentin war Frau Peshkova, die Ehefrau von Maksim Gorkij), hatten ihre eigene Bibliothek, durften Zeitungen und Zeitschriften empfangen, kulturelle Zirkel bilden, Sport treiben. Sie waren sehr diszipliniert und hielten eng zusammen, wenn es darum ging, Forderungen durchzusetzen, u. a. durch gemeinsamen Hungerstreik.[194]

Solovki ist reich an Höhlen, die früher von Mönchen und Eremiten bewohnt und nun auch von »Politischen« genutzt wurden (zwanzig bis dreißig je Höhle). Andere politische Gefangene lebten in einem zweistöckigen Gebäude.

Sie lebten in Selbstverwaltung, wenn auch von bewaffneten Posten umgeben. Sie wehrten sich gegen Verschärfungen der Haftbedingungen. Bei einer Aktion am 19. Dezember 1923, die Häftlinge in die Gebäude zu drängen, wurden sechs Häftlinge erschossen. Die Verantwortlichen wurden bestraft.

Die Wächter waren teils ungebildete Bauernjungen, teils demobilisierte Rotarmisten. Sie waren den politischen Häftlingen geistig weit unterlegen. Diese waren für sie Klassenfeinde, während sie die Kriminellen als klassenverwandt empfinden mussten.

Die Wäsche wurde von Nonnen gewaschen.

Als großes Glück galt, in der Küche arbeiten zu dürfen. Besonders die Kriminellen reklamierten diese Arbeit für sich.[195]

Das Lager auf der Insel Kond war ein Arbeitslager.

Die hauptsächlichen Arbeiten vor 1932 waren:

- außerhalb des Zaunes: Holzeinschlag für Eigenbedarf und Export, Laden und Löschen von Holz, Steinen und Versorgungsgütern, Drainage der Sümpfe, Straßen- und Gleisbau;
- innerhalb des Zaunes: Reinigung der Wege und Unterkünfte, Küchendienste, Latrine entleeren.

Die Arbeit begann um sechs Uhr und endete nach zwölf Stunden, für eine Stunde als Mittagspause unterbrochen. Sonn- und Feiertage zählten nicht. Nur ein Tag im Jahr war anders: der 1. Mai.

Auf Sajazki lebten fast ausschließlich Frauen.

Die Insel Anzerski war das Straflager im Lager, für Strafversetzte, Kranke und Schwangere.

Die Gefangenen wurden zwischen den Inseln hin und her transportiert.

Aber so wie den »Politischen« in der Anfangszeit erging es offensichtlich nicht allen Häftlingen und auch die »Politischen« gingen bald aller Privilegien verlustig.

Aus dem Jahr 1926 ist ein Brief überliefert, in dem drei Gefangene nach ihrer Rückkehr von den Inseln die dort herrschenden Bedingungen schildern: »Wir kehren als Invaliden zurück, emotional und körperlich gebrochen und verkrüppelt. ... Es ist kaum möglich, sich solchen Schrecken, solche Tyrannei, Gewalt und Gesetzlosigkeit vorzustellen.«

Kategorien von Häftlingen:

Shpana (Bettelvolk, Gaunerbande) – gewöhnliche Kriminelle

K.R. (Konterrevolutionäre), ab Anfang der 30er-Jahre: 58er (nach Art. 58 Strafgesetz von 1926) – wegen antisozialistischer Propaganda Verurteilte (Geistliche, Intellektuelle, Offiziere, Ingenieure, Künstler, Ärzte, Lehrer, Juristen, Händler, Geschäftsleute, Handwerker, Arbeiter, Bauern); Menschen, die sich über die Maßen bereichert hatten; Tschekisten wegen Korruption, Trunkenheit und anderer Dienstvergehen (z. B. Quälen arretierter Personen); Überlebende der Kronstadt-Rebellion; versch. Nationalitäten (u. a. Esten und Polen), Juden (einige wegen ökonomischer Konterrevolution); NÖP-Leute

»Politische« – ehem. Mitglieder vorrevolutionärer Parteien (Sozialrevolutionäre, Sozialdemokraten, Anarchisten etc.)

Um 1925 waren ca. fünfhundert »Politische« auf Solovki, darunter hundertfünfzig Frauen und mehrere Dutzend Kinder.

Die K.R. (ca. 3.000) waren zusammen mit den Shpana untergebracht und hatten die schwersten und erniedrigendsten Arbeiten auszuführen.

Auch Kurioses ereignete sich. Die Ehefrau eines prominenten Ministers der Zarenregierung war zu fünf Jahren Solovki verurteilt worden, weil sie die Ehefrau eines Ministers unter dem »Blutigen Nikolaus« sei. Der ehemalige Minister bekleidete zur selben Zeit einen Posten unter der Sowjetregierung.

1925 wurde der mexikanische Generalkonsul in Ägypten auf Solovki eingeliefert. Er war während einer Rebellion in Georgien festgenommen worden, wo er sich besuchsweise mit seiner Frau, einer Georgierin, aufgehalten hatte.

Weibliche Shpana waren hauptsächlich wegen Prostitution verurteilt worden. Jeder Tschekist hatte drei bis fünf Konkubinen. Weibliche Shpana und K.R. hatten für die Wächter zu waschen, ihre Räume zu reinigen und sie zu bedienen. Geschlechtskrankheiten, vor allem Syphilis, waren verbreitet.

Nach ihrer Attraktivität waren die weiblichen Häftlinge in drei Klassen eingeteilt: Rublevaja (Rubel-Frau) – frisch, jung, hübsch; Poltinitschnaja (Halb-Rubel-Frau) und Piatialtynnaja (15-Kopeken-Frau).[196]

Solovki gilt als wichtigstes Experiment der Nutzung von Zwangsarbeit für den Aufbau des Kommunismus.

Erfahrungen von Solovki wurden in die sowjetische Strafvollzugspraxis übernommen: Platzierung der »Politischen« unter den Kriminellen; mehr Arbeitskräfte durch Verlängerung der Haftdauer; nach Verbüßung keine Entlassung, sondern anschließende Verbannung; Verpflegung nach Arbeitsleistung usw.[197]

Strafen für Verstöße gegen die Lagerordnung (Insubordination, konterrevolutionäre Propaganda, beleidigende Wörter oder beleidigendes Verhalten, Fluchtversuch):

1. »Sekirka«: Gefängnis auf dem Sekirova-Hügel. Früher war die Höhle von einer der legendären Gestalten von Solovki benutzt worden. Häftlinge wurden für zwei bis vier Monate in Sekirka bei wenig Nahrung gehalten (s. u.).

2. »Zu den Mücken«: Der Häftling wurde für mehrere Stunden nackt an einen Stein gegenüber dem Büro des Kommandanten gestellt. Er durfte sich nicht rühren, sonst hätte ihm eine härtere Strafe gedroht. Der Delinquent war bald schwarz von Mücken.

3. Verlängerung der Strafdauer (selten, da die Haft sowieso zeitlich unbegrenzt war)

4. »Steinsäcke«: Früher hatte jeder Mönch in seiner Höhle einen kleinen »Keller« für Lebensmittel. Diese Löcher waren 90 bis 120 Zentimeter tief und hatten oben eine enge Öffnung. Der Häftling wurde entweder mit den Füßen oder mit dem Kopf zuerst in das Loch gesteckt, dann schlugen Wächter mit Stöcken so lange auf Kopf und Rücken bzw. Gesäß und Beine, bis der ganze Körper im »Sack« war. Dort war es zu eng zum Sitzen und zu niedrig zum Stehen. Die Häftlinge mussten zwischen drei Tagen und einer Woche in den »Säcken« aushalten.

5. Erschießung

Die Strafen wurden willkürlich verhängt. »Erziehungsmaßnahmen«, wie Schläge mit dem Stock, Konfiskation von Paketen, waren allgemein üblich und sind nicht weiter erwähnt.[198]

Der grausamste Ort auf Solovki war Sekirka, vollständig: Sekirnaja Gora (von Sekira – Streitaxt, deshalb: Axtberg, Beilberg). In der zweigeschossigen Kirche auf dem Berg war ursprünglich die

Strafkolonie des Konzentrationslagers untergebracht. Die Bewacher hatten sich besondere Strafen ausgedacht. Auf die »Planke« zu kommen, das war ein Unglück. Die Bestraften mussten den ganzen Tag über auf handbreiten Holzstangen sitzen, die von einer Wand zur anderen in einer Höhe gezogen waren, dass die Füße nicht den Boden erreichten. Es war schwierig, das Gleichgewicht zu halten. Wer erschöpft herunterfiel, wurde verprügelt. Das Nachtlager war der Fußboden.

Eine andere Strafvariante bestand darin, den Bestraften mit auf den Rücken gebundenem Stein die 375 Stufen vom Beilberg herunterzustürzen. Unten kam nur noch ein blutiger Klumpen an.

Wer auf den Beilberg steigen musste, kam meist nicht lebend zurück oder gebrochen.

Ein lebenslustiger, bekannter Ingenieur saß etwa zwei Monate auf dem Beilberg. Als er wieder in das Lager zurückkam, war er ein gebrochener Mensch, wackelte mit dem Kopf, stotterte und sprach kaum noch. Er war nur noch ein Wrack.

Auch das kam vor: 1930 wurde ein Bewacher wegen Rohheit auf dem Beilberg erschossen.

Sicher gab es häufige Versuche, aus dem Lager zu fliehen, aber nur wenige gelangen. Ein Medizinstudent namens Nikolajev entkam mit gefälschten Papieren. Er floh nach Moskau und schrieb von dort an seine ehemaligen Mithäftlinge.

1925 glückte fünf Männern die Flucht durch Kareliens Sümpfe nach Finnland. Einer von ihnen, Malsagoff, gelangte nach England und schrieb ein Buch über die Bedingungen im Straflager.[199] Dieses Buch hatte Folgen. Doch dazu später. Zunächst etwas mehr zu Malsagoff.

Er hatte im Bürgerkrieg 1918–20 im Kaukasus auf der Seite der »Weißen« und Türken gedient. Als 1922 eine Generalamnestie für alle Gegner der Sowjetmacht verkündet wurde, meldete sich Malsagoff im April 1923 bei der Tscheka in Batumi. Trotz Amnestie wurde er wegen Organisation terroristischer Akte in Kooperation mit Ausländern sowie Spionage zum Vorteil der internationalen Bourgeoisie zu drei Jahren Solovki verurteilt. Anfang 1924 traf er in Kem ein. Und ein Jahr später kehrte er dem Lager wieder den Rücken. Aber in diesem einen Jahr hatte er genug erlebt, um darüber ein Buch zu schreiben.

Der Sowjetmacht war es peinlich, dass und was die Weltöffentlichkeit über Solovki erfuhr. So wurde der renommierte Schriftsteller Maksim Gorkij, der unlängst aus dem Exil zurückgekehrt war, zu einem Besuch Solovkis eingeladen. Man erhoffte sich von seinem Bericht eine Verbesserung des Ansehens des Lagers. Die Häftlinge spotteten: »Habt ihr schon gehört? Gorkij kommt nach Solovki.« »Ja? Wie viele Jahre hat er denn bekommen?«

Gorkijs Besuch wurde gut vorbereitet. Es wurde geschrubbt und gemalert, die Kinder wurden eingekleidet, aus der Sekirka die Stangen entfernt und zahlreiche Häftlinge zu entlegenen Außenstellen transportiert. Gorkij kam am 20. Juni 1929 in Begleitung seiner Schwiegertochter. Keiner der Häftlinge beklagte sich. Nur ein vierzehnjähriger Junge machte Gorkij darauf aufmerksam, dass alles nur Lüge sei, was man ihm vorführte. Am 23. Juni fuhr Gorkij wieder ab. Das Schiff war kaum außer Sichtweite, als der Junge erschossen wurde.[200]

Seine Eindrücke hat Gorkij in einem Zeitungsartikel veröffentlicht. Man nimmt an, dass er seinen Auftrag erfüllt hat, um das Leben der Häftlinge zu verbessern. Er hat offensichtlich die Lügen gespürt, ob er aber die Wahrheit erfahren hat, ist ungewiss.[201]

In den drei Jahrhunderten zwischen dem 16. und dem 20. Jahrhundert waren 316 Menschen im Klostergefängnis eingesperrt gewesen.

Belegung in der Sowjetzeit:

1923: 3.000 bis 4.000, 1927: mehr als 20.000, 1930: bereits 50.000[202]. Einschließlich der Abteilungen auf dem Festland gehörten in den 1930er-Jahren mehr als 650.000 Häftlinge zum Lager; ca. 20 % waren rückfällige Kriminelle.[203]

Die Todesrate war hoch wegen inhumaner physischer Arbeit, unzureichender Verpflegung und Mangel an medizinischer Versorgung. Viele starben an Schlägen. Bis zu einem Drittel der Lagerhäftlinge starben manchmal während eines Winters, wenn das Eis die Verbindung zum Festland unterbrach. Viele starben an Epidemien, 1929 etwa 20.000 an Typhus.

Die medizinische Versorgung war gleich null. Es gab keine Medikamente, keine Wäsche, keine Seife. Es gab auch keinen Zahnarzt im Lager. Ein

Gefangener, ein ehemaliger Feldscher, zog Zähne mit Schmiedewerkzeug.[204] Im Sommer peinigten Stechmücken, das ganze Jahr über Läuse und Wanzen die Häftlinge, allerdings auch ihre Bewacher.

In der Zeit von 1923 bis 1939 sind schätzungsweise 30.000 bis 40.000 Gefangene in den Lagern von Solovezki umgekommen.[205]

Zwei Massenhinrichtungen haben auf Solovki stattgefunden. Eine im Zusammenhang mit der Flucht eines ehemaligen hohen Militärs – dreihundert Menschen wurden 1929 erschossen.

Heute

Seit 1947 werden die Solovezki-Inseln als staatliches historisches und architektonisches Museum geführt.

Nach der Schließung des Lagers war Solovki bis 1989 Stützpunkt der sowjetischen Flotte. Als die Marine den Archipel übernahm, wurden die Gräber entlang der Klostermauern eingeebnet.

Das Dorf lebte von der Marine. Nach dem Abzug der Marine seien, so berichteten Besucher, Inzest, Totschlag und Suff die Freizeitbeschäftigungen der rund 1.100 Einwohner gewesen.[206]

Im November 1990 durften die Mönche wieder in das Kloster zurückkehren.

Die Klosteranlagen wurden der orthodoxen Kirche zurückgegeben und werden seitdem restauriert. Vielleicht werden in absehbarer Zeit die kostbaren Sammlungen des Klosters, darunter wertvolle Ikonen, der Öffentlichkeit zugänglich gemacht. Die Ikonostase befindet sich in einem Museum nahe Moskau.

Der See hinter dem Kloster wird See der Heiligkeit genannt. Pilger, die wieder die Inseln besuchen, glauben, dass ihre Sünden vergeben würden, wenn sie sich mit dem Wasser aus diesem See reinigen.

Seit 1991 gehört das Kloster zum Weltkulturerbe. Die Denkmäler von Solovki sind überwiegend authentisch. Sie blieben nahezu unverändert, seitdem sie geschaffen wurden. In der Sowjetzeit waren Wandmalereien, wunderschöne Fresken, übertüncht worden. Nun bröckelt die Tünche ab und gibt allmählich die Kunstwerke wieder frei.

Anzerski darf heute nur mit Sondergenehmigung betreten werden.

1997 gab die russische Zentralbank neue 500.000-Rubel-Noten heraus. Auf diesen Geldscheinen mit dem damals höchsten Nennwert ist das Solovezki-Kloster abgebildet.

Ende des 20. Jahrhunderts wurde Solovki als Sommerlager für Jugendliche, auch aus Deutschland, genutzt.

Das Dorf hat heute knapp tausend Einwohner.

Solovki ist wieder ein wunderschöner Ort, mit der Kultur und Geschichte Russlands eng verbunden. Mitten im Weißen Meer erhebt sich das imposante Kloster und niemand, der sich ihm nähert, muss befürchten, es nicht mehr verlassen zu dürfen.

Ein kleines Museum erinnert an die Geschichte der Inselgruppe.

Seit 1999 erinnert ein Denkmal an die Gefangenen.[207]

Popov, Rabotscheostrojsk
65°N, 34°48'O

Die Insel ist ca. fünf Kilometer lang und drei Kilometer breit und liegt unmittelbar vor der karelischen Küste, etwa vierzig Kilometer westlich von Solovki. Das seichte Gewässer zwischen Festland und Popov war von einer Holzbrücke mit Schmalspurbahn überbrückt.

Das Lager Kem auf der Insel Popov diente als Basisdepot für Solovki.

Die Baracken des Konzentrationslagers waren überwiegend von britischen Truppen gebaut worden, einige später auch von Häftlingen. Sie waren jeweils ca. fünfunddreißig Meter lang und zehn Meter breit. Die Baracken der »Politischen« waren doppelt so groß. In jeder Baracke waren zweihundert bis dreihundert Häftlinge untergebracht, in den Baracken der Shpana[208] über siebenhundert.

Bis 1925 hatte das Lager keine Latrine, kein Hospital, keinen elektrischen Strom, keine Werkstätten. Das Wasser für Popov wurde von Kem gebracht.

Schlimm war die Mücken- und Läuseplage.

Alle neuen Häftlinge kamen zunächst in die Durchgangsbaracke (Nr. 6) im KZ Popov. Dort wurden sie den Shpana ausgeliefert, die sie aus-

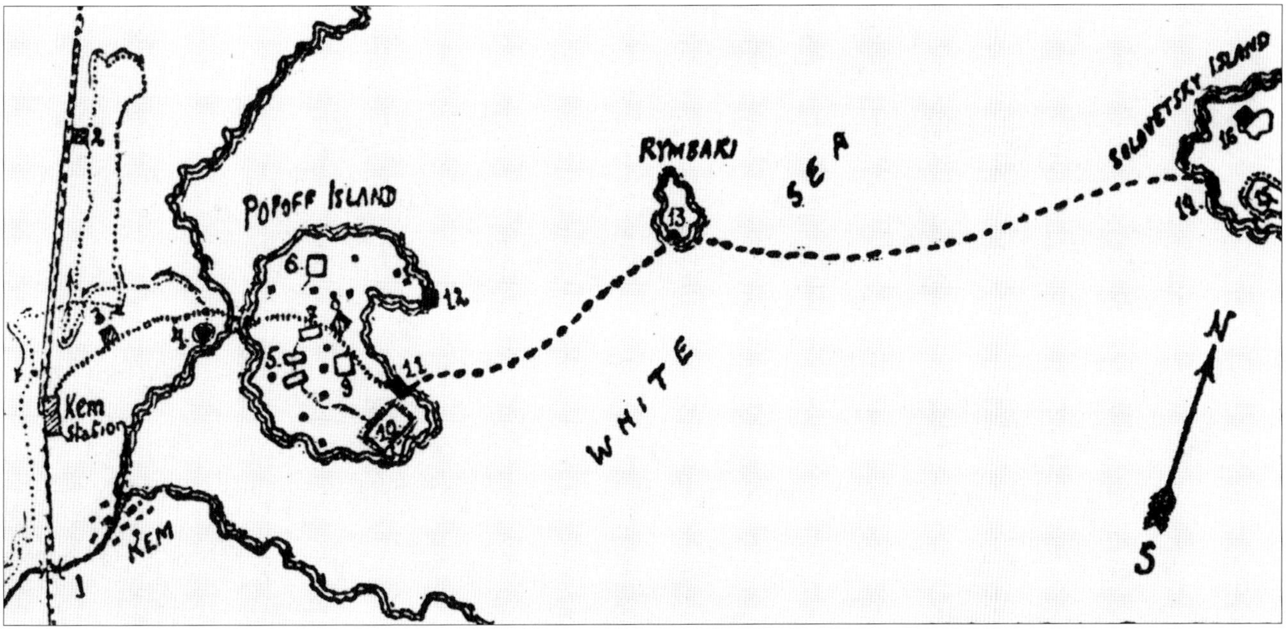

Popov (aus Malsagoff)
1. River Kem
2. Railwayman's hut
3. Railway halt
4. Point from which our flight began – the dotted line shows our route during the first week
5. Two buildings occupied by troops of the 95th Gpu Division
6. Wireless station
7. Wood store
8. Popoff Island railway station
9. Building of the Severoles (Northern Timber Company)
10. Concentration camp, surrounded by wire fence
11. Southern wharf (in use)
12. Northern wharf (disused)
13. Lighthouse
14. Wharf
15. Solovetzky Monastery, surrounded by wire fence
16. Sekirova hill, or Sekirka (place of punishment)

raubten und das Gestohlene größtenteils sofort bei den Wächtern gegen Alkohol tauschten.

Damals (1924/25) gab es auf Popov ca. 1.400 Shpana und ähnlich viele K.R.[209] gegenüber ca. siebzig »Politischen«.[210]

Jedes Jahr kamen etwa 2.000 K.R. in Kem an und wurden nach Solovki geschickt, sobald die Schifffahrt möglich war.

Es waren alle Altersklassen vertreten, neben einem 110-jährigen Tschetschenen (als Geisel für seine Söhne, Enkel und Urenkel) der zehnjährige Sohn eines »Politischen«.

Auf Popov waren 1925 sechzig männliche und zwanzig weibliche »Politische« inhaftiert.

Der sibirische Norden ist überaus reich an Rohstoffvorkommen und Pelztieren. Aber der verlockende Köder hat gleich zwei Haken: Erstens sind die Gebiete schwer erreichbar und zweitens möchte niemand unter den unwirtlichen Bedingungen arbeiten. Lösungen versprachen die Erschließung des Seewegs, die so genannte Nordostpassage, und Zwangsarbeit.

Auf der Suche nach der Nordostpassage gelangte der Engländer Hough Willoughby 1553 mit seiner Expedition bis Novaja Zemlja, wo er auf russische Fischer traf. Drei Jahre später kam ein englischer Forscher bis zur Insel Vaigatsch. 1648 fuhr der sibirische Kosakenführer Deschnev von der Kolyma-Mündung aus mit einer kleinen Flotte bis in den Pazifik. Am 20. Juli 1879 vollendete der Schwede Nordenskiöld mit seiner VEGA die erste vollständige Nordostpassage.

Damit war allerdings noch keine regelmäßige Schiffsverbindung erreicht. Die meisten Reisen endeten an der Kara-Straße zwischen Novaja Zemlja und Vaigatsch.

1952 schloss die Sowjetunion den Nördlichen Seeweg für alle nicht sowjetischen Schiffe und die Nordostpassage wurde ab Novaja Zemlja zum innersowjetischen Territorium erklärt.

Die Sowjetunion erklärte 1926 einen Sektor von 160 Längengraden[211] bis zum Nordpol zu ihrem Hoheitsgebiet. Er wäre noch größer ausgefallen, hätte nicht Zar Aleksandr II. 1867 Alaska an die USA verkauft.

Das zweite Problem wurde mit der Einrichtung von Arbeitslagern in der Nähe von Rohstoffvorkommen auf Vaigatsch, der Vrangel-Insel und Novaja Zemlja gelöst.

Geheime Lager, Lager, die völlig isoliert waren, seien auf Novaja Zemlja, bei Dikson an der Jenissej-Mündung und im Kolyma-Gebiet errichtet worden. Für sie galt totale Isolierung von der Umwelt. Als Beispiel nennt Rossi ein Lager ohne das Recht auf Korrespondenz für SS- und Gestapo-Angehörige, Wlassow-Soldaten und andere Kriegsgefangene auf der Vrangel-Insel.[212]

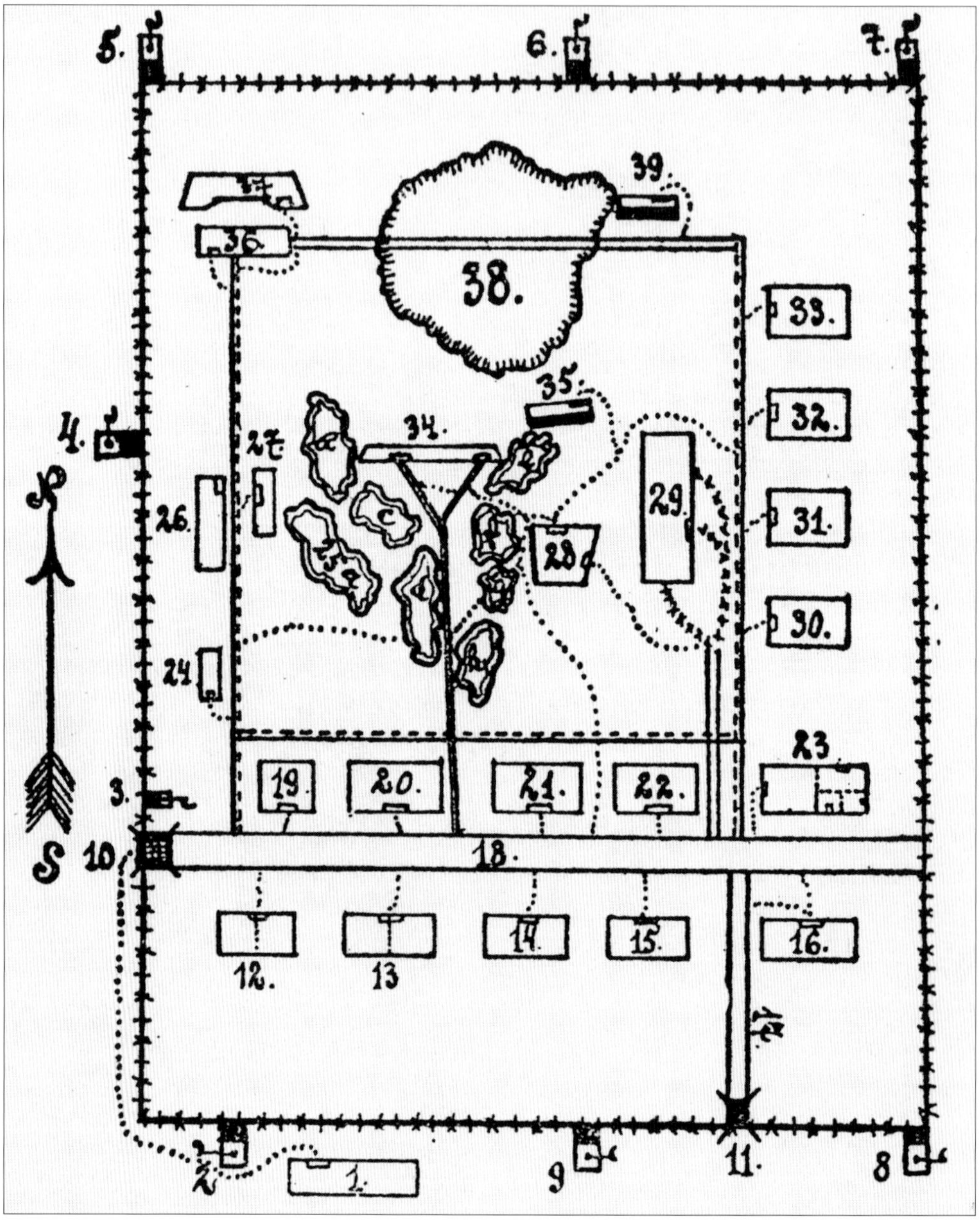

Das Lager auf Popov
1. Guard room
2–9. Huts for sentries (8 men in each) along wire fence
10. Main gate
11. Reserve gate
12. Women's hut (in two compartments)
13. Camp clerks and Tchekists
14. 2nd labour company
15.–16. 1st labour company*
17. Wooden track from reserve gate
18. Nevsky Prospect
19. Commandant's office
20. Specialist labour company*
21. 3rd labour company
22. –
23. Prison, quartermaster on duty, etc.
24. Smithy
25 a, b, c, etc. Heaps of stones
26. Workshops
27. Electric power station
28. Kitchen
29. Politicals' hut
30–33. Stores
34. Latrine
35. Refuse box
36. Hospital
37. Horses, carts, etc.
38. Ravine
39. Hay store
* »K.R.'s« and ordinary criminals
Woodentracks are indicated by double lines, earth tracks by single broken lines and smaller paths by dotted lines.
Von Malsagoff, 1926

Novaja Zemlja
70°30' bis 77° N, 51°30' bis 69°O

Die Nord- und Südinsel, zusammen 31.300 km^2 groß, sind etwas größer als das Land Brandenburg, haben aber nur 450 Einwohner.

Die ersten »Gefangenen« auf Novaja Zemlja waren die Teilnehmer einer Expedition unter dem Holländer Willem Barents. Sie überwinterten 1596/97 auf 76°N in einer primitiven Hütte.

Auf Novaja Zemlja wurde Kupfer-, und Uranabbau durch Häftlinge betrieben.[213]

Auf der Doppel-Insel befindet sich ein Militärstützpunkt. Es gilt als sicher, dass auf Novaja Zemlja Kernwaffentests durchgeführt wurden. Belegt ist die Zündung einer 50-Megatonnen-Bombe am 30. Oktober 1961.[214]

Vaigatsch, Vajgač
70°N, 59°30'O

Die Insel liegt in der Verlängerung des Ural vor der Halbinsel Jugorskij und ist durch die Kara-Straße von Novaja Zemlja getrennt. Sie wurde auf der Suche nach einer Nordostpassage Mitte des

16. Jahrhunderts von dem Engländer Stephan Burrough als erstem Westeuropäer aufgesucht.

Auf Vaigatsch war, wie auch auf der folgenden Vrangel-Insel, zeitweilig ein Arbeitslager eingerichtet.

Vrangel-Insel
71°N, 179°30'W

Die Insel in der Ostsibirischen See, nördlich der Tschuktschen-Halbinsel, ist nach Ferdinand Petrowitsch Baron von Vrangel benannt, einem bedeutenden russischen Polarforscher des 19. Jahrhunderts. Vrangel hatte bei seinen Reisen durch Eingeborene von der Insel erfahren, die man vom Festland aus bei klarem Wetter im Norden sehen könne. Drei Jahre lang versuchte er vergeblich, die nur knapp hundertzwanzig Kilometer vom Festland entfernte Insel zu erreichen. Es gelang ihm nicht.

Sie hat eine Größe von rund 7.300 km^2 und beherbergt etwa hundert Einwohner.

Im Jahr 1921 hisste ein kanadisches Expeditionskorps auf der Insel die britische Flagge. Ein Akt, der an den Rand eines Krieges führte. 1924 entfernte die Besatzung des Eisbrechers KRASNYJ OKTJABR die britischen Hoheitszeichen und evakuierte die kanadische Station.[215]

In Binnenseen gab bzw. gibt es vor allem zwei nennenswerte Sträflingsinseln: Stolbiom und Krasnyj Ostrov.

Stolbiom, Stolbny
57°13'N, 33°05'O

Der 212 km^2 große Osero Seliger (Seliger-See) liegt zwischen Moskau und St. Petersburg, 320 Kilometer nordwestlich von Moskau, in den Waldai-Höhen, dem Quellgebiet der Wolga. Am Südufer des Sees liegt die Stadt Ostaschkov. Die Insel Stolbiom oder Stolbny mit der Einsiedelei des St. Nilus ist bei Solschenizyn als Gefängnis oder Lager genannt.[216] Der Mönch Nilus (auch: Nil) gründete Ende der 1520er-Jahre ein Kloster auf der Insel. Dort blieb er bis zu seinem Tod im Jahr 1555. Das Kloster wurde im Verlauf seiner Entwicklung eines der größten und meistverehrten Russlands.[217]

Ostaschkov war der Ort, an dem 1939–40 etwa 6.500 polnische Militärs nach der Okkupation West-Polens im Zuge des Hitler-Stalin-Paktes interniert wurden. Über ihr Schicksal ist nichts bekannt. Überliefert ist lediglich, dass die Lager für polnische Offiziere Starobelsk, Koselsk und Ostaschkov bis Juni 1940 geräumt wurden. Die dort Eingesperrten tauchten in keinen Statistiken und Namenslisten mehr auf. Nur in einem Bericht heißt es lapidar: den Gebietsverwaltungen des NKWD wurden 15.131 Personen überstellt.

Gibt es einen Zusammenhang mit Katyn (15 Kilometer westl. von Smolensk), wo im April/Mai 1940 mindestens 4.143 (so viele wurden 1943 exhumiert) polnische Militärs von den Sowjets umgebracht wurden? Die russischen Institutionen schweigen auf Anfragen.

In den 1940ern existierte auf einer der etwa hundertsechzig Inseln im See (Stolbiom?) ein besonderes Gefängnis und Forschungsinstitut, in dem die sowjetischen Behörden gekidnappte deutsche Wissenschaftler und Techniker (Raketenspezialisten) gefangen hielten.[218]

Krasnyj Ostrov
59°52'N, 38°23'O

Etwa dreißig Kilometer südöstlich der Kleinstadt Byelosersk liegt der See Novosero (Neuer See) mit den kleinen Inseln Krasnyj Ostrov (Schöne Insel) und Sladki (Die Süße).

1517 wurde von St. Kirill dem Weißen auf der Insel Krasnyj Ostrov das St. Kirill Novoserski Kloster der Auferstehung (auch: Kirillov-Belyj Novojezerski[219]) gegründet. Zeitweilig hatte das Kloster der dritten Klasse fünf Kirchen. Eine Ikone zeigt, wie prachtvoll die Klosterinsel einst gewesen ist.

1917 lebten noch achtzig Mönche auf der Insel.

Nach der Oktoberrevolution diente die Insel als Gefängnis, zunächst für zaristische Offiziere, später für missliebige Kommunisten. Seit 1963 gibt es in der Sowjetunion/in Russland offiziell keine politischen Gefangenen mehr.

Als Russland 1996 in den Europarat aufgenommen wurde, versprach Präsident Boris Jelzin die Abschaffung der Todesstrafe. Per Dekret erklärte er das Jahr 1998 zum Jahr der Menschenrechte in Russland. An die Stelle der unmenschlichen Todesstrafe trat die unmenschliche Haft.

Novosero, das St. Kirill Novoserski Kloster, Radierung nach einer Zeichnung von Kauling, 1823

Die hermetisch abgeschirmte Krasnyj Ostrov beherbergt derzeit ein Hochsicherheitsgefängnis für zu lebenslänglicher Haft begnadigte Mehrfachmörder. Offizielle Bezeichnung: OE 265, 5. Strafkolonie.

Auf der 1,5 km^2 großen »Insel der kalten Feuer« oder »Insel der Lebenslänglichen«, wie Krasnyj Ostrov im Volksmund genannt wird, sind etwa hundertfünfzig Häftlinge untergebracht.

Auf der Insel herrschen die strengsten Haftbedingungen Russlands. »Hölle hinter Gittern« nennen russische Menschenrechtler diese Anstalt. Jeder Tierschützer würde Sturm laufen, wenn ein Hund unter solchen Bedingungen gehalten würde.

Viele der Gefangenen würden den Todesschuss der lebenslangen Haft auf dem Neuen See vorziehen, und die Bevölkerung Russlands scheint mit großer Mehrheit der Meinung zu sein, dass Mörder nicht bis an ihr Lebensende vom Staat durchgefüttert werden sollten. Einige Häftlinge haben die Gnadenkommission und den russischen Präsidenten um die Gnade gebeten, erschossen zu werden.

In den alten Klostermauern, wo früher jahrhundertelang Mönche in der Einsamkeit Gott suchten, verfluchen heute Häftlinge den Tag ihrer Geburt.

Zwischen sechs und sieben Uhr dürfen sich die Häftlinge waschen. Einmal am Tag dürfen sie die Toilette benutzen, um ihre Notdurft zu verrichten und den Kübel zu leeren.

Jeden Tag ein Dutzend Mal müssen sich die Gefangenen mit dem Gesicht zur Wand stellen, die Beine spreizen, die Arme über den Kopf heben und die leeren Handflächen zeigen. Jedes Mal wenn der Schlüssel im Schloss der Zellentür klappert, müssen sich die Häftlinge so an die Wand stellen. Das geschieht automatisch, wie bei dressierten Tieren. Jeweils zwei Gefangene teilen sich eine sechs Quadratmeter große Zelle. Kaum ein Schritt außerhalb der Zellen ohne Handschellen. Die ersten zehn Jahre bekommen die Häftlinge keinen Besuch. Alle zehn Tage dürfen die Häftlinge duschen, in Zellen, aber auch nur jeweils die beiden Zellengenossen. An keinem anderen Tag sehen sie so viel von der Anlage wie auf diesen wenigen Metern. Anderen Gefangenen begegnen sie nie.

Für eine Stunde am Tag dürfen die Häftlinge an die frische Luft, jeweils wieder nur die beiden Insassen einer Zelle, wieder aneinander gekettet, im Gefängnishof, in einem Käfig von zwei mal vier Metern mit Gitter über den Köpfen.

Etwa ein Viertel der Gefangenen hat Tuberkulose.

Das Essen ist ein Teil der Strafe: lebenslänglich Kohlsuppe, Buchweizenbrei und Kartoffeln. Aber keiner muss hungern. 750 Gramm Brot bekommt jeder Häftling am Tag. Pro Jahr darf jeder Gefangene zwei Päckchen und ein Paket empfangen.

Einige Häftlinge dürfen in Arbeitszellen arbeiten, z. B. Arbeitshandschuhe nähen, sofern es Aufträge gibt. Das damit verdiente Geld, zwanzig bis fünfundzwanzig Rubel im Monat, wird für Zigaretten, Salz und Tee ausgegeben. Auch bei der Arbeit haben sie keinen Kontakt zu anderen Häftlingen.

Zweimal im Monat dürfen die Häftlinge mit dem Gefängnispsychologen sprechen. Der hat allerdings auch schon resigniert. Welche Hoffnung kann man einem Lebenslänglichen machen, der frühestens nach fünfundzwanzig Jahren freigelassen wird? In den Zellen herrscht Stress. Es gibt keine Kommunikation. Jahrein, jahraus mit demselben Zellenpartner. Man hat sich nichts mehr zu sagen. Der kleinste Anlass führt zu Streit.

Regelmäßig kommt ein Pope aus Byelosersk zu den Gefangenen.

Die meisten Lebenslänglichen verlassen die Insel erst, wenn sie tot sind. Sie werden im Wald verscharrt und nur ein schlichtes Holzkreuz mit einer Nummer erinnert daran, dass hier ein zweifach schreckliches Verbrechen sein Ende fand: das Verbrechen des Verbrechers und das Verbrechen des Staates.

Von der Sträflingsinsel führt eine Holzbrücke zur Nachbarinsel Sladki (die Süße), auf der die Wächter mit ihren Familien leben. Diese Insel war früher ein Arbeitslager für Kriminelle, die die »Politischen« zu bewachen hatten.

Ol'chon ostrov
53°09'N, 107°24'O

Die mit 700 km^2 (ca. 70 mal 10 km) größte Insel des Baikalsees beherbergte ein Straflager in der Nähe der Ortschaft Pestshanaja. Bei Chu-shir existiert ein Friedhof für die Opfer der stalinschen Deportationen. Dort sind vor allem Litauer, Ukrainer und Polen beerdigt worden. Berühmt ist der Schamanenfelsen in der Nähe von Chu-shir. Früher hatte er für die in der Region lebenden Burjaten eine große religiöse Bedeutung.

Roms Verbannungsinseln, Italiens Sträflingsinseln

Im Römischen Recht der Kaiserzeit war die Freiheitsentziehung als Strafe verboten, nicht aber die Verbannung. Die Römer nutzten nahe und ferne Inseln als Verbannungsorte. Neben anderen dienten auch Kykladeninseln, u. a. Folégandros und Sikinos, als Verbannungsorte für missliebige Politiker.

Selbst die Stellvertreter Gottes auf Erden wurden von Verbannung nicht verschont. Um 235 wurde Papst Pontianus nach Sardinien verbannt und hatte dort im Steinbruch zu arbeiten. Papst Silverius wurde wegen angeblicher hochverräterischer Beziehungen zu den Goten im Jahr 537 auf die Pontinischen Inseln verbannt. Am 2. Dezember 537 starb er auf Ponza.

Die Giudecca, Insel (genauer: acht Inselchen) und siebter Bezirk Venedigs, soll ihren Namen von den Giudicati (Verurteilte) herleiten, denn im 9. Jahrhundert waren zwei adlige Verschwörerfamilien auf die Insel verbannt worden.

Die Römer benutzten Kriegsgefangene und Sklaven auf den Galeeren nur, wenn nicht genug freiwillige Ruderer zur Verfügung standen.

Bisentina und Martana
42°36'N, 11°56'O

Die beiden Inseln liegen im Lago di Bolsena, im italienischen Latium, ca. achtzig Kilometer nordwestlich von Rom.

Bisentina wirkt, als sei die Zeit auf ihr stehen geblieben. Uralte Steineichen, Palmen, Ulmen, Zypressen, wilder Wein und Olivenbäume dominieren. Besucher preisen den »betäubend aromatischen, fast erotischen Duft der Inselkräuter«. Am Westriff, auf einem Felsplateau, steht die verwitterte Figur eines Löwen. Niemand weiß, wer sie geschaffen hat und wann sie dort aufgestellt wurde.

Die Insel ist siebenhundert Meter lang und fünfhundert Meter breit. Sie war seit der Zeit der Etrusker und der Römer ein beliebtes Refugium. Ihre dichte Vegetation bot der Bevölkerung im 9. Jahrhundert Schutz vor Raubüberfällen der Sarazenen. Im späten Mittelalter war sie Zuflucht während der zahlreichen blutigen Fehden zwischen Kirche und Landadel. Aus dieser Zeit

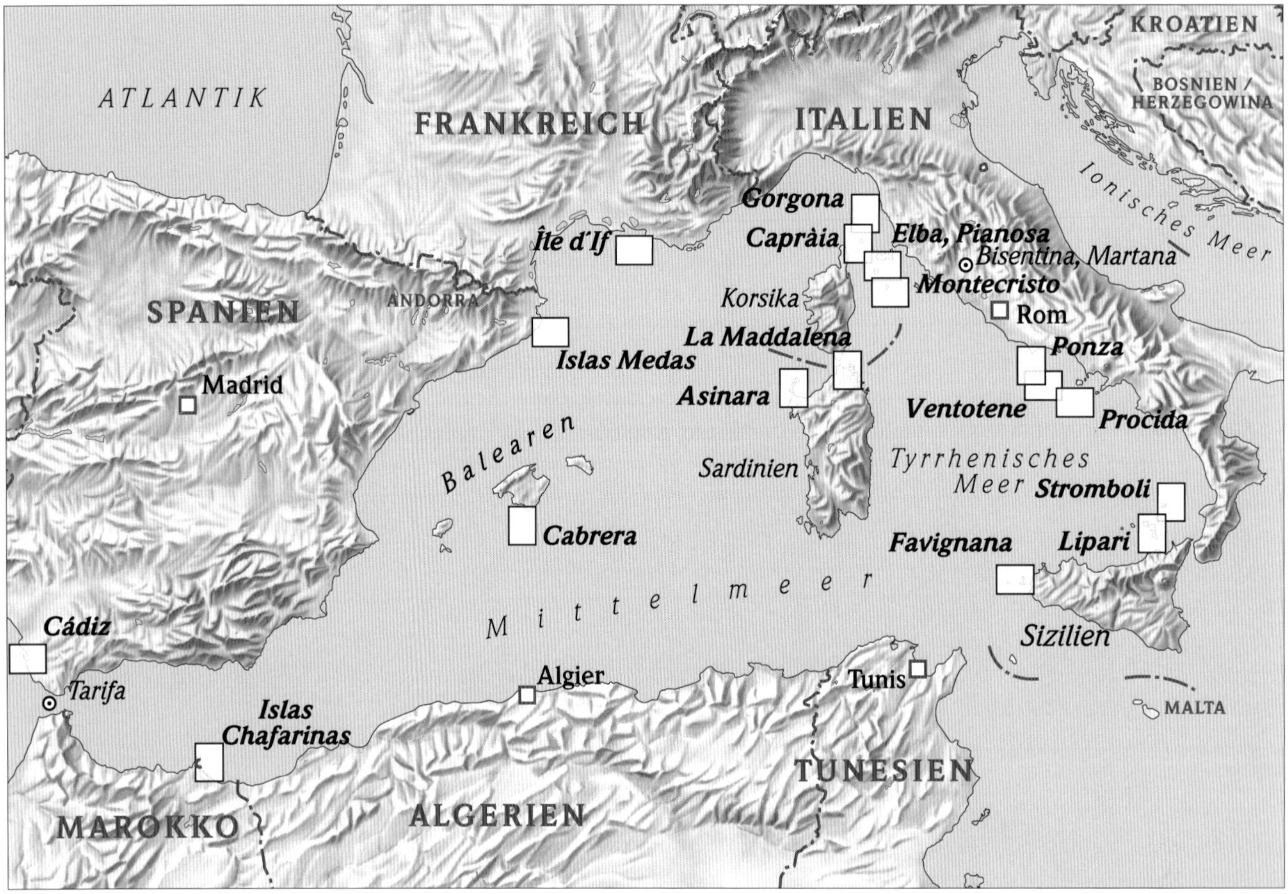

stammt auch der gefürchtete »Malta-Kerker«, ein Brunnenschacht, mit der Außenwelt durch einen fünfzig Meter langen Tunnel verbunden, in den die römischen Kirchenfürsten im 13. Jahrhundert rebellische Geistliche und Ketzer werfen ließen, um sie im steigenden und fallenden Wasser ein für allemal mundtot zu machen.

Im Zweiten Weltkrieg flüchtete die Familie del Drago, die 1912 die Insel gekauft hatte, vor den Luftangriffen aus Rom auf das familieneigene Eiland.

Zwischenzeitlich hatten die Besitzer mehrfach gewechselt und einige Päpste ihre Spuren hinterlassen. Wie schon die römischen Kaiser, flohen auch die Päpste vor der sommerlichen Glut in Rom auf die umliegenden Berge. Caligula hatte fünfundzwanzig Kilometer südöstlich von Roms Zentrum, in den Albaner Bergen, den Lago di Nemi zu seinem Erholungs- und Vergnügungsgebiet auserkoren und zu diesem Zweck zwei prächtige schwimmende Paläste bauen lassen.

Papst Pius II. empfing an heißen Sommertagen Kardinäle, Botschafter und Besucher am Ufer des Bolsena-Sees, ließ auf Bisentina eigens Tiere für die Jagd halten und veranstaltete Ruderregatten zwischen Capodimonte und der Insel. Papst Paolo III. ließ auf der Insel mehrere Kirchen und Kapellen bauen.

Bis Mitte des 18. Jahrhunderts fanden verschiedene Orden auf der Insel ein Zuhause.

Die Eigentümer der Insel versuchen, ihre Attraktivität zu erhalten bzw. zu steigern, ohne sich vom Tourismus überschwemmen zu lassen. In den Sommermonaten besuchen Hunderte von Tagestouristen die Insel. Romantische Brautpaare lassen sich in der »Cappella del crocifisso«, dem einzigen noch geweihten Gotteshaus, trauen.

Von Bolsena aus verkehrt ein Motorboot zur Insel.

Graf del Drago träumt davon, aus Bisentina ein Zentrum für Maler, Literaten und Wissenschaftler zu machen. In der Kirche San Giacomo e Cristoforo werden bereits alljährlich klassische Konzerte veranstaltet.

Nur ein paar hundert Meter von Bisentina entfernt liegt die noch kleinere, heute unbewohnte Insel Martana. Auf ihr ließ der Ostgotenkönig Theodahad seine Gattin und Feindin Amalasuntha, die einzige Tochter Theoderich des Großen, nach langer Verbannung im Jahr 535 im Bade ersticken. Die Fischer erzählen, dass sie ihnen noch heute nachts auf dem See als klagendes Gespenst erscheint.

In Italien wurden Häftlinge später häufig auf Galeeren untergebracht, die in einer bestimmten Entfernung vom Ufer, in Venedig waren zwei Bootslängen vorgeschrieben, verankert waren. Howard[220], der Ende des 18. Jahrhunderts zahlreiche Gefängnisse in Europa besuchte, berichtete von Gefangenengaleeren in Neapel, Genua und Venedig. In Neapel seien vier Galeeren mit 260, 298, 250 und 400 Gefangenen belegt gewesen.

Wenn von Verbrechen in Italien und anderswo durch Italiener gesprochen wird, denken viele sofort an den sizilianischen Geheimbund, die Mafia, oder an die neapolitanische Camorra.

Ursprünglich bedeutete in Sizilien das Wort »Mafia« nichts anderes als »Zufluchtsort«, später wurde daraus eine Geheimorganisation, die gegen Unterdrückung und Ausbeutung kämpfte. Sizilien war wie kaum ein anderes Land seit etwa dem 17. Jahrhundert grausam geknechtet worden. Die Inquisition hatte Arme und Reiche gleichermaßen gefoltert. Gutsbesitzer und katholische Kirche herrschten mit uneingeschränkter Macht. Von den Behörden war keine Gerechtigkeit zu erwarten, also ging man zu den Rebellen der Untergrundbewegung, den Mafiosi. Die sorgten für Rache, Vergeltung, Lebensmittel, Jobs und Schutz. Die Behörden waren der Feind, gegen den sich Bevölkerung und bewaffnete Rebellen zusammentaten. Gegen diese Koalition, geschützt durch das Gesetz des Schweigens, die Omerta, hatte die Regierung keine Chance. Dass später aus der Mafia eine Verbrecherorganisation wurde, die sich zum verlängerten Arm der politischen Macht und der Reichen machte, ist eine andere Geschichte.

Absolute Herrscher, wie Mussolini, konnten natürlich eine Macht, wie sie die Mafia darstellte, nicht dulden. Und so wurde für Sizilien ein Polizeichef eingesetzt, der die Insel von der Mafia befreien sollte. Er ließ zunächst alle Steinmauern, die sich auf der Insel befanden und hinter denen sich ein Mafioso verbergen konnte, bis zu einer Höhe von einem Meter abtragen. Als das ohne Wirkung blieb, ließ er jeden männlichen Sizilianer, der im Verdacht stand, ein Mafioso sein zu können, auf eine Sträflingsinsel bringen. Innerhalb kurzer Zeit war die Macht der Mafia gebrochen.

Als Sizilien 1943 durch die Alliierten befreit wurde, behandelte die amerikanische Militärregierung jeden Gefangenen des faschistischen Regimes als einen Demokraten, und so kamen viele Mafiosi zu Ämtern in der Verwaltung. Diesem Umstand verdankt die Mafia ihre schnelle Rekonstituierung.[221]

Am 14. Januar 1953 ging Salvatore Riina, der »capo di capi« (Pate aller Paten, oberster Chef der Mafia) der Polizei ins Netz. Für über zweihundert Mordbefehle wurde er zu mehr als hundert Jahren Haft verurteilt und auf die Insel Asinara gebracht. Seitdem sind zahlreiche Mafiosi zu Haftstrafen, auch auf Inseln zu verbüßende, verurteilt worden. Das Phänomen und die Organisation, vor allem aber ihr Ruf sind damit nicht verschwunden.

Vor dem Ersten Weltkrieg waren Staatsangehörige der Kriegsgegner, namentlich Bürger aus Österreich-Ungarn, aber auch verdächtige Italiener festgenommen und auf Sardinien und Ponza interniert worden.

Bevorzugtes Mittel der italienischen Faschisten unter Mussolini gegen ihre vermeintlichen oder tatsächlichen Gegner war »il confino«: die Zuweisung eines Zwangsaufenthalts, meist die Verbannung auf Inseln, z. B. Ponza, Ventotene, Ustica, Pantelleria, oder in abgelegene Dörfer der Abruzzen oder Kalabriens[222]. Es handelte sich überwiegend um die Isolation von Einzelpersonen. So wurden Ernesto Rossi nach Ventotene, Giorgio Amendola und Pietro Nenni nach Ponza verbannt.

Die auferlegten Bedingungen waren teilweise absurd. So war es den Verbannten verboten, ein Kartenspiel zu besitzen, ins Kino oder Theater zu gehen, Bistros, Cafés oder Restaurants zu besuchen, in die Kirche zu gehen (außer mit ausdrücklicher Genehmigung), ohne Erlaubnis zu korrespondieren, sich in einer Fremdsprache zu unterhalten, mehr als hundert Lire bei sich zu tragen, über Politik zu sprechen, das Tagesgeschehen zu kommentieren.

Im nördlichen Tyrrhenischen Meer, zwischen dem Nordteil der französischen Insel Korsika und dem italienischen Festland, liegt der **Toskanische Archipel** (**Arcipelago Toscano**), dessen Inseln für lange Zeit Gefangene beherbergten. Der Archipel hat 1998 den Status eines Nationalparks erhalten. Er umfasst nahezu 18.000 km^2 Landfläche und knapp 40.000 km^2 Meeresfläche. Von den sieben zur Parkfläche gehörenden Inseln stehen Montecristo, Gorgona, Pianosa und Giannutri komplett unter Naturschutz, Capràia zu 85 %, Elba zu 55 % und Giglio zu 50 %.

Die bisher für den Tourismus nicht zugänglichen Inseln Gorgona, Capràia und Montecristo vor der Küste der Toskana öffnen sich nun. Für etwa eine Milliarde Euro werden Hotels errichtet.

1998 war Gorgona für Touristen noch nicht zugänglich, da sich auf der Insel noch Häftlinge befanden.

Die größte Insel des Archipels ist Elba.

Elba, Isola d'Elba
42°45'N, 10°20'O

Die 223,5 km^2 große Insel liegt zehn Kilometer vor der italienischen Küste und ist fünfzig Kilometer von Korsika entfernt. Sie wechselte im Mittelalter oft den Besitzer. Bis April 1814 und ab 1815 gehörte sie zur Toskana. 1860 fiel sie an Italien.

Elba ist bekannt geworden als Verbannungsort für Napoleon I. in der Zeit vom 3. Mai 1814 bis zum 26. Februar 1815.

Am 6. April 1814 hatte Napoleon auf den Thron verzichtet. Nach den Bedingungen der Verbündeten sollte Elba Napoleon als uneingeschränkter Besitz gegeben werden. Ein Bataillon seiner Garde durfte er mitnehmen sowie ein kleines Gefolge, da er den Titel des Fürsten von Elba führen durfte. Kommissare der verbündeten Mächte sollten ihn begleiten.

Als Napoleon auf der Insel eintraf, waren 724 Mann bei ihm, darunter 600 Grenadiere und Fußjäger der Alten Garde und mehr als 100 Kavalleristen. Dazu mehr als 300 Mann des seit langem auf der Insel stationierten 35. Regiments. Insgesamt etwa 1.100 Mann.

Auch seine Mutter, Laetitia Bonaparte, die Madame Mère, begleitete ihren Sohn auf die Insel. Von seinen Geschwistern begleitete ihn als Einzige seine Schwester Pauline, ursprünglich Carlotta. Die schöne, verschwenderische Pauline hatte als Siebzehnjährige den von Napoleon nach Santo Domingo entsandten General Leclerc geheiratet, der dort, 1801, nach vierjähriger Ehe, dem Gelben Fieber erlag. Zwei Jahre später heiratete sie den Fürsten Camillo Borghese. Im Jahr 1807 schuf der Bildhauer Canova seine »Ruhende Venus«, für die Pauline Modell gelegen hatte. Das Marmorbildwerk erregte großes Aufsehen und musste durch ein Gitter vor der begeisterten Menge geschützt werden.

Der Zwangsaufenthalt währte nicht lange. Am 26. Februar 1815 nachmittags schiffte sich Napoleon mit seiner Truppe in Portoferràio, an der Nordküste der Insel, ein. Am 1. März 1815 landete er fünfzehn Uhr in Frankreich, in der Bucht von Jouan, unweit Kap d'Antibes, und marschierte im Triumph nach Paris. Dieser Versuch, noch einmal in die Speichen des Rades der Geschichte zu greifen, endete auf St. Helena (s. d.).

Napoleon war nicht der einzige »Gefangene« auf der Insel. Auch 1994 wurde Elba noch als Gefängnisinsel genannt.

Die Insel mit ihren rund 30.000 Einwohnern ist überaus reizvoll und interessant.

Die Mythologie weiß zu berichten, dass einst Venus, die Göttin der Liebe, in Gedanken versunken mit ihrer Halskette aus prächtigen Edelsteinen spielte. Die Kette zerriss und die Edelsteine fielen ins Meer. Jeder Edelstein wurde zu einer Insel. Aus dem schönsten wurde Elba.

Im Ostteil der Insel, im »Land der tausend Feuer«, haben schon die Etrusker Eisenerz gewonnen. Die letzten Minen wurden in den 1980er-Jahren geschlossen.

Der Granit hat auf Elba seit der Römerzeit die Steinmetzkunst gefördert. Alte Steinbrüche, Reste antiker Säulen und Arbeiten aus neuerer Zeit sind zu bewundern.

In den 50er-Jahren des 20. Jahrhunderts entdeckte der Tourismus die Reize der Insel, die sich im Frühjahr besonders freigebig darbieten. Ginsterbüsche wetteifern mit dem Glanz der Sonne, Zistrosen übersäen die Macchie mit rosaroten

Tupfen, in den Kastanien- und Steineichenwäldern blühen Lilien, Hyazinthen und Zyklamen.

Zur Macchie sind einige Anmerkungen angebracht. Macchie [makië], Macchia [makia] oder Maquia ist eine charakteristische Pflanzengesellschaft des Mittelmeergebietes aus verschiedenen, teils dornigen Holzpflanzen mit oft immergrünen lederartigen Blättern, z. B. Wilder Ölbaum, Erdbeerbaum, Steinlinde, Mastixstrauch, Myrte, Lavendel, Ginster. Die Macchie scheint unverwüstlich zu sein. Sie widersteht der brennenden Sonne und den heftigen Stürmen. Einige tragen Dornen, etliche sind feuerresistent. Schon knapp oberhalb der Meereswellen krallen sie sich in die Klippen. Und sie tragen exotische Namen: Giglio di mare Illirico (Lilie des Illyrischen Meeres), Phillyrea.

Nach dieser widerstandsfähigen Pflanzengesellschaft hat sich der Maquis [ma'ki:] benannt, eine französische Partisanenorganisation innerhalb der Résistance.

Die Badesaison dauert nur zwei Monate, Juli und August, in dieser kurzen Zeit muss die Insel bis zu 120.000 Touristen täglich verkraften, die meisten von ihnen sind mit dem Auto angereiste Tagesgäste.

Die mittelalterlichen Bergdörfer Marciana und Poggio ragen wie Festungen aus dem üppigen Grün. Ehemals verschlafene Dörfer, z. B. Marciana Marina, Procchio oder Marina di Campo, sind zu stattlichen Badeorten geworden.

In der Wallfahrtskirche Madonna del Monte soll Napoleon über sein Schicksal nachgedacht haben.

Gorgona, Isola di Gorgona
43°26'N, 9°54'O

Etwa fünfundsiebzig Kilometer nördlich von Elba und fünfunddreißig Kilometer südwestlich von Livorno liegt Gorgona etwas abseits des Toskanischen Archipels. Der Abenteurer Tristan Jones[223] »entdeckte« auf einer seiner Segeltouren in den 70er-Jahren des 20. Jahrhunderts die geheim gehaltene Insel mit Hunderten politischen Gefangenen.

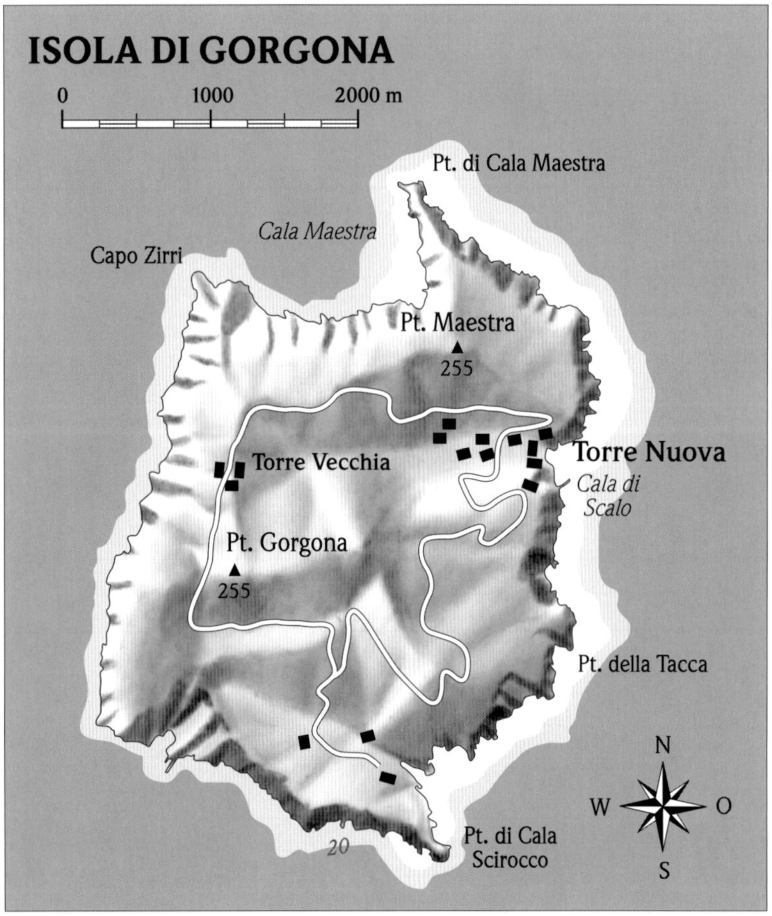

Pianosa, Isola di Pianosa
42°35'N, 10°04'O

Diese Gefängnisinsel liegt etwa dreizehn Kilometer südlich von Elba und gut dreißig Kilometer nördlich von der geheimnisvollen Insel Montecristo entfernt. Sie ist nicht größer als ein Golfplatz, nur zwanzig Meter hoch (Pianosa heißt »die Flache«) und fünfhundert Meter breit.[224]

Pianosa wurde in den Nationalpark Parco Nazionale dell'Arcipelago Toscano eingegliedert.

Fischer erzählen, dass der legendäre Schatz von Monte Christo (siehe Dumas: Der Graf von Monte Christo) nicht auf Montecristo versteckt war, sondern immer noch auf Pianosa seiner Entdeckung harre.

Pianosa war schon immer besonders. Über zehn Kilometer von der nächsten Insel entfernt, ist sie seit Jahrtausenden Gefängnisinsel. Sie war auch Verbannungsort der Römer.

Kaiser Augustus schickte seinen Enkel, Postumus Agrippa, zur Verbannung auf die Insel Planasia, wie Pianosa damals hieß. An der Ostseite der Insel verbrachte dieser einige Jahre in einem herrschaftlichen Wohnkomplex mit einer Villa von fast 3.500 m^2 Wohnfläche, einem eigenen Amphitheater, Fischteichen, einem Thermalbad und Sklaven. Auf den Fundamenten der Villa wurde später der Mafiaknast errichtet. Seine Bäder, in denen Orgien gefeiert wurden, von denen selbst im fernen Rom mit Augenzwinkern gesprochen wurde, wurden von den Häftlingen wieder ausgegraben. Für seine Sklaven und von ihnen ließ er unterirdische Gänge bauen, damit er und seine Gäste nicht durch deren Anblick belästigt würden. Alte Anlagen zum Waschen der Wäsche sind noch gut erhalten. Um den Konkurrenten im Kampf um das Erbe des Kaisers auszuschalten, ließ Tiberius, Adoptivsohn des Augustus, den Verbannten im Jahr 14 n. Chr. auf Planasia ermorden. Agrippa war gerade mal sechsundzwanzig Jahre alt geworden.

Ab 1552 wurde die Insel menschenleer, als nach einem brutalen türkischen Überfall die wenigen Überlebenden sie verließen. Einst hatten bis zu tausend Menschen auf der Insel gelebt.

Napoleon hatte sie aufgesucht und wollte die Insel zu einem Weinanbaugebiet machen. Aus dem Weinanbau wurde nichts, aber die Weinkeller, die er in den Fels schlagen ließ, gibt es noch, wenn ihre Eingänge auch immer wieder zuwuchern. Napoleon, für den Pianosa ein strategischer Stützpunkt vor der Küste Italiens war, hatte auch den Bau der Festung angeregt.

Erst drei Jahrhunderte nachdem sie verlassen worden war, wurde Pianosa wieder besiedelt, als Sträflingsinsel. Zunächst lebten auf der Insel lediglich Häftlinge und ihre Wärter.

Die 1852 eingerichtete Haftanstalt galt als ausbruchssicherer »Super-Carcere« Italiens vor allem für zu langen Haftstrafen verurteilte Schwerverbrecher und Mafiabosse wie Pippo Madonia, Giovanni Brusca und Pietro Vernengo.

Ab Ende der 1970er-Jahre wurden führende Mafiosi auf die Insel gebracht. Zeitweilig befanden sich mehr als fünfhundert Menschen auf der Insel.

Es gab drei Kategorien von Gefängnissen auf Pianosa: das allgemeine Gefängnis für Betrüger und Diebe, das spezielle Gefängnis z. B. für Mörder und das Hochsicherheitsgefängnis, der Mafiaknast.

1992 begann die Modernisierung des Gefängnisses. Das war der Anfang vom Ende. Es war die Zeit der Mani puliti, der sauberen Hände. Der italienische Staat bemühte sich, die Macht der Mafia zu brechen. Deren Bosse sollen auf Pianosa ihre Strafe absitzen. 1994 war der Superknast fertig. Pianosa galt in der Zeit, als dort die Mafiabosse einsaßen, als der härteste Knast der Welt. Über diesen Superlativ lässt sich sicher streiten. Das Konzept: durch totale Isolation zermürben. Über dem Eingang zum Mafiaknast stand die Inschrift: »Alle, die ihr hier eintretet, lasst eure Hoffnung draußen!«

In diesem Gefängnis herrschte eine unglaubliche Strenge. Es gab nur Eisen und Beton, nur Gitter, selbst die Decken der Zellen waren vergittert.

Das Ergebnis: ein Luxusgefängnis von hoher Ästhetik, kaum zur Abschreckung geeignet.

Ab November 1997 sollte Pianosa Mafiabosse aufnehmen, die bisher auf Asinara inhaftiert waren.

1998 schon schloss die modernste Strafvollzugsanstalt, das schönste Gefängnis Italiens. Angeblich aus Geldmangel. Die letzte Gruppe der »Detenuti« wurde in Anstalten auf dem Festland verlegt. Mit ihr verließen auch die Wärter mit ihren Familien die »colonia penale«. Lediglich ein wegen Mordes Verurteilter blieb. Er hatte sich erfolgreich gegen die Verlegung in ein Festlandsgefängnis gewehrt. Er arbeitete weiter auf der Insel.

Zutritt zum Superknast streng verboten, auch im Jahr 2000 noch. Fürchtet man den Zorn der Bevölkerung ob so viel Luxus für Schwerverbrecher?

Neben dem Superknast liegen die alten Gefängnisse für alle, die keine Mafiabosse waren. Mit einigem Glück konnte man 2000 einen Blick in die Gemäuer werfen. Die meisten Gebäude sind mehr als zweihundert Jahre alt. Sie wurden noch bis in die 1990er-Jahre genutzt. Unterlagen der Verwaltung, Besucherlisten lagen noch herum. Im Erdgeschoss, in den Büros sah es so aus, als kämen die Beamten jeden Moment wieder herein, um ihre Arbeit fortzusetzen.

Pianosa genoss unter den »gewöhnlichen« Häftlingen einen guten Ruf. Wer sich den Regeln unterwarf, konnte sich auf dem »unfreien« Teil der Insel relativ frei bewegen. Als das Gefängnis noch die Insel beherrschte, war sie durch eine imposante Mauer geteilt – in frei und unfrei.

Die Schule, die Kirche, das Postamt, die Apotheke und der Laden wurden geschlossen, die Gärten begannen zu verkrauten. Auch die Villa des Agronomen der Insel, die Festung »Forta Teglia« mit Blick auf den Hafen und auf die Cala dei Turchi gehören zu den »stillgelegten« Bauten.

An der Kirche ist eine Tafel mit der Inschrift angebracht: »In diesem Gefängnis bezahlten während der faschistischen Diktatur Alessandro Pertini und Dutzende anderer Antifaschisten teuer für ihre Freiheitsliebe …«

Von der Kirche sind es nur wenige Schritte bis zum Gefängnistor, das seit 1998 offen steht. Von ihm aus führt der Weg über das ehemalige Sperrgebiet bis zur Nordspitze der Insel: Punta del Marchese. Das Kap wird von dem festungsähnlichen, schon nach dem Zweiten Weltkrieg aufgegebenen Gefängnis »Il Marchese« gekrönt. Der Bau mit den neogotischen, zinnenbewehrten Türmen zerfällt langsam. Von hier fällt der Blick auf eine Bucht mit glasklarem Wasser, zu antiker Zeit der »Porto Romano«.

Im Rahmen der Entwicklung des Archipels als Nationalpark wird auch Pianosa behutsam dem Tourismus geöffnet. Man sagt, die Insel habe den schönsten Hafen der Welt und paradiesische Strände. Der Hafen, der malerische Porticciolo, bietet Liegeplätze vor dem neogotischen Palazzo della Speccola. Am Ostufer umgrenzt eine mehrere hundert Meter lange, von Wachtürmen flankierte Betonmauer die türkisblaue Cala Giovanna.

Man nennt Pianosa auch die »Perle« unter den toskanischen Inseln. Die Tourismusbranche schielt begierig von Rom und Elba auf die Insel. Zwischen Umweltschützern, Archäologen und Grundstücksspekulanten ist ein erbitterter Streit ausgebrochen.

Im Jahr 2000 verkehrte nur das Polizeiboot regelmäßig von Elba nach Pianosa. Zweimal wöchentlich kam die Ablösung der Carabinieri. Eine Fähre ging nur einmal die Woche und das auch nur in der Hauptsaison. Mit organisierten Bootstouren von Elba aus durften höchstens hundert Besucher täglich die Insel betreten und nur in Begleitung eines Fremdenführers das römische Amphitheater, die römische Villa und die Katakomben besichtigen. Wenn die Schiffe ankamen, stand niemand zu ihrem Empfang bereit. Kaum ein Laut war zu hören, kein Kinderlachen, kein Motorengeräusch. Der Ort, Sitz der Verwaltung und Wohnstatt der Aufseher, wurde 1998 mit dem Gefängnis aufgegeben. Die Häuser, die Gassen, die majestätische Fortezza – verlassen, eine Geisterstadt. Wie tote Augen starrten die Fenster der Häuser am Hafen. Vierhundertfünfzig Menschen lebten einst in diesem Ort. Sie scheinen urplötzlich geflohen zu sein. Die Türen sind unverschlossen.

Selbst der kleine Inselfriedhof mit einigen Holzkreuzen machte einen verlassenen Eindruck.

2001 lebten nur acht Leute auf Pianosa: drei Wärter, davon einer mit Frau und zwei Kindern sowie zwei Häftlinge. Die Häftlinge sollten auf der Insel arbeiten, vor allem Ausgrabungen durchführen, und konnten sich fast frei bewegen. Die Wärter kämpften gegen die Langeweile und die Einsamkeit. Abends legte sich eine gespenstische Stille über die Insel.

Freiwillig kommt nur der Eigentümer des kleinen Ladens gegenüber der Fortezza ab und zu auf die Insel. Er war fast dreißig Jahre lang in der Gefängnisverwaltung tätig gewesen. Nun wartet er darauf, dass irgendwann die Touristen kommen. Er erzählt, dass früher eine fast familiäre Atmosphäre auf der Insel geherrscht habe. Allerdings nur mit den Häftlingen, die sich gut benommen haben. Wer sich nicht gut führte, wurde weggesperrt. Sonst haben alle gearbeitet. Jeder Gefangene hatte ein eigenes Stück Land und musste eine bestimmte Menge Wein produzieren. Wenn einer mehr produzierte, bekam er eine Prämie.

Es gibt Pläne, das bislang noch abgeschirmte Gefängnis zu öffnen oder sogar zu einem Hotel umzugestalten bzw. ein Europäisches Forschungszentrum für Meeresbiologie unter Nutzung der Haftanstalt und der Wärtersiedlung einzurichten. Vielleicht werden sich bald in den verlotterten Badekabinen des Gefängnispersonals Touristen aus aller Welt umziehen.

Unter der Erde wurde bereits manches getan. Die Katakomben aus dem 4. Jahrhundert, älteste frühchristliche Spuren, fast vierhundert Meter lange Gänge im Muschelkalk, lange Zeit vernachlässigte Kloaken, sind bereits restauriert. Sie waren schon von den Sarazenen geplündert worden. Nur die Gräber im Boden waren übersehen worden. Die Katakomben gelten als die größten nördlich von Rom. Auch wenn einige später in Keller umgewandelt wurden, sind sie immer noch sehenswert.

Der amerikanische Schriftsteller Joseph Heller schrieb den bitterbösen satirischen Roman »Catch 22«. Er wurde 1970 auf Pianosa verfilmt.

Montecristo, Isola di Montecristo
42°20'N, 10°19'O

Der einsame, karge Felsen Montecristo, rund fünfzig Kilometer südlich von Elba, gilt als die geheimnisvollste Insel im Mittelmeer.

Seit dem 15. Jahrhundert gab es zwei Besiedlungsversuche: der erste mit Verbrechern, der zweite mit Freiwilligen. Beide misslangen. Seitdem hielt man die Insel für unbewohnbar.

Heute ist nur noch ein Wächter ständig auf der Insel, im Sommer kommen noch zwei Beamte des Naturschutzes, Forestali, hinzu.

Montecristo ist das am strengsten geschützte Naturschutzgebiet Europas. Offiziell dürfen nur tausend Besucher pro Jahr die Insel betreten. Aber die Nachfrage ist groß. Aus ganz Italien wollen Touristen nach Montecristo.

Eine der Attraktionen sind die Ruinen des ehemaligen Klosters Montecristo auf dem Berg. Nachdem der Papst dem Kloster Ordensstatus verliehen hatte, wurde es eine aufblühende Anlage. Die Reste des Hauptschiffes sind auch immer noch imposant. Das Geschäft mit Gläubigen wurde noch belebt durch einen Wallfahrtsort, die Grotta del Santo. Eine der zahlreichen Legenden rankt sich um den Schatz von Montecristo. Sie erzählt davon, dass der geheimnisvolle Schatz der vergrabene Klosterschatz sein könnte.

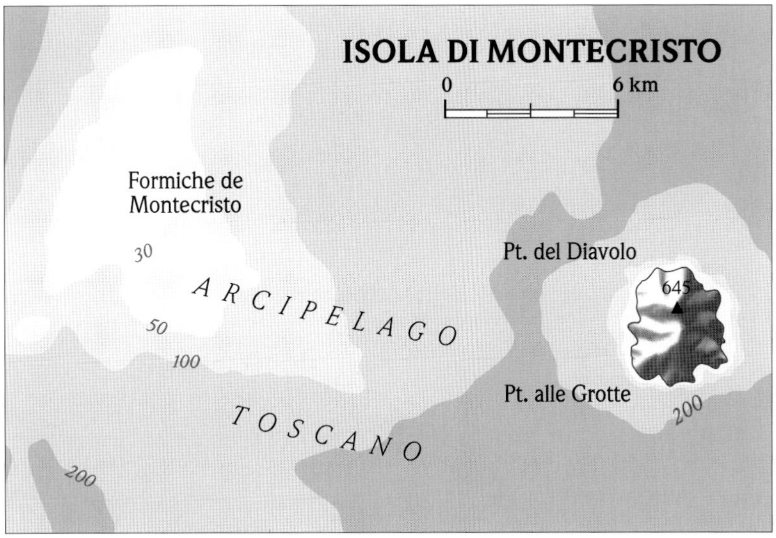

Capràia, Isola di Capràia
43°02'N, 9°49'O

Die Insel liegt etwa fünfundvierzig Kilometer nordwestlich von Elba.

Sie ist der Rest eines vor Jahrtausenden erloschenen Vulkans. Man erzählt, dass Capràia einst als Perle aus dem Halsband der Aphrodite gefallen sei.[225]

Die Wege, sofern man die Pfade auf der Insel so nennen kann, müssen ständig freigeschlagen werden, sonst würde die Macchie[226] sie bald überwuchern.

Von 1873 bis 1986 war Capràia Gefängnisinsel, beherbergte die »Colonia Penale Agricola«. Die Strafkolonie nahm ein Drittel der Inselfläche ein und ist bis heute (1997) »verbotenes« Terrain. Vom Hafen aus führt eine an den Rändern bröckelnde, löchrige Straße durch eine Schlucht und steil bergauf zum Tor der ehemaligen Kolonie. Auf einer steinernen Tafel stehen Lobesworte für einen Gönner der Kolonie. Zweistöckige Gebäude schmiegen sich an die Felswand und umgeben einen kleinen Platz. Die Dächer der Häuser haben Löcher, die Balken faulen, Fenster und Türen sind zerbrochen. Die Macchie erobert die Ruinen. Auch Reste eines Gartens sind noch zu erkennen. Die eigentlichen Gefängnisgebäude schließen sich an. Es sind Häuser mit langen Gängen, von denen aus, durch doppelte Metalltüren gesichert, die Zellen abgehen. Die Klappen an den Türen stehen offen.

Wege führen zu den Zweigstellen der Kolonie. Fast das gesamte Gebiet der Kolonie wurde von Gefangenenhänden geschaffen: die Mauern der Terrassen, die Erde auf den Terrassen, die Gebäude, die Wege. Die Gefangenen bauten Oliven, Wein,

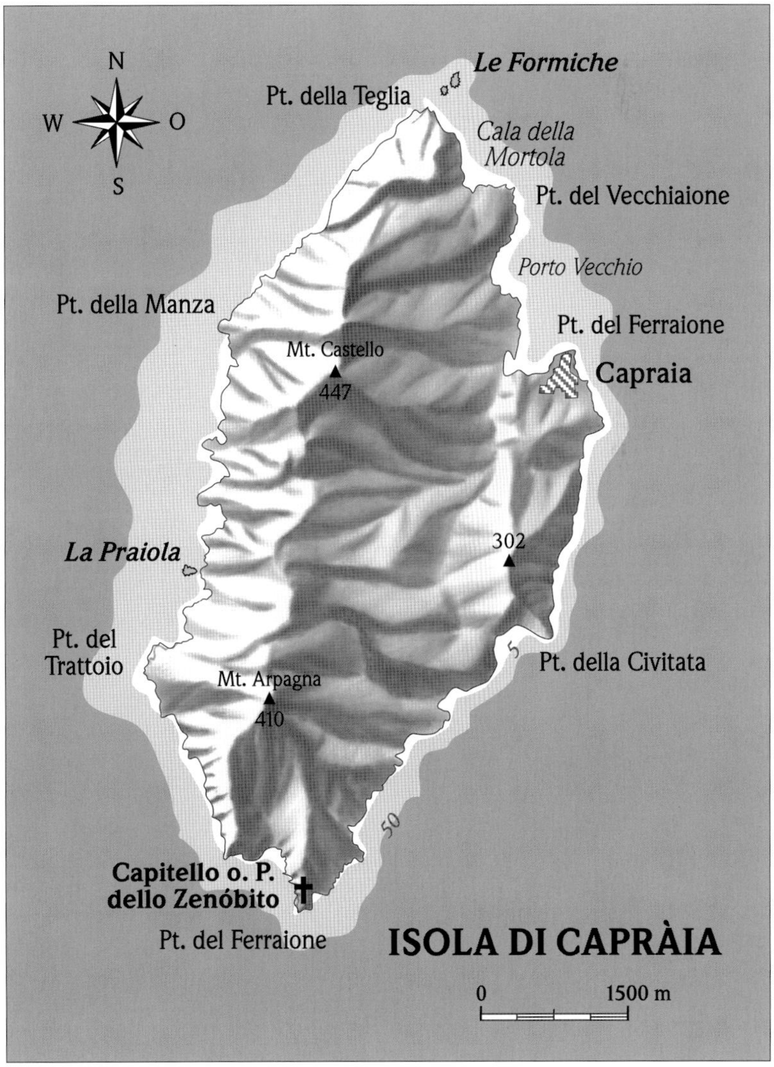

Obst und Gemüse an, hielten Geflügel und Vieh, die Eier, Käse und Milch lieferten, und hatten ein Fischerboot.

Am Ende des Weges liegt »La Mortola«, das älteste Gebäude der Kolonie, ein Gutshof mit Wirtschaftsgebäuden. Hier gab es keine Zellen, sondern Säle für die Gefangenen.

Die Gefangenen waren überwiegend Bauern, Hirten oder Landarbeiter, die auf der Insel dasselbe taten, was sie immer getan hatten. Als die Kolonie aufgelöst wurde, wollten sie nicht weg, nicht in ein normales Gefängnis. Aber sie wurden doch alle abtransportiert.

Die Kolonie war für die Insel zugleich Last und Glück. Sie sorgte für einen schlechten Ruf und für Isolation. Es gibt auf der Insel keine Ferienhäuser, Hotels oder Clubs. Andererseits ist die Natur kaum gestört. Hier lebt noch der »Corvo imperiale«, zu Deutsch »Kolkrabe«, und nistet der Albatros. Das Meer ist ein Paradies für Taucher und Fischer.

Nun gehört die Insel zum »Parco Nazionale dell'Arcipelago Toscano« und öffnet sich einem behutsamen Tourismus. Es gibt schon einige Fremdenzimmer, einen Campingplatz und Exkursionen. Nicht alle Einwohner sind erfreut über den Tourismus. Nun kämen lauter Leute, die man nicht kennt. Früher, mit den Gefangenen, sei es das Paradies gewesen. Damals habe man die Häuser nicht zusperren müssen.

La Maddalena, Isola la Maddalena
41°13'N, 9°24'O

La Maddalena ist der Nordküste von Sardinien unmittelbar vorgelagert, nur anderthalb Kilometer vom Punta Sardegna entfernt.

Mussolini war nach seiner Verhaftung am 25. Juli 1943 zunächst auf der Insel Ponza (s. d.) und später auf La Maddalena interniert worden. Hier genoss er eine privilegierte Behandlung. Wie zu Hause ernährte er sich von Obst und bis zu vier Litern Milch pro Tag. Er hatte stets Angst, vergiftet zu werden. Hitler ließ nach ihm suchen, denn Mussolinis Gefangennahme muss ihn sehr belastet haben. Sie widersprach seiner Auffassung von der Unantastbarkeit eines geheiligten Führers.[227] Wegen der Gefahr, von den Deutschen gefunden zu werden, wurde er auf den Gran Sasso in den Abruzzen gebracht und dort in einer spektakulären Aktion von deutschen Fallschirmjägern befreit. Nach seiner Befreiung wurde er mithilfe der Deutschen als Regierungschef einer Gegenregierung der Italienischen Sozialen Republik, der Republik von Salò, am Gardasee, installiert.[228]

Der Maddalena-Archipel ist zum Naturpark erklärt worden, um ihn vor dem Massentourismus zu schützen. In dem Naturreservat nisten Fischadler und wachsen Myrte, Lavendel und Mastixbüsche. Geschützt ist nun auch der durch Korallen rosa gefärbte Strand von Budelli, der nur noch unter der Aufsicht eines Führers besichtigt werden darf. In verschiedenen Buchten ist das Ankern von Motorbooten verboten und das Tauchen und Fischen stark eingeschränkt. Es gibt Pläne, in naher Zukunft den Archipel zusammen mit den korsischen Nachbarinseln Lavezzi und Cavallo zu einem »Internationalen Naturpark der Meerenge von Bonifacio« zu vereinigen.

La Maddalena liegt der sardischen Costa Smeralda gegenüber, deren Hintergrund die wilde Region Gallura bildet. Noch Ende der 50er-Jahre hieß der wilde, unzugängliche, arme, nur von sardischen Hirten bevölkerte Küstenstreifen »Tal der Hölle«. Hier entstand ab 1962 eines der teuersten Ferienziele der Welt, die bis ins kleinste Detail geplante Ferienregion Costa Smeralda.

Asinara, Isola Asinara
41°04'N, 8°16'O

Vor der Nordwestspitze Sardiniens, nur durch die schmale Rada dei Fornelli getrennt, liegt die Insel Asinara.

Sie ist nach den zahllosen kleinen weißen Eseln benannt, die nur auf dieser Insel vorkommen.

Die Haftanstalt wurde 1896 eingeweiht.

Als der Polizei und Justiz Anfang der 1990er-Jahre ein vernichtender Schlag gegen die Mafia gelang, wurden die gefährlichsten Paten auf Asinara eingesperrt. Nach der Festnahme der großen Bosse im Jahr 1991 wurden acht neue, bombensichere Pavillons gebaut.

Fünf Seemeilen um die Insel waren Sperrgebiet. Wer diese Zone missachtete, riskierte ein Jahr Gefängnis. Der Luftraum über der Insel wurde elektronisch überwacht. Die Boote, die Lebensmittel und, selten, Besucher zur Insel brachten, mussten eine Meile vor der Hafeneinfahrt stoppen. Dann wurden sie akribisch untersucht. Tausend Polizisten bewachten siebzig Paten des gefährlichsten Zweiges der Mafia, der italienisch-amerikanischen Cosa Nostra. Insgesamt brachten es die auf Asinara sitzenden Mafiosi auf 3.500 Jahre Haft für mehr als 3.000 Morde oder die Anstiftung dazu. Die Zellen der Mafiosi waren mit extra starken Gittern versehen.

Nach italienischem Strafrecht müssen Mitglieder organisierter Verbrecherbanden ihre Strafe unter strengen Haftbedingungen verbüßen. Sie dürfen nur einmal im Monat Besuch empfangen, ihre Zellen haben keine Fenster, sie dürfen nur einmal pro Woche für eine Stunde allein in den Gefängnishof. Die mächtigsten und gefährlichsten Paten, wie Salvatore Riina und Nitto Santapaola, wurden Tag und Nacht per Videokameras überwacht, und ihre Zellen wurden täglich untersucht. Wo genau sich ihre Zellen im Gefängnis befanden, war nur wenigen Beamten bekannt.

In Sonderzellen im Teil »Fornelli« der Insel saßen die Paten. Gegen sieben Uhr wurden sie geweckt, zum Frühstück gab es Kaffee, süße Hörnchen und Fruchtsaft. Gegen dreizehn Uhr gab es das Mittagessen, ausschließlich Nudeln mit Salat,

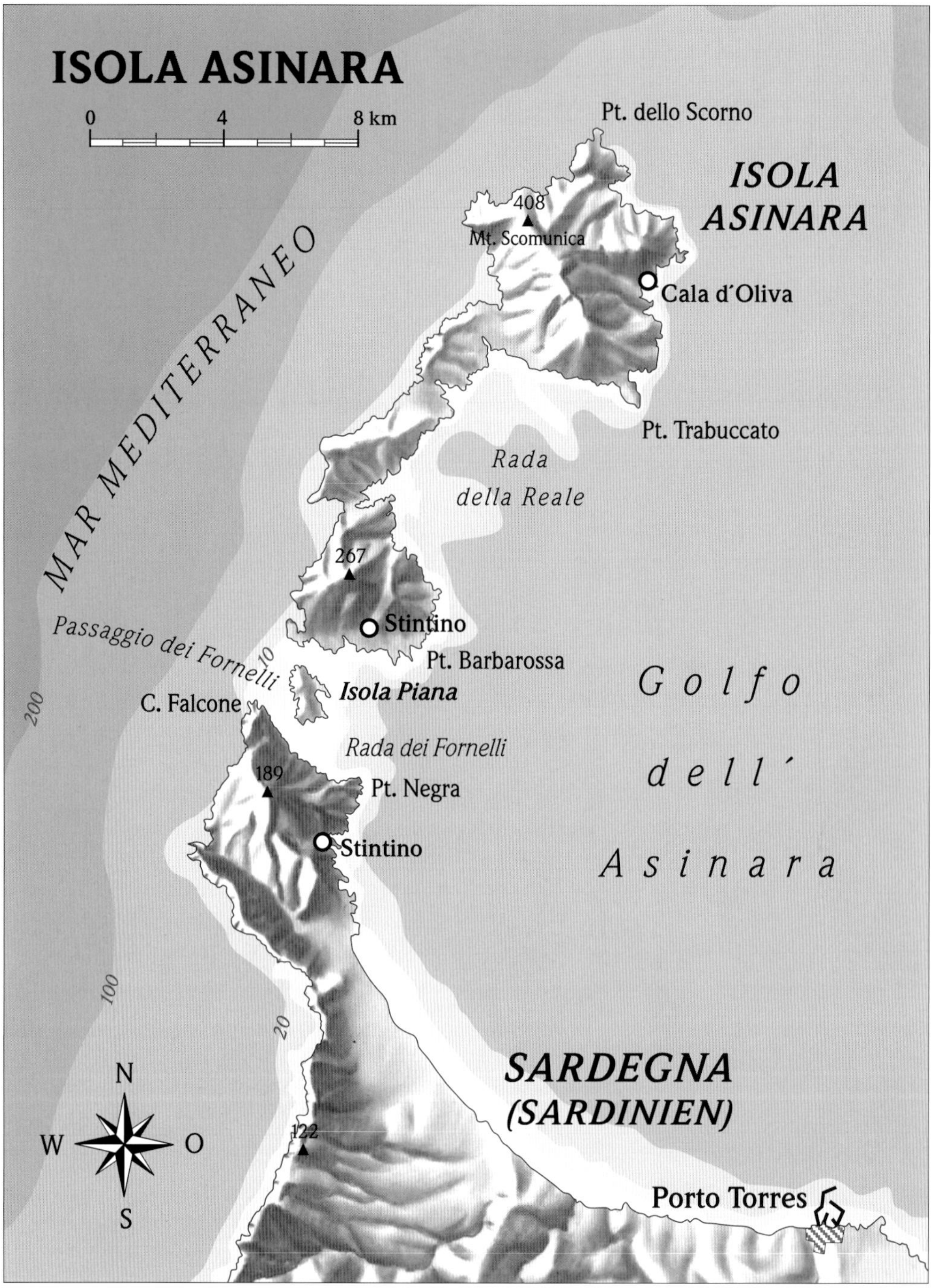

und um zwanzig Uhr das Abendessen, wieder Nudeln, aber diesmal einen zweiten Gang mit etwas Fleisch oder Fisch. Jede Mahlzeit wurde untersucht, bevor sie den Paten serviert wurde. Schon zu viele Mafiosi wurden vergiftet.

Rauchen durften die Paten nur einmal in der Woche, während des Hofgangs. Sie durften weder arbeiten noch durften sie Geld haben. Von den Mitgefangenen waren sie völlig isoliert. Die Gefängnisbeamten durften die Zellen nie allein betreten. Schwer bewaffnete Polizisten einer besonders geschulten Anti-Terror-Einheit waren immer dabei, wenn die Zellen geöffnet oder geschlossen wurden. (Fortsetzung S. 145)

Château d'If

Spinalonga-Kalidona und die Aussicht auf das Festland

Briefmarkenserie
Australien 1988:
200. Jahrestag der First Fleet

Der Konvoi aus elf Schiffen, der im Mai 1787 Portsmouth Richtung Australien verließ, wird allgemein »The First Fleet« genannt. Die Zeichnungen auf den Briefmarken stammen von Sue Passmore. Sie beruhen auf Zeichnungen und Tagebüchern von Leuten an Bord der First-Fleet-Schiffe sowie auf anderen zeitgenössischen Darstellungen.

Im Juni 1787 legte die Flotte auf Teneriffa an. Sie übernahm Frischwasser und Gemüse. Die Offiziere wurden vom spanischen Gouverneur empfangen und nahmen an der Fronleichnams-Prozession teil. Ein Häftling versuchte zu fliehen, wurde jedoch schlafend an Land aufgefunden. Im August versorgte sich die Flotte in Rio de Janeiro mit Proviant. Im Oktober erreichte der Konvoi die Tafelbucht am Kap der Guten Hoffnung. Letzte Gelegenheit Proviant zu übernehmen und für die Besatzungen und freiwilligen Passagiere die Annehmlichkeiten eines zivilisierten Lebens an Land zu genießen. Am 12. November lief die Flotte Richtung Botany Bay aus.

Am 26. Januar 1788 ankerten die Schiffe in der Sydney-Bucht. Die britische Flagge wurde an Land gehisst und ein Toast auf den König sowie den Erfolg des Unternehmens ausgebracht.

Mit dieser einfachen Zeremonie wurde die Kolonie New South Wales gegründet und war das Schicksal der Eingeborenen besiegelt.

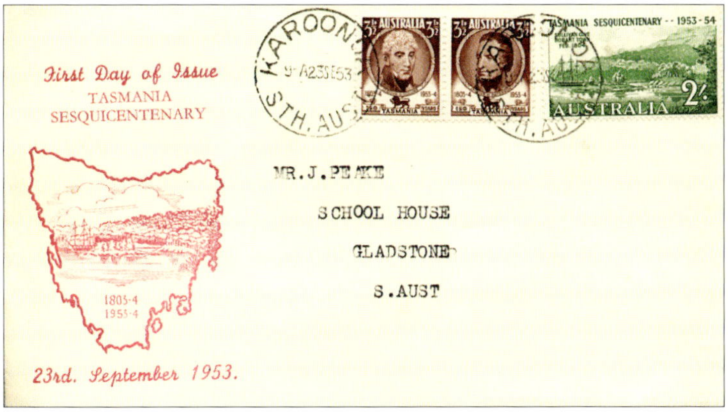

Briefmarke Australien 1953:
150. Jahrestag der Gründung
von Hobart

Oben links:
St. Petersburg –
Peter-Pauls-Festung

Oben rechts:
St. Petersburg –
Peter-Pauls-Festung

Unten links:
Norfolk Island –
200. Jahrestag des Schiffbruchs
von HMS SIRIUS;
geborgene Gegenstände

Unten Mitte:
Berlin –
Zitadelle Spandau

Unten rechts:
Istanbul –
der Leanderturm (Kiz Kulesi)

Solovki:
Sekirka, die Kirche auf
Sekirnaja Gora

Der Kreml von Solovki

Solovki: Die imposanten
Wachtürme der Kreml-Mauer

Stolbiom, St. Nil und das
Kloster; Tempera aus der
zweiten Hälfte des 18. Jh

Solovki auf einem 500.000-Rubel-Schein

Stolbiom, das Kloster des St. Nil; Lithographie von Lushkov, 1906

Helsinki, Soumenlinna,
die Königspforte

Alcatraz, die Insel von See
aus und Blick von der Insel
auf das Festland

Auf der anderen Seite der Insel steht das Gefängnisgebäude für die »normalen« Häftlinge, die im Sommer sogar im Meer baden dürfen.

1994 wurde das Projekt »Tourismus statt Kerker« des Umweltministers, unterstützt vom Justizminister, in Angriff genommen. Das Anliegen: Die Haftanstalt zerstöre die Umwelt und beeinträchtige das Recht der Inselbewohner auf eine natürliche Umgebung. Die Einzigen, die die Inselnatur derzeit »genießen« könnten, seien die Mafiabosse im Hochsicherheitstrakt. Dem Justizminister wurde die Unterhaltung der Hochsicherheitsgefängnisse auf den Inseln zu teuer. Einwände hatten die Umweltschützer und die Staatsanwälte. Erstere mit dem Argument, dass sich auf den Gefängnisinseln einzigartige Ökosysteme erhalten konnten, und die Staatsanwälte meinten, dass Italien nicht auf Isolierungslager für Schwerstverbrecher verzichten könne.

Bis November 1997 sollte der Hochsicherheitstrakt auf Asinara geschlossen und die Mafia-Bosse sollen aus Sicherheitsgründen in getrennten Gruppen in Gefängnisse in der Toskana und auf der Insel Pianosa (s. d.) verlegt werden.

Vor der kampanischen Küste, im Golf von Gaeta, liegt der **Arcipelago Ponziano** (**Isole Ponziane, Isole Pontine, Ponzainseln, Pontinische Inseln**).

Zum Archipel gehören folgende Inseln:

Ponza, Ventotene und Santo Stéfano als Sträflingsinseln sowie Palmarola (1 km^2, besonders wilde Formen), Zannone (0,9 km^2, mit Ruinen eines Klosters) und Gavi.

Der Archipel ist malerisch, aber pflanzenarm. Es gedeihen Oliven, Feigen, Wein, Opuntien, Agaven.

Nur Ponza und Ventotene sind bewohnt. Und nur sie sind durch einen Fährdienst mit dem Festland verbunden. Palmarola ist nicht mehr ständig bewohnt.

Zannone gehört zum Naturpark Circeo. Sie ist als Einzige der Ponzainseln noch bewaldet. Seit die Zisterzienser ihr Kloster auf der Insel im Mittelalter aufgaben, wurde sie nicht wieder von Menschen besiedelt – sie gehört nun ganz den Vögeln.

Die Inseln dienten im Altertum wiederholt als Verbannungsorte und wurden auch in den 30er-Jahren des 20. Jahrhunderts noch als Strafkolonie genutzt. Die Etrusker, Phönizier und Griechen nutzten sie als Flottenstützpunkte, aber erst die Römer bauten Hafenanlagen und richteten feste Niederlassungen ein.

Schon die römischen Kaiser ließen unbotmäßige Familienmitglieder und Untertanen auf die Inseln verbannen, wo sie in kaiserlichen Villen auf Ponza und Pandataria (siehe Ventotene) lebten. Im Jahr 95 wurde Flavia Domitella, eine Nichte Kaiser Domitians, wegen ihrer Konversion zum christlichen Glauben auf die Inseln verbannt. Von den prachtvollen Villen jener Zeit ist auf Ponza nichts und auf Ventotene nur wenig übrig geblieben. Wind und Wetter, Piraten und im 19. Jahrhundert ein englischer Kunstliebhaber ließen kaum Spuren der Vergangenheit in die heutige Zeit gelangen.

Ihren Höhepunkt als Sträflingsinseln erlebten die Ponzainseln unter der faschistischen Diktatur. Überwiegend Kommunisten, aber auch Anarchisten, Sozialisten und Anhänger der linksliberalen Oppositionsbewegung Giustizia e Libertà, alle, die auf irgendeine Weise den Duce Mussolini oder seine Politik missbilligten, wurden auf Weisung eines Komitees der Provinzpolizei ohne Prozess auf die Inseln verbannt.

Manche Politiker, die in der Nachkriegszeit bedeutende Rollen spielten, hatten Jahre der Verbannung auf den Ponzainseln verbracht. Staatspräsident Sandro Pertini war zunächst im Gefängnis auf Santo Stéfano inhaftiert und kam danach nach Ventotene, wo er auf Schritt und Tritt bewacht wurde. Auch die kommunistischen Senatoren Pietro Secchia und Umberto Terracini, der sozialistische Abgeordnete und Innenminister Giuseppe Romita, der Vorsitzende der Sozialisten, Außenminister, stellvertretender Ministerpräsident und Senator Pietro Nenni waren auf die Inseln verbannt worden.

Während des Krieges wurden auch Widerstandskämpfer gegen die italienischen Besatzer auf dem Balkan auf den Inseln inhaftiert.

Eigentlich war die Zeitdauer der Verbannung per Gesetz auf fünf Jahre begrenzt. In der Regel wurde nach Ablauf von fünf Jahren erneut Verbannung angeordnet, so dass manche Antifaschisten bis zum Sturz des Regimes im Jahr 1943 auf den Inseln gefangen blieben.

Das Leben der Verbannten auf Ventotene und Ponza unterschied sich von dem, das die Häftlinge auf Santo Stéfano führen mussten. Die Verbannten durften von Sonnenaufgang bis Sonnenuntergang ihre Unterkünfte verlassen. Sie hatten sich zweimal täglich bei den Appellen zu melden. Innerhalb einer von Milizionären und der Sicherheitspolizei bewachten Zone durften sie sich frei bewegen. Alberto Jacometti, der fünf Jahre auf Ventotene verbrachte, beschreibt in seinen Erinnerungen das Leben der Verbannten, u. a.:

»Während hier und dort sich einige ernsthaft in den Kantinen zu schaffen machen, in der Bibliothek oder einer winzigen Werkstatt, faulenzen die anderen oder reden von morgens bis abends. Sie strecken sich in der Sonne aus oder setzen sich ohne Hemd an die frische Luft und reden miteinander wie Schüler, die unterrichtet werden.«[229]

Manchen Verbannten wurde gestattet, ihre Familien auf die Inseln zu holen, andere durften regelmäßig Besuch empfangen. Einmal pro Woche durften die Verbannten der Zensurbehörde einen Brief zur Weiterleitung an die engsten Verwandten übergeben.

Die Verpflegung lag in den Händen der Verbannten selbst. Jede politische Gruppierung hatte ihre eigene Kantine. Da die Kommunisten mehr als die Hälfte der Verbannten stellten, war ihre Kantine die größte und gewinnbringendste. Dass die Erträge auch verwendet wurden, um Einheimische zu bestechen, verbotene Literatur zu beschaffen und Nachrichten zu schmuggeln, wurde wohl anfangs von den Bewachern toleriert.

Gegen Ende der 30er-Jahre wurden die Haftbedingungen verschärft. Die staatlichen Zuwendungen wurden gekürzt, die Milizionäre, die nun nicht mehr geschmiert werden konnten, begannen, die Verbannten zu schikanieren. Während der Zeit des Krieges wurden die Lebensmittelrationen so knapp, dass es bald auf den Inseln keine Katzen mehr gab.

Für die Bewohner war die Zeit, in der Regimegegner auf ihre Inseln verbannt wurden, von einigem Vorteil. Die Kaufkraft der jeweils etwa achthundert Verbannten auf jeder der beiden Inseln (Ponza und Ventotene), plus etwa halb so vieler Bewacher sowie deren Familien kam den Bauern und Handwerkern zugute. In den ersten Jahren durften sich Verbannte, wenn sie finanziell dazu in der Lage waren, in Privathäusern einquartieren, eine weitere Einnahmequelle für die Einheimischen. Als die Verbannten ihre eigenen Läden und Werkstätten betrieben, machten sie die Einheimischen mit Waren, Geräten und Techniken vertraut, die bis dahin auf den Inseln unbekannt waren. Allerdings hatten auch die Einheimischen unter der Willkür der Wachmannschaften zu leiden. In wirtschaftliche Schwierigkeiten kamen die Insulaner, als die Verbannten die Inseln verlassen hatten. Viele Bewohner verließen die Inseln, um auf dem Festland ihren Lebensunterhalt zu verdienen.

Noch bis in die jüngste Vergangenheit war es eine Strafe, auf die Ponzainseln geschickt zu werden. Erst 1965 wurde das letzte Gefängnis auf den Inseln geschlossen.

In den 1970er-Jahren begann der Tourismus, den Ponzesen wieder Einkommensmöglichkeiten zu bieten. Pensionen, Hotels, Restaurants, Bootsverleih, Eisdielen, Händler leben von Wochenendausflüglern und Urlaubern.

Ponza, Isola di Ponza
40°55'N, 12°57'O

Die sieben km² große Insel ist acht Kilometer lang und bis zu 1,8 Kilometer breit.

Während der Zeit der faschistischen Diktatur waren zahlreiche Antifaschisten auf Ponza inhaftiert. Die Verbannten schliefen in langen Hallen, die ihnen den Winter über auch als einzige Aufenthaltsräume dienten. Einer dieser Schlafsäle wird nun von der Schule der Insel genutzt, die andere Halle stand nach Kriegsende zunächst leer. Sie wurde Ende der 1990er-Jahre zum Museum umgebaut.

Auf der Sitzung des Faschistischen Großrats am 24. und 25. Juli 1943 wurde der bisherige Führer der italienischen Faschisten, Benito Mussolini, der »Duce«, entmachtet. Er bot König Viktor Emanuel III. seinen Rücktritt an, dieser akzeptierte, ließ ihn verhaften und ernannte Pietro Badoglio zum Ministerpräsidenten. Am 27. Juli 1943 wurde Mussolini auf Befehl Marschall Badoglios zunächst für elf Tage auf der Insel Ponza interniert.[230] Er lebte unter nicht sehr strengem Arrest in einem Haus am Strand von Santa Maria, in Sichtweite der Hallen der Verbannten. Dieses Haus ist heute ein einfaches Hotel und die Wirtin, damals ein junges Mädchen, erinnert sich: »Er tat mir so Leid, er

musste in Unterhosen baden, weil er keine Kleider bei sich hatte.«[231]

Eine herrliche Ironie des Schicksals: der in Unterhosen badende Mussolini und seine Gegner gleichzeitig auf einer Insel inhaftiert. Er traf dort Pietro Nenni und andere Antifaschisten, die er selbst hatte gefangen nehmen lassen. Mussolini musste zusehen, wie seine Gegner die Insel nach und nach verließen. Nach den elf Tagen auf Ponza kam er aus Sicherheitsgründen zunächst nach La Maddalena und schließlich auf den Gran Sasso in den Abruzzen.[232]

Von früherer landwirtschaftlicher Nutzung durch Bewohner Ponzas zeugen die Terrassen. Heute werden in den Fels gehauene Grotten als Sommerunterkünfte geschätzt und neuerdings werden sogar zwei Restaurants auf der Insel betrieben.

Die pastellfarbenen Häuser des Ortes Ponza ziehen sich dicht gedrängt hügelan. Alte Gebäude erkennt man an den flachen Schalen auf den Dächern, mit deren Hilfe das Regenwasser aufgefangen wurde und dann weiter in die unter dem Haus liegende Zisterne geleitet werden konnte. Die beiden Quellen auf der Insel allein konnten die Einwohner nicht versorgen. Heute kommt täglich der Wassertanker.

Ponza lebt nur noch vom Tourismus. Es gibt etwa sechshundert Hotelbetten und eine große Zahl von Privatunterkünften in den beiden Ortschaften der Insel. Von der früher intensiven landwirtschaftlichen Nutzung sind einige wenige Weinberge geblieben. Ansonsten hat der Ginster die einstigen Felder okkupiert.

Zu einigen Buchten führen steile Treppen hinab, manche Strände sind nur per Boot zu erreichen. Den größten und eindrucksvollsten Strand, die Chiaia dei Luna, erreicht man mittels eines 168 Meter langen Tunnels, den bereits die Römer angelegt haben, um die damaligen beiden Häfen der Insel miteinander zu verbinden. In Fellinis Film »Satyricon« bildet dieser Strand mit seinen hundert Meter aufragenden weißen Felsen eine imposante Kulisse. Überhaupt prägen Felsformationen unterschiedlicher Formen und Farben das Bild der Insel.

Ventotene, Isola di Ventotene
40°47'N, 13°25'O

Bei den Römern hieß die 1,3 km^2 große Insel Pandataria (auch: Pandateria oder Pandatoria).

Die berühmteste Verbannte auf Pandataria (Ventotene) war Iulia.

Iulia (39 v. Chr. bis 14 n. Chr.) war die (Erb-)Tochter des Augustus (Gaius Iulius Caesar Octavianus Augustus[233]).

Augustus, der mächtigste Herrscher weit und breit[234], war davon überzeugt, den Göttern und seinen Völkern ein bescheidenes und tugendhaftes Leben der Einfachheit demonstrieren zu müssen. Auch sein einziges Kind, Iulia, sollte diesen Idealen entsprechen, es sollte in den Pflichten und Tätigkeiten einer gewissenhaften Hausfrau unterwiesen werden, es sollte weben, wie seine Gemahlin es tat, stets häuslich sein und junge Männer von sich fernhalten. Aber der Vater brauchte sie nicht nur als Vorzeigehausfrau, sondern sie war eine der wichtigsten Figuren in seinem politischen Schachspiel – eine Dame, die er nach Belieben einsetzen konnte.

Ihrem ersten, siebzehnjährigen Mann wurde Iulia bereits mit vierzehn Jahren angetraut. Claudius Marcellus war der Sohn Octavias, der Schwester des Augustus. Die Ehe dauerte nicht lange, nach zwei Jahren starb Marcellus.

Der zweite, Marcus Vipsanius Agrippa, war vierundzwanzig Jahre älter als sie, ein Freund und Kampfgefährte ihres Vaters, der gefeierte Sieger von Actium. Er war ein hoher Offizier und häufiger in einer der römischen Provinzen im Einsatz als zu Hause.

Iulia galt als eine der bezauberndsten Frauen ihrer Zeit, schön, charmant, geistreich, sehr gebildet, schlagfertig – und mannstoll, so wird behauptet.

Kein Wunder, dass sie umschwärmt wurde und in den Ruf geriet, einen leichtfertigen Lebenswandel zu führen. Ihre Kinder hatten eine überraschende Ähnlichkeit mit ihrem damaligen Ehemann. Als Antwort auf die Frage, wie ihr das gelungen sei, wurde ihr in den Mund gelegt: »Nunquam enim nisi plena tollo vectorem.«

Nach dem Tod des alten Soldaten wurde sie, achtundzwanzigjährig, aus dynastischen Überlegungen in dritter Ehe mit Tiberius, einem Stiefsohn ihres Vaters, verheiratet. Aus dieser Ehe ging nur ein Kind hervor.

Während dieser Ehe, in der der Partner jahrelang fern von ihr lebte und von ihr nichts wissen wollte, soll sie es besonders schlimm getrieben haben. Sie sei für jeden Mann, auch für ihren Vater, zu haben gewesen und habe schließlich das Leben einer Dirne geführt.

Tiberius ging nach heftigen Auseinandersetzungen mit seinem Schwiegervater im Jahr 5 v. Chr. freiwillig in die Verbannung nach Rhodos. Erst sieben Jahre später wurde er von Augustus zurückgeholt und adoptiert.

Wegen Ehebruchs wurde Iulia auf der Grundlage des von ihrem Vater initiierten Ehebruchgesetzes (lex Iulia de adulteriis coercendis), das den Ehebruch als kriminelle Handlung definierte und mit schwerer Strafe belegte, vor Gericht gestellt, ihre Ehe mit Tiberius wurde gelöst und sie 2 v. Chr.[235] auf die Insel Pandataria verbannt. Erst nach fünf Jahren wurden ihre Haftbedingungen etwas gemildert und ihr wurde die Übersiedlung auf das Festland gestattet. In Rhegium (Règgio di Calàbria), an der Straße von Messina, starb sie im Jahr 14, immer noch als Verbannte.[236]

Ob das ausschweifende Leben Iulias wirklich der Grund für die Verbannung war, wird angezweifelt. Einiges spricht dafür, dass sie das Opfer einer Verschwörung gegen ihren Vater und seine strengen Gesetze gegen übertriebenen Luxus und zunehmende Sittenlosigkeit in der führenden Gesellschaft wurde. Mit Iulia wurde eine ganze Gruppe junger Adliger verbannt, und ihre Mutter,

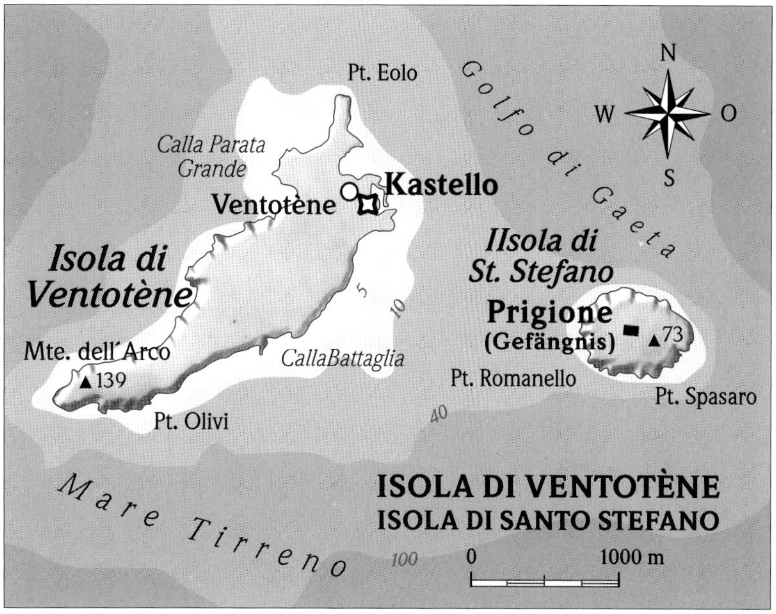

die zweite Frau ihres Vaters, begleitete sie aus freien Stücken in die Verbannung. Einer ihrer Liebhaber, Iullus Antonius, war der Sohn des Triumvirn, der angeblich Augustus nach dem Leben trachtete. Er wurde zum Tode verurteilt.

Zehn Jahre nach ihr, im Jahr 8, wurde auch ihre Tochter Iulia Agrippina (die Ältere), aus ähnlichen Gründen wie ihre Mutter, in die Verbannung auf die Insel Pandataria geschickt.

Agrippina entstammte der zweiten Ehe Iulias. Sie heiratete im Jahr 5, als Neunzehnjährige, den Heerführer Germanicus, einen Adoptivsohn des Kaisers Tiberius. Sie gebar neun Kinder, unter ihnen den späteren berüchtigten Kaiser Caligula. Sie hatte ihren Ehemann auf manchen Feldzügen begleitet und sich als tatkräftige Frau einen beachtlichen Ruf erworben. Als Germanicus im Jahr 19 in Antiochia starb, beschwor er sie auf dem Sterbebett, Tiberius nicht durch Machtstreben zu reizen. Sie machte jedoch die Heimführung seiner Asche zu einer Demonstration gegen den Kaiser, den sie – zu Unrecht – der Mitwisserschaft an einem Giftmordanschlag auf Germanicus bezichtigte. Tiberius verbannte Iulia Agrippina nach Pandataria, wo sie freiwillig Hungers starb. Der Kaiser verfolgte sie noch nach dem Tod, indem er durch den Senat den Tag ihrer Geburt zum offiziellen Unglückstag erklären ließ. Um zu ermessen, welche Bedeutung dieser Beschluss hatte, sei an den 16. Juli erinnert. An diesem Tag im Jahr 387 v. Chr. wurden die Römer an der Allia, einem Nebenfluss des Tibers, vernichtend geschlagen. Auch dies war über lange Zeit ein offizieller Unglückstag, an dem z. B. keine größeren Geschäfte getätigt wurden.

Ebenfalls im Jahr 8 musste Publius Ovidius Naso (Ovid), einer der großen Dichter der römischen Kaiserzeit, Autor der »Liebeskunst« und der »Metamorphosen«, ins Exil gehen. Seine Werke wurden aus den Bibliotheken entfernt. Ovid wurde an die westpontische Küste (Westküste des Schwarzen Meeres) verbannt, für damalige Verhältnisse ans Ende der Welt. Auf welche Weise Ovid in die Affären um Iulia verwickelt war, ist nur zu vermuten. Als erwiesen gilt, dass er einer der Liebhaber Iulias war. Vielleicht wurde er, der über die Liebe und das Lieben geschrieben hatte, als geistiger Verführer zu jenem freien Leben angesehen, das Iulia, ihre Tochter und andere gegen den Willen des Mächtigen zu leben gewagt hatten. Die gesellschaftskritische Doppelbödigkeit der »Metamorphosen« dürfte jedoch auch ein gewichtiger Verbannungsgrund gewesen sein. Ovid starb im Jahr 17 oder 18 in seinem Verbannungsort Tomis (bei Konstanza/Rumänien).[237]

Die ersten Siedler wurden im Oktober 1768 nach Ventotene geschickt. Es waren zweihundert Straftäter und Prostituierte, die in der Natur wieder zu einem gottgefälligen Leben finden sollten. Nach weniger als drei Jahren galt der Versuch als missglückt, und alle wurden wieder nach Neapel zurückgebracht.

Während der Zeit der faschistischen Diktatur (1922 bis 1943) waren zahlreiche Antifaschisten nach Ventotene verbannt worden. An sie erinnert heute nichts mehr. Die Überreste der Gefangenenstadt wurden abgerissen, und auf dem Gelände in den 80er-Jahren Sportplätze angelegt.

Vom Schiff aus zeigen sich bei Annäherung an die Insel zuerst die schwarzen Felsen von Punta dell'Arco im Südwesten von Ventotene. Von ihnen aus senkt sich das Land gleichmäßig, wie vom Wind geschliffen, bis zum Hafen. Wahrscheinlich rührt daher der Name »Windinsel«. Im Vergleich zur Hauptinsel Ponza trägt der Tourismus auf Ventotene geruhsame Züge. Es gibt weder eine Diskothek noch ein Kino, nur einen Bäcker, einen

Gemischtwarenladen, einige Bars und Restaurants. Im Winter ist die etwa 350-köpfige Bevölkerung unter sich. Wenn das Versorgungsschiff wegen stürmischen Wetters nicht anlegen kann, bleibt die Insel schon mal für einige Tage von der Außenwelt abgeschnitten.

Die Insel hatte vor allem während der Kriege mit Karthago strategische Bedeutung für die Römer.

Die modernen Fischer nutzen immer noch die von den Römern geschaffenen Lagerräume unter den Arkaden des antiken Hafens von Pandataria.

Ventotene verfügt über keine Quellen, doch die Römer hatten stets Wasser zur Verfügung. Sie fingen Regenwasser in Becken auf der Insel auf, leiteten es in bis zu zehn Meter tiefe, unterirdische Zisternen und über Aquädukte zu den Verbrauchern, den Thermen der kaiserlichen Villa, der Fischzuchtanlage und den Bewohnern der Siedlung. Von der römischen Siedlung ist nichts erhalten geblieben, aber die Zisternen wurden noch lange genutzt. Als die Insel militärisch uninteressant und das Wasserversorgungssystem vernachlässigt wurden, trockneten die Zisternen aus und wurden im frühen Mittelalter von Eremiten und Mönchsgemeinschaften bewohnt sowie von Bewohnern als Zuflucht vor den Piraten genutzt. Aber auch diese verließen die Insel nach und nach, bis sie schließlich völlig unbewohnt war.

Erst als die Inseln im 18. Jahrhundert mit dem Königreich Neapel an die Bourbonen fielen, wurde auch Ventotene wieder besiedelt. Zwei bedeutende Architekten des Hofes von Neapel erhielten von Ferdinand IV. den Auftrag, den Hafen wieder zu befestigen und den Ort wieder aufzubauen. Im Juli 1768 trafen hundert Zwangsarbeiter auf der Insel ein. Sie wurden in einer der antiken Zisternen untergebracht. Neben farbig ausgemalten Altarnischen der Mönche erinnern Graffiti der Zwangsarbeiter an diese Nutzer.

Die heutigen Bewohner Ventotenes wie auch Ponzas stammen von Siedlern ab, die sich ab 1772 freiwillig und mit großzügigen Privilegien ausgestattet, als Bauern und Fischer auf den Inseln niederließen.

Die Bauten der Bourbonen prägen auch gegenwärtig noch das Bild Ventotenes. Das turmartige Schloss an der Piazza ist der Sitz des Bürgermeisters, in den Kellerräumen des Rathauses ist das Museum untergebracht und den nahezu unveränderten antiken Hafen verbindet eine steile, dekorative Zickzackrampe mit der Ortschaft.

Santo Stéfano, Isola di Santo Stéfano

40°47'N, 13°27'O

Rund anderthalb Kilometer östlich von Ventotene gelegen.

1795 ließen die Bourbonen, die das Königreich Neapel auf dem Wege einer Sekundogenitur unter ihren Einfluss gebracht hatten, auf der winzigen Insel (0,3 km^2) ein riesiges Gefängnis errichten. Die hufeisenförmige, dreistöckige Anlage war ursprünglich für sechshundert Häftlinge geplant worden, wurde jedoch später erweitert, um neunhundert Häftlinge aufnehmen zu können. Kriminelle und politische Häftlinge gleichermaßen wurden auf Santo Stéfano gefangen gehalten. Keinem der Häftlinge soll jemals die Flucht gelungen sein. Das Gefängnis war durch eine Zugbrücke gesichert, und die vier Bootsanlegestellen wurden streng bewacht.

1965 wurde das Gefängnis von Santo Stéfano geschlossen.

Pròcida, Isola di Pròcida

40°45'N, 14°01'O

Die vulkanische Insel an der Westgrenze des Golfs von Neapel ist vier km^2 groß und hat etwa 10.400 Einwohner. Früher hieß sie Prochyta. Sie gehört wie auch Íschia zu den Parthenopäischen Inseln. Durch den Canale de Pròcida ist sie vom Festland etwa 2,5 Kilometer getrennt, etwa ebenso weit von Íschia durch den Canale d'Íschia.

In ihrer Geschichte war die Insel griechisch, römisch, normannisch und spanisch, bis sie schließlich zu Italien kam.

Sie musste mehrere Sarazenenüberfälle über sich ergehen lassen, vor allem im 16. Jahrhundert. Besonders schrecklich war der Überfall durch den Piraten Cheireddin (Barbarossa) im Jahr 1534. Damals brannten die Sarazenen die Burg und die Kirche nieder und machten viele Procidaner zu Sklaven. In Algerien gibt es als Folge dieses Überfalls immer noch eine Gemeinde der Procidaner.

Im Volksmund heißt Pròcida einfach »isola dei prigonieri« – die Kerkerinsel. Das Castello, die Zitadelle Terra Murata auf dem unzugänglichen Burgberg, eine gewaltige Bourbonenfestung, diente 250 Jahre lang, bis 1988, als Gefängnis für Italiens Schwerverbrecher.

Die kleine Insel neben den berühmten Schwestern Íschia und Capri wäre wohl treffender als »Eiland der pensionierten Kapitäne« zu bezeichnen, denn die Seefahrt hat tiefere Spuren hinterlassen als das Gefängnis. Pròcida war berühmt für seine Seefahrer. Es gab eine bedeutende Seefahrtsschule. Als 1869 der Suezkanal eröffnet wurde, stammten drei der sechs Lotsen von Pròcida. Auch die Fischerei war ein wichtiger Wirtschaftszweig. Große Werften und ein bedeutender Hafen rundeten einst das Bild von dieser maritim geprägten Insel ab.

Pròcida scheint meilenweit entfernt von der brodelnden Betriebsamkeit der süditalienischen Metropole Neapel, von der von Touristen okkupierten Nachbarinsel. Ein charmantes Fleckchen Erde mit nur wenigen Hotels. Niemand scheint sich die Mühe zu machen, falsch gehende Uhren zu stellen. Man sagt allgemein, dass Inseln reinlicher seien als das Festland, zu dem sie gehören – dieser Spruch könnte in Bezug auf Pròcida entstanden sein. Wer nach einer guten Stunde Bootsfahrt von Neapel kommend in Pròcida anlegt, dürfte das wohltuende Fluidum der stillen Insel, wo alles um einige Grade kühler ist, gepflegter und erfrischender, besonders deutlich empfinden. Für die Neapolitaner gilt das Inselchen als die kleinste und ärmste ihrer drei Inseln; gleichzeitig lieben sie sie, da sie so viel von ihrem ursprünglichen Charakter bewahren konnte.

In der Via Roma am Haupthafen erinnert ein kleines Museo Etnologico Marinoro Partenopeo an die maritime Vergangenheit der Insel.

Das Castello soll nun zu einem Kongresszentrum oder Hotel umgebaut werden. Die vorgeschlagene Umwandlung in eine Hotelanlage scheiterte bisher an den Kosten und am Widerspruch der Procidaner, die keinen Massentourismus auf ihrer Insel wollen, sondern den zivilisierten Tourismus der Gebildeten vorziehen.

Von Neapels westlichem Vorort Pozzuoli, von der Beverello-Mole im Haupthafen und von Mergellina aus verkehren regelmäßig Schiffe zur Insel. Während der Sommermonate steuern Segler und Motorbootfahrer den Jachthafen Chiaolella an der Südwestküste Pròcidas an.

Als öffentliche Verkehrsmittel auf der Insel dienen einige Mikrotaxis und Kleinbusse.

Das bedeutendste Ereignis und eine Touristenattraktion auf der Insel ist die Karfreitagsprozession, ein Wettbewerb der jungen Männer um die besten Darstellungen der Mysterien.

Künstler wissen den Charme der Insel zu schätzen. Der französische Dichter Alphonse de Lamartine lernte 1811 auf der Insel die reizende Fischerstochter Graziella kennen und machte sie zur Titelfigur seiner 1852 publizierten gleichnamigen autobiographischen Erzählung.

Der malerische Hafen Corricella im Nordosten der Insel diente dem englischen Regisseur Michael Radford 1994 als Kulisse für seinen Film »Il Postino«.

Elsa Morante beschrieb in ihrem auf Pròcida spielenden Roman »Arturos Insel« (1957), wie die Fähre von Neapel Häftlinge für die Zellen im einstigen Königspalast brachte.

Nisida, Isola di Nisida
40°48'N, 14°10'O

Im Westen von Neapel ragt die durch einen Damm zur Halbinsel mutierte Insel Nisida in den Golf von Pozzuoli Bagnoli. Auf ihr sind die Jugendstraftäter aus Neapel untergebracht.

Die **Isole Eolie o Lipari** (**Äolische** oder **Liparische Inseln, Äolen**) wachsen nördlich Siziliens steil und zerklüftet aus dem Tyrrhenischen Meer. Seine Namen hat der Archipel von Äolos, dem Gott der Winde, und von der Hauptinsel, Lipari. Vor Jahrtausenden sind die Inseln als glühende Lavamasse aus dem Meer aufgestiegen. Die Mythologie machte Vulcano zur Heimstätte des hinkenden Hephaistos, der im Innern der Erde Waffen für die Götter des Olymps schmiedete. Vulkane auf Vulcano und Stròmboli sind noch aktiv.

Bis in die jüngste Vergangenheit lebte die Bevölkerung der Inseln von Landwirtschaft und Fischfang. Bereits nach dem Zweiten Weltkrieg begann das Siechtum der Landwirtschaft. Die schmalen Äcker waren nicht mehr gewinnbringend zu bewirtschaften. Die Bauern zogen aufs Festland oder wanderten aus. Die Fischer plünderten den Garten Poseidons mit immer engermaschigen Netzen hinter PS-starken Trawlern. Nun wird auf den Tourismus gehofft. Die Attraktionen sind: Vulkanismus, Kultur, Kunst, Geschichte, eine einmalige Fauna, ein gutes Klima, gesunde Luft, Thermalwasser, unzerstörte Natur, schwarze Strände, Berge, Meer und archäologische Schätze – schon einzeln eine Reise wert, in ihrer Kombination eine Besonderheit.

1995 wurden 400.000 Urlauber auf den Inseln registriert, die Zahl der Tagestouristen wird auf über zwei Millionen geschätzt.

Mit dem saisonalen Massenansturm verschärft sich das Wasserproblem auf den wasserlosen Inseln. Etwa 5.000 Kubikmeter Wasser werden täglich mit Tankern auf die Inseln transportiert. Eine Meerwasserentsalzungsanlage wurde, obwohl betriebsbereit, bisher nicht in Betrieb genommen – man munkelt, die Eigner der Tankschiffe würden die Inbetriebnahme hintertreiben.

Ein eigenes Kapitel der Inselgeschichte haben Sträflinge und Verbannte geschrieben.

Neben den im Folgenden beschriebenen Inseln Lipari und Stròmboli sind zu erwähnen:

- Salina – die grüne Insel, mit beschaulichen Wegen und Weinbergen, bekannt für Malvasiawein, Olivenöl, gesalzene Kapern, eingelegte Pepperonischoten, getrockneten Oregano,

- Vulcano – die gesündeste, aber ewig rauchende Insel, streng riechend, mit schwefelhaltigem Schlamm, mit der waldreichen Hochebene von Piano und dem schwarzen Strand von Gelso,
- Panarea – mit den meisten Millionärsvillen
- und die besonders einsamen Alicudi und Filicudi.

Lipari, Isola di Lipari
38°29'N, 14°56'O

Eine Nekropole erinnert an die Zeit der griechischen Kolonisation, die Kathedrale an die Herrschaft der Normannen.

Lipari-Stadt mit allem Charme eines italienischen Hafen- und Fischerstädtchens ist der Hauptort der Inselgruppe.

Der Vulkan Monte Pelato überschüttete die Insel bei seinem letzten Ausbruch im 6. Jahrhundert mit poröser Lava. Seither wird sie als Bims abgebaut, der als Baustoff begehrt ist. Das Produkt früherer Eruptionen des Pelato nutzten schon die alten Römer.

Lipari war Sträflings- und Verbannungsinsel unter Mussolini. Der Kerker befand sich in der Festung aus der Besatzungszeit durch das Königreich Aragon auf dem Burghügel der Akropolis.

Neben anderen wurde der deutsch-italienische Autor Curzio Malaparte (Kurt Erich Suckert) 1933 auf die Insel verbannt, nachdem er sich von den Faschisten getrennt hatte.[238] Malaparte galt als Opportunist, als Chamäleon, mit gutem Geschmack, aber ohne Überzeugungen. Er war im

Ersten Weltkrieg Freiwilliger gewesen, hatte 1922 begeistert am Marsch auf Rom teilgenommen, war Parteisekretär in Florenz gewesen. Aber der Dandy taugte nicht zum Faschisten. Er bezeichnete Mussolinis Krawattengeschmack als fürchterlich und Hitler als feisten und hochmütigen Österreicher, als »die Frau, die Deutschland verdient«. Das reichte aus, um ihn aus der Partei auszuschließen und zu fünf Jahren Verbannung auf Lipari zu verurteilen. Hier fand er seine Rolle als einsamer, verlassener Intellektueller – »zu viel Meer, zu viel Himmel für eine so kleine Insel und einen so rastlosen Geist.«

Er kultivierte sein Ausgestoßensein, dramatisierte seine Gefangenschaft.

Dank der Fürsprache einflussreicher Freunde kam Malaparte schon nach wenigen Monaten frei. Ein paar Jahre später ließ er sich auf Capris Klippen ein Haus mit Symbolen seiner Zeit auf Lipari bauen. Die Freitreppe eine Kopie des Aufgangs zur Dorfkirche in seinem Verbannungsort, die engen Kammern wie Zellen eines Gefängnisses.

Und Malaparte wechselte weiter die Farben: er wurde Verbindungsoffizier der Alliierten, Antifaschist, Kommunist.[239]

Stròmboli, Isola di Stròmboli
38°47'N, 15°13'O

Stròmboli ist die nördlichste der Äolischen Inseln, zwölf km^2 groß und hatte 1997 noch vierhundert Einwohner, Tendenz abnehmend.

Die Insel wird beherrscht vom Vulkan, der der Insel den Namen gab. Der Stròmboli ist der einzige ständig tätige Vulkan Europas und gehört zu den aktivsten Vulkanen der Welt. 1930 verwüstete er die Insel. 1985 erfolgte der bisher letzte große Ausbruch. Lava fließt ständig zischend ins Meer, täglich etwa siebenhundert Kubikmeter. Das Schauspiel ist nachts von Ausflugsbooten zu beobachten. Den Seefahrern zeigt die stets über dem Vulkan wehende Rauchfahne, die Fumarole, seit alters die Windrichtung an.

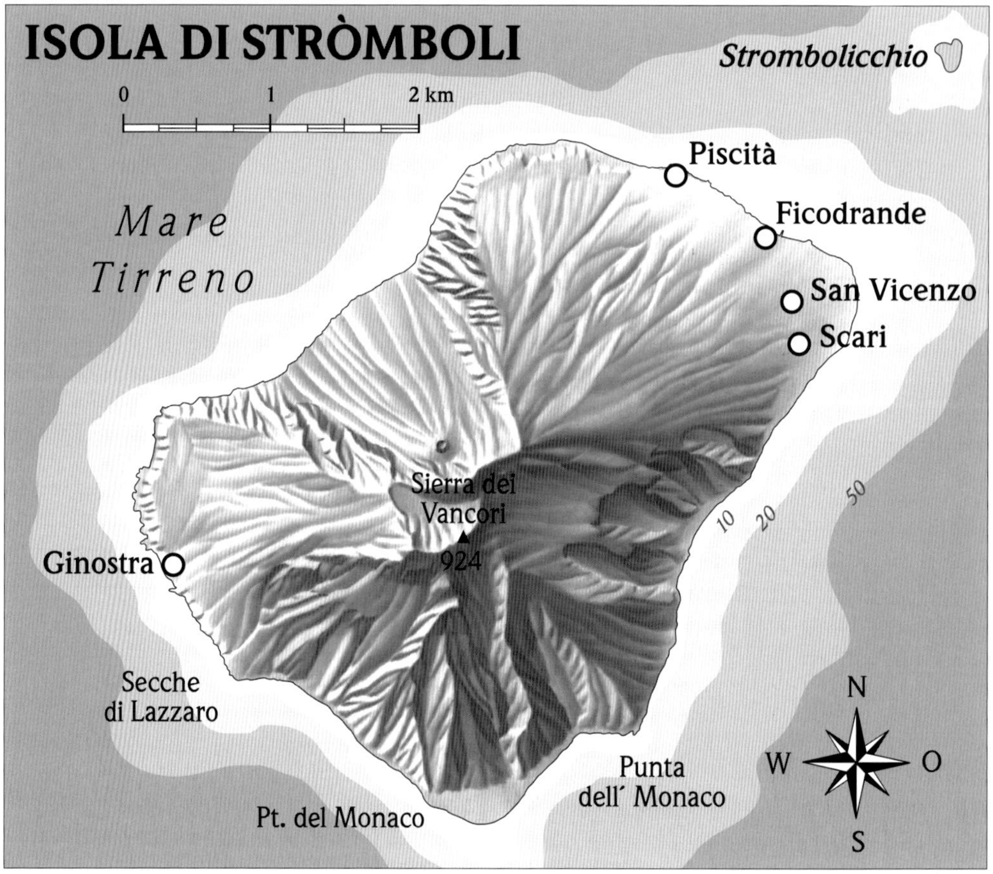

Auf dem Gipfel finden sich Nacht für Nacht Feueranbeter verschiedener Länder ein, um das grandiose Schauspiel zu genießen, wenn der Berg nach Art der Wale, wie Jules Verne schrieb, atmet und in regelmäßigen Abständen Feuer und Luft ausstößt. Gewöhnlich ist der Stròmboli berechenbar und maßvoll, drei bis vier Eruptionen pro Stunde. Glühende Lavabrocken werden hundert, vielleicht auch zweihundert Meter hoch in den Himmel, besonders imposant in den Nachthimmel, geschleudert. Doch ab und an explodiert er mit brutaler Gewalt, hin und wieder auch Zuschauer verletzend.

Der Weg zum Gipfel folgt zunächst einem alten Maultierpfad in bequemen Serpentinen, geht später in steile, sandige, rutschige Hohlwege über und muss zuletzt sogar streckenweise auf allen vieren zurückgelegt werden.

Aber die Mühsal ist schnell vergessen, wenn man den Gipfel erreicht hat. Nirgends scheinen die Sterne so nah und so zahlreich zu sein. Der Berg glüht und grummelt unaufhörlich. Wolken von unterschiedlichem Rot entquellen seinem Leib.

Es sind drei Krater, von denen einer regelmäßig seine Lavabrocken auf eine riesige Aschenhalde, die Sciara del Fuoco, hustet.

Stròmboli ist im Vergleich zu den anderen »Schwestern« herb, wenig einladend. Trotzdem befinden sich im Sommer etwa viertausend Menschen auf der Insel.

In einiger Entfernung von der Nordostküste ragt Strombolícchio (Klein-Stròmboli) wie eine Geisterburg aus dem Meer.

Besonders abgeschieden liegt Ginostra, ohne Hafen, keine Straße führt zu diesem Ort, in dem noch sechs Familien leben. Die meisten der Häuser sind Ferienwohnungen.

Weil die Lebensbedingungen auf der Insel für die Italiener unzumutbar seien, wollte Mussolini sie räumen lassen. Die meisten Bewohner gingen freiwillig. Er schickte politische Gegner hierher ins Exil, die in den leeren Häusern Unterkunft fanden.

Die Insel ist weltweit bekannt geworden durch den Rossellini-Film »Stròmboli« mit Ingrid Bergman als Frau Karin aus Litauen. Der Untertitel des Films lautete: »Terra di Dio« (Land Gottes). Eine Tafel in San Vincenzo erinnert an dieses Ereignis. Karin war auf den Berg geflüchtet vor ihrem einfältigen Ehemann und den feindseligen Inselbewohnern, auf den rauchenden, Feuer speienden Berg. »Wie entsetzlich das ist!«, hatte Karin zuerst geschrien, und dann: »Wie schön!« Und sie schien, inmitten der Asche liegend, zum ersten Mal glücklich zu sein.

Ursprünglich wollte Roberto Rossellini die Geschichte um die einsame Frau auf der Vulkaninsel mit seiner damaligen Freundin Anna Magnani drehen. Dann zog er jedoch seine neue Geliebte Ingrid Bergman als Hauptdarstellerin vor. Die Magnani trat daraufhin in William Dieterles Konkurrenzfilm »Vulcano« auf.

In einem anderen Film, »Das letzte Loch« von Herbert Achternbusch aus dem Jahr 1981, flüchtet der Held, Nil, vor den Deutschen und vor der Unmöglichkeit, die Ermordung von sechs Millionen Juden im »Dritten Reich« zu vergessen, nach Süden. Seine Flucht endet am schwarzen Strand von Stròmboli und mit den Worten: »Ich gehe in den Vulkan.«

Favignana, Isola di Favignana
37°56'N, 12°19'O

Favignana, von den Griechen Aegusa (Ziegeninsel) genannt, ist die größte der vor der Westküste von Sizilien, vor Trapani und Marsala, liegenden Ägadischen Inseln (Ìsole Ègadi). Zum Archipel gehören noch: Levanzo, die kleinste der Inseln, mit steinzeitlichen Höhlenzeichnungen in der Grotta del Genovese, und Marettimo, die westlichste.

Favignana hat rund 3.000 Einwohner (2003). Im Inselgefängnis saßen bis vor kurzem noch Mafiosi.

Früher war der Tunfischfang für die Bewohner von existenzieller Bedeutung. Zweimal im Jahr findet die »Mattanza« statt, die traditionelle Tunfischjagd. Mattanza heißen auch die Mafiakriege auf Sizilien. Höhepunkt ist das Abschlachten der Tiere in der »camera della morte«, der Todeskammer am Ende der labyrinthischen Netze. Das Meer färbt sich rot bei diesem Schlachtfest. Früher war die Mattanza der Stolz von Favignana, heute ist sie nur mehr ein Folklorespektakel, von immer mehr Menschen als ekelhaft empfunden.

Mitte der 90er-Jahre des 20. Jahrhunderts wurde in der Presse[240] eine Gefängnisinsel Gorgona Favignana erwähnt. Ob diese mit der hier genannten Insel identisch ist, konnte nicht ermittelt werden.

Der folgende Ort passt eigentlich gar nicht in das Konzept. Erstens ist er keine Insel und zweitens, was hat ein bulgarischer Ort am Schwarzen Meer mit Italien zu tun?

Nessébar, Nesebâr (früher: Melsabria, Mesambria, Mesemvria, Misiwria)
42°39'N, 27°44'O

Die Altstadt liegt auf einer Halbinsel, durch eine zehn Meter breite, dreihundert Meter lange Landbrücke mit dem Festland verbunden. Bevor die Verbindung zum Festland befestigt wurde, war Nessébar immer dann, wenn das Meer sie durchbrach, eine Insel.

Ursprung war eine thrakische Siedlung Melsabria (nach dem Gründer, Melsas, einem thrakischen Häuptling, und Bria, d. h. Stadt in der thrakischen Sprache). 510 v. Chr. gründeten griechische Kolonisten an dieser Stelle den Stadtstaat Mesambria, der sogar dem Attisch-Delischen Seebund angehörte. 72 v. Chr. wurde Mesambria von den Römern unter Marcus Lucullus erobert, blieb vierhundert Jahre unter römischer Herrschaft und wurde Mesemvria genannt. Einer der berühmtesten thrakischen Gefangenen war der, den die Römer Spartacus nannten und zum Gladiator ausbildeten, der den gewaltigsten Sklavenaufstand anführte, bis er im Jahr 71 v. Chr. im Kampf fiel.

Die Stadt gehörte zunächst zur Provinz Moesia, später zur Provinz Thracia und danach zur Provinz Haemimontos, und war Mitglied der westpontischen Städteunion Koinon. Nach dem Auseinanderbrechen des römischen Reiches fiel die Stadt an Byzanz, die Hauptstadt des oströmischen

Reiches. Als nördliche Grenzstadt wurde sie stark befestigt und galt im 7. Jahrhundert als eine der am besten befestigten und ökonomisch entwickeltsten Städte des byzantinischen Reiches auf dem Balkan. Beeindruckende Zeugen dieser Epoche sind die bereits erwähnten Kirchen, vor allem die Alte Metropole (die Stadt war Sitz eines Metropoliten geworden) oder Heilige Sophia aus dem 5./6. Jahrhundert, die Reste der Stadtmauer und das prächtige, gewaltige Stadttor. Typisch die Bauweise, bekannt als »opus mixtum«, die Kombination von Naturstein und Ziegel.

681 entstand auf der Balkanhalbinsel der Staat der Bulgaren. Einer ihrer ersten Herrscher, Chan Krum, nahm 812 Mesambria ein. Seitdem heißt die Stadt Nessébar. 1366 nahmen die Kreuzfahrer Nessébar ein und verkauften sie an die Byzantiner. 1453 wurde Nessébar von den osmanischen Türken erobert. Es folgten Jahrhunderte türkischer Herrschaft, das türkische Joch, wie die Bulgaren sagen. Aus dieser Zeit sind außer ein paar zerbrochener Grabtafeln auf dem Hof der Kirche des Heiligen Stefan keine Erinnerungen bewahrt worden.

Im Rahmen der Aufteilung der europäischen Türkei konstituierte sich 1908 das Königreich Bulgarien.

Während des 18. und 19. Jahrhunderts war Nessébar eine bekannte Schiffbaustadt.

Zwischen dem 4. und 12. Jahrhundert, vor allem zwischen 642 und 668, wurden Gegner der Herrscher in Konstantinopel, Adelige, Geistliche und Heerführer, nach Mesambria exiliert. Sie und ihre Nachkommen bauten sich bequeme Wohnhäuser und für jede Familie eine Kirche (insgesamt waren es vierzig). Die Verbannung nach Mesambria/Nessébar war eine Ehrenhaft, vergleichbar mit der in Westeuropa bekannten Festungshaft für Angehörige der höheren Stände. Es war eine Entfernung von der Zentrale der Macht an die Grenze des Reiches.

Namen Verbannter sind in Nessébar nicht bekannt. Man weiß, dass Ovid, als er in die Verbannung ging, in Nessébar Station machte. Die byzantinische Prinzessin Theodora starb in Nessébar am 18. November 1428; ob sie freiwillig dort war, ist nicht bekannt. 1441 floh der letzte byzantinische Kaiser, Konstantin, nach Mesemvria, lebte dort einige Zeit und übergab die Stadt 1452 an Jan Hunyadi.

Heute ist das malerische Hafenstädtchen eine unter Denkmalschutz stehende Touristenattraktion. Sie ist als »Kulturelles Erbe der Menschheit« eingestuft worden. Enge, von den vorspringenden Holzerkern der alten Häuser überdachte Gassen und die verbliebenen zehn kleinen Kirchlein, deren prachtvolle Ikonen und Fresken man im Schummerlicht kaum erahnen kann, bilden den besonderen Reiz des Städtchens. Die verschiedenen, nebeneinander bestehenden Zeugnisse unterschiedlicher Kulturepochen, die Reste thrakischer Stadtmauern, von griechischen Kolonisten und den Byzantinern überbaut, die zahlreichen byzantinischen Kirchen und die dominierenden Wohnbauten aus der Zeit der bulgarischen Wiedergeburt (18./19. Jahrhundert) sind einmalig in dieser Region.

Griechische Sträflingsinseln

Das alte Griechenland

In der Antike galt Verbannung, meist auf eine entlegene Insel, als die zweitschwerste Strafe.

Das »Scherbengericht« (Ostrakismós) war ein alljährliches Volksgericht, bei dem jeder Bürger Athens auf eine Tonscherbe den Namen des Mannes ritzen durfte, den er für eine Gefährdung, Bedrohung oder Beunruhigung des Staatskurses hielt. Wer die höchste Stimmenzahl erhielt, musste für zehn Jahre außer Landes gehen, allerdings ohne Verlust der Ehre oder seines Besitzes. Drohte Athen oder anderen griechischen Städten Gefahr, so waren alle aus politischen Gründen Verbannten wieder in die Heimat zu rufen.

Um 500 v. Chr. verbannten die Athener das alte, herrschsüchtige Geschlecht der Alkmaioniden wegen einer Bluttat.

Aus der griechischen Mythologie ist das Geschehen um Iphigenie dank mehrerer Dichter bis in unsere Zeit bekannt. Iphigenie war die Tochter des mykenischen Königs Agamemnon, der die griechische Invasionsflotte nach Troja befehligte. Er hatte die Göttin Artemis beleidigt, und diese hielt dafür die Flotte durch widrige Winde in Aulis fest. Sie forderte Iphigenie als Opfer, und Agamemnon stimmte zu, um den Kriegszug nicht zu gefährden. Artemis entführte Iphigenie vom

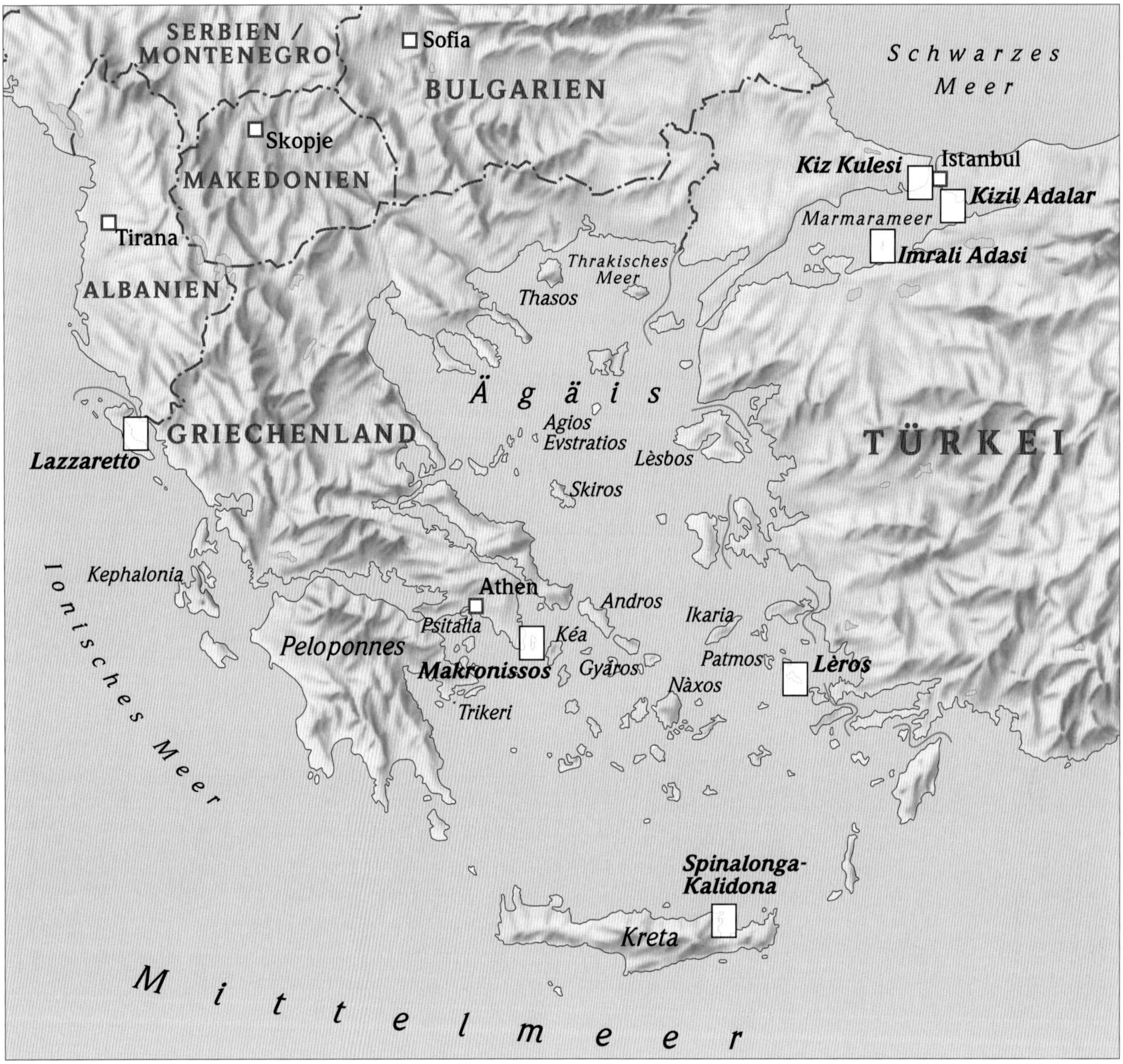

Opferaltar in ihren Tempel auf die »Barbareninsel« Tauris[241]. Diesem Thema widmete sich im 5. Jahrhundert v. Chr. der Dramatiker Euripides mit »Iphigenie in Aulis« und »Iphigenie bei den Tauriern«; ein Wandgemälde aus Pompeji aus dem 1. Jahrhundert n. Chr. zeigt Episoden aus dem Iphigenie-Mythos, es ist im Museum Neapel zu besichtigen; Johann Wolfgang von Goethe schrieb »Iphigenie auf Tauris« und der Franzose Jean Baptiste Racine »Iphigenie in Aulis«.

Bei Goethe klagt Iphigenie über ihre Trennung von der Heimat:

»Dennoch! mich trennt das Meer von den Geliebten,
Und an dem Ufer steh ich lange Tage,
Das Land der Griechen mit der Seele suchend;
Und gegen meine Seufzer bringt die Welle
Nur dumpfe Töne brausend mir herüber.
Weh dem, der fern von Eltern und Geschwistern
Ein einsam Leben führt! Ihm zehrt der Gram
Das nächste Glück von seinen Lippen weg.«

In Grillparzers »Sappho« wird die Distanz zur Heimat mit den Worten beschrieben:

»Von ferne nur sieht er die heitre Küste,
Und mit der Wogen Brandung dumpf vermengt,
Tönt ihm die Stimme seiner Lieben zu.«

Ein anderer Mythos ist mit Skyros verbunden. Auf dieser Insel, am Hof des Königs Lykomedes, versteckte die Göttin Thetis ihren als Mädchen verkleideten Sohn Achill, um seine Teilnahme am Trojanischen Krieg und seinen frühen Heldentod zu verhindern. Odysseus spürte den »Wehrdienstverweigerer« auf, enttarnte ihn durch eine List und nahm ihn mit auf seinem Kriegszug. Das weitere Schicksal – zumindest der Ausdruck »Achillesferse« – dürfte bekannt sein. Auch der aus Athen verjagte Sagenheld Theseus, ja, der mit dem Minotaurus auf Kreta und dem Ariadnefaden, suchte Asyl auf Skyros.

Skyros, Skiros
38°53'N, 24°32'O

Die südlichste Insel der Nördlichen Sporaden ist 209 km^2 groß. Sie gilt als eine der schönsten Inseln in der Ägäis. Für die Byzantiner war Skyros Verbannungsort.

Andros
37°45'N, 24°42'O

Die nördlichste Insel der Kykladen mit der wechselvollen Geschichte hat eine Größe von 380 km^2. Während der Perserkriege, 500 bis 479 v. Chr., stand die Insel an der Seite der Perser. Das siegreiche Athen erlegte den Insulanern einen harten Tribut auf. Im Peloponnesischen Krieg, 431 bis 404 v. Chr., nahm die Insel die Partei Spartas. In der Folge fiel sie an Makedonien und später an die Römer, denen sie als Exilinsel diente. Sie war das Ziel zahlreicher Piratenüberfälle, wurde von den Venezianern erobert und von den Türken, bis sie 1821 zu Griechenland kam.

Nàxos
37°02'N, 25°35'O

Diese größte Insel der Kykladen ist 428 km^2 groß.

Sie hatte viele Herren und Siedler, die alle ihre Spuren hinterließen: Thraker, Ionier, Makedonier, Ptolemäer, Rhoder, Römer, Byzantiner und Türken; sie wurde von Piraten geplündert und war unter der Herrschaft der Venezianer im 13. Jahrhundert ein eigenständiges Herzogtum.

Und sie war das Gefängnis zumindest für einen Bischof. Bei Corvin[242] ist davon zu lesen. Bischof Martinus I. (Papst von 649–653) hatte gewagt, den Befehlen des Kaisers entgegen zu handeln. Der Kaiser von Byzanz ließ ihn in Rom gefangen setzen und nach Nàxos bringen. Dort saß er ein Jahr lang im Gefängnis, wahrscheinlich in der venezianische, Burg des Belònia in Galanàdo, später Sommersitz des katholischen Bischofs. Anschließend kam er nach Konstantinopel vor Gericht und wurde als Verräter zum Tode verurteilt. Er bat um sein Leben. Es wurde ihm gelassen, aber er wurde des Landes verwiesen.

Lèsvos, Lesbos, Mitilìni, Mytilene
39°10'N, 26°20'O

Die mit 1.630 km^2 drittgrößte griechische Insel liegt in der östlichen Ägäis, nur zwölf Kilometer vor der türkischen Küste.

Obwohl die Insel reich gesegnet mit bedeutenden Dichtern, Philosophen, Geschichtsschreibern und Musikern war und immer noch ist, wurde Lèsvos vor allem durch zwei Lyriker bekannt und berühmt: durch die antike Dichterin Sappho und den Literaturnobelpreisträger von 1979, Odysseas Elytis.

Sappho lebte im 7./6. Jahrhundert v. Chr. und wurde in Mytilene geboren. Das Altertum feierte sie als die zehnte Muse. Sie gilt als Anhängerin der weiblichen Form der Homosexualität, die nach ihrer Heimat lesbische Liebe genannt wird.

Odysseas Elytis wurde 1911 auf Kreta geboren. Er wählte Lèsvos zu seiner Heimat.

Auf diese Insel wurde die byzantinische Kaiserin Eirene[243] verbannt.

Eirene war im Jahr 768, sechzehnjährig, mit Leon IV. (der Chasar) vermählt worden. Von 780 an war sie eine kluge und gelegentlich auch grausame Regentin für Konstantin VI., ihren damals zehnjährigen Sohn. Eirene galt als schön, leidenschaftlich und machtversessen. Chronisten nannten sie die »selige Eirene« und die »neue Helena«. Sie galt als fromme und zutiefst religiöse Christin. 797 ließ sie den Kaiser, ihren Sohn, blenden und entthronte ihn. Die Kirche nahm keinen Anstoß daran. Mord war etwas Alltägliches und galt als gerechtfertigt, wenn er an Andersdenkenden verübt wurde. Übrigens hatte zuvor Konstantin einem seiner Onkel die Augen ausstechen und drei anderen Verwandten die Zunge abschneiden lassen.

Als Karl der Große nach der Kaiserkrönung im Jahr 800, im selben Jahr war er auch Witwer geworden, über große Teile Italiens herrschte, gedachte er durch eine Vermählung mit der byzantinischen Kaiserinwitwe Eirene Orient und Okzident unter seinem Zepter zu verschmelzen. Die in West- und Mitteleuropa nicht anerkannte Frauenregierung war eine der Voraussetzungen für die Kaisererhebung Karls des Großen. Der Papst unterstützte den Plan, das von ihm geschaffene Fränkische Kaiserreich an die Stelle des Byzantinischen zu setzen. Karl schickte im Jahr 802 eine Gesandtschaft nach Konstantinopel, die über die Heirat verhandeln sollte.

Durch einen Staatsstreich des Großschatzmeisters Nikephoros, eines Onkels von Eirene, unterstützt von Patriziern und dem Führer der Palastwache, wurde Eirene im selben Jahr abgesetzt und auf die Insel Lèsvos verbannt, wo sie am 9. August 803 starb.

Die fränkischen Abgesandten waren Augenzeugen der Ereignisse.[244]

Pátmos
37°20'N, 26°33'O

Diese Insel von 34 km² gehört zu den Südlichen Sporaden (auch als Dodekanés bezeichnet).

Den Zwillingen Apollo und Artemis, in mythischer Vorzeit von Letó, der Geliebten des Zeus, auf der Insel geboren, waren zwei berühmte Kultstätten geweiht.

Nach mythologischer Überlieferung soll Orest auf der Insel vor den Rachegöttinnen der Unterwelt, den Erinnyen, Zuflucht gesucht haben.

Die Insel war in römischer Zeit ein idealer Verbannungsort, abgelegen, unwirtlich, karg.

Im Jahr 95, der römische Kaiser Domitian ließ die Christen in großem Stil verfolgen, wurde Johannes, ein alter Mann, auf die Insel Pátmos verbannt, weil er »Gottes Wort lehrte und Jesu Zeugnis vertraute«.

Johannes blieb auch in der Verbannung missionarisch tätig. Der Legende nach soll er sich vor allem mit den Apollo-Priestern angelegt und den Einsturz ihres Tempels vorhergesagt haben.

In einer Höhle am Berghang richtete sich Johannes ein. Ein Stein diente als Kopfkissen und eine Vertiefung im Felsen als Stütze für die Hand. In dieser Höhle hörte er eines Tages eine Stimme, die ihm befahl: »Schreib auf, was du gesehen hast! Schreib auf, was jetzt geschieht! Schreib auf, was kommen wird!« Und Johannes schrieb, besser: ließ durch seinen Schüler Próchoros schreiben – die Apokalypse oder Offenbarung, letztes Buch der Bibel und einziges prophetisches Buch des Neuen Testaments. So entstand auf Pátmos ein Stück Weltliteratur, das bis heute von Theologen, Philosophen und Psychoanalytikern gleichermaßen beachtet wird.

Walter Jens übersetzte kürzlich die Offenbarung des Johannes neu.

Wie Ezechiel, einer der alttestamentarischen Propheten, aß auch Johannes von einem seltsamen kleinen Brief oder Buch, wodurch ihm ein Blick in die Zukunft gelang. George Bernard Shaw hat daraus abgeleitet, dass die Apokalypse im Drogenrausch entstanden sein könnte.

Bis 97 soll Johannes auf der Insel gelebt haben.

Die Mönche der Insel sind trotz aller historisch-biographischen Widersprüche davon überzeugt, dass dieser Johannes und der Apostel und Lieblingsjünger Jesu ein und dieselbe Person seien.

Im August 1088 schenkte der Kaiser von Byzanz dem Mönch Ossios Christòdoulos Latrinòs die inzwischen unbewohnte Insel, damit dieser dort ein Kloster zu Ehren des Johannes baue.

An der Straße von Scála nach Chóra steht an der Stelle der Offenbarungshöhle die Kapelle des Apokalypse-Klosters. Das steinerne Kopfkissen ist mit Silber umrahmt, die Luft von Weihrauch geschwängert, an den Wänden dunkeln kostbare Ikonen.

Das Johanneskloster thront wie eine Burg über der Insel. Die fast fensterlosen, massiven Mauern sind bis zu siebzig Meter hoch und mit Schießscharten, Pechnasen und Zinnenkranz ausgestattet. Im Inneren bietet es einen krassen Gegensatz zu seinem düsteren, abweisenden Äußeren. Schattige Höfe mit Brunnen, Bänken und üppigen Blumen, schneeweiße Arkaden, Kuppeln und Kapellen bestimmen das Bild. Das Johanneskloster beherbergt eine der wertvollsten Büchersammlungen der Welt. Ein Verzeichnis aus dem Jahr 1201 nennt bereits dreihundertdreißig Bände.

Das Kloster gilt als Griechenlands wichtigstes Kloster nach dem Berg Athos. 1981 ist Pátmos offiziell zur Heiligen Insel deklariert worden.

Im Johanneskloster leben noch zwanzig Brüder, das Apokalypse-Kloster wird nur noch von einem einzigen bewohnt.

Zu den verbrieften Rechten des Klosters gehörte auch das Betreiben von Handelsschiffen. Im 16. Jahrhundert zählte die Flotte von Pátmos zu den reichsten der Ägäis. Die vierzig Schiffe standen zugleich unter dem Schutz der Türken, der Venezianer und der Johanniter.

Im Verlauf der Jahrhunderte wuchs das Kloster zu einem Zentrum des orthodoxen Glaubens mit unermesslichem Reichtum und einiger politischer Macht. Selbst als die meisten Inseln des Dodekanés unter die Herrschaft der Johanniter und später der Türken fielen, blieb Pátmos als Mönchsstaat weit gehend autonom. Sein Ruf als heiliger Ort, an dem sich Gott offenbart hatte, stellte ihn unter den Schutz der Mächtigen, und die Sicherheit, die er zu bieten im Stande war, machte ihn zur Zuflucht reicher und aristokratischer Flüchtlinge. Vor allem der Zuzug von etwa hundert, im Jahr 1453 aus Konstantinopel geflohenen Familien hat die Insel entscheidend geprägt.

Am Naturhafen entstand der Ort Scála, als Standort für die Herrenhäuser der Kaufleute und Kapitäne wurde jedoch weiterhin die Oberstadt gewählt. Eines der schönsten dieser Häuser ist das 1625 gebaute Simandírí-Haus, das noch von den Nachkommen bewohnt wird.

Die Nähe des Klosters scheint immer noch die Atmosphäre von Pátmos (Chòra), der Hauptstadt der Insel, zu prägen. Die engen Treppengassen sind zu allen Tageszeiten wie ausgestorben, ein Hotel sucht man vergebens, Autos haben keinen Platz. Nirgendwo sonst in Griechenland hat sich die byzantinische Architektur so rein erhalten wie hier. Prominente haben das besondere Flair längst entdeckt. Aga Khan, Axel Springer, David Bowie haben sich Häuser gekauft.

Im Sommer ist Pátmos eine der meistbesuchten Inseln der Ägäis. Die Klöster sind beliebte Touristenziele geworden. An manchen Tagen in der Hochsaison stehen Reisegruppen vor dem Katholikon Schlange und der stille Arkadenhof ist von Lärm erfüllt. Lediglich die Dachterrassen wurden durch den Abt vor wenigen Jahren für Besucher gesperrt, nachdem das Sonnenbaden überhand genommen hatte.

Das Frühjahr gilt als beste Reisezeit für Individualisten. Die Insel ist ein einziges Blütenmeer, die Häuser sind frisch gekalkt, die Tavernen noch nicht überlaufen, die Buchten noch still.

Das moderne Griechenland

Im 20. Jahrhundert erlebte Griechenland massenhafte Internierungen zur Zeit des Diktators Ioannis Metaxas, von 1936 bis 1941, als die politischen Parteien verboten wurden, nach dem Bürgerkrieg 1944 bis 1949 und nach dem Obristenputsch im Jahr 1967. Jedes Mal wurden dafür einige der zahlreichen Inseln missbraucht.

Reine Gefängnisinseln, d.h. ohne ständige Bewohner, hatte Griechenland nur zwei: Gyáros (Jaros) und Makronissos.

Beide Male, ob Bürgerkrieg oder Obristenputsch, wurden nur politische Häftlinge, überwiegend Kommunisten, auf die Inseln geschickt. Während des Bürgerkrieges zwischen Linken und Monarchisten wurden Kommunisten, Demokraten und Pazifisten verhaftet und 30.000 bis 50.000 in notdürftig eingerichtete Lager deportiert.[245]

Nach dem so genannten Obristenputsch vom April 1967 wurden wieder Regimegegner, von der politischen Mitte bis zur extremen Linken, auf die Inseln deportiert. 6.000 kamen nach Gyáros und Lèros. Die letzten Häftlinge wurden erst nach dem Sturz der Obristen 1974 freigelassen.

Der griechische Dichter Jannis Ritsos (geb. 1909, gest. 1990), einer der besten europäischen Lyriker des 20. Jahrhunderts, wurde von 1948 bis 1952 im Konzentrationslager auf der Insel Taxas (Thasos, Thassos) gefangen gehalten: auf dem heißen Gestein, in einer Landschaft, die »hart wie das Schweigen« ist, in der es kein Wasser gibt, alle dürsten. »Unter den Augen der Wächter und mit der Lanze immer an unserer Seite.«

1968 kam er unter Hausarrest in dem kleinen Ort Karlóvassi an der Nordküste von Samos.

Gyáros, Jaros, Giaros, Joura
37°37'N, 24°43'O

Die Kykladen-Insel in der Ägäis, westlich von Tinos, wurde schon in der Antike als Gefängnisinsel benutzt. Sie galt als öder und gefürchteter Verbannungsort. Sie hatte keine ständigen Bewohner.

Gyáros ist ein schroffer Felsen, ungeschützt dem Wind ausgesetzt, ohne Bucht zum Ankern, ohne Ackerland, ohne Wasser. Die gesamte Vegetation zu Beginn der Nutzung als Lager bestand aus einigen wilden Feigenbäumen, zwei Granatapfelbäumen und einem Olivenbaum. Im April sprossen karge Gräser und im Mai waren sie wieder verdorrt. Dann begann die Qual aus sengender Sonne, Wind und allgegenwärtigem Staub. Im Winter machten eisige Winde, Regen und Schnee das Leben zur Hölle.

Nach dem Bürgerkrieg (1944 bis 1949) wurden auf der Insel politische Häftlinge (Kommunisten) inhaftiert.

Ein ehemaliger Bürgerkriegshäftling berichtet, dass die etwa 10.000 Häftlinge unter freiem Himmel oder in Zelten voller Risse und Löcher gelebt hatten. Die ersten Häftlinge mussten Terrassen in die Felshänge schlagen, um ihre Zelte aufstellen zu können. Sie gruben Wasserlöcher am Strand, aber das Wasser war salzig und wurde schnell brackig. Das Essen bestand überwiegend aus Salzheringen, Oliven und getrockneten Bohnen. Alle Häftlinge bekamen Amöbenruhr.

Wie auf Makronissos (s. d.) wurden auch auf Gyáros die Häftlinge so lange malträtiert, bis sie die Loyalitätserklärung für den König unterschrieben.

1951 wurden die männlichen Häftlinge auf die Insel Agios Evstratios und die weiblichen auf die Insel Trikeri verlegt.

Nach dem Obristenputsch von 1967 wurde die Insel wieder Konzentrationslager für politische Gegner, wieder hauptsächlich für Kommunisten. Am 26. April begannen die ersten Transporte nach Gyáros. General Pattakos, einer der starken Männer der Junta, nannte die Insel einen idyllischen Ort. Tatsächlich war nichts für die Aufnahme von Häftlingen vorbereitet. Sie fanden einen großen Felsen im Meer vor, bevölkert von Ratten.

Die Häftlinge waren weder angeklagt noch rechtskräftig verurteilt worden. Sie wurden für

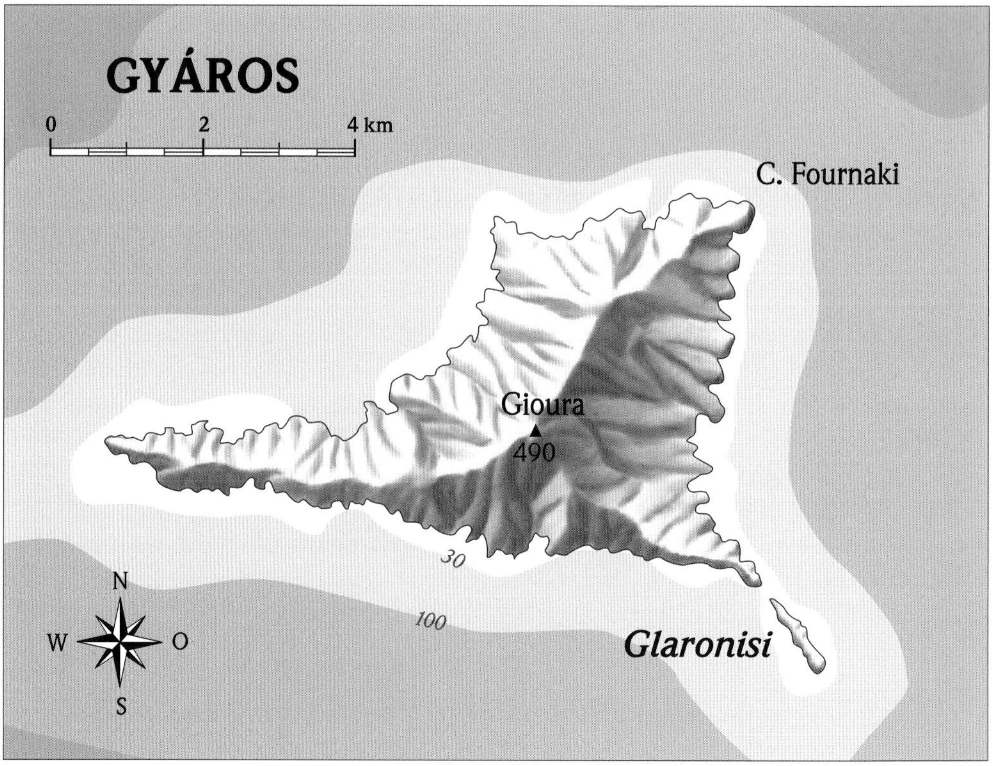

Taten deportiert, die sie möglicherweise hätten begehen können.

Die Machthaber verlangten, wie ihre Vorgänger zwischen 1947 und 1950, eine Erklärung, dass die Häftlinge künftig auf jegliche politische Betätigung verzichten würden.

Im September 1967 wurde Gyáros geräumt. Die Männer kamen nach Lèros und die zweihundertfünfzig Frauen, einige mit kleinen Kindern, in ein Gefängnis auf dem Festland.[246]

Makronissos, Makronisos
37°42'N, 24°07'O

Die der Küste von Attika bei Lavrio (Labrion) unmittelbar vorgelagerte, lang gestreckte Insel misst weniger als zehn km² Fläche.

Makronissos diente nahezu ausschließlich als Gefängnisinsel für politische Häftlinge.

Sie hat sich mehr als andere Inseln und Gefängnisstandorte ins kollektive Gedächtnis der Griechen eingebrannt.

Man kann den steinigen Felsbrocken, auf dem es kein Wasser und keine Nahrung gibt, vom Poseidontempel auf Kap Sunion aus sehen. »So nahe liegen in Griechenland menschliche Vollkommenheit der schöpferischen Gestaltung und menschliche Grausamkeit des Vernichtenwollens beieinander.«[247] Wie in Deutschland Weimar und Buchenwald – kommt man nicht umhin zu ergänzen.

Im Zweiten Weltkrieg hatte die links gerichtete Volksbefreiungsarmee ELAS gegen die deutschen Besatzer gekämpft.

Bei Kriegsende hatten Stalin und Churchill ihre Einflusssphären geteilt. Und Churchill, dem Stalin 90 % Einfluss in Griechenland zugestanden hatte, traf die Entscheidung, die griechische Resistance zu liquidieren, zu einem Zeitpunkt, als Hitler noch lebte!

Nach dem Krieg unterstützten also Großbritannien und die USA die monarchistische Nationalarmee im nun einsetzenden Machtkampf. Die USA setzten in jener Zeit erstmals Napalm ein. Die von den Bergen aus operierende, kommunistisch geführte Demokratische Armee erhielt nicht, wie erhofft, Unterstützung aus der Sowjetunion.

Am 1. Oktober 1948 wurde ein Gesetz verabschiedet, das Deportationen per Verwaltungsbeschluss ermöglichte. Jeder Soldat, der im Krieg auf Seiten der Kommunisten gekämpft hatte, jeder Anhänger der Linken, jeder Dorfbewohner, der in einem von der Guerilla kontrollierten Gebiet gelebt hatte, war verdächtig und konnte nach Makronissos verbannt werden.

Auf der Insel errichteten die Monarchisten ein kleines, von Stacheldraht umgebenes Lager aus Zelten für Offiziere, drei weitere Lager für Soldaten und eines für Zivilisten.

Das Lagerleben richtete sich nach dem britischen Armeehandbuch.

Insgesamt wurden fast 20.000 vermeintliche oder tatsächliche Regimegegner nach Makronissos verbannt, ein Drittel aller deportierten Männer und Frauen jener Zeit.

Die Monarchisten verlangten »staatsbürgerliche Neuanpassung«, d. h. Reueerklärung, Unterwerfung, geistige Umformung. Wer sich nicht unterwerfen wollte, dem wurde angedroht, die Insel nie mehr verlassen zu dürfen. Das Lager hieß offiziell »Zentrum der moralischen und nationalen Erziehung«.

Die »Erziehungsmittel« waren äußerst brutal: man quetschte den Häftlingen die Hoden, bis sie ohnmächtig wurden, man zwang sie, barfuß über die Felsen zu laufen, man ließ sie bis zum Umfallen Steine schleppen – und alles unter Schlägen mit Knüppeln oder Peitschen. Wie in anderen Lagern auch mussten die Häftlinge einander gegenseitig schlagen. Eine häufig angewandte Strafe war »das Flugzeug«: der dazu Bestrafte musste für längere Zeit auf einem Bein stehen, Oberkörper und anderes Bein waagerecht und die Arme seitlich ausgestreckt.

Für besonders widerspenstige Häftlinge gab es einen gesonderten Lagerbezirk, umgeben von dreifachem Stacheldrahtzaun. Die dort Lebenden wurden mit Zangen gequält und mussten mit schweren Steinen in den Händen rennen.

Auf der Insel wechselten Arbeit und patriotischer Unterricht, eigentlich ideologischer Drill, einander ab.

Wasser war knapp. Und wenn es welches gab, ließen sich die Wärter mit der Verteilung Zeit.

Eine Häftlingsrevolte Ende Februar/Anfang März 1949 wurde blutig niedergeschlagen. Es gab siebzehn Tote und einundsechzig Verletzte.

Die Bedingungen auf der Insel führten dazu, dass viele Häftlinge alles unterschrieben, nur um Makronissos verlassen zu können. Tausende Loyalitätsbekundungen für den König wurden damals in den Zeitungen veröffentlicht.[248]

Einer der prominentesten Opfer der politischen Machtkämpfe war der Kommunist Mikis Theodorakis. Schon während des Zweiten Weltkrieges war der weltberühmte Komponist von deutschen Besatzern und von ihren griechischen Kollaborateuren verfolgt und misshandelt worden. Er wurde gejagt, verhaftet, zusammengeschlagen und schließlich, im Juli 1947, auf die Inseln, u. a. auch nach Makronissos, geschickt.

Erste Station der Deportation war eine winzige Insel zwischen Piräus und Salamis (Salamina), Psitalia.

Psitalia, Psittália
37°56'N, 23°35'O

Es gab keinen Schatten und bei 40 Grad kaum Wasser. Nur zwei Fässer Wasser wurden täglich mit dem Schiff auf die Insel gebracht. Der Durst war furchtbar.

Nach Tagen auf der »Insel des Durstes« wurden die Deportierten auf einem Marinetransporter nach Ikaria gebracht.

Ikaria
37°41'N, 26°20'O

An der Küste dieser Insel in der östlichen Ägäis soll der Sage nach der Leichnam des abgestürzten Ikarus angeschwemmt worden sein.

Ab 1947 war die Insel Verbannungsort des Komponisten Mikis Theodorakis und anderer Kommunisten. Schon von den deutschen Besatzern verhaftet und gefoltert, wurde er nach dem Krieg von den eigenen Landsleuten verfolgt und mit Tausenden anderen jungen Gefangenen auf die Insel verbannt. Eine Insel, die nach Theodorakis »wie ein Felsen (ist), den man abrupt ins Wasser geschleudert hat, und sie ist die Insel der schwarzen Skorpione. Aber ebenso ist sie die Insel der starken, säubernden Winde ... Nirgends ist das Wasser blau wie dort.« Später, rehabilitiert und hochverehrt, gerät er fast ins Schwärmen, wenn er von »seiner« Verbannungsinsel erzählt.

Auch auf dieser Insel war Wasser knapp. Vor allem fehlte es an Nahrung. Die Gefangenen bekamen abends jeweils nur eine gekochte Kartoffel und zwanzig Bohnen. An Schlaf war kaum zu denken. Es wimmelte von Ungeziefer und Schlangen.

Das Exil auf Ikaria teilte Theodorakis mit etwa 10.000 Griechen. Sie lebten relativ frei auf der Insel, organisierten ihre Tagesabläufe selbst, bauten Unterkünfte, zogen Gemüse und pflanzten Bäume. Im September 1947 kam Mikis Theodorakis durch eine Amnestie wieder frei.

Im Mai 1948 wurde er wieder verhaftet, gefoltert und zusammen mit etwa zweihundert Leidensgefährten an Bord eines amerikanischen Liberty-Schiffes erneut nach Ikaria gebracht. Während der Überfahrt von Piräus waren die Gefangenen aneinander gefesselt. Der zweite Aufenthalt auf der Insel war härter als der erste. Die Gefangenen durften sich nicht mehr frei bewegen, lebten zusammengepfercht in engen Unterkünften und hungerten. Dreimal am Tag mussten die Gefangenen von Daphni, dem Lagerort, zur Polizeikommandantur in Evdilos gehen, um sich dort zu melden. Der strenge Winter 1948/49 machte ihnen besonders zu schaffen.

Die Gefangenen wurden gefoltert und einige hingerichtet. Am 14. Januar 1949 hatte sich Theodorakis auf der Gendarmeriestation von Evdilos erneut geweigert, eine Reue- und Loyalitätserklärung zu unterschreiben. Er wurde zusammengeschlagen und bewusstlos in eine Grube geworfen, in die die Gendarmen ihre Notdurft verrichteten. Den Tag und eine Nacht musste er in dieser Grube zubringen.

Anfang 1949 wurden alle, die diese Erklärung noch nicht unterschrieben hatten, nach **Makronissos** verlegt.

Offiziell war das Konzentrationslager auf der Insel ein »Institut der Nationalen Umerziehung«. Es wurde zum Teil mit Dollars aus den USA finanziert, die allein von 1947 bis 1949 fast achthundert Millionen Dollar zur Niederhaltung der revolutionären Bewegung in Griechenland ausgaben.

Makronissos war der letzte Kreis der Hölle. Auf ihr sollte den Rebellen der »rote Virus« ausgetrieben werden. Hier wurde die Folter »erfunden«, die unter den Obristen reaktiviert wurde, die

»Falanga«. Dabei wurde der Gefangene auf eine Bank gebunden und bekam Schläge mit einem Stock oder einem Rohr. Zwischen den Torturen wurde der Gefangene mit Schlägen gezwungen, um die Bank herum zu laufen.

Die Folterer hatten Erfahrungen in ihrem Metier. Einige waren schon unter Metaxas dabei gewesen, andere hatten ihr Handwerk bei den deutschen Besatzern oder bei den Briten gelernt. Die Folterer von Makronissos dienten später als Berater bei der Einrichtung solcher Lager in Südkorea.

Das Lager bestand aus Zelten, die in Abteilungen von jeweils fünf mal fünf Zelten angeordnet waren. Die Bezeichnung mit Buchstaben des griechischen Alphabets bezeichnete eine Hierarchie. In der Abteilung Alpha standen die Zelte, in denen Sicherheits- und Militärpolizisten, Generäle und hohe Offiziere der ELAS untergebracht waren. Theodorakis lebte mit etwa dreihundert Gefangenen im Lager Delta, bei den »Unbeugsamen«.

Die Appelle konnten stundenlang andauern, bei jedem Wetter. Die Arbeiten waren oft sinnlos und wurden von Knüppelhieben begleitet.

Das Ziel der Peiniger war immer dasselbe: die Gefangenen so weit zu bringen, dass sie die Erklärung unterschrieben. Wer hart blieb, wurde gefoltert. Zum Beispiel im Sack bis zur Bewusstlosigkeit ins Meer getaucht oder mit einer Katze zusammen in einen Sack gesteckt.

Anfang 1949 wurden fünftausend Gefangene zu einer »Konferenz« in einer Schlucht versammelt, die ins Meer mündet. Die Wächter eröffneten das Feuer. Den Überlebenden wurde erklärt, wie falsch es sei, Kommunist zu bleiben, und sie wurden aufgefordert zu unterschreiben. Da niemand unterschrieb, wurde wieder das Feuer eröffnet. Und wieder wurden die Überlebenden aufgefordert zu unterschreiben. Und so weiter, bis nur noch fünfunddreißig Gefangene am Leben waren. Von ihnen wurden später noch fünfzehn zum Tode verurteilt und hingerichtet.

Am 26. März 1949 sollte Theodorakis zusammen mit dreihundert »Unbeugsamen« unterschreiben. Wenn sie unterschrieben, würden die anderen folgen, so dachten die Wächter. Sie wurden tagelang bestialisch gefoltert. Sie wurden brutal und wild geschlagen, gewürgt, auf ihnen wurde herumgetrampelt. Erschöpfte Folterer wurden durch ausgeruhte ersetzt. Die Opfer schrien jämmerlich, die Folterer brüllten. Abends zerschlug man denen, die nicht unterschrieben hatten oder tot waren, mit Steinen die Finger. Schließlich blieben noch drei, die nicht unterschrieben hatten. Einer der Schinder brach Theodorakis das rechte Bein. Er wurde ohnmächtig, kam wieder zu sich, wurde wieder geschlagen. Fast drei Wochen lang dauerte die Tortur. Der Todkranke wurde schließlich zur Behandlung in ein Militärhospital auf dem Festland gebracht, denn Makronissos sollte nicht zu oft, und vor allem nicht bei einem so populären Mann, als Sterbeort auftauchen. Auch im Hospital wurde er noch geschlagen.

Aber Theodorakis starb nicht. Im Juli 1949 kam er wieder auf die Insel, weit davon entfernt, gene-

Hölleninsel Makronissos, Holzschnitt von Yorgos Farsakidis

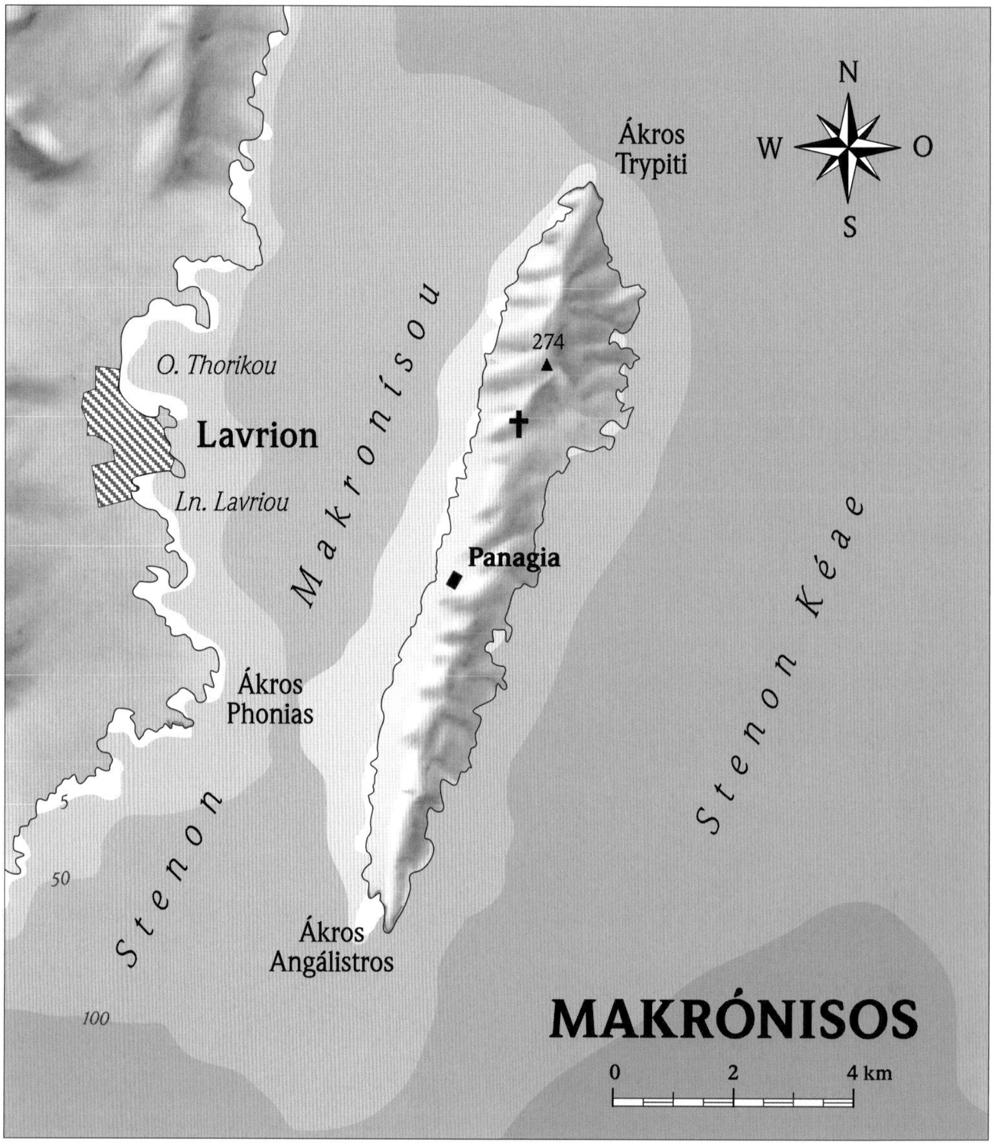

sen zu sein. Eines Abends holten ihn ein Offizier, ein Feldwebel und zwei Wärter ab, zogen ihn aus und warfen ihn in ein Erdloch. Das Loch schütteten sie zu, bis die Erde ihm ans Kinn reichte. Dann urinierten die Wärter auf seinen Kopf und der Feldwebel entleerte seinen Darm über ihm. Hohnlachend ließen sie ihn zurück. Fliegen, Bienen, Ameisen, Eidechsen, Skorpione, Krabben und Ratten machten sich über den Kot und über den Kopf her. In der zweiten Nacht griffen die Ratten den Kopf an. Theodorakis kniff die Augen zusammen und wehrte sich mit seinen Zähnen. Mal biss er in einen Schwanz, eine Pfote. Er schrie, bis irgendwann eine Patrouille reagierte, ihn ausgrub und ins Ambulatorium brachte. Tagelang versuchten die Ärzte, ihn wieder zum Leben zu erwecken. Doch seine Peiniger kamen wieder. Sie rissen die Verbände ab und schütteten ihm Sand und Seewasser in die offenen Wunden. In dem Augenblick, als sie ankündigten, ihn am Abend wieder einzugraben, erlitt er einen Blutsturz und wurde aufgegeben. Aber er lebte noch, als sie kamen, um seinen Leichnam zu verscharren. Ein Soldat schleppte ihn in eine Höhle, brachte ihm Wasser und Nahrung – und auf wundersame Weise kam er schließlich frei.

Und wurde doch nie mehr frei von Makronissos.[249]

Dann im April 1967 der Obristenputsch, der Putsch der kleinen Junta. Wieder Verhaftungen, Prügel, Folter, Hinrichtungen, Deportationen. Nach lange vorbereiteten Listen wird Jagd auf Abgeordnete, Bürgermeister, Gewerkschaftsführer, Schriftsteller, Künstler, Intellektuelle, Wissenschaftler gemacht. Die Gefangenen werden in Stadien, auf Pferderennbahnen zusammengetrieben. Später werden sie nach Gyáros, Lèros und nach Halikarnassos auf Kreta gebracht, wo ein KZ für Frauen eingerichtet wurde. Mehr als 35 % der Gefangenen auf Gyáros sind krank, fast ein Drittel der Gefangenen ist älter als fünfzig Jahre. Zynisch verkündet Oberst Pattakos: »Die Gefangenen, die auf Gyáros festgehalten werden, sind Privilegierte. Sie verbringen dort wahre Ferien. Sie baden im Meer. Die Nahrung ist ausgezeichnet, es ist die der Soldaten. Und dies alles auf Kosten des Staates.«[250]

Amnesty International berichtete über die Folterungen.[251] Routine sei die »Falanga«, weiter wurden aufgezählt: Folterungen an den Geschlechtsteilen, Knebelung bis kurz vor dem Ersticken, Schläge, Herumspringen auf dem Bauch, Haareausreißen vom Kopf und aus der Schamgegend, Einreiben von Pfeffer in Wunden, Ausreißen von Zähnen und Fingernägeln, Verbrennungen, Elektroschocks, Scheinexekutionen usw. Die Europäische Menschenrechtskommission

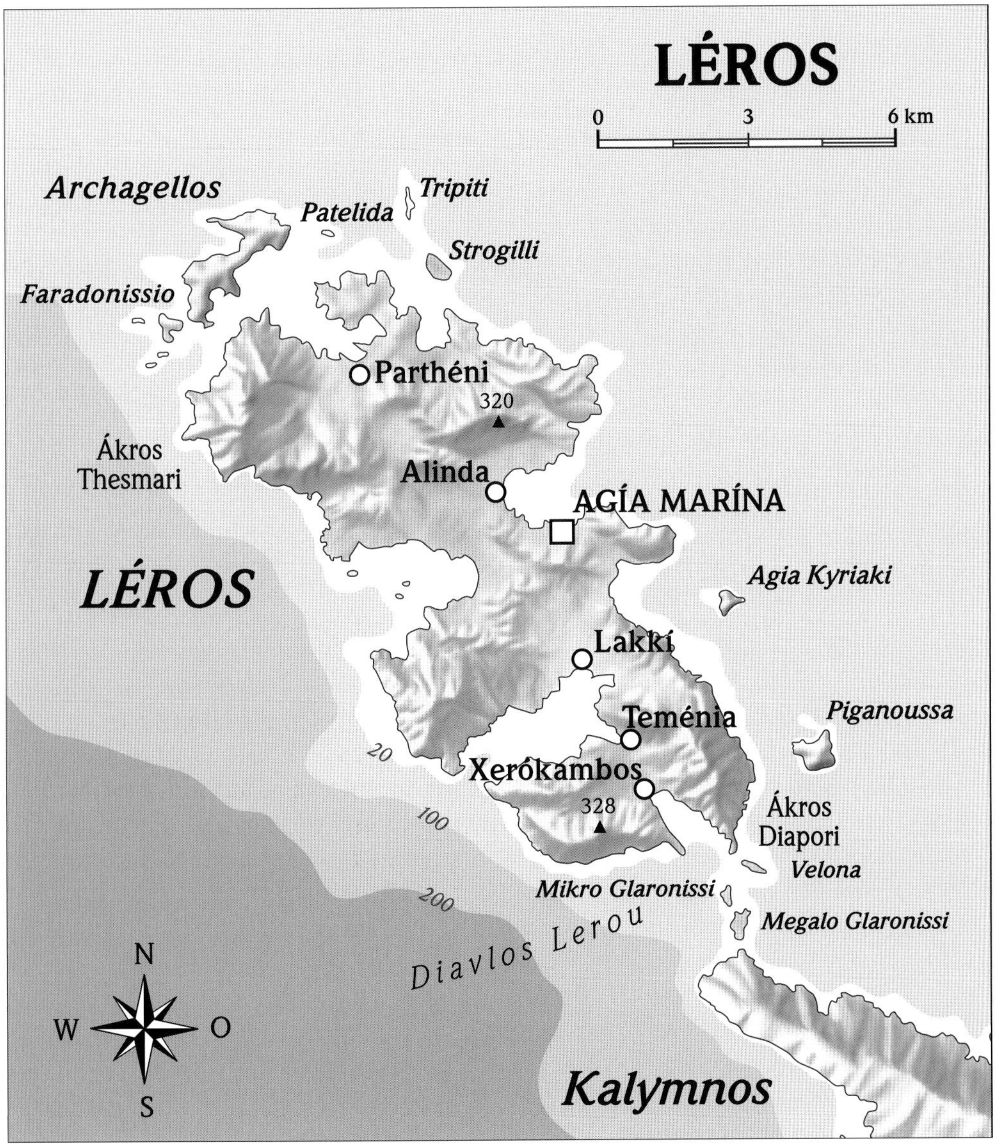

bestätigte die Anklagen und fügte weitere hinzu. Günter Wallraff klagte an[252], während der »Bayernkurier« dem für den Terror verantwortlichen Yorgos Papadópoulos persönliche Bescheidenheit, gedankliche Präzision und repräsentative Würde bescheinigte.

Kéa, Tzia
37°34'N, 24°22'O

In neuester Zeit wurde auch die zwischen Makronissos und Gyáros gelegene Kykladen-Insel Kéa als Verbannungsinsel beansprucht. Nach dem Sturz der Militärjunta wartete Papadópoulos dort auf seinen Prozess.

Agios Evstratios, Agios Efstratios, Hagios Evstratios
39°31'N, 25°O

Die kleine Insel von 43 km² mit knapp 300 Einwohnern liegt in der nördlichen Ägäis, südlich von Limnos.

1951 wurden die männlichen Häftlinge von Gyáros nach Agios Evstratios verlegt.

Im Mai 1952 informierte sich die Internationale Kommission gegen Konzentrationslager über die Situation der Häftlinge. Die Männer beklagten sich kaum. Allerdings war ihr Gesundheitszustand recht schlecht. Etwa 70 % der Häftlinge waren krank, viele litten an Tuberkulose.[253]

Trikeri, Trikeria
37°15'N, 23°18'O

Eine der Argosaronischen Inseln, zwischen Hydra (Idra) und Spetses gelegen.

1951 wurden die weiblichen Häftlinge von Gyáros, etwa vierhundert, nach Trikeri verlegt.

Die Kommission, die 1952 Agios Evstratios besucht hatte, kam auch nach Trikeri. Es gab kaum Beschwerden seitens der damals noch hundertvierzehn weiblichen Häftlinge auf Trikeri. Die Frauen waren in einem alten Kloster untergebracht und wurden zu keinerlei Arbeiten herangezogen. Es gab auch keinen vorgeschriebenen Tagesablauf. Allerdings schilderten die Frauen ausführlich ihre Leiden auf Makronissos.[254]

Lèros
37°08'N, 26°52'O

Die zu den Südlichen Sporaden (Dodekanés) zählende Insel in der Ägäis hat eine Fläche von 53 km².

Man nennt Lèros auch »Insel der Artemis«, nach der griechischen Göttin der Jagd und des Tierreiches, der in der Bucht von Partheni eine Kultstätte gewidmet war.

Dank ihrer sicheren Buchten erlebte die Insel bis zu ihrer Eroberung durch die Römer eine wirtschaftliche Blütezeit. 1316 wurde sie an die Ritter des Johanniterordens verkauft, 1522 von den Türken eingenommen und 1912 von Italien übernommen. Italien baute die Insel zum Flottenstützpunkt aus, weswegen sie während des Zweiten Weltkrieges heftige Bombenangriffe erleben musste. 1948 kam die Insel zu Griechenland.

Während der griechischen Militärdiktatur wurden auf der Insel politische Häftlinge gefangen gehalten. Nach dem so genannten Obristenputsch vom April 1967 wurden jugendliche Regimegegner auf die Insel deportiert.

Nachdem im September 1967 Gyáros geräumt worden war, kamen die Männer nach Lèros.

Dort wurden zwei Lager eingerichtet: Laki und Partheni.

Ab Juni 1968 war ein zweistündiger Besuch pro Monat gestattet und die Häftlinge hatten täglich zwei Stunden Freigang.

Die letzten Häftlinge wurden erst nach dem Sturz der Obristen 1974 freigelassen.

Lazzaretto, Lazareto, Gouvinon
39°39'N, 19°53'O

Die winzige Insel des Ionischen Archipels liegt vor der Ostküste von Korfu (Kerkyra, Kerkira), nördlich der Stadt Kerkyra. Sie wurde als KZ-Insel genutzt.

Kephalonia
38°15'N, 20°35'O

Auf dieser zu den Ionischen Inseln gehörenden Insel wurden im Herbst 1943 von deutschen Besatzern mehr als viertausend italienische Gefan-

gene ermordet. Der verantwortliche deutsche Offizier war Hubert Lanz, der bereits in den ersten Tagen des Krieges gegen die Sowjetunion, als Kommandeur der 1. Gebirgsdivision, als williger Henker in Lemberg (Lwow) von sich reden machte.

Schließlich sei noch die bereits in anderem Zusammenhang erwähnte kretische Lepra-Insel genannt.

Spinalónga-Kalidona, Nissi Spinalónga, Spinalógka, Kalídon
35°18'N, 25°44'O

Das winzige Eiland vor der Westküste des Golfs von Mirambelou, nördlich der Insel bzw. Halbinsel Spinalónga (auch: Kolokitha), heißt auch Spinalónga, wird allerdings zur Unterscheidung Spina-

Das ehemalige Krankenhaus auf Spinalónga

lónga-Kalidona oder auch nur Kalidona genannt. Der Name wurde von den Venezianern geprägt: spina longa, langer Dorn.

1579 wurde Kalidona von den Venezianern mit einem gewaltigen Fort befestigt, das die Jahrhunderte unbeschädigt überstanden hätte, wenn nicht spätere Bewohner die Mauern als Lieferanten für Baumaterial benutzt hätten.

Als die Türken noch Kreta besetzt hielten und sogar fünfundvierzig Jahre, nachdem sie Heraklion aufgeben mussten, lebten etwa tausend türkische Familien auf der Insel, angeblich vom Schmuggel. 1889 erhielt Kreta einen autonomen Status. Die Regierung der Insel beschloss 1903, Spinalónga (Kalidona) zur Lepra-Kolonie, der letzten in Europa, zu machen.

Als Leprakranke aus ganz Griechenland auf die Insel kamen, wurde sie von den Türken verlassen. Die Kranken durften die Insel bis zum Ende ihres Lebens nicht verlassen. In den 30er-Jahren wurde ein Krankenhaus gebaut. Die Kranken richteten sich ein. Es gab Wohnhäuser, Tavernen, zwei Kirchen. 1948 wurden zweistöckige Wohnblöcke gebaut. 1957 wurde die Quarantänestation aufgelöst.

Seitdem ist Kalidona, die »Insel der lebenden Toten«, unbewohnt, aber nicht menschenleer, denn sie wird gern von Ausflüglern aufgesucht.

Um 1975 war die Fernsehserie »Who Pays the Ferryman?« (Wer zahlt den Fährmann?) in Großbritannien ein Riesenerfolg. Sie spielt auf und um Spinalónga (Kalidona). Der Titel ist eine Anspielung auf den Fährmann Charon, der gemäß der griechischen Mythologie in der Unterwelt die Toten über den Fluss Acheron setzt und dafür mit einer Münze bezahlt wird.

Jugoslawische Sträflingsinseln

Nach dem Zweiten Weltkrieg waren in den jugoslawischen Gefängnissen und in den Lagern auf den Inseln Goli Otok sowie Grgur die Gegner des Regimes interniert worden: Mitglieder der Ustascha, Tschetniks, Liberale, Nationalisten, Gläubige, Anarchisten usw.

Zwischen 1948 und 1954 wurden Tausende von Mitgliedern der kommunistischen Partei, die sich mit dem Kurswechsel der Parteiführung unter Tito, in Richtung Abgrenzung von der Sowjetunion, nicht abfinden wollten, verhaftet und interniert.

Innenminister Ranković gab 1949 die Anordnung bekannt, dass Männer im waffenfähigen Alter, egal ob Kommunisten oder nicht, zu verhaften seien, sobald gegen sie auch nur der geringste Verdacht einer UdSSR-freundlichen Haltung bestand. Die Dauer der Haft war in der Regel unbegrenzt.

Zwischen 200.000 und 250.000 Menschen wurden für unterschiedlich lange Zeit festgehalten, 40.000 bis 60.000 Menschen waren in Lagern oder Gefängnissen eingesperrt. Serben und Montenegriner machten etwa zwei Drittel der Lagerinsassen aus, während sie nur 40 % der Gesamtbevölkerung stellten.

Die »Selbstverwaltung« wurde in den Lagern pervertiert. Die Häftlinge selbst mussten prügeln, foltern und bei »Gehirnwäschen« mitwirken. Zu den Methoden gehörten: Selbstanklage, Selbsterniedrigung, Umwandlung vom Opfer zum Henker,

Selbstentsagung jeglichen Ehrgefühls und jeglicher Moral, bis hin zur Selbstvernichtung auf einen »einfachen Rat« der Wachleute, die sich damit begnügten, die Szene von weitem zu beobachten.

Zwischen 5.000 und 20.000 Menschen sollen in den Lagern umgekommen sein.

Erst seit den 1990er-Jahren sind Informationen über das jugoslawische Lagersystem bekannt geworden. Noch lange Zeit hat kein ehemaliger Häftling öffentlich auszusagen gewagt, dass er in einem Lager gewesen war und was er dort durchlitten hatte. Es hatte schließlich nie einen Prozess gegeben und es gab keine Entlassungspapiere. Außerdem wurden die Häftlinge nach der Lagerhaft unter Androhung erneuter Haft gedrängt, für den Staatssicherheitsdienst zu arbeiten.[255]

Goli Otok
44°50'N, 14°50'O

Die »kahle Insel« (auf ihr wuchs kein Grashalm) liegt im Golf von Kvarner, zwischen den Inseln Krk und Rab vor der Küste Kroatiens. Im Winter fegt ein eisiger Wind über das Land, im Sommer lässt die sengende Sonne die Temperatur auf über 40° C ansteigen. Auf dieser unwirtlichen Insel war eine Strafkolonie, in die Tito nach dem Bruch mit Stalin ab 1949 die sowjet-

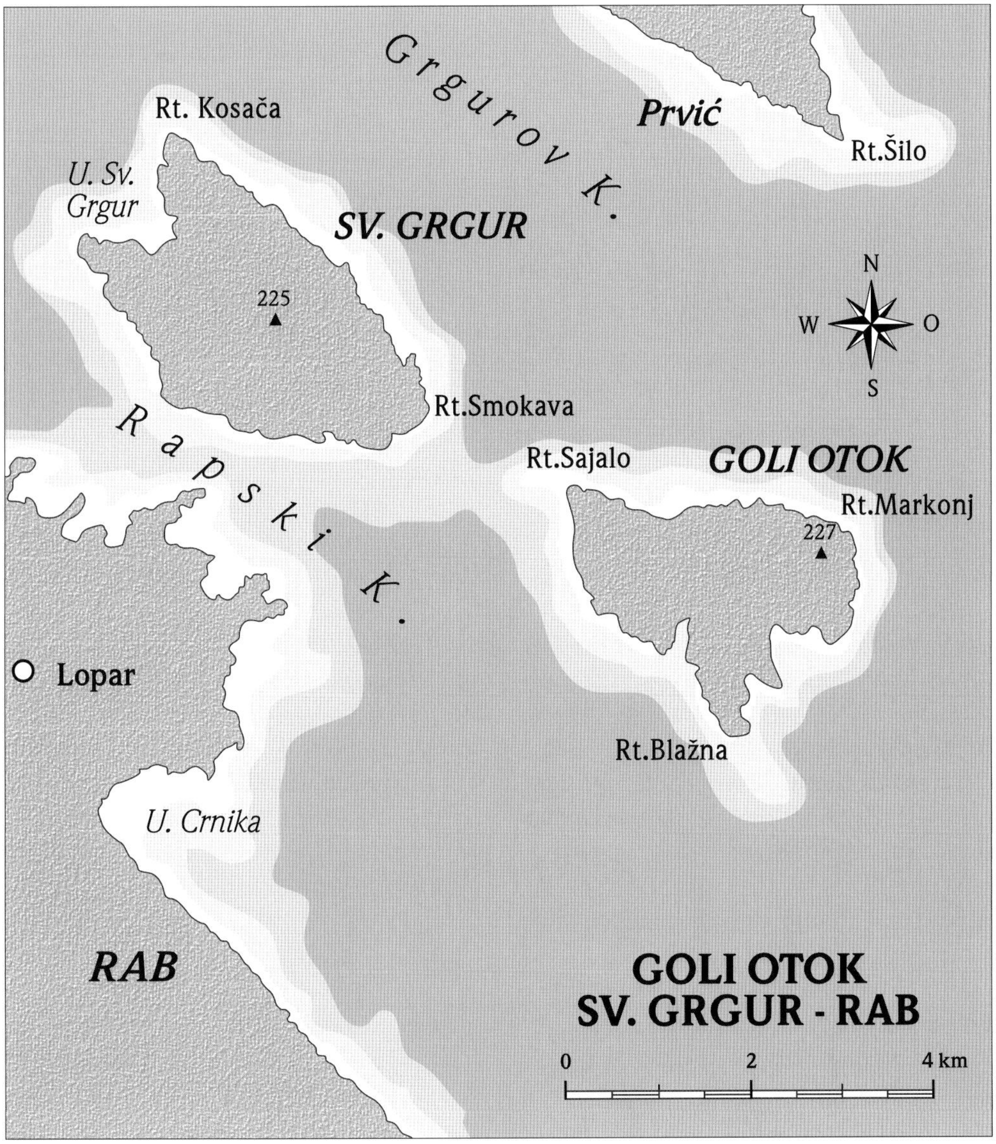

freundlichen oder als solche denunzierten Genossen deportieren ließ. Zehntausende wurden dort bis Mitte der 50er-Jahre unter unmenschlichen Bedingungen gefangen gehalten. Die Häftlinge mussten sich gegenseitig prügeln, und für die »Unbelehrbaren« unter ihnen gab es Gruben und Käfige. Viele Häftlinge konnten es nicht fassen, dass es ihre eigenen Genossen waren, die sie so quälten. Sie glaubten, das Tito-Regime sei gestürzt und die Ustascha wieder an der Macht.

Im mehrere Hektar großen Männerlager waren 6.000 bis 7.000 Häftlinge untergebracht. Die Baracken von 180 m² beherbergten jeweils 300 bis 350 Häftlinge, die ohne Decken auf den Pritschen schliefen und von Läusen, Flöhen, Wanzen und Tausendfüßlern geplagt wurden. Hygiene war unmöglich, Seife gab es nicht. Das Essen, nicht mehr als tausend Kalorien pro Tag, war minderwertig. Der Arbeitstag dauerte mitunter zwölf bis vierzehn Stunden.[256]

Hier galt dieselbe innere Organisation und Hierarchie wie bei den Frauen auf Grgur. Die »Boykottierten« galten als vogelfrei. Sie trugen einen roten Streifen an der Hose, arbeiteten mehr als die anderen und konnten ungestraft von jedermann geschlagen oder auf andere Art misshandelt und schikaniert werden. Sie durften nicht rauchen und keine Post empfangen.

Über ihnen standen die »Bewährer«, denen eine Frist gesetzt war, innerhalb derer sie ihr Bekenntnis abzulegen hatten, bevor sie in das Kollektiv aufgenommen wurden.

Ganz oben standen die »Aktivisten«.

Im November 1951 besuchte eine Delegation der französischen Sektion der Sozialistischen Internationale Goli Otok. Sie äußerte sich positiv über die milden Strafen, die den Häftlingen für die von ihnen gestandenen Straftaten (Arbeit für die Sowjetunion oder Bulgarien) auferlegt worden waren. Die Delegation, wie andere auch, hatte jedoch nicht das richtige Lager gesehen, sondern ein extra für Inspektionen geschaffenes in einem Nachbardorf, und Häftlinge, die speziell für solche Anlässe abgerichtet worden waren.[257]

Goli Otok gilt als Symbol für die jugoslawische Lagerpraxis. Zwischen 1948 und 1954 waren bis zu 32.000 Menschen auf der Insel inhaftiert gewesen. Die letzten »Stalinisten« wurden 1956 entlassen.

Die Kroaten setzten noch bis 1963 »Nationalisten« auf Goli Otok fest.

In den 70er-Jahren wurde die Insel von Touristen »erobert«. Ob die Tragik dieser Insel ihnen bewusst ist?

Grgur, Sveti Grgur
44°53'N, 14°46'O

Nur 1.700 Meter nordwestlich von Goli Otok liegt Grgur.

Auf dieser Insel befand sich ein verfallenes italienisches Kriegsgefangenenlager. Auf ihr, der »Insel der Wiedereingliederung«, wurden unter Tito Frauen inhaftiert. Die ersten Häftlinge mussten sich ihr Lager erst einmal aufbauen: Baracken für die Lagerverwaltung und für sich selbst, eine Zisterne, eine Küche, Latrinen. Sie mussten den Hafen in Stand setzen und Bäume pflanzen.

Für die Einhaltung der Disziplin waren die Häftlinge selbst verantwortlich. Dafür sorgte eine ausgeklügelte Hierarchie. Frauen, die als bereits »umerzogen« galten, wurden Kapos und überwachten diejenigen Häftlinge, die das erforderliche »Bewusstseinsniveau« noch nicht erreicht hatten. Am unteren Ende der Hierarchie standen die »Boykottierten«, die sich noch nicht für den einzig richtigen Weg, den des Genossen Tito, entschieden hatten, mit denen man nicht sprach, die man jedoch umso mehr einschüchterte und schikanierte.

Die hygienischen Bedingungen waren grauenhaft. Die Frauen durften sich erst waschen, wenn sie »umerzogen« waren.[258]

Rab
44°47'N, 14°47'O

Auch auf dieser bekannten Ferieninsel soll sich unter Tito ein Lager befunden haben.

Vis
43°02'N, 16°10'O

Auf dieser südwestlich von Split gelegenen Insel hatte 1944 die jugoslawische Partisanenbewegung unter Tito ihr Hauptquartier. Von einer Höhle im Inselinnern aus organisierte er den Widerstand gegen die deutschen Besatzer und bereitete die Rückeroberung seines Landes vor.

Spanische und portugiesische Sträflingsinseln

Spanien

Islas Medas, Illes Medes
42°03'N, 3°13,5'O

Die Inselgruppe vor der Costa Brava umfasst sieben bizarre Inselchen und ein paar Felsklippen mit insgesamt 21,5 Hektar Fläche. Die größte der Inseln ist Meda Gran.

Die alten Griechen haben auf der Hauptinsel Spuren ihrer Anwesenheit hinterlassen: Amphoren, Handmühlräder, Ankerstöcke. Im Mittelalter hatten Piraten auf den Inseln einen ihrer Stützpunkte, von dem aus sie die nahe liegende Küste heimsuchten und den Seehandel störten.

Ende des 18. Jahrhunderts errichteten die Franzosen eine Festung, die zeitweise von den Briten besetzt wurde und als Militärgefängnis diente, bevor die Franzosen sie zurückeroberten. Bis 1890 blieb eine stets kleiner werdende Garnison auf den Inseln.

Der Archipel übt wegen seiner faszinierenden Unterwasserwelt hohe Anziehungskraft auf Touristen aus.

Cabrera
39°08,5'N, 2°56,5'O

Die Insel gehört zu den Balearen, sie liegt südlich von Mallorca.

Etwas abseits vom Tourismus, wenn auch nur dreizehn Kilometer südwestlich von Cabo Salinas, Mallorcas südlichster Spitze, liegt die Insel Cabrera mit ihrer kleineren Nachbarinsel Conejera und zahlreichen Felseilanden. Der gesamte, etwa 20 km² große Cabrera-Archipel besteht aus neunzehn kleinen, kargen Inseln mit so bildhaften Namen wie »die Durchlöcherte«, »die Flache«, »die Runde«, »die Karge«, die »Kanincheninsel« usw.

Cabrera, die Hauptinsel dieser Inselgruppe, besitzt eine Fläche von 17 km² und erhielt ihren Namen »Capraria« bereits von den Römern (lat. Capra: Ziege) nach den heute dort immer noch verwildert lebenden Ziegen.

In der Antike muss zumindest die Hauptinsel bewohnt gewesen sein, denn nach der Geschichtsschreibung wurde der karthagische Feldherr Hannibal dort geboren.

Da aus der Deckung der unübersichtlichen Inselgruppe heraus maurische Piraten immer wieder nach Mallorca vordrangen, sicherte man die Ankerbucht Cabreras im 15. Jahrhundert zunächst mit einem Wachturm, ab 1587 mit einer kleinen Festung.

Ein Obelisk erinnert an französische Kriegsgefangene. Im spanischen Aufstand gegen Napoleon, 1808 bis 1814, hatte im Juli 1808 ein französisches Korps mit 23.000 Mann kapituliert. Neuntausend Gefangene wurden auf Cabrera interniert. Die meisten Soldaten verhungerten auf dem steinigen Eiland, viele starben an Krankheiten oder ertranken bei dem Versuch, Cabrera schwimmend zu verlassen – nur 3.600 überlebten bis 1814, dem Jahr ihrer Befreiung.

Cádiz
36°32'N, 6°18'W

Die Stadt liegt auf einer Insel. An ihrer Westseite wird die Playa de la Caleta von zwei Kastellen begrenzt: nach Norden von Santa Catalina und nach Süden von San Sebastián.

CÁDIZ
0
500 m
Canal del Sur
Pt. de la Soledad
Castillo de Santa Catalina
Pt. del Nao
CÁDIZ
Kathedrale
Pt. del Sur
Castillo de San Sebastian
1
5
10
N
W
O
S

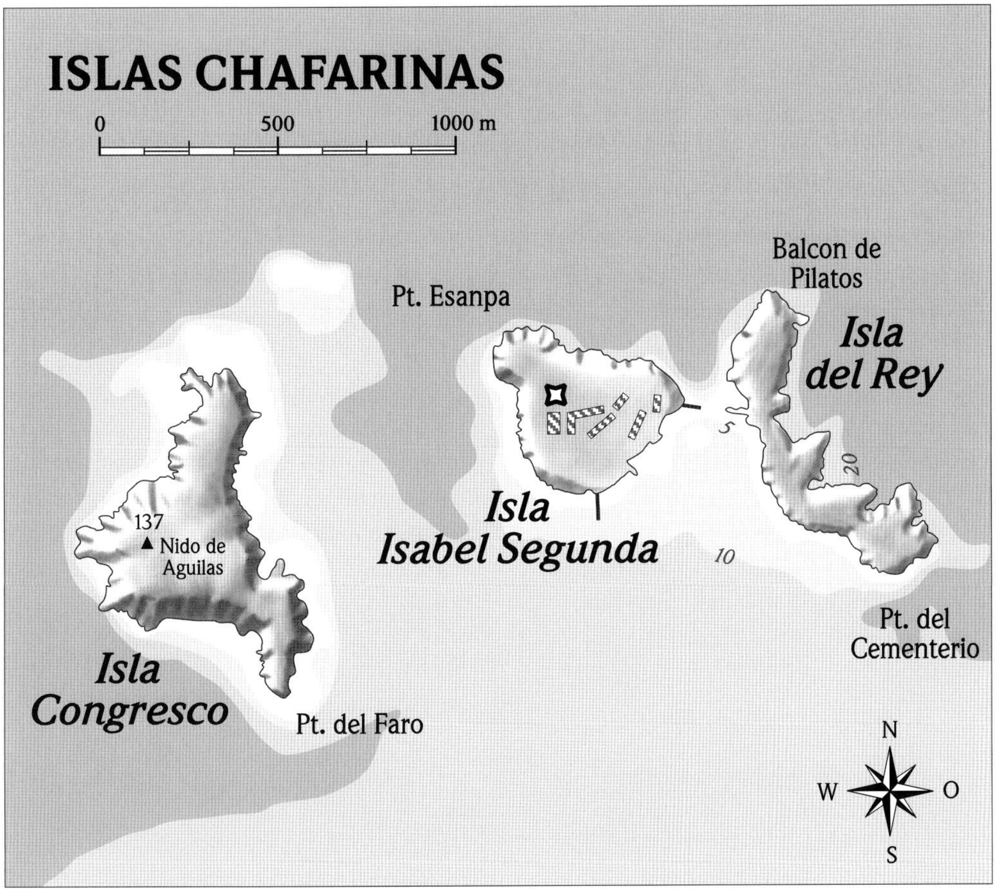
ISLAS CHAFARINAS
0
500
1000 m
Balcon de Pilatos
Pt. Esanpa
Isla del Rey
5
20
137
Nido de Aguilas
Isla Isabel Segunda
10
Pt. del Cementerio
Isla Congresco
Pt. del Faro
N
W
O
S

Beide Kastelle, imposante Anlagen, wurden um die Wende des 16. zum 17. Jahrhundert als Schutz vor Angriffen englischer und holländischer Flotten gebaut.

Der militärische Verwendungszweck verhinderte nicht ihre Nutzung als Kerker. Inhaftiert waren sowohl Militärangehörige als auch, vor allem im Castillo de Santa Catalina, Vertreter der amerikanischen Unabhängigkeitsbewegungen. Einer der prominentesten Gefangenen war der mexikanische Marschall José Mariano de Abasolo.

Die winzige Insel (genauer: zwei Inselchen), auf der sich das Castillo de San Sebastián erhebt, trug einst einen Kronos-Tempel, dann einen maurischen Wachturm und vom 15. Jahrhundert an eine dem Heiligen Sebastian gewidmete Einsiedelei, die sich um die Bekämpfung einer Pestepidemie im Jahr 1587 Verdienste erwarb. Schon 1457 waren Venezianer vor der Pest auf die kleine Insel geflohen.

Heute stehen die Anlagen dem Publikum offen und gelten als touristische Attraktionen.

Isla de las Palomas
36°N, 5°37'W

Die winzige Insel liegt vor Tarifa, dort, wo die Straße von Gibraltar am engsten ist. Sie trägt eine Festung, die über Kerker für Militärangehörige verfügt.

Islas Chafarinas
35°11'N, 2°26'W

Die spanische Inselgruppe der Chafarinas liegt vor der marokkanischen Küste. Während der Rebellion der Kubaner gegen die spanischen Kolonialherren, die sich zu einem regelrechten Befreiungskrieg entwickelte, sperrten die Spanier zahlreiche Freiheitskämpfer in den Zuchthäusern von Ceuta und Melilla sowie auf den Chafarinas ein.[259]

Portugal

São Tiago, Santiago
15°05'N, 23°40'W

São Tiago gehört zu den seit 1975 unabhängigen Kapverdischen Inseln (Arquipélago du Cabo Verde).

Auf dieser Insel des damals portugiesischen Archipels errichtete Portugal unter Salazar das Konzentrationslager Tarrafal. Das Lager befand sich in einer der unwirtlichsten Gegenden der Insel, achtzig Kilometer von der Stadt Praia und drei Kilometer von der Kleinstadt Tarrafal entfernt. Seine Errichtung hing mit dem Ausbruch des Spanischen Bürgerkrieges zusammen. Aus Furcht vor dem Übergreifen republikanischer oder gar revolutionärer Ideen verstärkte Salazar die Unterdrückung jeder Art von Opposition. Der Aufstand unter Franco begann am 18. Juli 1936 und drei Monate später wurde das Lager Tarrafal in Betrieb genommen.

Die ersten Häftlinge auf Tarrafal waren Kommunisten, unter ihnen der Generalsekretär der Kommunistischen Partei Bento Gonçalves, der im September dort starb. Zum ersten Transport gehörten aufständische Matrosen und freiwillige Spanienkämpfer, die in Gefangenschaft geraten waren, unter ihnen Spanier, Litauer, Deutsche, Polen, Italiener.

Das Klima ist unerträglich schwül. Die einzige Wasserstelle war ein Brunnen außerhalb des Lagers.

Schon im ersten Monat erkrankten nahezu alle Häftlinge an Malaria und Ruhr. Hinzu kamen bald Vitaminmangelkrankheiten, Tuberkulose und Hepatitis.

Die Verpflegung war schlecht und unzureichend. Die schwere Arbeit, wie Steine sinnlos hin und her schleppen, hatte oft keinerlei praktischen Nutzen.

Zu den Misshandlungen gehörte das Einsperren in frigideiras (Eisschränke). Das waren fünf Meter lange und drei Meter breite Zellen aus Betonplatten, in der Mitte durch eine Trennwand mit zwei Eisentüren geteilt. Etwas Licht und Luft kam durch eine dreißig mal vierzig Zentimeter kleine Öffnung. In diesen Zellen vegetierten zehn oder zwölf Männer mindestens zehn Tage und maximal zwei Monate dahin, schwitzten, rangen nach von Latrinekübeln verpesteter Luft und wurden zudem noch von den Wächtern geschlagen.

Nach zwei Jahren wurden die Zelte, in denen die Häftlinge anfangs untergebracht waren, zu-

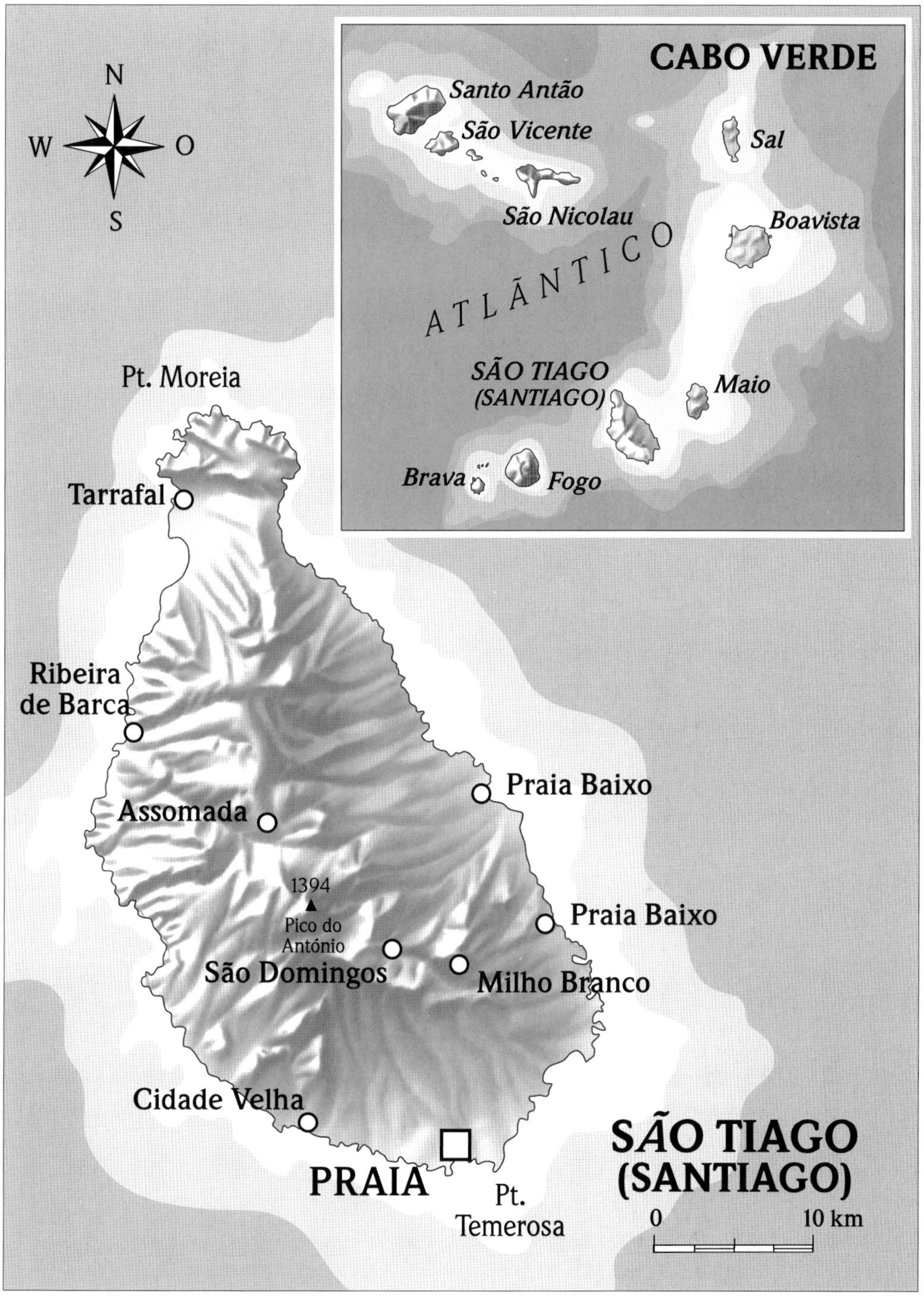

nächst durch Baracken, später Kasernen ersetzt.

Von 1936 bis 1954 zählte das Lager insgesamt 340 Häftlinge.

1954 wurde es geschlossen, 1961 wieder eröffnet, diesmal für afrikanische Nationalisten aus Angola und Guinea.[260]

Terzeira
38°43'N, 27°13'W

Auf dieser Azoren- (Arquipélago dos Açores) Insel waren während der Diktatur Salazars politische Häftlinge inhaftiert. In »Das Todesjahr des Ricardo Reis« erwähnt der portugiesische Nobel-

preisträger José Saramago in einer Episode diese Situation. Revolutionäre Seeleute der portugiesischen Marine hatten im Jahr 1936 die Absicht, mit ihren Schiffen nach Angra do Heroísmo (auf Terzeira) zu laufen, die politischen Gefangenen zu befreien, die Insel zu besetzen und darauf zu warten, dass es auf dem Festland zu Aufständen kommt. Sollte dies nicht geschehen, wollte man sich der spanischen Volksfrontregierung anschließen. Das Vorhaben misslang. Die Schiffe der Rebellen wurden schon beim Versuch des Auslaufens aus Lissabon von den Geschützen der Forts von Almada und Alto do Duque zusammengeschossen.[261]

Im April 1974 stürzte die Armee in Portugal eine der ältesten Diktaturen des Westens. Sie hatte seit 1926 bestanden. Ministerpräsident Marcello Caetano, der Nachfolger António Salazars, und Staatspräsident Américo Thomaz wurden auf die Atlantik-Insel Madeira gebracht und dort unter Hausarrest gestellt. Schon nach vier Wochen durften beide ins brasilianische Exil ausreisen.

Weitere europäische Sträflingsinseln

Norwegen

Munkholmen
63°27,5'N, 10°23,5'O

Die winzig kleine »Mönchsinsel« vor Trondheim im Trondheimfjord war in alten Zeiten Richtstätte der Stadt. Um 1100 wurde auf ihr ein Benediktinerkloster gebaut, wahrscheinlich eines der beiden ersten im Norden. Es brannte später ab.

1658 wurde die Insel zur Festung umgebaut, die allerdings nie Gegner beeindrucken konnte, schon gar nicht die schwedischen Eroberer Trondheims in den Jahren 1658 und 1718.

Als deutsche Kriegsschiffe die Stadt am 9. April 1940 besetzten, befanden sich weder Kanonen noch Munition auf der Insel.

Später wurden die Festungsanlagen als Strafanstalt genutzt. Der berühmteste Häftling war der

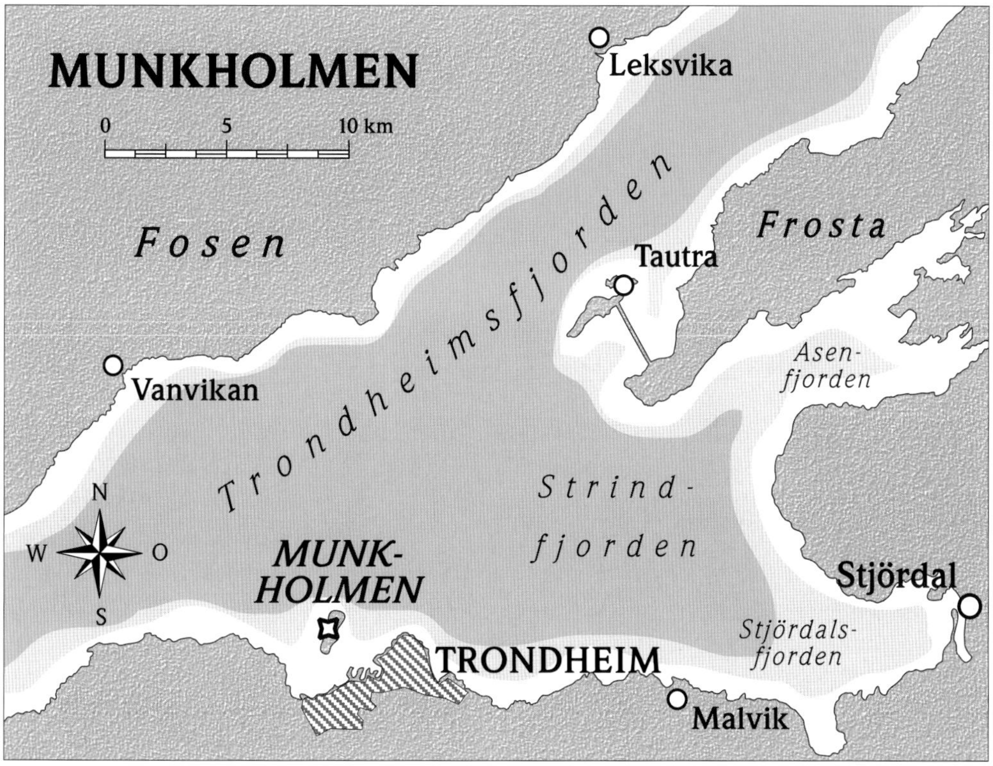

große dänische Politiker Graf Peder Griffenfelt (oder Griffenfeld), der achtzehn Jahre lang auf der Insel gefangen gehalten wurde.

Heute werden dort Kaffee und Kuchen serviert, im Sommer ist Munkholmen ein beliebtes Naherholungsziel mit kleinem Badeplatz.

Steinviksholmen

Nach Auskunft norwegischer Touristiker eine ehemalige Gefängnisinsel vor Skatval, östlich von Trondheim im Trondheimfjord.

Schweden

Långholmen, Långholm
59°19,3'N, 18°01,8'O

Die Insel im Ridderfjärden gehört zum Stadtgebiet von Stockholm.

Auf der Fahrt vom Rathauskai nach Birka, der Insel mit den Resten der ältesten Handelsstadt Schwedens, oder nach Mariefred mit Schloss Gripsholm und Tucholsky-Grab, erblickt man links schon nach wenigen Minuten die einstmals so gefürchtete Gefängnisinsel.

Långholmen ist bekannt und berüchtigt wegen diverser Gefängnisse, die sich seit 1724 auf ihr befanden. Bereits 1722 wurde auf Långholmen ein Spinnhaus für gefallene Mädchen betrieben.

Im 20. Jahrhundert war das Gefängnis für sechshundertzwanzig Insassen das größte in Schweden. Es wurde 1975 geschlossen, nachdem es einige Jahrzehnte lang als Staatsgefängnis gedient hatte.

Zweihundertfünfzig Jahre lang war Långholmen als Stockholmer Zentralgefängnis genutzt worden.

Mit dem Fortschreiten der Zivilisation wurde es alle zwanzig, dreißig Jahre erweitert. 1880 wurde ein weithin sichtbarer Zellenbau nach dem amerikanischen Pennsylvania-System auf die graniten Holme gesetzt, später allerdings wieder entfernt.

Auf Långholmen saßen neben Landstreichern, Bettlern, Dieben, Dirnen, Kindesmördern und Totschlägern auch etliche »Politische«:

der Schneider August Palm, Vater der Sozialdemokratischen Partei Schwedens, sein Nachfolger Hjalmar Branting, Z. Höglund, der Führer der Linkssozialisten. Letzterer übrigens gerade zu der

Zeit, als Lenin auf seiner »Reise in die Revolution« in Stockholm Station machte. Ein anderer populärer Långholmener war der »Almathea-Mann« Anton Nilsson, ein südschwedischer Anarchist, der 1908 im Hafen von Malmö ein englisches Streikbrecherschiff in die Luft gesprengt hatte. Nilsson starb 1990 im Alter von 101 Jahren, nachdem er noch als Einundneunzigjähriger forsche Vorträge über sein dramatisches Leben gehalten hatte.

Auch Deutsche waren als Gefangene auf Långholmen: der 1941 verhaftete Spion Willi Rom, Herbert Warnke, Max Seydewitz, Herbert Wehner sowie deutsche Antifaschisten, die aus der Stockholmer Illegalität heraus versuchten, die Kommunistische Partei in Deutschland zu organisieren.

Die Häftlinge mussten das Felseneiland bepflanzen – heute ist es eine grüne Insel.

Die neueren Gefängnisbauten wurden 1982 abgerissen, nur das alte königliche Gefängnis von 1835 blieb erhalten. Einige Zellen gehören zu einem Hotel, andere zum Gefängnismuseum. In den Zellen des Altbaus befindet sich eine Jugendherberge mit Dusche, TV, Telefon.

Die Insel ist inzwischen ein beliebtes Freizeitgelände geworden

1990 wurde die Insel mit der Eröffnung des Bellman-Festes als städtisches Kulturzentrum eingeweiht, mit Freilufttheater, Ausstellungsräumen, Freibad, Minigolfbahnen, Bootsklubs, Cafés, Weinkeller und vielem mehr.

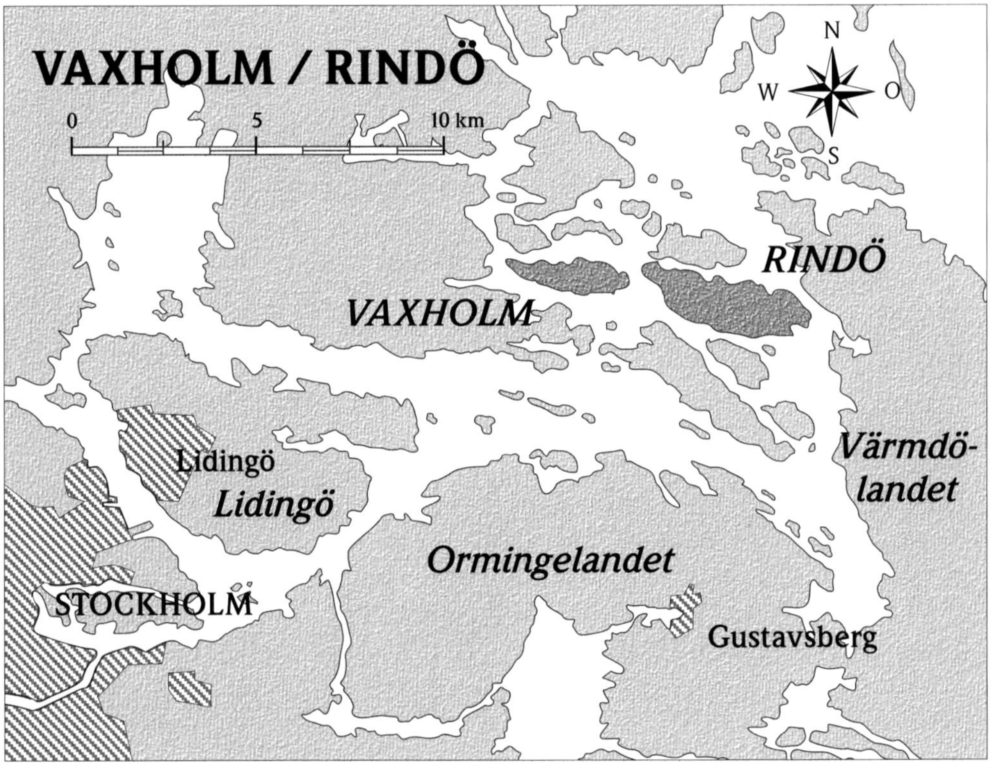

Engelbrekt, der einzige bedeutende Revolutionär in der schwedischen Geschichte, hatte einst diese Insel bei der Belagerung Stockholms als Lagerplatz gewählt. Aber die beiden nachfolgenden größeren sozialen Eruptionen, die Stockholmer Barrikadenkämpfe von 1848 und die Erhebung von Ådalen 1930, ließen die Mauern des Gefängnisses nicht erzittern.

Rindö
59°24'N, 18°24'O

August Strindberg nennt in seinem Roman »Das rote Zimmer« neben Långholm noch die Insel Rindö in den Schären von Stockholm als weitere Gefängnisinsel. Aus dem Text kann man ableiten, dass es sich um ein Schuldgefängnis handeln könnte.

Einheimische und Fremdenführer konnten sich im Jahr 2002 nicht daran erinnern, dass auf der Insel ein Gefängnis war. Sie wussten aber sicher, dass sich heute keines mehr dort befindet. Im Stockholmer Schärenführer der Reederei Waxholmbolaget ist von einer Festung auf der Insel Vaxholm zu lesen, die im Auftrag des Königs Gustav Vasa erbaut worden war und wo das Gefängnis besucht werden kann. Vaxholm ist eine Nachbarinsel westlich von Rindö.

Vaxholm
59°24'N, 18°26'O

Gripsholm
59°15'N, 17°13'O

Die Wasserburg liegt auf einer kleinen Insel im Mälarsee (Mälaren) in der Gripsholmbucht bei Mariefred.

August Strindberg hat ihr mit seiner Erzählung »Entwicklung« und Kurt Tucholsky mit der Liebesgeschichte »Schloss Gripsholm« Denkmale gesetzt.

Sie ist keine Gefängnisinsel in strengem Sinne, aber es gab bedeutende Gefangene auf ihr.

Die Insel wird von einem imposanten Schloss aus dem 14. Jahrhundert beherrscht, das die Vasa-Könige restaurieren und umbauen ließen.

Tucholsky: »Das Schloss, aus roten Ziegeln erbaut, stand leuchtend da, seine runden Kuppeln knallten in den blauen Himmel – dieses Bauwerk war dick, seigneural, eine bedächtige Festung.« Und weiter: »Ein Kerker war da, in dem Gustav der Verstopfte Adolf den Unrasierten jahrelang eingesperrt hatte, und so dicke Mauern hatte das Schloss, und einen runden Käfig für die Gefangenen gab es und ein schauerliches Burgloch oder eine Art Brunnen. ... Menschen haben immer Menschen gequält, heute sieht das nur anders aus.«

Tatsächlich wurden die beiden Söhne Gustav Vasas, Johan und Erik, im Schloss gefangen gehalten. Erik XIV., ältester Sohn Gustav Vasas, hatte 1560 den Thron bestiegen. Er hielt seinen Bruder Johan vier Jahre lang auf Gripsholm gefangen. Dieser setzte mit Unterstützung seines Bruders Karl im Jahr 1568 kurzerhand den König ab, sperrte ihn bis zu seinem Tod, im Jahr 1577, auf Gripsholm ein und regierte Schweden bis 1592 als Johan III.

Außer dem Schloss gab es ein Kartäuserkloster auf Gripsholm.

Läckö
58°41'N, 13°13'O

Läckö ist eine Schäreninsel mit kleinem Hafen im Vännernsee.

Im Mittelalter stand die Burg eines Bischofs auf der Insel. Sie fiel nach der Reformation an die Krone.

Im 17. Jahrhundert schenkte der König sie seinem Minister de la Gardie, der die Burg zu einem Schloss ausbaute. Als de la Gardie starb, wurde die Familie enteignet.

Das Läckö Slott diente dann zeitweilig als Gefängnis und Speicher.

Heute wird es für Ausstellungen genutzt. Im Rittersaal sind Schlachtenszenen aus dem Dreißigjährigen Krieg, Bilder aller Generäle dieses Krieges, Puppenkleidung, Porzellan zu besichtigen.

Marstrand
57°53'N, 11°35'O

Die Inselgruppe liegt rund dreißig Kilometer nordwestlich von Göteborg, genau auf der Grenze zwischen dem zur Nordsee zählenden Skagerrak und dem der Ostsee zugeordneten Kattegat.

Nur zweihundert Meter ist die Insel vom Festland entfernt.

Die Insel wird dominiert von der Festung Carlsten. Sie entstand, nachdem Marstrand 1658 schwedisch geworden war. Im 18. und 19. Jahrhundert diente sie als Gefängnis, in dem der in Schweden berühmt-berüchtigte Dieb Lasse-Maja eine Attraktion war. Besucher kamen auf die Insel, um ihn und andere Häftlinge von den Festungsmauern aus im Innenhof zu beobachten.

Finnland

Suomenlinna, Sveaborg

60°09'N, 24°59'O

Suomenlinna (Finnlands Burg) besteht aus fünf kleinen felsigen Inseln (mit insgesamt 0,7 km² Fläche) vor Helsinki: Suomenlinna (Sveaborg), Susisaari (Vargön), Länsi Mustasaari (Vester Svartö), Pikku-Musta (Lilla Östersvartö) und Särkkä (Långören).

Die Inselgruppe hieß vor dem Festungsbau Vargskären (Wolfsschären).

Dort wurde ab 1748, nachdem der russische Zar Peter I. die Hauptstadt seines Reiches an den Finnischen Meerbusen verlegt hatte, als Hauptstützpunkt der schwedischen Landesverteidigung (Finnland gehörte von 1748 bis 1807 zum schwedischen Reich) unter der Leitung des Artillerieoffiziers und Architekten Augustin Ehrensvärd die Seefestung Sveaborg (Schweden-Burg) angelegt.[262] Beim Bau hielt man sich weitestgehend an Vaubans Bastionstechnik. Es wurde die größte Festung Nordeuropas, man nannte sie »Gibraltar des Nordens«. Neben Ehrensvärd war der berühmteste Schiffbauer Schwedens, Frederik Chapman, die bedeutendste Persönlichkeit auf Sveaborg.

Die Anlage wurde in 40-jähriger Bauzeit ausgangs der schwedischen Großmachtzeit von 8.000 Garnisonssoldaten gebaut (Helsinki hatte damals nur neunhundert Einwohner). Bis Helsinki 1812 Hauptstadt wurde, lebten auf der Inselfestung zehntausend Menschen, dreimal so viel wie in der dahinter liegenden Stadt, die damals Helsingfors hieß.

Schon während der Schwedenzeit war Sveaborg ein Gefängnis für finnische Häftlinge und ein Arbeitslager für finnische Landstreicher. Gegen Landstreicher wurde streng vorgegangen. Jeder war nach schwedischem Recht verpflichtet, sich selbst zu ernähren und durfte anderen nicht zur Last fallen. Deshalb wurden Landstreicher in Arbeitslager gesteckt. Ein Landstreicher durfte die Festung nur verlassen, wenn er einen festen Arbeitsplatz nachweisen konnte. Um einen zu finden, hatte er das Recht auf Hilfe und Beratung. Gesunde Männer konnten auch zu den Soldaten gepresst werden. Beim Bau der Festung waren Gefangene und Landstreicher als billige Arbeitskräfte geschätzt.

Gewöhnlich kamen Landstreicher für ein halbes Jahr nach Sveaborg. Wurde jemand das zweite oder dritte Mal aufgegriffen, so konnte er zu einem Jahr oder zu zwei Jahren verurteilt werden. Verbrecher wurden strenger bestraft. Wiederholungstäter konnten zu lebenslänglich Sveaborg verurteilt werden.

Bevor ein Gefangener nach Sveaborg überführt wurde, hatte er eine Prügelstrafe von fünfunddreißig bis vierzig Schlägen mit der Rute über sich ergehen zu lassen und musste der allgemeinen Kirchenpflicht Genüge getan haben. Letzteres bestand darin, dass der Verurteilte an einem Sonntag in der Kirche vor der Gemeinde um Verzeihung bitten musste.

Seit Anfang des 19. Jahrhunderts wurde die Kurtine[263] Hamilton-Polhem auf der Insel Vargön als Gefängnis benutzt.

Die Anzahl der Gefangenen auf Sveaborg betrug etwa sechshundert Männer. Einige durften sich relativ frei bewegen, andere trugen Handfesseln und manche noch dazu Fußfesseln.

Die Gefangenen konnten auch zu Arbeitseinsätzen außerhalb der Festung geschickt werden, z. B. zum Bau des Saimaakanals oder zur Arbeit in Bergwerken.

Im Frieden von Tilsit (1807) ging Finnland an Russland über und war bis 1917 ein dem Zarenreich angegliedertes autonomes Großfürstentum.

Im Mai 1808 übergab Schwedens Seekriegsheld Admiral Carl Olof Cronstedt die Festung an die Russen, die den Namen Sveaborg beibehielten.

Nach der Kapitulation mussten alle Soldaten, Einwohner, Gefangene und Landstreicher die Festung verlassen. Aber noch im selben Monat war der Bedarf an Arbeitskräften so groß, dass der russische Befehlshaber anordnete, Arbeitsgefangene aus der Umgebung nach Sveaborg zu verlegen.

Das russische Militär unterhielt in der Festung sein eigenes Gefängnis. Es befand sich im 1. Stock der Kurtine Hamilton-Polhem.

Teilnehmer am Dezemberaufstand 1825 gegen die autokratische Zarenherrschaft, die so genannten Dekabristen[264], wurden u. a. auf Sveaborg inhaftiert. Sie waren isoliert untergebracht, auf der nordwestlich vorgelagerten Insel Långören (Särkkä). Unter ihnen waren verdienstvolle Militärs und Intellektuelle: M. F. Mitkow, W. S. Norow, P. A. Muhanow, W. K. Küchelbecker, P. F. Gromnitzkij, I. W. Kirejew, M. S. Lunjin, I. V. Poggio, K. P. Torson.

Alle inhaftierten Dekabristen verließen Långören am 4. Oktober 1826 und wurden in andere Festungen verlegt.

Übrigens, der Krimkrieg fand auch auf der Ostsee statt. Britische und französische Flottenverbände griffen russische Ziele in der Ostsee an, um Russland zu irritieren und einer Konzentration russischer Truppen auf dem Balkan entgegenzuwirken. 1854 wurde die Festung Bomarsund auf den Ålandinseln, die der Zar nach dem letzten Russisch-Schwedischen Krieg hatte ausbauen lassen, von britisch-französischen Kriegsschiffen zerstört. 1855 bombardierte eine englisch-französische Flotte die Festung Sveaborg, deren unterlegene Kanonen keinen hinreichenden Schutz boten. Der Beschuss dauerte achtundvierzig Stunden, aber die Festung wurde nicht eingenommen. Die danach bei Krupp gekaufte neue Bestückung kam nie zum Einsatz und schmückt heute noch die Bastionen.

Die Verpflegung der Gefangenen war immer problematisch. Man führte das russische Artelsystem ein. Ein Artel ist eine genossenschaftsähnliche Vereinigung, in der die Arbeiten gemeinsam ausgeführt werden. In diesem Fall mussten die Gefangenen gemeinsam für ihre Verpflegung sorgen. Auch Holzlöffel und -schüsseln mussten sie sich selbst herstellen.

Über das Verhalten der Gefangenen sind keine Einzelheiten bekannt. Lakonisch ist vermerkt, dass 1858 ein Unteroffizier von zwei zu lebenslänglich verurteilten Gefangenen erstochen und 1861 ein finnischer Feldwebel von Gefangenen ermordet wurde.

Ab 1859 sollte die Festung nur noch für finnische zu lebenslänglich verurteilte Gefangene benutzt werden. Im selben Jahr ersuchten Gefangene, als Kolonisten nach Sibirien gehen zu dürfen.

Das finnische Gefängnis wurde 1863 aufgelöst und die Gefangenen und Landstreicher wurden in andere Gefängnisse auf dem Festland überführt.

1906 und 1907 kam es parallel zu Aufständen in Kronstadt zu Revolten der Kadetten auf Sveaborg, die jedoch blutig niedergeschlagen wurden.

1918 erhielt Finnland die Selbstständigkeit. Die Festung wurde am 12. Mai 1918 in Suomenlinna umbenannt. Vom 28. Januar bis Mitte Mai 1918 gab es eine finnische Arbeiterregierung, die jedoch mithilfe deutscher Truppen gestürzt wurde. 35.000 Finnen wurden hingerichtet. Suomenlinna wurde Gefangenen- und Todeslager.

Während der Zeit des Nationalsozialismus war die gelbe Baracke mit den vergitterten Fenstern, hinter dem heutigen Museum der Küstenartillerie, ein Gefängnis für Kriegsgegner.

1972 verließen die letzten militärischen Einheiten Suomenlinna. Umgebaute Kasernen und Wohnungen beherbergen heute mehrere tausend Einwohner.

1975 beschloss die Regierung die Sanierung der Festung und ihre Gestaltung zu einem nordischen Kunstzentrum mit Werkstätten für bildende Künstler und Ausstellungsräumen. Die zentralen Teile der Festung, Susisaari und Kustaanmiekka, sind als Museumsgebiete ein Ensemble von Befestigungsanlagen, Wällen, Kasematten und Parks.

Die UNESCO hat Suomenlinna in ihr Verzeichnis »Kulturelles Erbe der Menschheit« aufgenommen.

Die ehemaligen Festungsinseln wurden ein beliebtes Sommerausflugsziel für Helsinkier und sind eine touristische Attraktion:

Museen (u. a. Ehrensvärds Wohnhaus), Nordisches Kunstzentrum mit Ausstellungsräumen und Ateliers, Badestrand, Restaurant Walhalla in der Bastion Delwig in der Nähe der Königspforte (Kuninkaanportti), Café Piper, Sommertheater in einer alten Bastion. An der Mauer der Königspforte stehen die Worte: »Nachwelt, steh hier auf eignem Grund, vertrau fremder Hilfe nicht.«

Auf Ehrensvärds steinernem Schiffssarkophag steht:

»Hier ruht Graf Augustin Ehrensvärd, Feldmarschall, Ritter und Kommandant der Ritterschaft der Königlichen Majestät, umgeben von seinem Werk, der Festung Sveaborg und der Armee-Flotte.«

Die Überfahrt ab Marktplatz Helsinki dauert nur fünf Minuten.[265]

Dänemark

Ertholmene
55°19,3'N, 15°11,4'O

Die der Nordostküste Bornholms ca. 18 Kilometer vorgelagerte Insel- und Schärengruppe Ertholmene (Erbseninseln) besteht aus den beiden bewohnten Felsinseln Christiansø und Frederiksø sowie einigen unbewohnten Schären und Klippen, von denen die nordwestlich vorgelagerte Vogelinsel Græsholm und das noch weiter nördlich gelegene Tat nennenswert sind. Østerskær, die Ostschäre, ist Dänemarks östlichster Flecken Land. Alle Landflächen zusammen machen 38 Hektar (0,38 km^2) aus.

Die Bewohner nennen sie nur »Ørne« (Inseln), und Bornholm ist für sie das »Land«. Auch die Bezeichnung »Holmene« ist im Gebrauch. Für die Bornholmer heißt die Inselgruppe einfach nach der größten Insel Christiansø, im Schriftgebrauch oft nur ChrØ. Im deutschen Sprachgebrauch ist auch die Bezeichnung »Erbseninseln« üblich.

1658 verlor Dänemark seine östlichen Provinzen an Schweden, das zugleich ein Stück von Pommern besaß. Dazwischen, Dänemarks östlichstes Bollwerk, die Insel Bornholm, das sich im Dezember 1658 durch einen Aufstand erfolgreich der schwedischen Herrschaft widersetzte, und Ertholmene. Bisher waren die Ertholmene ein geschätzter Schutzhafen, nun erhielten sie strategische Bedeutung.

Im Frühjahr 1684 begann unter König Christian V. (1646–1699, reg. 1670–1699) der Ausbau von Christiansø und Frederiksø zu einer Festung und Flottenbasis. Der norwegische Festungsarchitekt Oberst Coucheron und seine beiden Kompanien Ingenieursoldaten verwendeten für den Bau der weitläufigen Festungsanlage überwiegend Granit, der an Ort und Stelle gebrochen wurde. Die so entstandenen Steinbrüche wurden zu Zisternen, die noch heute die Trinkwasserversorgung der Inseln sichern. Schon 1684 konnte der Store Tårn, der Große Turm, auf Christiansø eingeweiht werden. Anlässlich dieses Ereignisses wurde eine Medaille geprägt, deren lateinische Inschrift über dem Eingang des Turmes eingemeißelt ist.

Die beiden unteren Stockwerke des Store Tårn wurden anfangs, bis 1821, als Kirche, als Wohnung für den Kommandanten und als Zeughaus benutzt. Im 3. Stockwerk waren Kanonen aufgestellt. Seit 1806 ist er Leuchtturm.

Die Festung erhielt 1684 ihren Namen nach König Christian V. Später wurde die kleinere der beiden Festungsinseln nach Frederik IV. benannt.

Anschließend entstand nahe der Nordspitze von Frederiksø der Lille Tårn, der Kleine Turm.

Als nach vielen Jahren Bauzeit die Festungsanlagen und Gebäude fertig waren, hatte Dänemark eine schier uneinnehmbare Festung, die zunächst niemand anzugreifen wagte – und ein recht sicheres Gefängnis.

Erst am 24. Oktober 1808, als die englische Flotte den Verbündeten Napoleons eine Lehre erteilen

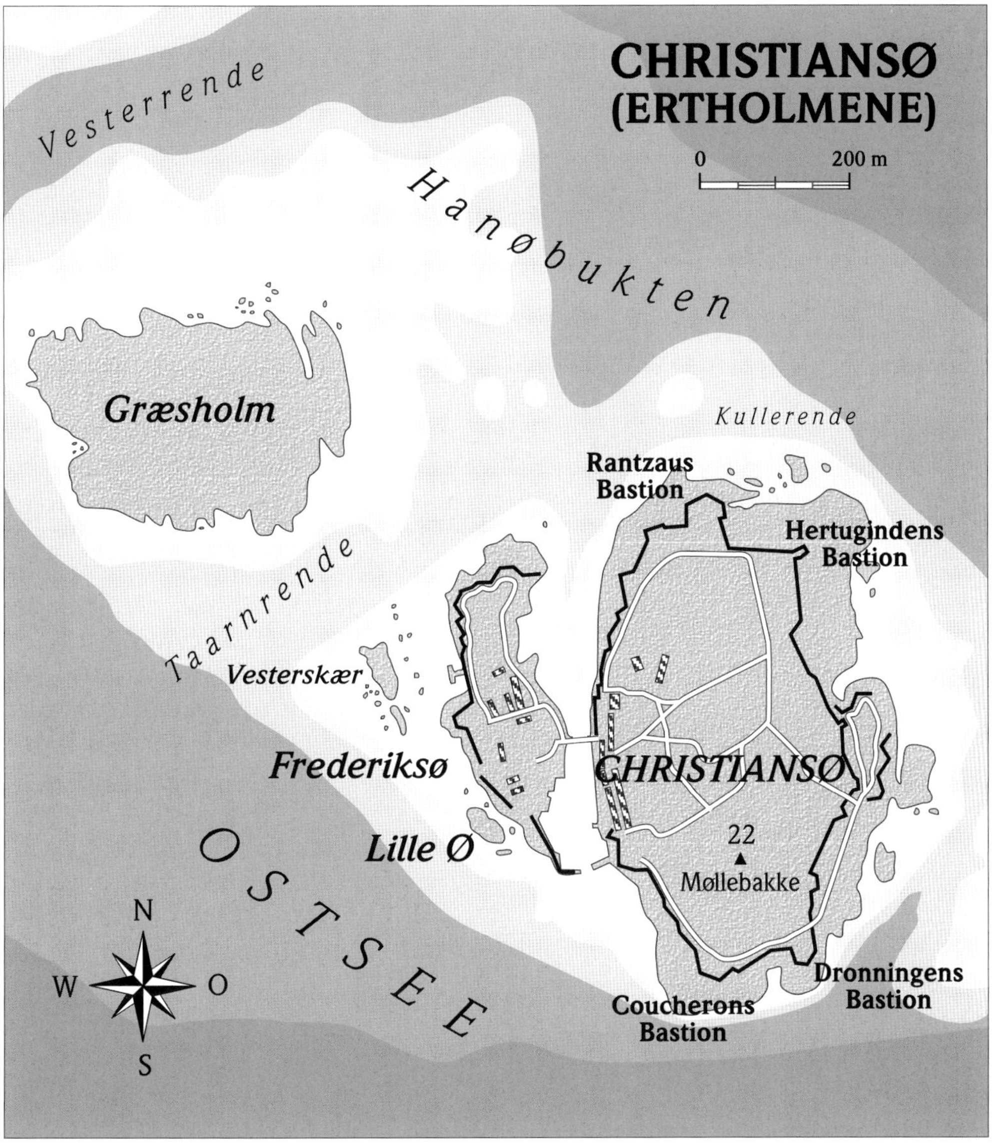

und den lästigen Kaperstützpunkt beseitigen wollte, bekam die Festung ihre Feuertaufe. Da sie für die damals modernen Waffen schon veraltet war, hätten die Engländer einen leichten Sieg erringen können. Fünf Stunden dauerte der Beschuss. Die englischen Kanonen richteten beträchtlichen Schaden an, und sieben Menschen, sechs Gefangene und eine Frau, wurden getötet, zehn weitere Personen, darunter der Kommandant, wurden verwundet. Die veralteten Geschütze von Christiansø waren für die britischen Schiffe keine Gefahr. Die Engländer wagten jedoch keine Landung.

In den folgenden Jahren wurden die Schäden ausgebessert und die Anlage erweitert – doch mit dem Nimbus der Uneinnehmbarkeit war es vorbei.

Neben der militärischen Aufgabe erfüllte die Inselgruppe die Funktion einer Quarantänestation. Ab 1725 schoben wohlhabende dänische Familien ihre geistig behinderten Verwandten auf die Inseln ab, wo sie in der Festung für einfache Arbeiten eingesetzt wurden.

Bereits 1782 war der letzte Kettensträfling gestorben.

Von 1825 bis 1855 diente Frederiksø noch als Staatsgefängnis, insbesondere als Verbannungsort für politisch unbequeme und zu langjährigen Freiheitsstrafen verurteilte Personen. Prominentester Häftling in dem kleinen Gebäude unweit des Cholerafriedhofs war von 1826 bis 1841 der Theologe Jakob J. Dampe. Er war wegen Opposition gegenüber dem »Militärkönig« Frederik VI. zu lebenslanger Haft verurteilt worden. An ihn erinnert ein kleiner Raum.

Das Gebäude des ehemaligen Staatsgefängnisses etwa in der Mitte der Insel ist das höchste Gebäude von Frederiksø neben dem Lille Tårn.

Ganz Frederiksø diente während zweier Choleraepidemien im 19. Jahrhundert als Quarantänestation. Der Cholerafriedhof stammt aus jener Zeit.

Neben den Gefangenen lebten Fischer und Lotsen auf den Inseln.

Græsholm diente als Galgeninsel und zeitweilig auch zur Isolierung von Pestkranken.

Durch einen Beschluss vom 2. Mai 1855 wurde Christiansø als Festung aufgegeben. Nur eine kleine Wachtruppe, zwei Leuchtturmwärter und sieben Lotsen blieben. 1863 verließen die letzten Truppen die Insel und Zivilisten durften sich ansiedeln.

Bis heute haben die Inseln einen Sonderstatus behalten: sie werden vom Verteidigungsministerium verwaltet, die Bewohner dürfen zwar an den Parlamentswahlen teilnehmen, aber keinen Gemeinderat oder Bürgermeister wählen. Die oberste Inselautorität ist der von Kopenhagen eingesetzte Verwalter (Forvalter på Chistiansø).

1912 wurden Christiansø und Frederiksø durch eine etwa dreißig Meter lange schwenkbare Brücke miteinander verbunden.

Seit 1926 stehen alle Gebäude unter Denkmalschutz und Græsholm ist Vogelschutzgebiet. Seit 1984 ist die gesamte Inselgruppe Naturschutzgebiet.

Heute sind die beiden Hauptinseln von etwa hundertfünfzig Menschen, auf achtundvierzig Hausstände verteilt, bewohnt.

Die reizvoll herbe Inselgruppe mit den schweren Festungsmauern aus Granit, ihren Geschützstellungen, Türmen und Kasernengebäuden bietet eine besondere Atmosphäre. Überraschend ob der geographischen Lage trifft man auf den Inseln Feigen- und Maulbeerbäume, andererseits kein Wunder, denn die Ertholmene gehören zu den wärmsten, trockensten und sonnenscheinreichsten Orten Dänemarks.

Vor ihrer Besiedelung waren die Inseln kahle Granitfelsen. Jede Erdkrume für den Festungsbau und für das Anlegen von Beeten musste per Schiff auf die Inseln transportiert werden.

Der besondere Reichtum der Ertholmene sind die auf ihnen nistenden und rastenden Vögel. Seit 1976 werden Zugvögel beringt, an manchen Tagen bis zu 2.500. Die Ertholmene sind der einzige dänische Nistplatz des Tordalks und der Trottellumme.

Und auffällig viele Schmetterlinge bemerkt man im Sommer, fast hundertvierzig Arten findet der Kenner.

Anderes Getier ist kaum anzutreffen, außer dem Pindsvin (Igel), der allerdings ist recht häufig zutraulich und frech.

Während der Saison kommen jährlich etwa 70.000 bis 80.000 Tagesbesucher für jeweils etwa zwei bis drei Stunden auf die Inseln. Dazu wenige hundert Übernachtungsgäste im Gasthof und auf dem Zeltplatz. Die Ertholmene werden gern von Sportseglern angelaufen (pro Sommer etwa 3.000 Übernachtungen) und verfügen über einen geschützten Nothafen.[266]

Deutschland

Hahnöfersand
53°33'N, 9°43'O

Die Elbinsel zwischen Hahnöfer Nebenelbe und Borsteler Binnenelbe liegt genau gegenüber dem Willkommhöft, der Schiffsbegrüßungsanlage Schulau. Heute ist die einstige Insel durch zwei Dämme mit dem Festland verbunden. Sie gehört zum niedersächsischen Landkreis Stade.

Im Zuge einer Strafrechtsreform entstanden in den 20er-Jahren des 20. Jahrhunderts spezielle Jugendstrafanstalten. Eine der ersten war die derzeit noch bestehende hamburgische Anstalt auf dem Hahnöfersand.

Hier schließt Hamburg seine gefährlichsten Jugendlichen, zwischen vierzehn und zweiundzwanzig Jahren alt, ein. Rund hundertfünfzig Dealer, Räuber, Einbrecher, Vergewaltiger, Mörder. Fast alle brutale Gewaltverbrecher und Mehrfachtäter.

Nach zehn Stunden Einschluss werden die Gefangenen 6 Uhr 30 geweckt. Die Zellen werden nach Drogen und Waffen untersucht. Der Tagesablauf besteht aus Unterricht, einige Häftlinge können nicht lesen und schreiben, Erziehung zu geregeltem Tagesablauf, sozialem Verhalten, regelmäßiger Arbeit. Es besteht die Möglichkeit, eine Lehre (Maurer, Tischler oder Maler) zu absolvieren. Man versucht, das Selbstwertgefühl der Jugendlichen zu stärken. In Hahnöfersand wird nachgeholt, was draußen versäumt wurde. Einmal pro Woche wird geliefert, was die Gefangenen bestellt und Verwandte oder Freunde bezahlt haben.

Trotz strenger Überwachung herrscht auch in Hahnöfersand unter den Gefangenen Gewalt vor. Schwache werden unterdrückt. Das Problem für die Gefangenen sind nicht die Wächter, sondern die anderen Gefangenen. Isolationshaft, Arrestzelle, Fesselbett, das sind Strafen für Verstöße gegen die Anstaltsordnung. In einer besonderen Abteilung werden extrem gewalttätige Jugendliche, deren Straftaten von einer äußerst niedrigen Hemmschwelle zeugen, einem Anti-Aggressions-Training und einer Gruppentherapie unterzogen. Im offenen Vollzug, kurz vor Ende der Haft, werden die Jugendlichen auf ihre Freiheit vorbereitet.

Etwa hundertachtzig Häftlinge, Jugendliche und Heranwachsende, vom Drogendealer bis zum Mörder, befinden sich in der Anstalt. 75 % der Insassen waren 1994 Ausländer.

Ein 1,3 Kilometer langer, elektronisch gesicherter Zaun umschließt die Anlage.

1994 erfolgte der Neubau des pavillonähnlichen Hauses 5 für einundfünfzig Häftlinge.

1995/96 entstand für 8,7 Mill. Mark der Neubau eines Frauengefängnisses für sechsundvierzig Gefangene. Neben dem zweistöckigen Zellentrakt sind ebenerdige Gemeinschaftsräume und Zimmer für Mitarbeiter geschaffen worden. Auch eine Sportanlage gehört dazu. Das Frauengefängnis ist mit einem Zaun umfriedet, um Kontakte zwischen den Jugendlichen und den weiblichen Gefangenen zu verhindern. Am 28. April 1997 wurde es eingeweiht.

Dänholm
54°18,5'N, 13°07,3'O

Auf der Insel im Strelasund, zwischen Stralsund und Rügen, befand sich einst ein Kriegsgefangenenlager.

1941 wurde in Stralsund eine Werft errichtet. Im Sommer übernahm die berüchtigte Berliner Baugruppe Schlempp den Aufbau der Werft, und nach wenigen Monaten stand südlich des Bahnhofes Rügendamm die »Kröger-Werft«, auf der Schnellboote für die Kriegsmarine gebaut wurden. Die Baugruppe war nicht nur für die Beschaf-

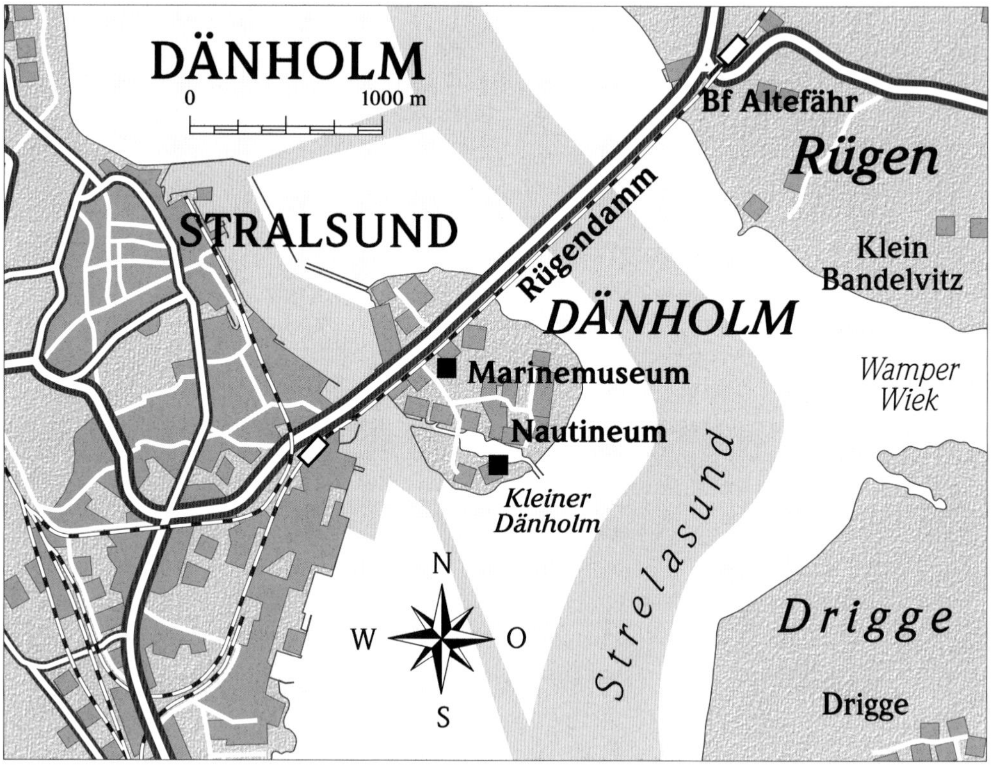

fung des Baumaterials zuständig, sondern löste auch die Frage der Arbeitskräfte: »Auf ausländische Volksgruppen ist unter allen Umständen zurückzugreifen.« So entstanden, bevor es mit dem Bau der Werft so richtig losging, zunächst Gefangenenbaracken auf dem Dänholm.[267]

Dömitz
53°08'N, 11°14'O

Die Festung der gleichnamigen Stadt liegt zusammen mit der Altstadt zwischen Alte Elbe (Die dove Elbe) und dem Hauptstrom der Elbe. Sie ist auf den Ruinen einer frühmittelalterlichen Rundburg der Grafen von Dannenberg angelegt und erstmals im Jahr 1259 urkundlich erwähnt.

1559–1565 wurde die Anlage auf Befehl des Herzogs Johann Albrecht von Mecklenburg als Festung im italienischen Stil zur Sicherung der Südwestgrenze Mecklenburgs, zur Kontrolle der Elbübergänge und zur Durchsetzung der Elbzolleinnahmen erbaut. Zeitweilig wurde die Festung als Irrenhaus und als Zuchthaus benutzt.

Einer der bekanntesten Häftlinge war von 1839 bis 1840 der spätere niederdeutsche Heimatdichter Fritz Reuter. Im Zuge einer groß angelegten Demagogenverfolgung, gerichtet vor allem gegen fortschrittliche Studenten und Burschenschafter, wurde am 31. Oktober 1833, früh sieben Uhr, der Student Fritz Reuter verhaftet.

Erst am 28. Januar 1837 wurde ihm das Urteil des Berliner Kammergerichts mitgeteilt. Es lautete, »dass der stud. jur. H. L. C. F. Reuter wegen Teilnahme an hochverräterischen burschenschaftlichen Verbindungen in Jena und wegen Majestätsbeleidigung mit der Einziehung seines Vermögens zu bestrafen und mit dem Beil vom Leben zum Tode zu bringen« sei. Gleichzeitig wurde die »Begnadigung« zu siebenjähriger Festungshaft verkündet.

Reuter saß auf den Festungen Silberberg im Eulengebirge (Schlesien), Groß Glogau an der Oder, Magdeburg und Graudenz (an der Weichsel), bevor er am 20. Juni 1837 in die mecklenburgische Festung Dömitz eingeliefert wurde, aus der er am 25. August 1840 entlassen wurde.

In der ehemaligen Festungskapelle ist ihm eine Gedenkstätte gewidmet. Das beste Denkmal hat er sich selbst mit seinem Buch »Ut mine Festungstid« geschaffen.

Wilhelmstein
52°28'N, 9°19'O

Im 30 km^2 (ehemals 46 km^2) großen Steinhuder Meer, ca. zwanzig Kilometer westlich vom Stadtrand Hannovers, liegt die Festung Wilhelmstein.

Graf Wilhelm von Schaumburg-Lippe, geb. 1724, gest. 1777, stand der kleinsten Grafschaft Deutschlands vor. Tiemann bezeichnet ihn als einen der edelsten und tüchtigsten Fürsten seiner Zeit. Seine große Leidenschaft galt dem Kriegswesen. Er führte in seinem kleinen Land die allgemeine Wehrpflicht ein und schuf eine schlagkräftige Truppe, die weitaus größer war als zur Verteidigung des Landes notwendig gewesen wäre. Sie kämpfte für den Preußenkönig Friedrich II. im Siebenjährigen Krieg gegen Frankreich.

Im Steinhuder Meer ließ der Graf aus Pfählen, Flechtwerk, Sandsäcken, Steinen, Baumstämmen und Bauschutt von 1761 bis 1765 eine künstliche Insel errichten. Auf ihr entstand innerhalb zweier Jahre nach Plänen des Grafen eine Festung bzw. Zitadelle.

Die Festung war für damalige Verhältnisse völlig sicher gegen Artilleriebeschuss. Sie besteht aus einer Sternschanze mit vier völlig gleichen Strahlen. Im unteren Teil liegen niedrige, trockene Kasematten als Unterkünfte für die Mannschaften. Darüber erhebt sich das Schloss mit den Wohnräumen des Kommandanten und der Offiziere. Das Ganze wird überragt von einem runden Turm, der als Sternwarte dienen sollte. Sechsundvierzig Kanonen und Mörser plus fünf auf Booten sollten die Insel schützen. Außerdem gab es Waffen- und Pulverkammern sowie Räume für Proviant. Um das ganze Werk herum lief ein Weg, die Berme, auf dem die Wachen patrouillierten.

Sechzehn kleinere Inseln, die »Wilhelmsinseln«, umgaben den Wilhelmstein und waren von ihm und untereinander durch nasse Gräben getrennt. Sie bildeten eine dreifache Reihe das Hauptwerk schützender Forts: außen vier Bastionen, dahinter acht Kurtinen und innen vier Ravelins. Auf jeder der kleinen Inseln standen ein mit Schießscharten versehenes Haus mit Garten sowie eine Kanone. In einem durch eine Kette versperrten Hafen lagen fünf kleine, geruderte Kanonenboote und einige andere Boote. Anfang des 18. Jahrhunderts wurden die Gräben zugeschüttet und die kleinen Inseln mit der Hauptinsel verbunden.

Zur Sicherung der Anlage gegen feindliche Boote war eine Doppelreihe von mit Blech verkleideten, untereinander durch Ketten verbundenen Pfählen in den Boden des Sees gerammt worden.

Um einen Angriff im Winter auszuschließen, wurde das Eis um die Festung herum aufgebrochen.

Die Besatzung der Festung bestand aus hundertneunzig Personen, im Kriegs- und Belagerungszustand sollte sie um siebzig Personen erhöht werden. Die monatlich zu ergänzenden Vorräte und die Rationen waren exakt festgelegt.

Wilhelmstein wurde niemals angegriffen. Zeitweilig diente die Festung als Militärschule, deren bedeutendster Schüler Scharnhorst war, der spätere preußische General.

Der Nachfolger des Grafen Wilhelm, der 1777 starb, Graf Philipp Ernst, zeigte nur wenig Interesse an der Kriegspielerei und an der Festung. Er reduzierte die Garnison auf zweiundzwanzig Mann, löste die Militärschule auf, verkaufte einen Teil der Kanonen.

1787 starb Philipp Ernst und das ganze Schaumburger Land wurde von Hessen besetzt außer Wilhelmstein. Schließlich mussten sich die Hessen auf kaiserlichen Erlass aus Schaumburg zurückziehen, und die Schaumburger waren stolz auf ihre Festung.

In der folgenden Zeit, der Zeit des Rheinbunds, wurde der Wilhelmstein als Staatsgefängnis genutzt. Die Kasematten wurden in Zellen für Schwerverbrecher umgewandelt. Die Gefangenen lagen in Ketten und wurden zur Zwangsarbeit mit nachschleppender eiserner Kugel geführt. Sie schütteten die Gräben zwischen den Inseln zu. Das Personal der Insel diente nur noch als Gefangenenwärter. An Flucht war allerdings kaum zu denken, denn die Boote waren stets angekettet. Einem Gefangenen soll allerdings die Flucht gelungen sein. Er benutzte ein Brett, um durch den See zu schwimmen, erreichte auch sein Haus in Altenhagen, meldete sich jedoch am nächsten Morgen wieder auf der Insel zurück.

Bis zum 1. Oktober 1867 diente Wilhelmstein als Gefängnis.

Danach wurde die Festung dem Besucherverkehr geöffnet und als Museum genutzt.[268]

Spandau
52°33'N, 13°12'O

Man mag darüber streiten, ob eine Festung mit Wassergraben eine Insel ist oder nicht. Gemäß Definition ist sie eine – wenn die Zugbrücke hochgezogen ist. Nirgends ist definiert, wie viel Wasser um das Land herum sein muss.

Spandau, eine Zitadelle in der Havel, im westlichen Teil Berlins, ist auch heute noch ringsum von Wasser umgeben.

1557 beschloss Kurfürst Joachim II., die ehemalige askanische Burg als Festung auszubauen. Von 1560 an wurde vierunddreißig Jahre lang an der Anlage gebaut. Der Juliusturm, der ehemalige Bergfried, gilt mit mehr als achthundert Jahren als ältestes Bauwerk Berlins. Er diente als Gefängnis und als Schatzkammer.

In der ersten Hälfte des 18. Jahrhunderts war ein französischer Offizier in Spandau eingekerkert. Nach einem Fluchtversuch hatte er sechsunddreißig Mal Spießruten laufen müssen, danach wurden ihm Ohren und Nase abgeschnitten. Auf Betreiben Voltaires wurde er freigelassen.

1778, als Howard die Gefängnisse Europas besuchte, waren in der Zitadelle sechsunddreißig Staatsgefangene und hundertfünf Kriminelle untergebracht. Die meisten von ihnen arbeiteten in der Spinnerei. Die Gefangenen waren mit einer leichten Kette an jedem Fuß gefesselt. 1781 befanden sich hundertvierzehn Gefangene in Spandau.[269]

1874 wurden in dem Gebäude hundertzwanzig Millionen Goldmark eingelagert, die Entschädigung der Franzosen für den Krieg 1870/71.

In der deutschen Rechtsgeschichte gab es den berühmten Fall des Müllers Arnold gegen den Wassermüller Arnold. Friedrich der Große griff ein und schickte die Richter, die seiner Meinung nach Rechtsbeugung begangen hatten, auf die Festung Spandau.[270]

Heute ist die Zitadelle dafür bekannt, dass sie eine der größten Fledermauskolonien Europas beherbergt.

Doch der Name Spandau ist durch ein anderes Gefängnis weltbekannt geworden.

Neben der Zitadelle existierte noch das Festungsgefängnis. Es lag westlich der Wilhelmstraße und hatte ein Areal von 39.000 m². Es war zwischen 1878 und 1881 als Militärstrafanstalt errichtet und als solche auch bis zum Ende des Zweiten Weltkrieges genutzt worden. Ab Oktober 1920 wurde es auch als Zivilgefängnis für männliche Gefangene verwendet. Bis 1945 gab es im Gefängnis noch einen Hinrichtungsraum mit Guillotine und einem Galgen, an dem gleichzeitig acht Verurteilte hingerichtet werden konnten. Das Gefängnis hatte hundertzweiunddreißig Einzelzellen, fünf Strafzellen und zehn Säle für jeweils vierzig Häftlinge. Nach Hitlers Machtergreifung diente das Gefängnis als Durchgangsstation für politische Gefangene. Egon Erwin Kisch, der im März 1933 für einige Tage in Spandau inhaftiert war, erinnerte sich nach seiner Entlassung: »In der Zelle kommt man sich wie ein Irrer vor. Wir hören Schreie: ›Hilfe! Hilfe! Hier werden Menschen blutig geprügelt.‹ Es geht durch Mark und Bein, aber wir haben keine Nerven mehr, uns diesem Aufschrei aus dem Unbekannten hinzugeben, wir hören zu viel über das Schicksal unserer Genossen, die von Hilfspolizei und SA verhaftet und bestialisch misshandelt wurden.« Viele Hitler-Gegner wurden in Spandau gefoltert.

Die Sieger behandelten die Getreuen Hitlers hingegen human.

Vom 18. Juli 1947 an beherbergte es als Alliiertes Kriegsverbrechergefängnis sieben der in Nürnberg verurteilten Kriegsverbrecher. 1954 wurde der Erste entlassen, Konstantin von Neurath, 1987 beging der Letzte, seit 1966 der einzige Häftling, Selbstmord, Rudolf Heß.

Diese Häftlinge, seit dem 1. Oktober 1966 nur noch einer, wurden turnusgemäß von den Alliierten bewacht und zwar von jeweils zwei Offizieren, zwei Feldwebeln, sechs Unteroffizieren und vierundvierzig Soldaten.

In den Monaten September und Oktober 1987 wurde vereinbarungsgemäß das Gefängnis abgerissen, und erst seit November 1995 ist das Gelände, auf dem sich ein Verbrauchermarkt, ein Elektronikmarkt, Parkplätze, ein Kino und ein Imbiss-Stand befinden, für Deutsche frei zugänglich. Bis August 1987 waren die einzigen Deutschen, die das Gefängnis betreten durften, Angehörige der bzw. des Inhaftierten.

Delitzsch
51°31'N, 12°20'O

Die Stadt in Sachsen, nördlich von Leipzig, hat ein Schloss aus dem 14. Jahrhundert, das ursprünglich eine Wasserburg war.

1690 ließ der Herzog von Sachsen-Merseburg das Gebäude als Witwensitz ausbauen. Als man es für diesen Zweck nicht mehr benötigte, wurde es 1856 zu einem Frauengefängnis umfunktioniert. Ausschließlich Schwerverbrecherinnen, die der Todesstrafe entgangen waren, kamen hierher. Sie waren verpflichtet zu arbeiten und konnten von Bürgern gemietet werden. In Ketten hatten sie ihre Dienste zu verrichten. Diese Zeit hat ihre Spuren hinterlassen. Ältere Einwohner der Stadt, die das sagenumwobene Gefängnis noch aus der Zeit vor dem Zweiten Weltkrieg kennen, und wohl auch Jüngere ängstlichen Gemüts fürchten sich davor, im Dunkeln durch den Schlosspark zu gehen. Inzwischen ist im Schloss ein Museum untergebracht.

Pfalzgrafenstein
50°04'N, 7°45,5'O

Kurz: die Pfalz, eine 1326 bei Kaub im Rhein errichtete Flussfeste zur Sicherung des Rheinzolls.

Die Pfalz liegt wie ein steinernes Schiff im Rhein. Sie hatte Kerker für Staatsgefangene und, eine seltene Kombination, ein kleines Zimmer, in dem die Pfalzgräfinnen die Stunde ihrer Niederkunft erwarteten.

Bulgarien

Belene, Persin
43°39'N, 25°07'O

Die Insel liegt in der Donau, etwa siebzig Kilometer vor Ruse.

In Bulgarien war das Lagersystem bis zum Beginn der 1970er-Jahre übliche Begleiterscheinung des politischen Herrschaftssystems. Bis Anfang der 1980er-Jahre wurden zwar noch Regimegegner festgehalten, allerdings ohne Zwangsarbeit.

Aus Zeugenaussagen geht hervor, dass in bulgarischen Lagern mehr geschlagen, geprügelt, ausgepeitscht, gequält wurde als in anderen Lagern Osteuropas. Geschlagen wurde bei der Verhaftung, geschlagen wurde bei der Ankunft im Lager. Es gibt Zeugenaussagen darüber, dass einem Häftling die Haare angezündet wurden, ein junger Mann vor den Augen seines Vaters totgeschlagen wurde, Gefangene mit gefrierendem Wasser übergossen wurden.

Der Vorschlag, zur Isolierung der Gegner der Revolution Arbeitslager einzurichten, wurde am 16. November 1944 auf einer Sitzung des Zentralkomitees der Bulgarischen Arbeiterpartei gemacht. Bereits einen Monat später beschloss die Regierung die Gründung von zwei Arten von Lagern: für Kriminelle, Asoziale, Prostituierte, Bettler etc. und für politische Gegner. Verschickt werden konnte auf Anordnung des Innenministeriums, wer immer von Seiten der Miliz benannt wurde, und zwar für den wiederholbaren Zeitraum von jeweils sechs Monaten. Ab 1962 ermöglichte ein Dekret bis zu fünf Jahre Freiheitsentzug und Zwangsarbeit ohne Verurteilung auf Vorschlag von Massenorganisationen.

Auf Belene (Persin) wurden von 1949 bis 1953 sowie zwischen 1956 und 1959 die politischen Häftlinge konzentriert. Sie kannten das Ende ihrer Haftdauer nicht. Sie kamen ohne Anklage, ohne Urteil, ohne verordnete Strafe auf die Insel.

Zwischen 1954 und 1956 kamen die Deportationen nahezu zum Stillstand, Belene bestand jedoch weiter. Von 1956 bis 1959 erfolgten wieder Einweisungen nach Belene, besonders während des Ungarischen Volksaufstandes von 1956. Nach einem Hungerstreik wurde das Lager zwischen 1959 und 1962 aufgelöst. Zu jener Zeit hatte es auf Belene sowohl politische Häftlinge als auch Kriminelle gegeben.

Die verbleibenden Häftlinge kamen in das neue Lager Lowetsch, das 1962 aufgelöst wurde. Die Frauen von Belene kamen in ein Lager nahe Skravena, dort herrschten bessere Haftbedingungen.

Von 1968 bis 1981 wurden wieder einige Regimegegner auf Belene interniert, allerdings ohne Zwangsarbeit leisten zu müssen. Zwischen 1985 und 1987 waren dort auch mehrere Hundert Muslime inhaftiert, die sich der Bulgarisierungskampagne der Familiennamen widersetzt hatten.

Die Baracken bestanden aus Astwerk und getrocknetem Lehm. Der Regen drang durch die mit

Stroh und Sonnenblumenblättern gedeckten Dächer. In jeder Baracke hausten fünfzig bis siebzig Menschen, geplagt von Läusen, Flöhen und Ratten sowie im Sommer von Mückenschwärmen. Später wurde desinfiziert.

Das Lager war von einem 2,30 Meter hohen Stacheldrahtzaun umgeben. Dahinter gab es noch einen drei Meter tiefen Wassergraben und eine Mauer, vor der die Wachleute patrouillierten. In Abständen von etwa einem Kilometer standen Schilderhäuschen, dazwischen liefen Hunde an einem Draht entlang. Von sechs Wachtürmen aus war die Lagergrenze zu überschauen.

Auf einer nahe gelegenen anderen Insel waren etwa hundertfünfzig Frauen untergebracht.

Die Nahrung war knapp. Wer die Arbeitsnorm erfüllt hatte (etwa 5 m^3 Erde bewegt), bekam ein Pfund Brot, einen Teller Suppe und abends Nudeln oder Reisschrot. Fleisch gab es selten. Wer die Norm nicht erfüllte, dem wurde die Ration gekürzt.

Auf dem Appellplatz stand ein Schild mit dem Gorki zugeschriebenen Satz: »Wenn der Feind sich weigert, sich zu ergeben, muss er vernichtet werden.«

Zwischen 1949 und 1962 sind gemäß Schätzung der Emigrantenzeitschrift L'Avenir durch das Lager Belene an die 50.000 Häftlinge gegangen und über 7.000 von ihnen umgekommen.[271]

Georgi N. Vasilev nannte sein 1995 erschienenes Buch »Die Insel Persin, Schande Bulgariens«.

Türkische Sträflingsinseln

Kinali Ada, Proti
40°55'N, 29°03'O

Die Insel gehört zu den etwa zwanzig Kilometer südöstlich von Istanbul im östlichen Marmarameer gelegenen Kizil Adalar (Prinzeninseln). Im Altertum hießen sie Demonisi (Volksinseln), in der byzantinischen Zeit Papadanisia (Priesterinseln). Auch unter dem Namen Genieninseln sind sie bekannt.

Vier der Inseln sind bewohnt: Kinali Ada (Proti), Burgaz Ada (Antigoni), Heybeli Ada (Halki) und Büyük Ada (Prinkipo).

Fünf kleine Inseln sind unbewohnt: Sivri Ada (Oxa), Yassi Ada (Plati) mit den Ruinen eines Schlosses, das sich 1857 der britische Botschafter Sir Henry Bulwer bauen ließ, Tavshan Ada (Terebintos, auch Balikçi Ada genannt), Kashik Ada (Pitta) und Sedef Ada (Antherovitos).

In einem Reisebericht[272] aus dem 19. Jahrhundert ist über die Inseln zu lesen:

»Die Prinzeninseln liegen ungefähr eine kleine Stunde von Asien entfernt und bilden im Halbzirkel eine Gruppe von neun kleinen Inseln, nämlich Proti, Prinkipios, Galke, Antigone, Platis, Oxia, Pitha, Antirovido und Niantro. Die vier ersten sind die größten, von denen die erste dem festen Lande am nächsten liegt; die zweite, als die größte, ist der Lustort der Franken, und die dritte hat ein schönes griechisches Kloster, wo eine herrliche Aussicht ist. Man lebt auf diesen Inseln sehr frei, daher sie von keinem Türken bewohnt, auch nur selten von einem besucht werden. Sie sind der Küchengarten von Konstantinopel, dessen Umgebung überhaupt wenig angebaut ist. Auch ist hier viel Viehzucht, und die Butter (Kimak) wird für die beste der ganzen Gegend gehalten. ... Auch in animalischer Hinsicht sind diese Inseln sehr ergiebig, besonders an Vögeln; z. B. wilde Gänse, Tauben, Wachteln, Geier und Adler sind in ungeheurer Menge hier, und ebenso auch Fische zahlloser Art.« Ein anderer Reisender, Anton von Prokesch, nennt Halki die freundlichste der Prinzeninseln.

Die 1,3 km^2 große Insel Kinali Ada (Proti) war Verbannungsort für Kaiser Michael I. und seine beiden Söhne (813), Theodosia, die Gemahlin Kaiser Leons V., des Armeniers, und ihre vier Kinder, Kaiser Romanos I. (944), Kaiser Romanos IV. (1071).

Büyük Ada (Prinkipo) ist mit 5,4 km^2 die größte der Prinzeninseln. Bevor auf ihr Leo Trotzki eine Zeit seines Exils verbrachte, war sie schon Verbannungsort für Euphrosine, die Enkelin der Kaiserin Eirene, für die Kaiserinnen Zoë (1042) und Anna Dalassena (1070) sowie für aufmüpfige Prinzen und unliebsame Patriarchen.

Büyük Ada wird von zwei Hügeln beherrscht und ist von üppiger Vegetation überzogen. Auf dem 163 Meter hohen Isa Tepe (Christushügel) steht das vermutlich auf einer älteren Anlage errichtete Christus-Kloster aus dem Jahr 1597. Vom Georgskloster auf dem Yüce Tepe (Hoher Hügel, 202 m), das vermutlich aus dem 6. Jahrhundert stammt, sind einige Kapellen und Gebäude erhalten, die als Anstalt für Geisteskranke gedient haben. Am Fuße des Berges steht das moderne Georgskloster.

Am Ufer sind Ruinen des ehemals berühmten Frauenklosters Prinkipo erhalten. Es war 569 unter Justin II. gegründet und im 8. Jahrhundert unter Kaiserin Eirene, die in ihm ihre letzte Ruhestätte fand, erweitert worden.[273]

Die Inseln sind als Sommeraufenthalte und Ausflugsziele beliebt. Schiffe benötigen von Istanbul aus etwa neunzig Minuten, um zu den Inseln zu gelangen. Die Touristen wandern, fahren mit dem Rad oder mit einer der bunten Kutschen, denn auf den Inseln sind Autos nicht zugelassen.

Kiz Kulesi, Leanderturm
41°01,5'N, 29°00,2'O

Der Leanderturm steht etwa hundertachtzig Meter vor dem asiatischen Ufer des Bosporus, vor dem Istanbuler Stadtteil Üsküdar. Die Türken nennen ihn Kiz Kulesi, d. h. »Mädchenturm«.

Der athenische Feldherr Alkibiades richtete nach seinem Sieg über die Spartaner und Perser bei Kyzikos im Jahr 410 v. Chr. auf der kleinen Insel eine Zollstation ein. Im Mittelalter wurde die Insel durch ein Fort befestigt. Heute dient sie als Signalstation.

Der Name »Leanderturm« erinnert an die griechische Sage von Hero und Leander, dem Liebespaar, das nach dem Willen der Eltern nicht zueinander kommen durfte. Hero wurde auf die Insel verbannt, von der sie Nacht für Nacht ihrem Leander mit einer Fackel den Weg wies, wenn er vom europäischen Ufer aus zu ihr schwamm. Eines Nachts habe der Sturm die Fackel ausgelöscht, und Leander ertrank. Als Hero davon erfuhr, stürzte sie sich verzweifelt vom Turm in den Tod.

Ob es wirklich diese Insel war, um die sich die Tragödie rankt, ist unklar. Nach Ovid, Vergil und Musaios soll sie im Hellespont (Dardanellen) gelegen haben.

Die türkische Version lautet, einst habe ein Wahrsager einem Sultan prophezeit, dass seine Tochter durch einen Schlangenbiss den Tod finden würde. Besorgt brachte der Sultan sie auf die schlangenlose und damit sichere Insel. Eines Tages sei jedoch eine giftige Viper in einem Korb mit Früchten auf die Insel gelangt und die Prophezeiung habe sich erfüllt.

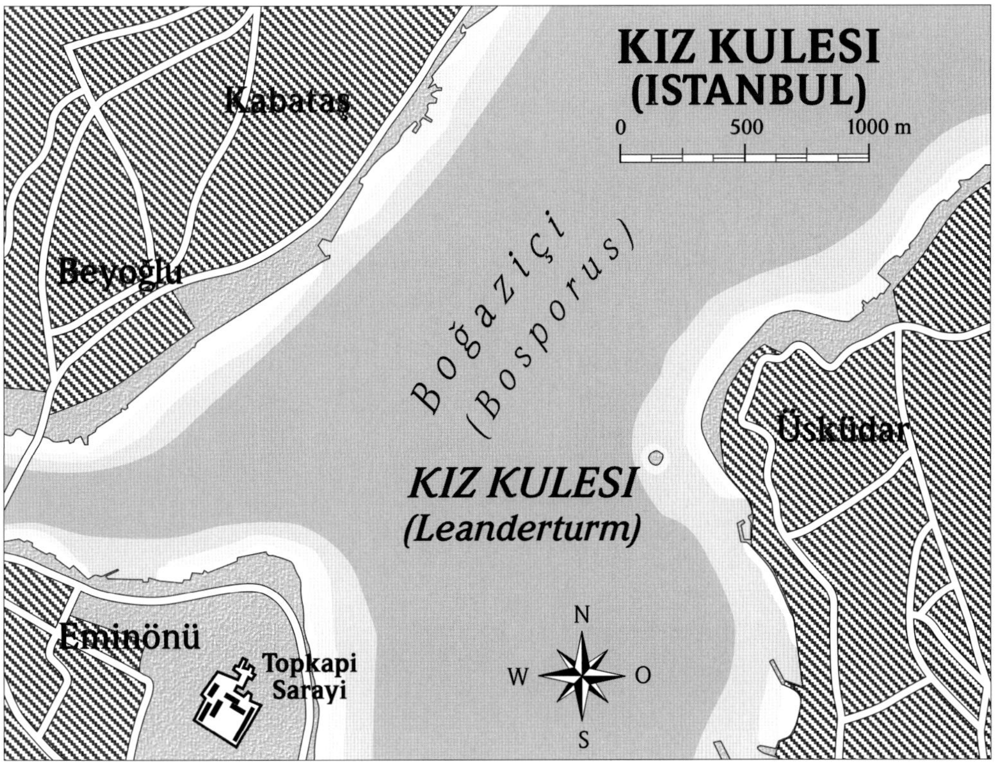

Imralí Adasi
40°32'N, 28°32'O

Die Insel im Marmarameer war bis etwa 1965 Gefängnisinsel. Sie wird seitdem militärisch genutzt und ist weder für Touristen noch für Einheimische zugänglich.

Im September 1989 wurden auf der Insel die Gebeine des 1961 hingerichteten türkischen Regierungschefs Adnan Menderes ausgegraben. Gemeinsam mit Staatspräsident Bayar hatte Menderes reaktionären religiösen Tendenzen nachgegeben und den Staat reosmanisiert.

Im Ergebnis einer Militärrevolte des Jahres 1960 hatte das Komitee der Nationalen Front 1961 unter Präsident Gürsel die Rückkehr zum Kemalismus verkündet und Todesstrafen gegen Mitglieder der Regierung Menderes verhängt.

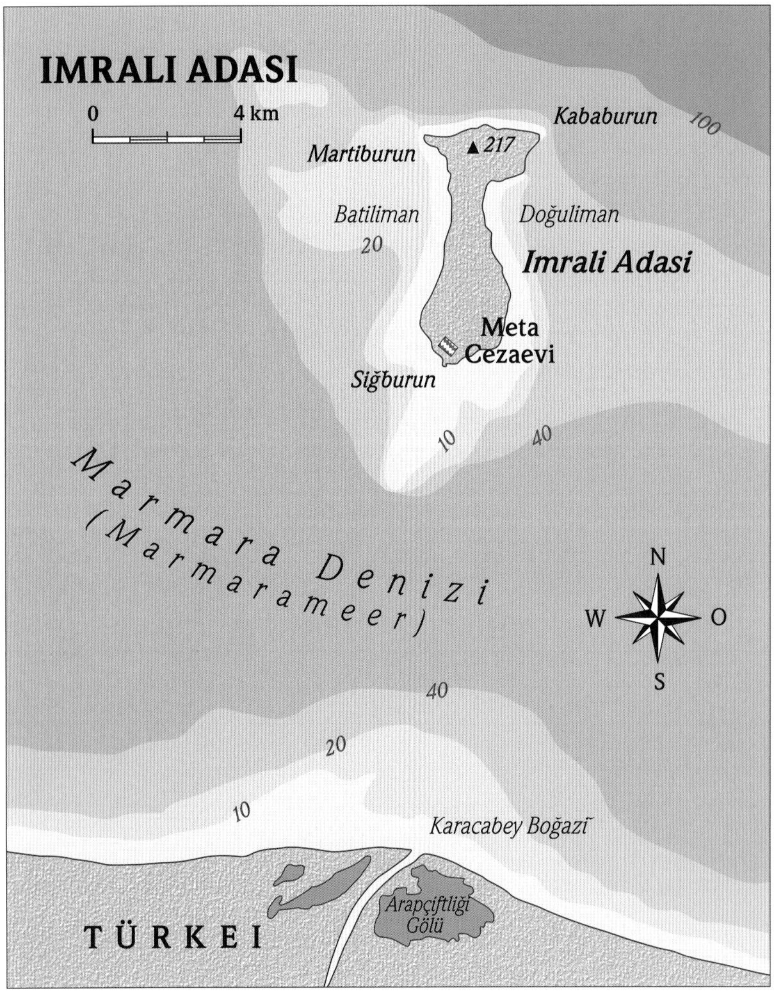

Eine Aktion wie im Mittelalter mit Methoden der Neuzeit fand Anfang 1999 statt. Im Februar wurde der Gründer und Führer der Kurdischen Arbeiterpartei (PKK), Abdullah Öcalan (geb. 1949), aus Kenia mit Unterstützung Griechenlands, der USA und Israels, geknebelt und gefesselt und unter Drogen gesetzt, entführt und auf die Insel Imralí gebracht.

Zuvor hatten europäische Staaten aus Furcht vor innenpolitischen Unruhen abgelehnt, Öcalan zu inhaftieren. Die PKK setzt sich für die Interessen der Kurden in der Türkei ein, und Öcalan galt als die Symbolfigur des kurdischen Freiheitskampfes. Dieser Freiheitskampf wurde nicht nur gegen das türkische Militär, sondern auch durch terroristische Akte gegen Zivilisten geführt. So war Öcalan einer der meistgesuchten Menschen in der Türkei und galt als Staatsfeind Nr. 1. Seine Bedeutung, sein Ansehen und sein Einfluss erforderten seine Unterbringung in einer Hochsicherheitsanstalt, als die offensichtlich Imralí im Jahr 1999 galt.

Öcalan war seit seiner Festnahme der einzige Häftling auf der von Sicherheitskräften streng abgeschirmten und bewachten Insel. Ende Mai begann der Prozess gegen ihn, auf Imralí. Journalisten, Prozessbeobachter und Zeugen wurden jeweils von Mudanya auf die Insel gebracht. Nach einem Monat Verhandlungsdauer wurde Öcalan am neunten Verhandlungstag erwartungsgemäß zum Tode verurteilt. Seitdem lebte Abdullah Öcalan auf der Insel streng bewacht jenem Tag entgegen, an dem er entweder hingerichtet oder zu lebenslanger Haft begnadigt würde. Eine weitere Alternative schien es nicht zu geben.[274]

Im Januar 2000 beschloss das türkische Parlament, die Vollstreckung des Todesurteils so lange auszusetzen, bis der Europäische Gerichtshof für Menschenrechte in Strasbourg im Fall Öcalan sein Urteil gefällt hat. Ebenfalls im Januar wurde der Häftling auf einem geheimen Parteitag der Arbeiterpartei Kurdistans einmütig als Präsident der PKK und Nationaler Führer der Kurden bestätigt. Auf diesem Parteitag wurde der Beschluss über das Ende des bewaffneten Kampfes gebilligt.

Anfang August 2002 wurde mit der Abschaffung der Todesstrafe in der Türkei eine der Bedingungen für die Aufnahme in die Europäische Union erfüllt. Nun ist Öcalan nicht mehr von der

Hinrichtung bedroht. Alle Todesstrafen wurden in lebenslängliche Haftstrafen ohne Möglichkeit vorzeitiger Entlassung umgewandelt.

Afrikanische Sträflingsinseln

Gorée, Île de Gorée, Ilha Palma
14°40'N, 17°24'W

Drei Kilometer vor Dakar/Senegal, dem Cap Vert (Cabo Verde) vorgelagert, liegt die kleine Insel Gorée. Sie hat mit 0,16 km^2 nur ein Zehntel der Größe Helgolands, ist etwa neunhundert Meter lang und dreihundert Meter breit.

Dieser Winzling war Schauplatz eines der größten Verbrechen in der Geschichte der Menschheit. Er war einer der bedeutendsten Sammelplätze für Sklaven.

Dem lieblichen Eiland sieht man die üble Vergangenheit kaum noch an. Die Wunden haben nur wenige Narben hinterlassen.

Nach zwanzig Minuten Bootsfahrt von Dakar erreicht man Gorée.

Neben den Sehenswürdigkeiten ist es vor allem die friedliche Atmosphäre, die Gorée so sympathisch macht. Afrikanischer Alltag mit mediterranem Flair. Die Luft ist rein. In den idyllischen Gässchen Rue de Hann und Rue Herse finden sich liebevoll restaurierte Häuser mit grünen Patios, umrahmt von blühenden Hibiskussträuchern und üppig wuchernder Bougainvillea. Wenige bunte, überwiegend rot und gelb gestrichene Häuser mit bunten Balkons und Fensterläden unter Palmen, blühende Gärten, der Blick auf das blaue Meer, Arkaden und säulengetragene Veranden – das ist Gorée. Auf der Insel gibt es weder Autos noch Motorräder, nicht einmal Fahrräder, Pferdekutschen oder Eselskarren. Es gibt auch keine Straßen, nur adrette Pfade und schattige Alleen. Ein paar gepflasterte, von blühenden Hecken gesäumte Wege führen von Verkaufsbude zu Verkaufsbude, von einem Bistro zum nächsten. Frauen in farbenprächtigen Gewändern spazieren lachend durch die sandigen Gassen, Kinder spielen ausgelassen, Fuaná-Musik plärrt aus den Fenstern, in der Mittagszeit schaukeln die Goreaner in ihren Hängematten. Vor dem baufälligen Rathaus dämmert ein kleiner Touristenmarkt vor sich hin.

Das Hotel Chevalier de Boufflers, ein sienarot getünchtes Kolonialhaus mit grünen Fensterläden, lädt mit bequemen Gartenstühlen direkt am Meer ein. Palmwedel spenden Schatten, in dem sich vorzüglich eine exquisite Bouillabaisse und eine Portion gegrillter Langusten genießen lassen.

Vorbei an der Pfarrkirche St.-Charles-Borromée, die genauso gut auch irgendwo in einem westfranzösischen Dorf stehen könnte, windet sich eine mit archaisch anmutenden Affenbrotbäumen (Baobabs) bestandene Allee hinauf zum Kastell, von wo die Trommeln der Baye-Fall-Sekte hallen, deren Mitglieder dort oben in Höhlen und windschiefen Hütten hausen. Das Kastell an der Südseite der Insel diente im Zweiten Weltkrieg als Bollwerk und wird heute von einem Betondenkmal dominiert. Von den einstigen Befestigungsanlagen ist nicht mehr viel übrig geblieben. Aber das prächtige Panorama über die roten Ziegeldächer der Inselhäuschen bis zum Cap Vert und die Skyline Dakars belohnen die geringe Mühe des Aufstiegs.

An der Nordspitze der Insel steht das Fort d'Estrées. Das massive, Mitte des 19. Jahrhunderts erbaute Rundgebäude war eine Verteidigungsanlage, bevor es in eine Dépendance des Zentralgefängnisses von Dakar umfunktioniert wurde. Derzeit beherbergt es ein sehenswertes historisches Museum. Das ist das oberflächliche Bild von der Insel.

Das europäische Kapitel der Inselgeschichte begann vor mehr als 550 Jahren. Die ersten Europäer, die auf der Suche nach einem Handelsposten vor der westafrikanischen Küste segelten und sich 1444 der Insel bemächtigten, waren Portugiesen. Die kleine Insel, der sie den Namen Ilha Palma gaben, wurde schnell zu einem wichtigen Stützpunkt im portugiesischen Kolonialnetz, den viele berühmte Seefahrer aufsuchten, unter ihnen Vasco da Gama und Christoph Columbus.

Als die Portugiesen 1455 auf der Suche nach den legendären Goldfeldern an der Küste des westafrikanischen Königreiches Kayor im heutigen Senegal landeten, entwickelte sich dort ein schwunghafter Handel. Im Tausch gegen europäische Waren lieferte das Königreich Sklaven, zunächst als Arbeitskräfte auf den Zuckerplantagen der Kanaren, später als exotische Diener des eu-

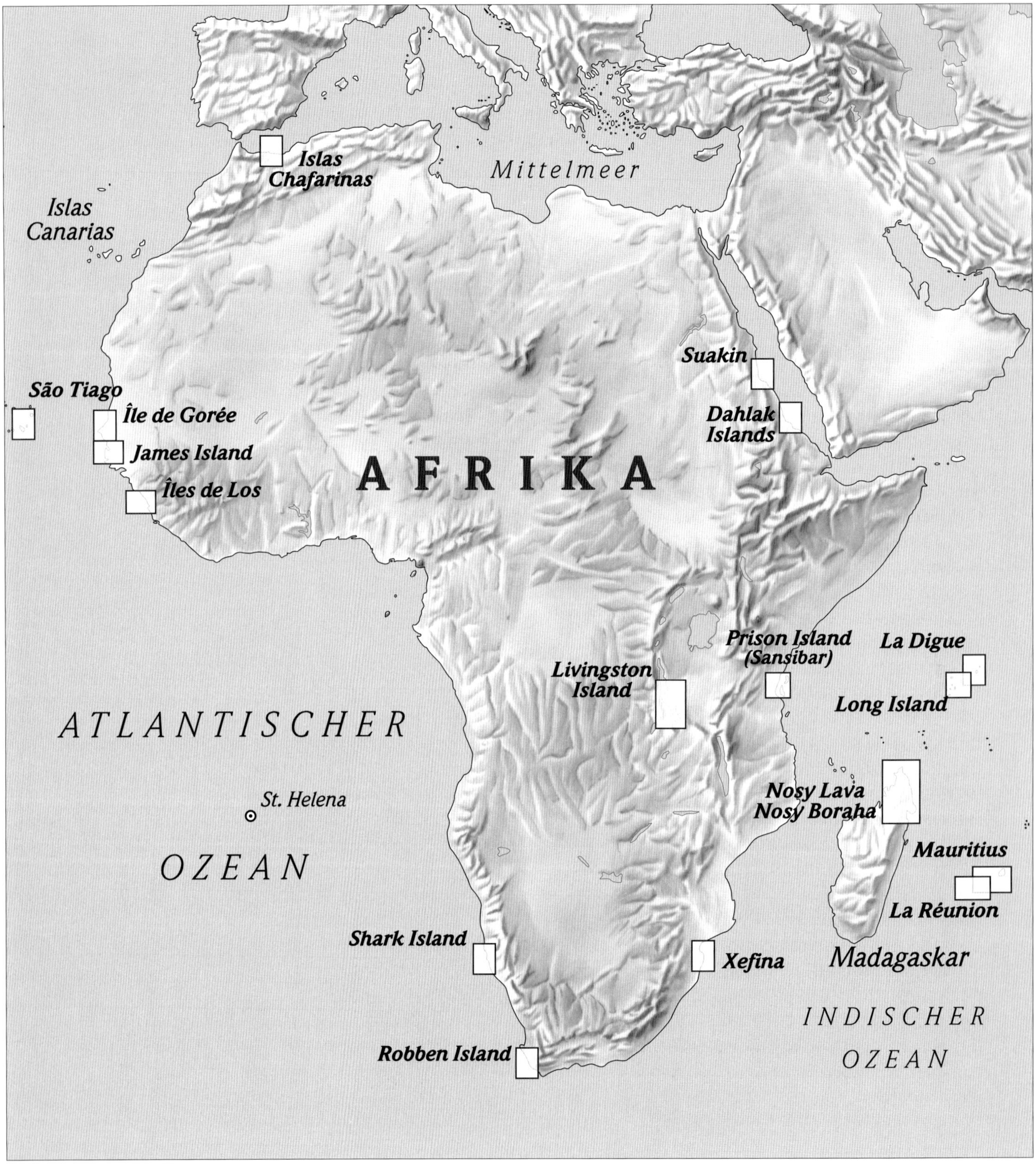
Islas Chafarinas
Mittelmeer
Islas Canarias
Suakin
São Tiago
Île de Gorée
Dahlak Islands
James Island
Îles de Los
AFRIKA
Prison Island (Sansibar)
La Digue
Livingston Island
Long Island
ATLANTISCHER
St. Helena
Nosy Lava
Nosy Boraha
OZEAN
Mauritius
La Réunion
Shark Island
Xefina
Madagaskar
INDISCHER OZEAN
Robben Island

ropäischen Adels und schließlich massenhaft für die Silberminen Mexikos, die Zucker-, Baumwoll- und Tabakplantagen Nord-, Mittel- und Südamerikas.

Die Nachfrage war groß und die afrikanischen Könige und ihre Lakaien verdienten am Verkauf ihrer eigenen Landsleute nicht schlecht.

Das erste feste Gebäude auf der Insel, eine kleine steinerne Kirche, entstand 1482 und dient heute als Polizeistation.

1588 verloren die Portugiesen ihre Exklave an die Holländer, die ihr den Namen Goede Rede (gute Reede) gaben, woraus später der noch heute gebräuchliche Name wurde. Sie richteten eine florierende Handelsfaktorei ein, über die große Mengen Elfenbein, Wachs und zunehmend Sklaven umgeschlagen wurden. Nach dem Bau von zwei Forts konnten sich die neuen Herren gut geschützt und voller Eifer dem Handel Glasperlen, Waffen, Küchenutensilien, Alkohol gegen Gold, Elfenbein und Menschen und in Amerika Menschen gegen Zucker, Kaffee, Rum und Gold widmen.

Gorée wurde zur Schlüsselstellung für den Handel mit West- und Zentralafrika und deshalb von allen Handelsmächten mit begehrlichen Blicken betrachtet. Auf die Holländer folgten die Engländer und die Franzosen.

Zwischen 1678 und 1814 wechselten auf Gorée neun Mal die Herren – vier Mal eroberten die Engländer die Insel, fünf Mal gewannen die Franzosen sie zurück, bis schließlich das Eiland 1815 Frankreich zugesprochen wurde und so lange französisch blieb, bis 1960 Senegal die Kolonialherrschaft abschüttelte und sich für unabhängig erklärte.

1536 verließ die erste Schiffsladung Sklaven Gorée in Richtung Neue Welt. 1776 erbauten die Holländer das Maison des Esclaves (Haus der Sklaven), das bis heute als das einzige aus der Sklavenzeit komplett erhaltene Haus der Insel existiert. Wie ein schlafendes Ungeheuer in Rosa liegt es da, zwei geschwungene Steintreppen greifen wie mit Armen nach den Menschen. In den dunklen, engen Gemäuern des zweistöckigen Gebäudes endete für die Erbarmungswürdigen endgültig die Freiheit, begann die Sklaverei. In einem Raum gleich neben dem Eingang wurden die Neuzugänge gewogen. Männer unter 60 kg wurden so lange gemästet, bis sie das Idealgewicht für die Verschiffung hatten. Händler prüften die »Ware«, schätzten den Wert, feilschten, kauften und verkauften und brannten schließlich ihrem Kauf das Zeichen des Besitzers in die Haut. Der Preis eines Sklaven richtete sich bei Männern nach der Muskulatur, bei Frauen nach den Brüsten und bei Kindern nach dem Gebiss.

Vom Innenhof gehen die einstigen Sklavenzellen ab, dunkle, fensterlose Verliese, in denen die Sklaven an allen vieren angekettet wurden. In den niedrigen Zellen standen die Sklaven wie Vieh zusammengepfercht bis zu den Knien in ihren eigenen Exkrementen, die erst entfernt wurden, wenn sie eine bestimmte Höhe erreicht hatten, die durch eine Markierung an der Wand gekennzeichnet war. Bei dieser Gelegenheit holten die Wärter auch die Toten heraus, sie wurden den Haien zum Fraß vorgeworfen. Meerwasser wurde in die Zellen gepumpt, um sie zu säubern.

Hunderte von Sklaven warteten oft monatelang, bis genügend »Ladung« für ein Schiff zusammengekommen war, in den stinkenden, dunklen, feuchten Gewölben auf ihren Transport nach Amerika.

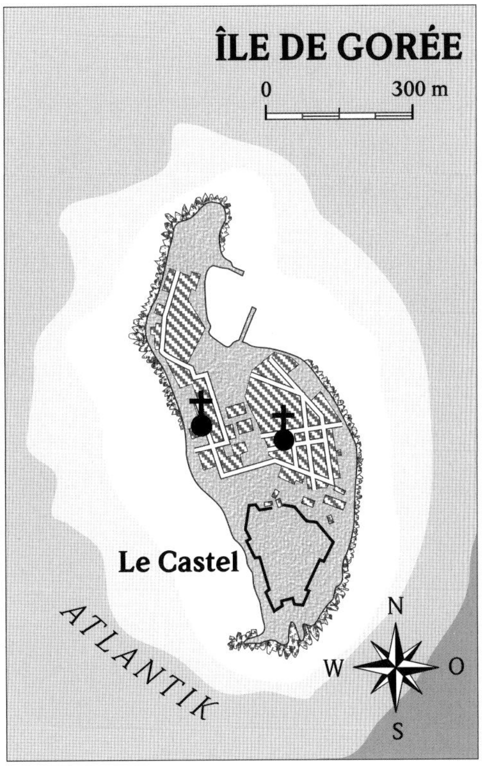

In den geräumigen Zimmern über den Zellen residierten die Sklavenhändler. Nur ein Fußboden trennte gehobenen Luxus von tiefstem Elend.

Durch einen langen, dunklen Gang wurden die verkauften Sklaven an ihrem letzten Tag in Afrika getrieben. Am Ende des Ganges führte die berüchtigte »Tür ohne Wiederkehr« direkt zum Meer hinaus. Unzählige Familien wurden brutal auseinander gerissen. Die Menschen wurden in die dumpfen Bäuche der Schiffe verstaut, wo sie, an Händen und Füßen gefesselt, die oft monatelange qualvolle Reise zum Bestimmungsort erdulden mussten.

Das Maison des Esclaves in der Rue Saint-Germaine ist eines der schrecklichsten Museen der Welt. Es wurde mit französischer Hilfe renoviert. Prominente Besucher waren Papst Johannes Paul II., Bill Clinton (US-Präsident), Angela Davis (US-Bürgerrechtlerin), Nelson Mandela (Präsident Südafrikas).

»Ein Weißer, der ehrlich mit sich ist, kommt nicht umhin, beim Besuch des Museums ein Gefühl der Übelkeit zu verspüren«, schrieb der französische Sozialist Michel Rohcard ins Gästebuch.

Besucher des Museums erfahren, dass im Nachbarstaat Mauretanien die Sklaverei offiziell erst 1981 abgeschafft wurde, dass jedoch schwarze Boys, die bei Europäern arbeiten, immer noch völlig rechtlos sind, und dass sie von Arabern wie Sklaven gehalten werden.

Auf Gorée werde nicht laut gezählt, heißt es. Denn lautes Zählen erinnere an die Zeit, als Afrikaner ihres Namens beraubt und mit Nummern gekennzeichnet wurden.

Zwischen 1536, als die erste Ladung Menschen den Inselhafen verließ, und 1848, dem Jahr, in dem der Sklavenhandel verboten wurde, war Gorée eines der Zentren des Menschenhandels.

Über die Anzahl der Menschen, die Gorée auf ihrem Weg in die Sklaverei passierten, gibt es widersprüchliche Angaben.

Einige Schätzungen lauten, dass fünfzehn bis zwanzig Millionen Männer, Frauen und Kinder aus ganz Westafrika als Sklaven über Gorée in die Neue Welt verschifft wurden. Etwa sechs Millionen von ihnen seien bei der Überfahrt gestorben. Nach anderen Hochrechnungen sollen über Gorée und den benachbarten Hafen Rufisque in jenem Zeitraum 600.000 bis 700.000 Sklaven verschifft worden sein. Neuere Forschungen haben ergeben, dass höchstens dreihundert Sklaven pro Jahr, also im gesamten Zeitraum maximal 100.000 Sklaven, die Insel in Richtung Amerika passieren konnten. Mehr hätte die Kapazität der Anlagen nicht zugelassen.

Die geschätzte Zahl der deportierten Afrikaner, die lebend die Neue Welt erreichten, schwankt zwischen zehn und sechzig Millionen. Etwa ein Viertel der Bevölkerung Westafrikas wurde versklavt.

Nutznießer des Sklavenhandels waren neben Europäern hauptsächlich arabische Zwischenhändler und afrikanische Häuptlinge und Könige, die skrupellos ihre Landeskinder verkauften.

Aber auch die Insel hat am Sklavenhandel verdient. Während der Blütezeit des Sklavenhandels zählte Gorée etwa sechstausend Einwohner. Heute sind es noch knapp tausend.

Gorée ist heute Pilgerziel nicht nur für Afrikaner. Auch Schwarze aus den USA und der Karibik suchen dort nach den Wurzeln ihrer Herkunft. Und Weiße besuchen die Insel, sofern sie die Scham der Erinnerung nicht scheuen.

Mehr noch ist, seltsame, aber nicht seltene Verbindung, die Insel ein beliebter Ausflugsort.

Die UNESCO hat 1978 die ganze Insel als kulturelles Welterbe der Menschheit unter Denkmalschutz gestellt.

James-Island, Fort James, St. Andrews Island

13°19'N, 16°22'W

Die kleine Insel im Gambia River, südlich der Ortschaft Albreda, war einer der ersten europäischen Stützpunkte in dieser Region und für viele, die am Fieber starben, die letzte Ruhestätte. Zum Gedenken an die hier beerdigten Seeleute wurde die Insel St. Andrews Island genannt.

1651 erwarb Herzog Jakob von Kurland, ein Schwager des kolonial ambitionierten Großen Kurfürsten von Brandenburg, die Insel vom einheimischen König von Niumi. Ein Jahr später entstand unter dem kurländischen Major Fock ein Fort. Aber Kurbrandenburg erfreute sich nicht lange an seiner Besitzung. Die Herren wechselten.

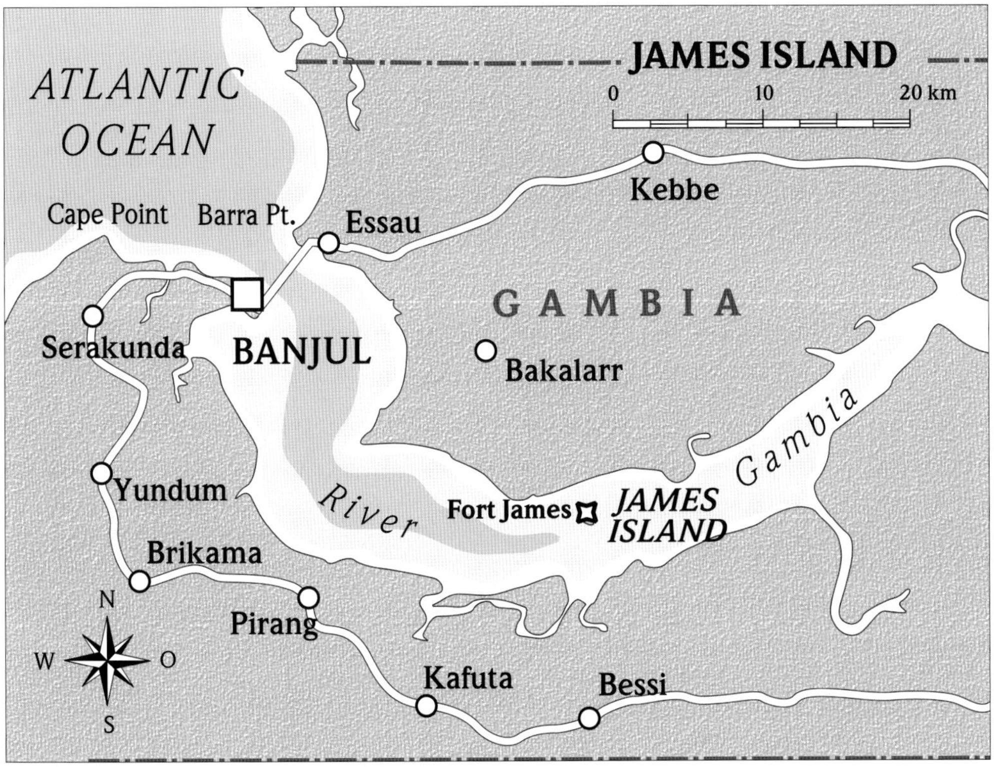

Britische Kaufleute erstanden von den Portugiesen exklusive Rechte am Gambia River und bauten das Fort als befestigte Handelsniederlassung weiter aus und benannten Insel wie Fort nach ihrem König, James II.

Bis 1779 war die Insel Spielball im Machtgerangel zwischen Briten, Franzosen, Holländern und Einheimischen, denn die Region war wirtschaftlich äußerst interessant. Es gab hier Gold, Elfenbein, Ebenholz und vor allem Sklaven. Fort James entwickelte sich zu einem Zentrum des Sklavenhandels.

1783 gaben die Franzosen ihren Kampf um die Vorherrschaft auf und überließen den Briten den Fluss.

Einer der Leidgeprüften, die von dort 1767 nach Amerika verschleppt wurden, war der siebzehnjährige Kunta Kinte, Protagonist des erschütternden Klassikers »Roots« (Wurzeln) von Alex Haley, der in ihm einen seiner Vorfahren entdeckt zu haben glaubt. Haley suchte, zweihundert Jahre nachdem sein Vorfahr seiner Familie entrissen worden war, Gambia auf. Er fand auf James-Island nur noch verfallene Mauern der einstigen Festung und eine alte Kanone vor. Die Vorstellungen von den Scheußlichkeiten, die sich auf diesem Gelände ereignet hatten, ließen ihn erschauern.

Wie lange Kunta Kinte angekettet, geschlagen, gedemütigt, erniedrigt und mit glühendem Eisen wie Vieh gebrandmarkt auf James-Island auf seinen Transport über den Atlantischen Ozean warten musste, ist nicht überliefert. Es war nur eine Station in der Kette der Torturen. Die weisen Männer in den Dörfern Gambias, die Griots, die jedes Ereignis der letzten Jahrhunderte im Kopf haben, wissen über zahlreiche Entführungen von Kindern und Jugendlichen zu berichten – »und ward nicht mehr gesehen«, heißt es lakonisch.[275]

Haley ist einer der ganz wenigen schwarzen Amerikaner, denen es gelang, ihre Wurzeln zu finden. Als die Sklaven in den USA ihre Freiheit erhielten, waren nur noch wenige Erinnerungen an die afrikanische Heimat überliefert. Sie reichten selten aus, um zu den Wurzeln zu gelangen.

1965 wurde Gambia unabhängig.

Heute breiten Affenbrotbäume ihre Kronen über die Ruinen des Forts aus. Die Insel ist unbewohnt. Trampelpfade sind die Spuren von afrikanischen und schwarz-amerikanischen Wallfahrern.

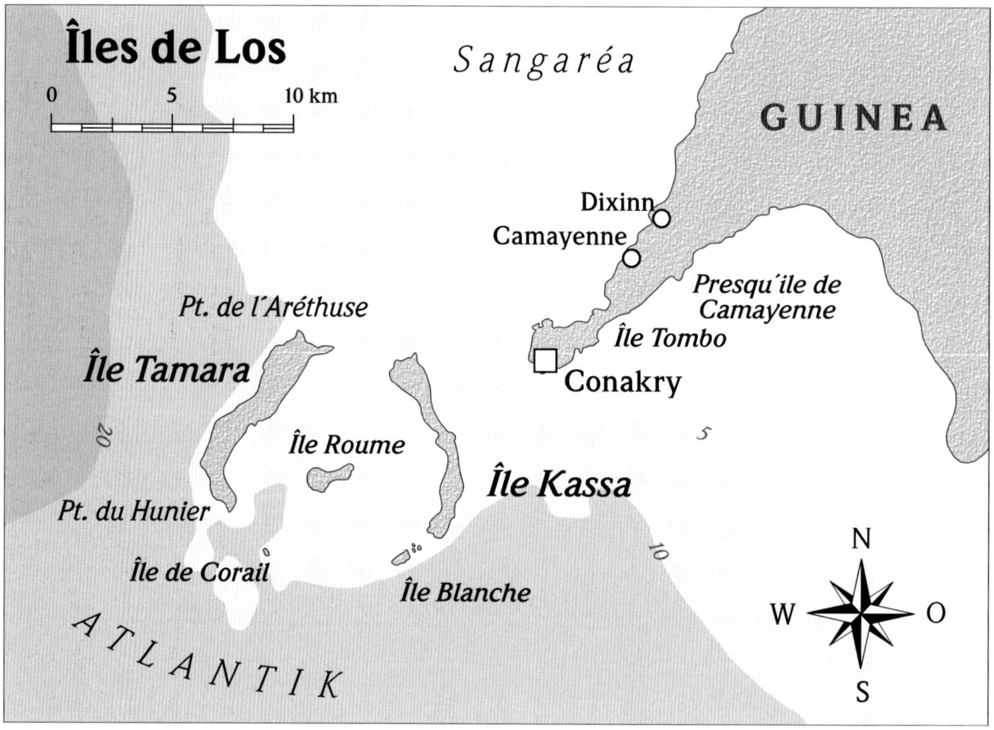

Îles de Los
9°30'N, 13°48'W

Die Inselgruppe vor Conakry, Guinea, diente sowohl als Sklavensammelstelle und -umschlagplatz als auch als Strafanstalt. Die Inseln, bestehend aus den größeren, bewohnten Tamara, Kassa und Roume sowie den kleineren, unbewohnten Corail und Blanche, liegen zwischen fünf und zehn Kilometer südwestlich von Conakry.

Um 1460 wurden sie von den Portugiesen angelaufen und nach den beeindruckenden religiösen Ritualen der Bewohner »Idolos«[276] genannt.

Im 18. Jahrhundert wurde auf Tamara ein Umschlagplatz für für Amerika bestimmte Sklaven eingerichtet. 1818 nahmen die Briten die Inseln in Besitz und siedelten auf ihnen befreite Sklaven an. Der englische Schriftsteller Robert Louis Stevenson soll für längere Zeit auf Room geweilt haben und die Insel (auch diese!) als Vorlage für seine »Schatzinsel« benutzt haben.

1904 erhielt Frankreich die Inselgruppe im Tausch gegen Inseln in der Kanalzone.

1907 richteten die Franzosen auf Tamara (Île de Fotoba) eine Strafanstalt für Afrikaner ein. Die Anlagen wurden auch nach Erlangung der Unabhängigkeit noch unter Präsident Sékou Touré bis 1965 als Haftanstalt benutzt. Die Gefangenen waren vor allem im Wegebau eingesetzt, aber wohl auch im Bauxitabbau auf Kassa und beim Abbau von Steinen für den Ausbau des Hafens von Conakry.

Anita Conti, eine herausragende französische Ozeanografin, Fotografin und Schriftstellerin engagierte sich nach dem Zweiten Weltkrieg u. a. für die Belange der Sträflinge auf diesen Inseln, indem sie mit ihnen eine Räucherkammer für Haifischfleisch einrichtete.[277]

Shark Island
26°38'S, 15°09'O

Die ehemalige Insel, heutige Halbinsel, gehört zu Namibia und liegt vor Lüderitz. Sie bietet dem Hafen Schutz gegen Stürme und Wellen aus westlichen Richtungen.

Der Küstenstreifen am Rande der Namibwüste war anfangs für europäische Kolonialinteressen zu wenig attraktiv. Erst 1908 wurden die Diamantenfelder der Namib entdeckt.

1884 wurden die Besitzungen der Bremer Firma F. A. E. Lüderitz an der Angra Pequena (später

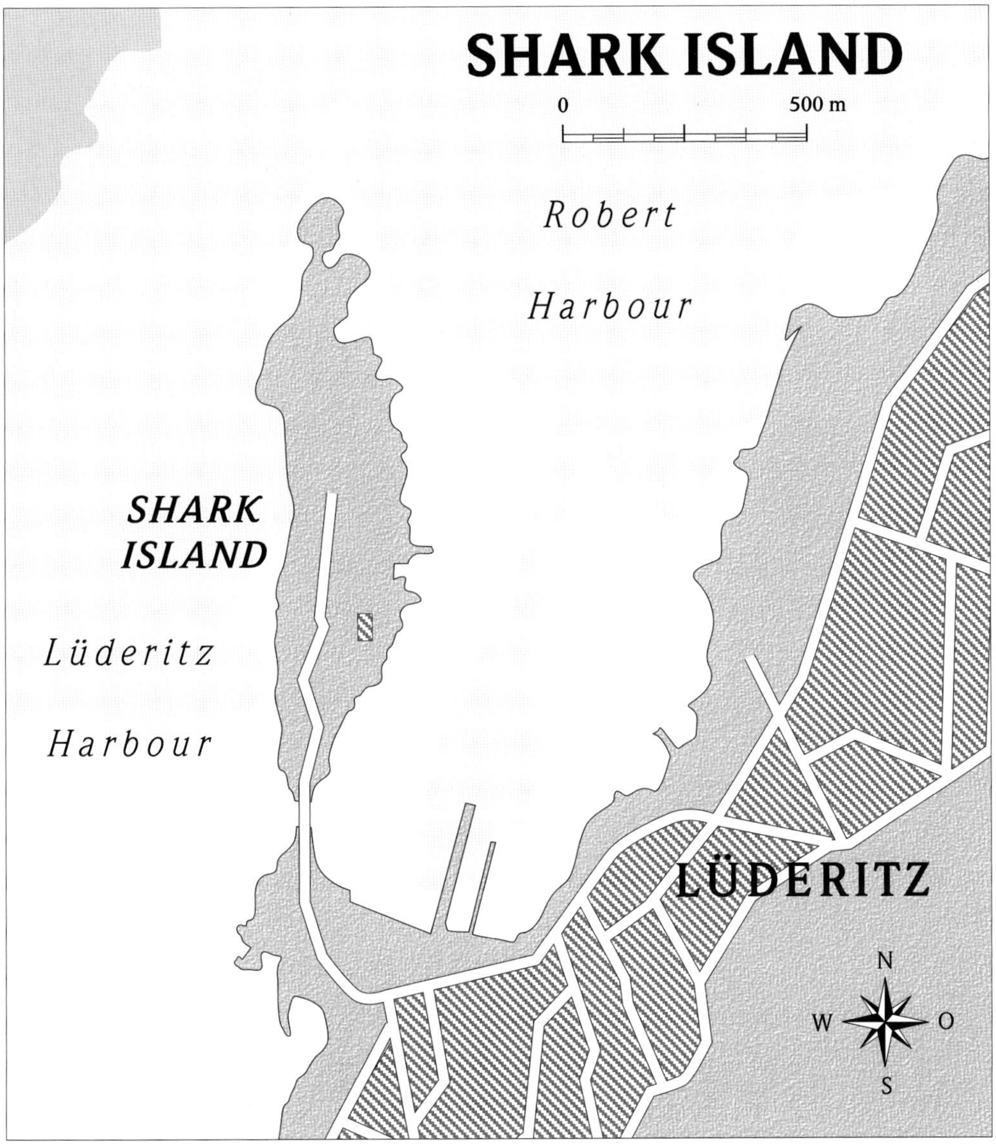

Lüderitzbucht) unter den Schutz der deutschen Reichsregierung gestellt. Die ein Jahr später gegründete Deutsche Kolonisationsgesellschaft für Südwestafrika brachte immer mehr Land in ihre Gewalt. Rücksichtsloser Landraub und die Ansiedlung deutscher Siedler in den klimatisch günstigsten Gebieten führten zu Aufständen der dort ansässigen Hereros und Hottentotten. In ungleichen Schlachten besiegt, wurden die Einheimischen entweder in die Kalahariwüste abgedrängt oder auf der Haifischinsel, Shark Island, zusammengetrieben.

Zur Zeit der deutschen Kolonialherrschaft (Deutsch-Südwestafrika) war die Insel Standort eines Konzentrationslagers, hauptsächlich für Namas und Hereros, die sich den deutschen Herrschaftsansprüchen nicht beugen wollten. Tausende von ihnen sind auf der Insel an Entkräftung und infolge der unmenschlichen Behandlung sowie bei der Arbeit u. a. an der Eisenbahnstrecke Lüderitzbucht – Keetmanshoop umgekommen.

Ein deutscher Gouverneur versprach, den paar Tausend überlebenden Herero, die sich im Busch versteckt hielten, das Leben zu lassen. Sie wurden alle auf der Haifischinsel unter üblen Bedingungen versammelt. Die Menschen starben wie die Fliegen, zuerst die Kinder und die Alten, dann die Frauen und die schwächeren Männer. Die jungen

Männer wurden zur Arbeit getrieben und die Soldaten nahmen sich die jungen Frauen als Konkubinen, auch wenn sie verheiratet waren.

Die Leichen der auf der Insel Gestorbenen wurden einfach von den Klippen geworfen. Man nannte die Insel auch »Todesinsel«.

Es gibt keinen Zweifel daran: das Volk der Herero sollte ausgelöscht werden.[278]

Heute findet man auf der unbewohnten Insel eine Gedenktafel für Lüderitz und einen Picknickplatz vor, aber keine Erinnerung an die Opfer.

Robben Island
33°49'S, 18°22'O

Holländische Seefahrer tauften das winzige, nur sechs Quadratkilometer große, felsige, windgepeitschte, elf Kilometer nordwestlich von Kapstadt in der Tafelbucht gelegene Eiland nach seinen ursprünglichen »Bewohnern«, den Robben. Auch Pinguine und Schlangen lebten auf der Insel.

Briten und Niederländer erkannten schon im 17. Jahrhundert, dass sich Robben Island als Verbannungsort eignet: das Meer hindert Gefangene an der Flucht und hält unerwünschte Besucher fern. Eine junge Frau, Christiane Brown, die zusammen mit ihrer Mutter, einer rheumatischen Bettlerin, verbannt wurde, schrieb 1861: »Diese Insel ist ein Land der Dunkelheit und der Schatten des Todes.«

1615 wurden zum ersten Mal versuchsweise Menschen nach Robben Island verbannt – englische Sträflinge. Die meisten von ihnen ertranken bei einem Fluchtversuch.

Als die Holländisch-Ostindische Kompanie 1652 das Kap besetzte, wurde Robben Island zunächst als Farm genutzt. Doch weder Gemüse noch Weizen gediehen, Schafe und Schweine überstanden das raue Klima nicht, nur Kaninchen hielten sich. So verwandelte sich die Insel wieder in ein Gefängnis. Schon wegen Gemüsediebstahls mussten Sklaven lebenslang in Ketten auf Robben Island leben, nachdem man ihnen die Ohren abgeschnitten hatte.

Bald wurden Widerstandskämpfer auf die Insel verbannt, z. B. im Jahr 1658 der Khoi-Rebell Autshumayo, von den Holländern »Harry der Strandläufer« genannt. Er war einer der wenigen, denen die Flucht von der Insel gelang. In einem lecken, alten Boot erreichte er die Saldana-Bucht.

Gelegentlich traf die Verbannung auch einen Weißen, z. B. einen holländischen Siedler, der seinen schwarzen Diener erschossen hatte. Eine klatschsüchtige Bürgersfrau musste wegen übler Nachrede auf die Insel.

Im 18. Jahrhundert deportierten die holländischen Kolonialherren rebellische Scheichs, Prinzen und Rajas aus Java und den Molukken nach Robben Island.

Die Briten, die im 19. Jahrhundert an das Kap zurückkehrten, sperrten Xhosa- und Zuluhäuptlinge ein. Man überließ sie zwischen den Robben- und Pinguinkolonien ihrem Schicksal. Als Symbolfigur des Widerstandes gegen die Kolonialherren gilt noch heute der Xhosa-Häuptling Makana. 1819 führte er sein Volk im östlichen Kapland in den Verteidigungskrieg gegen englische Aggressoren. Als er in Gefangenschaft geriet, wurde er zu lebenslänglicher Haft auf Robben Island verurteilt und musste gefesselt im Steinbruch arbeiten. Nach einem Jahr gelang es ihm und dreißig Mithäftlingen, die Posten zu überwältigen und in einem Boot zu fliehen. Doch das winzige Boot kenterte in der tobenden Brandung. Makana ermutigte noch im Todeskampf seine Gefährten, bis er von der See verschlungen wurde.

Von vielen Afrikanern wird Robben Island Makana-Insel genannt. Auch Häuptling Maqoma, der 1834 den fünften Krieg gegen die Kolonialisten anführte, war wegen Widerstandes gegen die britischen Kolonialherren auf die Insel verbannt worden. Häuptling Langilabalele war 1873 wegen Hochverrats von einem Gericht in Natal dazu verurteilt worden, auf Robben Island zu sterben.

Zwischenzeitlich waren auf der Insel Geisteskranke, Aussätzige und Bettler verschiedener Hautfarbe, Frauen wie Männer untergebracht. Bis Mitte des 20. Jahrhunderts waren die meisten Gefangenen auf der Insel jedoch Kriminelle.

Von 1959 an beherbergte Robben Island das Hochsicherheitsgefängnis des südafrikanischen Regimes für »nichtweiße« Männer, vornehmlich politische Häftlinge afrikanischer und asiatischer Herkunft. Patrouillen wachten darüber, dass sich kein Boot ohne Sondergenehmigung der Sperrzone näherte.

Die politischen Gefangenen, in aller Regel Kämpfer gegen die Apartheid, erwarben sich recht

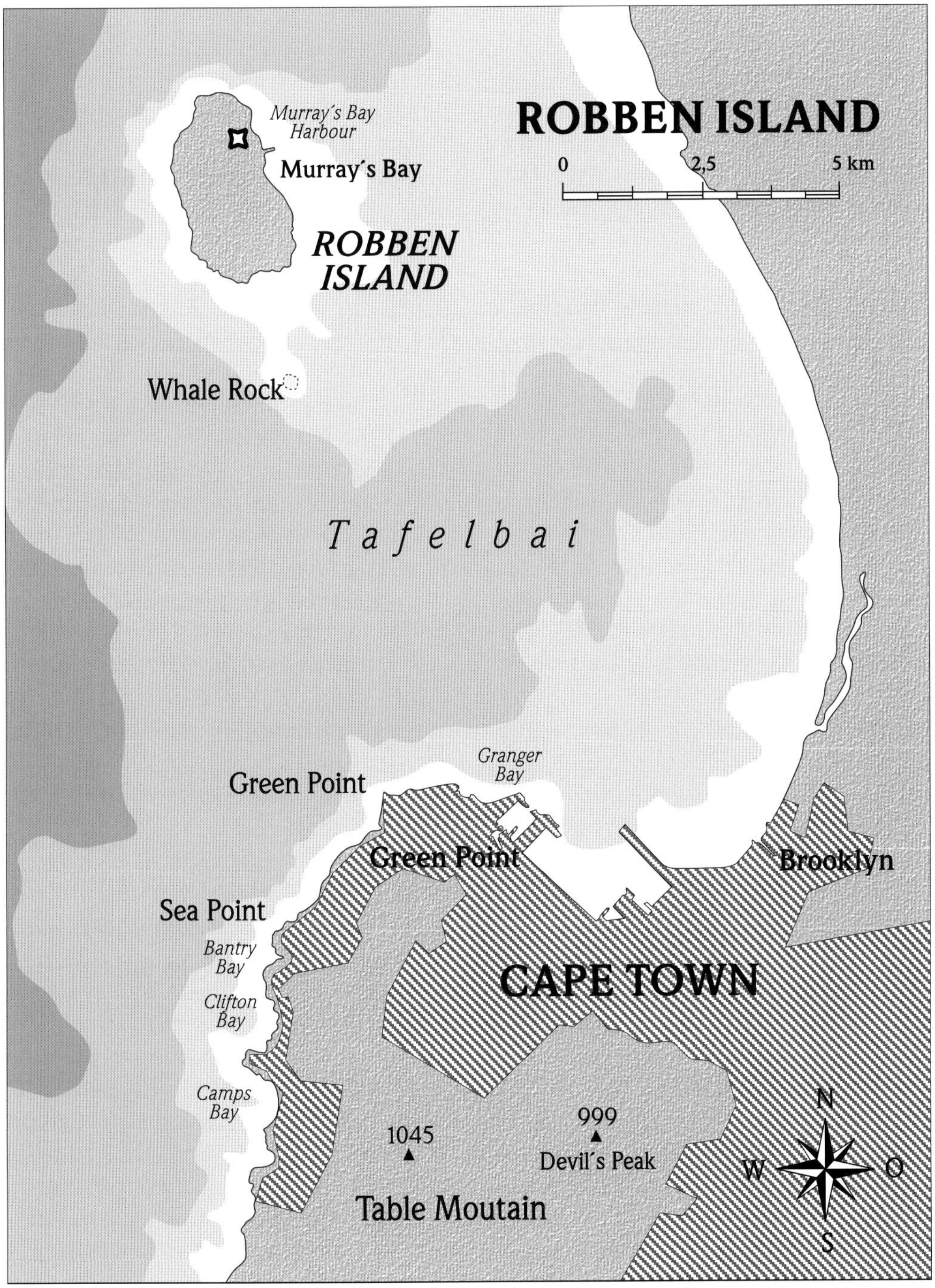

schnell die Achtung ihrer schwarzen Bewacher, von denen sie illegal mit Nahrung und Informationen versorgt wurden. Diese Sympathieaktionen konnten natürlich von der Regierung nicht geduldet werden, die kurzerhand sämtliche schwarzen Wärter durch Weiße ersetzte. Damit war auf Robben Island die Rassentrennung absolut: es gab keine schwarzen Wärter und keine weißen Gefangenen.

Die neuen Wärter waren in der Regel ausgesuchte Rassisten, den ihnen ausgelieferten Gefangenen geistig und moralisch weit unterlegen. Als die Schlimmsten unter ihnen werden die drei, später sogar vier, Brüder Kleynhans genannt. Sie benahmen sich den Gefangenen gegenüber derart widerlich, dass sich selbst andere Wärter von ihnen distanzierten. Beschwerden der Gefangenen und empörte Reaktionen in der Öffentlichkeit wurden ignoriert. Die Brüder wurden erst 1965 in ein anderes Gefängnis versetzt.

1978 waren in den Zellen des Gefängnisblocks, die für absolut sicher galten, etwa vierhundert Männer aus Südafrika und Namibia inhaftiert.

Abgesondert in einem Isolierflügel, einem Gefängnis im Gefängnis, saßen mindestens vierzig zu lebenslanger Haft Verurteilte, unter ihnen Nelson Mandela, Vizepräsident des Afrikanischen Nationalkongresses (ANC).

Wer in den 1960er- bis frühen 90er-Jahren von Robben Island sprach, meinte Nelson Mandela. Der 1918 geborene Häuptlingssohn aus der Transkei mit dem Xhosa-Namen Rolihlahla, d. h. »einer, der sich Schwierigkeiten einhandelt«, der Rechtsanwalt, der erste Führer des am 17. Dezember 1961 gegründeten Umkhonto we Sizwe (Speer der Nation, Abk. Mk.), des bewaffneten Arms des ANC, die Personifikation des Kampfes gegen die Apartheid wurde immer deutlicher das Symbol einer neuen südafrikanischen Gesellschaft. Jeder meinte ihn zu kennen, obwohl das letzte Bild von ihm aus dem Jahr 1966 stammte und niemand wusste, wie er nach vielen Jahren Haft aussah.

1978 bezeichnete die New York Times Mandela als den wahrscheinlichen Präsidenten Südafrikas unter einer schwarzen Regierung.

1986 schrieb Mary Benson: »Gäbe es in Südafrika freie Wahlen, wäre heute ein Mann Staatsoberhaupt des Landes, der trotz seiner über zwanzig Jahre andauernden Gefangenschaft für die Schwarzen das Symbol ihres Kampfes gegen die Politik der Apartheid geblieben ist: Nelson Mandela.«

1994 war die Prognose Realität geworden.

1963 kam Mandela zum ersten Mal nach Robben Island, zunächst in Einzelhaft. Er war zu fünf Jahren Kerker, verschärft durch Schwerarbeit, verurteilt worden.

Am 12. Juli 1963 nahm die Staatssicherheitspolizei den Präsidenten des ANC, Walter Sisulu, und weitere acht Spitzenfunktionäre des ANC im selben Haus, in der Nähe von Johannesburg, fest, in dem sich Mandela zuvor verborgen hatte. Die Polizei fand große Mengen belastender Dokumente und nahm weitere Funktionäre fest. Mandela wurde wieder nach Pretoria verlegt und in einem Aufsehen erregenden Prozess als Angeklagter Nr. 1 zu lebenslänglicher Haft verurteilt.

Neben Nelson Mandela waren im berüchtigten Rivonia[279]-Prozess weitere führende Köpfe des ANC zu lebenslanger Haft auf Robben Island verurteilt worden: Sisulu, Mbeki, Mhlaba, Motsoaledi, Mlangeni und Kathrada. Sie verabschiedeten sich mit erhobener Faust und dem Kampfruf des Umkhonto: »Amandla!« (Die Macht!), worauf die Menschenmenge mit »Ngawethu!« (Dem Volk!) antwortete.

Kurz vor seinem 46. Geburtstag war Nelson Mandela, den seine Freunde bei seinem Clannamen Madiba nannten, wieder auf der unwirtlichen Insel, diesmal allerdings mit seinen Gefährten. Er trug die Gefangenen-Nummer 466/64 (466. Gefangener, eingeliefert 1964).

Es war mitten im Winter, nasskalt und neblig. Anfangs waren die Rivonia-Leute zusammen mit anderen »Politischen« im alten Gefängnis »Ou Tronk« untergebracht. Zum Duschen ließ man sie nackt zum Waschraum im zweihundert Meter entfernten »Zinc Tronk« laufen.

Bewacht von brutalen Wärtern, von denen einer eine Hakenkreuztätowierung auf dem Handrücken trug, mit Schäferhunden, arbeiteten sie zunächst an der Fertigstellung eines separaten Blocks mit achtundachtzig Zellen für die »Politischen«, dem »Koeloekoetz«. Im Beton waren bereits ihre Namen eingelassen. Eine zehn Meter hohe Mauer trennte im zentralen Hof diesen Trakt von den anderen Blocks, in denen die kriminellen Lebenslänglichen untergebracht waren.

Die Zellen im Trakt der »Politischen« waren etwa zweieinhalb mal zweieinhalb Meter groß und wurden von einer 40-Watt-Birne notdürftig beleuchtet.

Eine Matte und zwei Decken sowie ein Toiletteneimer bildeten die ganze Ausstattung. Die Gefängniskleidung bestand aus kurzer Hose, Khakihemd, dünner Weste und Jacke.

Politische Gefangene wurden grundsätzlich in die Kategorie D, die strengste, eingestuft. Sie durften alle sechs Monate einen Brief mit 500 Wörtern schreiben und einen Besuch empfangen, bei dem ausschließlich Familienangelegenheiten besprochen werden durften. Ihnen war nicht gestattet, Tagebücher zu führen oder persönliche Aufzeichnungen zu machen.

Bereits eine Woche nach dem Rivonia-Prozess fuhr der Anwalt Bram Fischer, der in Oxford studiert hatte, nach Robben Island, um mit den ANC-Männern über Möglichkeiten der Berufung zu sprechen. Nach seiner Rückkehr auf das Festland wurde er drei Tage lang in Isolationshaft gehalten und später auf der Grundlage des Gesetzes zur Unterdrückung des Kommunismus zu lebenslanger Haft verurteilt. Das Regime konnte ihm nicht verzeihen, die ANC-Repräsentanten vor der Todesstrafe gerettet zu haben.

Nelson Mandela erwies sich auch in der Haft als ein Mann mit unwiderstehlicher Aura. Während der Gefangenschaft verbarg er mit stoischer Strenge Trauer, Wut oder Verdruss. Das gehörte zur Überlebensstrategie im Gefängnis. Die Mauer, die das Regime um ihn gezogen hatte, richtete er unsichtbar um sich selber auf. An ihr prallten alle Erniedrigungen und Beleidigungen ab. Sie wuchs so hoch, dass niemand mehr darüberschauen konnte. Mandela war die Verkörperung der Kraft des menschlichen Willens. »Wir betrachteten den Kampf im Gefängnis als Mikrokosmos des Kampfes insgesamt. Wir würden drinnen genauso kämpfen, wie wir draußen gekämpft hatten. Der Rassismus und die Unterdrückung waren die gleichen; ich kämpfte einfach zu anderen Bedingungen.« Zu anderen Bedingungen hieß: Einzelhaft, nahezu ungenießbares Essen, Schikanen und Demütigungen, zensierte Briefe, die als Fetzen ankamen, dreizehn Jahre Zwangsarbeit im Kalksteinbruch. »Ich habe festgestellt, dass man das Unerträgliche ertragen kann, wenn man die Stärke seines Geistes bewahren kann.« So weit Passagen aus seiner Autobiografie, die auf dem legendären Urmanuskript basiert, das Mandela ab 1974 auf Robben Island verfasst und im Gefängnishof vergraben hatte. Eine Kopie wurde bei Bauarbeiten zufällig entdeckt. Mitgefangene hatten Teile des Manuskriptes von der Insel schmuggeln können.

Die »Behörden«, wie Mandela die Gefängnisverwaltung ironisch nennt, seien nur von einem Gedanken beseelt gewesen: »Jenen Funken auszutreten, der jeden von uns zum Menschen macht und jeden von uns zu dem, was er ist.« Der Kampf um die Wiederherstellung der Menschenwürde jenseits der Gefängnismauern war die Verteidigung der Menschenwürde auf der Insel. »Der größte Fehler der Behörden bestand darin, uns zusammenzuhalten, denn das Zusammensein verstärkte unsere Entschlusskraft.«

Das Regime wollte die Männer des Widerstandes auf der ehemaligen Leprainsel zu Aussätzigen machen, die die Welt allmählich vergessen sollte: sie wurden zu den berühmtesten Gefangenen unserer Zeit. Die Herren der Apartheid wollten ihren gefährlichsten Widersacher demoralisieren und zerbrechen; am Ende hat Mandela seine Peiniger »moralisiert«.

Als sie erkennen mussten, dass sie ihn nicht beugen konnten, wollten sie ihn fällen. Es ist erwiesen, dass Nelson Mandela, und nicht nur er, während der Haft umgebracht werden sollte. Ein Provokateur wurde auf die Insel geschleust. Er sollte einen Ausbruch inszenieren, bei dem die Wärter Mandela hätten erschießen können. Die Gefangenen durchschauten den Plan.

Speziell für Mandela wurden Krebs erregende Stoffe entwickelt, die in das Essen gemischt werden sollten. Die Karzinogene sollen aus dem Labor von Dr. Wouter Basson gestammt haben, einem der kaltblütigsten Killer der Apartheid, »Dr. Death«, wie er sich selbst nannte. Im aufwändigsten Prozess, der der Apartheid je gemacht wurde – er fand von Oktober 1999 bis März 2002 vor dem Obersten Gericht in Pretoria statt –, wurden Pläne, Projekte und Aktionen zur Liquidierung unliebsamer Schwarzer publik, die geeignet sind, einem das Blut in den Adern gefrieren zu lassen. Und es wurde nur verschwindend wenig bekannt, denn Basson gehörte zur weißen Oberschicht. Er war der Leibarzt von Präsident Pieter Botha, wurde zwar von Präsident Frederik de Klerk 1992 vom Dienst suspendiert, von Präsident Mandela (sic!) wieder eingestellt, bis er schließlich im Juli 2001 seine Approbation als Arzt verlor.

1999 meldete sich ein Unbekannter bei Naidoo (s. u.) und erzählte ihm, dass er ihn einst töten sollte. Und er erzählte von dem brillanten Dr. Basson und von den Mordinstrumenten, die seine Leute entwickelten. Man weiß nicht, wie viele Menschen durch Dr. Basson und sein »Project Coast« ums Leben gekommen sind – und man wird es auch durch den Prozess nicht erfahren.

Die Rivonia-Leute, mit Mandela als Wortführer, begannen sofort, primitivste Rechte einzufordern und hatten bald Erfolg. So durften sie im Hof Felsbrocken zerkleinern und, obwohl streng verboten, sogar miteinander kommunizieren. Wer sonst beim Sprechen erwischt wurde, riskierte »drei maaltye« (Entzug von drei Mahlzeiten), bei Wiederholung sogar Entzug von sechs Mahlzeiten.

Während die Spitzenleute des ANC weiterhin im Isoliertrakt in Einzelhaft gehalten wurden, hielt der Zustrom politischer Gefangener auch anderer afrikanischer Widerstandsbewegungen weiter an. In den anderen Blocks waren mehr als tausend »Politische« und etwa dreihundert Kriminelle in Zellen zu je sechzig Häftlingen eingekerkert.

In einem Bungalow in der Nähe der Siedlung der weißen Gefängniswärter lebte der Führer des Pan-Africanist Congress (PAC), Robert Sobukwe, streng bewacht und isoliert hinter einem Stacheldrahtzaun. Robert Sobukwe war wegen Aufwiegelung zu drei Jahren Haft verurteilt worden. Das Regime fürchtete seine Ausstrahlung jedoch so sehr, dass das Parlament auf Antrag des späteren Premierministers Vorster 1960 die so genannte »Sobukwe-Klausel« verabschiedete, nach der dem Justizminister das Recht übertragen wurde, Gefangene auch nach Verbüßen ihrer Strafe in Haft zu behalten, wenn er der Meinung war, dass die Freilassung die öffentliche Sicherheit gefährden könnte. Sobukwe wurde auf der Grundlage dieser Klausel weitere sechs Jahre auf Robben Island gefangen gehalten.

Viele Gefangene sammelten im eisigen Wasser Seetang für die Produktion von Düngemitteln, aber gemäß über dreihundertjähriger Tradition arbeiteten die meisten im Steinbruch.

Nach etwa einem halben Jahr Isolation wurden auch die Gefangenen aus dem Isoliertrakt zur Arbeit im Kalksteinbruch herangezogen. Paarweise an den Fußgelenken zusammengekettet wurden sie zur Arbeit geführt. Später wurden ihnen auf Intervention Mandelas die Ketten abgenommen.

Ihnen begegnende andere Arbeitstrupps mussten stehen bleiben und sich abwenden. Selbst Blickkontakte fürchteten die Bewacher.

»Nachdem man ihnen im Steinbruch die Ketten abgenommen hatte, gruben und hackten die Männer den Kalk mit Spitzhacken und Schaufeln und verluden die Platten auf Lastwagen. Später am Tag wurde diese riesige Grube, in der sie wie in einer Falle gefangen waren, ein Backofen, in dem das Kalkgestein die Sonnenglut reflektierte[280], so dass sie sowohl von unten als auch von oben versengt wurden, während die Aufseher sie antrieben: ›Werk, man, werk!‹ Mit schmerzenden Gliedern und Rücken, wunden Knöcheln und Händen und vom Staub tränenden Augen gruben und hackten und beluden sie Stunde um Stunde. Als sie am Nachmittag zurückhumpelten, waren die Männer weiß wie Gespenster, über und über mit Kalkstaub bedeckt; sie stürzten sofort unter die Duschen, ehe sie erschöpft auf die Matten in ihren Zellen sanken. Jeden Abend, sobald die Aufseher dienstfrei hatten, vereinigten sich die Stimmen der Häftlinge über die Zellenwände hinweg im gemeinsamen Gebet und im Singen von Freiheitsliedern.«[281]

Bevor die Gefangenen nach der Arbeit in den Steinbrüchen in ihre Zellen zurückkehren durften, mussten sie sich einer entwürdigenden Prozedur unterziehen, die »Tausa« genannt wurde. Damit wollten die Wächter das Schmuggeln unterbinden. Für die »Tausa« mussten sich die Häftlinge vollständig entkleiden, einzeln auf die Wärter zurennen, hoch in die Luft springen, den Körper verrenken, die Hände über dem Kopf zusammenschlagen und die Beine weit spreizen. Bei der Landung mussten sie sich vornüberbeugen und den Wärtern den After zeigen.

Indres Naidoo, ein Rechtsanwalt indischer Herkunft, war von 1967 bis 1972 auf Robben Island, stand danach unter Hausarrest und konnte 1977 ins Ausland fliehen. Er berichtete[282]: »Zu der Häftlingsgruppe, mit der ich – isoliert von den anderen Gefängnisinsassen – nach Robben Island kam, gehörten Nelson Mandela, Walter Sisulu, Govan Mbeki und Mak Maharaj. Als politische Gefangene erhielten wir keine der Vergünstigungen, die man Kriminellen häufig zu gewähren pflegt. So durften wir lange Zeit keine Bücher aus der Gefängnisbibliothek entleihen, und als das Verbot aufgehoben wurde, teilte man unserer Gruppe nur eine sehr geringe Anzahl von Bänden zu. Zeitschriften durften wir im Allgemeinen nicht lesen. Die wenigen Magazine, die wir hin und wieder zu sehen bekamen, waren von der Verwaltung so stark zensiert, dass manchmal nur noch die Anzeigen übrig blieben.

Einigen Kategorien von Häftlingen war es gestattet, Rundfunk zu hören. Uns wurde dieses Recht verweigert: Wir sollten keinerlei Zugang zu Informationen aus der Außenwelt haben.

Der Alltag auf Robben Island begann um 5.30 Uhr mit dem Wecken. Wir hatten unsere Bettdecken zusammenzulegen und zu einem Bündel zu rollen. Dann mussten wir uns am Fenster der Zelle aufstellen, mit der Gefängniskarte sichtbar in der Hand. Ein Beamter ging den Korridor entlang und kontrollierte, ob wir vollständig angekleidet waren.

Nach dieser Morgeninspektion wuschen wir uns und erhielten das Frühstück, das aus einem Maismehlbrei (mealipap) mit einem Teelöffel Zucker – später gab es noch ein wenig Milchpulver dazu –, einer Tasse Suppe und einer Tasse Kaffee bestand. Danach wurden wir mit Picke und Schaufel in die Kalk- und Steinbrüche geschickt. Manchmal sammelten wir auch Seetang oder jäteten Unkraut. Hammer, Meißel oder Schraubenzieher bekamen wir nie in die Hand. Handwerkliche Tätigkeiten durften wir auch nicht ausüben.

In der etwa einstündigen Mittagspause erhielten wir Mais mit Gemüse, manchmal auch ein Gemisch aus Mais und Reis. Danach kehrten wir an die Arbeit zurück.

Gegen 16 Uhr oder 16.30 Uhr wurden wir wieder ins Gefängnis gebracht. Das Abendessen der Afrikaner bestand aus Porridge mit gekochten Bohnen, einer Tasse Suppe und einer Tasse Kaffee. Indische Häftlinge erhielten zum Bohnengemüse ein Stück Brot. An manchen Tagen bekamen wir ein wenig Fleisch, einmal in der Woche Fisch und kurz vor meiner Entlassung zuweilen auch ein Ei. Wir teilten stets miteinander, so dass alle Häftlinge – Afrikaner und Inder – das gleiche Essen hatten, was die Aufseher aber zu verhindern suchten.

Nach dem Essen wurden wir in den Zellen eingeschlossen. Wer die Erlaubnis zum Lernen hatte, durfte noch bis zu drei Stunden Licht brennen lassen. Die Erlaubnis, ein Fernstudium aufzunehmen, erhielten wir nur, wenn Familienangehörige die Kursusgebühr bei den Gefängnisbehörden einzahlten. Das Studienfach durfte nicht frei gewählt werden. Soziologie, Geschichte, Geschichte der Ökonomie, politische Wissenschaften waren nicht zugelassen.«[283]

Durch Hungerstreiks, Proteste und die internationale Aufmerksamkeit mussten die Verhältnisse auf der Insel im Verlauf der Zeit gezwungenermaßen verbessert werden. Die »Politischen« erhielten das Recht, miteinander zu sprechen, die Qualität des Essens wurde verbessert, sie bekamen mehr Decken und lange Hosen. Ab 1967 durften die Gefangenen manchmal im Freien Filme ansehen.

Nelson Mandela erzählte später, dass er jedes halbe Jahr einen Film ansehen durfte. Am wichtigsten seien für ihn Filme mit Sidney Poitier gewesen, vor allem »In der Hitze der Nacht«. Dort gibt es eine Szene, in der Poitier einem Weißen eine Ohrfeige verpasst. In der Fassung, die auf Robben Island gezeigt wurde, war das herausgeschnitten, aber es war zu erkennen, dass etwas fehlte. Monatelang versuchten Mandelas Leute herauszufinden, was das war. Endlich erfuhr er es, und das Gefühl der Befreiung sei unbeschreiblich gewesen. Der Punkt war nicht, dass hier ein Weißer von einem Schwarzen geschlagen wurde, sondern dass es eine Gesellschaft gab, in der eine solche Filmszene akzeptabel war. Das allein ermutigte ihn, seinen Kampf fortzusetzen.

Die Filmabende boten den ANC-Mitgliedern die Möglichkeit, mit ihren im »Koeloekoetz« eingesperrten Führern zu sprechen, sich von ihnen beraten und emotional aufrichten zu lassen. Die ANC-Führer forderten die politischen Gefangenen auf, sich den Wärtern gegenüber immer einer höflichen Sprache zu bedienen sowie unter allen Umständen Solidarität zu wahren.

Das Singen wurde unter bestimmten Bedingungen erlaubt und es entstand der Gefangenenchor »Die Insulaner«. Ab Ende der 60er-Jahre durften zwei Briefe pro Monat geschrieben und empfangen werden. Auch die Zahl der Besuche wurde auf zwei pro Monat erhöht.

Die Gefangenen führten u. a. »Antigone« von Sophokles auf, ein Lehrstück vom Aufstand des Individuums gegen den ungerechten Staat. Antigone, die sich auflehnt, weil es ein höheres Gesetz als das des Staates gibt, war das Symbol ihres Kampfes.

Die Haftstrafen auf der Insel betrugen zwischen drei Jahren bis lebenslänglich. Straferlass oder -aussetzung kamen für politische Gefangene nicht in Frage. Zu zwanzig Jahren Robben Island war u. a. der namibische Patriot Herman Ja Toivo verurteilt worden. Zu den Häftlingen gehörten auch Studenten, die 1976 in Soweto gegen die Apartheid protestiert hatten, sowie Fabrik- und Landarbeiter, Lehrer, Angestellte, Rechtsanwälte, Ärzte, Gewerkschaftsfunktionäre – Männer zwischen siebzehn und siebzig Jahren, inhaftiert, weil sie für die elementaren Menschenrechte eingetreten waren.

Robben Island war berüchtigt wegen der strengen Isolation. Nachrichten von der Außenwelt kamen lediglich über Neuankömmlinge, zeitweilig auch über einen Priester, der jede Woche eine Ausgabe der Sunday Times in seiner Mappe hatte. Kriminelle, die bei den Wärtern als Diener arbeiten durften, schmuggelten manchmal alte Zeitungen in die Zellen. Den Gefangenen war der Besitz von Uhren verboten. Sie sollten das Zeitgefühl völlig verlieren.

Mit der Isolation suchte sich jeder irgendwie zu arrangieren: Nelson Mandela verfasste juristische Schriftsätze und arbeitete in einem kleinen Blumen- und Gemüsegarten, Elias Motsoaledi fand ebenfalls Ruhe und Frieden in der Gartenarbeit, Wilton Mkwayis fütterte Tauben, Walter Sisulu spielte unermüdlich Scrabble, Kathrada[284] richtete eine bescheidene Bibliothek ein.

Das Recht, studieren zu dürfen, war besonders wertvoll. Akademiker durften bis dreiundzwanzig Uhr arbeiten, wer nur das Abitur hatte, musste eine Stunde früher aufhören. Überschreitungen wurden mit »drei maaltye« geahndet. Nelson Mandela begann ein Aufbaustudium in Jura, bis ihm der Studiengang plötzlich verboten wurde. Er stieg um auf Wirtschaftswissenschaften, Geschichte und Afrikaans. Einmal wurde er mit Entzug der Studierrechte für vier Jahre bestraft, da man angeblich in seiner Zelle persönliche Aufzeichnungen gefunden hatte.

Govan Mbeki studierte auf der Insel verschiedene Disziplinen und konnte sich, als er entlassen wurde, mit drei akademischen Titeln schmücken, und die Universität Amsterdam hatte ihm im Januar 1978 in Abwesenheit die Doktorwürde verliehen.

In den 70er-Jahren erhielten die Zellen Tische und Bänke, die Häftlinge durften sich im Winter beim Lesen oder Studieren in eine Decke hüllen, sie erhielten heißes Wasser zum Waschen und Rasieren und durften im Hof einen Volleyballplatz einrichten, der später in einen Tennisplatz umgewandelt wurde. Kricket und Fußball wurden ebenfalls gespielt. Die ANC-Führer konnten anfangs von hochgelegenen Fenstern des »Koeloekoetz« aus den Sportveranstaltungen zuschauen, doch nach kurzer Zeit wurden diese Fenster mit einer dicken Schicht Farbe übermalt.

Im Mai 1980 verkündete der zuständige Minister, dass Häftlinge künftig täglich eine englischsprachige und eine Afrikaans-Zeitung bekommen konnten, und sie durften beim Gefängnishändler für das Geld, das sie verdient hatten, Lebensmittel und Toilettenartikel kaufen.

Bei Besuchen hatten die Angehörigen der Häftlinge zunächst die oft lange Anreise nach Kapstadt zu absolvieren. Im Hafen mussten sie sich in das Gästebuch des Gefängnisses eintragen und die strengen Vorschriften zur Kenntnis nehmen und akzeptieren. Dann konnten sie die fünfundvierzigminütige Überfahrt nach Robben Island machen, um schließlich für eine halbe Stunde einander undeutlich durch ein kleines Fenster zu sehen und per Telefon miteinander zu sprechen.

Regimetreue Besucher und ausgewählte Journalistengruppen berichteten über blitzsaubere Zellen, die gut ausgestattete Bibliothek und über Nelson Mandela, der im Garten arbeitete, über Eukalyptuswälder mit Hirschantilopen und Straußen.

Besuchern von Menschenrechtsorganisationen wurden bevorzugte Strafgefangene, so genannte Vertrauensleute, in getürkter Umgebung vorgeführt. Ein ehemaliger Häftling lakonisch über den Sinn solcher Besuche: »Grausamkeiten kann man nicht durch Besichtigung der Umgebung beurteilen.«

1981 wurden Vorhaben bekannt, nach denen das Gefängnis von Robben Island in die Nähe von Johannesburg verlegt werden sollte. Robben Island war in der Welt zu einem Symbol der Apartheid geworden, Nelson Mandela der bekannteste und berühmteste Gefangene auf der ganzen Welt und des Jahrhunderts. Er war während seiner Haft mit Ehrungen überhäuft worden (Orden, Ehrendoktortitel, Preise, z. B. 1980 der Nehru-Preis für Völkerverständigung, Straßen und Plätze waren nach ihm benannt worden, anlässlich seines 60. Geburtstages berief das britische Unterhaus eine Sitzung ihm zu Ehren ein).

Im April 1982 wurden Mandela und weitere vier Rivonia-Männer in einer Nacht-und-Nebel-Aktion aufs Festland, in das Hochsicherheitsgefängnis von Pollsmoor, bei Tokai, verlegt – nach nahezu achtzehn Jahren auf Robben Island. Die letzten Monate seiner Haft verbrachte Nelson Mandela im Victor-Verster-Gefängnis in Paar. Am 2. Februar 1990 erklärte Staatspräsident de Klerk vor dem Parlament, dass das Verbot des ANC ab sofort aufgehoben werden sollte. In einer Pressekonferenz verkündete er am 10. Februar 1990, dass Nelson Mandela am nächsten Tag freigelassen werde. Tausende seiner Anhänger und Hunderte von Journalisten erlebten den Augenblick, als Mandela am 11. Februar kurz nach sechzehn Uhr durch das Gefängnistor schritt und mit erhobener Faust grüßte. Nach siebenundzwanzig Jahren Haft bewies er in der folgenden Zeit eine Kraft zur Versöhnung, die nahezu übermenschlich erscheinen mag. 1994 wurde er zum Staatspräsidenten gewählt.

1991 ordnete de Klerk im Rahmen des Abbaus der Apartheid die Entlassung aller Gefangenen an, die wegen ihres Kampfes gegen die Rassentrennung verurteilt worden waren. Damit hatte Robben Island als politisches Straflager nach drei Jahrzehnten ausgedient. Die letzten zweiundneunzig Häftlinge wurden am 18. November 1996 auf das Festland überführt.

Nun sollte die Insel für den Tourismus erschlossen werden. Sie war bereits teilweise als Naturreservat angelegt worden und wurde 1992 ganz in die Zuständigkeit der Aufsichtsbehörde für die Nationalparks übergeben. Auf Robben Island leben z. B. die sehr seltene Rebhuhnart Chooka, vom Aussterben bedrohte Pinguine sowie Kormorane und Seehunde.

Das Hochsicherheitsgefängnis wird ein nationales Museum. Ein Beschluss der Regierung, Anfang 1997 veröffentlicht, sah vor, das Gefängnis in ein »Museum des Freiheitskampfes« umzuwandeln. Seit Januar 1997 ist die Insel die jüngste Touristenattraktion Südafrikas. Bis zu zweihundertfünfzig Besucher konnten täglich mit einem Fährschiff übersetzen.

Durch den Bau des »Nelson Mandela Gateway Terminal« mit einem Museum zum Widerstand gegen die Apartheid ist die Insel touristisch weiter erschlossen worden. Seitdem auch Übernachtungsmöglichkeiten bestehen und das Angebot für Besichtigungstouren erweitert wurde, werden pro Jahr etwa 400.000 Besucher erwartet. Beliebtestes Ziel auf der Insel, ein Wallfahrtsort, ist die ehemalige Zelle von Nelson Mandela.

Am 24. September 1997 eröffnete Präsident Nelson Mandela das »Nationale Denkmal und Museum Robben Island«. In einer Ansprache sagte er, es sei für ihn eine große Freude, zusammen mit anderen als freier Mann auf der Insel zu sein. Während der Apartheid seien Museen oft rassistisch gewesen und für eine Minderheit gebaut worden. Das werde nun anders. Robben Island, über Jahrhunderte hinweg eine Insel der Ausgestoßenen, soll nach dem Willen der Kuratoren künftige Generationen lehren, dass menschlicher Geist die Kräfte des Bösen besiegen kann. Seit 1999 steht Robben Island in der UNESCO-Liste des Welterbes der Menschheit.

Ein Herz für Verliebte hat Südafrikas Innenministerium gezeigt, das Brautpaaren zum Valentinstag 2002 eine Hochzeit auf der Insel ermöglichte. Unter den Brautpaaren war auch eins aus Deutschland. Trauungen in der Kirche sollen künftig regelmäßig durchgeführt werden. Die Insel gilt heute als Symbol des Friedens.

Sansibar, Zanzibar, Ungudscha
6°10'S, 39°20'O

Die 1.660 km² große Koralleninsel liegt fünfunddreißig Kilometer vor der ostafrikanischen Küste und gehört seit 1964 zusammen mit der Nachbarinsel Pemba zu Tansania. Sindbad der legendäre Seefahrer aus 1001 Nacht erlitt mehrmals Schiffbruch. Einmal spülte ihn das Meer an eine Insel voller Schönheit und Reichtum. Man nimmt an, das könnte Sansibar gewesen sein.

Der Name Sansibar (Zanjabar) bedeutet »Küste der Schwarzen«, aus dem Persischen »zanj«

(Schwarzer) und »bar« (Küste), oder »schön ist diese Insel«, aus dem Arabischen »zayn za'l bar«. Die Insel trägt aber auch den Beinamen »Sklaveninsel«. Auf Suaheli heißt die Insel Ungudscha. Jahrhundertelang war Sansibar für die Flotten arabischer Kaufleute das Tor nach Afrika gewesen. Schon im 10. Jahrhundert liefen Schiffe aus dem Persischen Golf die Insel an, richteten Händler auf der Insel ihre Handelsposten ein. Von hier verschifften sie Beute und Handelsware: Gewürze, Elfenbein und Sklaven.

1418 erreichten chinesische Dschunken die Insel, und zu Beginn des 16. Jahrhunderts portugiesische Galeonen. 1698 wurden die Portugiesen, auf allen Meeren von Holländern, Franzosen und Engländern bedrängt, durch die Araber aus Oman von der Insel verdrängt. Fünfhundert Jahre lang war Sansibar Sultanat. Der Sultan von Oman, Sayed Said, verlegte 1840 sogar seinen Hof von Maskat nach Sansibar. Unter den Omanern nahm die Insel einen immensen wirtschaftlichen Aufschwung, dessen wichtigste Grundlage der Sklavenhandel war. Im 19. Jahrhundert galt Sansibar als die Welthauptstadt des Sklavenhandels. Rund 40.000 bis 50.000 Sklaven wurden Mitte des 19. Jahrhunderts jährlich über Sansibar »umgeschlagen«. Als der britische Missionar und Afrikaforscher Livingstone 1866 die Insel besuchte, schrieb er über den Sklavenmarkt: »Es wurden ungefähr dreihundert Individuen zum Kauf angeboten, die meisten vom Shire-Fluss und vom Njassa-See. Die Erwachsenen schienen es als Schande zu empfinden, wie Vieh verkauft zu werden. Die Käufer prüften das Gebiss, hoben die Kleider hoch, um die Beine zu sehen, oder warfen auch dann und wann einen Stock, den der Sklave zurückholen musste, damit man seinen Gang beobachten konnte.«

1873 wurde der Sklavenhandel verboten und unverzüglich entstand an der Stelle des Sklavenmarktes eine anglikanische Kirche mit dem Altar an der Stelle, wo zuvor der Prügelbock seinen Platz hatte. Neben dem Altar hängt ein bemerkenswertes Kruzifix. Es ist aus dem Holz des Baumes gefertigt, unter dem das Herz Livingstones begraben wurde.

Im Keller des Santa Monica Hotels, neben dem ehemaligen Sklavenmarkt, kann man heute die halbmeterhohen und nur wenige Quadratmeter großen Zellen besichtigen, in denen bis zu fünfzig Männer, Frauen und Kinder zusammengepfercht auf ihren Verkauf und Abtransport warteten. Vertiefungen im Boden dienten zur Aufnahme der Exkremente, die nur zweimal am Tag durch die Flut herausgespült wurden.

Obwohl offiziell abgeschafft, wurde die Sklaverei auf Sansibar heimlich weiter betrieben. Die Sklavenhändler bauten unterirdische Verstecke für bis zu dreihundert Sklaven im Busch, z. B. die Höhle von Mangapwani im Norden der Insel. Die Transporte geschahen nachts und die Inselbehörden schauten weg und kassierten ihren Anteil. Im Nationalmuseum von Sansibar hängt das Porträt des größten Sklavenhändlers Ostafrikas, Tippu Tipp, und sein Wohnhaus an der Kaunda Road kann besichtigt werden. Neben Tippu Tipp hängen die Porträts der englischen Königin und des deutschen Kaisers. Als Gegenleistung für die Anerkennung des britischen Protektorats über die Insel erhielt Deutschland 1890 Helgoland.

Noch können sich Alte erinnern, wie in einer Bucht aneinander gekettete Sklaven an Land gebracht wurden, die auf dem afrikanischen Festland gefangen worden waren. Sie wurden so lange auf Sansibar gehalten, bis günstige Winde ihren Weitertransport auf die Sklavenmärkte ermöglichten. Kurz vor der Abreise griffen die Sklavenhändler oft noch wahllos Kinder vom Strand auf, um die Ladung aufzufüllen.

Kurz nach Erlangung der Unabhängigkeit im Jahr 1963 entluden sich die angestauten Spannungen in blutigen Kämpfen der afrikanischen Bevölkerung gegen die herrschende arabische Oberschicht.

Die Insel verlor ihren Wert als Drehscheibe des Orienthandels. Der Tourismus bietet einen gewissen Ersatz. Die Zeugnisse des Sklavenhandels gehören zu den touristischen Angeboten.

Alljährlich im Juli findet das Mwaka-Kogwa-Fest statt, die Reinigung der Seele anlässlich des Beginns des (Sonnen-) Jahres. Eine Woche dauert das Fest. Bestandteil ist eine Massenschlägerei. Mit Prügeln aus den Stämmen der Bananenstauden, früher waren es handfestere Holzknüp-

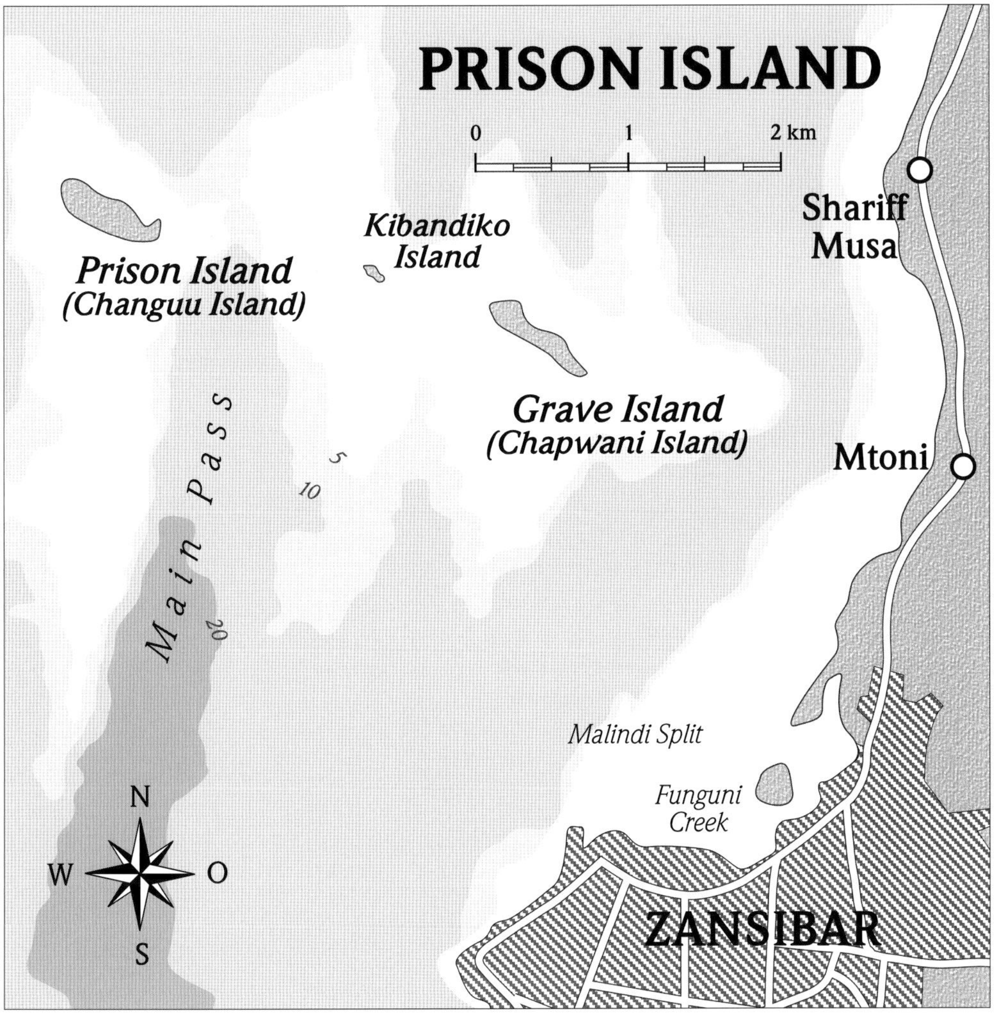

pel, treten die Mannschaften von Ortsteilen gegeneinander an. Sie sollen sich aneinander austoben und damit alle Streitigkeiten des vergangenen Jahres aus der Welt schaffen. Zum Abschluss kreisen die Frauen tanzend einen brennenden Holzstoß ein, der eine Hütte symbolisiert. Damit soll ihr Dorf vom Feuer verschont bleiben.

Die als Weltkulturerbe unter dem Schutz der UNESCO stehende Altstadt ist an vielen Stellen baufällig, aber sie verfällt nicht, sie vergeht, wie ein Chronist bemerkte.

An der Nordspitze der Insel werden traditionell, d.h. ohne Baupläne, Schiffe gebaut, die seit Jahrhunderten bewährten arabischen Dhaus. Am Strand wird dafür rotes Mahagoni gesägt, ein Brett pro Tag in Handarbeit.

Im großen Dhau-Hafen von Sansibar werden die Ladungen auch in unserer Zeit mit Muskelkraft umgeschlagen.

Westlich von Sansibar-Stadt liegen einige kleine Inseln: Grave Island (Chapwani Island), ab 1879 von den Briten als Friedhof genutzt, Bat Island (Snake Island) und

Prison Island, Changu, Changuu Island
6°10'S, 39°11'O

Die Insel ist etwa 1 km lang und 200 m breit. Sie gehörte früher einem reichen Araber, der auf ihr Sklaven »zwischenlagerte«. 1893 kaufte General Mathews die Insel und ließ aus den ehemaligen Sklavenbehausungen ein Gefängnis bauen,

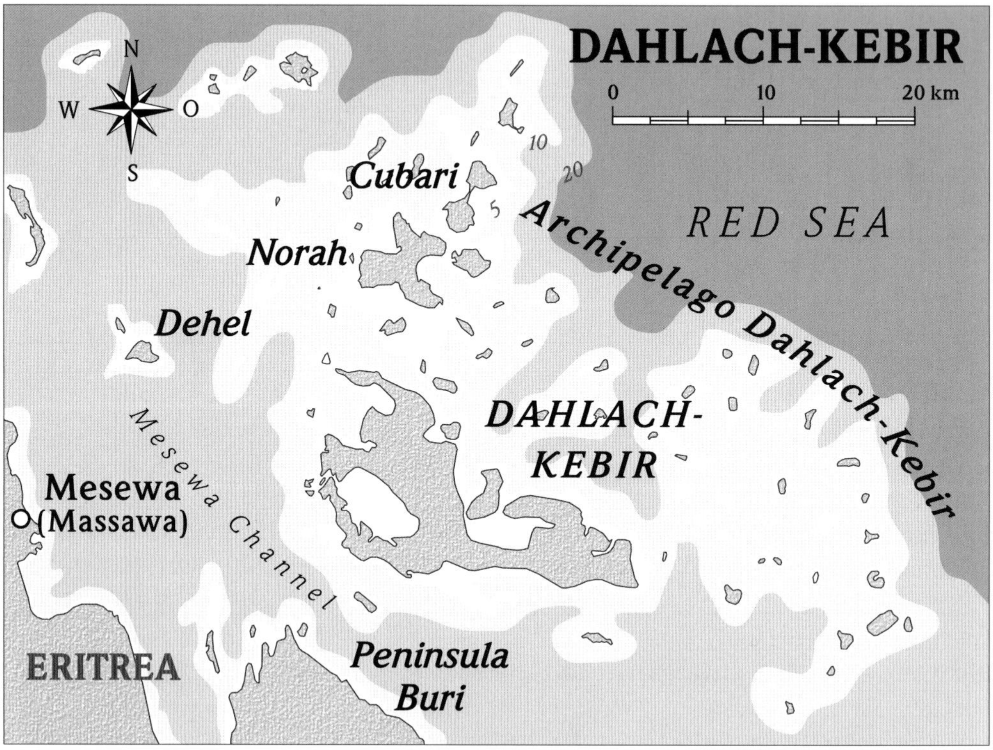
DAHLACH-KEBIR
0
10
20 km
N
W
O
S
Cubari
Norah
Dehel
RED SEA
Archipelago Dahlach-Kebir
DAHLACH-
KEBIR
Mesewa Channel
Mesewa
(Massawa)
ERITREA
Peninsula
Buri

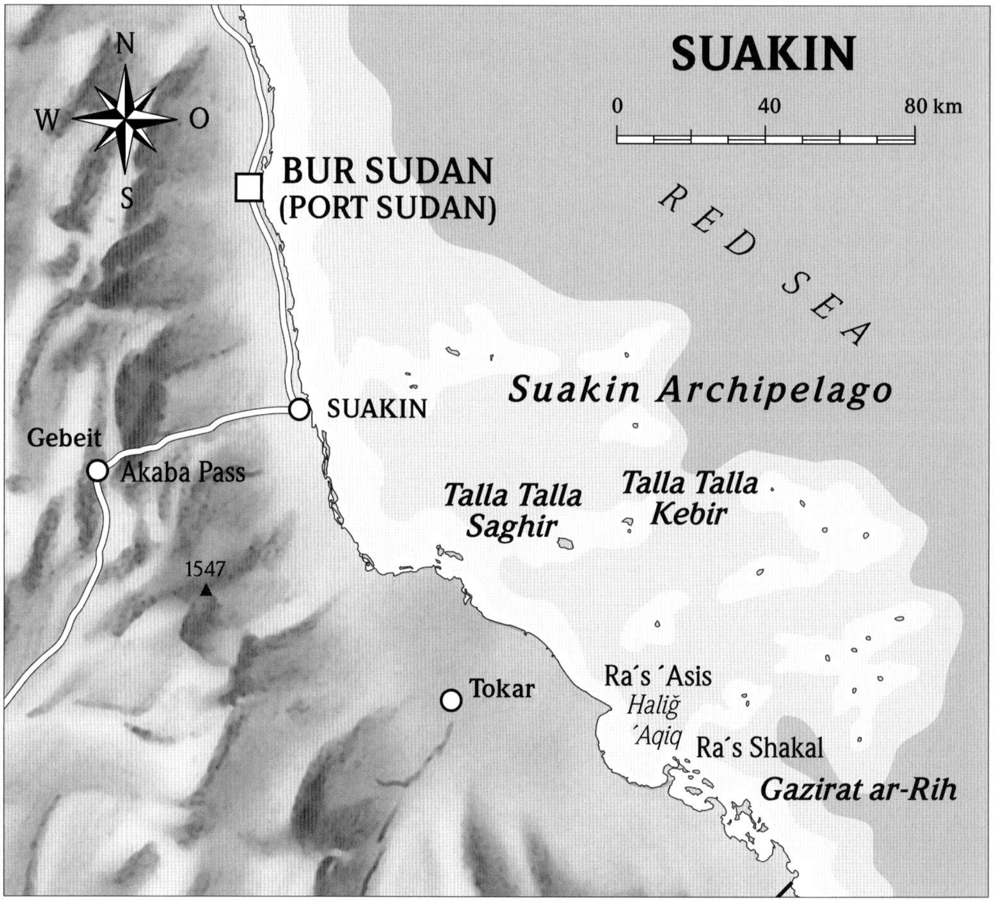
SUAKIN
0
40
80 km
N
W
O
S
BUR SUDAN
(PORT SUDAN)
RED SEA
Suakin Archipelago
SUAKIN
Gebeit
Akaba Pass
Talla Talla
Saghir
Talla Talla
Kebir
1547
Tokar
Ra´s ´Asis
Haliğ
´Aqiq
Ra´s Shakal
Gazirat ar-Rih

in das Sklaven eingesperrt wurden, die sich, die Sklaverei war offiziell schon abgeschafft, gegen ihre arabischen und britischen Herren zur Wehr gesetzt hatten.

Dahlak-Inseln
15°45'N, 40°30'O

Die Inselgruppe im Roten Meer bildete im Mittelalter das Sultanat Dahlak und war Verbannungsort für missliebige arabische Poeten.[285]

Heute gehört der vor dem Hafen Massawa bzw. Mitsiwa liegende Archipel zu Eritrea.

Die größte der Inseln ist Dahlak Kebir (auch: Dahlach, Great Dahlak, Dehalak Deset), nordöstlich der Halbinsel Buri gelegen. Eine schroffe, zerklüftete Insel, umgeben von einer riesigen Lagune.[286]

Die nördlichste Insel des Archipels ist Difdain. Kleine Eilande sind u. a. Dehel, Norah, Cubari, Mahun westlich und nördlich von Dahlak, und im Osten: Hatitau, Selima, Aukan.

Die meisten Inseln sind sehr niedrig, bestehen aus Sand und Korallen und sind nur spärlich bewachsen. Ostsüdöstlich von Dahlak Kebir gibt es einige hohe Felsinseln.

Suakin, Sawakin
19°07'N, 37°20'O

Der Sage nach verbannte einst der Prophet Salomon alle Dschinn, alle Geister also, auf eine kleine, 400 Meter im Durchmesser messende, in einer kleinen Bucht gelegene Insel. Das war Sidschinn, das Gefängnis der Geister. Aus Sidschinn, so die Legende, wurde die blühende Hafenstadt Suakin, von der aus die Schätze des Sudan nach Dschidda in Arabien verschifft wurden: Butter aus Schafs- und Kamelmilch, Mais, Sklaven. Suakin war eine wohlhabende Stadt, bis die Engländer rund 60 Kilometer entfernt einen neuen Hafen bauten: Port Sudan. Heute ist Suakin ein verfallenes Nest.[287] Seine Ruinen stehen unter Denkmalschutz.

Vor dem Ort breitet sich weit nach Südosten der Suakin-Archipel aus. Er besteht aus einer Unzahl von Riffen, riesigen Korallenbänken, die gerade eben in der Wasserlinie liegen, und einigen kleinen Inseln wie Talla Talla Saghir, Talla Talla Kebir, Barra Musa Kebir, die knapp über die Wasseroberfläche ragen.

Die Suakin-Riffe gelten als die gefährlichsten und verwirrendsten Navigationshindernisse des Roten Meeres.[288]

Livingstone-Insel
ca. 13°43'S, 34°37'O

Die nach dem schottischen Missionar und Afrikaforscher David Livingstone benannte Insel liegt im Malawi- (oder Njassa-) See, auf der Salima-Seite. Livingstone hatte Mitte des 19. Jahrhunderts Zentralafrika bereist und war erschüttert ob der Grauen des Sklavenhandels. Er versuchte, den Menschenhandel zu unterbinden und regte u. a. an, ein britisches Kanonenboot auf dem Malawi-See zu stationieren. 1875 feuerte die ILALA die ersten Schüsse ab.[289]

Auf der Insel befand sich eine Strafkolonie für Raubmörder und andere Schwerverbrecher.

Einer der Direktoren der Strafkolonie hieß Nigel. Über ihn erzählte die Romanfigur bei Paul Theroux, Major Beaglehole, bei einem Whisky Soda in einem Klub in Malawi: »Er (Nigel) sagte immer: ›Mein Wunschtraum ist ein Gefängnis ohne Gitter, unbewaffnete Wärter, keine körperlichen Züchtigungen, überhaupt keine Zwangsmaßnahmen.‹ Jahrelang hat er das zu verwirklichen versucht, mit Freizeitzentrum und Kino – vorbildlich. Ordentliche Zellen. Sogar Unterrichtsräume hat er eingerichtet. Und Heimwerkerkurse. Jeder wusste, dass auf der Gefängnisinsel die besten Postsäcke von ganz Zentralafrika genäht wurden. Erstklassig. … Aber denken Sie, mit Güte lässt sich bei Verbrechern was ausrichten? … Pustekuchen. Sie halten es für Schwäche und nutzen es aus. Bis zum Gehtnichtmehr. Na, und Nigel sind sie natürlich auch dumm gekommen. Kaum zu glauben, was ihm alles zugemutet wurde. Ein arbeitsscheuer Bursche organisierte so 'ne Art Streik. Behauptete, Nigel sei ein Sklaventreiber und ähnliches Gewäsch. Allgemeines Gemurre. Nigel nahm die Sache ganz gelassen. ›So, du willst nicht arbeiten!‹, sagte er nur. ›Gut, dann brauchst du nicht hier zu bleiben!‹ Und er ließ den Burschen in ein anderes Gefängnis überführen. Faule Äpfel nimmt man aus dem Korb, sehr vernünftig.

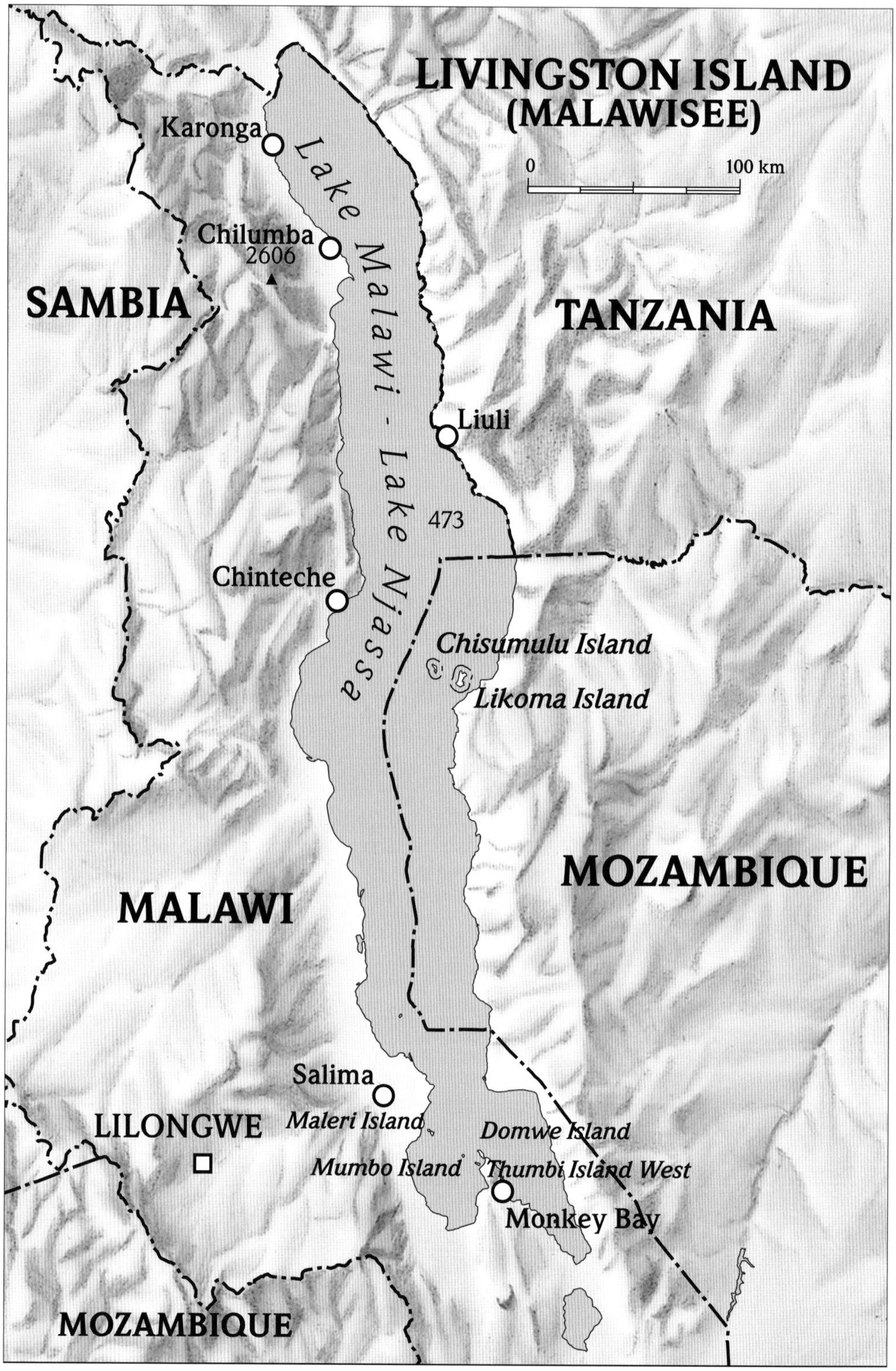

Aber die anderen, in der Mehrzahl primitive Urwaldtypen, dachten, ihr verschwundener Kumpel sei tot. Stur und eingleisig wie gewöhnlich. Aber mit so viel Einsichtslosigkeit hatte Nigel doch nicht gerechnet. … Also, es kam auf der Insel zu einer regelrechten Meuterei. Alle tobten herum wie verrückt, kreischten aus Leibeskräften und fuchtelten mit Stöcken herum. Nigel kam aus seinem Quartier und sah sich zirka dreihundert tobenden Häftlingen gegenüber, alle schwarz wie die Höllenfürsten, und alle veranstalteten ein unglaubliches Theater.

Nigel sah sich das Ganze erst mal genau an. Er verstand sich recht gut auf die schwarze Mentalität, hatte enorm viel Geduld und wusste, wie man mit so was umging. Darum hielt er von der Veranda aus eine kleine Ansprache. ›Jungs‹, sagte er, ›eure Rädelsführer wollen euch alle ins Unglück bringen. Glaubt ihnen nicht. Lasst euch nicht irremachen und geht wieder an die Arbeit!‹

Und dann ging er, waffenlos, wie er war, mitten in den aufgeregten Mob hinein. Kühl wie immer. Er war groß ... und überragte alle um Haupteslänge.

›Nun langt's‹, sagte er, ›der Lumpenball ist vorbei – ihr habt euren Jux gehabt. Lachen ist gesund. Aber man soll nichts übertreiben. Und jetzt, Jungs, marsch, an eure Plätze!‹

Und daraufhin haben ihn die tollen Hunde in Stücke gehackt.

Wir fuhren auf die Insel. Wir mussten Nigel mit der Müllschaufel zusammenkehren und die Stücke in einen Postsack schütten. Natürlich hatten sich die Schwarzen inzwischen alle verkrümelt.«

Eine andere Passage des Buches berichtet von einem brutalen britischen Gefängnisdirektor, den die Eingeborenen wegen seiner Bösartigkeit und Mordlust General Peng-Peng nannten. Er wurde eines Nachts getötet.[290]

Auf der Salima-Seite liegt gemäß Hupe/Vachal[291] die Maleri-Insel. Leider konnte nicht in Erfahrung gebracht werden, ob es sich bei ihr um die von Theroux erwähnte Livingstone-Insel handelt. Dass sie weder bei Hupe noch in anderen Reiseführern erwähnt ist, kann als Indiz für ihren obskuren Verwendungszweck gelten.

Xefina[292]
25°55,5'S, 32°41,5'O

In Sichtweite vor Maputo (früher Lourenço Marques), der Hauptstadt von Moçambique, gelegene kleine Insel. Auf ihr waren früher Strafgefangene interniert. Jetzt ist sie für Touristen geöffnet.

Sträflingsinseln im Indischen Ozean

La Digue
4°21'S, 55°50'O

La Digue ist eine der zweiundneunzig Inseln (32 gebirgige Granitinseln und 60 flache Koralleninseln) der Republik Seychellen und mit 10 km² die drittgrößte.

Die Inselgruppe liegt nördlich von Madagaskar, zwischen 3°40' und 10°10' S, 46°20' und 59°10' O.

Bis zur Besiedlung durch französische Kolonisten Mitte des 18. Jahrhunderts war die Inselgruppe nicht permanent bewohnt. Sie wurde allerdings im 9./10. Jahrhundert von arabischen, im 15./16. Jahrhundert von portugiesischen Seefahrern und 1609 von einer englischen Expedition aufgesucht.

Danach dienten die Inseln als Schlupfwinkel und Versorgungsbasis für Piraten.

1756 nahmen die Franzosen die Inselgruppe in Besitz und begannen sie mithilfe afrikanischer Sklaven und später indischer und chinesischer Arbeitskräfte urbar zu machen.

Etwa vierzig Jahre lang war die Inselgruppe französisch. Das Mutterland deportierte politische Gegner nach La Digue. Während der Französischen Revolution wurden die Seychellen von Großbritannien besetzt, dem die Inseln auch vom Wiener Kongress 1814/15 zugesprochen wurden.

Für einen britischen Gouverneur lagen die Seychellen einst »1.000 Meilen außerhalb der Welt«. Auch von den Briten wurde La Digue als Verbannungsinsel genutzt. Und sie diente Erzbischof Makarios von Zypern als Exil.

1975 erhielten die Seychellen ihre Autonomie und am 28.06.1976 die Unabhängigkeit im Rahmen des Commonwealth.

La Digue gilt als die schönste der Seychellen-Inseln. Auf ihr sind nur fünfzehn Autos zugelassen, dazu kommen zwanzig Ochsenkarren-Taxis. Fast immer sind Filmemacher und Profi-Fotografen mit ihren Models auf der Insel, auf der auch der bekannte Bacardi-Werbespot gedreht wurde.

Auf La Digue drehte u. a. Polanski mit Walter Matthau seinen Film »Piraten«. Auf der Nachbarinsel Praslin entstand eine Tarzan-Verfilmung mit Bo Derek.

Im Hafen von La Pase auf La Digue sind das ganze Jahr über luxuriöse Privatjachten anzutreffen.

Long Island, Île Longue
4°37'S, 55°30'O

Derzeit noch wird die Seychellen-Insel als Sträflingsinsel genutzt. Die winzige Insel ist der Nordostküste von Mahé vorgelagert.

Mauritius, Maurice, Île de France
20°20'S, 57°40'O

Die 2.040 km^2 große Insel liegt östlich von Madagaskar. Sie gehört mit Réunion und weiteren kleineren Inseln zur Gruppe der Maskarenen.

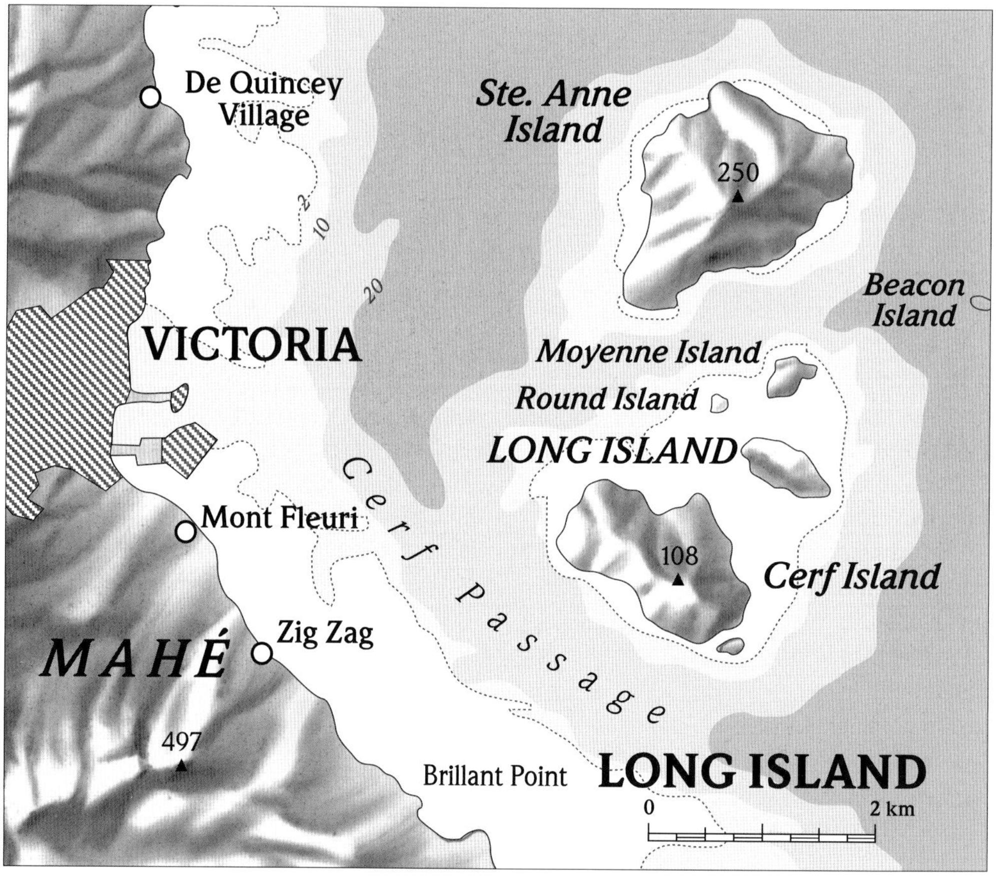

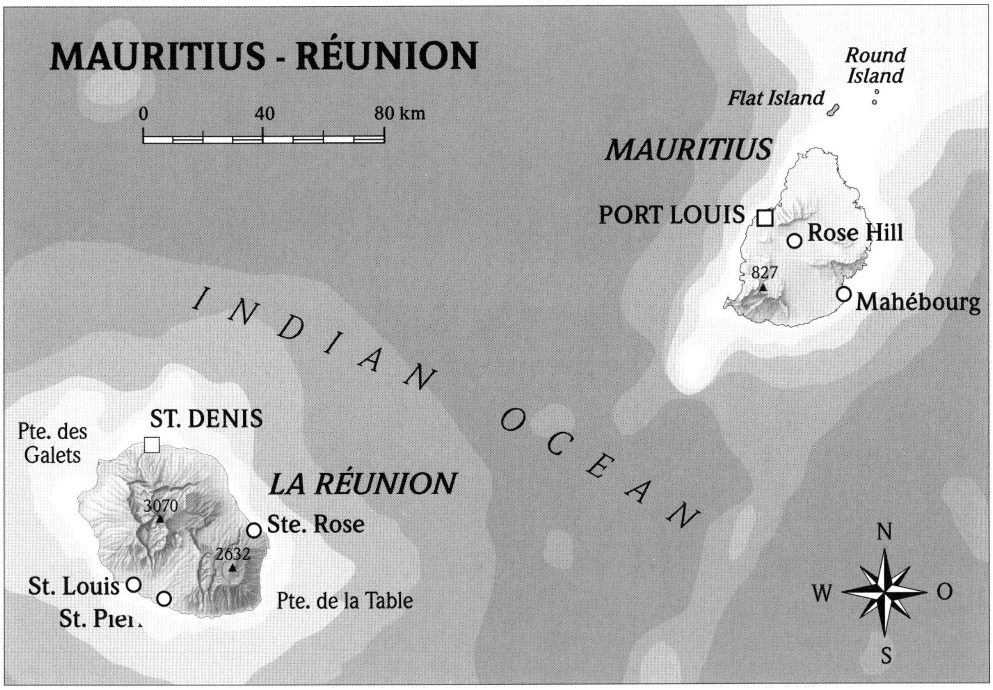

Die britische Regierung, damals verantwortlich für die Verwaltung Palästinas, versuchte, die massenhafte Immigration von Juden in den 1930er-Jahren nach Palästina zu verhindern. Aber dem Mosad gelang es immer wieder, die Blockade zu durchbrechen. So richteten die Briten gezwungenermaßen 1938 südlich von Haifa das Internierungslager Atlit ein. Viele illegale Einwanderer, die von britischen Patrouillen festgenommen wurden, kamen ohne Verfahren direkt nach Atlit. Andere hatten weniger »Glück«.

Eine große Gruppe von Flüchtlingen aus Deutschland, Österreich und der Tschechoslowakei wurde 1940 vor Zypern aufgebracht und 1.580 von ihnen (849 Männer, 635 Frauen und 96 Kinder) an Bord zweier holländischer Schiffe auf die Insel Mauritius deportiert.

Dort kamen sie in den ehemaligen französischen Gefängniskomplex Beau-Bassin. Die Männerabteilung bestand aus zwei Zellenblocks ohne Elektrizität, ausgelegt für insgesamt vierhundert Häftlinge. Die Frauen und Kinder wurden in dreißig Baracken untergebracht. Später wurde an einem Strand an der Ostküste ein Zeltlager errichtet, in dem die Häftlinge in Gruppen von sechzig Personen jeweils eine Woche verbringen konnten.

Am 12. August 1945 erhielten die verbliebenen Internierten (127 waren gestorben, 212 waren in die alliierten Streitkräfte eingetreten, 61 Kinder waren zur Welt gekommen) die Erlaubnis, nach Palästina zu reisen.[293]

Nosy Lava
14°33'S, 47°40'O

Auf der 29 km² kleinen Insel vor der Nordwestküste Madagaskars hatten die französischen Kolonialherren (die Kolonialzeit auf Madagaskar dauerte von 1896 bis 1960) im Jahr 1911 ein Straflager eingerichtet. Hunderte Madagassen wurden zur Zwangsarbeit auf die Insel geschickt.

Als Madagaskar die Unabhängigkeit zugestanden wurde, befanden sich auf Nosy Lava noch 880 Strafgefangene. Fast alle wurden freigelassen, bis auf einige, die »Vergessenen von Nosy Lava«, die bis zum Jahr 2000 auf ihre Freilassung warten mussten. Im Januar 2000 waren es noch zweihundert vergessene Gefangene der Vergangenheit. Sie waren noch nach französischem Recht verurteilt worden, zu wenigen Wochen oder Monaten, einem Jahr, fünf Jahren – und blieben vierzig Jahre und länger in Haft. Sie waren alte Männer geworden, in Lumpen gekleidet, lethargisch, resigniert. Der unabhängige Staat Madagaskar hatte das Straflager beibehalten und in den folgenden Jahren neue Häftlinge auf die Insel geschickt.

Die alten blieben. Sie erzählten einem Kamerateam von den Folterungen und Misshandlungen, denen sie früher ausgesetzt waren. Sie wurden mit den Schwanzenden von Stachelrochen gepeinigt, sie mussten riesige Baumstämme tragen, unter denen sie zusammenbrachen, die Wächter schlugen sie mit Holzkeulen auf den Bauch, bis der Darm aus dem After trat, sie schlugen Kokosnüsse auf den Köpfen der Häftlinge auf.

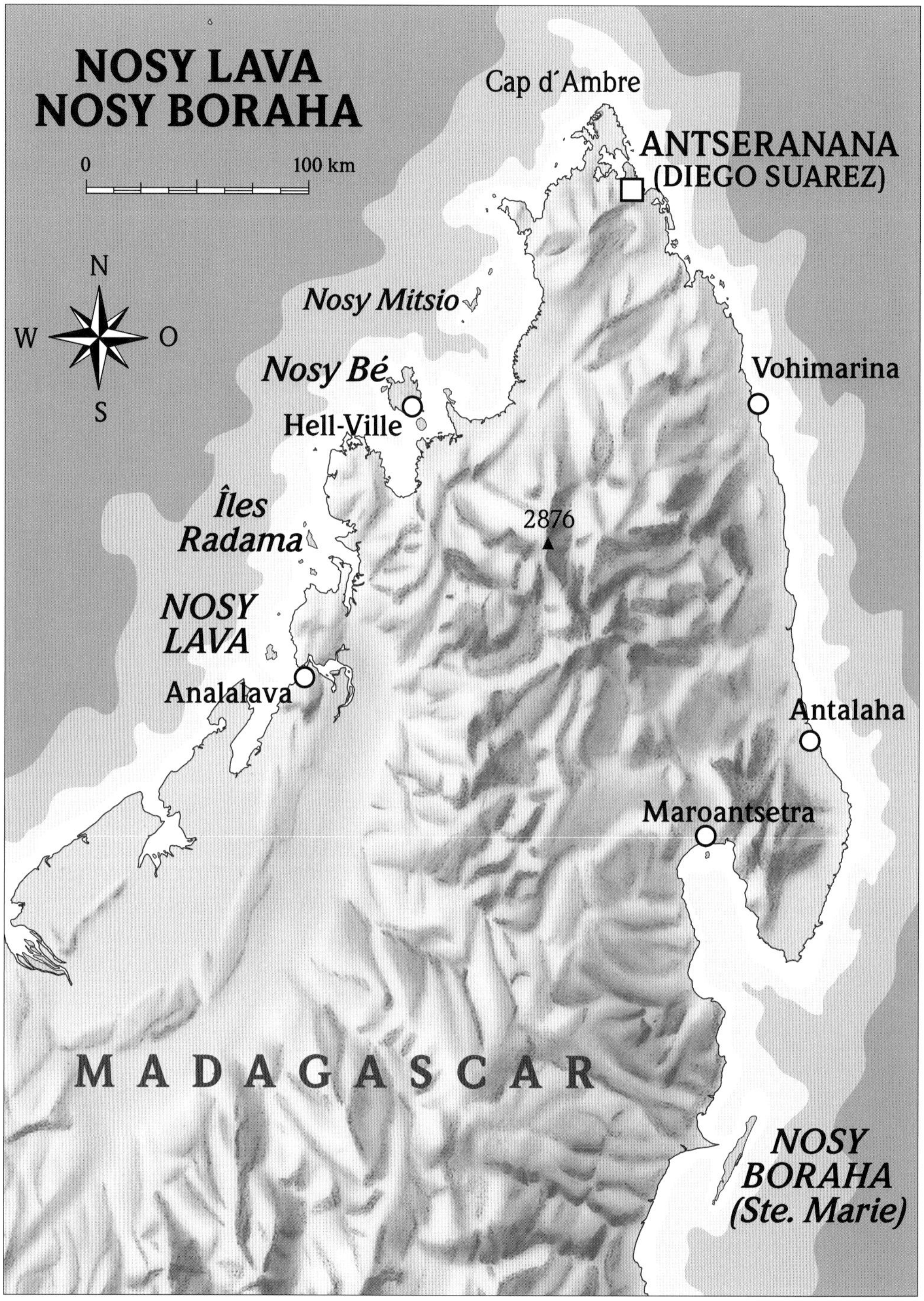

Die Arbeit war eintönig: Kalk herstellen, Wasser tragen, Holz sammeln, den Hof fegen, das Gefängnis reinigen. Ein Zimmermann fertigte Bretter an, andere arbeiteten in der Landwirtschaft und manche fingen Fische.

In einem Dorf in unmittelbarer Nachbarschaft des Gefängnisses durften Freigänger für die Dorfbewohner arbeiten und bekamen dafür Nahrung und Kleidung, denn der Staat kümmerte sich weder darum noch um medizinische Versorgung. Die Dorfbewohner versorgten auch alte und gebrechliche Häftlinge, die nicht mehr arbeiten konnten. Die meisten mussten abends in das Gefängnis zurückkehren, einige lebten in der Dorfgemeinschaft.

Es gab nur eine Mahlzeit am Tag: Maniok. Wer außerhalb arbeitete, bekam überhaupt nichts zu essen.

Im Januar 2000 wurden die letzten Verbannten von Nosy Lava vom Präsidenten begnadigt. Manche wussten nicht wohin. Sie harren weiter auf der Insel aus, auf der sie die meiste Zeit ihres Lebens verbracht haben.

Nördlich von Toamasina, etwa vierzig Kilometer vor der Ostküste von Madagaskar, liegt die siebenundfünfzig Kilometer lang gestreckte und nur fünf Kilometer breite Insel

Nosy Boraha, Sainte Marie
16°55'S, 49°53'O

Mit ihren Sandstränden und Korallenriffen und der üppigen, sattgrünen Vegetation gilt die Insel als eine der schönsten Regionen Madagaskars.

Seit dem Ende des 17. Jahrhunderts war die dem Ostufer Madagaskars vorgelagerte Insel Sainte Marie bzw. Nosy Boraha ein Piratenstützpunkt. Der erstgenannte Name wird auf portugiesische Seefahrer zurückgeführt, der zweite ist der unter Einheimischen gebräuchliche und bedeutet »Insel des Ibrahim«. Die Eröffnung des Suezkanals im Jahr 1869 entzog den Piraten die Geschäftsgrundlage. Bis dahin kontrollierten sie den gesamten Schiffsverkehr, der um das Kap der Guten Hoffnung verlief.

Nosy Boraha wurde im 20. Jahrhundert, bis zur Unabhängigkeit, als Gefangeneninsel genutzt.[294]

An 250 Tagen des Jahres fallen auf Nosy Boraha Niederschläge, zwischen Dezember und April ist die Häufigkeit des Auftretens von tropischen Wirbelstürmen, die hier als Mauritius-Orkane bezeichnet werden, recht hoch. Zwischen September und Dezember suchen Wale und Delfine die Küstengewässer auf, um ihren Nachwuchs zur Welt zu bringen.

An der Südspitze von Boraha liegt das kleine Eiland Nato. Sein Name ist identisch mit dem einer Baumart, aus der die traditionellen flachen Küstenboote hergestellt werden. Auch Nato war ein Piratenstützpunkt.

Die Geschichte allerdings, wonach im 18. Jahrhundert eine Gesellschaft von Utopisten und Piraten im Norden von Boraha vorübergehend die Republik Libertalia gegründet haben sollen, entstammt der Fantasie des Romanautors Daniel Defoe.

Die Ostgrenze des Bengalischen Meeres wird durch zwei Inselgruppen markiert: im Norden die Andamanen und südlich von ihnen die Nikobaren. Sie bilden zusammen ein indisches Unionsterritorium.

In einer indischen Broschüre ist zu lesen: »Die Inseln sind ein tropisches Shangri-La, grün und üppig, die indische Antwort auf das Beste von Hawaii.«

Süd-Andaman, Port Blair
11°40'N, 92°45'O

Von 1858 bis 1947 (Unabhängigkeit Indiens) wurde die Insel als Strafkolonie für politische Gefangene und Lebenslängliche genutzt.

Port Blair ist die Hauptstadt des aus 350 (321, 298, 293 – die Angaben verschiedener Quellen differieren) Inseln bestehenden Unionsterritoriums, das sich über eine Strecke von siebenhundert Kilometern in Nord-Süd-Richtung erstreckt. Der Archipel ist teils unbewohnt, teils sogar unerforscht.

Trauriges Wahrzeichen von Port Blair ist das berüchtigte Gefängnis der britischen Kolonialherren, das siebenflügelige Rundgefängnis »Cellular Jail«.

Im Jahr 1897 legten die Engländer, die damals in Indien herrschten, den Grundstein für dieses Gebäude. Das Gefängnis bestand aus 698 Einzelzellen, in denen die Gefangenen völlig voneinander isoliert werden konnten. Viele indische Freiheitskämpfer, unter ihnen Veer Savarker, haben

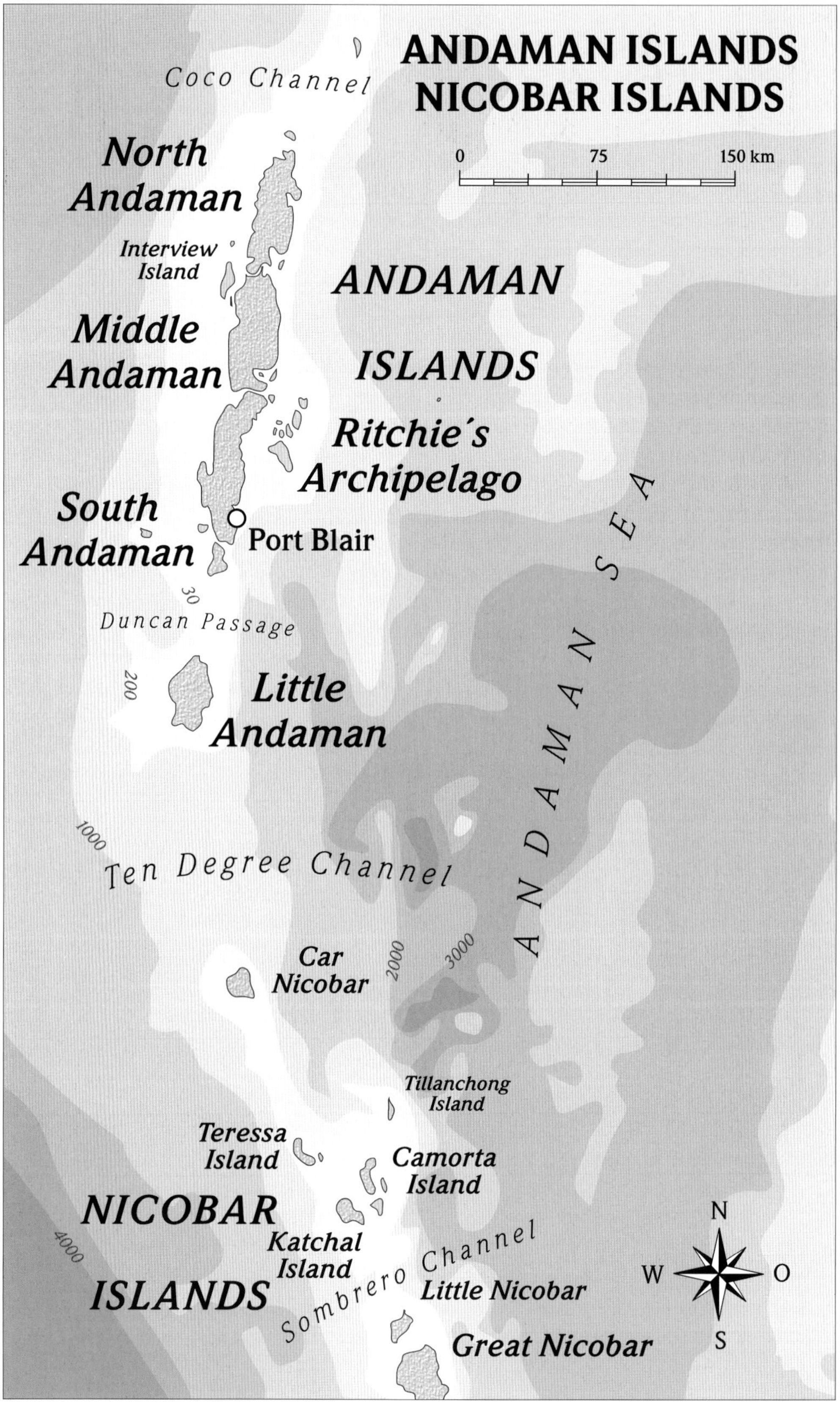
ANDAMAN ISLANDS
NICOBAR ISLANDS
0
75
150 km
Coco Channel
North Andaman
Interview Island
ANDAMAN ISLANDS
Middle Andaman
Ritchie´s Archipelago
South Andaman
Port Blair
30
Duncan Passage
200
Little Andaman
ANDAMAN SEA
1000
Ten Degree Channel
Car Nicobar
2000
3000
Tillanchong Island
Teressa Island
Camorta Island
NICOBAR ISLANDS
4000
Katchal Island
Sombrero Channel
Little Nicobar
Great Nicobar
N
W
O
S

hier unter der Folter und den Haftbedingungen gelitten. Die Andamanen trugen einst den Namen Kala Pani, Schwarzes Wasser, schwarz vom Blut derjenigen, die für Indiens Freiheit starben. Die dröhnende Stimme des Gefängniswärters Berry scheint noch in den Kerkern widerzuhallen: »Hört her, Gefangene! Im Universum gibt es nur einen Gott, der da oben im Himmel lebt! Aber in Port Blair gibt es zwei! Den einen im Himmel und den zweiten auf Erden! Der Gott auf Erden bin ich!«

Heute existieren nur noch drei der sieben Flügel, sie werden als Museum genutzt. Die Anlage wurde zum Nationaldenkmal erklärt.

Vor der Hafeneinfahrt von Port Blair liegt Viper Island, auf die früher, vor dem Bau des Rundgefängnisses, Sträflinge gebracht wurden und wo Überreste von Galgen, an denen weibliche Häftlinge erhängt wurden, an die grausame Vergangenheit erinnern.

Die Insel Ross war einst exklusives Eigentum der Engländer, die dort über fünfzig Jahre herrschten, und Residenz des britischen Hochkommissars. Heute erinnern noch Ruinen von Bungalows, Kirchen, Ballsälen, Bäckereien, Klubs und auch Kerkern an diese Vergangenheit.

Programmempfehlungen für Touristen beginnen gewöhnlich mit:

»Tag eins: Ehrung der Märtyrer, Besuch des Rundgefängnisses und des Museums. Eine Besichtigung des Todeshauses und der Folterinstrumente lassen Erinnerungen an Indiens Freiheitskampf wach werden und uns für die trauern, die dafür ihr Leben lassen mussten.«

Nur einige der Inseln sind für Touristen zugänglich, einige weitere für Inder, andere nur mit Sondergenehmigung. Nachdem von den ursprünglichen Bewohnern nur noch zwei Stämme übrig geblieben sind, sollen sie vor dem harten Zugriff der Zivilisation geschützt werden.

Nicobar-Islands, Nikobaren, Great Nicobar
7°N, 93°50'O

Auf einigen der Nikobaren internieren die Inder Verbrecher, früher wurden auch Lepra-Kranke auf den Inseln ausgesetzt.

Ost- und südostasiatische Sträflingsinseln

Santiago, Intramuros
14°34'N, 120°59'O

Die Insel ist kaum noch zu ahnen. Intramuros, der heutige Stadtteil von Manila, Philippinen, war einmal eine Insel und diese Insel wurde beherrscht von einer Festung, der Zitadelle Santiago. In all den Jahren, da fremde Flaggen die Philippinen beherrschten, war das Fort Festung, Gefängnis und Folterkammer.

Als Ende des 16. Jahrhunderts die Spanier Suleiman besiegten, der an diesem Ort residierte, bauten sie hier eine der schönsten Städte des spanischen Kolonialreichs, Intramuros, mit der Stadtfestung Santiago an der Mündung des Pasig. Der Grundstein für die Zitadelle wurde am 21. Juni 1574 gelegt. Innerhalb von zehn Jahren wurde sie von Zwangsarbeitern errichtet. Filipinos waren nur als Gefangene oder Zwangsarbeiter zugelassen. Das Fort war während der Herrschaft der Spanier eine schlimme Folterstätte. Viele bekannte philippinische Freiheitskämpfer waren dort eingekerkert. Der berühmteste Gefangene war José Rizal, Künstler, Mediziner, Philosoph und Rebell gegen die Kolonialherren. In jenem Jahr 1896, als José Rizal an einem Morgen Ende Dezember aus der Festung zur Hinrichtung geführt wurde, starben in den Folterkammern sechsundfünfzig seiner Kampfgefährten.

Die berüchtigten Folterkammern, Käfige von zwei mal zwei Metern, nach oben durch Eisenstangen verschlossen, liegen noch unter den Kasematten, unterhalb des Meeresspiegels. Wenn das Meer die Flut in die Stadt drückte, lief nicht selten das Wasser in diese Käfige, und die Gefangenen ertranken.

1898 lösten die Amerikaner die Spanier als Kolonialherren ab. Sie wüteten nicht weniger schlimm als ihre Vorgänger.

In dem Krieg, den die USA zwischen Februar 1899 und Juli 1902 gegen die philippinische Unabhängigkeitsbewegung geführt hatten, waren von 130.000 US-Soldaten mindestens 4.200 gefallen und mehr als 3.500 verwundet worden. Auf der anderen Seite fiel die Bilanz noch grausiger aus. Mindestens 20.000 philippinische Soldaten, ein Viertel der gesamten Streitkräfte, waren gefallen. Unter der Zivilbevölkerung gab es 250.000, nach neueren Untersuchungen sogar 750.000 Tote.

Es gab keine Sieger in diesem Krieg, nur Opfer und, wie in jedem Krieg, Profiteure.

Die USA kämpften mit Terror, Repressalien auf der einen und Wohltaten auf der anderen Seite. Es gelang ihnen, die Gesellschaft zu spalten und schließlich im Januar 1901 vierzig führende Mitglieder auf die Insel Guam zu deportieren.

In der japanischen Okkupationszeit waren Filipinos und Amerikaner gemeinsam in der Zitadelle eingesperrt. Zum Ende des Zweiten Weltkrieges wurden sechshundert Filipinos und Amerikaner von ihren Peinigern ersäuft. An sie erinnert ein schlichtes Marmorkreuz. Noch kurz vor der Kapitulation setzte die japanische Festungsbesatzung die Gebäude in Brand. Die grauen Mauern tragen noch die Spuren der sich verzweifelt in die Wände krallenden Finger.[295]

An den philippinischen Nationalhelden José Rizal erinnern seine Werke, ein Monument und in der Festung seine Todeszelle, in der er sein letztes Gedicht »Mi Ultimo Adios« an sein Volk schrieb, als Gedenkstätte.

Guam
13°28'N, 144°47'O

Die südlichste und größte Insel der Marianen war bis 1898 spanischer Besitz und gehört seit-

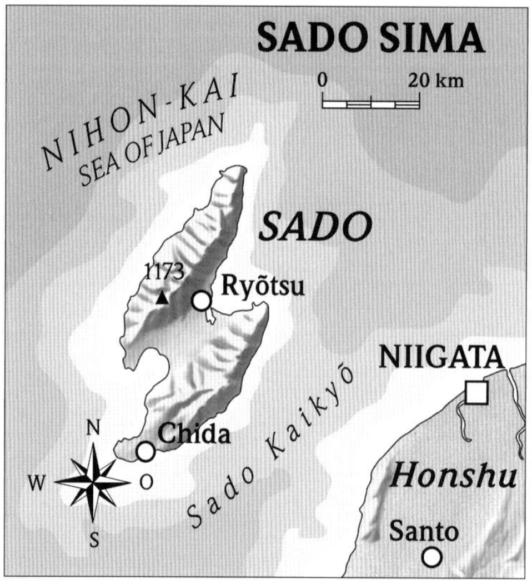

dem den USA. Sie ist der wichtigste Flottenstützpunkt der USA im Pazifik und Flugplatz der pazifischen Linien.

In diese Abhandlung ist sie aufgenommen, weil die USA im Jahr 1901 vierzig Filipinos dorthin deportierten.

Sado Sima
38°N, 138°25'O

Die 857 km² große japanische Insel im Japanischen Meer liegt westlich von Niigata (Honshu).

Das Eiland auf der »Rückseite Japans« wird in den Wintermonaten von heftigen Stürmen heimgesucht und von Honshu abgeschnitten. Unter anderem wegen dieser Abgeschiedenheit trotz Nähe war es ein beliebter Verbannungsort für prominente Persönlichkeiten.

Seit Anfang des 8. Jahrhunderts galt Sado als einer der gefürchteten »fernen Verbannungsorte« für unbequeme Politiker, religiöse Querdenker und eigenwillige Künstler.

1221 war Kaiser Juntoku im Alter von vierundzwanzig Jahren von den Militärs nach Sado verbannt worden. Ihm wurde vorgeworfen, den Sturz des Shogunats und die Wiedererrichtung der kaiserlichen Macht vorbereitet zu haben. Mit dem Tennô waren seine Höflinge und Dutzende Diener sowie Handwerker auf die Insel gekommen. Zwanzig Jahre lang lebte Juntoku auf Sado. Von seiner Sehnsucht nach dem heimatlichen Kyôto künden über hundert Gedichte. Schließlich entschloss er sich für den Fastentod.

Der Priester Nichiren, Begründer der auch derzeit immer noch einflussreichen buddhistischen Lotus- oder Hokke-Sekte, wurde 1271 als Unruhestifter nach Sado verbannt. Nach vier Jahren wurde er begnadigt.

Zeami, der 2. Meister der Kanze-Künstlertruppe, Kunsthistoriker und Verfasser berühmter Stücke des höfischen Nō-Theaters, wurde vom Ashikaga-Shogun Yoshinori etwa 1434 im Alter von zweiundsiebzig Jahren nach Sado verbannt und mit dem Schiff von Obama aus auf die Insel gebracht.

Mit diesen und anderen bedeutenden Exilierten gelangte die Kultur der Oberschicht auf die abgelegene Insel, entstanden Nō-Bühnen, Schreine und prachtvolle Tempel.

Nicht alle, die in vergangenen Jahrhunderten zwangsweise nach Sado kamen, lebten hier so gut wie jener Kaiser und seine Höflinge.

Goldfunde in den Bergen bei Aikawa führten dazu, dass 1603 der systematische Abbau begann. Dazu wurden mehrere tausend Zwangsarbeiter auf die Insel gebracht, durch Bürgerkriege entwurzelte Bauern, herrenlose Samurai und andere Unglückliche. Mehr als vierhundert Kilometer lang sind die Stollen, die sie in den Berg trieben. Der größte von ihnen, der Sohdayu-Stollen, ist ein Schaubergwerk, das einen Eindruck sowohl von der damaligen Technologie als auch von den Arbeits- und Lebensbedingungen vermittelt. Die meisten Bergarbeiter starben schon nach vier bis fünf Jahren. Bis ins 18. Jahrhundert war Sado Verbannungsinsel.

Seit dem 14. Jahrhundert hatten Japans Shogune ihre Sträflinge und politischen Gegner auch auf die unwirtliche Nordinsel Hokkaido verbannt, wo sechs Monate lang Frost und Schnee das Leben beherrschen. Mitte des 19. Jahrhunderts begann man, zur Abschreckung begehrlicher russischer Nachbarn auch bewaffnete Bauern dort anzusiedeln.

Jeju, Cheju, Cheju Do, Čedčudo, Quelpart

33°31'N, 126°32'O

Diese koreanische Vulkaninsel ist dem Festland südlich vorgelagert und durch die Straße von Jeju (Jejuhehjop, Chejuhaehyŏp) von ihm getrennt. Sie liegt auf der Grenze zwischen Japanischem und Ostchinesischem Meer.

Seit etwa 1.000 Jahren ragt der erloschene Vulkan Hallasan (auch: Hannasan), umgeben von subtropischem Grün, 1.950 Meter aus dem Meer.

Auf Jeju ist vieles anders als im restlichen Korea: der Slang, das Klima, und die Frauen sind viel selbstbewusster. Männer haben nicht viel zu sagen auf der Insel.

Die Insel war lange Zeit durch Armut geprägt. Anfang des 20. Jahrhunderts wurde eine Gruppe politisch Verfolgter auf die Insel verbannt. Sie halfen, ein einfaches Bildungssystem aufzubauen.

Vielleicht war es diese Bildung, die den Einwohnern der Insel nach dem Zweiten Weltkrieg zum Verhängnis wurde. Nach dem Krieg und der japanischen Besatzung träumten die armen Bauern und Fischer auf Jeju davon, dass nun alle Macht vom Volk ausginge. Doch die amerikanische Militärregierung und ihre koreanischen Kollaborateure auf dem Festland dachten gar nicht daran, den Inselbewohnern Freiheiten und Rechte zuzugestehen. Die Besatzung ging weiter, die Mächtigen drangsalierten die Machtlosen, die Armut blieb.

Im April 1948 führten die Spannungen zu einem Aufstand, dem sich einige tausend Bauern anschlossen. Südkoreas Herrscher statuierten ein Exempel. Mit unvorstellbarer Brutalität gingen koreanische Soldaten nicht nur gegen die Rebellen vor, sondern sie töteten Kinder, quälten Greise zu Tode, vergewaltigten Frauen oder begruben sie lebendig, Dörfer gingen in Flammen auf. Und die Massaker wurden unter den Augen der amerikanischen Militärregierung, oft im Beisein amerikanischer Militärberater, verübt. Die 7. US-Flotte blockierte während dieser Aktionen die Insel. Mindestens 30.000 Menschen fielen dem Morden zum Opfer. Ihre Kinder wurden noch bis Mitte der 80er-Jahre mit Berufsverboten bestraft. Bis 1998 herrschte offizielles Schweigen über die Ereignisse.

Noch in den 60er-Jahren war die Armut so groß, dass viele Bewohner versuchten, illegal ins nahe Japan zu gelangen, um dort zu arbeiten.

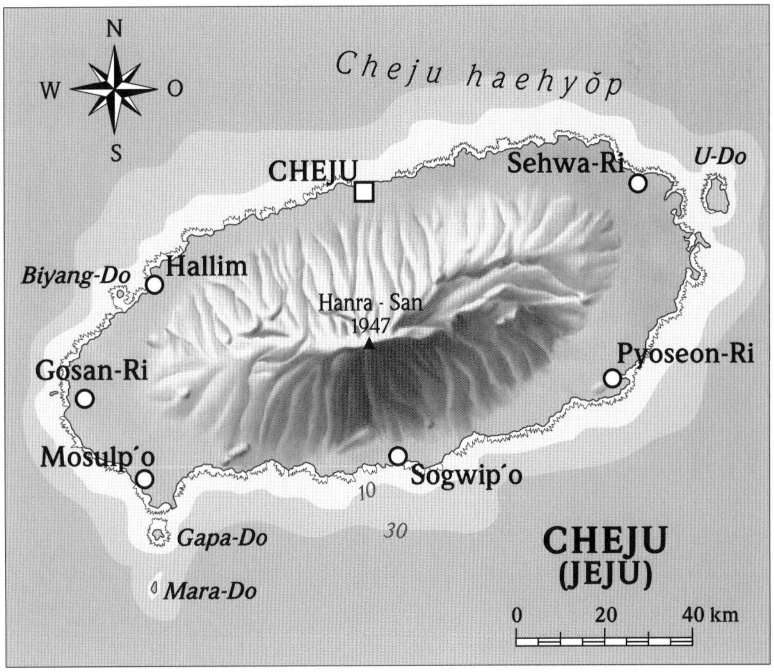

In den 70er-Jahren kam durch den Export von Meeresfrüchten nach Japan der wirtschaftliche Aufschwung und heute ist die Insel in mancherlei Hinsicht attraktiv, vor allem für Touristen.

Berühmt ist die Insel durch ihre legendären Seefrauen (Korean. Haenyo) geworden. Seit Generationen tauchen die Frauen an fünfzehn, nach dem Mondkalender festgelegten Tagen nach Muscheln, Seeigeln und anderen leckeren Meerestieren. Sie tauchen oft sechs oder sieben Stunden am Tag und können drei bis vier Minuten ohne Gerät unter Wasser bleiben. Sie tauchen bis ins hohe Alter. Wenn sie sich untereinander verständigen, dann klingt das Girren, Gurgeln und Fiepen wie Gesänge von Fabelwesen.

Einmal im Jahr beten die Seefrauen vier Wochen lang zur Göttin des Ozeans, die der Überlieferung nach in dieser Zeit die Insel aufsucht, um ihr Fisch- und Muschelreichtum zu bescheren.

Die Landschaft ist abwechslungsreich: Tropfsteinhöhlen, Mandarinenplantagen, verwunschene Bambuswälder, Pampasgrasfelder, Sandstrände, Haine wilder Azaleen, kalenderblattschöne Wasserfälle. Es gibt etwa 18.000 lokale Gottheiten.

Der Tourismus ist gut erschlossen. Japaner kommen zu Tausenden auf die Insel, um relativ günstig Urlaub zu machen. Die zweite Säule des Tourismus sind die koreanischen Hochzeitsreisenden. Sie lassen sich traditionell in von Blumen umrankten Metallherzen fotografieren, im Hintergrund blühender Raps und die malerische Küste. Mancher Bauer hat sich schon von der üblichen Landwirtschaft gelöst und baut das ganze Jahr über nur noch Raps als Fotomotiv an.

Ein Stadion wurde gebaut, um 2002 Spiele der Fußballweltmeisterschaft auf der Insel austragen zu können. Die deutsche Nationalmannschaft hatte alle 56 Suiten und Zimmer des Fünf-Sterne-Hotels »Paradise« gebucht.

Pläne von Lokalpolitikern sehen vor, die Insel zu einer Freihandelszone und zu einem internationalen Konferenzzentrum zu entwickeln.[296]

Republik China, Taiwan, Formosa, Bao-Dao
21°53' bis 25°15'N, 120°03' bis 121°58'O

402 mal 129 Kilometer misst der Inselstaat und hat etwa neunzehn Millionen Einwohner.

Im Jahr 1430 nahm der berühmte Seefahrer Cheng Ho die Insel für den Ming-Kaiser in Besitz und gab ihr den Namen Taiwan (Die Terrassenförmige).

In Westeuropa wurde die Insel unter dem Namen bekannt, den ihr die Portugiesen Ende des 16. Jahrhunderts gaben: Ilha Formosa (schöne Insel, wohl gestaltete Insel). Nach den Portugiesen kamen chinesische Siedler. Sie nannten die Insel Bao-Dao (Schatzinsel).

Von 1895 bis 1945 war Taiwan von Japan okkupiert.

Im Bürgerkrieg zwischen den Kommunisten unter Mao Zedong und der Nationalen Volkspartei (Guomindang, Kuomintang, KMT) unter Chiang Kai-Shek unterlag Letzterer und zog sich mit anderthalb bis zwei Millionen Anhängern (seine beiden besten Divisionen sowie ein Heer von Gelehrten, Künstlern, Kaufleuten etc.) auf Taiwan zurück, wo er 1949 die Republik China gründete. Taiwan kann also insgesamt als Exilinsel angesehen werden.

Von diesem Zuwachs an Elite zehrt die Insel noch heute und leidet gleichzeitig darunter, denn die »Festländler« halten seitdem, zum Unwillen der Alteingesessenen, die wichtigsten Führungspositionen besetzt. Unvergessen ist der »Zwischenfall vom 28. Februar 1947«, bei dem mehr als 10.000 aufständische Taiwaner einem Massaker der vom Festland übergesetzten KMT-Truppen zum Opfer fielen. Erst in den 1990er-Jahren durfte den Opfern öffentliches Gedenken zuteil werden.[297]

Aber es gibt noch eine klassische kleine Sträflingsinsel:

Lütao, LuTao, LüDăo, Huoshaotao, HoshaoTao, Samasana
22°40'N, 121°29'O

Die 16 km^2 große Insel liegt dreiunddreißig Kilometer vor der Südostküste Taiwans, gegenüber der Hafenstadt Taidong (Taitung). Sie hat rund viertausend Einwohner.

Ursprünglich hieß die Insel Huoshaotao (Feuerinsel, Brennende Insel). Für den Ursprung dieses Namens gibt es mehrere Erklärungsversuche. Einer besagt: wegen der Leuchtfeuer auf der Insel. Ein anderer: nach dem »Brennenden Berg« an der

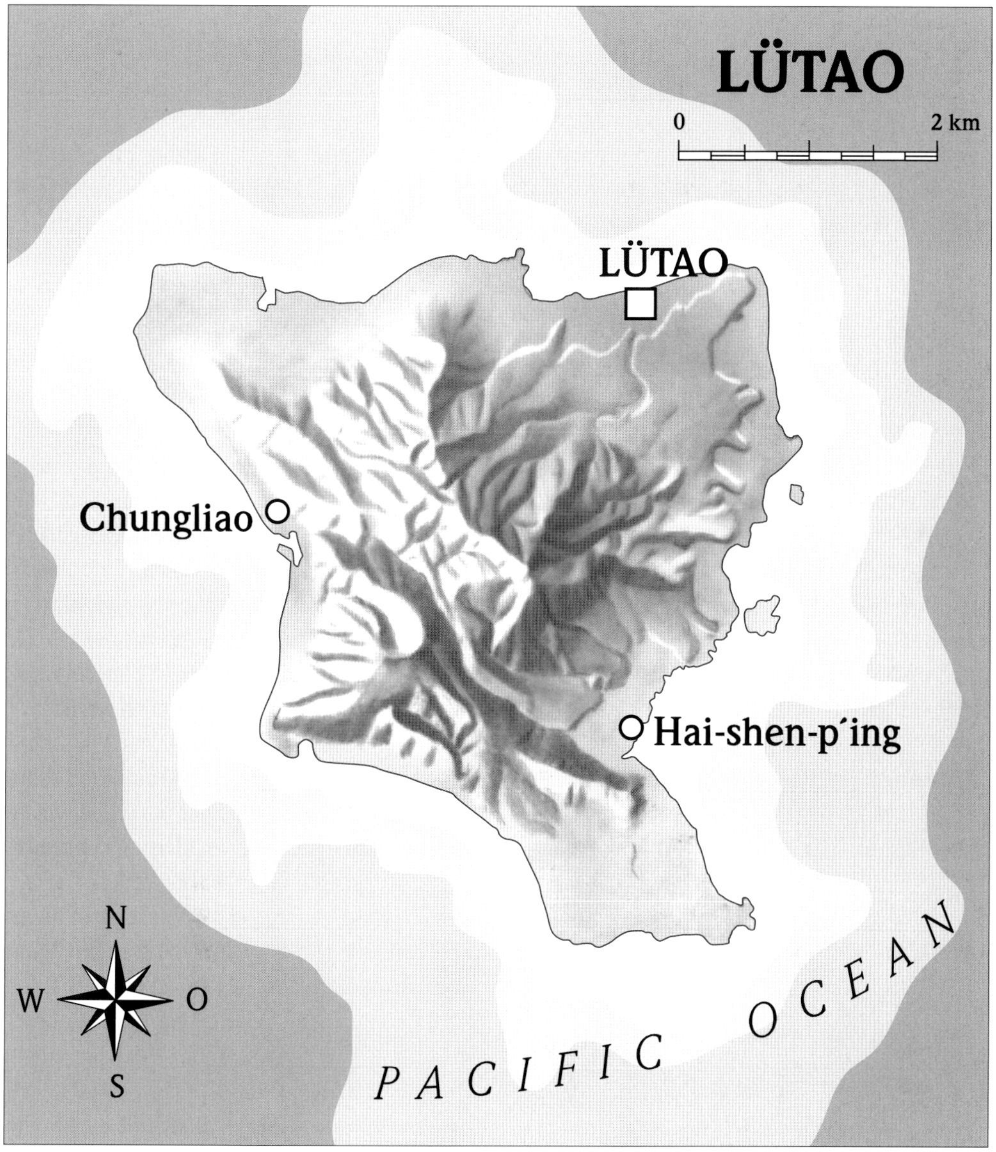

Westküste. Ein dritter: wegen eines verheerenden Brandes, der fast die gesamte Vegetation der Insel vernichtete.

Ein Regierungsbeamter änderte 1949 den Namen in Lütao (Grüne Insel).

Auf der Insel waren bis 1987, als das Kriegsrecht aufgehoben wurde, politische Gefangene eingekerkert. Ein Häftling hatte das Lied »Notturno von der Grünen Insel« geschrieben:

»Die Grüne Insel ist wie ein treibendes Schiff
auf den mondbeschienenen Wogen
und auch du ziehst vorbei, Mädchen
ziehst durch mein Herz.
Dieser Abend auf der Grünen Insel
es ist schon so still
warum bist auch du so still, Mädchen?
Bist so schweigsam, nicht ein Wort.«

Wegen seiner Herkunft war das Lied früher verboten. Heute ist es ein beliebtes Volkslied.

Das ehemalige Gefängnis für »Politische« im Norden der Insel ist jetzt ein Hochsicherheitsknast für Schwerverbrecher.

Obwohl die Redewendung »Urlaub auf der Grünen Insel« das Absitzen einer längeren Haftstrafe bedeutet, locken die Einsamkeit und Stille, die Besonderheiten der Natur immer mehr Touristen an. Berühmt sind die heißen Salzwasserquellen von Chaojih. In der üppigen Vegetation lebt die Formosa-Fuchsfledermaus mit bis zu einem Meter Flügelspannweite. Die seltene Kokosnusskrabbe kann über ein Kilogramm schwer werden. Die Korallenriffe sind von außerordentlicher Vielfalt und Schönheit.

Seit 1990 ist die Grüne Insel Bestandteil des »Nationalen Landschaftsgebietes Taiwan-Ostküste«.

Hainan, Hainandao, Zhuya
18°10' bis 20°10'N, 108°37' bis 111°03'O

Die 34.800 km^2 große Insel im Südchinesischen Meer gehört zur Volksrepublik China. Sie liegt ganz im Süden des Reiches und ist der Halbinsel Leizhou vorgelagert.

Wegen des milden Klimas und der abwechslungsreichen Natur wird Hainan »Chinas Hawaii« genannt.

Einst war die Insel berüchtigt und gefürchtet als Verbannungsort für politisch Verfolgte.

In der Tang- und Song-Zeit (618 bis 907 und 960 bis 1279) wurden unliebsame Beamte und andere in Ungnade Gefallene auf die Insel, die damals Zhuya hieß, verbannt. Einer der prominentesten Verbannten war der Dichter Su Shi (Su Dongpo).

Im Bürgerkrieg 1945/49 zwischen Guomindang und Kommunisten fanden viele Kommunisten Unterschlupf bei den Einheimischen. Nach dem Bürgerkrieg kamen zahlreiche Menschen aus dem Exil zurück und wurden vor allem auf Hainan angesiedelt. Und weil entweder vorwiegend Intelligente und Tüchtige ins Exil müssen oder das Exil eine besonders gute Schule für den Überlebenskampf ist, waren die Rückkehrer ein Segen für die Insel. Sie trieben den Anbau von Kaffee, Kakao, Tee und Gewürzen voran und forcierten den Abbau von Mineralien und Erzen.

Vor einigen Jahren wurden etwa 3.000 km^2 tropischer Regenwald und die Unterwasserwelt rings um die Insel unter Schutz gestellt.

Hainan genießt seit 1988 den vorteilhaften Status einer Sonderwirtschaftszone. Allerdings konzentriert sich die Industrie auf den Norden der Insel. Der Süden mit seinen wunderbaren Stränden hat sich dem Tourismus geöffnet.

Das geschundene hinterindische Land **Vietnam** hat sich der Begehrlichkeiten vieler aufdringlicher und gewalttätiger Freier erwehren müssen und erfolgreich erwehrt. Tiefe Narben sind geblieben. Zu ihnen gehören Sträflingsinseln. Zehn Jahrhunderte lang musste Vietnam um seine Unabhängigkeit kämpfen, zuerst gegen Chinesen, dann gegen Franzosen, dann gegen Japaner, danach wieder gegen Franzosen und schließlich gegen die USA. Im Jahr 1787 signierte der französische König Louis XVI. einen »Schutzvertrag« zwischen Frankreich und Cochinchina. Dafür erhielt Frankreich die Insel Poulo Condor als Flotten- und Handelsstützpunkt. 1858 begannen französische Kolonialtruppen, Vietnam mit Waffengewalt zu erobern, die einheimischen Feudalherren kollaborierten mit ihnen.

1862 schloss die herrschende Nguyen-Dynastie mit der Kolonialmacht einen Pakt, in dem sie Frankreich drei Provinzen im Süden Vietnams und die Insel Poulo Condor zum Geschenk machte. In Verträgen von Saigon war 1862 und 1874 die Souveränität des vietnamesischen Kaiserreiches von Frankreich ausdrücklich anerkannt worden, in Wirklichkeit regierten die Franzosen jedoch das Land durch ein brutales Verwaltungsregime. Alle Mandarine erhielten französische Berater, die Steuern wurden um ein Mehrfaches erhöht und ihre Eintreibung den Notabeln der Gemeinden übertragen. Monopole für den Verkauf von Opium, Spirituosen und Salz wurden ebenso verpachtet wie das Glücksspielgewerbe. Die Zwangsarbeit zum Bau von Straßen und Kanälen wurde eingeführt, der rücksichtslose Reisexport führte zu Hungersnöten.

Der anfangs passive Widerstand gegen die Kolonialmacht ging in einen bewaffneten Kampf über. Im Vertrag von Tientsin (Tianjin) verzichtete China 1885 formell auf seine Lehnshoheit über das vietnamesische Kaiserreich. Damit begann der Ausbau des offenen Kolonialregimes, der Plünderung des Landes. Noch im selben Jahr wurde der Kaiserpalast in Hué geplündert, ging die Nationalbibliothek in Flammen auf und wurde die Nationaldruckerei verwüstet.

Um die Jahrhundertwende begann sich der Widerstand zu organisieren. In Tokio entstand eine »Liga zur Erneuerung Vietnams«. Frankreich reagierte 1904 mit einer Verschärfung des Eingeborenenregimes. Der Generalgouverneur erhielt das faktisch unbegrenzte Recht, Internierungsstrafen, z. B. nach Côn Dao (Con Son), oder Eigentumsbeschlagnahmen zu verhängen.

An der Gründung der Kommunistischen Partei Frankreichs 1920 in Tours nahm ein damals noch unbekannter Vietnamese teil, Nguyen ai Quôc, besser bekannt unter dem Namen Ho Chi Minh.[298]

1954 begann mit der Schlacht um die Festung Dien Bien Phu die letzte Phase im Befreiungskrieg der Vietnamesen gegen die französischen Kolonialherren. Auf beiden Seiten kämpften viele Deutsche. Von den 20.000 französischen Fremdenlegionären waren die Hälfte Deutsche.[299]

Noch drei Jahre nach dem Zusammenbruch des proamerikanischen Systems 1975 in Südvietnam gab es im neuen demokratischen und sozialistischen Vietnam rund 800.000 Gefangene in Lagern und Gefängnissen. Die Regierung hatte nur eingestanden, dass sich 50.000 Personen, Militärs und Beamte des alten Regimes, in Umerziehungslagern befänden.

Nach der Befreiung hatte der Erste Sekretär der vietnamesischen Kommunistischen Partei, Le Duan, beim Besuch der Kerker auf Con Son verkündet: »Wir werden die Gefängnisse in Schulen verwandeln!«

In den schlimmsten Tagen der Diktaturen von Diem und Thieu hatte es nicht so viele Gefängnisse und Gefangene gegeben wie 1979. Auf etwa 400.000 Personen wurden die Militärs, Beamte und Polizisten des alten Regimes geschätzt, die sich 1979 für unbegrenzte Zeit in Umerziehungslagern befanden. Hinzu kamen ca. 200.000 ehemalige Kommunisten und FNL-Kämpfer, die sich dem alten Regime angeschlossen hatten, sowie noch einmal rund 200.000 Arbeiter, Bauern, Intellektuelle, die als reaktionäre Elemente bezeichnet wurden.

Die neuen Herren verstanden es ausgezeichnet, eine einheitliche Gefangenenfront, wie sie häufig in den Gefängnissen unter Thieu bestand, zu verhindern. Sie spalteten die Gefangenen und suchten jede Solidarität zu verhindern.[300]

Die traditionellen, berüchtigten Gefängnisse und Sträflingsinseln wurden weiter benutzt.

Con Son, Poulo Condor, Paolo Condor, Côn Dao
8°43'N, 106°36'O

Die kleine Inselgruppe Côn Dao[301] (auch: Con-Dau-Archipel), eine Gruppe von vierzehn Kalkstein-Inselchen im Südchinesischen Meer, etwa eine Flugstunde südlich von Ho-Chi-Minh-Stadt (Saigon), rund hundert Kilometer südöstlich des Mekong-Deltas, ist eigentlich ein Paradies.

Die Hauptinsel ist Con Son (etwa 20 km^2). Von den Portugiesen und Franzosen wurde sie Poulo Condor genannt, woraus im Malaiischen Pulau Kundur wurde.

Die bis zu 610 Meter aufragenden Berge sind mit Edelholzbäumen bestanden, reichliche Süßwasserquellen entspringen an ihren Hängen und speisen liebliche Wasserläufe. Es gedeiht nicht nur Reis auf der Insel, sondern es wachsen auch Kokospalmen, Mango- und Affenbrotbäume, Zuckerrohr, Bananen, Apfelsinen, Zitronen, Kaffee, Tee, ein guter Pfeffer, Wurzelwerk, dem Ginseng ähnlich, chininhaltige Pflanzen. Die Eier der wild lebenden Vögel werden als Delikatessen geschätzt. Die umgebenden Gewässer sind fischreich. Die Strände dienen Wasserschildkröten zur Eiablage. Außer Affen und einem kleinen Raubtier, etwa

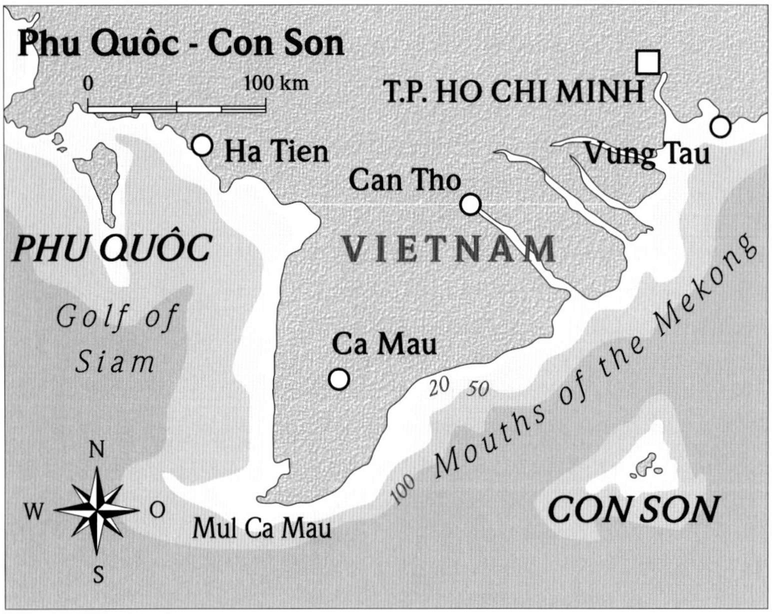

zwischen Marder und Iltis, sind kaum größere oder gar gefährliche Tiere anzutreffen.

Aber dieses Paradies wird auch »Teufelsinsel« genannt.

1862 wurden die bislang auf Con Son ansässigen Bauern und Fischer entweder vertrieben oder in den Dienst des Strafvollzugs übernommen. So gab es auf der Insel keine eigentliche Zivilbevölkerung, nur Gefangene, Militärs, Polizeibeamte und ihre Familien. Die Insel mit den makellosen Stränden war faktisch unbewohnt.

Unter den französischen Kolonialherren wurden dort politische Gefangene, überwiegend vietnamesische Nationalisten, und Schwerverbrecher inhaftiert, während des Vietnamkrieges Kämpfer der nationalen Befreiungsfront und andere Gegner des südvietnamesischen Thieu-Regimes gefangen gehalten.[302]

Fast die gesamte Führung des antikolonialen Widerstandes hat auf Con Son gesessen: Kaisertreue und Nationalisten, Kommunisten und Bürgerliche, Buddhisten, Trotzkisten, missliebige Journalisten, Studenten- und Gewerkschaftsführer.

Auf dieser paradiesischen Insel wurde vieltausendfach gepeinigt, gefoltert, gedemütigt, getötet. Die südvietnamesischen Gefängnisse auf dem Festland waren die Hölle, die Inseln waren die Steigerungsform.

Mehrfach sorgten Berichte über die Zustände auf der Insel in Frankreich für Skandale, allerdings ohne Einfluss auf die Zustände.

Im April 1924 brachte die Zeitschrift »Le Monde Colonial Illustré« Bild und Text einer Überführung von zur Zwangsarbeit Verurteilten »nach Poulo Condor, der Teufelsinsel Indochinas«. Der Begriff »Teufelsinsel« war dem französischen Leser schon wegen der »Teufelsinsel« vor der Küste Guyanas vertraut. Durch diesen Artikel wurde erstmals die Öffentlichkeit aufmerksam.

Neben einer Villa auf Con Son steht eine hölzerne Tafel mit den Namen der Inselkommandanten von 1862 bis 1974, ohne Unterbrechung, d. h. ohne Einfluss des Sieges der vietnamesischen Volksbefreiungsarmee über die französische Kolonialarmee am 7. Mai 1954 bei Dien Bien Phu.

Die »Teufelsinsel« blieb, was sie war, sie bekam ab 1955 vietnamesische Kommandanten, allerdings unter Regie der neuen Kolonialherren aus den USA. Gegen Ende des von den USA gestützten Thieu-Regimes war Con Son für alle zu mehr als fünf Jahren Kerker Verurteilten vorgeschrieben und hatte eine Kapazität von 15.000 Gefangenen. Männer, Frauen und Kinder kamen auf die Insel. Auf die Insel kam auch, wer in Gefängnissen auf dem Festland Schwierigkeiten gemacht hatte, z. B. die Fahne nicht gegrüßt oder gegen Prügel protestiert oder die zustehende Verpflegung gefordert hatte.

Nachdem Ende 1969 die im Saigoner Gefängnis Chi Hoa inhaftierten Frauen gegen die Misshandlung von Leidensgenossinnen bei ihrer Überführung zum Gericht protestiert hatten, wurden sie eines Nachts in ihren Zellen mit ungelöschtem Kalk und Vomitiven[303] beworfen und mit Knüppelschlägen zusammengetrieben. Sie wurden, viele von ihnen bewusstlos, auf Lastwagen geladen und zum Kai Bach Dang transportiert. Dort wurden sie in den Laderaum eines Frachters gestoßen, der sie bei Tagesanbruch nach Con Son brachte.

Bei anderer Gelegenheit wurden aus demselben Gefängnis die Gefangenen einer ganzen Abteilung, fünfhundert bis sechshundert Männer, nach Con Son deportiert, weil sie gegen Repressalien protestiert hatten.

Vor allem politische Gefangene wurden auf die Insel gebracht, um sie »auf den rechten Weg zurückzuführen«. Das Thieu-Regime nannte das Gefängnis deshalb »Umerziehungszentrum«. Die Bevölkerung ganzer Dörfer, wie die Bewohner von Dörfern, die in einer »vom Vormarsch der kommunistischen Truppen bedrohten Zone der Unsicherheit« wohnten, und spezielle soziale Schichten, wie die 1.500 Intellektuellen, Studenten und Schüler von Hué, wurden nach Con Son deportiert.

Die Tortur begann bereits während des Transports von Saigon auf die Insel. Ein ehemaliger politischer Häftling, Le Quang Vinh, der von 1962 bis 1975 auf Con Son litt, erinnert sich:

»Gefesselt wurden sie aufs Schiff geführt, und auf dem Schiff wurden ihnen noch die Füße an den Schiffsboden gefesselt. Auf der Insel angekommen, trieb man die Häftlinge über den Pier an Land, wo sie bereits von Aufpassern erwartet wurden. Diese Aufpasser waren durchweg Kriminelle, die sich vor allem durch Aggressivität und Grausamkeit auszeichneten und die politischen Gefangenen bei jeder Gelegenheit prügelten.«

Weltweit bekannt wurde der Archipel durch das berüchtigte Gefängnis auf der Hauptinsel Con Son mit seinen »Tigerkäfigen«, einem Zellentrakt zur Bestrafung »renitenter« Häftlinge mit sechzig bis siebzig Käfigen pro Gebäude. Die Käfige waren 1,50 mal 2,70 Meter groß und mit fünf bis acht Gefangenen belegt. Nach oben waren sie durch Gitter abgeschlossen, auf denen die Wächter patrouillierten, mit Bambusstangen die Häftlinge peinigten, Kalk herabstreuten oder Wasser hinuntergossen. Le Quang Vinh war sechs Jahre lang im »Tigerkäfig« eingeschlossen. Es gab »Tigerkäfige« sowohl für Männer als auch für Frauen.

Ab und zu kehrten Gefangene von Con Son in Gefängnisse auf dem Festland zurück. Augenzeugen schilderten den Anblick: »... ihre Gesichter ausgemergelt und aschgrau, ihre Körper nur Haut und Knochen. Ihre Augen sind geschlossen, geblendet von dem Licht, an das sie nicht mehr gewöhnt sind. Die Hand des einen führt den anderen. Viele von ihnen haben gebrochene Gliedmaßen. Sie bewegen sich mithilfe kleiner Holzbänke vorwärts ...«[304]

Eine amerikanische Delegation hatte die skandalösen Bedingungen auf der Insel aufgedeckt, und in der internationalen Presse erschienen zahlreiche Artikel über die unmenschlichen Haftbedingungen in südvietnamesischen Gefängnissen.[305]

Anfang der 70er-Jahre begann man, die alten »Tigerkäfige« abzureißen. Statt ihrer bauten amerikanische Firmen 384 neue Isolierungszellen, die so genannten »Büffelkäfige«, jeweils noch enger als ihre Vorgänger. Die 1,20 mal 2,50 Meter großen Käfige für jeweils fünf oder sechs Gefangene waren in Räumen untergebracht, in denen völlige Dunkelheit herrschte. In der Mitte der Käfige verlief eine Abflussrinne für die Notdurft der Gefangenen. Beiderseits der Rinne waren Strafstangen angebracht, an denen die Gefangenen angekettet wurden.

Meist gelangten die Häftlinge bereits krank nach Con Son, tuberkulös, gelähmt, geistig umnachtet, aussätzig, gezeichnet von der Behandlung in den Gefängnissen auf dem Festland. Medizinische Behandlung fand auf der Insel nicht statt. Gesund ist von ihr wohl niemand zurückgekehrt.

Nachdem hundertzwanzig kranke, tuberkulöse, gelähmte oder amputierte Gefangene in die Zone der »Büffelkäfige« verlegt worden waren, hieß sie unter den Gefangenen Trai an-duong (Genesungslager). Diese hundertzwanzig Gefangenen, die um die Verbesserung der Verpflegung gekämpft hatten, wurden in eine Zelle mit den Ausmaßen acht mal zwölf Meter gepfercht. Nur oben in den Wänden sorgten kleine, mit Stacheldraht versehene Öffnungen für eine spärliche Lüftung. Bereits nach einem Monat litt die Hälfte von ihnen an ernsten Krankheiten.

In den letzten Jahren vor der Schließung waren jeweils etwa 10.000 Häftlinge auf Con Son. Vor 1945 waren es etwa 6.000, davon mehr als 4.000 Kommunisten.

Erst am 30. April 1975, mit dem Sieg der Nationalen Befreiungsfront[306] über die USA und das südvietnamesische Regime, wurde die Insel von dem auf ihr lastenden Fluch erlöst, der ihr inzwischen in der ganzen Welt den Ruf, eine der übelsten Folterhöhlen der Neuzeit zu sein, eingebracht hatte.

Seit 1993 kann die »Teufelsinsel« auch von Touristen besucht werden.

Lange Zeit galt es als sicher, dass trotz ihrer Schönheit die Insel niemals ein Touristenparadies werden könnte. Die auf ihr verübten Gräuel, die an die Öffentlichkeit gelangten wenigen Bilder der Brutalität, die ohne Grabmal verscharrten Tausende armer Opfer würden wohl immer die Stimmen der Besucher dämpfen. Man mochte sich nicht vorstellen, dass auf dieser Insel jemals ausgelassenes Treiben stattfinden könnte.

Bis 1996 wurden Menschen, die die berüchtigten Tigerkäfige und Folterkammern aufsuchen wollten, bei Bedarf mit Hubschraubern oder Schiffen der Marine vom Festland übergesetzt. Später wurde eine regelmäßige Schiffsverbindung von Vung Tau aus eingerichtet.

Auf der Hauptinsel haben Mitte 1996 die Arbeiten für ein auf 8,5 Mill. Dollar veranschlagtes Jointventure mit Südkorea begonnen, das den Bau mehrerer Hotels, eines Wasserparks und eines 18-Loch-Golfplatzes vorsieht.

Vietnam setzt auf Tourismus. Die Zahl der ausländischen Besucher soll von 1,36 Millionen im Jahr 1995 auf 8,7 Millionen im Jahr 2010 erhöht werden. Um dieses Ziel zu erreichen, werden 49 Mrd. Dollar in sieben Touristenzonen gepumpt. Verständlich, dass die traditionellen touristischen Attraktionen, deren bekannteste die sagenumwobene Halong-Bucht mit ihren 3.000 bizarren Felsinseln ist, diesem Massenansturm nicht gewachsen sind. Zum anderen können mit diesen Investitionen die bestehenden krassen regionalen Entwicklungsunterschiede gemildert werden.

Die Tatsache, dass die »Teufelsinsel« dem Tourismus geöffnet wird, lässt etwas von der immensen Überlebenskraft des vietnamesischen Volkes ahnen. Ein Volk, das den übermächtig scheinenden Kriegsmaschinerien verschiedener Kolonialherren trotzte, von ihnen geschunden wurde wie kaum ein anderes Volk und Land auf der Erde, das die Soldaten der stärksten Militärmacht der Erde zur panischen Flucht zwang, das seinen Peinigern die Hand zur Versöhnung reichte, einem solchen Volk ist auch zuzutrauen, dass es an den Stätten seiner grausamsten Erniedrigung Stätten der Erholung und der Freude ansiedelt, ohne sich dem Vorwurf auszusetzen, das Gedenken an die Opfer zu schänden. Der Meeresboden rings um den Archipel ist reich an Öl- und Gasreserven. Seit 1982 steht der Archipel unter Naturschutz.

Phu Quôc, Dao Phu Quôc, Koh Tron
10°12'N, 104°O

Die vietnamesische Insel im Golf von Thailand ist der Küste Kambodschas vorgelagert. Sie hat eine Fläche von 1.300 km^2.

Phu Quôc heißt so viel wie »reiche Nation«. Die Insel hätte berühmt werden können durch ihr »Nuoc Mam«, jene Fischsauce, ohne die keine vietnamesische Mahlzeit zu denken ist, aber sie wurde bekannt durch ihre Lager.

Zu Beginn des 20. Jahrhunderts wurde von den französischen Kolonialisten auf der Insel das größte Gefangenenlager Cochinchinas gebaut. Es wurde ab Juni 1967 von Südvietnam, unterstützt von den USA, mit einer Kapazität von 30.000 bis 40.000 Kriegsgefangenen der Nationalen Befreiungsfront weiter betrieben. Mit entsetzlichen Methoden sollten Kriegsgefangene zu »ausgesöhnten Gegnern« umerzogen werden: das Abschneiden der Ohren, das Ausreißen von Augen mit den Fingern, das Abschneiden von Fingern, die Petroleumlampe unter dem Stuhl, das Treiben von Nägeln in den Körper, das Übergießen mit kochendem Wasser, das Ausbrechen der Zähne, das Ausreißen der Fingernägel.[307]

Seit 1971 wurden immer häufiger Kriegsgefangene erschossen. In den fünf Jahren seit 1967 sind durch Folter oder ungenügende ärztliche Behandlung mehr als dreitausend Gefangene gestorben.

1972 befanden sich 35.000 Kriegsgefangene auf der Insel.

Das Lager war in zwölf Abteilungen mit jeweils vier Quartieren eingeteilt.

Phu Quôc wurde mehrfach von Vertretern des Internationalen Roten Kreuzes besucht. Natürlich zeigte man ihnen nur das, was die Lagerverwaltung zeigen wollte. Trotzdem waren die Besuche ein gewisser Schutz für die Gefangenen und stärkten ihre Moral.

Nach der Befreiung Südvietnams wurden die als gefährlichste Kader des alten Regimes angesehenen dort interniert. Das waren u. a. Absolventen amerikanischer Universitäten, Offiziere der psychologischen Kriegsführung, der Sicherheits- und Militärpolizei.

Der Krieg zwischen Vietnam und Kambodscha bewirkte schließlich die Überführung des Lagers auf das Festland, in das Lager Nr. 7790 bei Long Giao, hundert Kilometer östlich Saigons.[308]

Die Insel war noch Mitte der 1990er-Jahre vom Tourismus nahezu unberührt. Aber sie soll es nicht lange bleiben. Entwicklungskonzeptionen reichen vom Ferienparadies über Freihandelszone bis zum internationalen Finanzzentrum. Bisher gibt es allerdings kein einigermaßen akzeptables Hotel.

Laos geriet in den Strudel des Vietnamkrieges. Begünstigt durch die Niederlage Südvietnams wurde am 2. Dezember 1975 die Demokratische Republik Laos ausgerufen.

Unverzüglich entstanden »Umerziehungslager«: weniger strenge für Prostituierte und kleine Ganoven, mittlere für ehemalige Beamte und Offiziere, die härtesten für erklärte Gegner des kommunistischen Regimes. Offiziell erklärtes Hauptanliegen der Lager war die Umerziehung ihrer Insassen. Im Glauben, die politische Umerziehung würde nur kurze Zeit in Anspruch nehmen, meldeten sich viele freiwillig für die Lager. Zu den ersten Häftlingen zählten der laotische König Savang Vatthana, seine Gemahlin und der Kronprinz. Tausende folgten ihnen. Von 1975 bis 1980 soll es bis zu 40.000 Verhaftungen gegeben haben. Einige Schätzungen gehen von 30.000 bis 100.000 Toten aus. Bei einer Bevölkerung von vier Millionen!

Zu den bekannteren und ersten Lagern gehörten die Insellager im Thalat-See, ungefähr hundert Kilometer von Vientiane entfernt. Es waren für lange Zeit die einzigen, deren Existenz offiziell zugegeben wurde und die westlichen Journalisten vorgeführt wurden. Genannt werden auch die Inseln Say Sa-At und Done Sa-At.[309]

Inseln im Thalat-See:

Done Thao (Männer- oder Knabeninsel)
Done Nang (Frauen- oder Mädcheninsel)
18°24'N, 102°32'O

Bei den Einheimischen heißt er noch Thalat-See nach dem nächstgelegenen Ort, offiziell Nam Ngum Reservoir. Der Stausee entstand Anfang der 1970er-Jahre. Aus Bergkuppen wurden Inseln, von denen sich einige als Umerziehungslager und Strafvollzugseinrichtungen eigneten. Etwa dreitausend Menschen waren in diesen beiden Lagern. 1988 wurden die letzten Lager aufgelöst.[310]

Der See ist für den Tourismus wie geschaffen. Die Landschaft ist eindrucksvoll und das Klima angenehm. Fischerei, Bootsbau und Schifffahrt sorgen neben der Landwirtschaft für den Unterhalt der Bevölkerung. Die überfluteten Wälder sorgen für ein ausgefallenes Gewerbe: Holzeinschlag unter Wasser. Nach dreißig Jahren unter Wasser hat das Holz eine begehrte Qualität erlangt. Nun wird es von Tauchern geborgen.

Bahala
5°52'N, 118°09'O

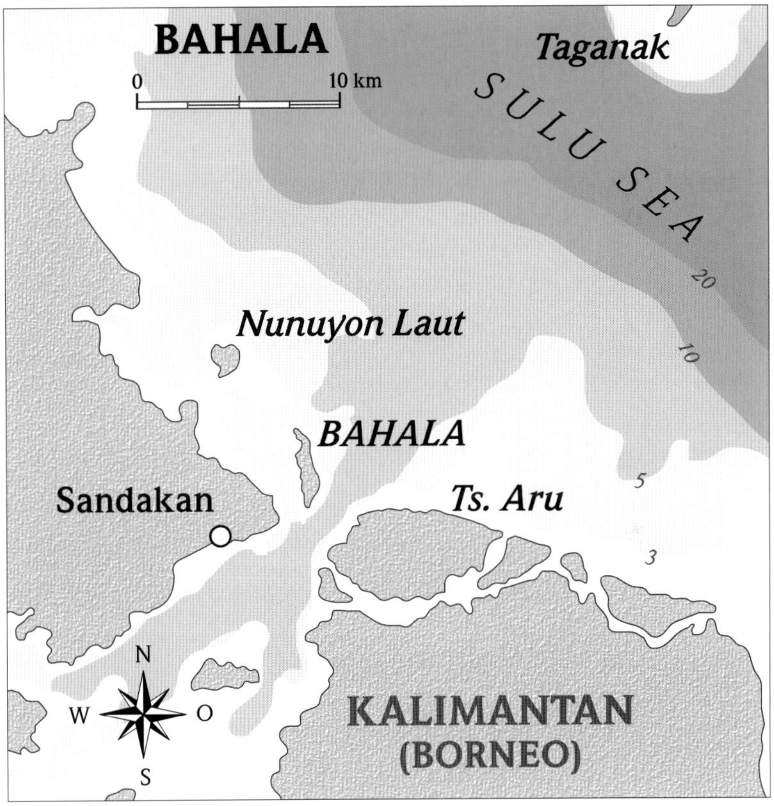

Die kleine Insel vor Sandakan (Borneo), Malaysia/Sabah, war bis 1945 Kriegsgefangeneninsel der Japaner. Es gab nur wenige Überlebende.

Heute ist die Insel ein Badeparadies.

Pulau Bidong
Ca. 5°49 N, 103°04'O

Pulau Bidong ist eine von drei Inseln östlich von Malaysia, vor der Küste des Bundeslandes Terengganu.

Von 1978 an wurde sie als Lager für Bootsflüchtlinge (boat people) aus Vietnam benutzt.

Der Preis für die Überfahrt von Vietnam war generell in Gold zu zahlen: zweiundsiebzig Gramm waren üblich. Bis zu 50.000 Vietnamesen waren zeitweilig auf der Insel interniert. Sie hatten sich eingerichtet, hatten eigene Restaurants und Diskotheken, Schulen und Kindergärten. Viel Geld war im Umlauf. Dann kamen die Amerikaner, suchten sich die Akademiker aus der Masse der Flüchtlinge heraus und gaben ihnen Einreisevisa in die USA. Die Gangster überließen sie uns, sagen die Einheimischen. 1997 wurde die Insel für Besucher gesperrt.

Neben der »Insel der Flüchtlinge« liegt Pulau Redang, mit seinen Korallengärten ein beliebtes Tauchrevier.

Weiter nördlich liegt, umgeben von einem Gürtel rund geschliffener Felsen, die bergige, unbewohnte Insel Pulau Lang Tengah. Sie ist wegen ihrer blauen Korallen weltberühmt geworden. Zwischen den Felsen liegen traumhaft schöne Strände.

Indonesische Sträflingsinseln:

Nusa Penida, Penida, Nusa B^r, Noesa B^r [311]
8°45'S, 115°32'O

Südöstlich der Insel Bali liegt die Insel Nusa Penida, heute auch unter dem Namen »Banditeninsel« bekannt. Nordwestlich sind Nusa Penida zwei kleine Inseln vorgelagert: Nusa Lembongan und Nusa Ceningan.

Penida ist eine karge Kalksteininsel ohne Grundwasser. Sie wird von gewaltigen Strömungen umflossen, die zahlreiche Schiffbrüche verursacht haben. Ihre unwirtliche Gestalt und ihre Isolation haben sie zur Heimat zahlreicher Mythen und Legenden werden lassen. Auf ihr soll es böse Geister und Meister der schwarzen Magie geben. Zu Zeiten des Königreichs Klungkung wurde die Insel als Strafkolonie genutzt. Klungkung (Semerapura) war die Hauptstadt von Bali. Sie kapitulierte im Jahr 1908 als letzte Bastion des Widerstands gegen die Holländer.

Früher wurden in Indonesien unbequeme Gegner der Herrschenden auf die berüchtigte Dracheninsel verbannt: Komodo, Heimat der riesigen, bis zu drei Meter langen Komodowarane, die sogar Menschen angreifen.

Komodo, Pulau Komodo
8°36'S, 119°30'O

Die Insel liegt zwischen Sumbawa und Flores.

1965 kam es nach einem Militärputsch und dem Sturz des radikalen Nationalisten Sukarno zu brutalsten Massakern. Nachdem jegliche Opposition zerschlagen war, mussten Tausende unter ständiger Aufsicht und unter grauenhaften Bedingungen auf Gefängnisinseln Zwangsarbeit leisten.

Eine dieser Inseln war Buru, auf der auch der Dichter Beni Tjung inhaftiert war.

Buru, Pulau Buru
3°24'S, 126°40'O

Buru gehört zu den Molukken und liegt östlich von Sulawesi (Celebes).

In der Nacht vom 30. September auf den 1. Oktober 1965 putschte sich in Indonesien General Suharto an die Macht. Grausam ging er gegen die konservativen muslimischen Kräfte, die Kommunisten und deren Sympathisanten vor. Hunderttausende wurden ermordet. Die Gefängnisse waren bald überfüllt, Lager entstanden. Unter ihnen das Lager auf der Insel Buru, das »tropische Sibirien«. Es wurde durch den Schriftsteller Pramoedya Ananta Toer bekannt, der elf Jahre seines Lebens in diesem Lager verbringen musste. Er wurde im Oktober 1965 verhaftet und kam im August 1969 auf die Insel.

Nach Buru kamen vor allem Vertreter der fortschrittlichen Intelligenz.

Auf Buru sollten 12.000 Personen der Kategorie B interniert werden. Zur Kategorie A gehörten Personen, die der unmittelbaren Beteiligung an einem angeblich versuchten Staatsstreich durch die Kommunisten beschuldigt wurden. Sie wurden entweder sofort getötet oder in Hochsicherheitsbereichen isoliert. Kategorie C waren Sympathisanten. Sie kamen in die Gefängnisse. Zur Kategorie B gehörten Personen, die »auf irgendeine Art« am angeblichen Staatsstreich beteiligt gewesen sein sollten. Viele von ihnen waren In-

tellektuelle. Sie kamen ohne präzise Anklage und ohne Gerichtsurteil in die Lager, u. a. auf Buru, zur »Sozialisierung durch Transmigration«. Das Lager hieß offiziell »Humanitäres Projekt der Insel Buru«.

Der Transport nach Buru erfolgte per Schiff in Ekel erregenden Zellen. Während der zehn Tage währenden Überfahrt erhielten die Gefangenen täglich nur zwei Mal etwas Reis und Wasser.

Die Insel war nur spärlich besiedelt. Die ersten Häftlinge mussten die erforderliche Infrastruktur selbst schaffen: Baracken, die Küche, Verwaltungsgebäude, Unterkünfte für die Wachen bauen. Anfangs erhielten sie noch kärgliche Lebensmittelrationen, sollten sich aber so rasch wie möglich selbst versorgen. Sie mussten Wälder roden, Straßen bauen, Boden urbar machen, säen, pflanzen. Jeder Häftling hatte pro Tag vierundsechzig Quadratmeter Boden urbar zu machen.

Das Lager hatte einen Durchmesser von etwa fünfzehn Kilometer und nahm etwa ein Drittel der Insel ein. Es grenzte nur mit einem kleinen Teil ans Meer. Weder Stacheldraht noch Wachtürme umgaben das Lager. Nur eine der ersten Barackengruppen war von Stacheldraht umgeben, allerdings nicht um Fluchtversuche zu vereiteln, sondern als Schutz vor wilden Tieren. Das Lager war umringt von Bergen.

Die Urbevölkerung war den Fremden nicht immer freundlich gesinnt. Zwar entwickelte sich bald ein reger Tauschhandel, z. B. Werkzeug und Kleidung gegen Tabak und Lebensmittel, aber es gab auch Auseinandersetzungen, vor allem um Frauen, die einige Male tödlich endeten. Das Lager war in bis zu achtzehn Kolonien mit je fünfhundert bis tausend Häftlingen gegliedert, die wie Dörfer or-

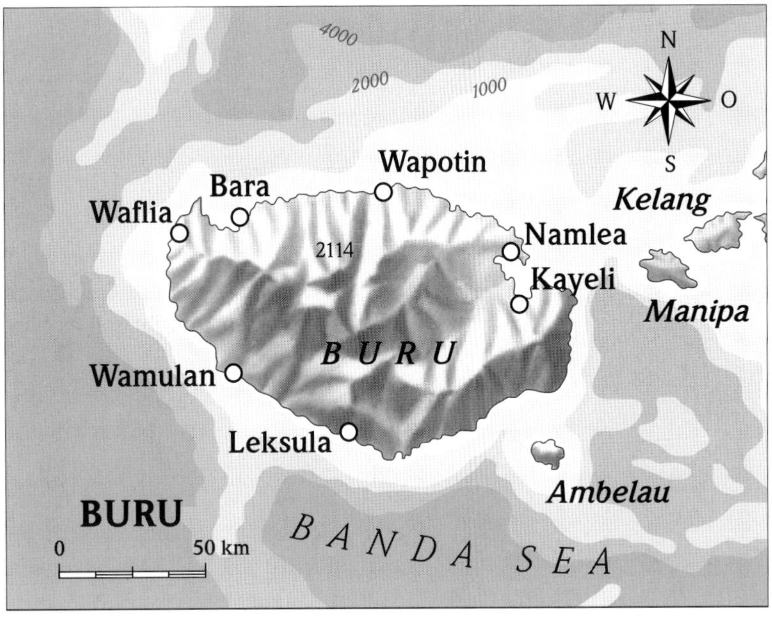

ganisiert waren. Im Norden waren in einem abgegrenzten Bereich die als gefährlich geltenden Häftlinge isoliert. Einer von ihnen war Toer.

Die Verpflegung war ein ständiges Problem. Reis wurde angebaut, die Häftlinge fischten in Teichen oder Sümpfen, sie aßen allerlei Getier, das ihnen bei der Arbeit unter die Finger kam: Schlangen, kleine Säugetiere, Echsen, Vogel- und Echseneier, Larven aus Baumstümpfen. Hunde wurden geschlachtet. Später gab es auch Hühner und Enten. Die Erschöpfung begünstigte verschiedene Krankheiten, wie Tuberkulose, Typhus, Hepatitis und Malaria.

1974 versuchten rund fünfzig Häftlinge einen Ausbruch. Einige Zurückgebliebene wurden schrecklich misshandelt und die aufgegriffenen Ausbrecher entweder sofort umgebracht oder erst gefoltert und dann hingerichtet.

Eine Geste der Regierung war die Gründung einer neuen Kolonie, des Dorfes Savanajaya, für Familien mit leicht verbesserten Lebensbedingungen gegenüber dem übrigen Lager. Die Häftlinge durften ihre Angehörigen nachkommen lassen. Bei einer ersten Entlassungswelle wurden 1977 tausendfünfhundert Häftlinge freigelassen. Sie mussten eine Erklärung unterschreiben, den Marxismus-Leninismus weder zu verbreiten noch zu propagieren, die Sicherheit, Ordnung und Stabilität des Staates nicht zu gefährden, keinen Verrat am indonesischen Staat und seiner Bevölkerung zu begehen und keine gegen die Regierung gerichteten Aktionen zu unternehmen. Sie mussten erklären, niemals gefoltert oder zur Arbeit gezwungen worden zu sein.[312]

Amerikanische Sträflingsinseln

Nordamerika

Der Amerikanische Bürgerkrieg markiert den Beginn der Internierungslager und der Drahtverhaue und des Lagerelends. Berüchtigt waren die Lager Salesbury in North Carolina mit einer Sterblichkeitsrate von 34 %, Andersonville in Georgia (29 %) und Elmira im Staat New York (24 %).[313]

Die Namen zweier Gefängnisse Nordamerikas sind in aller Welt bekannt: Sing-Sing in Ossining bei New York und Alcatraz in der Bucht von San Francisco. Neben ihnen gab und gibt es jedoch eine große Zahl größerer und kleinerer, mehr oder weniger berüchtigter Bundes- und Staatsgefängnisse, einige auch auf Inseln, z. B. auf Blackwell's Island und Rikers Island.

Man hört, Gefängnisse in den USA seien nicht mit europäischen zu vergleichen. Das ist so pauschal sicher falsch. Aber es gibt Unterschiede, die in der Geschichte, in der Mentalität, in Traditionen der Kriminalität und des Strafvollzugs, in der Rechtsauffassung und Rechtsprechung wurzeln.

Die Bosse der Mafia führen von ihren Zellen aus die Geschäfte weiter und beherrschen das Leben im Knast. Im Gefängnis von Atlanta war Vito Genovese, den man 1959 wegen Drogenhandels zu dreißig Jahren Haft verurteilt hatte, der Chef. Etwa achtzig Mafiosi befanden sich zu jener Zeit in diesem Gefängnis. Für die Wärter war es am bequemsten, wenn der Pate sie an der Leine hielt. Er hatte die Macht und die Mittel, unliebsame Mithäftlinge zum Tode zu verurteilen und das Urteil vollstrecken zu lassen.[314]

Ende des 20. Jahrhunderts saßen 1,6 Mill. Häftlinge in US-Gefängnissen. Sie kosteten den Staat jährlich 31 Mrd. Dollar.

Im Stadtgebiet von New York sind vier Gefangenen-Inseln erwähnenswert: Ellis Island, Hart Island, Rikers Island und Roosevelt Island.

Ellis Island, Gibbet Island
40°42'N, 74°02'W

Die Insel liegt vor der Südwestspitze Manhattans in der Upper Bay.

Die alte Bezeichnung Gibbet Island (Galgeninsel) ist ein Hinweis auf ihre Nutzung zu Beginn der Besiedlung Nordamerikas durch die Europäer.

Dann diente Ellis Island zunächst als Festung und Munitionsdepot und später, von 1892 bis 1954, als Auffanglager, Einwanderungszentrum und Quarantänestation für Millionen Einwanderer.

1892, auf dem Höhepunkt der Immigrationswelle, war die »Insel der Tränen«, wie Ellis Island später oft genannt wurde, ihrer neuen Bestimmung übergeben worden.

»Einige Schwimmstöße von New York entfernt, ganz nahe beim gelobten Leben, war das Goldene Tor, dort war es, aber es war noch nicht Amerika: nur eine Verlängerung des Schiffes, ein Überrest

des alten Europa, wo noch nichts gesichert war, wo die, die fortgegangen waren, noch nicht angekommen waren, wo die, die alles verlassen hatten, noch nichts bekommen hatten.«[315]

Viele der als Zwischendeckpassagiere aus Europa kommenden Einwanderer, die der Armut und dem Hunger entfliehen wollten, wurden zunächst hier eingepfercht, bevor sie das Land ihrer Träume betreten durften. 1900 wurde die gigantische Haupthalle gebaut. In Spitzenzeiten wurden täglich etwa fünftausend Personen überprüft, am 17. April 1907 sogar 11.747 Einwanderer. Bis zum

Ersten Weltkrieg waren siebzehn Millionen Immigranten über Ellis Island eingewandert. Heute stammt etwa jeder vierte Bürger der USA von diesen Einwanderern ab. Für die Mehrheit der Einwanderer dauerte die Abfertigung zwischen drei und fünf Stunden, andere mussten diverse Tests über sich ergehen lassen, etwa 320.000 Personen wurden im Laufe von 62 Jahren abgewiesen. Von der »großen Halle« allein waren 1908 25.000 Einwanderer von den Behörden als unerwünscht wieder in die Heimat zurückexpediert worden. Abgewiesen wurden vor allem Kranke und Arbeitsunfähige, aber auch zahlreiche national, rassisch und politisch Unerwünschte. Gesinnungsschnüffler verhörten jeden der auf Ellis Island Eingetroffenen.

Dreitausendzweihundert Menschen begingen Selbstmord.

1941 diente Ellis Island als Internierungslager für Flüchtlinge aus dem faschistischen Deutschland, u. a. Erich Maria Remarque, Anna Seghers, Gerhart und Hilde Eisler, die in den USA als »feindliche Emigranten« galten.

Nach dem Zweiten Weltkrieg, zu Beginn des »Kalten Krieges«, war sie Gefängnis u. a. für deutsche Kommunisten, die bereits wenige Jahre zuvor die Insel kennen gelernt hatten.

Auch für Mafiosi dienten die Anlagen von Ellis Island als Durchgangsstation, wenn sie abgeschoben wurden. Lucky Luciano, dessen Organisation während des Zweiten Weltkrieges mit dem amerikanischen Geheimdienst zusammengearbeitet hatte, kam Anfang 1946 nach Ellis Island. Zur Abschiedsfeier traf sich nahezu die gesamte Mafiaspitze Amerikas: Frank Costello, Meyer Lansky, Bugsy Siegel, William Moretti, Moe Dalitz, Tommy Luchese, Joe Adonis, Steve Maggadino, Phil Kastell, Owney Madden, Joe Bonanno, Albert Anastasia.[316]

Nach der Schließung 1954 verfiel die Anlage zunächst sehr schnell, bis man sich zur Restaurierung der Anlagen und Gestaltung als nationales Museum entschloss. Bevor am 10. September 1990 das National Museum of Immigration eröffnet werden konnte, wurden 156 Mill. Dollar investiert, um sowohl historische Authentizität zu wahren als auch eine gut funktionierende Tourismusattraktion zu schaffen. Die Gebäude wurden von Häftlingen restauriert, die dafür kein Geld erhielten, sondern ihre Arbeitskraft der Nationalparkverwaltung spendeten.

Thomas Adcock erwähnt in seinem 1989 erschienenen Kriminalroman »Sea of Green« (dt. »Hell's Kitchen« 1993) noch Häftlinge von Ellis Island, die regelmäßig mit dem Boot nach Hart Island, dem Armenfriedhof von New York City, übersetzten, um die Anlage zu pflegen.

Etwa anderthalb Millionen Besucher wurden 1993 gezählt.

Ende 1998 wurde gemeldet, dass bis zum Jahr 2000 auf Ellis Island das American Family History Center entstehen soll. Dann können die Besucher per Computer anhand von Passagierlisten oder den persönlichen Daten einstiger Immigranten nach ihren Vorfahren suchen.

Rikers Island
40°47'N, 73°53'W

Die Gefängnisinsel liegt im Long Island Sound. Die Häftlinge begraben auf der Nachbarinsel Hart Island (s. d.) die anonymen Leichen und Leichenteile der Stadt New York oder exhumieren sie, falls sich doch noch Angehörige finden.[317] Diese Arbeit gilt als Vergünstigung.

Die Insel ist auch bei Thomas Adcock erwähnt.

Hart Island
40°51'N, 73°46'W

Die Insel im Long Island Sound, zwischen der Bronx und der »Gold Coast« von Long Island, ist das schlechte Gewissen New Yorks. Auf ihr begräbt die Stadt ihre »unclaimed« und »unwanted«, ihre Toten, die keiner kennt und keiner vermisst. Viermal in der Woche erreicht ein Lastwagen, beladen mit Leichen und Leichenteilen, über die Bronx und eine rostige Fähre die Insel. Dort werden die Kisten von Häftlingen von Rikers Island (s. d.) in Empfang genommen und in Zweierreihen in Massengräbern übereinander begraben. Die kleinen Babysärge werden sogar fünffach übereinander gestapelt.

Das Gräberfeld heißt in Anlehnung an das Matthäus-Evangelium Potters Field (Töpfer-Acker).

Am fünften Tag kommt der Lastwagen ohne Särge. Dann graben die Häftlinge jene Toten wieder aus, deren Angehörige doch noch gekommen

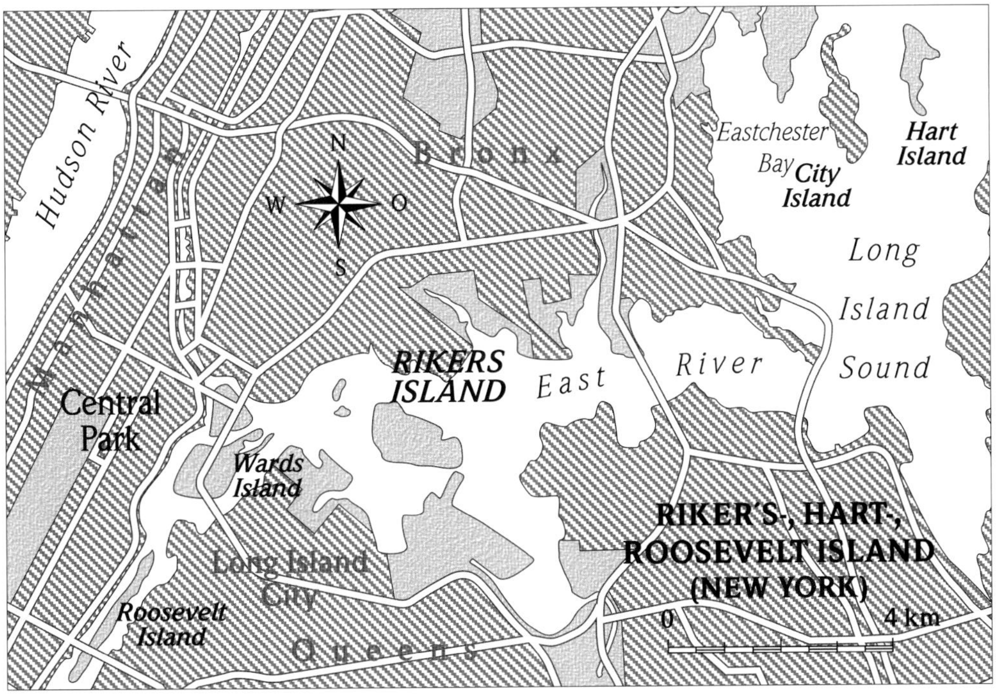

sind, um sie zu holen. Monate, sogar noch Jahre, bis zu sieben Jahre später.

Bis zu dreitausend Tote werden jährlich auf Hart Island begraben. Im Jahr 2001 wurden 861 Erwachsene und 589 Babys auf der Toteninsel begraben. Die Insel hat inzwischen mehr Tote als Boston Lebende, fast eine Million.

Die Insel war immer ein Ort, an dem New York das versteckte, was niemand sehen sollte. Sie beherbergte eine Quarantänestation für ansteckende Krankheiten, eine Besserungsanstalt für Jugendliche, ein Irrenhaus, ein Lager für deutsche Kriegsgefangene, ein Lager für Obdachlose, Alkoholiker und Drogenabhängige, ein Heim für allein stehende alte Menschen, eine Raketenbasis – und, seit 1869, diesen Friedhof besonderer Art. Von den ehemaligen Gebäuden stehen nur noch Rudimente.

Die Insel ist für die Öffentlichkeit gesperrt. Schilder mit der Aufschrift »Prison – keep off« sollen Besucher fernhalten. Hart Island wird von der New Yorker Gefängnisbehörde verwaltet.

Jedes Jahr an Christi Himmelfahrt kommt etwa ein Dutzend Menschen aus einer kleinen Kirche in der Bronx auf die Insel. Einige, um ihren Verwandten nahe zu sein, andere, um für die Vergessenen zu beten.[318]

Roosevelt Island, Welfare Island, Minnahannock
40°45'N, 73°57'W

Die lange, schmale Insel im East River liegt zwischen Manhattan und Queens. Über sie hinweg führt die Queensboro Bridge.

»New York's Island Paradise«, wie die Insel wegen ihrer Luxusappartements heute gern bezeichnet wird, hat eine lange schäbige Vergangenheit.

Sie war ursprünglich von Canarsie Indianern besiedelt, die sie Minnahannock (frei übersetzt: »Es ist schön, auf der Insel zu sein«) nannten. 1637 verkauften die Indianer ihre Insel an die Holländer. Danach wechselte sie mehrmals den Besitzer. Die Stadt New York kaufte sie 1828 von holländischen Schweinezüchtern. Danach diente sie als Abladeplatz für unerwünschte Personen. Es entstanden Gefängnisse, Krankenhäuser für ansteckende Krankheiten, eins speziell für Blattern (Pocken), Quarantänestationen, ein Irrenhaus, Armenhäuser und Asyle.

Das Gefängnis war zeitweilig das Alcatraz New Yorks. In ihm saßen u. a. Boss Tweed von der politisch obskuren Tammany Hall und die Schauspielerin Mae West für ihre Rolle in dem Stück »Sex«.

Während der Zeit der Immigration hatte Welfare Island seine geschäftigste Ära.

Auf Welfare Island Gestorbene kamen meist nach Hart Island (s. d.).

Ab 1969 verwandelte ein Architektenteam die Insel in ein staatlich unterstütztes, sicheres Utopia mit Wohnungen für unterschiedliche Einkommen und Behinderte. Entstanden ist ein idyllischer Stadtteil, kaum dreihundert Meter vom geschäftigen, hektischen Manhattan entfernt, der auch schon bei Touristen einen guten Ruf hat.

1973 wurde die Insel von Welfare in Roosevelt Island umbenannt.

Im Südteil der Insel werden die Ruinen der Asyle und Hospitäler saniert.[319]

Boston Harbor Islands
42°20'N, 70°56'W

Boston, eine der traditionsreichsten Städte der USA, verfügt über einen der besten nordamerikanischen Naturhäfen. Dem Hafen sind mehr als dreißig Inseln schützend vorgelagert. Einige nicht mehr als Steinhaufen, wie The Graves, andere bis zu 85 Hektar groß, wie Long Island.

Jahrhundertelang dienten die Inseln als Müllkippen oder als Asyle für Kranke und Obdachlose oder beherbergten Gefängnisse. Seit 1996 widmet sich die »Boston Harbor Islands National Recreation Area« der Umwandlung des Archipels in ein Freizeitareal mit Georges Island als Zentrum.

Auf Georges Island (42°19,2'N, 70°55,7'W) diente Fort Warren während des Bürgerkrieges als Gefängnis für gefangene Soldaten der Konföderierten. Man erzählt sich, dass dort noch heute »The Lady in Black«, der Geist der Ehefrau eines Gefangenen, umgehe. Die Frau sei für ihre Beteiligung an einem Fluchtversuch zum Tode verurteilt und in einem schwarzen Kleid, gefertigt aus den Vorhängen der Messe, gehängt worden.

Das Gefängnis Fort Warren hatte einen guten Ruf wegen des dort praktizierten humanen Umgangs mit den Gefangenen.

Auf Bumpkin (auch: Bumkin) Island (42°16,9'N, 70°54'W) wurde ab 1900 eine Klinik für behinderte Kinder betrieben. Während des Ersten Weltkrieges dienten Kasernen der Marine deutschen Kriegsgefangenen als Unterkünfte. Die Klinik wurde 1940 für Polio-Kranke wieder in Betrieb genommen und brannte 1945 ab.

Deer Island (42°21'N, 70°57,5'W) war früher tatsächlich eine Insel. Während des berüchtigten Hurrikans von 1938 wurde sie mit dem Festland verbunden. Die Halbinsel wird immer noch als Insel bezeichnet.

Auf Deer Island waren Eingeborene, Immigranten in Quarantäne, Farmer, Waisen, Arme, Militär und zehntausende Häftlinge. Das Zuchthaus existiert nicht mehr. Es musste, wie viele andere Einrichtungen, der gigantischen Wasseraufbereitungsanlage weichen, die zwei Drittel der Fläche der Halbinsel einnimmt.

Deer Island war eine von mehreren Inseln, auf denen Indianer interniert wurden. Während des King Philip's War, eines bewaffneten Aufstands der Eingeborenen gegen die Kolonialherren, wurden im Winter 1675–76 etwa 500 Eingeborene ohne ausreichende Unterkunft und Verpflegung auf der Insel interniert. Viele von ihnen starben. Nach dem Krieg wurden weiter Indianer auf Deer Island interniert. Überlebende wurden nicht selten als Sklaven ins Ausland verkauft. Nachkommen der nordamerikanischen Eingeborenen suchen regelmäßig im Oktober die Insel auf, um ihrer unglücklichen Vorfahren zu gedenken.

Im 19. Jahrhundert war Deer Island Landungspunkt für tausende von irischen Immigranten.

Peddocks Island (42°17,5'N, 70°56,3'W) spielte seit dem 18. Jahrhundert und bis zum Ende des Zweiten Weltkrieges eine wichtige Rolle im Programm der Hafenverteidigung. Etliche Gebäude sind noch erhalten, unter ihnen Barracken für Kriegsgefangene.

Spectacle Island (42°19,5'N, 70°59,2'W) diente ab 1717 als Quarantänestation, vor allem um das Einschleppen der gefürchteten Pocken nach Boston zu verhindern.

Mit seinem Thriller »Shutter Island« hat Dennis Lehane die Boston Harbor Islands der übrigen Welt auf schaurige Art näher gebracht.

Johnson's Island
41°27'N, 82°43'W

Die Insel liegt im Lake Erie, vor dem Südwestufer, in der Sandusky Bay.

Während des Amerikanischen Sezessionskrieges (1861 bis 1865) zwischen den abtrünnigen Süd- und den unionstreuen Nordstaaten lagen die Großen Seen weitab vom Kriegsgetümmel.

Schon sechs Monate nach Kriegsbeginn wussten die Nordstaaten nicht wohin mit ihren zahlreichen Gefangenen. Der Commissary General of Prisoners suchte einen geeigneten Ort und fand ihn mit Johnson's Island: weit genug von der kanadischen Küste, geschützt in einer Bucht, nahe der Stadt Sandusky mit ihren Fazilitäten.

Die Hälfte der etwa 1,2 km^2 großen Insel wurde für 500 Dollar jährlich von der Regierung angemietet. Im November 1861 begannen die Bauarbeiten im Süden der Insel und im März des folgenden Jahres war das Camp bereit, die ersten Gefangenen aufzunehmen. Das Camp bestand, als es vollständig in Betrieb war, aus mehr als hundert Gebäuden, darunter dreizehn zweistöckige Gefangenenbaracken.

In den folgenden drei Jahren waren auf Johnson's Island insgesamt mehr als 15.000 konföderierte Soldaten und Offiziere gefangen. Die dichteste Belegung wurde Anfang 1865 mit 2.800 Kriegsgefangenen erreicht. Unter den Häftlingen waren auch politische Gefangene, Spione und Deserteure der Nordarmee.

Die Bewachung der Gefangenen wurde ständig verschärft: durch den Bau von zwei Forts, durch die Stationierung von Geschützen und durch Verstärkung des Wachpersonals.

In der Geschichte des Camps war der als »Lake Erie Conspiracy« bekannt gewordene Befreiungsversuch der Gefangenen ein Höhepunkt.

Zu dieser Aktion ging im September 1864 eine als unverdächtige Passagiere verkleidete Südstaateneinheit an Bord von zwei Dampfschiffen, überwältigte die Besatzungen und nahm Kurs auf die Gefangeneninsel. Allerdings war ihr Plan von einem konföderierten Überläufer verraten worden. Einer der Anführer der Befreiungsaktion konnte sich zunächst nach Kanada retten, wurde aber nach drei Monaten gefasst, wegen Piraterie und Spionage zum Tode verurteilt und am 24. März 1865 auf Governor's Island, New York, aufgehängt. Die anderen Beteiligten kamen mit Haftstrafen davon.

Nach dem Krieg wurde auf der Insel ein wenig Landwirtschaft betrieben und es entstanden einige Sommerhäuser. Der Gefangenenfriedhof wird gepflegt und 1910 wurde ein Denkmal zur Erinnerung an die toten Konföderierten errichtet.

Ein Damm und eine Brücke verbinden heute die Insel mit der Halbinsel Marblehead.

Alcatraz
37°49'N, 122°26'W

Die Insel liegt in der Bucht von San Francisco. Alcatraz ist die lateinamerikanisch-spanische Bezeichnung für Pelikan. Übrigens gibt es vor Sao Paulo, Brasilien, eine kleine Insel ähnlichen Namens: Ilha de Alcatrazes. Auch vor der Küste Guineas liegt eine kleine Insel, die Alcatraz heißt. Keine ist allerdings so bekannt wie die in der Bucht von San Francisco.

1775 war der spanische Entdecker Juan Manuel de Ayala in die Bucht hineingesegelt und hatte der Insel den Namen La Isla de los Alcatraces gegeben. Bis 1847, als die Vereinigten Staaten die Insel der mexikanischen Regierung abkauften, wurde sie nicht benutzt. Dann wurde sie zu einer Festung ausgebaut.

1854 wurde auf Alcatraz der erste Leuchtturm der Pazifikküste in Betrieb genommen.

Als 1859 die erste Garnison Quartier auf der Inselfestung bezog, kamen auch gleich elf Soldaten als erste Häftlinge mit. Während des Bürgerkrieges waren Soldaten auf der Insel inhaftiert, die wegen Desertion, Diebstahl, Tätlichkeiten, Vergewaltigung oder Mord verurteilt worden waren.

1861 kamen auch schon die ersten zivilen Gefangenen nach Alcatraz: Verräter und die Besatzung eines konföderierten Handelsschiffes.

Die Armee verwendete die Inselfestung auch als Internierungslager für Indianer der Stämme Hopi, Apache und Modoc, die während der verschiedenen Kriege in Gefangenschaft geraten waren. Auch Kriegsgefangene des Spanisch-Amerikanischen Krieges von 1898 waren auf Alcatraz.

1907 gab die Armee die Festung auf, die Zitadelle wurde abgerissen und an ihrer Stelle entstand ein riesiges Zellengebäude aus Beton.

1915 wurde Alcatraz mit der Bezeichnung »Pacific Branch, U.S. Disciplinary Barracks« (U.S. Strafkaserne, Abt. Pazifik) formell zum Militärgefängnis. Zu den ersten Insassen gehörten Militärdienstverweigerer.

Zu Beginn der 30er-Jahre legten Bundesstaatsanwalt Homer Cummings und der Chef der Bundesgefängnisse, Sanford Bates, den Grundstock für das Zivilgefängnis von Alcatraz. Die USA steckten damals in ihrer tiefsten Wirtschaftskrise. Die Kriminalität im Lande war enorm angestiegen. Die Prohibition verlockte zum Alkoholschmuggel, Gangsterbosse herrschten wie Fürsten, erbitterte, gnadenlose Bandenkriege wurden um Einflusssphären und Absatzmärkte geführt.

In anderen Gefängnissen hatten es die eingesperrten Gangsterbosse durch Bestechung schnell wieder zu Privilegien gebracht und von ihren Luxuszellen aus weiterhin ihre Imperien regiert. Das sollte nun anders werden. Die Wahl fiel auf die vier Hektar große Insel Alcatraz, deren militärische Anlagen aus Kostengründen aufgegeben werden sollten.

Im Mai 1933 verließ das Militär die Insel. Nach Um- und Ausbau, die Gebäude wurden bis auf das als Lager dienende unterste Geschoss der Zitadelle abgerissen, wurde 1934 die Anlage dem Justizministerium übertragen. Am 1. Juli 1934 kamen die ersten Gefangenen auf den Felsen, »The Rock« hieß Alcatraz nun lakonisch. Am 21. März 1963 verließen ihn die letzten.

Alcatraz galt als Maximum Security Federal Prison (Hochsicherheits-Bundesgefängnis), als sicherstes Gefängnis für anfangs bis zu 250 Häft-

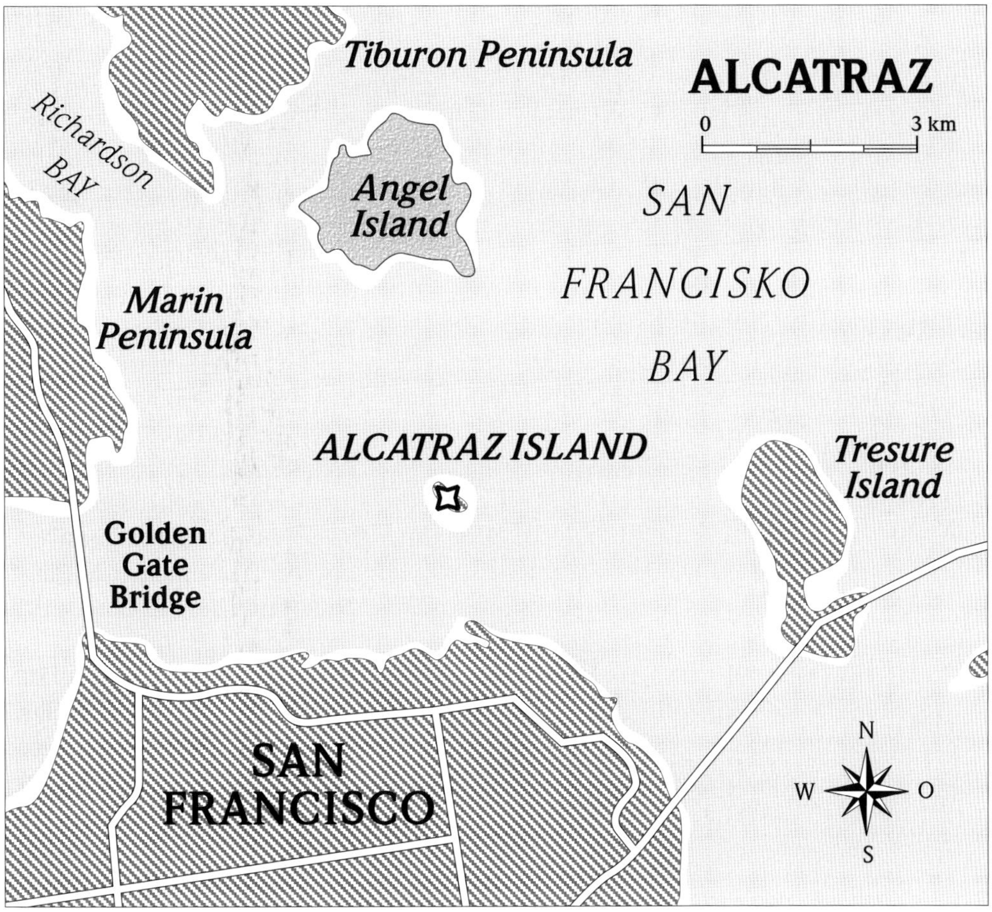

linge, später mit 378 (nach einer Renovierung 336) Zellen. Das Zellengebäude war nie voll belegt. Im Durchschnitt waren 260 Häftlinge auf dem Felsen, der Höchststand war 302. Die etwa 115 Wärter lebten mit ihren Familien auf Alcatraz. Es gab keine Hinrichtungen auf Alcatraz, jedoch fünf Selbstmorde und acht Morde.[320]

Alcatraz sei ein unbarmherziger Zweikampf gewesen, erzählten ehemalige Häftlinge: wie dieser Hölle entkommen – und wie dies verhindern. Besonders quälend sei die greifbar nahe Silhouette einer der schönsten und aufregendsten Städte der Welt, San Francisco, gewesen.

Die Ankömmlinge mussten nackt über den »Broadway«, den Mittelgang des Zellentraktes, laufen, rechts und links in drei Etagen die vergitterten Einzelzellen – die erste Erniedrigung und Einschüchterung. Jede der Zellen neun mal fünf Fuß (2,75 mal 1,52 m), zum Gang hin durch ein Gitter abgeschlossen. Ausgestattet mit Stahlbett, Tisch, Bord und Toilette. Aufenthaltsort für sechzehn bis dreiundzwanzig Stunden am Tag. Bis 1940 galt Redeverbot im Zellenblock.

Auf dem »Broadway« geschah alles vor aller Augen – hinter den Gittern war jede Bewegung öffentlich. Arbeit war ein Privileg. Der Zugang zu den Werkstätten war durch einen Metalldetektor gesichert. Der Gefängnishof, von hohen Mauern umgeben, durfte nur von ausgewählten Häftlingen betreten werden. Dort konnte u. a. Baseball gespielt werden. Vergehen gegen die Gefängnisordnung wurden mit Prügel bestraft. Alle zwei Stunden wurde durchgezählt. Als Teil der Sicherheitsvorkehrungen untersagte die Gefängnisverwaltung anfangs jegliche Besuche auf Alcatraz.

Whitey, er war zehn Jahre auf der Insel gefangen, erzählt heute (1996) den Touristen und Besuchern: »Der einzige sichere Platz hier war deine Zelle. Sie wurde ein Teil von mir, oder: ich wurde ein Teil der Zelle. In der Zelle konnte einem nicht viel passieren. Aber ging man zum Essen, zur Arbeit in die Schneiderei oder auf den Hof –

dann war man auf der Hut wie ein Tier. Man dachte fortwährend: mach keine falsche Bewegung, gib keinem die Möglichkeit, dich niederzustechen. Deshalb kam mir meine Rückkehr in die Zelle vor, als würde ich in den Bauch meiner Mutter zurückkehren.«

Die Verpflegung hatte auf Alcatraz einen guten Ruf. Man war der Meinung: je besser das Essen, desto geringer die Gefahr eines Aufruhrs im Speisesaal. Vorsichtshalber waren an der Decke des Speisesaales Tränengasgranaten für den Fall eines Aufruhrs angebracht – sie wurden allerdings nie benutzt.

»Sie haben Anspruch auf Verpflegung, Kleidung, Unterbringung und medizinische Versorgung. Alles andere sind Privilegien.«

Alcatraz Gefängnisregeln und -verordnungen von 1934, Pkt. 5.

Einzelhaft war hier nicht die Ausnahme, wie in anderen US-Gefängnissen, sondern die Regel.

Zellenblock D war der Isoliertrakt. In Block D kamen Häftlinge, die gegen Alcatraz-Regeln verstoßen hatten. In der unteren Etage, dem Untergeschoss der alten Zitadelle, die Zellen für Dunkelhaft am »Sunset-Boulevard«, fünf Zellen (Kerker oder Loch genannt) mit dicken Panzertüren für die Aufsässigen, Decken, Böden, Wände – alles aus Eisenplatten, nichts sonst, nicht einmal ein Bett, nur das in den Boden eingelassene Rohr für Fäkalien und Urin. Bettzeug wurde nur für die Nacht ausgegeben. Bis zu fünf Tagen, in Ausnahmefällen neunzehn Tage, verbrachten Häftlinge als Disziplinarstrafe in diesen Käfigen in absoluter Dunkelheit. Mit verschärfter Isolation in den Zellen 9 bis 14 wurde z. B. bestraft, wer einen Wärter angegriffen oder mit Exkrementen geworfen hatte.

Die Zustände in den Isolierzellen, die in dem Aufsehen erregenden Prozess gegen Henry Young ans Tageslicht kamen, waren der Anfang des Endes von Alcatraz als Sträflingsinsel. Young hatte ab 1938 wegen eines Fluchtversuchs drei Jahre und zwei Monate im »Loch« oder »Kerker« zubringen müssen. Nur einmal im Jahr wurde er für jeweils eine halbe Stunde nach draußen gelassen. Der Oberste Gerichtshof beschloss aufgrund der Erkenntnisse aus dem Young-Prozess das Schließen der Isolierzellen. Erst 1943 wurde die Isolierhaft abgeschafft. Selbst hartgesottene Burschen konnten auf Alcatraz ihren Verstand verlieren.

Alcatraz war das Ende krimineller Karrieren für Schwerstverbrecher, die das Ende ihrer Tage auf Alcatraz erwarteten oder als Greise entlassen wurden. Alle Häftlinge hatten, bevor sie nach Alcatraz kamen, schon in anderen Gefängnissen gesessen. Keiner kam direkt aus dem Gerichtssaal nach Alcatraz. Von den insgesamt 1.545 Gefangenen, die über die Jahre in den ungeheizten und feuchten Zellen von Alcatraz ihre Strafe verbüßten, waren an vierzehn Fluchtversuchen sechsunddreißig Männer beteiligt. Die meisten wurden sofort ergriffen, einige beim Fluchtversuch erschossen, einer ertrank und von fünfen wird angenommen, dass sie ertrunken sind.

Am 11. Juni 1962 gelang Frank Lee Morris, Clarence und John Williams Anglin die Flucht durch einen Lüftungsschacht, nachdem sie mit Löffeln die Öffnungen erweitert hatten. Aus einem Staubsaugermotor hatten sie einen Bohrer gebaut, mit dem sie während der abendlichen Musikstunde den Lüftungsschacht erweiterten. Nachbildungen ihrer Köpfe auf den Betten täuschten das Wachpersonal. Mit einem aus Regenmänteln gebastelten Floß paddelten sie hinaus in die Bucht. In den gefährlichen Strömungen und Böen fanden sie, so nahm man an, den Tod. Über vierzig Häftlinge hatten ihnen bei den Vorbereitungen geholfen. Ende 1993 meldete sich Thomas Kent, ein Mithäftling des Trios, der damals auch mit geflüchtet wäre, wenn er hätte schwimmen können, mit Hinweisen, die den Schluss zulassen, dass die drei Ausbrecher noch am Leben waren. Die Fahndung wurde wieder aufgenommen und die Reederei Red-and-White, die um ihr Geschäft mit den Touristenströmen bangte, sollte Alcatraz den Ruf verlieren, hundertprozentig ausbruchssicheres Zuchthaus gewesen zu sein, hat eine Belohnung von einer Million Dollar für Hinweise ausgesetzt, die zur Ergreifung des Ausbrechertrios führen.

Clint Eastwood spielte den Frank Lee Morris im Film »Alcatraz«, der auf dieser wahren Begebenheit beruht. Nur von einem Ausbrecher ist definitiv belegt, dass er das Festland lebendig erreichte: Paul Scott am 16. Dezember 1962; er wurde aber sofort festgenommen, als er vor Erschöpfung am Ufer zusammenbrach.

Einer der berühmtesten Insassen war Al (eig. Alphonse) Capone, Gangsterboss aus der Chicagoer Unterwelt. Von 1934 bis 1939 war »Scarface« (Narbengesicht) auf dem Felsen. Anfangs wurde er in der Wäscherei beschäftigt, aber als die Wächter voller Stolz in ihren Briefen schrieben, dass ihnen Al Capone die Wäsche wasche, wurde er zum Reinigen der Toiletten eingesetzt. Er wurde schließlich wegen einer unheilbaren Krankheit entlassen und starb 1947.[321]

Zu den Berühmtheiten unter den Häftlingen zählten auch: George »Machine-Gun« Kelly und Arthur »Doc« Barker. Im Jahr 1946 kam es zu einer dramatischen Revolte. Eine Gruppe von Häftlingen hatte Waffen und Geiseln in ihre Gewalt gebracht. Polizei und Marine brauchten drei Tage, um den Aufruhr niederzuschlagen. Der Tribut: zwei tote Wärter und drei tote Häftlinge.

Das Gefängnis wurde 1963 geschlossen, weil seine Renovierung zu teuer geworden wäre und die Betriebskosten zu hoch waren. Die Insel wurde der Obhut eines einzigen Aufsehers überlassen. Vom November 1969 bis Frühjahr 1971 wurde die Felseninsel von Indianern besetzt gehalten. Es gibt Verträge, nach denen bundesstaatliches Land automatisch wieder in das Eigentum der Indianer übergeht, wenn es nicht genutzt wird. Dass der Leuchtturm noch intakt war, musste schließlich als Beweis dafür herhalten, dass die Insel noch genutzt wurde – somit konnten die Indianer »legal« von ihrer Insel verdrängt werden.

1972 schuf der Kongress das »Golden Gate National Recreational Area« GGNRA (Nationales Erholungsgebiet Golden Gate), zu dem Alcatraz gehört.

1973 wurde die Insel für Besichtigungen freigegeben. Heute ist Alcatraz ein öffentliches Gruselkabinett, eine der Haupttouristenattraktionen von San Francisco. Fährschiffe der Red-and-White-Line befördern von Pier 43, direkt neben Fishermen's Wharf, jährlich über eine Million Touristen. Die Touristen wandeln durch Block B, lassen sich auch mal in Dunkelhaft sperren, und auf dem »Broadway« wurden schon Wohltätigkeits-Dinner veranstaltet, mit Palmen vor den Käfigen von Al Capone und Konsorten, erlesenen Speisen und Getränken, Damen und Herren in Abendgarderobe.

Alcatraz gilt als das härteste Gefängnis, das jemals in den USA betrieben wurde. Im Land der unbegrenzten Gegensätze ist es nicht außergewöhnlich, dass gerade in San Francisco seit Mitte der 1990er-Jahre die modernste, eine der erfolgreichsten und humansten Haftanstalten der USA, wenn nicht der Welt, existiert: die von der privaten Delancey-Stiftung betriebene Delancey Street. Sie beruht auf der Überzeugung, dass die Umwelt den Menschen prägt. Die Anlage sieht aus wie eine Wohnanlage für reiche Rentner. Sie hat keine Mauer, kennt keine verschlossenen Tore und keine Aufseher. Ihre Insassen sind besserungsfähige Häftlinge aus anderen Haftanstalten, die dort mindestens zwei Jahre abgesessen haben, ausgenommen Mörder und Sexualverbrecher. Sie arbeiten in Werkstätten, Restaurants, Läden oder einem Umzugsunternehmen. In Letzterem allerdings erst kurz vor der Entlassung. Das Programm geht über vier Jahre. Alle absolvieren eine schulische Grundausbildung, einige erlernen Berufe, einige studieren sogar am San Francisco College. Wer schon länger in Delancey Street ist, kann zum Vorarbeiter oder Manager aufsteigen. Zum Essen kehren alle in die Stiftung zurück. Das Licht in den Apartments wird um dreiundzwanzig Uhr gelöscht. Im staatlichen Strafvollzug werden 75 % der Insassen rückfällig, in der Delancey-Stiftung nur 25 %. Der Etat der Stiftung ist mit 10.000 $ pro Jahr für jeden Häftling bemessen, in einem staatlichen Gefängnis kostet jeder Insasse die Steuerzahler jährlich das Vierfache. Aber der wahre Nutzen lässt sich in Geld nicht messen. Die Besucher von Delancey Street honorieren, nach anfänglicher Zurückhaltung, das Bemühen der Stiftung und seiner Schützlinge. Die Restaurants sind gut besucht, die Läden machen gute Umsätze, die Werkstätten haben genügend Aufträge. Es scheint keine Berührungsängste der Gäste mit den ehemaligen Einbrechern, Dieben, Junkies zu geben.

Mare Island
38°06'N, 122°17'W

Mare Island, heute keine Insel mehr, liegt in der San Pablo Bay vor Vallejo, nördlich von Oakland.

Das US-Marinegefängnis im Staat California ist berüchtigt wegen der Brutalität der Wächter. Gemäß Griffin ist die Anlage seit Anfang der 1940er-Jahre in Betrieb und eine Schande für das Marine-Corps.[322]

Devil's Island
31°02'N, 91°37'W

Wieder eine »Teufelsinsel«. Auf ihr befindet sich das Louisiana State Penitentiary, das Staatsgefängnis von Louisiana. Die Insel liegt im Mississippi zwischen Natchez und Baton Rouge, zwischen den Flussmeilen 295 und 308, an der Mündung des Old River bzw. Red River in den Mississippi.

Vom Fluss aus ist nur ein einsamer Wachturm zu sehen. Das Gefängnis sieht aus wie ein Konzentrationslager. Bei Hochwasser ist der Landpuffer zwischen dem Fluss und dem Gefängnis überschwemmt.[323]

Terminal Island
33°45'N, 118°15'W

Michael Connelly erwähnt diese Sträflingsinsel in seinem Roman »Schwarzes Echo«; abgekürzt: T. I.

Blackwell's Island
32°05'N, 100°19'W[324]

Lucky Luciano war erstmals in seiner Verbrecherkarriere im Juni 1916 festgenommen worden. Die Polizei hatte Heroin bei ihm gefunden. Seine Strafe von einem Jahr verbüßte er im Jugendgefängnis auf Blackwell's Island. Im Alter von vierunddreißig Jahren wurde er der oberste Boss der amerikanischen Mafia. Eigentlich hieß er Salvatore Lucania. Seine Gefolgsleute nannten ihn »Lucky« (der Glückliche), nachdem er eine brutale Folter durch eine andere Gang lebend überstanden hatte. Im Krieg hatte er mit dem Geheimdienst der Marine zusammengearbeitet.[325]

Dry Tortugas
24°38'N, 82°55'W

Die Insel Garden Key mit Fort Jefferson findet man inmitten einer Gruppe von winzigen Inseln, Riffen und Bänken in Verlängerung der Florida Keys, hundertfünfzig Kilometer über Key West hinaus, im Golf von Mexiko.

Von ihr heißt es: »In 1865 America had its own devil's island, a bit of burning hell in the Gulf of Mexico called the Dry Tortugas (die trockenen Schildkröten), where life imprisonment was an ironic term of slow death.« Über dem Tor stand ironisch »Arcadia« – Arkadien ist das paradiesische Hirtenland der Schäferdichtung seit der Antike. Rings um die Festung zog sich ein 20 Meter breiter und 10 Meter tiefer Graben voller Haie. Von dieser Insel handelt der beeindruckende Film »The Prisoner of Shark Island«, gedreht 1936 in den USA von 20th Century Fox unter der Regie von John Ford, nach dem Drehbuch von Nunnally Johnson, mit Werner Baxter in der Hauptrolle als Dr. Samuel A. Mudd.

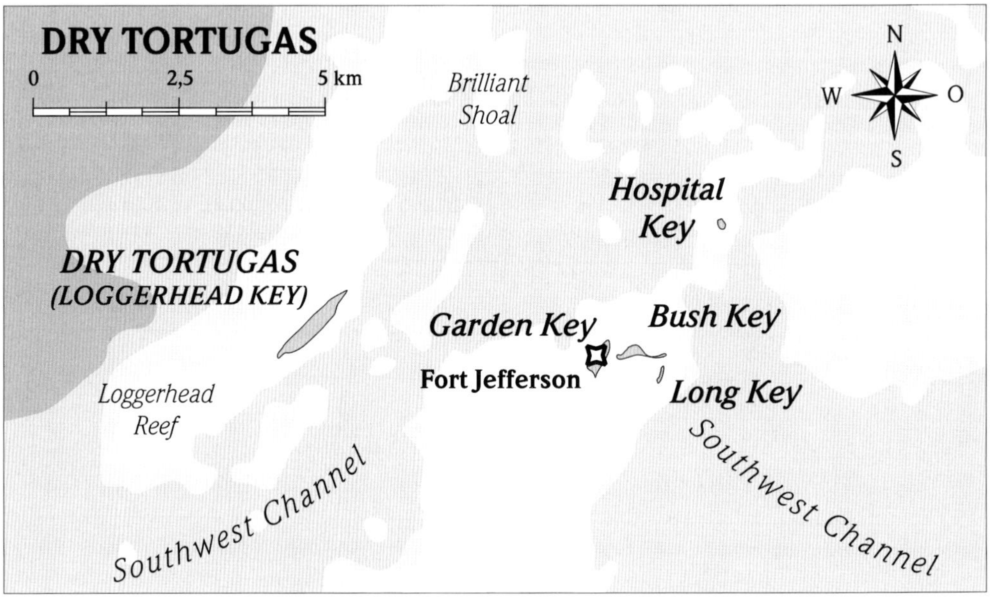

Isla de la Juventud, Isla de Pinos, Isla de los Cotorras, Isla de los Deportados, Colonia Reina Amalia, Isla del Tesoro, La Evangelista, Camarcó, Siguanea

21°25' bis 21°55'N, 82°30' bis 83°10'W

Die mit 3.020 km² größte Insel vor der kubanischen Küste ist dem Westteil der Hauptinsel südlich vorgelagert.

Bei Punta del Este, an der Südostecke der Insel, sind Höhlenwände mit eindrucksvollen Zeichnungen geschmückt. Sie sind um 1.000 v. Chr. von den Siboney-Indianern geschaffen worden und zeugen somit von einer langen Besiedlung und Kultur.

Im Verlauf der Jahrhunderte siedelten Menschen aus verschiedenen Ländern auf der Insel und gaben ihr immer wieder neue Namen. Bei den einheimischen Indianern hieß sie Camarcó oder Siguanea.

Kolumbus taufte sie 1494 La Evangelista.

Im 17. Jahrhundert wurde sie Isla del Tesoro (Schatzinsel) genannt, da man auf ihr Schätze der Piraten vermutete. Robert Louis Stevenson soll diese Insel für den Namen seines berühmten Romans »Die Schatzinsel« inspiriert haben.

Der Pirat Exquemelin besuchte zwischen 1666 und 1678 die Insel, um Proviant zu nehmen und die Schiffe auszubessern. Ihm fielen die vielen verwilderten Kühe auf, die von den Spaniern auf der Insel zurückgelassen worden waren. Nach vier Stunden hatten seine Männer so viel Fisch und Fleisch, dass daran zweitausend Menschen genug gehabt hätten. Störend und gefährlich war nur die große Krokodilplage.[326]

1762 besiedelten die Spanier die Insel und nannten sie anfangs Colonia Reina Amalia. Sie machten sie zu einem Lager für Kriminelle und Rebellen von der Hauptinsel und nannten sie Isla de los Deportados (Insel der Deportierten). Auch José Martí, der Vater des Vaterlandes, Patriot, Freiheitskämpfer und Dichter, verbrachte 1870 sechs Monate als Deportierter auf der Insel. Er war als Siebzehnjähriger zu sechs Jahren Zwangsarbeit in den Steinbrüchen verurteilt worden. Die Strafe wurde, da er sie wegen seines angegriffenen Gesundheitszustandes wohl nicht überstanden hätte, nach einem halben Jahr in Verbannung nach Spanien umgewandelt.

Nach den auf der Insel lebenden Papageien hieß sie zeitweilig auch Isla de los Cotorras. Schließlich erhielt sie offiziell den Namen Isla de Pinos (Insel der Pinien).

Östlich der Hauptstadt der Insel, Nueva Gerona, liegt das Zuchthaus Presidio Modelo (Modellzuchthaus). In den frühen 30er-Jahren des 19. Jahrhunderts war es nach den Plänen eines Gefängnisses in Joliet, Illinois (USA), für die hoffnungslosesten Fälle gebaut worden.

Ein Insasse des Zuchthauses war René Hidalgo Ramos, der Tranchierer, wie er in Kuba genannt wurde, der lange Zeit die Gemüter der Kubaner erregte und sogar Eingang in die Weltliteratur fand, in dem Hemingway-Roman »Inseln im Strom«.

Der Polizist und ehemalige Medizinstudent Hidalgo hatte im Jahr 1939 seine Konkubine in Eifersuchtsraserei erschlagen und sie dann, als er von Entsetzen über seine Tat gepackt wurde, zerstückelt und in einzelnen Paketen verpackt innerhalb von fünf Tagen in Havanna zwischen der Avenida 7a, Ecke Calle 2 und der Calle Dificuldades, in Surgidero de Batabanó, zu verbergen versucht.

Nach Verbüßung seiner langen Freiheitsstrafe wurde Hidalgo zu Beginn der 70er-Jahre wieder auf freien Fuß gesetzt; er arbeitete in einem Reiseterminal in Santiago de las Vegas, etwa dreißig Kilometer außerhalb von Havanna.[327] Das Gefängnis sollte jedoch vor allem durch einen Häftling bekannt werden: Fidel Castro Ruz.

Nach dem missglückten Überfall auf die Moncada-Kaserne in Santiago de Cuba am 26. Juli 1953, der das Signal zur Kubanischen Revolution geben sollte, waren die meisten Rebellen des Movimiento während ihres Rückzuges von den Soldaten des Ejército Batistas getötet worden. Einer kleinen Gruppe um Fidel Castro war es zunächst gelungen, in die Gran Piedra, eine Berggruppe östlich von Santiago de Cuba, zu entkommen. Sie wurde jedoch am 1. August aufgespürt und festgenommen. Im unmittelbar neben der Moncada gelegenen Zivilkrankenhaus von Santiago wurde Fidel Castro am 15. Oktober der Prozess gemacht. Der Jurist verteidigte sich selbst. Sein Plädoyer, weltbekannt mit dem Schluss-Satz: »La Historia me absolverá« (die Geschichte wird mich freisprechen), in dem er das Batista-Regime scharf verurteilte, kam nach kurzer Zeit illegal in Kuba in Umlauf.

Der damals siebenundzwanzigjährige Fidel Castro wurde zu fünfzehn Jahren Gefängnis verurteilt. Als Fidel Castro mit seinen Gefährten dort inhaftiert war, wurde die Insel im Volksmund La Siberia de Cuba (das kubanische Sibirien) genannt. Die inhaftierten Rebellen genossen als politische Häftlinge einige Vergünstigungen. Sie waren im Krankenflügel untergebracht und konnten ihre eigene Ordnung durchsetzen.

Im Zuchthaus auf der Isla de Pinos gründeten Fidel Castro und seine dreißig Gefährten die Academía Abel Santamaría. Abel Santamaría Cuadrado war nach dem Angriff auf die Moncada getötet worden. Aus Spenden konnte eine Bibliothek geschaffen werden, die den Namen Raúl Gómez García (ebenfalls nach dem Angriff ermordet) erhielt.

Am 19. Dezember 1953 schrieb Fidel Castro an einen Freund: »Was für eine ungeheuerliche Schule, dieses Gefängnis! Von hier aus formt sich nun mein Weltbild, finde ich den Sinn meines Lebens. Wird es lang sein oder kurz? Ich weiß es nicht. Fruchtbar oder steril? Aber etwas, spüre ich, festigt sich wieder in mir: mein leidenschaftlicher Wunsch nach Aufopferung und Kampf. Für eine Existenz, die sich an die jämmerlichen Bagatellen von Bequemlichkeit und Eigennutz klammert, habe ich nur Verachtung.«

Später besuchte Batista die Strafanstalt. Die politischen Gefangenen empfingen ihn mit ihrer Hymne des 26. Juli. Daraufhin wurde der Autor der Hymne, Agustín Díaz Cartaya, in ein Verlies geworfen und gefoltert, Fidel Castro wurde von seinen Gefährten getrennt.

In einem Brief vom 11. April 1954 klagte Fidel: »Du kannst dir nicht vorstellen, wie diese Einsamkeit die Energie aufzehrt. Manchmal bin ich erschöpft. In den Stunden, in denen einem alles zu viel wird, gibt es keine Zuflucht vor der Langeweile. Die Empfindung wird stumpf, und die Tage gehen dahin wie in einem Dämmerschlaf. Es ist wahr, ich tue immer etwas, und ich erfinde ganze Welten, immer nur denkend und wieder denkend, aber gerade davon kommt es, dass ich zuweilen erschöpft bin. Wie haben sie doch mein Dasein heruntergebracht!«

Im August 1954 schrieb er: »Ich werde immer noch von meinen Gefährten ferngehalten. Damit verfolgt man sicher die Absicht, die intellektuelle Ausbildung der jungen Leute aufzuhalten, die das Regime bereits als seine unwandelbaren Widersacher von morgen ansieht. Man hat sogar den freien Bücheraustausch zwischen ihnen und mir untersagt.« Unter dem Druck der Öffentlichkeit musste Batista 1955 allgemeine Wahlen ausschreiben und eine Amnestie erlassen, die Fidel und seinen Gefährten zugute kam. 1956 verschworen sich »Los Puros« (die Reinen), jüngere Berufsoffiziere unter Oberst Ramón Barquín, gegen Batista. Das Unternehmen scheiterte durch Verrat. Barquín blieb bis zum Sturz Batistas auf der Isla de Pinos inhaftiert.[328] Fünf Jahre nach seiner Verurteilung in Santiago wurde der Nationalheld Fidel Castro das Staatsoberhaupt, der Maximo Lider der Kubaner. Als die Weltfestspiele der Jugend und Studenten auf Kuba stattfanden, wurde die Insel in Isla de la Juventud (Insel der Jugend) umbenannt.

In den 1960er-Jahren stieg in Kuba die Zahl der aus politischen Gründen verhafteten Personen deutlich auf etwa 40.000 an. In den 70er-Jahren wurden allerdings gemäß Amnesty International

20.000 wieder freigelassen. Für die Inhaftierten galten harte Arbeit und Umerziehung. Camilo Cienfuegos wird der Plan zugeschrieben, eine Strafkolonie auf der Isla de Pinos einzurichten. In den drei Jahren ab 1964 war die Insel Aufenthaltsort für fast 10.000 Häftlinge. Sie mussten hart arbeiten und wurden von Umerziehern, von den Häftlingen abuelitos (Opas) genannt, politisch geschult. Für Vergehen gab es harte Strafen. Besonders schlimm war das Reinigen der »Mojonera«, der Jauchegrube des Haftzentrums. La Mojonera war eine riesige Grube unter freiem Himmel mit allen Exkrementen. Um ein Überlaufen in der Regenzeit zu verhindern, musste die Grube hin und wieder gereinigt werden. 1967 wurde der Plan Camilo Cienfuegos aufgegeben, das Zuchthaus geschlossen, die Häftlinge auf verschiedene Anstalten verteilt. Die Ruinen der Anlage sind nun als Museum zu besichtigen.[329] Gespenstisch muten die riesigen Gefangenensilos an.

Nach der Revolution wurde das ehemalige Kloster auf einer kleinen Insel in der Bucht von Santiago de Cuba ein Heim für Prostituierte, die umgeschult werden sollten.

Ulúa, San Juan de Ulúa, Castillo de San Juan de Ulúa

19°30'N, 96°07,85'W

Die Festungsinsel liegt im Hafengebiet von Veracruz, Mexiko.

In präkolumbianischer Zeit war sie die »Insel der Opfer«. Auf ihr wurden den Göttern Menschen geopfert.

Nachdem Hernán Cortés mit La Villa Rica de la Vera Cruz die erste spanische Siedlung auf mexikanischem Boden gegründet hatte, wurde das Fort zur Sicherung der Hafeneinfahrt gebaut. Die Festung, ein unregelmäßiges Parallelogramm mit mächtigen Bastionen an den Ecken, wurde aus Ko-

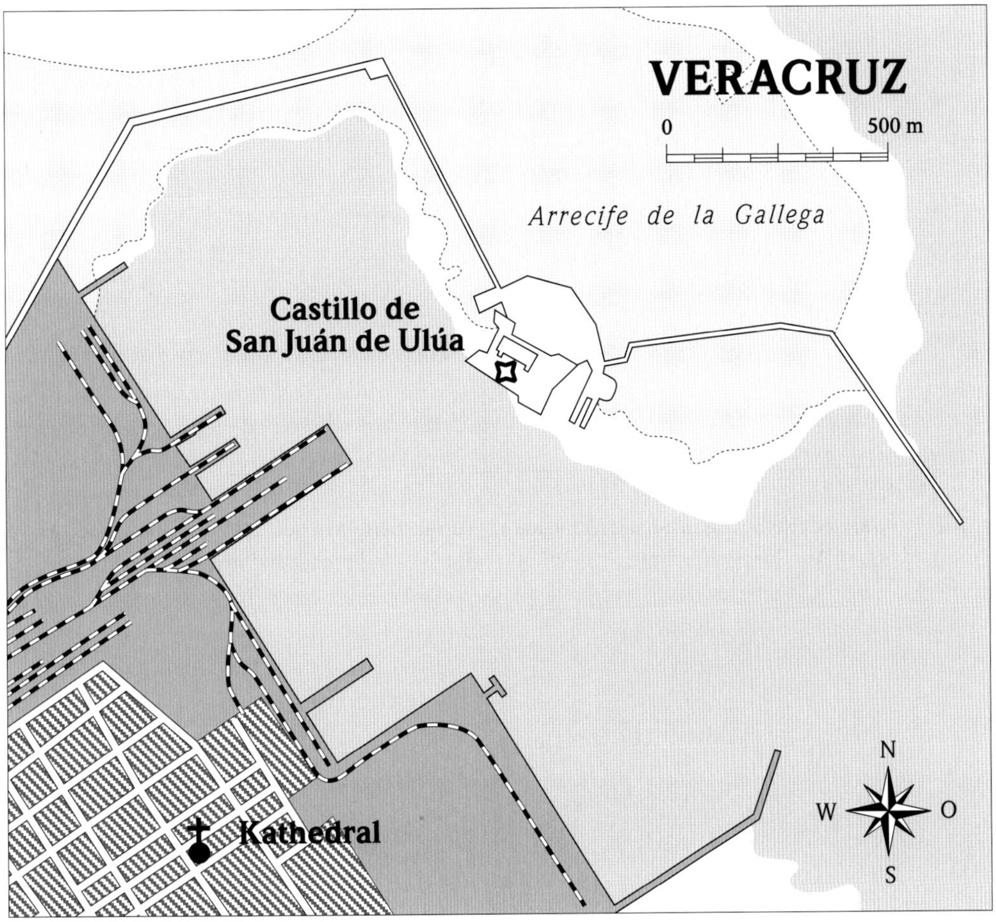

rallengestein errichtet und nach über 200 Jahren Bauzeit erst Anfang des 19. Jahrhunderts vollendet.

An ihrer Westseite sammelten sich die Konvois der spanischen Gold- und Silberflotten vor ihren Reisen über den Atlantik.

Der später geadelte Kaperkapitän Francis Drake begann seine Laufbahn als Pirat mit einem Angriff auf die an der Festung versammelte Flotte. Nachdem der letzte spanische Vizekönig Juan O'Donojú 1821 die Unabhängigkeit Neu-Spaniens hatte zugestehen müssen, der Gouverneur Dâvila sie aber nicht anerkannte, zogen sich die Spanier auf Ulúa zurück. Sechsundzwanzig Monate lang beschossen sie von hier aus die Stadt, bis sie schließlich 1825 abzogen und auch dieser letzte Stützpunkt den Mexikanern übergeben wurde.

Berüchtigt wurde San Juan de Ulúa, das »Grab des Golfs«, als Kerker und Folterkammer. Wer über die kleine Seufzerbrücke, die Insel wurde später durch eine Brücke mit dem Festland verbunden, zu den Verliesen hinübergeführt wurde, hatte wenig Aussicht, die Insel jemals wieder als freier Mann zu verlassen. Zunächst wurden hier Indios unter der Folter von der »richtigen« Religion überzeugt, und später hatte die Inquisition viel mit Negern und Mulatten, Juden und Lutheranern zu tun, die der Ketzerei, Hexenkunst und Gotteslästerung beschuldigt wurden.

Ein Tribunal kontrollierte alle ausländischen Schiffe, ob sie nicht verbotene Bücher mit ins Land brachten. So waren die Verliese Ulúas immer gut gefüllt. Die Verurteilten mussten tagsüber Schiffe be- und entladen, und nachts saßen sie in den feuchten Kerkern, in denen das Wasser von der Decke tropfte. Die Sonntagsmahlzeit bestand aus Essensresten der Restaurants von Veracruz. Noch schlimmer traf es die politischen Gefangenen, vor allem in der Zeit der Unabhängigkeitsbewegung. Sie durften die »Fegefeuer« und »Hölle« genannten Verliese nicht verlassen. Auch Benito Júarez saß hier für eine Weile, bevor er 1853 ins Exil gehen durfte. Jahre später kehrte er zurück und erließ die wichtigsten Reformgesetze.

Die Mexikaner aber besuchen die Festung hauptsächlich, um Jesús Arriagas, genannt »Chucho el Roto«, zu gedenken. Zweimal gelang es ihm, mithilfe der Gefängniswärter zu fliehen. Er ist der Robin Hood Mexikos, dem eine Fernsehserie gewidmet ist, die zwanzig Jahre lang täglich eine halbe Stunde lang gesendet wurde. Die Festung ist eines der wenigen historischen Gebäude von Veracruz, aber sie verfällt immer mehr. Die Kanonen verrosten in der tropischen Feuchtigkeit, die Wälle und Mauern zerfallen und bröckeln, die Wehrgänge und Treppen, die früheren Unterkünfte, Waffenarsenale und Kerker sind baufällig. Und sie ist schon lange keine Insel mehr.

María Madre
21°25'N, 106°28'W

Vor der mexikanischen Westküste liegt die Inselgruppe Islas Tres Marías (kurz: Las Tres Marías) mit den Inseln María Madre, María Magdalena, María Cleofas (South Island) und San Juanito.

Die Isla San Juanico, benannt nach dem Evangelisten Johannes, der in seinem Kreuzigungsbericht von den »drei Marien« erzählt, ist die nördlichste und kleinste Insel des Archipels.

Mehrere tausend Gefangene leben auf der Insel María Madre, die meisten sogar in relativer Freiheit, in Familien, mit Kindern – aber eben für Jahre auf diese Insel im Ozean verbannt.

Coiba, Isla Coiba, Quibo
7°27'N, 81°45'W

Coiba ist ein tropisches Kleinod, ein Paradies, das sogar über Thermalquellen verfügt. Die Insel liegt eine knappe Flugstunde oder drei Stunden Bootsfahrt vom Festland Panamas entfernt. Die reichhaltige Flora und Fauna ist seit Jahrzehnten nahezu ungestört geblieben. Die Korallenriffe zeichnen sich durch außergewöhnlich hohen Artenreichtum aus. 1992 wurde Coiba zum Nationalpark erklärt.

Die panamaische Insel vor der Pazifikküste ist seit 1919 Gefängnis. Bis zu achthundert Gefangene befanden sich zeitweilig auf der Insel, verteilt auf acht Camps entlang der Küste und im Zentralgefängnis im Innern der Insel. Um ihr Essen mussten sich die Gefangenen selbst kümmern, sie bekamen nur einige Grundnahrungsmittel gestellt. Sie fingen Fische, Meeresschildkröten, ab und zu ein Opossum, hielten Hühner und sammelten Früchte. Die meisten der Gefangenen hassten die Insel. Sie hätten lieber in einem Gefängnis auf dem Festland gesessen, um ihre Familien in der Nähe zu wissen. Die Gefangenen, einige verbrachten zwanzig Jahre auf der Insel, durften keine Besuche empfangen. Alle vierzehn Tage wurden die Wächter abgelöst. Sie versuchten hin und wieder Leguane von der Insel zu schmuggeln. Sehnsüchtig schauten die Gefangenen den abgelösten Wächtern hinterher, die zu ihren Familien fuhren. Auf der Insel gab es keine Frauen.

Auf Coiba gab es nur wenige Arbeitsmöglichkeiten. Die Gefangenen vertrieben sich die Zeit so gut es ging mit Sport, Küchenarbeit, Domino und Kartenspiel; einige suchten Trost im Gebet.

In sicherer Entfernung von den Lagern der Gefangenen wurde eine biologische Forschungsstation eingerichtet. Einige wenige Gefangene mit guter Führung haben dort Beschäftigung gefunden.

Anfang 1997 lebten noch etwa zweihundert Strafgefangene auf der Insel.

Die Regierung hat nun beschlossen, das Gefängnis zu schließen und die Gefangenen auf Gefängnisse auf dem Festland zu verteilen. Die Camps sind bereits aufgelöst und verwaist, nur im Zentralgefängnis sind noch Häftlinge. Zur Jahrtausendwende sollten die letzten Gefangenen und ihre Wärter die Insel verlassen haben. Bis dahin hatten achtzig Jahre Gefängnis den Tieren auf Coiba ein Leben in Freiheit gesichert.

Coiba wird als neues Reiseziel für den »sanften Tourismus« erschlossen.

Südamerika

Puerto Cabello
10°28'N, 68°W

Auf dem Festland von Venezuela liegt knapp hundertzwanzig Kilometer westlich von Caracas der Ort Puerto Cabello.

Maria Leitner schrieb: »Das venezolanische Gefängnis von Puerto Cabello liegt mitten im Meer, im Golfo Triste, ist aber nur einige Ruderschläge vom Ufer entfernt. Es kommen und gehen Boote mit Gefangenen und ihren Wächtern, Soldaten. Die Gefangenen arbeiten in verschiedenen Plantagen und beim Wegebau unter Aufsicht. In Venezuela gibt es keine politischen Prozesse. Die Todesstrafe ist schon seit vielen Jahren abgeschafft, und man wagt nicht, sie wieder einzuführen, also werden alle politischen Gefangenen nach Puerto Cabello gebracht. Mittelalterliche Grausamkeiten gehören zur Gefängnisordnung. In Zellen ohne Fenster, in Zellen halb unter Wasser werden die Unbequemen verbannt, nicht auf bestimmte Jahre, denn es gibt ja keine Verurteilungen, nein, man wartet ab, wie lange sie es aushalten.«

Ein Passagier des Schiffes, auf dem Maria Leitner reiste, fragte einen Gefangenen: »Sind Sie ein Politischer?« »Gott sei Dank, nein«, erwiderte dieser ganz verletzt. »Er ist ein Raubmörder«, sagte sein Bewacher. »Die Politischen dürfen gar nicht heraus, sie arbeiten nicht, aber sie kommen auch nicht an die Luft. Alle die Gefangenen, die Sie hier sehen, sind gewöhnliche Verbrecher.«

Weder die Gefangenen noch ihre Bewacher tragen Schuhe. Die Soldaten sind auch Gefangene, nur dass sie das Bewusstsein haben können, eine hohe Aufgabe zu erfüllen.[330]

Maria Leitner reiste in den 1920ern durch Amerika.

El Dorado
6°44'N, 61°38'W

Die venezolanische Insel dieses Namens liegt bei dem Ort El Dorado im Mündungsgebiet des Supamo in den Cuyuni, etwa hundertachtzig Kilometer südlich des südlichsten Mündungsarmes des Orinoco-Deltas. Dies war ein Ort der Hoffnung spanischer Konquistadoren auf Gold[331]. Es gibt in der »Neuen Welt« zahlreiche Orte dieses Namens, ein Zeichen dafür, dass die Eroberer überall Gold zu finden hofften.

Inmitten des Flusses, der von Piranhas und Tembladores (Zitteraalen) wimmelt, lag das Konzentrationslager von Venezuela.

Mitte des 19. Jahrhunderts war es wegen seiner besonders brutalen Wachmannschaften und unmenschlichen Lebensbedingungen berüchtigt. Selbst Papillon, der durch die Hölle der Îles du Salut (s. d.) gegangen war, registrierte einen Unterschied zum Schlechteren. Er meinte, dass sich kein Korrektionslager im französischen Bagno an Gräueln mit dieser Zwangsarbeiterkolonie messen könne.

Etwa vierhundert Männer, überwiegend Kolumbianer, der Rest Venezolaner, lagerten in einem fünfhundert mal fünfhundert Meter Geviert, von Stacheldraht umgeben, unter freiem Himmel. Trotz der ständigen Prügel mit dem Ochsenziemer und schwerer Arbeit im Dschungel seien die Gefangenen in guter körperlicher Verfassung gewesen, stellte Papillon fest, da die Nahrung kräftig und schmackhaft sei.

Gorgona, San Felipe
2°59'N, 78°12'W

Südwestlich von Buenaventura, dreißig Kilometer vor dem Festland Kolumbiens, liegt diese kolum-

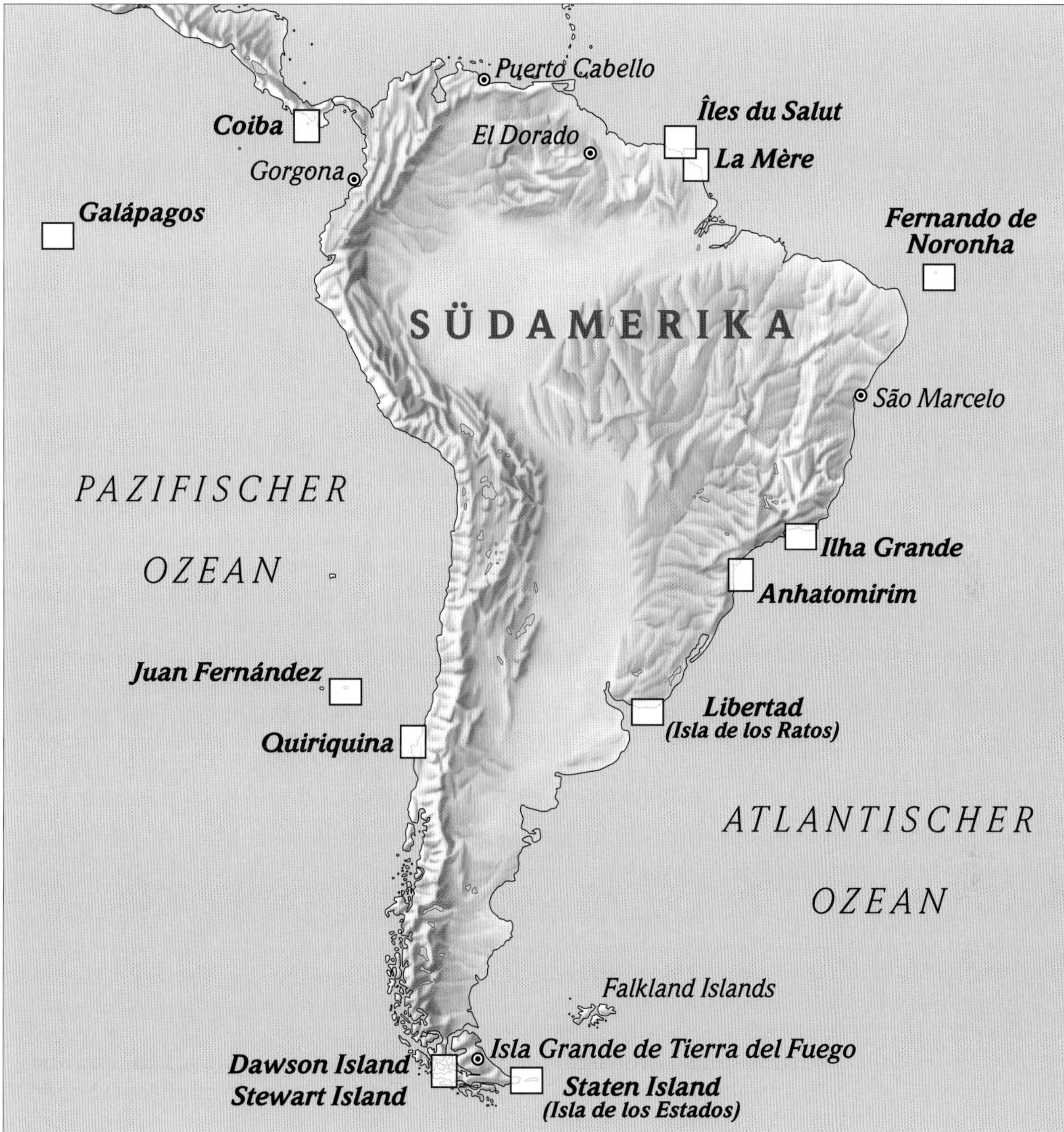

bianische Sträflingsinsel. Sie ist acht Kilometer lang und zwei Kilometer breit. Der Cerro de la Trinidad ist mit 330 Metern die höchste Erhebung der Insel.

1524 landete der Spanier Diego de Almargo als erster Europäer auf der Insel. Er gab ihr den Namen San Felipe. Zwei Jahre später landete Francisco Pizarro auf der Insel und taufte sie nach der schlangenköpfigen Meduse aus der griechischen Mythologie um in Gorgona. Während Pizarro und seine Männer auf der Insel Verstärkung für ihre Kriegszüge in Peru erwarteten, starben einige der Spanier an Schlangenbissen.

Von 1960 bis 1984 war Gorgona das Alcatraz Kolumbiens, ein Gefängnis für tausenddreihundert Schwerverbrecher. Die Gewässer sind voller Haie, deshalb gab es kaum Fluchtversuche.

Die erhaltenen Gefängnisanlagen sind deprimierende Zeitzeugen, von denen der Dschungel wieder Besitz ergreift. Das Grün der Pflanzen mildert das triste Grau der Gefängnismauern, Schlangen sonnen sich auf Gesteinsbrocken, Eidechsen, Kröten und Fledermäuse haben sich eingenistet. Von den Betongerippen der eingefallenen Bauten hängen Lianen, aus alten Toilettenschüsseln sprießen Blattpflanzen. In die Wände der Einzelzellen sind Sprüche über Gott, Verzweiflung und Liebe eingeritzt. Die Betten der Gefangenen waren Ende der 1990er-Jahre noch erhalten: harte Pritschen, jede mit einer Nummer versehen. Namen hatten auf der Insel keine Bedeutung.

In der berüchtigten Haftanstalt litten nach Aussagen von Ärzten Gefangene und Wächter gleichermaßen unter der Isolation und unter schweren psychischen Erkrankungen.

An der Natur wurde während des vierundzwanzigjährigen Bestehens der Haftanstalt Raubbau betrieben. Über zehn Tonnen Holz schlugen die Gefangenen jede Woche im Wald für die Herdfeuer in der Gefängnisküche und für Möbel. Mindestens ein Drittel des Baumbestandes wurde so vernichtet. Große Teile des Korallenriffs wurden vernichtet, als für den Bau eines Flugplatzes Erdreich ins Meer geschoben wurde. Die kleinen Kapuzineraffen wurden von den Wachmannschaften erbarmungslos gejagt.

Auf einer seiner abenteuerlichen Segeltouren steuerte Tristan Jones im Jahr 1973 wegen eines vorgetäuschten Schadens Gorgona an. Er hatte in Cartagena Gerüchte gehört, dass es eine Insel für politische Gefangene gäbe, von denen man nach ihrer Verhaftung nie mehr etwas hörte. Verschiedene Leute in Kolumbien hatten ihn davor gewarnt, der Insel zu nahe zu kommen. Als er vor der Insel ankerte, wurde er von einer Gruppe bewaffneter Uniformierter empfangen und erhielt die Erlaubnis, zur Behebung des Schadens vierundzwanzig Stunden vor der Insel zu ankern. Ihm wurde auch ein Gefangener mit Bewachung als Helfer zur Verfügung gestellt. Aber ihm war streng untersagt, außer Arbeitsanweisungen zu erteilen, mit ihm zu sprechen. Trotzdem gelang es Jones, einige Worte mit seinem Helfer zu wechseln. Dieser war sechsunddreißig Jahre alt und schon seit elf Jahren im Gefängnis. Er war früher Gewerkschaftsführer in einer Fabrik bei Cali gewesen und wurde wegen angeblicher Kontakte zur Guerilla angeklagt. Es hatte keine Gerichtsverhandlung gegeben.

Seit seiner Verhaftung hatte er von seiner Frau und seiner Tochter nichts mehr gehört und auch keine Gelegenheit bekommen, ihnen eine Nachricht zukommen zu lassen. Alle Gefangenen auf Gorgona seien »politicos«. Die einzige Nahrung seien Reis und Fisch, den die Gefangenen selbst fingen. Sie waren alle in Einzelzellen untergebracht und durften nicht miteinander sprechen. Einige Männer hätten versucht, die sechzehn Seemeilen bis zum Festland schwimmend zu überwinden. Die meisten habe man wieder eingefangen und am Strand erschossen.

Die Gefangenen mussten von sieben Uhr morgens bis sechs Uhr abends am Strand »arbeiten«, mit einer Pause von zweieinhalb Stunden.

Von seinem Boot aus konnte Jones beobachten, wie Gefangene Steine von der Größe eines Kartoffelsackes von einem Steinhaufen zu einem anderen und wieder zurück schleppen mussten. Es seien an die fünfhundert Männer gewesen, die sich an dieser sinnlosen Schlepperei beteiligten. Alle fünf Meter stand ein Wachposten mit Gewehr. Ab und zu stießen sie nach einem der Gefangenen, der gestolpert oder zusammengebrochen war. Es gab keine Geräusche, kein Wort, keinen Fluch.

Jones' Helfer hatte die Hoffnung aufgegeben, jemals wieder freizukommen. Selbst wenn durch eine Revolution in Kolumbien das Regime beseitigt würde, wäre die Chance, dass einer der Häftlinge überlebte, sehr gering. Die Wächter würden nicht das Risiko eingehen, dass etwas über die Brutalität, die Folterungen, die Vergewaltigungen an die Öffentlichkeit käme.

Jones nannte Gorgona eine »wirkliche Teufelsinsel«.[332]

Menschenrechtsorganisationen, Intellektuelle und Naturfreunde bewirkten die Schließung des Gefängnisses und ermöglichten 1985 die Einweihung des Nationalparks.

Nach der Schließung des Gefängnisses hat sich die Tier- und Pflanzenwelt schnell wieder erholt.

Für die rasche Regeneration des Waldes sorgt das feuchtheiße Klima. Sechstausend bis achttausend Millimeter Niederschlag fallen jährlich auf die Insel, deren Durchschnittstemperatur bei 27 Grad Celsius liegt.

Auf der Insel trifft man auf Boa constrictor, Kapuzineraffen, wahrscheinlich von den Spaniern eingeführt, Anolis gorgonae, eine blaue Eidechse, die nur auf Gorgona vorkommt, weitere sechzehn Eidechsenarten, sechzehn Schlangenspezies (davon vier giftige), sieben Froscharten, eine Krötenart und, in der Lagune von Cabrera, Krokodile. Von Juni bis September ist die Saison der Buckelwale, die aus den antarktischen Gewässern kommen, um sich in den Gewässern rund um die Insel zu paaren und die Jungen zur Welt zu bringen. Auch die Schwert- oder Killerwale suchen regelmäßig die Inselgewässer auf.

Im Frühjahr 1994 drohte dem Nationalpark, der immer mehr Ökotouristen aus Amerika und Europa anzieht, das Aus, denn der kolumbianische Justizminister plante ein Hochsicherheitsgefängnis für Drogenbosse und Kokainhändler auf der Insel.

Die neue Anstalt sollte auf den Ruinen des alten Gefängnisses errichtet werden. Die finanziellen Mittel lagen schon bereit, als die Pläne an die Öffentlichkeit gelangten. Die Zeitung El Tiempo und verschiedene Fernsehanstalten starteten eine Kampagne zur Erhaltung des Nationalparks. Der Druck der Öffentlichkeit war so stark, dass das Gefängnisprojekt aufgegeben werden musste.[333]

Galápagos, Archipiélago de Colón, Islas Encantadas
1°20'S bis 1°40'N, 89°15' bis 92°05'W

Diese berühmte und weltbekannte Inselgruppe Ecuadors im Pazifik liegt etwa 1.000 Kilometer vor der Küste Südamerikas auf dem Äquator. Amtlich heißen die zehn größeren und über vierzig kleineren Inseln Archipiélago de Colón. Sie sind »erst« vor etwa fünf Millionen Jahren über die Meeresoberfläche emporgestiegen, angesichts der nach Jahrmilliarden zählenden Erdgeschichte eine recht kurze Zeit. Die größte Insel des Archipels, Isabela, ist kaum älter als 700.000 Jahre. Für Charles Darwin, der 1835 als Sechsundzwanzigjähriger auf die Inseln kam, um Beweise für die Richtigkeit der biblischen Schöpfungsgeschichte zu finden, waren die dort vorgefundenen Phänomene Anlass, zum Evolutionisten zu werden.

Die Inselgruppe hat ihren gebräuchlichen Namen von den bis zu zweihundertfünfzig Kilogramm schweren Riesenschildkröten, die auf Spanisch Galápago heißen.

Der kühle Humboldtstrom hält Regen von den Inseln fern. In den Niederungen gedeihen nur Pflanzen, die in der Lage sind, jahrelange Trockenzeiten zu überstehen. An den Hängen der Vulkane regnet es dagegen reichlich.

Der norwegische Ethnologe Thor Heyerdahl behauptete, dass bereits Seefahrer der Chimu-Kultur an der Nordküste Perus um das Jahr 1000 herum den Archipel aufgesucht hätten, und es gibt legendäre Überlieferungen, dass auch die Inka die Inseln kannten.

Von Europäern wurden die Inseln erstmals 1535 aufgesucht. Eine spanische Galeone war auf der Reise nach Peru in eine lang andauernde Flaute geraten und vom erst später so genannten Humboldtstrom zu dieser Inselgruppe verdriftet worden. An Bord befand sich damals der Bischof von Panama, Tomás de Berlanga, dessen Bericht die erste Beschreibung der Inseln und ihrer seltsamen Tierwelt ist.

Der Archipel wurde lange auch als Islas Encantadas (verwunschene oder bezaubernde Inseln) bezeichnet, denn trotz inzwischen vorhandener Karten hatten die Kapitäne oft Schwierigkeiten, sie zu finden. Nebelbänke ließen die Inseln verschwinden und unberechenbare Strömungen ließen die Schiffe weit abdriften.

Die Inseln wurden von Piraten u. a. wegen dieser Eigenschaften als Versteck und Hinterhalt genutzt. Hier lauerten sie den Goldflotten auf und starteten zu Raubzügen auf Häfen zwischen Peru und Panama.

1708 setzte der Schotte Alexander Selkirk (Róbinson) seinen Fuß auf die Inseln, nachdem er zuvor von seinem Verbannungsort (Juan Fernández, s. d.) befreit worden war.

Die ersten menschlichen Kolonisten kamen 1807 mit ihren inzwischen verwilderten Haustieren.

1832 kamen die Galápagos-Inseln unter ecuadorianische Hoheit. Und als Darwin sie aufsuch-

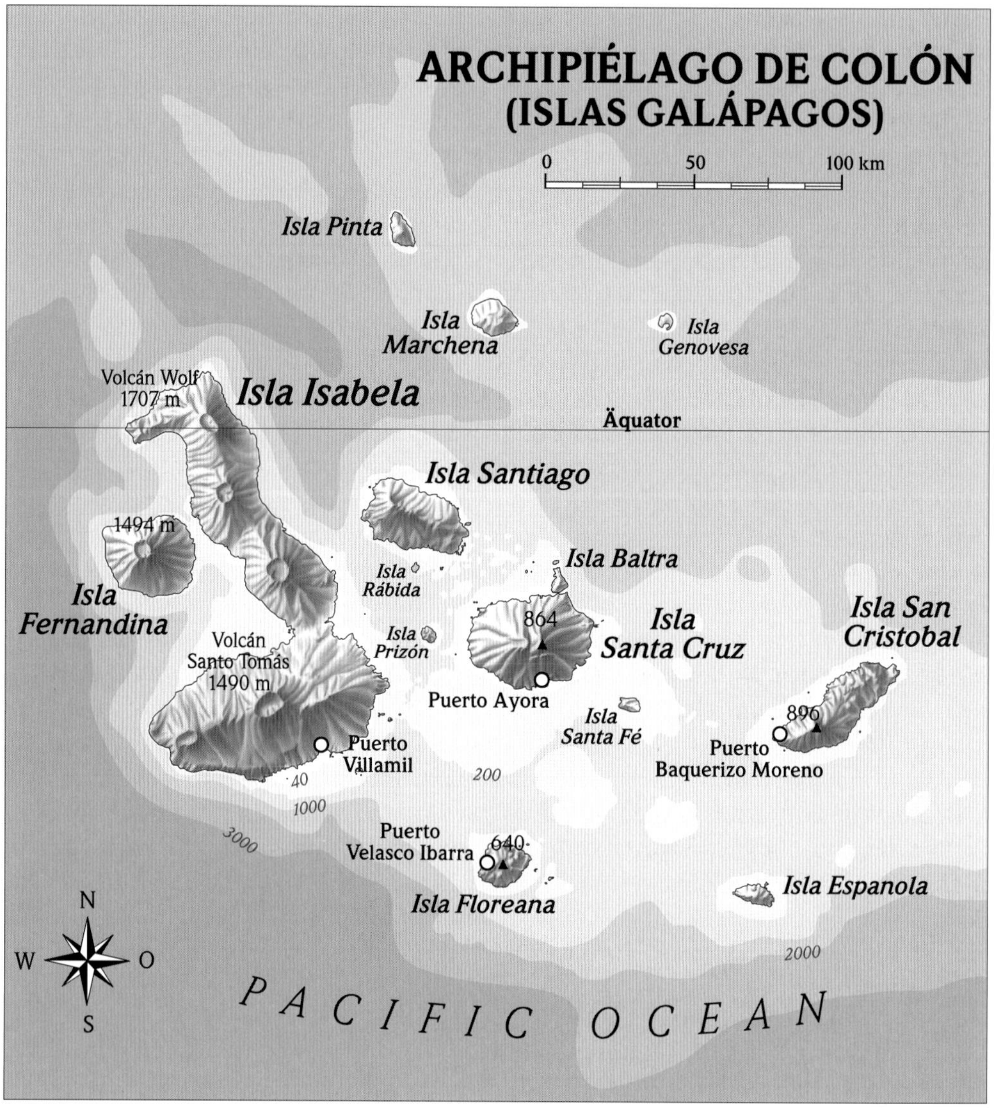

te, lebten auf ihnen etwa 300 Menschen, überwiegend zu lebenslanger Zwangsarbeit begnadigte desertierte Soldaten, Kriminelle und Prostituierte, die aus den Bordellen Guayaquils hierher verbannt worden waren.

Mitte des 19. Jahrhunderts fielen die Walfänger über die Inseln her, zwischen denen es von Pottwalen nur so wimmelte. Sie schlachteten auch schätzungsweise etwa 100.000 Riesenschildkröten, nicht nur als Proviant für sich, sondern für die Versorgung der Städte Kaliforniens. Unter den Walfängern war auch der Schriftsteller Herman Melville. In seiner Erzählung »The Encantadas« beschreibt er die Inseln als menschenabweisende Wildnis: »So mag die ganze Welt aussehen nach einem Flammen-Strafgericht … Ein Merkmal dieser Inseln ist, dass sie einfach unbewohnbar sind … Kaum etwas anderes als Kriechtiere sind hier zu finden: Schildkröten, Eidechsen, riesige Spinnen, Schlangen und jene seltsamste Naturwidrigkeit eines exotischen Tiers, der Leguan. Keine Stimme, kein Gebrüll, kein Heulen ist zu hören; der höchste Laut des Lebens hier ist ein Gezisch.«

Nach dem Erscheinen von Darwins Hauptwerk im Jahr 1859 fielen die Wissenschaftler über die Inseln her und richteten beträchtlichen Schaden an.

Eine Flut idealisierender Reisebeschreibungen spülte Abenteurer, Aussteiger, Verfolgte und Naturschwärmer auf die Inseln.

1959, zum Jahrhundertjubiläum der Herausgabe von Darwins »Die Entstehung der Arten durch natürliche Auslese oder die Erhaltung begünstigter Rassen im Kampf ums Dasein«, erklärte die ecuadorianische Regierung die Inseln zum Nationalpark.

Heute leben auf Galápagos etwa 15.000 Menschen, die meisten in Puerto Ayora auf der Insel Santa Cruz. Unter ihnen sind die Brüder Angermayer aus Hamburg, die nach langer Odyssee ihre Flucht aus dem faschistischen Deutschland in den 40er Jahren auf Galápagos beendeten. Gus Angermayer lebt in einer Lavahöhle inmitten angespülter Knochen von Tieren und anderen Kuriositäten. Als Liegestatt dient ihm der Unterkiefer eines Bartenwals.

Etwa 50.000 Besucher strömen jährlich auf die Inseln. Der Tourismus ist die Haupterwerbsquelle auf den Inseln. Vom größten Ort der Inselgruppe, Puerto Ayora, können sich Besucher zu den entlegensten Eilanden fahren lassen.[334]

Chile

Das lang gestreckte Land zwischen Anden und Pazifik verfügt über viele Inseln und eine lange Tradition ihrer Nutzung für Häftlinge.

Archipiélago Juan Fernández

33°45'S, 78°47' bis 80°47'W

Die zu Chile gehörende, etwa 100 km² große Inselgruppe besteht aus der Hauptinsel Isla Róbinson Crusoe (47,11 km²), der Isla Alejandro Selkirk (44,64 km²) und der Isla Santa Clara (mit 2,23 km² die kleinste der Inseln, der Isla Róbinson Crusoe unmittelbar südwestlich vorgelagert) sowie einigen weiteren Inselchen. Sie liegt etwa 670 Kilometer westlich der chilenischen Hafenstadt San Antonio.

Der spanische Kapitän Juan Fernández hatte die Inseln zwischen 1563 und 1574 – als offizielles Entdeckungsdatum gilt der 22. November 1574 – entdeckt und die Hauptinsel Santa Cecilia getauft.

1742 nahm Spanien die Inseln in Besitz.

1833 brachte der Forscher Dumont d'Urville Ordnung in das pazifische Inselgewirr. Er fasste die drei Inseln Más a Tierra oder auch Másatierra (»näher zum Land«, seit 1966 Isla Róbinson Crusoe), Más Afuera (»weiter draußen«, seit 1966 Isla Alejandro Selkirk) und Isla Santa Clara zum Juan-Fernández-Archipel zusammen. Bei den Seeleuten hießen sie »Ziegeninseln«.

Die Inseln werden als biologisches Wunder bezeichnet. Schon Anfang des 18. Jahrhunderts hatte der geadelte britische Pirat Anson die erhabene Würde vor allem der immergrünen Hauptinsel begeistert gepriesen. Keine andere ozeanische Insel unseres Planeten besitzt eine so hohe Dichte an endemischen Pflanzen. Von siebenundachtzig Pflanzengattungen des Archipels sind sechzehn endemisch und von den hundertsechsundvierzig Pflanzenarten sogar hunderteine: sechzig verschiedene Farnarten, baumförmige Brennnesseln, die Chonta-Palmen, die gelben Glocken des Cabbage-Tree, riesige Pangue-Blätter (»Robinsons Regenschirme« genannt), dazu Schwärme von roten Kolibris.

Der Mayu-Monte-Baum zeichnet sich durch sein extrem hartes Holz aus. Der Naranjillo-Baum gehört zu den höchsten Arten der Welt, wächst hier allerdings nicht sehr hoch. Sein Holz ist bei Kunstschnitzern sehr beliebt. Der Sandelholzbestand ist leider vernichtet worden. Eine weitere Besonderheit ist der Juan-Fernández-Wolf.

Trotz üppiger Vegetation tragen die Inseln kaum Nutzpflanzen. Selbst Obst und Gemüse werden vom Festland herangeschafft.

Das Wetter ist sehr wechselhaft. Große Hitze kann urplötzlich in starke Kälte umschlagen.

Inmitten der Isla Alejandro Selkirk ragt ein Gebirge 1.650 Meter in die Höhe, das im Winter gelegentlich eine Schneehaube trägt.

Die Inseln sind seit 1935 chilenischer Nationalpark und seit 1977 UNESCO-Biosphärenreservat.

Das Wunder ist vergänglich, wenn auch erst auf lange Sicht. Dreieinhalb Millionen Jahre hatte die Róbinson-Insel, ein Vulkankegel, Zeit, ihre Spezies zu entwickeln. Aber sie bewegt sich unentwegt, um mehrere Zentimeter pro Jahr, mit der ostpazifischen Nazca-Platte auf den südamerikanischen Kontinent zu, unter dem sie eines Tages verschwinden wird. 180 Kilometer ist sie schon gedriftet.

Mehr als zweihundert Jahre lang dienten die Inseln Piraten und Robbenschlägern als Depots für Frischfleisch, Wasser und Gemüse. Gärten wurden angelegt und Ziegen ausgesetzt, von denen heute etwa 10.000 Alejandro Selkirk bevöl-

kern. Auf Róbinson Crusoe wollte man die äußerst vermehrungsfreudigen Ziegen mit Hunden bekämpfen. Die Ziegen flüchteten in die für Hunde unerreichbaren höheren Felsregionen. Sie entwickelten sich ebenso zu einer Plage wie die von Siedlern als Haustiere eingeführten Kaninchen. Ihnen ist zu verdanken, dass die Vegetation auf den Inseln stark geschädigt wurde. Dadurch konnte die Erosion ihr zerstörerisches Werk tun. Der schlimmste pflanzliche Invasor ist die Brombeere, die die einheimische Flora stark in Mitleidenschaft gezogen hat. Viele Seevögel haben die Inseln verlassen. Zur Rattenbekämpfung angesiedelte Nasenbären fraßen lieber Eier als Ratten.

Anfang des 18. Jahrhunderts, als Alexander Selkirk auf der Insel lebte, gab es noch Robben wie Sand am Meer. Dann kamen die nordamerikanischen Robbenschläger und transportierten pro Ladung bis zu hunderttausend Felle ab. Nach weniger als zwanzig Jahren waren die Strände leer.

Der Robbenfänger Benjamin Morrell suchte 1824 vergeblich nach Beute. Seine Erklärung: Die feinfühligen Tiere seien sicher vor der Unmoral der Verbrecher geflüchtet. Zwischenzeitlich war Más a Tierra nämlich spanische Sträflingskolonie gewesen. 1779 gab es in der Bahia Cumberland sieben mit Kanonen bestückte Festungen, die von den Spaniern wegen ihrer totalen Isolierbarkeit als Sträflingskolonien genutzt wurden.

Hinter den schwarzen Mauern des Forts Santa Bárbara hatten die Spanier 1815 aufständische Chilenen in sieben Höhlen gefangen gehalten.

Im 19. Jahrhundert war auch sie zeitweilig Deportationsinsel Chiles. Ab 1855 wurde sie ersetzt durch Punta Arenas. Punta Arenas, früher Magallanes, ist die Hauptstadt der südchilenischen Region Magallanes y Antárctica Chilena. Sie wurde 1843 als Strafkolonie gegründet und diente als Ersatz für Más a Fuera als Deportationsort. Punta Arenas liegt auf der Halbinsel Brunswick auf 53 Grad südlicher Breite.

Auch zur Versorgung der Sträflinge waren Ziegen ausgesetzt worden.

1818 bot die soeben gegründete Republik Chile der englischen Krone die Inseln als Gegenleistung für die Aufnahme diplomatischer Beziehungen an. Zum Glück für Chile wurde das Angebot nicht angenommen.

Durch die Schlacht von Rancagua, im Oktober 1914, gelang den Spaniern die Niederschlagung der Ersten Republik (Patria Vieja); der Befreiungskampf gegen die Kolonialherren war zunächst gescheitert. Die Spanier reagierten mit furchtbaren Repressionen. Zweiundvierzig Patrioten wurden nach Más a Tierra deportiert.

1973, als die Putschisten unter General Pinochet die chilenische Regierung unter Salvador Allende gestürzt hatten, wurden wieder Patrioten auf den Archipel deportiert.

Inzwischen sind die Inseln von der UNO zum Weltbiosphärenreservat erklärt worden. Die Kaninchen werden bekämpft und Biologen versuchen, die wertvolle ursprüngliche Flora zu erhalten.

Heute ist die Robbenkolonie wieder auf etwa dreitausend Exemplare angewachsen. Die nur hier vorkommende Robbenart hat ein dichtes Fell, das wie zweischichtig aussieht.

Von den drei Inseln ist nur die Hauptinsel, und auch erst seit dem 18. Jahrhundert, permanent besiedelt. Im einzigen Ort, San Juan Bautista (Johannes der Täufer), leben etwa fünfhundertzwanzig Menschen.

Langusten, von denen jährlich etwa dreißig- bis vierzigtausend gefangen werden, bilden eine wichtige Einnahmequelle für die Bewohner der Insel und ein beliebtes Nahrungsmittel der etwa dreitausend Touristen, die jährlich auf die Insel kommen. Beliebt sind auch auf heißen Steinen gegarte Muscheln, »Curanto« genannt.

Doch nun zu dem Mann, der die Inselgruppe weltbekannt machte und dessen Namen die Hauptinsel trägt: Róbinson Crusoe.

1704 wurde der achtundzwanzigjährige, aufsässige, schottische (geboren in Largo, Grafschaft Fife) Bootsmaat des Kaperschiffes CINQUE PORTS, Alexander Selkirk, auf dem unbewohnten, dschungelbewachsenen, von Ratten und wilden Hunden bevölkerten Felsen Más a Tierra maroniert (ausgesetzt). Das Maronieren war eine im 18. Jahrhundert und sogar Anfang des 19. Jahrhunderts noch übliche Strafe für Meuterei. Ihm wurden lediglich die Bibel, ein Messer, eine Flinte mit einem Pfund Schießpulver, ein Klumpen Tabak und einige Kleidungsstücke mitgegeben. Vier Jahre und vier Monate musste er ausharren, bis er am 12. Februar 1709 vom Kaper DUKE unter Kapitän Woodes Roger erlöst wurde. Roger veröffentlichte Selkirks Abenteuer 1712 in seinem Buch »Cruizing Voyages round the World«. Ein Jahr später brachte die Zeitschrift »The Englishman« diese Geschichte.

Und Daniel Defoe gestaltete schließlich daraus den weltbekannten Roman »Róbinson Crusoe«, genau: »The Life and Strange Surprising Adventures of Róbinson Crusoe«; dann folgten weitere sechzig Wörter, zuletzt: »Written by Himself«, erschienen 1719. Defoe hielt sich nicht sehr streng an die tatsächlichen Ereignisse, aber er schuf mit dem Namen Róbinson einen Begriff, den jeder nennen kann, ohne ihn erläutern zu müssen.

Vor Selkirk hatte bereits ein Indianer namens Mosquito auf der Insel gelebt. Er war von dem englischen Freibeuter William Dampier in Nicaragua angeheuert worden und musste auf der Insel zurückgelassen werden, als spanische Schiffe Dampier zur Flucht zwangen.

Auch Jules Verne ließ sich von der Insel inspirieren. Der Titel seiner nach Más a Tierra verlegten Inselgeschichte lautet: »Zwei Jahre Ferien« (oder: »L'Île mystérieuse«, 1875, dt. »Die geheimnisvolle Insel«).

Die einzige geschützte Bucht ist die Bahía Cumberland. An ihr liegt der Ort San Juan Bautista. Die Siedlung wurde 1750 von dem spanischen Offizier Navarro gegründet. Eine andere Quelle nennt Baron Alfred von Roth als Gründer. Seine Grabstelle ist auf dem Friedhof zu besichtigen.

In dieser Bucht suchte 1915 der deutsche Kreuzer DRESDEN Zuflucht. Bedrängt von zwei britischen Kriegsschiffen, KENT und GLASGOW, ließ der Kommandant den Kreuzer versenken. Die Besatzung wurde auf der Insel Quiriquina (s. d.) interniert, die Verwundeten wurden nach Valparaiso gebracht.

Einer der Internierten war der achtundzwanzigjährige Oberleutnant zur See Wilhelm Canaris. Er war der Erste, dem die Flucht aus der Internierung gelang.[335] Canaris wurde im Zweiten Weltkrieg Admiral und Chef der Abwehr, er wurde nach dem Attentat auf Hitler verhaftet und am 9. April 1945 hingerichtet.

Bei ruhigem Wasser kann man den Rumpf der DRESDEN noch ausmachen. Auf dem kleinen Friedhof an der Calle Dresden, neben dem Leuchtturm, erinnert eine Grabstelle an die Opfer des Gefechtes.

Der längste Wanderpfad führt von San Juan Bautista über die Berge zum Flugplatz am Südwestzipfel der Insel (eine Strecke ca. fünf Stunden). Dort liegt auch der lange (einzige) Strand Playa Arenal, den man gewöhnlich mit einem gemieteten Boot besucht.

Chile will den Tourismus auf der Insel ausbauen und deshalb erhält sie einen größeren Flugplatz. Bisher können nur Kleinflugzeuge auf der Insel landen.

Zu den Sehenswürdigkeiten auf der Isla Róbinson Crusoe zählen:

- die Cuevas de Los Patriotas (Höhlen der Patrioten, Monumento Histórico Nacional), unweit des Rathauses von San Juan Bautista
- die Festung und Batterien von Santa Bárbara, nördlich der Höhlen der Patrioten; 1749 von den Spaniern zum Schutz vor Piraten und Korsaren errichtet, 1974 rekonstruiert (Monumento Histórico Nacional)
- Las Balas Al Dresden (die Kugeln der DRESDEN); in der Steilküste von Punta San Carlos, nördlich des nördlichen Leuchtturmes, am Ende der Calle Dresden, sind einige Einschüsse zu erkennen, die an das Seegefecht vom 14. März 1915 erinnern.
- Mirador de Alejandro Selkirk: Am Fort Santa Bárbara vorbei führt ein steiler Pfad durch üppige Vegetation hinauf auf den Berg Portezuelo zu dem Punkt, von dem aus Selkirk regelmäßig Ausschau nach rettenden Segeln hielt. Heute steht hier ein Mirador, eine Aussichtsplattform, und zwei Gedenktafeln erinnern an den Mann, der die Insel unsterblich machte. Eine der Plaketten stammt aus dem Jahr 1868 und wurde von den Offizieren des Schiffes TOPAZ gestiftet, die andere wurde 1985 von Nachkommen Selkirks angebracht.
- Plazoleta (der kleine Platz) El Yunque: Etwa zweieinhalb Kilometer (Luftlinie) südwestlich von San Juan Bautista gelegener Berggipfel, von dem aus nahezu die ganze Insel überblickt werden kann. Auf dem Gipfel soll Alexander Selkirk Feuer angezündet haben, um auf sich aufmerksam zu machen.
- Cueva de Róbinson, Puerto Inglés: Zwei Kilometer westlich von Punta San Carlos gelegen. Hier findet man eine Nachbildung der Höhle von Alexander Selkirk und alte Batteriestellungen einer ehemaligen spanischen Festung, die zur Abwehr von Piraten angelegt wurde. Der Name, Puerto Inglés, wurde 1680 geprägt, als der englische Pirat Bartholomey Sharp dort landete.
- Puerto Francés: Etwa eine Stunde Fahrtzeit mit dem Boot ab San Juan Bautista in östliche Richtung. Die kleine Bucht war früher ein Landeplatz der Flibustier. Es gibt noch einige Batterien von 1779, als die Franzosen dort eine Festung errichteten, um ihren Teil der Insel zu beherrschen.

Außer Knöpfen aus schwarzer Koralle werden bisher keine Souvenirs produziert und angeboten.

Als besonderes Erlebnis wird eine Beteiligung am Langustenfang beschrieben. Mit den Fischern kann man vereinbaren, dass ein Mittagessen aus frischen Langusten an Bord zubereitet wird.

Die Isla Alejandro Selkirk, Más a Fuera, ist etwa hundertachtzig Kilometer von der Hauptinsel entfernt.

Osterinsel, Rapa Nui, Isla de Pascua
27°07'S, 109°22'W

Die Legenden umwobene Osterinsel im Pazifik mit ihren riesigen Steinfiguren und den Rätseln ihrer in Holztafeln eingeritzten Schriftzeichen ist 165,5 km^2 groß. Sie wurde von dem niederländischen Seefahrer Jacob Roggeveen am Ostersonntag des Jahres 1722 als erstem Europäer angelaufen und Osterinsel genannt. Zur Zeit ihrer Entdeckung war sie von etwa dreitausend Polynesiern bewohnt. Peruanische Sklavenjäger, eingeschleppte Seuchen, fluchähnliche Auswanderungen dezimierten die eingeborene Bevölkerung dermaßen, so dass die Insel zu Beginn des 20. Jahrhunderts nur noch hundertfünfzig Bewohner zählte.

1888 wurde die Insel von dem 3.700 Kilometer entfernten Chile in Besitz genommen und lange Zeit als Strafkolonie genutzt. Heute leben wieder rund tausendneunhundert Polynesier und einige Dutzend Chilenen auf der Osterinsel.[336]

Am 11. September 1973 stürzte das Militär unter Führung von General Augusto Pinochet den 1970 gewählten sozialistischen Präsidenten Salvador Allende.

Bereits 1946 hatte Präsident Gabriel González Videla in der Region um Concepción, etwa fünfhundert Kilometer südlich von Santiago de Chile, mit einer blutigen Verfolgungswelle begonnen, kurz bevor er das Konzentrationslager von Pisagua, im Norden Chiles, gründete. In diesem Lager übte sich ein junger Offizier in den Künsten von Terror, Folter und Tod: Augusto Pinochet. Er übertraf später, mithilfe der Geheimdienste DINA und CNI, seinen Lehrmeister bei weitem.[337]

Die USA beobachteten und unterstützten den Putsch Pinochets, denn »die Wahl Allendes«, so der damalige Sicherheitsberater Nixons, Henry Kissinger, »berührte unsere nationalen Interessen in Lateinamerika«.[338]

Es begann eine breit angelegte »Säuberungswelle«. Im ganzen Land wurden Verhörzentren eingerichtet. Die Linke wurde von der Repression am stärksten getroffen. Das Regime rechtfertigte sein Vorgehen mit der Notwendigkeit, den Marxismus in Chile auszurotten. Mit brutaler Gewalt wurden Mitglieder, Anhänger und Sympathisanten der Unidad Popular[339] verfolgt, verschleppt, gefoltert, vertrieben, getötet. Unter den Erschlagenen Victor Jara, der beliebte Volkssänger.[340]

Das Militär führte nach eigenem Verständnis einen »neuen Kreuzzug«. Pinochet berief sich zur Legitimation seiner Diktatur auf die »göttliche Vorsehung«. Das göttliche Recht gebiete, dass die legitime Obrigkeit von Gott geschaffen ist. Die Kirche stimmte zunächst dem Putsch zu. Sie war davon überzeugt, dass das Eingreifen der Militärs angesichts der chaotischen Situation und der Gefahr einer kommunistischen Machtergreifung unvermeidlich war. Später bedauerte sie das Blutvergießen und rief zur Mäßigung gegenüber den »Besiegten« auf.[341]

Noch im Jahr 1973 wurden etwa zweitausend Offiziere und Soldaten wegen ihrer Loyalität zur rechtmäßigen Regierung exekutiert.

Die Bilanz der Diktatur bestand aus mehr als 40.000 Toten, 2.000 Verschwundenen und einer Million Exilierten. Chile hatte das blutigste Martyrium seiner Geschichte erlitten.[342]

Die Reaktion der Weltöffentlichkeit war zweigeteilt. Aus den sozialistischen und nicht paktgebundenen Ländern sowie von den Linken in den kapitalistischen Ländern erschallte ein Aufschrei des Entsetzens und der Empörung, entstand eine Welle der Solidarität mit den gepeinigten Chilenen. Aus den Reihen des Großkapitals klang Beifall, Anerkennung und Genugtuung. War es doch wieder einmal gelungen, diejenigen zu strafen, die es gewagt hatten, den Reichsten zu nehmen und den Ärmsten zu geben. Am 22. September 1973 stand im Bayern-Kurier: »Angesichts des Chaos, das in Chile geherrscht hat, erhält das Wort Ordnung für die Chilenen plötzlich wieder einen süßen Klang.«

Auf unbesiedelten Inseln im Bereich der Magallan-Straße, auf den Juan-Fernández-Inseln sowie in verlassenen Salpetergruben der Atacamawüste wurden unverzüglich rund hundert Konzentrationslager eingerichtet.

Konzentrationslager befanden sich auf den Inseln Dawson, Quiriquina und Selkirk. Als Verhörzentren, schwimmende Gefängnisse und Gefangenentransporter dienten das Schulschiff der chilenischen Marine ESMERALDA sowie die Frachter LA TERCERA, MAIPO und LEBU. Die ESMERALDA diente als schwimmendes Folterzentrum, in dem vor allem Frauen misshandelt wurden.[343] Die Krankenschwester Silvia Morris aus Valparaiso wurde auf der ESMERALDA gefoltert und beging Selbstmord, nachdem sie auf dem Schiff von Kadetten vergewaltigt worden war.[344]

Ein Hafenarbeiter aus Valparaiso berichtete, dass der Marinekommandant von Valparaiso bekannt gegeben hatte, dass alle Gefangenen, etwa tausend, auf Inseln im Pazifik gebracht würden. Abends wurden die Gefangenen in den Hafen gebracht und auf den Frachter MAIPO verladen. Dann sei das Schiff herausgefahren und morgens, vor Sonnenaufgang wieder in den Hafen zurückgekehrt. Die Zeit hätte nicht gereicht, um bei einer der Inseln vor der Küste gewesen zu sein.[345]

Seit dem 11. März 1990 wird Chile wieder von Zivilisten regiert.

Quiriquina, Isla Quiriquina
35°37,5'S, 73°03,5'W

Die Insel mit Marinestützpunkt und Kadettenschule liegt in der Bucht von Concepción, zwischen der Halbinsel Tumbes und dem Festland.

Diese Hölleninsel Chiles wird bei Wagner[346] mit der griechischen KZ-Insel Makronissos verglichen.

Von den Bergleuten in den Kohlegruben von Lota und Coronel wurden gleich zu Beginn des Putsches Hunderte erschossen und etwa fünfhundert auf die Insel Quiriquina verschleppt, wo schon am 11. September ein Konzentrationslager eingerichtet worden war.[347]

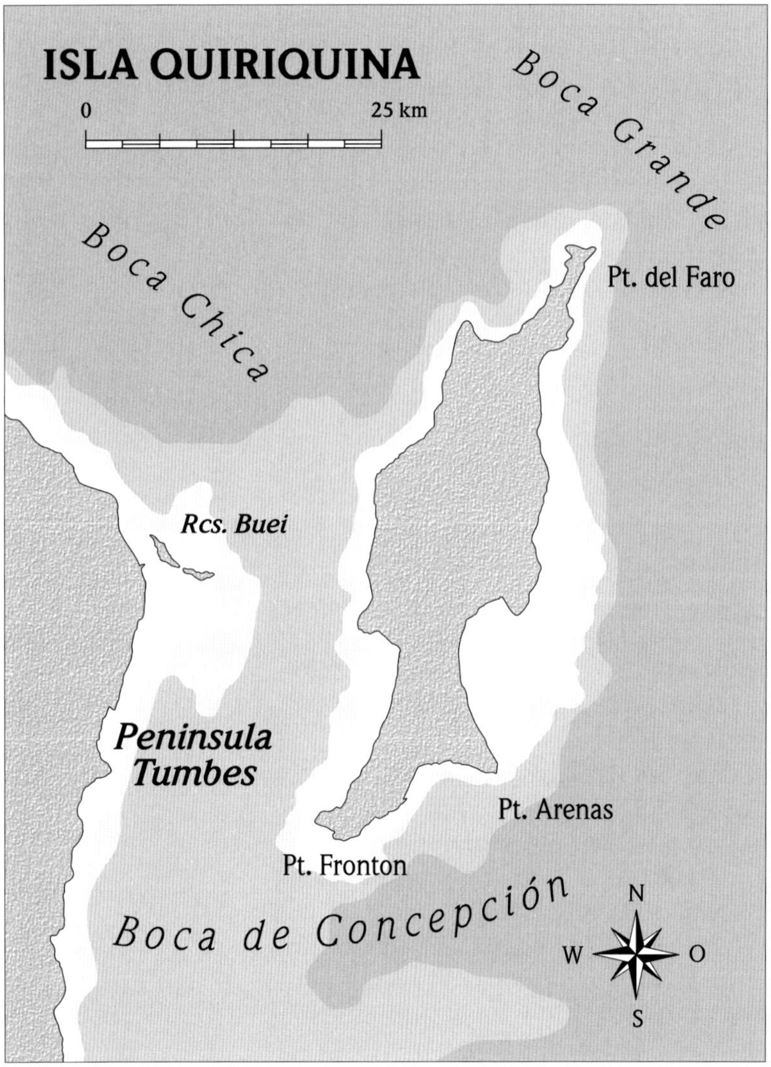

Der Westberliner Soziologe Klaus Meschkat, Professor an der Universität Concepción, berichtete:

»Auf der Insel wurden wir ausgeladen und in die Turnhalle der Kadettenschule gebracht. Dort waren schon rund zweihundert Gefangene, fast alles Leute, die sich kannten. Professoren, Studenten und Leute aus Betrieben, die ich zum Teil bei meinen wissenschaftlichen Untersuchungen kennen gelernt hatte. Einer meiner Studenten erzählte mir, er sei von Carabineros vier Stunden lang derart geschlagen worden, dass er überlegt habe, Selbstmord zu begehen.

Viele von den Leuten, die aus der Umgebung von Concepción stammten, hatten gebrochene Rippen. Wenn sie ihren Streckverband abnahmen, konnte man sehen, dass ihr ganzer Körper blau unterlaufen war. Sie seien mit Gewehrkolben, Stöcken und auch mit nassen Handtüchern geschlagen worden, sagten sie uns. Sie waren nicht in einem systematischen Verhör geschlagen worden, sondern bei der Aufnahmeprozedur.

Kurz nach dem Besuch einer Juristenkommission wurde die Lagerdisziplin plötzlich verschärft. Es wurde jetzt Stacheldraht gezogen. In der folgenden Woche wurden sehr viele Leute eingeliefert – nicht nur aus der Provinz von Concepción, sondern auch aus den Provinzen Bio-Bio und Nuble, darunter der frühere Landwirtschaftsminister Hidalgo. Aus der Stadt Los Angeles, der Hauptstadt der Provinz Bio-Bio, kamen Leute, die sich in einem sehr schlechten Zustand befanden. Sie mussten nach ihrer Verhaftung vierzig Stunden in Hockstellung verharren, die Hände im Genick verschränkt, ohne Essen. Zwischendurch wurden sie geschlagen.

Die Insel wurde während meines Aufenthalts nun wirklich in ein Konzentrationslager umgeformt.«[348]

Ein Chilene, der von der Junta auf Quiriquina verschleppt wurde, berichtete gegenüber Le Monde[349]:

»Die Wachhabenden zwangen uns, von morgens sechs bis abends einundzwanzig Uhr aufrecht zu stehen mit den Händen im Nacken. Wenn unsere schmerzenden Hände und Arme herunterfielen, zwang man uns durch Schläge mit dem Bajonett, sie wieder zu erheben. Um alle, die nicht mehr konnten, einzuschüchtern, legten die Soldaten fünfzehn der Gefangenen vor eine Mauer und schlugen mit den Gewehrkolben auf sie ein. Dann gab ein Offizier den Befehl, die Gewehre zu laden, und vor unseren Augen ermordeten sie fünfzehn unserer Kameraden.

Doch das war nur die Vorbereitung. Schlimmer waren die Verhöre, die von so unmenschlichen Foltern begleitet waren, wie man sich das kaum vorstellen kann, und kein Journalist, dem man sie erzählte, wäre in der Lage, sie wiederzugeben: elektrischer Strom an den Geschlechtsteilen, Schläge mit nassen Säcken, man stieß die Gefangenen in Eimer, die mit Exkrementen gefüllt waren, riss ihnen die Nägel aus, brannte ihnen die Haare ab. Denjenigen, die Widerstand gegen die Junta geleistet hatten, brach man Finger, Hände und Arme, schnitt ihnen die Ohren oder Geschlechtsteile ab, oder man stach ihnen die Augen aus. Wenn sie schon fast verblutet waren, stach man noch mit dem Bajonett auf sie ein, bis sie tot waren. Das alles taten sie vor unseren Augen, um uns einzuschüchtern. Ich schwöre: Das alles ist wahr. Ich habe es mit eigenen Augen gesehen, und die Wunden und Male an meinem Körper bezeugen es ebenfalls.«

U. a. inhaftiert auf der Insel: Dr. Rolando Merino, Direktor des Krankenhauses von Concepción; Dr. Nazih Pualman, Professor für Zahnmedizin an der Universität von Concepción[350]; Antonio Leal, Generalsekretär der Studentenvereinigung in Concepción.

1915 war auf Quiriquina die Besatzung des deutschen Kreuzers DRESDEN, der vor Más a Tierra (Juan Fernández, s. d.) von der eigenen Besatzung versenkt worden war, interniert worden. Unter den Internierten der Oberleutnant zur See Wilhelm Canaris. Ihm, der perfekt spanisch sprach, gelang unter dem Namen Reed Rosas die abenteuerliche Flucht nach Deutschland.[351]

Dawson
53°55'S, 70°45'W

Die unwirtliche Insel liegt am südlichen Ende des amerikanischen Kontinents, inmitten des Inselgewirrs von Feuerland.

Hernando de Magallan erreichte im Südherbst 1519 den fremden Kontinent. Sein König, Carlos V. von Spanien, hatte ihn mit einer Flotte von fünf Schiffen ausgeschickt, getrieben allein von der Überzeugung, dass für ein so großes Unternehmen wie die Christianisierung der Neuen Welt im Schöpfungsplan gewiss auch eine Wasserstraße zum Pazifik vorgesehen sei.

Magallan hatte unterwegs schon zwei seiner zweifelnden Kapitäne degradiert, ließ in der Bucht von San Julián, wo die aufsässige Besatzung überwintern wollte, die Rädelsführer enthaupten und ihre gevierteilten Körperteile aufspießen, setzte unterwegs noch einige Unbequeme aus, bis er schließlich die Einfahrt zur Passage zwischen Atlantik und Pazifik, das, wie er es nannte, Kap der elftausend Jungfrauen, heute Cabo Virgenes, erreichte.

Die nächsten Expeditionen endeten katastrophal. Lediglich zwei Überlebende der Expedition von 1539 erreichten nach siebzehnjährigem Landmarsch die chilenische Hafenstadt Concepción. Eine Flaschenpost der an Kap Hoorn vorbei in die Antarktis vertriebenen SAN LEMES meldete lakonisch als Standort: »Ende der Welt.«[352]

Während der Pinochet-Diktatur war Dawson Deportationsort für politische Gefangene, insbesondere für führende Staatsmänner und Politiker der Unidad Popular. Das Lager trug die Bezeichnung »Campaminiento 11 de Septiembre« (Lager des 11. September).

In den ersten Tagen nach dem Putsch wurden die politischen Gefangenen in Talcahuano, nördlich von Concepción gelegen, wo sich die Unteroffiziersschule der Marine, der wichtigste Militärhafen und die bedeutendste Werft Chiles befinden, zusammengelegt, bevor sie in die Hölle der Insel Dawson geschickt wurden.[353] Mitte September befanden sich auf der Insel etwa dreißig ehemalige Minister.

Unter den Häftlingen waren: Luis Corvalán, Senator und Vorsitzender der Kommunistischen Partei Chiles; Jose Toha, Innenminister, ehem. Verteidigungsminister (auf Dawson bestialisch gequält, bis er teilweise gelähmt und nur in einem Krankenstuhl transportfähig in ein Militärhospital von Santiago überführt und dort erwürgt wurde); Clodomiro Almeyda, ehem. Außenminister; Sergio Bitar, ehem. Bergbauminister; Jose Cade-

martori, ehem. Wirtschaftsminister; Edgardo Enriquez, ehem. Erziehungsminister; Fernando Flores, ehem. Wirtschaftsminister; Alfredo Joignant, ehem. Gouverneur der Provinz Santiago; Anrique Kirberg, Rektor der Technischen Staatsuniversität; Orlando Letelier, ehem. Verteidigungsminister; Carlos Matus, ehem. Wirtschaftsminister; Hugo Miranda, Senator; Carlos Morales, Abgeordneter; Tito Palestro, Bürgermeister; Anibal Palma, ehem. Minister; Pedro Felipe Ramirez, ehem. Minister für Bergbau; Camilo Salvo, Abgeordneter; Erich Schnake, Abgeordneter; Andres Sepulveda, Abgeordneter; Julio Silva Solar, Abgeordneter; Julio Stuarto, Gouverneur der Provinz Santiago; Anselmo Sule, Vorsitzender der Radikalen Partei; Jorge Tapia, ehem. Erziehungsminister; Jaime Toha, ehem. Landwirtschaftsminister; Luis Matte Valdes, ehem. Wohnungsbauminister; Daniel Vergara, stellv. Innenminister; Sergio Vuskovic, Bürgermeister von Valparaiso, den Folterungen auf der Insel erlegen; Dr. Arturo Jirón, ehem. Gesundheitsminister, Universitätsprofessor.

Am 30. November 1973 meldete ADN, dass sich im KZ auf Dawson zweihundertvierzig politische Häftlinge befanden.[354]

Ein venezolanischer Student, Julio Duran, berichtete über Folterungen auf Dawson. Er selbst war mit elektrischem Strom gefoltert und häufig geschlagen worden. Man hatte ihm Wasser in die Nase gepresst und zugleich glimmende Zigaretten in den zum Atmen geöffneten Mund geschoben. Er wurde aufgefordert, sich selbst zu töten. Am fünften Tag seines Aufenthaltes auf Dawson sei eine Gruppe von gefangenen Senatoren und Abgeordneten der Unidad Popular angekommen, unter ihnen habe er Jose Toha erkannt. Von der Ankunft dieser Gefangenen an seien die Wachen auf der Insel verdoppelt worden. Duran berichtete von Schmerzensschreien und Schlägen, die aus den Baracken zu hören waren, in denen die Minister und Abgeordneten untergebracht waren.[355]

In einer Erklärung der chilenischen Linken vom 12. Februar 1974, veröffentlicht in der italienischen Zeitung Unita[356], wurde die Weltöffentlichkeit um Hilfe gebeten:

»Insbesondere bitten wir dringend um große internationale Anstrengungen für die Forderung nach Freilassung von Luis Corvolán, Clodomiro Almeyda, Anselmo Sule, Pedro F. Ramirez, Bautista van Schowen, Vicente Sotta und anderen Häftlingen auf der Insel Dawson.

Die Insel Dawson wurde zu einem wahren Vernichtungslager. Ihre klimatischen Bedingungen, das Haftregime und die Zwangsarbeit sowie das Fehlen ärztlicher Hilfe, alles verschlimmert durch das Herannahen des antarktischen Winters, bedeuten, dass die Junta die hohen Führer des Volkes und die in diesem Konzentrationslager inhaftierten chilenischen Persönlichkeiten de facto zu einem langsamen, aber sicheren Tod verurteilt hat.«

Stewart, Isla Stewart
54°52'S, 71°12'W

Diese chilenische Sträflingsinsel im Archipel Tierra del Fuego liegt noch südlicher als Dawson, ist vor den Unbilden des Wetters noch weniger geschützt als jene.

Brasilien

Fernando de Noronha
3°51'S, 32°25'W

Die Inselgruppe gleichen Namens liegt im Atlantik, nordöstlich vor Cabo São Roque. Das am westlichsten gelegene Atoll das Rocas ist knapp zweihundertfünfzig Kilometer vom Festland ent-

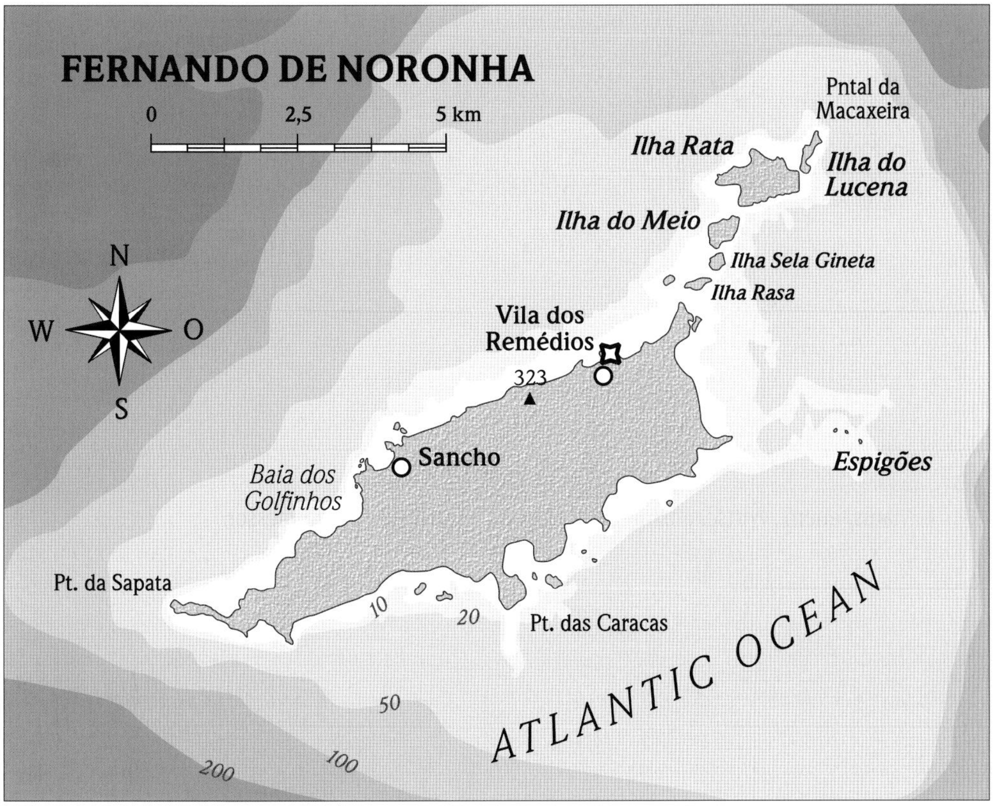

fernt, die 19 km^2 große Hauptinsel, Fernando de Noronha, etwa dreihundertsechzig Kilometer. Der Hauptort ist Vila dos Remédios. Insgesamt haben die einundzwanzig Inseln (mit Rocas, São Pedro, São Paulo) ein Territorium von 26 km^2, auf ihnen leben etwa 1.300 Einwohner.

Anfang des 16. Jahrhunderts waren diese Inseln das geographische Vorbild für den utopischen Inselstaat, den Thomas Morus in »Utopia« beschrieb.

Seit dem 18. Jahrhundert wurde Fernando de Noronha als Strafkolonie und Besserungsanstalt genutzt. Während des Zweiten Weltkrieges diente die Insel als Gefängnis.

Bis 1989, als der Archipel in den Bundesstaat Pernambuco eingegliedert wurde, war er ein militärischer Vorposten und Sperrgebiet. Danach wurde er für den Tourismus freigegeben. Das Interesse war so groß, dass der Inselgruppe der ökologische Kollaps drohte. Sie wurde zu einem »Parque Nacional Marinho« (Meeresnationalpark) erklärt.

Seit 1997 ist die Zahl der Besucher beschränkt. Mehr als vierhundertzwanzig Touristen dürfen sich nicht mehr gleichzeitig auf den zwanzig kleinen Inseln aufhalten. Außerdem wurden die Aufenthaltsgebühren nach Verweildauer gestaffelt.

São Marcelo

12°57'S, 38°25'W

Die Festung São Marcelo liegt wie eine riesenhafte Schildkröte mitten im Wasser der Baía de Todos os Santos. Die brasilianische Hafenstadt Salvador (Bahia) heißt mit vollständigem Namen: Cidade do Salvador da Baía de Todos os Santos, zu Deutsch: Stadt des Erlösers in der Bucht der Allerheiligen.

Wie in nahezu jeder einer Stadt vorgelagerten Festung wurden auch in São Marcelo zeitweilig Menschen gefangen gehalten.

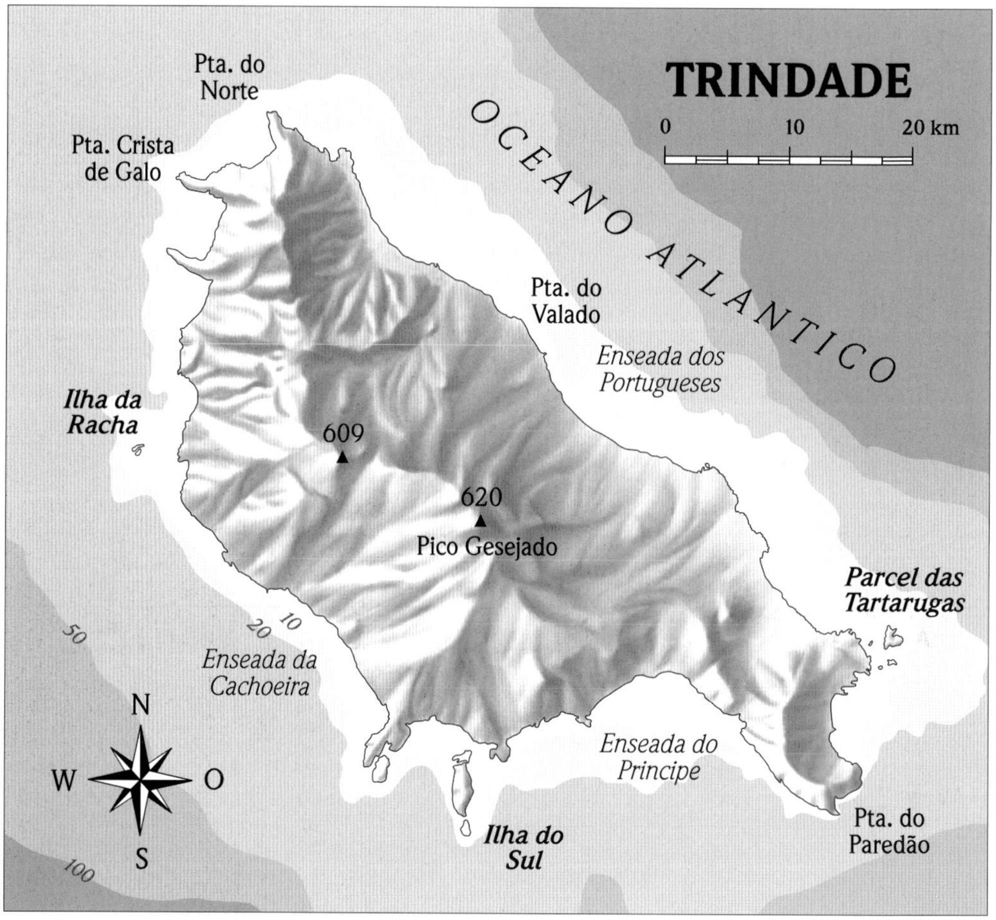

Trindade, Ilha da Trindade, Trinidad
20°31'S, 29°19'W

Die nur 13,5 km² große Insel liegt mitten im Atlantik, 1.140 Kilometer vor der brasilianischen Küste. 48 Kilometer weiter östlich liegen noch die Ilhas Martim Vaz.

Trindade ist die Spitze eines riesigen Vulkans, der vom 5.500 Meter tiefen Meeresgrund noch 600 Meter über den Meeresspiegel hinausragt.

1502 lief der portugiesische Navigator João Nova als erster Europäer die Insel an und nannte sie Assunção. Ein Jahr später nannte sie Estevão da Gama in Trindade um. Mit Brasilien zusammen wurde Trindade Teil der portugiesischen Überseebesitzungen.

1700 suchte der englische Astronom Edmund Halley Trindade auf und nahm die Insel für England in Besitz.

Im 18. Jahrhundert gab es einige erfolglose Versuche, die Insel zu besiedeln und zu befestigen.

1895 versuchten die Briten erneut, diese strategisch wichtige Insel für sich zu sichern. Dank geschickter brasilianischer Diplomatie und der Unterstützung Portugals fiel jedoch Trindade endgültig an Brasilien. Am 24. Januar 1897 wurde als Zeichen der Souveränität über die Insel eine Landmarke errichtet.

1924 wurden politische Häftlinge nach Trindade deportiert. In den 1950er-Jahren errichtete die brasilianische Marine eine Basis und ozeanografische Station auf der Insel.[357]

Ilha Grande
23°09'S, 44°14'W

Die wilde, tropische Insel liegt vor einer unwirtlichen Küste, zwischen Rio de Janeiro und São Paulo, kaum hundert Kilometer westlich von Rio.

Ein nahezu verlassenes Dorf, Reste eines gesprengten Gefängnisses, ein paar Polizisten, ein vergessener alter Sträfling – das ist Ilha Grande.

Das Gefängnis »Dois Rios« war jahrelang eine der berüchtigtsten Strafanstalten Brasiliens. Die Inselbewohner, Polizisten und ihre Familien, Freigänger und Häftlinge, lebten nahezu völlig isoliert, auf dem Festland schämte man sich der anrüchigen Insel.

Vor nicht allzu langer Zeit wurde der Gefängnisbetrieb eingestellt, die Gefangenen wurden verlegt und das Gefängnis gesprengt.

Anhatomirim, Ilha Anhatomirim
27°21'S, 48°25'W

Die winzige brasilianische Insel liegt an der Nordspitze der Insel Santa Catarina (Ilha de Santa Catarina) zwischen Porto Alegre und São Paulo.

Als die Portugiesen herrschten, hatte Santa Catarina als Handelsstützpunkt strategische Bedeutung. Die schmale Meerenge zwischen der Insel und dem Festland war der letzte sichere Hafen auf dem Weg ums Kap Hoorn und zu den Gewürzinseln Asiens. Deshalb wurden die nördliche und die südliche Einfahrt in die Meerenge durch Festungen gesichert, deren Geschütze jedes Schiff an der Passage hindern konnten.

Anhatomirim trug eine solche Festung. Heute rankt Buschwerk an den Festungsmauern und Bastionen in die Höhe, dichter Wald bedeckt die Abhänge. Ein steiler Weg führt vom Anleger durch ein schönes Tor aufwärts an Bollwerken vorbei zum Haus des Kommandanten. Gegenüber steht der einstige Pulverturm und davor die Unterkunft der Indianer und Sklaven. Kaum besser war die miserable Kaserne für die gewöhnlichen Soldaten.

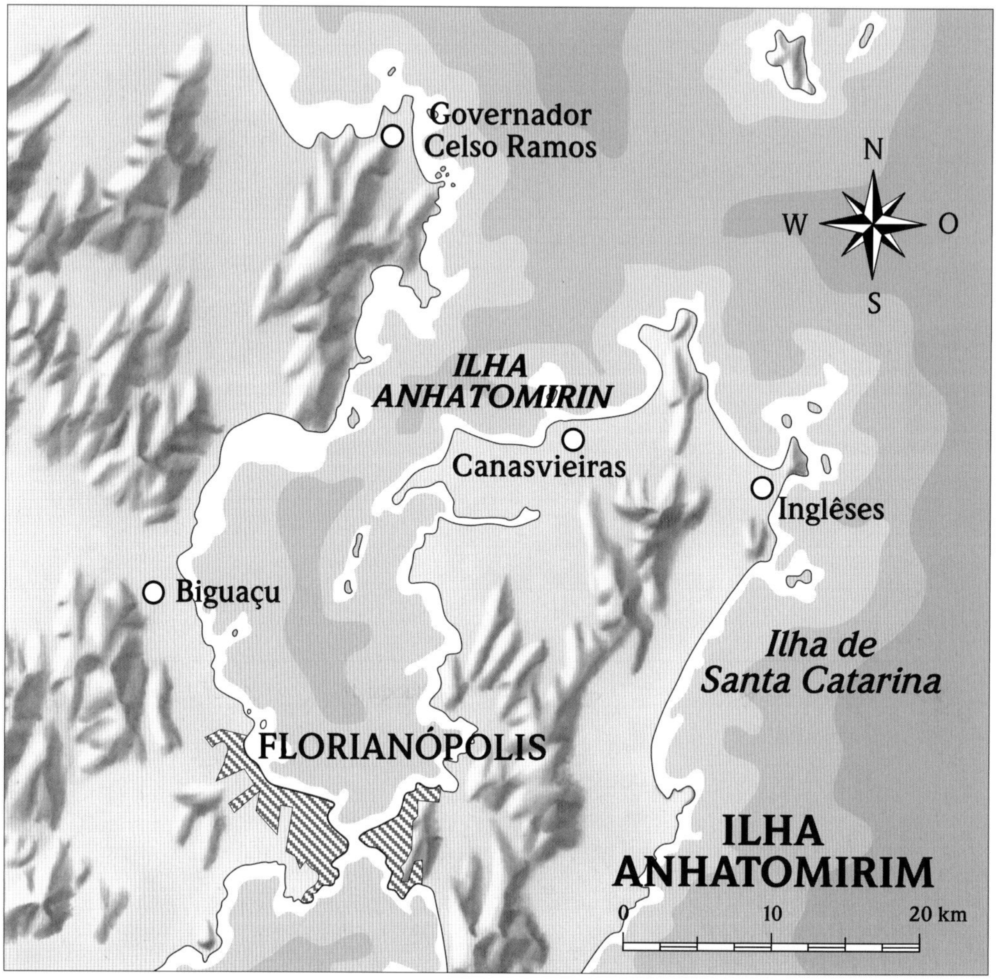

Rostige Geschützbatterien weisen noch immer hinaus auf die See.

1891 wurden auf Anhatomirim die letzten Royalisten eingesperrt und erschossen, als republikanische Militärs die Macht in Brasilien an sich rissen. Um 1932 dienten die alten Gemäuer noch einmal als Kerker, für die faschistischen Integralisten, nachdem ihr Aufstand gescheitert war.

Argentinien

Isla Grande de Tierra del Fuego, Feuerland
55°S, 68°W

Die Insel Feuerland (47.000 km^2) ist Hauptinsel und Namensgeberin des ganzen Archipels, die sich Chile und Argentinien teilen. Sie ist durch die Magallanstraße vom Festland getrennt.

Das argentinische Ushuaia (auch Usuguaya) am Beagle-Kanal ist mit 6.500 Einwohnern die südlichste Stadt der Erde und Hauptstadt des Territoriums Tierra del Fuego.

1890 wurden die ersten Sträflinge an das Südende des amerikanischen Kontinents verschickt und für lange Zeit war Ushuaia zunächst britische und später argentinische Sträflingskolonie.[358]

Das Klima des Feuerlandes ist nicht so rau, wie man aus der Nähe zur Antarktis annehmen könnte. Lästig ist der ewige Westwind, der sich oft zu Stürmen auswächst, denn Feuerland liegt in der Zone der »heulenden Fünfziger«. Die Temperatur ist hingegen erträglich. Man braucht sich nur zu vergegenwärtigen, dass Ushuaia etwa auf demselben südlichen Breitengrad liegt wie Hamburg auf dem nördlichen. Das vergleichsweise wärmere Klima verdankt Nordeuropa dem Golfstrom, während Südamerika vom kalten Südpolarstrom gekühlt wird. Die Unterschiede zwischen Sommer- und Wintertemperaturen sind verhältnismäßig gering. Im östlichen Teil Feuerlands betragen sie im Durchschnitt im Sommer 12° und im Winter 2° Celsius, im Westteil 9° bzw. 4°.

Übrigens suchte auch hier, wie auf dem Archipiélago Juan Fernández (s. d.), der deutsche Kreuzer DRESDEN im Ersten Weltkrieg Zuflucht, und zwar im Fjord Seno Almirantazgo, der allerdings zum chilenischen Teil Feuerlands gehört.

Isla de los Estados, Staaten-Insel
54°47'S, 64°15'W

Den Namen bekam die Insel im 17. Jahrhundert von ihren Entdeckern, die von den Generalstaaten der Niederlande kamen.

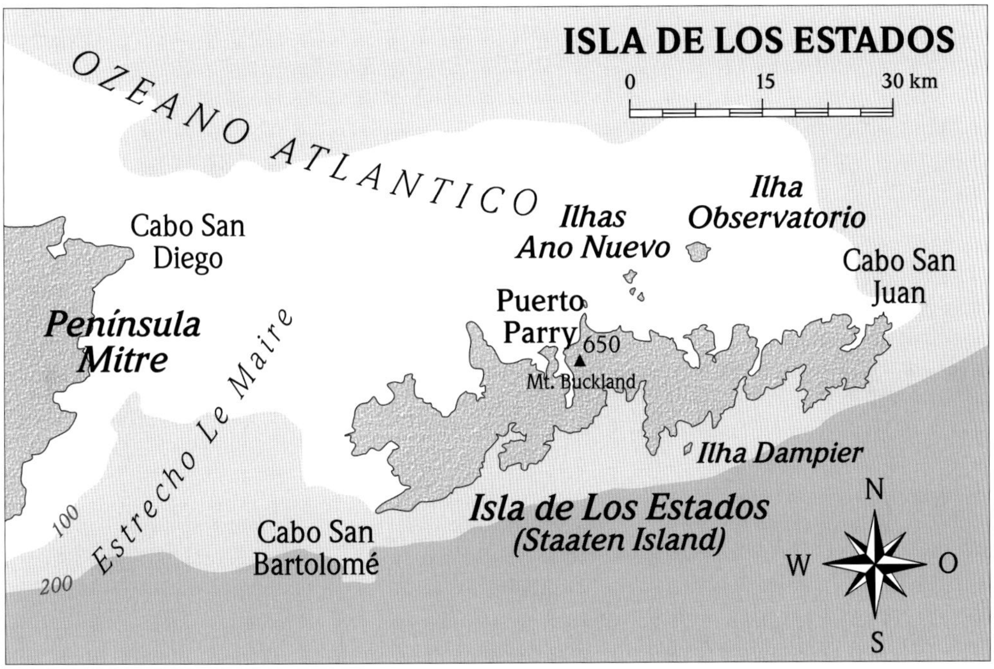

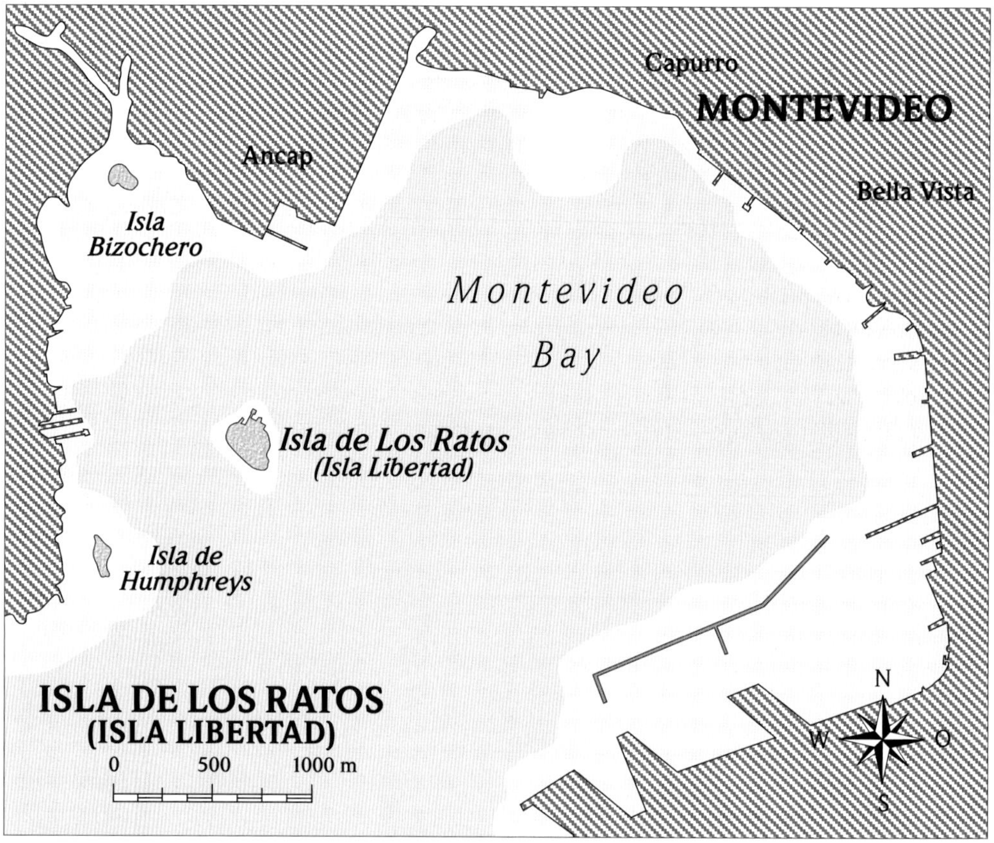

Die argentinische Insel ist Tierra del Fuego (Feuerland) östlich vorgelagert und durch den Estrecho de le Maire (Le-Maire-Straße) von ihm getrennt. Die Gewässer sind gefährlich für die Schifffahrt. Die Nordostecke der Insel gilt als der größte Schiffsfriedhof der Welt.

Die Berge sind graugrün bemoost und mit niedrigem Buschwerk bewachsen. Über ihnen kreisen majestätisch Kondore. Wale schwimmen bis ins Innere der tiefen Buchten.

Es gab Überlegungen, ihre Unberührtheit zu erhalten und sie zum Naturschutzgebiet zu erklären. Die Besiedlung war schon nach wenigen Versuchen aufgegeben worden. Schuld ist vor allem das Wetter: es ist stets nass, kalt und stürmisch.

1883 war auf der Insel, am Puerto Parry, ein Holzhaus für Schiffbrüchige gebaut worden. Die deponierten Lebensmittel sollten ausreichen, um zwölf Personen ein Jahr lang zu verpflegen. Diese Vorräte soll El Ruso genutzt haben. Eine Legende rankt sich um El Ruso, den fahnenflüchtigen russischen Matrosen Iwan Iwanowski, den es um die vorige Jahrhundertwende auf die einsame Insel verschlagen hatte. Sein Grab soll sich am Puerto Parry befinden. Unter den Wachsoldaten gibt es immer wieder einen, der daran glaubt, dass nachts El Ruso mit schweren Schritten umgeht.

Im Jahr 1885 hatte man auf der Insel für einige Zeit ein Gefängnis eingerichtet. Der Ort galt als ausbruchsicher, denn ohne Schiff war es aussichtslos, die Insel zu verlassen. Die nur fünfzehn Seemeilen breite Le-Maire-Straße ist eines der stürmischsten Gewässer der Weltmeere, mit größerer Sturmhäufigkeit als Kap Hoorn und Tidenströmen bis zu zehn Knoten. Aber die Versorgung der Häftlinge war ein unlösbares Problem. Nichts erinnert heute mehr an diese Episode.

Das einzige feste Bauwerk ist der Leuchtturm von San Juan, erbaut 1884. Jules Verne hat ihn als den »Leuchtturm am Ende der Welt« bezeichnet.

Die Insel ist militärisches Sperrgebiet. Der Stützpunkt liegt am Puerto Parry, einem tiefen Einschnitt in die Insel. Er besteht aus wenigen Hütten und einem Fahnenmast. Die Anwesenheit der Hand voll Soldaten auf der Insel hat wohl weniger militärischen als vielmehr symbolischen Charakter. Unter Argentiniern ist die Ansicht verbreitet, dass die Chilenen nichts anderes im Sinn hätten, als sich irgendeine unbewohnte Insel unter den Nagel zu reißen, oder dass die Briten auf die Idee kämen zu erklären, dass diese Insel schon immer britisch gewesen sei. 1981/82 hätten Argentinier und Chilenen in dieser unwirtlichen, gottverlassenen Gegend wegen ein paar Felsklippen und Inseln im Beagle-Kanal beinahe einen bewaffneten Konflikt riskiert. Aber man muss wissen, dass vom Besitz solcher an sich bedeutungslosen Inselchen der Anspruch auf Anteile an der Antarktis abhängt. Und da geht es um Bodenschätze. Also wurde der Papst als Schiedsrichter angerufen.

Schließlich noch ein kleiner Abstecher von rund 2.300 Kilometern nach Norden. In der Bucht von Montevideo, Uruguay, liegt

Isla de los Ratos, Isla Libertad
34°53,3'S, 56°14'W

ein Zuchthaus für jugendliche Verbrecher. Der Name der Insel ist mit »Insel der Mäuse« (portugiesisch) oder »Insel der Ratten« (brasilianisch) zu übersetzen.

Anhang

»Insel« in verschiedenen Sprachen

ada (türk.) aral (mong.) -banare (jap.) cay (engl.) cayo (span.) char (bengal.) con (vietnam.) Inseln cu lao (vietnam.) dao auch: tao (chin., vietnam.) diu, diva (ind.) djesire, dschesire, djeziret (arab.) do (jap., korean.) dschazira, dschasira, jazirah (arab., Urdu) dweep (engl.-Hindi) eiland (niederl.) ennis (gäl., kelt.) ey (isl.) gili (indones.) -grund (schwed.) -holm (dän., schwed.) hsü (chin.) île, isle (franz.) îlet(s) (franz.) kleine Insel(n) ilha (port.) ilhéu(s) (port.) kleine Insel(n) illa (catalan.) illes (catalan.) Inseln îlot (franz.) inis (ir.) inish, inch (gäl., kelt.) insula (lat., rum.) isla, islota (span.)	island, isle (engl.) islet (engl.) kleine Insel isola (ita.) isolotto (ita.) kleine Insel -iwa (jap.) jazīrah, jazīrat, dschazīra (arab., Urdu) jazīreh (arab., pers.) jiao (chin.) -jima (jap.) juzur (arab.) Inseln kaõh (kambod.) kepulauan (indones.) Inseln ko (thail.) kyun (burmes.) liedao (chin.) Inseln -luoto (finn.) -maa (est.) motu (polyn.) Insel, Fels mouchão (port.) nes (griech.) nísoi (griech.) Inseln nísos (griech.) nusa (indones. alt) -ø (dän., norw.) -ö (schwed.) -öarna (schwed.) Inseln Oie (dt.) oileán (ir.) -ön (schwed.) oog (niederl.) ostriv (ukr.) ostrow, ostrov (bulg., russ., serb., böhm.)	ostrovul (rumän.) ostrvo (serbokroat.) otoci (serbokroat.) Inseln otok (serbokroat.) oy (färing.) -øy, øya (norw.) pol (niederl.) pulau (indones.) pulo (mal.) qundao (chin.) Inseln -retto (jap.) Inseln saar (finn., estn.) sala (lit.) sari (estn.) scoglio (ita.) sha (chin.) shan (chin.) Berg(e), Insel -shima, jima (jap.) -shotō (jap.) Inseln skär (schwed.) sziget (ungar.) tao, tau, auch: dao (chin.) to (korean.) to (jap.) tokong (malai.) wyspa, wysepka (poln.) xu (chin.) yen (chin.) Fels, Insel yu (chin.) zima (jap.)

»Häftling, Sträfling, Inhaftierter, Gefangener« in verschiedenen Sprachen

aihmalotos (griech.)	Gefangener
arestant, katorschnik (russ.)	Sträfling
arrestato (ita.)	Häftling
captive (engl.)	Gefangener
condamné (franz.)	Sträfling
convict (engl.)	Zuchthäusler, Sträfling
degredado (port.)	Sträfling
delinqüente (port.)	Sträfling
detenido, preso (span.)	Häftling
detenuto (ita.)	Gefangener
détenu (franz.)	Häftling
detido (port.)	Gefangener
encarcerado (port.)	Gefangener
filakismenos (griech.)	Sträfling
forçado (port.)	Sträfling
forçat (franz.)	Zuchthäusler
kratoumenos (griech.)	Häftling
malfeitor (port.)	Sträfling
penado, preso, recluso (span.)	Sträfling
penitenciário (port.)	Sträfling
preso (port.)	Gefangener
preso d'uma casa de correcção (port.)	Sträfling
prigioniero (ita.)	Gefangener
prisionero, detenido (span.)	Gefangener
prisioneiro (port.)	Gefangener
prisoner (engl.)	Häftling
prisonnier, captif, détenu (franz.)	Gefangener, Häftling
recluso (ita.)	Zuchthäusler
sek (russ. Slang)	Häftling
tjuremnik, plennik (russ.)	Gefangener

»*Gefängnis, Zuchthaus, Haftanstalt, Strafvollzugsanstalt, Justizvollzugsanstalt*« *in verschiedenen Sprachen*

aljube (port.)	Gefängnis
bridewell (engl.)	Zuchthaus, Arbeitshaus
cadea (port.)	Zuchthaus
cadeira (port.)	Gefängnis
campo penitenziario (ita.)	Straflager
cantiverio (span.)	Gefangenschaft
cantividad (span.)	Gefangenschaft
cárcel (span.)	Gefängnis
carcere (ita.)	Gefängnis
carcere (port.)	Gefängnis
casa de correcção (port.)	Zuchthaus
casa de detenção (port.)	Zuchthaus
clink (engl.)	Knast
colonia penale (ita.)	Strafkolonie
colonia penitenzaria (ita.)	Strafkolonie
correccional (span.)	Besserungsanstalt, Zuchthaus
debtor (engl.)	Gefängnis
desma (griech.)	Zuchthaus
desmotirio (griech.)	Haftanstalt
detencione (ita.)	Gefängnis
ergastulum (lat.)	Arbeitshaus für Sklaven und Schuldner
filaki (griech.)	Gefängnis
fresko (griech.)	Knast
gaol (engl.)	Gefängnis, Kerker
house of correction (engl.)	Zuchthaus
istituto di pena (ita.)	Gefängnis
jail (engl.)	Gefängnis
maison centrale (franz.)	Zuchthaus
maison d'arrêt (franz.)	Gefängnis
maison de détention (franz.)	Gefängnis
penitenciária (port.)	Zuchthaus
penitentiary (engl.)	Zuchthaus
penjara (indones.)	Gefängnis
presidio (span.)	Zuchthaus
prigione (ita.)	Gefängnis
prisão (port.)	Gefängnis
prisión (span.)	Gefängnis
prison (engl.)	Gefängnis
prison (franz.)	Gefängnis, Zuchthaus
reclusorio (ita.)	Zuchthaus
trial (engl.)	Gefängnis

Sträflingsinseln im Film

Titel	Land Jahr	Regie	Darsteller	Handlung
The Prisoner of Shark Island Der Gefangene der Haifischinsel	USA 1936	John Ford	Werner Baxter, Gloria Stuart, Claude Gillingwater, Frank McGlynn sen., Douglas Wood	Drehbuch von Nunnally Johnson Wegen angeblicher Beteiligung an der Ermordung Abraham Lincolns am 14. April 1865 wird der Landarzt Dr. Mudd, der einen der Täter unwissentlich versorgt hat, unschuldig verurteilt und auf die Haifischinsel verbannt. Durch seinen selbstlosen Einsatz bei einer Epidemie erwirbt er sich die Achtung von Wächtern und Gefangenen. Erst Jahre später wird er rehabilitiert.
Devil's Island Teufelsinsel	USA 1940	William Clemens	Boris Karloff, James Stephenson, Nedda Harrigan, Adia Kuznetzoff, Will Stanton	Weil er einen entflohenen Verbrecher behandelt hat, wird ein französischer Chirurg auf eine Sträflingsinsel von Französisch-Guyana verbannt. Der Arzt bewahrt sich auch unter den entwürdigenden Bedingungen seine Selbstachtung und erwirbt sich schließlich sogar die Zuneigung der Frau des Lagerleiters. Der Film gilt als realistische Schilderung der Zustände in der französischen Strafkolonie. Seine Uraufführung führte zu Protesten der französischen Diplomatie.
Botany Bay Schiff der Verurteilten	USA 1953	John Farrow	Alan Ladd, James Mason, Patricia Medina, Cedric Hardwicke, Murray Matheson	Nach einem Roman von Charles Norman und James Hall. Der Film handelt von einem der ersten Sträflingstransporte von England nach Botany Bay, einem sadistischen Kapitän, guten, schlechten Sträflingen und einem unschuldigen Sträfling, einem gerechten Gouverneur sowie einer zarten Liebe.
Cell 2455 Death Row Todeszelle 2455	USA 1955	Fred F. Sears	William and Robert Campbell, Marian Karr, Kathrin Grant, Harvey Stephens	Nach der im Zuchthaus verfassten Selbstbiografie von Caryl Chessman, die in den USA ein Bestseller wurde. Siehe auch: Der Mann in der Todeszelle.

Titel	Land Jahr	Regie	Darsteller	Handlung
L'Île aux Filles Perdues Le Prigoniere dell Isola del Diavolo Frauen für die Teufelsinsel	Ita/Fr 1961	Domenico Paolella	Guy Madison, Michèle Mercier, Federica Ranchi, Paul Muller, Marisa Belli	Piratenfilm über die Zeit kurz vor der franz. Revolution. Ein Seeräuber mit Sinn für Gerechtigkeit befreit weibl. politische aristokratische Häftlinge von der Teufelsinsel.
Birdman of Alcatraz Der Gefangene von Alcatraz	USA 1961	John Frankenheimer	Burt Lancaster, Karl Malden, Thelma Ritter, Edmond O'Brien, Betty Field	Ein Doppelmörder wandelt sich in 53-jähriger Haft charakterlich und wird zu einer Kapazität auf dem Gebiet der Ornithologie.
Point Blank	USA 1967	John Boorman	Lee Marvin, Keenan Wynn, Angie Dickinson, John Vernon, Sharon Acker, Lloyd Bochner, Carroll O'Connor	Ein Gangster, der zwei Jahre lang auf Alcatraz inhaftiert war, rächt sich an seinem ehemaligen Partner, der ihn im Stich gelassen hatte, und dessen Ehefrau.
Papillon	USA 1973	Franklin J. Schaffner	Steve McQueen, Dustin Hoffman, Victor Jory, Don Gordon, Anthony Zerbe	Deportation, Aufenthalt und Flucht des Häftlings Papillon zur, auf und von der Teufelsinsel in Französisch-Guyana nach dem Roman von Charrière, der auf den Aufzeichnungen von Papillon beruht. Die Aufnahmen entstanden in Spanien und auf Jamaika.
I Escaped from the Devil's Island Meuterei auf der Teufelsinsel	USA 1973	William Witney	Jim Brown, Christopher George, Rick Ely, Richard Rust	Ein Schwarzer und drei Weiße fliehen 1918 von einer Strafinsel in Französisch-Guyana. Nur der politische Häftling erreicht mithilfe des Schwarzen das rettende Schiff.
Frauengefängnis	Schweiz 1975	Jess Franco	Lina Romy, Monika Swinn, Martine Stedil, Erich Falk, Paul Müller	Die Leiterin des Gefängnisses auf einer einsamen Insel lässt die Gefangenen foltern und sexuell quälen, bis die meisten in Apathie verfallen. Selbst der Gouverneur stellt die Befriedigung seiner sexuellen Bedürfnisse über die Gerechtigkeit.
Kill me if you can Der Mann in der Todeszelle	USA 1977	Buzz Kulik	Alan Alda, Talia Shire, John Hillerman, Barnard Hughes, Virginia Kiser	Der Film beruht auf Tatsachen. Caryl Chessman wurde als 27-Jähriger 1948 zum Tode verurteilt. Er verteidigte sich selbst und beteuerte immer wieder seine Unschuld. Während der Haft und mit Unterstützung einer Rechtsanwältin erwarb er sich umfangreiche juristische Kenntnisse, so dass es ihm gelang, achtmal einen Aufschub der Urteilsvollstreckung zu erreichen. Am 2. Mai 1960 wurde das Urteil in der Gaskammer des Zuchthauses San Quentin vollstreckt.
Escape from Alcatraz Die Flucht von Alcatraz	USA 1979	Don Siegel	Clint Eastwood, Patrick McGoohan, Roberts Blossom, Jack Thibeau, Fred Ward	Nach einer wahren Begebenheit und dem Roman von J. Campbell Bruce.

Titel	Land Jahr	Regie	Darsteller	Handlung
The Whole Shocking Story Alcatraz	USA 1980	Paul Krasny	Michael Beck, Art Carney, Telly Savalas, Alex Carras, Ronny Cox	Ein Indianer beteiligt sich zunächst an einem Ausbruchsversuch, geht jedoch angesichts sinnloser Gewaltanwendung seitens der Häftlinge in seine Zelle zurück.
Escape from New York Die Klapperschlange	USA 1981	John Carpenter	Kurt Russell, Lee van Cleef	Science-Fiction. 1997 – die Zukunft: Manhattan ist ein einziges gigantisches Hochsicherheitsgefängnis. Zwanzig Meter hohe Mauern umgeben die Insel. Um das Gefängnis liegt ein Todesstreifen mit Minen und Polizeihundertschaften, die auf alles schießen, was sich außerhalb der Stadt bewegt. Innerhalb der Gefängnismauern gibt es keine Wächter. Drei Millionen Kriminelle leben in einer Welt, die sie sich selbst geschaffen haben. Die Regeln sind einfach: Wer einmal drin ist, kommt nie wieder heraus – nicht einmal als Toter.
Turkey Shoot Insel der Verdammten	Australien 1981	Brian Trenchard-Smith	Steve Railsbeck, Olivia Hussey, Noel Ferrier, Michael Craig	Die barbarischen Zustände in einem Umerziehungslager eines Zukunftsstaates führen schließlich zu einer siegreichen Revolte.
For the Terms of His Natural Life Verbannt in die Hölle	Australien 1982	Rob Stewart	Colin Friels, Rod Mullinar	Nach dem Roman »Lebenslänglich« von Marcus Clarke. Der 17-jährige Engländer Richard Devine wird, obwohl unschuldig, zu lebenslanger Deportation nach Tasmanien verurteilt. Ihm gelingt es, trotz des brutalen Regimes der Aufseher und der Feindschaften unter den Gefangenen, solche Eigenschaften wie aufrechte Haltung, Stolz, Gerechtigkeit, Menschlichkeit zu bewahren.
Six Against the Rock Am Rande der Hölle	USA 1987	Paul Wendkos	David Carradine, David Morse, Richard Dysart, Charles Haid, Howard Hesseman, Jan-Michael Vincent	Drama um die Meuterei in Alcatraz vom Mai 1946. Sechs Gefängnisinsassen brachten die Festung in ihre Gewalt und zogen mit dieser Aktion die Aufmerksamkeit des ganzen Landes auf sich. Der Film wurde in dem inzwischen stillgelegten Zuchthaus gedreht.
Escape from Absolom Flucht aus Absolom	USA 1994	Martin Campbell	Ray Liotta, Lance Henriksen, Stuart Wilson	Im Jahr 2022, die Gefängnisse werden weltweit von privaten Unternehmen als einträgliches Geschäft betrieben, wird der aufsässige Häftling John Robbins vom Hochsicherheitsgefängnis Liviticus auf die abgelegene tropische Gefängnisinsel Absolom überführt. Hier gerät er zwischen die Fronten zweier verfeindeter Strafgefangenen-Banden. Er plant seine Flucht. Der Film entstand nach dem Buch »The Penal Colony« von Richard Herley.

Titel	Land Jahr	Regie	Darsteller	Handlung
Murder in the First Lebenslang Alcatraz	USA 1995	Mark Rocco	Kevin Bacon, Gary Oldman, Christian Slater	Das reale Ereignis, auf dem der Film beruht: 1941 wurde ein Häftling nach einem Fluchtversuch zu dreijähriger (!) Isolierhaft verdammt. Die Qualen der Dunkelzelle machen aus dem relativ harmlosen Dieb einen abgebrühten, seiner Sinne nicht mehr mächtigen Mörder an einem Mithäftling. Ein junger, couragierter Anwalt deckt den Fall auf und bringt den sadistischen Gefängnisdirektor vor Gericht.
The Rock	USA 1996	Michael Bay	Sean Connery, Nicolas Cage, Ed Harris	Auf der stillgelegten Gefängnisinsel Alcatraz hat sich ein psychopathischer Ex-General mit einer Söldnertruppe verschanzt und 81 Touristen als Geiseln in seiner Gewalt. Er droht, San Francisco mit Giftgasgranaten zu beschießen. Der einzige Mann, dem dreißig Jahre zuvor die Flucht vom Felsen gelang, und der einzige, der die C-Waffen entschärfen könnte, übernehmen die Aufgabe, die Geiseln und San Francisco zu retten.
Escape from L. A. Flucht aus L. A.	USA 1996	John Carpenter	Kurt Russell, A. J. Langer, Peter Fonda	Science-Fiction, Fortsetzung von »Die Klapperschlange«. 2013 – L. A. schwimmt nach einem Erdbeben als Insel vor der kalifornischen Küste und wird von der US-Regierung als Hochsicherheitsgetto für Verbrecher und Aufwiegler genutzt.
Half Past Dead Halb Tot	USA 2002	Michael Paul	Steven Seagal, Morris Chestnut, Ja Rule, Nia Peeples, Hannes Jaenicke	In das wieder eröffnete Hochsicherheitsgefängnis Alcatraz dringt eine Bande ein, um von einem zum Tode verurteilten Dieb das Versteck seiner 200-Millionen-Dollar-Beute zu erfahren. Zwei Undercover-Agenten nehmen den Kampf auf.

Filme über die Dreyfus-Affäre

Titel	Land Jahr	Regie	Darsteller	Handlung
Dreyfus	Deu 1930	Richard Oswald	Fritz Kortner, Oscar Homolka, Grete Mosheim, Heinrich George	Der Film nach dem Buch von Bruno Weil zeigt die akribisch zusammengestellte Leidensgeschichte des jüdischen Hauptmanns. Er wurde mit der Schauspielerelite der Weimarer Zeit als Appell für Menschlichkeit und Gerechtigkeit gedreht.
The Dreyfus Case	UK 1931	Milton Rosmer, F. W. Kraemer	Cedric Hardwicke, Beatrix Thomson, Charles Carson, George Merritt	Der Originaltitel lautete: »Dreyfus«. Als dieser Film gedreht wurde, hielten viele Menschen Dreyfus noch für schuldig. Er war in Frankreich nicht sehr verbreitet.
The Life of Emile Zola Das Leben des Emile Zola	USA 1937	William Dieterle	Joseph Schildkraut, Paul Muni, Gloria Holden, Robert Warwick	Dieser mit Auszeichnungen überhäufte Film widmet große Teile dem Kampf des berühmten Schriftstellers für Gerechtigkeit und seiner Rolle in der Affäre um Hauptmann Dreyfus.
Dreyfus L'Intolerable Verité	Fra 1974	Jean A. Cherasse		Dokumentarfilm
Prisoners of Honor Der Gefangene der Teufelsinsel	UK 1992	Ken Russel	Kenneth Colley, Richard Dreyfuss, Oliver Reed, Peter Firth	

Seit der ersten Verfilmung des Romans »Der Graf von Monte Christo« von Alexandre Dumas im Jahr 1908 ist der Stoff mehr als fünfzig Mal verfilmt worden; hier eine kleine Auswahl:

Titel	Land Jahr	Regie	Darsteller	Handlung
The Count of Monte Cristo Der Graf von Monte Christo	USA 1908	Francis W. Boggs		
The Count of Monte Cristo Das Rätsel von Monte Christo	USA 1934	Rowland V. Lee	Robert Donat, Elissa Landi, Louis Calhern, Sidney Blackmer, Raymond Walburn	
Le Comte de Monte Cristo Der Graf von Monte Christo	Fr 1942	Robert Vernay	Pierre Richard Willm, Michèle Alfa, E. Zacconi, Marcel Herrand	zweiteiliger Film; folgt dem Roman ziemlich getreu
The Return of Monte Cristo Flucht von der Teufelsinsel	USA 1946	Henry Levin	Louis Hayward, Una O'Connor, Ray Collins, Barbara Britton, George Marcready	Ein Neffe von Dantès wird von Bösewichtern, die es auf sein Erbe abgesehen haben, auf der Teufelsinsel gefangen gehalten.
Le Comte de Monte Cristo Der Graf von Monte Christo	Fr/Ita 1953	Robert Vernay	Jean Marais, Lia Amanda, Roger Pigaut, Noël Roquevert, Jaques Castelot	zweiteiliger Film; wie 1942, diesmal in Farbe
The Secret of Monte Cristo Auch: Treasure of Monte Cristo Das Geheimnis von Monte Christo	USA/GB 1960	Robert Baker, Monty Berman	Rory Calhoun, Patricia Bredin, John Gregson, Peter Arne	romantisches Abenteuer in Italien um 1815
Le Comte de Monte Cristo Der Graf von Monte Christo	Fr/Ita 1961	Claude Autant	Lara Louis Jourdan, Yvonne Furneaux, Pierre Mondy, Bernard Dheran, René Modiano	15. Filmfassung; ein Abenteuerfilm mit dem Helden als eine Art Michael Kohlhaas
The Count of Monte Cristo Der Graf von Monte Christo	GB 1974	David Greene	Richard Chamberlain, Tony Curtis, Trevor Howard, Louis Jourdan, Donald Pleasence	folgt dem Roman
Le Comte de Monte Cristo Der Graf von Monte Christo	D/Ita/Fr 1998	Josée Dayan	Gérard Depardieu, Ornella Muti, Guillaume Depardieu[359], Naike Rivelli[360], Julie Depardieu[361]	vierteiliger Fernsehfilm
The Count of Monte Cristo Montecristo	GB/USA 2001	Kevin Reynolds	James Caviezel, Guy Pearce, Richard Harris, James Frain, Dagmara Dominczyk, Luis Guzman	gedreht wurde in Irland und auf Malta

Absonderung unliebsamer Gegner und Konkurrenten, auch nach Dumas:

Titel	Land Jahr	Regie	Darsteller	Handlung
Le Masque de Fer Die eiserne Maske	Fr 1962	Henri Decoin	Jean Marais, Jean-François Poron, Claudine Auger, Jean Lara, Enrico Maria Salerno, Giselle Pascal, Germaine Montero, Sylva Koscina	Der Zwillingsbruder des französischen Königs Louis XIV. wird, um keine Ansprüche auf den Thron geltend machen zu können, auf einer Insel gefangen gehalten. Der Musketier D'Artagnan soll ihn nach Paris bringen.
The Man in the Iron Mask Der Mann mit der eisernen Maske	GB 1976	Mike Newell	Richard Chamberlain, Louis Jordan, Ralph Richardson, Patrick McGoohan, Jenny Agutter	R. Chamberlain in der Doppelrolle als Sonnenkönig und sein Zwillingsbruder
Das Geheimnis der eisernen Maske	Öst 1977	Ken Annakin	Beau Bridges, Ursula Andress, Olivia De Havilland, Rex Harrison	

Das Robinson-Motiv

Titel	Land Jahr	Regie	Darsteller	Handlung
The Swiss Family Robinson Die Insel der Verlorenen	USA 1940	Edward Ludwig	Thomas Mitchell, Edna Best, Freddy Bartholomew, Tim Holt, Terry Kilburn	Nach dem Abenteuerroman von Johann David Whyss »Die Schweizer Familie Robinson« (1813). Die schiffbrüchige Familie eines Schweizer Uhrmachers rettet sich auf eine weltabgeschiedene Insel, wo sie fern der Zivilisation ein friedliches und glückliches Leben führt.
The Outcast of the Islands Der Verdammte der Inseln	GB 1951	Carol Reed	Ralph Richardson, Trevor Howard, Robert Morley, Wendy Hiller, Kerima	Nach einem frühen Roman von Joseph Conrad. Ein in Singapur wegen Betrügereien gescheiterter Engländer hintergeht aus Liebe zu einer schönen Häuptlingstochter seinen Gönner, einen Kapitän und Handelsherrn, indem er eine bisher nur diesem bekannte Wasserstraße verrät. Er wird mit seiner Geliebten auf ein trostloses Eiland in der indonesischen Inselwelt verbannt.
Adventures of Robinson Crusoe	USA/ Mex 1952/54	Luis Buñuel	Dan O'Herlihy, James Fernández, Felipe de Alba, José Chavez, Emilio Garibay	unpathetische Verfilmung des Romans von Daniel Defoe
Mysterious Island Die geheimnisvolle Insel	GB 1960	Cyril Endfield	Gary Merrill, Michael Craig, Joan Greenwood, Herbert Lom, Michael Callan	Nach einem Roman von Jules Verne. Flüchtlinge aus dem Unionskrieg retten sich aus einem gestrandeten Ballon auf eine unbewohnte Insel, wo sie gefährliche Robinsonaden erleben.
Leben und Abenteuer des Robinson Crusoe	SU 1972	Stanislaw Goworuchin	Leonid Kurawljow, Trakli Chisanischwili	Verfilmung des Romans von Daniel Defoe
Crusoe Robinson Crusoe – Reise ins Abenteuer	GB/ USA 1989	Caleb Deschanel	Aidan Quinn, Ade Sapara	Der Sklavenhändler Crusoe strandet auf einer einsamen Insel. Er trifft einen schwarzen Krieger, den er wie einen Untermenschen behandelt. Allmählich baut er Vorurteile ab.

Titel	Land, Jahr	Regie	Darsteller	Handlung
Daniel Defoe's Robinson Crusoe Robinson Crusoe	USA 1996	George Miller	Pierce Brosnan, William Takaku, Ian Hart, Polly Walker	Actionreiches Abenteuer um den einzigen Überlebenden einer Schiffskatastrophe. Aus Standesdünkel kann sich der Schotte Crusoe nicht dazu überwinden, mit dem Eingeborenen Freundschaft zu schließen. Gedreht auf Papua-Neuguinea.
Cast Away Verschollen	USA 2000	Robert Zemeckis	Tom Hanks, Helen Hunt, Nick Stearcy, Lari White	Chuck (Tom Hanks), nach einem Flugzeugabsturz als einziger Überlebender auf einer einsamen Insel gestrandet, kämpft gegen die Elemente und gegen die Verzweiflung. Nach vier Jahren wird er gefunden. Als Drehort diente die zu den Mamanucas gehörende Fidschi-Insel Monoriki.
Stranded Schiffbrüchig	USA 2002	Charles Beeson	Liam Cunningham, Brana Brajic, Roger Allam, Jesse Spencer	Zweiteiliger TV-Film nach dem oft verfilmten Roman von J. D. Whyss (s. o.). Pfarrer David Robinson wird als Verräter zu 15 Jahren Strafkolonie in Australien verurteilt. Seine Familie begleitet ihn und überlebt einen Schiffbruch.
The Blue Lagoon Die blaue Lagune	GB 1949 USA 1980	Frank Lounder Randal Kleiser	Jean Simmons, Donald Houston Brooke Shields, Christopher Atkins	Zwei Beispiele für zahlreiche Filme dieses Strickmusters: ein Mädchen und ein Junge werden nach einer Schiffskatastrophe auf eine menschenleere Insel verschlagen – erste Liebe, sexuelles Erwachen. Nach dem gleichnamigen Roman von Henry D. Stackpoole.

Das Bounty-Motiv:

Titel	Land, Jahr	Regie	Darsteller	Handlung
The Mutinity of the Bounty	1916			
Mutinity on the Bounty Meuterei auf der Bounty	USA 1935	Frank Lloyd	Charles Laughton, Clark Gable, Franchot Tone, Movita, Dudley Digges	1789 meuterten Offiziere und Mannschaft auf einem britischen Segler, der eine Ladung Brotbäume nach Haiti bringen soll, gegen den sadistischen Kapitän. Die Meuterer zogen sich mit einigen Eingeborenen auf die Insel Pitcairn zurück.
Mutinity on the Bounty Meuterei auf der Bounty	USA 1962	Lewis Milestone	Marlon Brando, Trevor Howard, Richard Harris, Hugh Griffith, Tarifa	
Die Bounty	GB 1984	Roger Donaldson	Anthony Hopkins, Mel Gibson, Laurence Olivier	

Inseln mit vergangenen Kulturen:

Titel	Land, Jahr	Regie	Darsteller	Handlung
Island at the Top of the World Insel am Ende der Welt	USA 1974	Robert Stevensen	Donald Sinden, David Hartman, Jaques Marin, Mako, David Gwillim	Nach einem Roman von Ian Cameron. Ein reicher Engländer sucht seinen in der Arktis verschollenen Sohn und entdeckt ein verborgenes Paradies, in dem die letzten Wikinger wie vor tausend Jahren leben.

Neben dieser Auswahl gibt es eine riesige Menge von Filmen, die auf Inseln angesiedelt sind und von Monstren, Mutanten und liebestollen Mädchen handeln. Z. B.:

Titel	Land, Jahr	Regie	Darsteller	Handlung
The Island of Dr. Moreau Die Insel des Dr. Moreau	USA 1976	Don Taylor	Burt Lancaster, Michael York, Nigel Davenport	nach dem gleichnamigen Roman von H. G. Wells

Bibliografie

Adcock, T.: Hell's Kitchen. Zürich 1993

Akhorn, N. (Fotos); D. Vaxelaire (Text): Réunion. München 1997

Aschrott, P. F.: Strafensystem und Gefängniswesen in England. Berlin 1887

Atlanten siehe Kartenwerke

Auburtin, V.: Auf der Insel. In: Das Buch der Inseln. Frankfurt/M. 1990

Australien/Ozeanien. Stuttgart, Zürich, Wien 1992

Aziz, N.: Kurdistan und die Probleme um Öcalan. München 1999

Bacque, J.: Der geplante Tod. Deutsche Kriegsgefangene in amerikanischen und französischen Lagern 1945–1946. Berlin 1994

Baer, M. u. O. Schröter: Eine Kopfjagd. Deutsche in Ostafrika. Berlin 2001

Bartsch, H.-W. u. a. (Hrsg.): Chile. Ein Schwarzbuch. Köln 1974

Bauer, H.: Reise in das goldene Byzanz. Leipzig 1982

Baumann, R. A.: Crime and Punishment in Ancient Rome. London/New York 1996

Beaumont, G. v. u. A. v. Tocqueville: Amerikas Besserungssystem und dessen Anwendung auf Europa. Berlin 1833

Beccaria, C.: Über Verbrechen und Strafen. Leipzig 1841

Belcher, D.: The Mutineers of the ‚Bounty' and their Descendants in Pitcairn and Norfolk Islands. London 1870

Bellen, H.: Grundzüge der römischen Geschichte. Erster Teil. Darmstadt 1994

Belton, N.: Die Ohrenzeugin. Helen Bamber – ein Leben gegen die Gewalt. Frankfurt/M. 2000

Benson, M.: Nelson Mandela – die Hoffnung Südafrikas. Reinbek b. Hamburg 1988

Bezsonov, Y.: Mes 26 prisons et mon évasion de Solovetski. Paris 1928

Biedermann, H.: Knaurs Lexikon der Symbole. München 1989

Blinkhorn, M.: Mussolini und das faschistische Italien. Mainz 1994

Bohne, G.: Die Freiheitsstrafe in den italienischen Stadtrechten des 12. bis 16. Jahrhunderts. 2 Teile, in: Leipziger rechtswissenschaftliche Studien H. 4/9, Leipzig 1922/1925

Bollinger, M. J.: Stalin's Slave Ships, the Gulag Fleet, and the Role of the West. Westport, Conn. 2003

Bolschaja Sovjetskaja Enziklopedija, Moskva 1978

Borovicka, V. P.: Mafia. Organisiertes Verbrechen in Amerika. Berlin 1985

Bradford, E.: Die Reisen des Paulus. Frankfurt/M., München 1986

Brechtken, M.: Madagaskar für die Juden. Antisemitische Idee und politische Praxis 1885–1945. Studien zur Zeitgeschichte, Bd. 53. München 1997

Bretone, M.: Geschichte des römischen Rechts. Von den Anfängen bis Justinian. München 1992

Brockhaus-Enzyklopädie. Mannheim 1993

Bruce, J. C.: Escape from Alcatraz. London 1964

Brunner, H.: Die poetische Insel. Inseln und Inselvorstellungen in der deutschen Literatur. Stuttgart 1967

Buontempo, G.: Malaparte. Capri 1982

Burrin, Ph.: Hitler und die Juden. Die Entscheidung für den Völkermord. Frankfurt/M. 1993

Buschmann, A.: Textbuch zur Strafrechtsgeschichte der Neuzeit. München 1998

Charrière, H.: Papillon. Frankfurt/M. 1972

Chesneaux, J.: Geschichte Vietnams. Berlin 1963

Chessman, C.: Cell 2455 Death Row. Undercover in Sing Sing. Reinbek b. Hamburg 2001

Churchill, W. S.: Der Zweite Weltkrieg. Bern, München, Wien 1985

Cikalenko, L.: Solovezka Katorga. Warschau 1931

Clancy, A.: Blindflug nach Belfast. Frankfurt/M., Berlin 1988

Clarke, M.: Lebenslänglich. Berlin 1963 (1st ed. »For the Term of His Natural Life« 1870/72)

Conover, T.: Vorhof der Hölle. Reinbek b. Hamburg 2001

Conrad, B. u. C. Willimzik: Französisch-Guyana. edition aragon

Corbin A.: Meereslust. Frankfurt/M. 1994

Corvin, O. von: Pfaffenspiegel. Flensburg 1979

Dæmmrich: Themen und Motive in der Literatur, Tübingen 1987

Debris, J.-P. u. A. Menras: In den Bagnos von Saigon. Berlin 1973

Defoe, D.: Glück und Unglück der berühmten Moll Flanders. München 1991

Defoe, D.: Robinson Crusoe. London 1934

Denisov, L. I.: Pravoslavnye Monastyri Rossijskoj Imperii. Moskva 1908

Der große Brockhaus. 1933

Dickens, C.: Little Dorrit. London 1857

Domenach, J.-L.: Der vergessene Archipel. Gefängnisse und Lager in der VR China. Hamburg 1995

Döpler, J.: Theatrum Poenarum, Suppliciorum et Executionum Criminalium, oder Schauplatz derer Leibes- und Lebens-Strafen. Sondershausen 1693

Doroszwicz, W.: Sachalin. Warschau 1901

Dostojewski, F. M.: Aufzeichnungen aus einem Totenhaus. Leipzig u. Weimar 1980

Dufraisse, R.: Napoleon. München 1994

Dulckeit, G.; Schwarz, F. u. W. Waldstein: Römische Rechtsgeschichte. München, 9. Aufl. 1995

Dülmen, R. van: Theater des Schreckens. Gerichtspraxis und Strafrituale in der frühen Neuzeit. München 1988; 4. Aufl. 1995

Dumas, A.: Der Graf von Monte Christo. Berlin 1955

Ebeling, A.: Beiträge zur Geschichte der Freiheitsstrafe. Breslau-Neukirch 1935

Eco, U.: Über Spiegel und andere Phänomene. München, 2. Aufl. 1991

Eisenhardt, U.: Deutsche Rechtsgeschichte. München, 2. Aufl. 1995

Evans, R. J.: Die Reise der preußischen Sträflinge nach Sibirien. In: ders.: Szenen aus der deutschen Unterwelt – Verbrechen und Strafe, 1800–1987. Reinbek b. Hamburg 1997, S. 26–140

Ewe, H.: Stralsund. Rostock 1969

Exquemelin, A. O.: Die Amerikanischen Seeräuber. Nürnberg 1679

Faucher, L.: De la réforme des prisons, ou de la theorie de l'emprisonnement, de ses principes, de ses moyens et de ses condition pratiques. o.O. 1838

Ferrus, G.: Des prisonniers, de l'emprisonnement et des prisons. Paris 1850

Fontane, T.: Kriegsgefangen. Erlebtes 1870. Berlin 1984

Foucault, M.: Überwachen und Strafen. Die Geburt des Gefängnisses. Frankfurt/M. 1994

Friedmann, R.: Chile unter Pinochet. Das autoritäre Experiment (1973–1990). Freiburg i. Br. 1990

Fuchs, G. u. H. Henseke: Das französische Kolonialreich. Berlin 1987

Fuentes, N.: Hemingway in Kuba. Berlin u. Weimar 1988

Fühmann, F.: Irrfahrt und Heimkehr des Odysseus. Rostock 1988

Gardner, J. F.: Frauen im antiken Rom. München 1995

Goldowskaja, M.: Die Macht von Solovki. Video (UdSSR 1988), Filmverlag der Autoren, München 1992

Gordon, N.: Der Diamant des Salomon. München 1993

Griffin, W. E. B.: Das Marine-Corps. Shanghai 1986

Große Frauen der Weltgeschichte. Klagenfurt 1987

Haley, A.: Wurzeln. Berlin, 3. Aufl. 1987

Harris, E. L.: Mississippi Solo. Reinbek b. Hamburg 1991

Hauf, C.-J.: Strafvollzug. Neuwied 1994

Hazzard, M.: Punishment Short of Death: A History of the Penal Settlement at Norfolk Island. Melbourne 1984

Hensel, G.: Geschichte des Grauens – deutscher Strafvollzug in sieben Jahrhunderten. Altendorf 1979

Herley, R.: The Penal Colony. New York 1988
Heynowski, W. u. G. Scheumann: Die Teufelsinsel. Berlin 1977
Hippel, R. von: Beiträge zur Geschichte der Freiheitsstrafe. In: Zeitschrift für die gesamte Strafrechtswissenschaft (ZStW) 18 (1898), S. 419–494 u. 608–666
Hoare, M.: Norfolk Island – A Revised and Enlarged History 1774–1998. Brisbane, 5th ed. 1999
Holland, H.: ANC – Nelson Mandela und die Geschichte des African National Congress. Braunschweig 1990
Hommel, K. F.: Des Herrn Marquis von Beccaria unsterbliches Werk von Verbrechen und Strafen. Breslau 1778
Howard, D. L.: The English Prisons. London 1962
Howard, J.: The State of the Prisons in England and Wales with Preliminary Observations and an Account of some Foreign Prisons and Hospitals. London, 3rd ed. 1784
Hughes, R.: Australien – Die Besiedelung des Fünften Kontinents. München 1992
Hughes, R.: The Fatal Shore – A History of the Transportation of Convicts to Australia, 1787–1868. London 1987
Hugo, V.: Geschichte eines Verbrechens. Berlin 1965
Iakovlev, B.: Kontsentratsionnye Lageri SSSR. München 1955
Inseln in der Weltliteratur. Zürich 1993
Ivanov-Razumnik, R.: Katorzhnyi Ostrov. Vospominanija o Schlusselburge 16 Bolschewikow (1907–1917). Hrsg.: Margolin. Leningrad 1966
Jahn, A. M.: Reise von Mainz nach Egypten, Jerusalem und Konstantinopel, in den Jahren 1826–27. Heft 5. Mainz 1830
Jelloun, T. B.: Das Schweigen des Lichts. Berlin 2001
Jones, T.: Die unglaubliche Seereise. Stuttgart 2000
Julius, N. H. (Hrsg.): Jahrbücher für Straf- und Besserungs-Anstalten.
Julius, N. H.: Vorlesungen über die Gefängniskunde oder über die Verbesserung der Gefängnisse und sittliche Besserung der Gefangenen, entlassenen Sträflinge usw. Berlin 1828
Junger, S.: Der Sturm. Die letzte Fahrt der Andrea Gail. München/Zürich 1998
Jurcenko, V.: Slaxami na Solovki. Lwow 1931
Kafka, F.: In der Strafkolonie. In: Erzählungen. Leipzig, 5. Aufl. 1978
Kaiser, G.; Kerner, H. J.; Schöch, H.: Strafvollzug. Eine Einführung in die Grundlagen. Heidelberg, 4. Aufl. 1991
Kartenwerke:
- America in Maps 1500–1856. Leipzig 1976
- Andrees Allgemeiner Handatlas. Bielefeld u. Leipzig 1893
- Atlas Mira. Moskwa 1954
- Bertelsmann Großer Weltatlas. Gütersloh 1994
- Haack Großer Weltatlas. Gotha 1968
- Internationaler Atlas: Westermann Braunschweig 2001
- Knaurs Großer Weltatlas. München 2000
- Seekartenwerk des Bundesamtes für Seeschifffahrt und Hydrographie
- Westermann Internationaler Atlas. Braunschweig 2001

Keller, C.: Natur und Volksleben der Réunion. Basel 1888
Kobler, J.: Al Capone. Bern 1971
Komeč, A. I.: Russische Klöster. München 2001
Korolenko, W.: Der Wald rauscht und andere Erzählungen. Leipzig 1948
Kotek, J. u. P. Rigoulot: Das Jahrhundert der Lager. Gefangenschaft, Zwangsarbeit, Vernichtung. Berlin, München 2001
Krause, T.: Geschichte des Strafvollzugs. Von den Kerkern des Altertums bis zur Gegenwart. Darmstadt 1999
Krauß, F. A. K.: Im Kerker vor und nach Christus. Freiburg i. Br./Leipzig 1895
Kriegsmann, N. H.: Einführung in die Gefängniskunde. Heidelberg 1912
Krohne, K.: Lehrbuch der Gefängniskunde. Stuttgart 1889
Kropotkin, P.: Memoiren eines Revolutionärs. Frankfurt/M. 1973
Laubenthal, K.: Strafvollzug. 2. Aufl. Berlin etc. 1998
Leitner, M.: Reportagen aus Amerika. Wien 1999
Levi, C.: Christus kam nur bis Eboli. Zürich, New York 1947
Lexikon des internationalen Films. Reinbek b. Hamburg 1990
Linden, P.: Die Lust am Grausen. In: Die Zeit, 02.08.96, S. 51
Lucas, C. J. M.: De la réforme des prisons. o.O. 1838
Lücke, T.: Victor Hugo. Berlin 1979
Mader, J.: Instruction 37/57. Tatsachen und Hintergründe des Putsches in Chile 1973. Berlin 1974
Makosch, U.: Das Gebet in der Zitadelle. Leipzig 1978
Malsagoff, S. A.: An Island Hell: A Soviet Prison in the Far North. London 1926
Mandela, N.: Der lange Weg zur Freiheit. Autobiographie. Frankfurt/M. 1994
Mark Twain: Reise um die Welt. Berlin, Weimar 1964
Márquez, G. G.: Das Abenteuer des Miguel Littín. Köln 1987
Marzouki, A.: Tazmamart – Cellule 10. Casablanca 2001
Maude, H. E.: Of Islands and Men. Studies in Pacific History. Melbourne u.a. 1968
Maury, R.: Napoleon wurde ermordet. München 1996
Merle, R.: Moncada. Berlin u. Weimar 1983
Mielke, O.: S.M. Kleiner Kreuzer DRESDEN. München o.J
Miller, A.: Zeitkurven. Ein Leben. Frankfurt/M. 1987
Mittermaier, W.: Gefängniskunde. Berlin/Frankfurt/M. 1954
Morton, A. L.: A People's History of England. Berlin 1974 (1st ed.: 1938)
Naidoo, I.: Robben Island – Insel in Ketten. Göttingen 2003
Naidoo, I. u. A. Sachs: Insel in Ketten. Bericht aus Südafrika. Bornheim/Merten 1984
Neubauer, H.-J.: Einschluss. Bericht aus einem Gefängnis. Berlin 2001
Oliviera, G. de: Memoria viva do Tarrafal. Lissabon 1987
Perec, G.: Geschichten von Ellis Island oder wie man Amerikaner macht. Darmstadt 1998
Pfeiffer, I.: Eine Frau fährt um die Welt. Die Reise 1846 nach Südamerika, China, Ostindien, Persien und Kleinasien. Wien 1992
Pitou, L. A.: L.A. Pitou's Leben und Verweisung nach Cayenne. Leipzig 1805
Poliakow/Wulf: Dokumente. Das Dritte Reich und seine Diener. Berlin 1975
Prada, J. M. de: Trügerisches Licht der Nacht. Stuttgart 1999
Prause, G.: Niemand hat Kolumbus ausgelacht. München, 4. Aufl. 1991
Pokesch, A. von: Erinnerungen aus Aegypten und Kleinasien. Bd. 3. Wien 1831
Puzo, M.: Der Pate. Reinbek b. Hamburg 1989
Quanter, R.: Deutsches Zuchthaus- und Gefängniswesen von den ältesten Zeiten bis in die Gegenwart. Leipzig 1905, Neudruck: Aalen 1970
Raleigh, W.: Gold aus Guyana: die Suche nach El Dorado. Stuttgart 1988
Ramos, G.: Memórias do cárcere. Vol. 1–4, Rio de Janeiro 1956
Reade, C.: It is never too late to mend. Leipzig 1856
Reiseführer
- APA Guide USA Neuenglandstaaten. Berlin/München 2001
- **Dreisbach, M.:** Mauritius + Réunion. Robinson Reisebegleiter. OPS Verlagsgesellschaft 1996
- Entdecken Sie Alcatraz. o.O. 1996
- **Hell, V. u. H.:** Türkei I. Stuttgart, Berlin, Köln, Mainz, 4. Aufl. 1987
- **Hupe, I. u. M. Vachal:** Reisen in Sambia und Malawi. München, 3. Aufl. 2000
- Istanbul. Polyglott-Reiseführer. München 1996
- Italien – PLOETZ. Freiburg/Würzburg, 2. Aufl. 1996
- **Jahn, R.:** Gambia. Mai's Weltführer. Dreieich 1997
- **Kruse-Etzbach, D.:** Reisehandbuch USA/Süden. Dormagen 2002
- Let's Go New York City. 1999
- **Schultze, M.:** Laos. Reise Know-How. Bielefeld, 4. Aufl. 2001
- **Stütz, T. u. J. Kuliński:** Eine Woche Bornholm mit der Yacht. Hamburg 1994
- **Thomsen, H. M. u. a.:** Kykladen. dtv MERIAN reiseführer, 2. Aufl., München 1987
- **Wodtke, A.:** Westafrika Küste. Reise Know-How. Hohentann 1998

Reuter, F.: Ut mine Festungstid. In: Ges. Werke und Briefe, Bd. IV, Rostock 1990
Reynolds, H.: Fate of a Free People. Melbourne 1995
Röhr, A.: Deutsche Marinechronik. Oldenburg und Hamburg, 1974
Rossi, J.: The GULAG Handbook. New York 1989
Rusche, G. u. O. Kirchheimer: Sozialstruktur und Strafvollzug. Frankfurt/M., Köln 1974
Russian Monasteries. Hrsg.: The State Russian Museum. St Petersburg 1997
Saramago, J.: Das Todesjahr des Ricardo Reis. Berlin und Weimar 1990
Schenk, B.: Segeln im Reich der Stürme. Bielefeld 1990
Scherl, F. (Hrsg.): Die trockene Guillotine. Neufranzösische Gerechtigkeit – Cayenne, oder: Phrase und Wirklichkeit. Berlin 1859
Schimmelfennig, E.: Malawi. Bonn 1965
Schipperges, H.: Die Kranken im Mittelalter. München, 3. Aufl. 1993
Schmidhäuser, E.: Verbrechen und Strafe. Ein Streifzug durch die Weltliteratur von Sophokles bis Dürrenmatt. München 1995
Schminck-Gustavus, C. U.: Bremen kaputt. Bremen, 2. Aufl 1998
Schnabel J. G.: Die Insel Felsenburg. Nordhausen 1731; Nachdruck u.a. Stuttgart 1998
Seehandbücher des DHI, SHD, BSH, versch. Ausgaben
Sellin, J. T.: Pioneering in Penology – the Amsterdam Houses of Correction. Philadelphia 1944
Sellin, J. T.: Slavery and the Penal System. New York/Amsterdam 1976
Shifrin, A.: UdSSR – Reiseführer der Gefängnisse und Konzentrationslager in der Sowjetunion. Uhldingen, 3. Aufl. 1987
Skierka, V.: Fidel Castro. Reinbek b. Hamburg 2002
Smith, D. M.: Mussolini. München, Wien 1983
Snoijink, B.: Een jaar op een onbewoond eiland. 's-Gravenhage 1991. Deutschsprachige Ausg.: Pazifisches Glück. Das Jahr auf der Insel. Zürich 1993
Solschenizyn, A.: Der Archipel Gulag. Reinbek b. Hamburg 1988
Solschenizyn, A.: Ein Tag im Leben des Iwan Denissowitsch. München 1963
Stettner, R.: Archipel GULag. Paderborn 1996
Stingl, M.: Das letzte Paradies. Eine Kulturgeschichte Polynesiens. Leipzig 1986
Streng, A.: Geschichte der Gefängnisverwaltung in Hamburg von 1622 – 1872. Hamburg 1890
Strindberg, A.: Der Totentanz. In: Ausgewählte Dramen in 3 Bänden, Band 3, Rostock 1983
Stuart-Fox, M. u. M. Kooyman: Historical Dictionary of Laos. London 1992
Taiwan Handbuch. Die Republik China. o. O. 1992
Tarlé, E.: Napoleon. Leipzig 1961
The Oxford History of the Prison. New York/Oxford 1995
Theroux, P.: Dschungelliebe. Frankfurt/M. 1990
Thorsson, G. A.: Nach Island. Stuttgart 2000
Tiemann, H.: Geschichte der Festung Wilhelmstein im Steinhuder Meer. Stadthagen 1908
Tjapugin, G. M.: Die Kirchen und Gemeinden in der Festung Sveaborg 1808–1918. Helsinki 2000
Toai, D. V.: Der vietnamesische Gulag. Köln 1980
Toer, P. A.: The Mute's Soliloquy. New York 1999
Toller, E.: Das Schwalbenbuch. Potsdam 1927
Trauzettel, H.: Im Zauberland des Sampo. Reisebilder aus Finnland. Rostock 1985
Treffer, G.: Geschichte Frankreichs. Regensburg 1998
Trotskij, N.: Kontsentratsionnye Lageri SSSR. München 1955
Tschechow, A. P.: Ostrow Sachalin. 1893/93 (dt. Die Insel Sachalin 1931, 1960)
Ullmann, L.: Wandlungen. Berlin, 2. Aufl. 1980
Vasilev, G. N.: Ostrov Persin: pozorat na Balgarija. Sofia 1995
Vasold, M.: Pest, Not und schwere Plagen. Seuchen und Epidemien vom Mittelalter bis heute. München 1991
Wächter, C. E.: Über Zuchthäuser und Zuchthausstrafen. Stuttgart 1786
Wagner, A.: Strafvollstreckung. München 1997
Wallraff, G. u. E. Spoo: Unser Faschismus nebenan. Köln 1975
Walter, M.: Strafvollzug. Stuttgart u. a. 1991
Warung, P. A. W.: Tales of the Isle of Death. Melbourne 1898
Weiss, W.: Arktis. Wien, München 1975
Weltgeschichte. Leipzig 1964
Wilde, O.: Die Ballade vom Zuchthaus zu Reading. Leipzig 1917
Wilts, H.: Segeln ans Ende der Welt. Bielefeld 2000
Wolanowski, L.: Australien. Leipzig 1987
Zajcev, I. M.: Solovki: Kommunisticeskaja Katorga, ili mesto pytok i smerti. Shanghai 1931
Zeitungen und Zeitschriften:
- Die Zeit
- Frankfurter Allgemeine Zeitung
- mare

Zweig, St.: Marie Antoinette. Gütersloh 1995

Register

Für manche Inseln sind verschiedene Schreibweisen anzutreffen. Im Register wurde im Interesse der Übersichtlichkeit auf Verweise verzichtet. Falls gesuchte Namen nicht unter der Kurzfassung zu finden sind, lohnt es sich möglicherweise, unter Île, Ilha, Isla, Isle oder Isola nachzuschlagen.
Fett: Abbildungen und Karten.
Übersichtskarten:
Weltkarte S. 28 f., Europa S. 42, westliches Mittelmeer S. 126, Ägäis S. 158, Australien S. 70, Afrika S. 196, Nordamerika S. 235, Südamerika S. 251

Fußnoten

[1] zitiert in: Die Zeit, 22.07.04
[2] in: Spiegel special 2/97, S. 77 f.
[3] Günter Neumann und seine Insulaner (bezogen auf Westberlin)
[4] Ullmann (1980)
[5] Siehe James Hilton: »Lost Horizon«, erschienen 1933 (dt.: »Irgendwo in Tibet«). Shangri-La ist dort eine Gralsburg in den Bergen des Himalaja, in der die Menschen in einer idealen Gemeinschaft leben, eingehüllt in Frieden und Schönheit und hingegeben den guten Gedanken von einer besseren Welt. Der Ursprung liegt in der uralten buddhistischen Legende vom Königreich Shambhala, jenem gesegneten Ort ohne Krankheit und Not, an dem der wahrhaft Suchende die Erleuchtung findet.
[6] Eine kleine Insel namens Bimini liegt in der Straße von Florida.
[7] nach Fühmann (1988) S. 14, 17, 19, 33 ff., 46 ff.; F.A.Z., 19.10.2000
[8] Die fünf westlichen Kanaren werden als »Fortunaten« oder »Glückliche Inseln« bezeichnet.
[9] zitiert in: Russian Monasteries (1997), S. 5
[10] mare No. 34 (Okt/Nov 2002), S. 72–76
[11] Kartiert war die Insel von Carteret auf 25°02'S, 133°30'W, 175 Seemeilen (über 320 km) zu weit westlich; in der Beschreibung gab er sogar noch eine andere Position an: 20°02'S, 133°21'W.
[12] Maude (1968), S. 1–34
[13] Hugos Verhältnis mit der Schauspielerin Juliette Drouet führte 1833 zur Trennung der Ehegatten. Später akzeptierten die Gattin und Freundin des Dichters einander jedoch so weit, dass sie ihm beide in die Verbannung folgten und das Exil mit ihm teilten.
[14] zitiert in: Lücke (1979), S. 326
[15] Wilts (2000), S. 229, 233, 239
[16] Die Zeit, 12.02.04
[17] daher der Name »Getto«
[18] Gordon (1993), S. 351 ff.
[19] Prada (1999), S. 134
[20] Pfeiffer (1992), S. 320 ff.
[21] Burrin (1993)
[22] Brechtken (1997)
[23] Poliakow/Wulf (1975)
[24] Die Zeit 41/93
[25] Hippel (1898), S. 430
[26] Wilts (2000), S. 215
[27] Die Zeit, 19.02.93
[28] Die Zeit, 08.01.03
[29] Die Zeit, 25.01.01
[30] mare No. 33 (Aug/Sept 2002), S. 19
[31] zitiert in: Baer/Schröter (2001), S. 124 ff.
[32] in: Die Zeit, 20.03.03
[33] Raspeln von exotischen Hölzern für die Färberei und für Medikamente
[34] 1636 ließ ein Mann seine Frau wegen ihrer verschwenderischen Lebensart und 1648 eine Frau ihren tyrannischen Ehemann in Lübeck ins Zuchthaus einweisen.
[35] Hippel (1898)
[36] Schminck-Gustavus (1998), S. 22 f.
[37] Rossi (1989), S. 103. Die angegebene Zahl der Häftlinge auf dem Schiff erscheint außergewöhnlich hoch, ist jedoch von Rossi zwei Mal so angegeben, so dass zumindest ein Druckfehler ausgeschlossen werden kann.
[38] Sietz, H: Das Geheimnis der »Dschurma«. In: Die Zeit, 06.11.2003

39 Clancy (1988), S. 123 ff.
40 Winston Churchill, George Orwell, Fjodor Dostojewski zugeschrieben
41 Miller (1987), S. 125
42 UN-Sonderberichterstatter für Folter 1994, zitiert in: Die Zeit, 24.01.97
43 Jelloun (2001)
44 zitiert in: Die Zeit, 04.12.2003
45 Die Zeit, 11.07.2002, 26.02.2004
46 Wilde (1917)
47 Toller (1927)
48 Wolfgang Petersen (Das Boot) hat sich die Filmrechte zum Roman gesichert.
49 Peloponnesischer Krieg – Melier-Dialog
50 Korolenko (1948)
51 siehe Heynowski/Scheumann (1977)
52 zitiert in: Kotek/Rigoulot (2001), S. 23
53 Foucault (1994)
54 Lücke (1979), S. 244, 259 f., 300
55 Kriegsmann (1912)
56 Zweig (1995), S. 490 ff.
57 Eco (1991), S. 182
58 Foucault (1994), S. 307
59 weitere Literatur, in denen das Château eine Rolle spielt: Reihe »Angelique« (u. a. »Angelique und der König«)
60 mare No. 42 (Februar/März 2004)
61 Dumas (1955), 1. Bd., S. 124
62 Große Frauen der Weltgeschichte (1987), S. 76
63 Hugo (1965), S. 309
64 Der athenische Staatsmann und Feldherr Themistokles, der Athen zur Großmacht gemacht hatte, flüchtete 466 v. Chr., wegen Hochverrats verurteilt, nach Kleinasien und lebte, vom Perserkönig Artaxerxes I. fürstlich beschenkt, in Magnesia.
65 (Franz.) Freischärler. Einheiten des bewaffneten Volkswiderstandes gegen die preußisch-deutschen Okkupationstruppen nach dem Sturz Napoleons III.
66 Fontane (1984), S. 136–206
67 der Historiker George Patterson, 1894, zitiert in: Junger (1998), S. 189
68 Junger (1998,) S. 64, 189 f.
69 Franz.: Guyane [gyján], andere Schreibweise: Guayana
70 Scherl (1859), S. 382
71 Charrière (1972), S. 231
72 Scherl (1859,) S. 492 f., 690 ff.
73 Leitner (1999), S. 164 f.
74 Scherl (1859), S. 628 f., 697
75 Leitner (1999), S. 165
76 Scherl (1859), S. 590, 596
77 Australien/Ozeanien (1992), S. 49 ff.; GEO 8/95, S. 162
78 Außer den bei den Kämpfen ums Leben gekommenen Kommunarden wurden rund 20.000 standrechtlich erschossen.
79 Treffer (1998)
80 Fuchs/Henseke (1987), S. 125 f.
81 mare No. 31 (Apr/Mai 2002), S. 92 ff.
82 Lücke (1979), S. 259
83 in: The Silver Spoon (1926), zitiert in G. Orwell: Der Weg nach Wigan Pier
84 Hughes (1987), S. 601
85 Seit Elizabeth (1553–1603) gab es mit dem Poor Law eine gesetzlich vorgeschriebene, aber nicht ausreichende Armenfürsorge der Gemeinden.
86 Morton (1974), S. 371
87 Hughes (1992), S. 232 f., 237
88 Thorsson (2000), S. 98
89 mare No. 31 (April/Mai 2002), S. 88 ff.; siehe auch: »Das Freudenschiff« von Sian Rees
90 Morton (1974), S. 472
91 Hughes, R. (1992), S. 182 ff., 296 ff.
92 Wilts (2000), S. 20
93 Clarke (1963)
94 Hughes (1992), S. 492 ff., 500 ff., 511 ff., 515
95 Morton (1974), S. 472 f.
96 Hughes (1992), S. 309 ff., 329 ff.
97 Bescheinigung über eine vorzeitige Entlassung zur Bewährung
98 Hughes (1992), S. 338 ff.
99 Hughes (1987), S. 429
100 Hughes (1992), S. 639 ff.
101 Clarke (1963), S. 113–116
102 Clarke (1963), S. 123
103 Hughes (1992), S. 547 ff., 551 ff., 589 f., 595
104 Clarke (1963), S. 118, 144, 146
105 Hughes (1992), S. 421 ff.
106 Clarke (1963), S. 119, 127, 178
107 Hughes (1992), S. 584 ff., 638, 658
108 Hughes (1992), S. 435 ff.
109 Hughes (1987), S. 602
110 Wilts (2000), S. 67
111 Hughes (1987), S. 457
112 zwischen 15 und 72 Jahre alt
113 zwischen 20 und 30 Jahre alt
114 Hoare (1999), S. 10 f., 14 f.; Hazzard (1984), S. 20
115 Hoare (1999), S. 26 f.
116 Hazzard (1984), S. 101 f.
117 Hughes (1992), S. 133 ff., 146 ff.
118 Hazzard (1984), S. v
119 Hoare (1999), S. 37
120 Hughes (1992), S. 522
121 Hoare (1999), S. 37
122 Hazzard (1984), S. 110
123 Hughes (1992), S. 11 ff., 315 ff., 398
124 Hoare (1999), S. vi, 39, 41 f.
125 Hughes (1992), S. 523, 525 f., 533 f.
126 Clarke (1963), S. 491 ff.
127 Hughes (1992), S. 518 f.
128 weil er die tägliche Brotration der Gefangenen durch ein Kilogramm Kartoffeln ersetzte
129 Hughes (1992), S. 542 f.
130 Hoare (1999), S. vi, 45, 49 f.
131 Hughes (1992), S. 545 ff., 564 ff.
132 Hoare (1999), S. 58
133 Hughes (1992), S. 583 ff., 599 ff., 669
134 Große Erwartungen
135 Große Frauen der Weltgeschichte (1987), S. 154
136 Maury (1996)
137 nach dem schwedischen Chemiker Carl Wilhelm Scheele benanntes Pigment, das Kupferarsenite enthält
138 Kotek/Rigoulot (2001), S. 66
139 Kotek/Rigoulot (2001), S. 460–467
140 Die Zeit, 22.02.91
141 Röhr (1974)
142 The International Guardian, London, March 12, 1997
143 Abk. für Glavnoje Upravlenije Lagerej (Hauptverwaltung der Lager), allg. als Bezeichnung für das System der Straf- und Arbeitslager der UdSSR; der Begriff taucht erstmals 1934 in offiziellen Dokumenten auf. Er löste die Abkürzungen GUMS, auch: OMS (Hauptverwaltung der Haftverbüßungsorte), GUPR (Hauptverwaltung für Zwangsarbeit) und GUITU (Hauptverwaltung der Besserungseinrichtungen) ab.
144 (Russ.): Zwangsarbeit, Galeerenstrafe; der Ausdruck für die Strafart wurde später auf die Einrichtung zur Verbüßung der Strafe übertragen.
145 Kotek/Rigoulot (2001), S. 198
146 (Finn.): der hohe Boden

147 Kulak (Russ.): Faust, Ausbeuter, Blutsauger, übertragen: Großbauer
148 Kotek/Rigoulot (2001), S. 129
149 Russische Sozialistische Föderative Sowjetrepublik
150 Solschenizyn (1988), S. 205
151 Solschenizyn (1988), S. 220
152 Komeč (2001)
153 Allrussische Außerordentliche Kommission zur Bekämpfung von Konterrevolution und Spionage
154 Bezeichnungen für den sowjetischen und russischen Geheimdienst: Tscheka, GPU, NKWD, KGB; nach Auflösung der UdSSR: MSB, MB, FSK und seit 1995: FSW (Federalnaja Sluschba Wojennaja Kontrraswedka)
155 wurde 1938 im Keller der Lubjanka getötet
156 Stettner (1996)
157 Solschenizyn (1988)
158 Die Zeit, 21.03.97
159 Rossi (1989), S. 135; 3 – kyrill. Zeichen für S
160 Solschenizyn (1988), S. 153, 201 ff.
161 Rossi (1989), S. 175
162 Erst nach dem Zweiten Weltkrieg wurde ein für die gesamte UdSSR gültiges Strafgesetzbuch erarbeitet.
163 s. a. Rossi (1989)
164 Der Artikel wurde 1926 spezifiziert.
165 1939/40 wurden eine halbe Mill. »Politische« und 480.000 Kriminelle erschossen.
166 Solschenizyn (1988), S. 286 ff.
167 deutsche Ausgabe 1952, S. 1525
168 Kropotkin (1973)
169 Bolschaja Sovjetskaja Enziklopedija (1978), Bd. 29, S. 453 f.
170 F.A.Z., 08.11.93
171 raskol (Russ.): Spaltung. Die Raskolniki hatten sich nach den liturgischen Reformen von Patriarch Nikon im 17. Jh. von der orthodoxen Staatskirche abgespalten.
172 Kotek/Rigoulot (2001)
173 Goldowskaja (1992)
174 Komeč (2001), S. 162 ff.
175 Rossi (1989), S. 403
176 Komeč (2001)
177 Upravlenije Severnych Lagerej Osobogo Nasnatschenija – Verwaltung der Nördlichen Lager zur besonderen Bestimmung
178 Nach Rossi (1989), S. 403 f., kamen die ersten Häftlinge am 1. Juni 1923 auf der Insel an.
179 Goldowskaja (1992)
180 Solschenizyn (1988), S. 208
181 Neue Zürcher Zeitung, 30.10.97
182 Kotek/Rigoulot (2001), S. 176
183 Stettner (1996)
184 Solschenizyn (1988), S. 38, 211, 218
185 Goldowskaja (1992)
186 Malsagoff (1926)
187 Rossi (1989), S. 403 f.
188 Solschenizyn (1988), S. 218 f., 220 ff.
189 Rossi (1989)
190 Solschenizyn (1988), S. 233
191 Goldowskaja (1992)
192 Flohr, D. in: Ostsee-Zeitung, 10./11.03.01
193 Rossi (1989), S. 403 ff.
194 Malsagoff (1926)
195 Goldowskaja (1992)
196 Malsagoff (1926)
197 Rossi (1989), S. 403 ff.
198 Malsagoff (1926)
199 An Island Hell (1926)
200 Solschenizyn (1988), S. 215 f.
201 Goldowskaja (1992)
202 Solschenizyn (1988), S. 218
203 Rossi (1989), S. 403 ff.
204 Malsagoff (1926)
205 F.A.Z., 07.09.2000
206 mare No. 40 (Okt/Nov 2003), S. 105
207 Komeč (2001)
208 Kriminelle
209 Konterrevolutionäre
210 Malsagoff (1926)
211 einschl. der Erweiterung von 1945
212 Rossi (1989)
213 Stettner (1996)
214 Weiss (1975), S. 182
215 Weiss (1975), S. 179
216 Solschenizyn (1988), S. 220
217 Russian Monasteries (1997), S. 152
218 Rossi (1989), S. 277, 388
219 Denisov (1908), S. 582
220 Howard (1784), S. 106 ff.
221 u. a. Puzo (1989), S. 248, 290 f., 293
222 siehe Carlo Levi: Christus kam nur bis Eboli
223 Jones (2000)
224 Die Welt, 26.08.94
225 andere meinen, der Venus (siehe Elba)
226 Erläuterung dazu siehe unter Elba
227 Smith (1983), S. 443 f.
228 Blinkhorn (1994); Italien – PLOETZ (1996)
229 zitiert in: F.A.Z., 14.08.97
230 Churchill (1985), S. 784
231 zitiert in F.A.Z., 14.08.97
232 Smith (1983), S. 443 f.
233 Augustus ist kein Name, sondern ein Titel, verliehen vom Senat im Namen des römischen Volkes.
234 Nach dem Sieg von Actium und dem Tod Kleopatras wird Octavian als neuer Pharao Ägyptens und lebender Gott anerkannt.
235 In jenem Jahr erhielt Augustus den höchsten Ehrentitel, den der römische Staat vergeben konnte: pater patriae (Vater des Vaterlandes).
236 Nach anderen Quellen starb sie auf Pandataria.
237 Bellen (1994), S. 176
238 Buontempo (1982)
239 mare No. 33 (Aug/Sept 2002), S. 28 ff.
240 Die Welt, 26.08.94
241 antiker Name für die Halbinsel Krim
242 Corvin (1979), S. 137 f.
243 der griech. Name für Irene; geb. um 752 in Athen
244 Große Frauen der Weltgeschichte (1987), S. 239; Bauer (1982)
245 Kotek/Rigoulot (2001), S. 541
246 Kotek/Rigoulot (2001), S. 541, 544 f.
247 Wagner (1995), S. 61
248 Kotek/Rigoulot (2001), S. 541 ff.
249 Wagner (1995), S. 54 ff., 60 ff., 83 f.
250 zitiert in: Wagner (1995), S. 186
251 Bericht vom 27.01.1968, zitiert in: Wagner (1995), S. 188
252 Wallraff/Spoo (1975)
253 Kotek/Rigoulot (2001), S. 544
254 Kotek/Rigoulot (2001), S. 543 f.
255 Kotek/Rigoulot (2001), S. 508, 512, 514 f.
256 Die Zeit, 8/93
257 Kotek/Rigoulot (2001), S. 512, 514
258 Kotek/Rigoulot (2001), S. 510

259 Kotek/Rigoulot (2001), S. 47
260 Kotek/Rigoulot (2001), S. 224 ff.
261 Saramago (1990), S. 448, 455
262 Den Namen Sveaborg erhielt die Festung am 17. Juli 1750. Im Volksmund wurde daraus Viapori.
263 Teil des Festungswalles, der zwei Bastionen verbindet
264 von dekabr (Russ.): Dezember
265 Tjapugin (2000), S. 175 ff., Trauzettel (1985), S. 58 ff.
266 Stütz/Kuliński (1994)
267 Ewe (1969)
268 Tiemann (1908)
269 Howard (1784), S. 106
270 Krause (1999), S. 62
271 Kotek/Rigoulot (2001), S. 526–531
272 Jahn (1830), Kap. 2
273 Hell (1987)
274 Aziz (1999), S. 8, 134, 197
275 Haley (1987)
276 (Port.): Götzen
277 mare No. 34 (Okt/Nov 2002), S. 127
278 Kotek/Rigoulot (2001), S. 75 ff.
279 so genannt nach dem Hauptquartier des Umkhonto auf der Farm Lilliesleaf an der von Johannesburg nordwärts nach Pretoria führenden Rivonia-Straße
280 Im Kalksteinbruch war weniger die Hitze das Problem, sondern das grelle Licht.
281 Benson (1986), S. 197
282 Naidoo (2003)
283 zitiert in: Wochenpost, 35/78
284 leitete später das Komitee für die Zukunft Robben Islands
285 mare No. 40 (Okt/Nov 2003), S. 64
286 Jones (2000), S. 47
287 mare No. 40 (Okt/Nov 2003), S. 38
288 Jones (2000), S. 42
289 Schimmelfennig (1965), S. 34 f.
290 Theroux (1990), S. 102 f., 226 f.
291 Hupe/Vachal (2000), Karte S. 291
292 gespr.: Schefina
293 Kotek/Rigoulot (2001), S. 457 f.
294 ZEITmagazin, 2/97 und 3/97
295 Makosch (1978)
296 Die Zeit, 13.12.01; 23.05.02
297 Die Zeit, 18.03.04
298 Fuchs/Henseke (1987)
299 Die Zeit, 04.03.2004
300 Toai (1980), S. 12, 30, 150, 232 f., 258
301 Berginsel
302 Heynowski/Scheumann (1977)
303 Brechmittel
304 Debris/Menras (1973)
305 Toai (1980), S. 109
306 diffamierend als Vietcong bezeichnet, aus Viet-Nam Cong San (vietnamesische Kommunisten)
307 Debris/Menras (1973)
308 Toai (1980), S. 151, 235
309 Kotek/Rigoulot (2001), S. 604 ff.
310 Stuart-Fox/Kooyman (1992), S. 118 f.
311 B^{r} = besar (Indones.): groß
312 Kotek/Rigoulot (2001), S. 16, 632 ff.
313 Kotek/Rigoulot (2001), S. 25 f.
314 Borovicka (1985), S. 405 ff.
315 Perec (1980)
316 Borovicka (1985), S. 118 f.
317 mare No. 33 (Aug/Sept 2002), S. 90–97
318 mare No. 33 (Aug/Sept 2002), S. 90–97
319 Let's Go New York City (1999)
320 Entdecken Sie Alcatraz (1996)
321 Kobler (1971)
322 Griffin (1986)
323 Harris (1991), S. 292; Kruse-Etzbach (2002)
324 Auf dieser Position befindet sich Blackwell in Texas. Es war nicht in Erfahrung zu bringen, ob es sich dabei um den gesuchten Ort handelt.
325 Borovicka (1985)
326 Exquemelin (1679)
327 Fuentes (1988), S. 119 ff.
328 Skierka (2002), S. 61 f.
329 Kotek/Rigoulot (2001), S. 640
330 Leitner (1999), S. 229 f.
331 dorado (Span.): Gold
332 Jones (2000), S. 166 ff.
333 Metz, Achim: Naturparadies auf der Knastinsel. In: Die Zeit, 26.01.1996, S. 57
334 GEO 8/95, S. 12–36
335 Mielke (o. J.)
336 Stingl (1986), S. 57 f.
337 Márquez (1987), S. 70
338 zitiert in: Friedmann (1990), S. 22
339 aus fünf Parteien gebildete Wahlgemeinschaft
340 Dies ist nicht die einzige Parallele zum griechischen Obristenputsch (siehe Mikis Theodorakis).
341 Friedmann (1990), S. 45, 240
342 Márquez (1987), S. 29, 51
343 Mader (1974), S. 28, 43
344 Bartsch (1974), S. 113
345 Stern, 27.09.1973
346 Wagner (1997), S. 62
347 Bartsch (1974), S. 124
348 Stern vom 04.10.1973, zitiert in: Bartsch (1974), S. 147 f.
349 vom 13.11.1973, zitiert in Bartsch (1974) S. 160
350 Bartsch (1974) S. 117
351 Brissaud, A.: Canaris, Legende und Wirklichkeit. Augsburg 1996
352 Atlantis 11/37, S. 653 ff.
353 Márquez (1987), S. 80 f.
354 Bartsch (1974), S. 107, 109, 115, 116, 148
355 Prensa Latina vom 25.11.1973, zitiert in: Bartsch (1974), S. 148
356 zitiert in: Mader (1974), S. 125–133
357 Die Zeit, 04.03.2004
358 Atlantis 11/37, S. 653 ff.
359 Sohn von Gérard Depardieu
360 Tochter von Ornella Muti
361 Tochter von Gérard Depardieu